桑磊法考

2025国家统一法律职业资格考试

客观 400 题

上册

主编◎桑　磊

编著◎颜　飞　　郑玉双　　闫尔宝

吴志伟　　李冉毅　　邹龙妹

贾　健

中国政法大学出版社

2025·北京

	试题	详解
习近平法治思想【01】		
第一套		
一、单项选择题	1	2
二、多项选择题	1	5
第二套		
一、单项选择题	9	11
二、多项选择题	9	14
法理学【02】		
第一套		
一、单项选择题	19	20
二、多项选择题	19	22
第二套		
一、单项选择题	25	26
二、多项选择题	25	28
宪法【03】		
第一套		
一、单项选择题	32	34
二、多项选择题	33	37
第二套		
一、单项选择题	41	43
二、多项选择题	42	47
中国法律史【04】		
第一套		
单项选择题	51	52
第二套		
单项选择题	54	55

	试题	详解
国际法【05】		
第一套		
一、单项选择题	58	59
二、多项选择题	58	59
第二套		
一、单项选择题	60	61
二、多项选择题	60	61
司法制度和法律职业道德【06】		
第一套		
一、单项选择题	63	64
二、多项选择题	63	66
三、不定项选择题	64	68
第二套		
一、单项选择题	69	71
二、多项选择题	70	73
三、不定项选择题	70	75
刑法【07】		
第一套		
一、单项选择题	76	82
二、多项选择题	78	88
三、不定项选择题	80	92
第二套		
一、单项选择题	95	100
二、多项选择题	97	105
三、不定项选择题	99	108

	试题	详解			试题	详解
刑事诉讼法【08】			**行政法与行政诉讼法【09】**			
第一套			第一套			
一、单项选择题	111	115	一、单项选择题	158	161	
二、多项选择题	113	125	二、多项选择题	159	166	
三、不定项选择题	114	132	三、不定项选择题	161	170	
第二套			第二套			
一、单项选择题	136	140	一、单项选择题	172	176	
二、多项选择题	138	148	二、多项选择题	173	180	
三、不定项选择题	139	155	三、不定项选择题	175	185	

法律文件简称对照表

简称	全称
监督法	中华人民共和国各级人民代表大会常务委员会监督法
全国人大组织法	中华人民共和国全国人民代表大会组织法
地方组织法	中华人民共和国地方各级人民代表大会和地方各级人民政府组织法
检察规则	人民检察院刑事诉讼规则
法院解释	最高人民法院关于适用《中华人民共和国刑事诉讼法》的解释
六机关规定	最高人民法院、最高人民检察院、公安部、国家安全部、司法部、全国人大常委会法制工作委员会关于实施刑事诉讼法若干问题的规定
公安部规定	公安机关办理刑事案件程序规定
行诉法解释	最高人民法院关于适用《中华人民共和国行政诉讼法》的解释

习近平法治思想【01】

第一套

第一部分 试题

一、单项选择题

1. 全面从严治党是保障党对全面依法治国领导地位的前提，对党的规范性文件进行备案审查有助于从规范基础上为全面从严治党提供依据。关于党内规范性文件的备案审查，下列哪一说法是错误的？

A. 党的规范性文件不具有普遍约束力

B. 请示报告文件不需要纳入备案审查

C. 党组织制定的规范性文件应当向上级党组织报备

D. 规范性文件自发布之日起 30 日内报备

2. 2024 年 7 月，最高人民检察院发布了修订后的《人民检察院司法责任追究条例》。根据该条例，下列哪一情形需要追究司法责任？

A. 检察官甲在办案中因为过失未采信重要证据

B. 检察官乙在办案中违规查封当事人财物，但未影响案件结论的正确性

C. 检察官丙违反规定对电信诈骗案件撤销立案

D. 检察官丁因司法解释修改而撤回起诉

3. 无人驾驶汽车"萝卜快跑"出租车在武汉市投入运营后，既以低廉的价格带来很多交通便利，同时也引发了有关如何划分交通事故责任、保障出租车司机就业权等社会议题的讨论。对此，下列哪一说法是正确的？

A. 无人驾驶汽车不是法律责任主体，因此应当禁止其上路

B. 无人驾驶汽车在运营中应当追求零风险

C. 无人驾驶汽车争议较大，应当推迟该领域立法

D. 无人驾驶产业发展应当在科技创新和就业公平之间实现平衡

4. 个体工商户曾某因销售一瓶 78 元的过期葡萄酒被罚款 5 万元，其认为处罚过重，经法院一审、二审、再审，六年诉讼未果。后最高检察院到当地召开听证会公开审查，促使行政机关主动纠正。关于此案，下列哪一说法是正确的？

A. 重罚有助于发挥行政处罚的教育意义

B. 行政处罚应当从宽从轻

C. 执法机关行政裁量权的行使应当受到限制

D. 应当以检察院的监督代替法院对行政处罚行为的监督

二、多项选择题

1. 在法治社会建设中，枫桥经验有助于化解纠纷，减轻司法压力。下列哪些枫桥式工作

法符合法治社会的要求？

    A. 甲区法院未诉先办，针对易引发集体诉讼的问题向主管部门预警

    B. 乙区信访办创建"可信消费"工作模式，化解预付式消费纠纷

    C. 丙县法院人民法庭建立村巷法官，将法庭力量下沉一线

    D. 丁市中院建立人民陪审员参与诉前调解机制

2.《中共中央关于进一步全面深化改革、推进中国式现代化的决定》提出，改革开放只有进行时，没有完成时。关于法治建设领域的改革，下列哪些说法是正确的？

    A. 完善党委领导、人大主导、政府依托、各方参与的立法工作格局

    B. 推进政府机构、职能、权限、程序、责任法定化

    C. 深化审判权和执行权分离改革

    D. 完善以实践为导向的法学院校教育培养机制

3. 习近平总书记提出，要弘扬正确人权观。对此，下列哪些理解符合正确人权观？

    A. 生存权和发展权为首要的基本人权

    B. 人民性是中国人权发展道路最显著的特征

    C. 人权事业要按照我国国情来发展

    D. 我国应当探索不同于全球人权治理模式的新框架

4.《中共中央关于进一步全面深化改革、推进中国式现代化的决定》明确提出要"建立宪法实施情况报告制度"。关于该制度，下列哪些说法是正确的？

    A. 有助于提高国家机关的宪法意识

    B. 可以在功能上替代备案审查制度

    C. 有助于推进宪法在司法中直接适用

    D. 有助于在法治轨道上深化改革

5. 2023 年 11 月 27 日，习近平总书记在二十届中央政治局第十次集体学习时发表重要讲话，指出涉外法治作为中国特色社会主义法治体系的重要组成部分，事关全面依法治国，事关我国对外开放和外交工作大局。关于涉外法治人才培养，下列哪些说法是正确的？

    A. 政府应当实施国际一流律师事务所培育工程

    B. 涉外法治律师应当服务于国家利益，放弃个人利益

    C. 涉外法治人才培养应聚焦于新兴、重点领域需求

    D. 完善涉外法治教育，大量引入海外法治教材

第二部分　答案详解

一、单项选择题

1. 答案：A　难度：难

考点：坚持党的领导、党内法规

命题和解题思路：加强和改善党的领导需要完善党内法规体系、提升党内的法治化和规范化水平。党内法规是近几年命题的重点，但党内除了党内法规，还包括大量的党内规范性文件。党内法规和规范性文件的备案审查随着合宪性审查制度的完善而变得愈发重要。《中

国共产党党内法规和规范性文件备案审查规定》（以下简称《规定》）于 2012 年制定，2019 年修订，是党内备案审查制度的基本依据。本题以规范性文件的备案审查这一容易被考生忽视的主题进行命制，符合当前的考查趋势。应对这类题目，考生应当融会贯通。A 选项考查基本原理，考生应当结合法理学中的规范性和非规范性法律文件的区别来做出准确的判断。B、C、D 选项涉及具体条文，虽然考生对条文不熟，但可以结合《立法法》中的备案审查制度以灵活应对。

【选项分析】A 选项考查党内规范性法律文件的性质。虽然规范性文件没有以党内法规冠名，但依然具有普遍约束力。《规定》第 2 条第 2 款规定，本规定所称规范性文件，指党组织在履行职责过程中形成的具有普遍约束力、在一定时期内可以反复适用的文件。因此，规范性文件具有与党内法规相同的普遍约束力。A 选项表述错误，当选。

B 选项考查纳入审查范围的规范性文件。《规定》第 2 条第 3 款规定，下列文件不列入备案审查范围：……（三）请示、报告、会议活动通知、会议纪要、情况通报等文件；……。由此可见，请示报告并不需要纳入审查范围。B 选项表述正确，不当选。

C 选项考查规范性文件的备案主体。《规定》第 5 条第 1 款规定，党组织制定的党内法规和规范性文件应当向上级党组织报备。由于党内法规和规范性文件的制定主体和法律法规的制定主体不同，所以二者的备案审查主体也不同，党内法规和规范性文件直接向上级报备，体现出上下级之间的领导关系。C 选项表述正确，不当选。

D 选项考查规范性文件的报备时间要求。《规定》第 8 条第 1 款规定，应当报备的党内法规和规范性文件，自发布之日起 30 日内由制定机关报备。若考生对这一点有疑问，可以参照备案审查制度的相关规定。30 天的时间规定是为了给立法主体充分的准备时间，对于法律法规和党内法规的立法主体同样适用。D 选项表述正确，不当选。

2. **答案：C　难度：难**

考点： 严密的法治监督体系、公正司法

命题和解题思路： 《人民检察院司法责任追究条例》（以下简称《条例》）旨在全面准确落实司法责任制，构建公平合理的司法责任认定和追究机制。司法责任制对公正司法至关重要，但司法人员承担司法责任的边界需要厘清。《条例》针对检察官在哪些情形下应当承担司法责任做出了更为细致的规定。本题基于《条例》的内容而设计，考查具体细致，难度较大。考生应当熟悉最新法治动态，结合司法制度原理做出精准判断。C 选项的错误容易识别，但 A、B、D 选项则具有迷惑性，涉及不追究司法责任的情形，考生既要熟悉《条例》条文，也要熟知背后原理。

【选项分析】A 选项和 B 选项考查追究检察人员司法责任的标准和边界。《条例》第 3 条规定，检察人员在司法办案工作中，虽有错误后果发生，但尽到必要注意义务，对错误后果发生仅有一般过失的，不承担司法责任；检察人员在事实认定、证据采信、法律适用、办案程序、文书制作等方面不符合法律和有关规定，但不影响案件结论的正确性和效力的，属司法瑕疵，不因此承担司法责任。A 和 B 选项就涉及这两种情形。司法人员办案并不能保证完全万无一失，如果只是具有一般过失，虽然导致错误结果，但不追究司法人员的责任。虽然甲、乙两位检察人员存在违法情形，但对办案没有实质影响，也不应当追责。这体现的是惩处与教育结合，追责与保护并重。A 选项和 B 选项不当选。

C 选项考查检察人员承担司法责任的情形。按照《条例》第 7 条规定，违反规定立案或者违法撤销案件的，应当承担司法责任。检察官丙违反规定对电信诈骗案件撤销立案，是故

意违反检察职责，破坏司法公正，应当追责。C 选项当选。

D 选项考查不追究司法责任的特殊情形。根据《条例》第 9 条的规定，法律法规修改、司法解释发生变化或者有关政策调整的，从而改变案件定性、处理决定以及撤回起诉、判决无罪等的，检察人员不承担责任。丁因为司法解释修改而撤回起诉，符合这一情形。D 选项不当选。

3. 答案：D　难度：易

考点：科学立法、以法律保障经济发展

命题和解题思路： 无人驾驶技术的发展带来很多社会益处，同时也引发很多挑战。虽然无人驾驶汽车目前还未进入商业化阶段，但如何对无人驾驶汽车的商业运营进行规制，是当前新兴领域立法的一个迫切议题。本题考查无人驾驶领域立法的基本原理，考点精致，立意较好。考生结合社会常理，可针对 A、B 选项的错误准确识别。C、D 选项涉及科学立法的内涵，考生应当熟悉立法的及时性和实效性，灵活准确地做出判断。

【选项分析】 A 选项考查无人驾驶立法的可行性。从目前技术发展情况来看，无人驾驶汽车上路具有成熟的条件，但无人驾驶所引发的责任问题目前仍然无法定论，尤其是无人驾驶汽车不是由人操控，而是算法操控，但汽车本身不是责任主体，因此其商业化还不具备条件。萝卜快跑在武汉试运营，只是在有限区域、有限条件下的测试。尽管如此，这并不意味着无人驾驶汽车不具备上路的可能性，而是通过科学划定汽车事故责任就可以创造汽车上路的现实条件。A 选项错误。

B 选项考查无人驾驶汽车的运营条件。技术是为了降低风险，而非实现零风险。无人驾驶汽车比人驾驶的汽车要减少更多风险，但不能完全消除风险。在立法上，也不能以追求零风险作为目标，否则会制约产业发展和技术创新。B 选项错误。

C 选项考查无人驾驶汽车立法的及时性。<u>科学立法要求针对新兴领域、重点领域立法</u>，无人驾驶技术蓬勃发展，且是国际科技竞争的<u>重要赛道</u>，因此应该及时进行立法，以体现我国高质量发展优势。C 选项不符合科学立法的要求，是错误的。

D 选项考查提高立法质量。立法是解决现实问题和需求的，同时也要正确处理各种利益主张。无人驾驶汽车会引发就业问题，尤其是针对出租车行业。如何能够既保障无人驾驶汽车产业的迅速发展和技术创新，又可以保障就业公平、促进社会公正，是高质量发展面对的重大问题，也是无人驾驶汽车市场化运营必须要解决的难题。D 选项正确。

4. 答案：C　难度：中

考点：严格执法

命题和解题思路： 严格执法是全面依法治国的工作环节，严格规范公正文明执法是严格执法的内在要求。实践中对一些小摊小贩、小微企业的行政处罚违反过罚相当原则，处以高额罚款，既不符合法律精神，也不符合公平正义的要求。实践中经常发生小过重罚的案例，对行政执法的权威性造成伤害。本题以小过重罚这一具体执法现象为主题进行命制，考查严格执法的具体要求。考生应当熟悉严格执法的原理，结合执法实践以做出准确判断。A、B 是类似的命题陷阱，错在不可一概而论。D 选项错在以偏概全，不符合法治监督原理。

【选项分析】 A 选项考查行政处罚的教育意义。行政执法应当坚持处罚与教育相结合，但并不意味着重罚就能发挥好执法的教育意义，反而应当是执法既要讲究温度，又要追求力度，否则会降低执法的公信力。A 选项错误。

B 选项考查行政处罚的尺度。行政处罚的意义在于对行政相对人进行警示和惩戒，以实现执法目标，促进公平正义。行政处罚应当宽严相济，而非一宽了之。宽严相济指的是要从区分违法行为的社会危害程度入手，对不同性质、不同情节、不同后果的违法行为，依法分类处置，该宽则宽、当严则严，切实做到罚当其所，处罚结果能够被各方当事人、社会各方面普遍接受、认可。行政处罚并非一概从宽从轻，B 选项错误。

C 选项考查行政裁量权的限制。行政裁量是执法机关在实践中所享有的执法权限，但行政裁量必须在限度之内进行，并受到严格的基准限制。行政裁量权基准是行政机关结合本地区本部门行政管理实际，按照裁量涉及的不同事实和情节，对法律、法规、规章中的原则性规定或者具有一定弹性的执法权限、裁量幅度等内容进行细化量化，以特定形式向社会公布并施行的具体执法尺度和标准。只有通过行政裁量基准才能约束行政权力，防止过度裁量和小过重罚，避免出现销售 78 元罚款 5 万的困局。C 选项正确。

D 选项考查法治监督体系。在本案中，虽然法院监督失灵，检察监督发挥了充分的作用，但并不意味着法院对行政执法的监督是可有可无的。通过行政诉讼对行政执法活动进行监督是有效的约束行政权力的监督机制，在实践中应当强化而非弱化，只有这样才能在制度上堵死小过重罚的漏洞。D 选项错误。

二、多项选择题

1. 答案：ABCD   难度：易

考点：法治社会、全民守法

命题和解题思路： 2023 年是纪念毛泽东同志批示学习推广"枫桥经验"60 周年暨习近平总书记指示坚持发展"枫桥经验"20 周年。中央政法委在全国范围内评选出 104 个"枫桥式工作法"单位，以推广枫桥经验，建设法治社会。本题基于这些获选单位的先进经验进行命制，内容鲜活，难度较低，也是近几年法考常考的类型。考生应当结合枫桥经验的原理和常理常情对各个选项进行判断，只要选项中没有明显违反法治原则的内容，通常属于正确的做法。

【选项分析】 A 选项具有一定的干扰性，但只要考生意识到法院不仅是一个审判机关，还是积极参与社会治理和纠纷化解的法治主体，则能认识到法院"未诉先办"的重要意义。如果法院不主动干预，一旦发生集体诉讼，则会增加司法压力。通过提前预警，可以化解纠纷，减轻司法负担。A 选项正确。

B 选项考查国家机关对消费纠纷的化解。预付式消费容易引发纠纷，消费者维权较难。围绕预付式消费流程不规范、政府监管缺乏有效手段这一关键问题，通过"可信消费"工作模式，能够建立智能化协同监管新模式，实现从"无形"到"有形"的转变，实现消费过程"透明化"。这一举措可以有力地减少预付式消费维权难的情形。B 选项正确。

C 选项考查司法机关对基层治理的参与。村巷法官定期下沉一线，为群众提供纠纷调解、法律咨询、普法宣传等多元化司法服务，可以提升基层法律服务水平，提前化解纠纷，消除矛盾源头。C 选项正确。

D 选项考查人民陪审员对调解活动的参与。人民陪审员的法定职责是参与庭审，但随着诉前调解越来越广泛，人民陪审员可以参与到调解活动中，具有天然优势。人民陪审员利用其自身人生阅历丰富、生活经验充足、与当事人间天然的社会关系等优势，有针对性地参与案件调解，通过"法官讲法理+人民陪审员讲情理"的方式，能够最大程度上促进案结事了，有效地提高人民群众的司法满意度和获得感。D 选项正确。

2. 答案：ABCD 难度：中

考点：科学立法、严格执法、公正司法、全民守法

命题和解题思路：《中共中央关于进一步全面深化改革、推进中国式现代化的决定》（以下简称《决定》）是 2025 年的重点考查素材，必将在客观题考试中重磅呈现。本题从宏观上考查法治领域改革的具体举措，考生只要对《决定》内容熟悉，便可从容应对。题目选项涉及立法改革、行政改革、司法改革和法学教育改革，考生应当从《决定》内容出发，反过来对法治思想的基本知识点进行强化，夯实基础知识，实现备考效果。

【选项分析】A 选项考查立法领域的改革。《决定》中提出，完善以宪法为核心的中国特色社会主义法律体系，健全保证宪法全面实施制度体系，建立宪法实施情况报告制度。完善党委领导、人大主导、政府依托、各方参与的立法工作格局。因此，这一工作格局有助于更好地提高立法质量，书写良法善治新篇章。因此，A 选项正确。

B 选项考查行政体制改革。《决定》中提出，推进政府机构、职能、权限、程序、责任法定化，促进政务服务标准化、规范化、便利化，完善覆盖全国的一体化在线政务服务平台。由此可见，政府各方面的法治化也是国家各方面法治化的具体要求。B 选项正确。

C 选项考查司法体制改革。《决定》中提出，健全公正执法司法体制机制。健全监察机关、公安机关、检察机关、审判机关、司法行政机关各司其职，监察权、侦查权、检察权、审判权、执行权相互配合、相互制约的体制机制，确保执法司法各环节全过程在有效制约监督下运行。深化审判权和执行权分离改革，健全国家执行体制。因此，审判权与执行权分离是本次《决定》中的一项重大改革，可以强化当事人、检察机关和社会公众对执行活动的全程监督，有助于解决"执行难"问题。C 选项正确。

D 选项考查法治社会建设体制改革。《决定》中提出，健全覆盖城乡的公共法律服务体系，深化律师制度、公证制度、仲裁制度、调解制度、司法鉴定管理体制改革。改进法治宣传教育，完善以实践为导向的法学院校教育培养机制。加强和改进未成年人权益保护，强化未成年人犯罪预防和治理，制定专门矫治教育规定。因此，法学教育是培养法治工作队伍的主要渠道，有助于提升法治工作队伍水平，提高法律服务水平，为法治社会建设储备人才。D 选项正确。

3. 答案：ABC 难度：中

考点：以人民为中心

命题和解题思路：《中共中央关于进一步全面深化改革、推进中国式现代化的决定》提出，坚持正确人权观，加强人权执法司法保障。正确人权观标志着我们党对新时代人权事业发展规律的认识达到了新高度。本题围绕正确人权观的内涵进行考查，立意深刻。考生应当结合以人民为中心的基本原理和人权实践的常理进行判断，尤其是针对 D 选项，要意识到中国人权事业具有独特性，但也需要融入全球人权治理中，才能体现大国风范和担当。A、B、C 选项是正确人权观的具体体现，考生可结合中国特色社会主义法治道路的内涵轻松判断。

【选项分析】A 选项考查基本人权的内涵。正确人权观始终把生存权、发展权作为首要的基本人权，生动诠释了新时代人权事业发展的重大原则。习近平总书记指出，"生存是享有一切人权的基础"，"发展是解决中国所有问题的关键，也是中国共产党执政兴国的第一要务"。他强调，"要完整、准确、全面贯彻新发展理念"，"着力解决人民最关心最直接最现实的利益问题，着力解决发展不平衡不充分问题，努力实现更高质量、更有效率、更加公平、更可持续、更为安全的发展，在发展中使广大人民的获得感、幸福感、安全感更加充

实、更有保障、更可持续"。这就明确了人权事业的发展导向，揭示了人权事业不断进步的根本路径。A 选项正确。

B 选项考查正确人权观的价值基础。正确人权观始终把人民幸福生活作为最大的人权，生动诠释了新时代人权事业发展的根本立场。人民立场是中国共产党的根本政治立场。习近平总书记指出："人民对美好生活的向往，就是我们的奋斗目标。"这就把以人民为中心提升到人权核心理念的高度，阐明了人权发展为了谁、依靠谁、发展成果由谁共享的重大问题。B 选项正确。

C 选项考查中国特色的人权道路。正确人权观始终坚持中国人权发展道路，深刻回答了人权事业发展的道路选择问题。由于各国具体情况不同，因而世界上不存在千篇一律、定于一尊的人权发展模式。习近平总书记强调："各国人权发展道路必须根据各自国情和本国人民愿望来决定。"独特的文化传统、独特的历史命运、独特的国情，注定了中国必然走适合自己特点的发展道路。这就揭示了中国人权发展道路的客观必然性，指明了中国人权事业发展的康庄大道。C 选项正确。

D 选项考查中国在全球人权合作中的角色。正确人权观维护多边主义，彰显了我国关于全球人权治理的基本立场。习近平总书记指出，"要坚持共商共建共享的全球治理观"，"积极推进全球治理规则民主化"，"推动全球人权治理朝着更加公平公正合理包容的方向发展"。中国的人权发展应当融入全球人权治理框架之中，而非另起炉灶，搭建新的框架。D 选项错误。

4. 答案：AD   难度：难

考点：坚持依宪治国、依宪执政

命题和解题思路： 本题考查《中共中央关于进一步全面深化改革、推进中国式现代化的决定》中新增的"建立宪法实施情况报告制度"。宪法实施情况报告是推进宪法全面实施的最新举措，必将大大提升宪法权威。题目选项设计难度不高，需要考生结合宪法学相关知识作答。A、D 是原理性考查，考生容易判断。虽然宪法实施报告制度的具体细节还未公布，但考生结合宪法实施的实践情况，可以准确判断 B、C 选项的错误之处，尤其是宪法适用的问题，结合宪法学知识便可精准识破。

【选项分析】 A 选项考查宪法实施情况报告制度的法治意义。宪法实施情况报告制度主要由全国人大常委会执行，通过宪法实施情况报告，可以全面和及时地反映宪法实施的情况，尤其是国家机关实施权力的效果，有助于让国家机关更加尊重宪法权威，弘扬宪法精神，提高宪法意识。A 选项正确。

B 选项考查宪法实施情况报告制度的功能。该制度主要是对宪法实施情况进行评价和评估，从而更好地提升宪法实施的程度。该制度与备案审查制度并行不悖，备案审查制度的主要意义在于对法律法规进行立法审查，避免出现违宪的规定，二者并不冲突，也非互相替代的关系。B 选项错误。

C 选项考查宪法适用。考生可结合宪法学原理进行判断。宪法在我国具有最高法律效力，是一切规范的效力来源，在实践中直接或间接适用于法律各个领域。宪法实施情况报告制度旨在对宪法实施情况进行报告，但其目的并非是推进宪法在司法裁判之中的适用，尤其是直接适用。C 选项错误。

D 选项考查宪法实施情况报告制度在改革中的重大意义。改革需要在法治轨道上进行，特别是需要在宪法框架下进行。全面贯彻实施宪法既是法治各环节改革的前提和出发点，也是法治改革的重要事项之一。只有在法治实践层面，把全面贯彻实施宪法作为法治改革的重要使命和具体任务要求，法治改革才能真正产生实效。D 选项正确。

5. 答案：AC   难度：难

考点： 建设德才兼备的法治工作队伍、统筹国内法治和涉外法治

命题和解题思路： 2023 年 11 月 27 日，习近平总书记在二十届中央政治局第十次集体学习时发表重要讲话，对加强涉外法治建设、营造有利法治条件和外部环境作出重大战略部署。对此，中共司法部党组在《求是》杂志以《加快推进涉外法治建设 服务高质量发展和高水平开放》为题发表文章。本题取材于该文，以涉外法治人才培养为主题进行考查，具体细致，难度较高。A、B 选项关注涉外律师培养，考生应当熟悉法治动态，结合常理常情进行判断，尤其是 A 选项，考生应结合涉外法治人才的迫切需求做出正确理解。C、D 选项涉及涉外法治人才培养，C 选项易于判断，D 选项具有迷惑性，考生应结合法学教育的政治性识别其错误性。

【选项分析】 A 选项考查政府在涉外法治人才建设中的重要角色。律师事务所服务于法治一线，培育国际一流的律师事务所迫在眉睫，政府应当发挥扶持作用。司法部提出<u>组织实施国际一流律师事务所培育工程</u>，支持北京、上海、广东、海南等地开展国际商事仲裁中心建设试点，加快培育一批国际一流的仲裁机构和律师事务所。加快推进仲裁法修订工作，健全具有中国特色、与国际通行规则相融通的仲裁法律制度，提升我国仲裁的国际影响力和公信力。A 选项正确。

B 选项考查德才兼备的涉外法治工作队伍的内涵。涉外律师是涉外法治的先行军，要具有政治意识和大局意识，以国家利益为重，但并不意味着涉外律师不能谋求个人正当利益。司法部提出，持续加强涉外律师人才培养，建设涉外律师领军型人才队伍。强化在跨境投资、国际贸易、民商事诉讼与仲裁等领域实务训练，提升涉外律师专业水平和实践能力。这些实践规划有助于律师通过专业的法律实践保障国家利益，但与此同时也要充分保障律师的合法权益和正当收益。B 选项错误。

C 选项考查涉外法治人才培养的着力点。涉外法治人才培养要以实践为导向，采取务实措施健全完善涉外法治人才培养、选拔、使用、管理全周期制度机制，加强涉外法治人才储备。深入对接海事海商、金融法治、<u>知识产权</u>等新兴、重点领域需求，加强"订单式"培养，加快提高涉外法治人才培养质效。因此，涉外法治人才培养应聚焦于新兴、重点领域需求。C 选项正确。

D 选项考查涉外法学教育的模式。涉外法学教育应当坚持立德树人、德法兼修，加强涉外法治学科一体建设。司法部要求，会同有关部门加强法学教材编写和课程标准制定等工作，<u>统筹组织力量编写涉外法治教材，加强审核把关，牢牢把握正确政治方向、价值导向和育人导向</u>。在深化协同育人上采取更实举措，强化实践教学，切实把法学院校与法治工作部门在人才培养方案制定、课程建设、实习实训等环节深度衔接要求落到实处。因此，涉外法学教育要把好政治关，体现主导性，在教材编写上突出自主意识，建设自主学科，而非依赖于外部资源。D 选项错误。

第二套

第一部分　试题

一、单项选择题

1. 科学立法，要研究丰富立法形式，可以搞一些"大块头"，也要搞一些"小快灵"，增强立法的针对性、适用性、可操作性。对此，下列哪一说法是错误的？

A. 立法要有问题导向，立法项目要准确对应实践中出现的问题

B. 越是复杂的立法要求，越要以简易思维寻找简便易行、彰显实效的工作方法

C. 要完善法治建设规划，应当追求立法质量而非立法效率

D. 地方立法要将立法重点放在本地特有的、实践中矛盾较突出的问题上

2. 党的二十大报告提出，强化对司法活动的制约监督，促进司法公正。完善检察机关司法体制综合配套改革制度体系，全面准确落实司法责任制，是实现司法公正的应然要求。对此，下列哪一做法不符合这一要求？

A. 完善检察机关与行政执法机关、公安机关、审判机关、司法行政机关执法司法信息共享、案情通报、案件移送制度

B. 人民监督员监督检察办案活动，依法独立发表监督意见

C. 邀请法学专家、离退休专家型法官、律师等参加案件评议、研判，借助"外脑"促进检察官提升办案能力

D. 创新开展涉案企业合规改革，依法可不捕、不诉的，要"一宽了之"

3. 多元化纠纷解决机制对于有效解决社会矛盾、全面建设法治社会具有重要意义。对此，下列哪一做法是错误的？

A. 深入开展法官、检察官、行政复议人员、行政执法人员、律师等以案释法活动

B. 发挥非诉纠纷解决机制的主导作用，完善社会矛盾纠纷多元预防调处化解综合机制

C. 规范失信惩戒对象名单制度，在加强失信惩戒的同时保护公民、企业合法权益

D. 推进行政裁决工作，扩大行政裁决适用范围

4. 2023 年 3 月，国务院新闻办公室发布《新时代的中国网络法治建设》白皮书。该文件指出，中国的网络法治建设有力提升了中国互联网治理能力，保障了中国互联网快速健康有序发展，也为全球互联网治理贡献了中国智慧和中国方案。关于中国的互联网法治，下列哪一说法是正确的？

A. 元宇宙是去中心化的虚拟网络空间，无需立法加以规制

B. 互联网司法有助于降低司法成本，提高司法效率

C. 对数字经济平台的反垄断应当采取事后监管形式，加强平台自我治理

D. 网络暴力治理需要扩展网络暴力的概念内涵，强化平台责任

二、多项选择题

1. 2023 年，司法部对 2022 年度报备的 2 313 件法规规章进行备案审查，其中地方性法规 1 509 件，地方政府规章 601 件，部门规章 203 件。经审查，初步确认 121 件法规规章存在与

上位法不一致问题，均已按照法定权限和程序作出处理。对此，下列哪些说法是正确的？

    A. 司法部对法规规章的备案审查属于事前审查

    B. 司法部的备案审查是宪法实施的重要路径，有助于维护宪法权威

    C. 司法部可以改变或撤销与上位法不一致的规章

    D. 司法部的备案审查有助于从源头上约束行政权力

2. 关于中国式现代化与全面依法治国的关系，下列哪些说法是正确的？

    A. 党的领导是中国式现代化的根本保证

    B. 只有中国特色社会主义法治道路才能为中国式现代化提供保障

    C. 中国式现代化应当拒绝西方的法治理念和法治经验

    D. 中国式现代化有力推动中国特色社会主义法治理论创新发展

3. 甘肃一车主送父亲去医院，但因没有车位而违章停在路边，并写纸条留言："警察同志，父亲病重需要转院，时间紧迫，实在是没有合适的车位不得已才在此停车，还望理解。"交警发现后，留下一张温馨提示单："祝您父亲早日康复！"对于这种柔性执法方式，下列哪些说法是正确的？

    A. 体现了执法的温度和力度

    B. 其中的自由裁量应当受到约束，否则容易滥用

    C. 可以采取说服教育、劝导示范、警示告诫、指导约谈等多种方式

    D. 在食品药品、公共卫生、自然资源、生态环境等重点领域不适宜采用

4. 2023 年 2 月，中共中央办公厅、国务院办公厅印发了《关于加强新时代法学教育和法学理论研究的意见》，提出法学教育和法学理论研究承担着为法治中国建设培养高素质法治人才、提供科学理论支撑的光荣使命，在推进全面依法治国中具有重要地位和作用。对此，下列哪些做法是正确的？

    A. 加快构建中国特色法学学科体系、学术体系、话语体系，拒绝西方舶来品

    B. 把握党内法规研究跨学科特点，为加强党内法规制度建设、依规治党提供有力学理支撑

    C. 讲好中国法治故事，提升中国特色社会主义法治体系和法治理论的国际主导权和影响力

    D. 加快培养具有国际视野，精通国际法、国别法的涉外法治紧缺人才

5. 2023 年 4 月，中共中央印发了《中央党内法规制定工作规划纲要（2023-2027 年）》，提出要聚焦提高制定质量这个核心，不断完善内容科学、程序严密、配套完备、运行有效的党内法规体系。对此，下列哪些说法是正确的？

    A. 规范党内法规立法体现了加强和改善党领导法治事业的要求

    B. 该《纲要》有助于抓住领导干部这个关键少数

    C. 党内法规体系是中国特色社会主义法治体系的有机组成部分

    D. 依照《立法法》对党内法规进行合宪性审查，有助于推进宪法实施，维护宪法权威

第二部分 答案详解

一、单项选择题

1. 答案：C　难度：中

考点： 坚持推进科学立法、坚持建设中国特色社会主义法治体系

命题和解题思路： 在全面依法治国的进程中，立法发挥着非常重要的作用。在中央布局之下，我国法律体系不断完善，但随着新兴领域和重点领域迸发出越来越多的问题，推进科学立法仍然是当前的一项基础性工作。习近平法治思想关于科学立法有一套完整的理论体系，本题选取的材料是推进科学立法的一个小切入点，即与宏观立法相对应的"小快灵"立法，深度考查考生对立法的法治意义的理解，具有一定难度。特别是 B、C 选项的设计，具有较强的干扰性，考生难辨真假。这类精细化考查的题目，考生应当熟悉立法实践，灵活应对。

【选项分析】 A 选项考查对立法的针对性的理解。立法要对症下药，追求药到病除。法治实践中的难题会不断涌现，经济发展、环境保护、网络治理等会随时出现新问题与新情况，为了及时回应社会需求，解决群众之所急，立法应当及时跟进，针对问题和痛点果断出手。"小快灵"立法避免了"大块头"立法的体系性难题，能够较好地实现立法任务，体现出立法的问题导向。A 选项正确，不当选。

B 选项具有一定的干扰性。古语说，大道至简。新技术、新业态大量涌现，新矛盾、新问题不断产生，迫切需要加快立法步伐，立有针对性、适用性、可操作性的法，以解决眼下迫切的问题。这就要求立法者化繁为简，把握主要矛盾，有重点地解决问题。新时代立法任务日益繁重，越是复杂的立法要求，越要以简易思维寻找简便易行、彰显实效的工作方法。考生可能对简易思维有疑问。简易思维所强调的是简易立法体例，选取矛盾的一个小切口，针对急需解决的一个或几个重点问题，开展单项立法，有几条立几条，管用几条制定几条。B 选项正确，不当选。

C 选项考查考生对科学立法的理解。科学立法的关键在于提高立法质量，因此需要严格规范立法，提升立法质量。但立法质量与立法效率并不冲突，习近平总书记提出："要完善法治建设规划，提高立法工作质量和效率。"立法效率与立法质量一并成为各级立法工作的要求和标准，立法进入提质提速提效的快车道。立法效率主要是通过立法效果与立法成本的比例，来评估立法目的实现程度。它强调以最小的立法成本获取最大的立法收益。影响立法效率的因素包括立法成本、立法效益、立法数量、立法质量和立法需求等方面。高效率的立法就是立法资源消耗少、经济效益与社会效益明显、法律供给与法律需求相匹配，并能被普遍遵守的法律。C 选项错误，当选。

D 选项考查地方立法。"小快灵"立法的一个面向就是地方立法的丰富。即从实际出发，创造性地确立适宜的立法体例，针对各地亟待解决的问题设计规则。我国幅员辽阔，地区差别很大，国家层面的法律法规往往不能满足地方差别化治理的需要，地方治理迫切需要更加细化的制度安排，以及能够及时回应新诉求的法律规范。这就要求地方立法要根据具体情况，因地制宜地设计出解决问题的制度方案，实现科学的高质量立法，使地方立法务实、管用，做到"不抵触、有特色、可操作"。D 选项正确，不当选。

2. 答案：D　难度：易

考点：坚持公正司法

命题和解题思路：公正司法是法治建设的永恒追求，我国在制约司法权力、实现司法公正上取得了显著的成就。党的二十大提出，强化对司法活动的制约监督，促进司法公正。这为深化司法体制改革与破解司法权力运行中的深层难题指明了方向。本题聚焦容易被考生忽视的检察权的运行和改革，从细微处着眼，具有一定的难度。A、B 选项涉及对检察权运行的制约和监督，考生应基于我国司法权运行的基本原理作出判断。C、D 选项涉及检察权的改革和创新，特别是在企业合规改革上的创新举措，考生既要熟悉实践动态，也要熟知相关原理。比如对涉案企业的合规监督并非放之任之，而是需要督促其整改落实。

【选项分析】A 选项考查司法权力运行的制度设计。《中共中央关于全面推进依法治国若干重大问题的决定》提出，健全行政执法和刑事司法衔接机制，完善案件移送标准和程序，建立行政执法机关、公安机关、检察机关、审判机关信息共享、案情通报、案件移送制度，坚决克服有案不移、有案难移、以罚代刑现象，实现行政处罚和刑事处罚无缝对接。《最高人民检察院关于推进行政执法与刑事司法衔接工作的规定》第 2 条规定，人民检察院开展行政执法与刑事司法衔接工作，应当严格依法、准确及时，加强与监察机关、公安机关、司法行政机关和行政执法机关的协调配合，确保行政执法与刑事司法有效衔接。这一规定有助于构建顺畅的行政执法与刑事司法衔接机制，破解"以罚代刑""不刑不罚"等难题。A 选项正确，不当选。

B 选项考查人民监督员制度。人民监督员既体现了人民当家作主，也有助于对司法权力运行进行监督。《人民检察院办案活动接受人民监督员监督的规定》第 18 条规定，人民监督员监督检察办案活动，依法独立发表监督意见，人民检察院应当如实记录在案，列入检察案卷。B 选项正确，不当选。

C 选项具有一定的干扰性。检察权应当独立行使，不受其他组织和个人的干预。然而，检察院邀请"外脑"提供意见，是促进公正办案的有益举措。最高人民检察院提出，各级检察机关要充分发挥社会力量特别是相关领域的专家学者、专职律师、资深法官和有法律背景的人大代表、政协委员等的作用，善于借用"外脑"办好案件、提升专业能力，为人民群众提供更多更优的法治产品、检察产品。C 选项正确，不当选。

D 选项考查企业合规改革。最高人民检察院近几年不断探索涉案企业合规改革试点，取得了一些成效，有助于打造法治化的营商环境。为做实对各类企业的平等保护、促进合规经营管理，最高人民检察院提出对企业负责人涉经营类犯罪依法能不捕的不捕、能不诉的不诉、能不判实刑的提出适用缓刑建议的检察政策。为防止对这类犯罪"一宽了之"，从根源上促进解决企业刑事犯罪风险，更好地规范经营、合规管理，对于那些依法可不捕、不诉的，应当责成他们作出合规承诺、切实整改，做实既厚爱又严管。D 选项错误，当选。

3. 答案：B　难度：中

考点：法治国家、法治政府、法治社会一体建设

命题和解题思路：2021 年，中共中央印发了《法治中国建设规划（2020-2025 年）》（以下简称《规划》）。这是新中国成立以来第一个关于法治中国建设的专门规划，是新时代推进全面依法治国的纲领性文件，是"十四五"时期统筹推进法治中国建设的总蓝图、路线图、施工图，对新时代更好发挥法治固根本、稳预期、利长远的重要作用，推进国家治理体系和治理能力现代化具有重大意义。该规划内容丰富，要点突出，近年的法考试题也专门针对《规划》的内容进行了命制。本题特别针对《规划》中关于全民守法的内容进行命制，考查考生对法治社会建设的掌握程度。A、C、D 选项都是规划中的内容，考生应当熟知。B

选项的雷区隐藏很深，考生容易轻敌而误判。

【选项分析】 A 选项考查全民守法中的普法工作。规划提出，改进创新普法工作，加大全民普法力度，增强全民法治观念。建立健全立法工作宣传报道常态化机制，对立法热点问题主动发声、解疑释惑。全面落实"谁执法谁普法"普法责任制。深入开展法官、检察官、行政复议人员、行政执法人员、律师等以案释法活动。加强突发事件应对法治宣传教育和法律服务。这一举措有助于将法律实施与普法宣传有机结合，提高普法效果。A 选项正确，不当选。

B 选项考查多元化纠纷解决机制。习近平总书记指出，要坚持和发展新时代"枫桥经验"，把非诉讼纠纷解决机制挺在前面，推动更多法治力量向引导和疏导端用力，加强矛盾纠纷源头预防、前端化解、关口把控，完善预防性法律制度，从源头上减少诉讼增量。考生需注意，非诉讼纠纷解决机制走在前面，并不意味该机制发挥主导作用。从纠纷解决来看，非诉讼机制起到的是分流和减压的作用，诉讼制度仍然发挥主导作用，其作用不能被弱化。B 选项错误，当选。

C 选项考查社会信用体系建设。规划指出，加快推进社会信用立法，完善失信惩戒机制。规范失信惩戒对象名单制度，依法依规明确制定依据、适用范围、惩治标准和救济机制，在加强失信惩戒的同时保护公民、企业合法权益。失信惩戒制度是一项有效促进公民守法的举措，但现实中容易被滥用。对失信主体采取减损权益或增加义务的惩戒措施，必须基于失信事实、于法于规有据，做到轻重适度，不得随意增设或加重惩戒。C 选项正确，不当选。

D 选项考查行政裁决在纠纷解决中的法治意义。行政裁决作为多元化纠纷解决机制之一，其价值得到高度重视，被誉为化解民事纠纷的"分流阀"。2021 年发布的《法治政府建设实施纲要（2021—2025 年）》将行政裁决作为建设高效法治实施体系的重要内容，明确提出"有序推进行政裁决工作，发挥行政裁决化解民事纠纷的'分流阀'作用"。这意味着我国将进一步建设行政裁决制度，完善非诉纠纷解决机制，将纠纷解决的"诉讼中心主义"转向纠纷的源头治理，最终实现纠纷在基层解决、矛盾在萌芽期被化解的目标。D 选项正确，不当选。

4. 答案：B　难度：难

考点：以法治保障经济发展、网络法治建设

命题和解题思路：党的十八大以来，党中央高度重视网络法治建设，将依法治网纳入全面依法治国和网络强国建设全局。《新时代的中国网络法治建设》白皮书系统总结了我国全功能接入国际互联网特别是进入新时代以来，我国网络立法、网络执法、网络司法、网络普法、网络法治教育建设、网络法治国际交流合作等方面的理念和实践。本题根据白皮书中的核心内容进行命制，系统考查网络立法、互联网司法、数字平台监管和网络暴力等热点问题，理论和实践相结合，选项设计精妙。A、B 选项考查互联网发展对立法和司法的冲击，考生需结合立法和司法原理加以辨析。C、D 选项考查互联网平台的治理，考点隐蔽性强，考生需要结合网络生活常理，识别命题人诡计，准确作答。

【选项分析】 A 选项考查新兴领域立法。基于 AR/VR（扩展现实和虚拟现实）技术的元宇宙，可以提供沉浸式体验，使用数字孪生技术生成现实世界的虚拟镜像，并可利用区块链技术搭建虚拟经济体系，从而将虚拟世界与现实世界在经济、社交、身份等系统上紧密融合。元宇宙涉及大量法律空白，亟须立法规范，比如虚拟财产的权利归属及流转利用问题、NFT（非同质化代币）的资产属性以及 NFT 产权保护问题、元宇宙运营平台的主体资格及运

行机制的规范问题、数据安全问题等。尽管元宇宙创造了一个去中心化的虚拟空间，但与现实法律世界不可分割，需要立法加以规制。A 选项错误。

B 选项考查互联网技术对智慧司法的意义。白皮书提出，积极探索司法活动与网络技术深度融合的新路径、新领域、新模式，让社会正义"提速"。积极推行大数据、云计算、人工智能、区块链等现代科技在诉讼服务、审判执行、司法管理等领域的深度应用，先行先试构建中国特色的网络司法模式。司法信息化和智能庭审可以大幅提高司法效率，减少法官事务性工作，提高工作效率。B 选项正确。

C 选项考查数字经济平台的反垄断治理。白皮书指出，随着网络平台企业不断扩展自身的体量和实力，"掐尖式并购"、无正当理由屏蔽链接、"二选一"、大数据杀熟、流量挟持等妨碍市场公平竞争的问题也逐渐凸显。中国政府在支持网络平台企业创新发展的同时，依法规范和引导资本健康发展，采取多种治理平台竞争失序的执法举措。平台治理应当贯彻全流程治理，事前事中事后监管三者结合，强化平台经济协同治理，坚持线上线下一体化监管原则，实现审批、主管与监管部门权责统一。事后监管并不足以规范市场公平竞争发展，C 选项错误。

D 选项考查网络暴力治理。近几年，网络暴力频发，成为一项网络顽疾。最高人民法院、最高人民检察院、公安部《关于依法惩治网络暴力违法犯罪的指导意见》规定，坚持严格执法司法，对于网络暴力违法犯罪，依法严肃追究，切实矫正"法不责众"错误倾向。同时，打击网络暴力需要坚守法治边界，不能突破法治原理，不能扩展网络暴力的概念内涵，否则会造成打击面过宽，违反罪刑法定、公平归责等基本原则。D 选项错误。

二、多项选择题

1. 答案：BD　难度：中
考点：坚持依宪治国、依宪执政
命题和解题思路： 2023 年，司法部对 2022 年度报备的 2313 件法规规章进行了备案审查，初步确认 121 件法规规章存在与上位法不一致问题，均已按照法定权限和程序作出处理。考生对全国人大常委会的备案审查机制比较熟悉，但对司法部的备案审查可能相对陌生。结合所学宪法学知识可知，地方性法规和政府规章都需要向国务院备案，而作为国务院组成部门的司法部承担着具体的备案审查职责。本题以此为切入点，考查宪法实施和《立法法》的相关规定。选项难度不高，A、C 选项与宪法学原理相结合，B、D 选项主要结合依宪治国、依宪执政的内涵进行考查。考生只要熟知基本知识点，便可从容作答。

【选项分析】 A 选项考查合宪性审查的具体类型。按照审查的时间点，可以将备案审查分为事前审查和事后审查两类。事前审查是指在规范性文件生效前由审查机关对其合宪性进行审查。事后审查是指规范性文件生效后在特定机关进行备案。司法部进行的备案审查是事后审查。在地方人大或政府部门制定地方性法规和政府规章之后，提交给国务院备案，由司法部具体落实审查。A 选项错误。

B 选项考查备案审查的宪法意义。2021 年 10 月，习近平总书记在中央人大工作会议上发表重要讲话，将"全面贯彻实施宪法"摆在加强和改进新时代人大工作的首要位置，直接"点名"备案审查工作，强调要提高备案审查工作质量，坚决纠正违宪违法行为。虽然我国合宪性审查制度仍然存在制度性空间，但目前由全国人大常委会和国务院等机关所进行的备案审查制度，是推进宪法实施的重大举措，有助于维护宪法权威。B 选项正确。

C 选项考查备案审查的具体实施中的权限和程序，考生需要借助所学的宪法学知识准确作答。按照《立法法》的相关规定，国务院对不适当的部门规章和地方政府规章可以改变和撤销，以发挥其宪法监督职能。虽然司法部承担着国务院备案审查的具体工作，但司法部的权限毕竟不同于国务院。因此，从程序上讲，司法部无权对政府规章进行改变或撤销。C 选项错误。

D 选项考查司法部备案审查的法治意义。司法部的主要审查对象是部门规章和地方政府规章。政府规章出现的主要问题是缩减上位法禁止范围、违反行政许可法、违反行政处罚法、违反法定授权、违反其他上位法等。通过审查，发挥备案审查"检验器"作用，对推动健全完善依法行政制度体系，从源头上规范行政权力、从根本上促进行政机关全面依法履行职能，推动加快建设法治政府，深入推进全面依法治国具有十分重要的意义。D 选项正确。

2. 答案：ABD　难度：易

考点：坚持党对全面依法治国的领导、坚持走中国特色社会主义法治道路

命题和解题思路：习近平总书记在党的二十大报告中强调，从现在起，中国共产党的中心任务就是团结带领全国各族人民全面建成社会主义现代化强国、实现第二个百年奋斗目标，以中国式现代化全面推进中华民族伟大复兴。本题结合中国式现代化和中国特色社会主义法治进行考查，原理性强。考生需要理解中国特色社会主义法治道路的独特要求和开放性，特别是 C 选项的设计，具有一定的迷惑性，考生应当把握正确的态度。

【选项分析】A 选项考查党的领导在全面依法治国中的基础意义。中国式现代化能否取得成功，关键在于党。党的领导是推进全面依法治国的根本保证，如果没有党的领导，全面依法治国就失去了灵魂。通过党的领导，可以将中国式现代化纳入法治轨道中，从而发挥"固根本、稳预期、利长远"的作用，实现中华民族伟大复兴。A 选项正确。

B 选项考查中国特色社会主义法治道路。题干强调，实现中华民族伟大复兴，是选择自己的道路、做自己的事情，这意味着走一条适合中国国情、解决中国自身问题的发展之路。同样，中国的法治事业也需要走中国特色社会主义法治道路，才能为中国式现代化提供充分的保障。B 选项正确。

C 选项具有一定的干扰性。虽然中国特色社会主义法治道路是一条完全自主的道路，但并不意味着我们要拒绝任何西方的法治理念和法治经验。在道路问题上，我们既要自信，也要兼容并包，吸收国外的先进经验，而不能固步自封。例如，在科技立法上，国外立法具有一些独到的理念和优势，我们可以吸收借鉴，化为我用。只有这样才能在世界舞台上展示出中国法治的独特魅力。C 选项错误。

D 选项考查中国式现代化的理论意义。中国式现代化是一条完全不同于西方的现代化之路，我们所面对的难题和提出的解决方案，都有鲜明的中国特色。在现代化建设过程中，作为制度保障的法治也应当体现这一鲜明特色。因此，全面依法治国的发展和完善应当以中国式现代化为素材和样本，不断充实和完善中国特色社会主义法治理论。D 选项正确。

3. 答案：ABC　难度：难

考点：坚持推进严格执法；法治国家、法治政府、法治社会一体建设

命题和解题思路：2021 年，中共中央、国务院印发了《法治政府建设实施纲要（2021-2025 年）》（以下简称《纲要》），针对法治政府建设进行了全方位规划。其中一项是关于创新行政执法方式。广泛运用说服教育、劝导示范、警示告诫、指导约谈等方式，努力做到宽严相济、法理相融，让执法既有力度又有温度。在执法实践中，如何做到执法既有力度又有温度，考验着执法者的法治观念和思维。本题根据媒体报道的真实案件加以命制，考查柔性执法的意义和边界。A、B 选项从原理上考查柔性执法的法治意义，考生应能轻松判断。C

选项考查文件内容，考生可结合案件作出正确选择。D 选项考查考生的综合判断能力，容易选错，要求考生对柔性执法的适用边界充分理解。

【选项分析】 A 选项考查柔性执法在法治政府建设中的意义。有法可依、执法必严、违法必究，固然是建设法治国家、法治政府、法治社会的题中应有之义。但是，严格执法并不意味着所有的执法行为都是简单的"一抓了之"与"一罚了之"。《行政处罚法》第 6 条规定，实施行政处罚，纠正违法行为，应当坚持处罚与教育相结合，教育公民、法人或者其他组织自觉守法。柔性执法将执法的温度和力度结合，体现了法治政府的要求。A 选项正确。

B 选项考查柔性执法的限度。柔性执法对执法者的能力提出了更高要求。执法者不仅要全面准确掌握法律法规的立意和原旨，还要在执法活动中充分站在群众的角度分析并解决问题，在把握执法尺度和传递法治温度中找到最佳结合点。由于实践中的案件是千差万别和具体化的，执法者需要运用自由裁量权去把握这个最佳结合点和尺度。执法者一旦运用自由裁量权，则存在误用的风险。因此，应当对执法者的自由裁量权进行约束，否则容易对执法的力度产生影响。B 选项正确。

C 选项考查柔性执法的方式。本案中，警察通过温馨提示单的方式表达了对违法者的理解和同情。这一做法既表明了警察在行使执法权，也表明了警察对当事人处境的理解。按照《纲要》的要求，在执法过程中，应当广泛运用说服教育、劝导示范、警示告诫、指导约谈等方式。警察充满温情的留言，可以说是劝导示范的一种灵活运用。C 选项正确。

D 选项具有一定的难度。《纲要》规定，加大重点领域执法力度。加大食品药品、公共卫生、自然资源、生态环境、安全生产、劳动保障、城市管理、交通运输、金融服务、教育培训等关系群众切身利益的重点领域执法力度。这些领域是与群众切身利益相关的领域，如果执法不力，则会影响社会民生。然而，重点领域并不意味着执法要采取重拳。执法应当以法为据，在严格规范执法的基础上，优先运用警示提醒、责令改正等手段，引导企业自觉守法，避免"办理一个案子，垮掉一个企业"。因此，重点领域也可以采取柔性执法的方式。D 选项错误。

4. 答案：BD　难度：难

考点： 坚持中国特色社会主义法治道路、坚持党对全面依法治国的领导、坚持统筹推进国内法治和涉外法治

命题和解题思路： 2023 年，中共中央办公厅、国务院办公厅印发了《关于加强新时代法学教育和法学理论研究的意见》（以下简称《意见》），成为法学界的一桩盛事。《意见》是指引新时代中国法学教育和法学理论研究工作的统领性、战略性、纲领性文件，层级高、分量重、举措实，具有重大的战略意义和实践价值。本题结合《意见》的内容进行命制，综合考查考生对习近平法治思想核心要义和实践要求的理解。A、C 选项干扰性较强，考生需要熟知该《意见》的核心内容，并结合习近平法治思想原理准确判断。

【选项分析】 A 选项考查中国特色社会主义法治理论。加快构建中国特色法学话语体系，是新时代构建中国特色哲学社会科学"三大体系"的重点工作。习近平总书记指出："着力构建中国特色哲学社会科学，在指导思想、学科体系、学术体系、话语体系等方面充分体现中国特色、中国风格、中国气派。"构建中国特色法学学科体系、学术体系、话语体系是这一指示的体现，也是完善中国特色社会主义法治理论的要求。但要注意，中国特色并不意味着完全排斥任何西方理论，而是应当兼容并包，吸纳西方优秀经验。A 选项错误。

B 选项考查党内法规研究的意义。《意见》指出，把握党内法规研究跨学科特点，统筹基础研究和应用研究，为加强党内法规制度建设、依规治党提供有力学理支撑。对党内法规

的研究涉及法学、政治学、党史学等多个学科，因此党内法规研究呈现出较强的跨学科特色。尽管从法学角度进行研究能够充分体现依规治党和依法治国的衔接，但是对党内法规进行跨学科研究则能更充分展示党内法规的制定逻辑和运行规律，更好地促进依规治党。B选项正确。

C选项考查习近平法治思想的国际意义。党的二十大报告提出："加强国际传播能力建设，全面提升国际传播效能，形成同我国综合国力和国际地位相匹配的国际话语权。"加强习近平法治思想国际传播，是提炼展示中华文明的精神标识和文化精髓、增强中华文明传播力影响力的内在需要，有利于加快构建中国话语和中国叙事体系，更好展现可信、可爱、可敬的中国形象。对于国际法治事业来说，习近平法治思想主要是贡献中国智慧和中国方案，而不是发挥其国际主导作用。C选项错误。

D选项考查涉外法治。《意见》提出，加快培养具有国际视野，精通国际法、国别法的涉外法治紧缺人才。改革开放以来，我国在涉外法治人才培养方面取得了较大的成绩，为涉外法治领域输送了大批涉外法治人才。但我们必须看到，我国涉外法治人才培养也存在一些突出的短板和问题，现有的涉外法治专业人才数量和质量都远远不能够满足新时代对外开放和涉外法治建设的实际需要。因此，涉外法治人才培养是涉外法治建设的重要基础和保障，对服务"一带一路"倡议、参与全球治理和涉外法治建设、推进国际法新文科建设等都具有十分重要的意义，需要加快培养。D选项正确。

5. 答案：ABC　难度：难

考点：坚持建设中国特色社会主义法治体系、依法治国和依规治党

命题和解题思路： 2023年4月，中共中央印发了《中央党内法规制定工作规划纲要（2023-2027年）》（以下简称《纲要》），对今后5年中央党内法规制定工作进行顶层设计，是新起点上引领党内法规制度建设的重要文件。《纲要》的制定实施，对于深入推进依规治党、推动党内法规制度建设高质量发展具有重要意义。本题针对《纲要》所涉及的法治思想要点进行命制，综合考查相关知识，难度较高。A、B选项与坚持党的领导相关，考生需要灵活运用原理加以判断。C选项考查中国特色社会主义法治体系。D选项从合宪性审查的角度对考生进行干扰，考生需要把握依规治党与依法治国的界限，明确《立法法》的内容。

【选项分析】 A选项考查规范党内法规立法的法治意义。党对法治事业的领导体现为不断加强和改善党的领导，提高党在全面依法治国中总揽全局、协调各方的关键作用。以党内法规推进全面从严治党，必须坚定不移地坚持依规治党，合理布局党内法规制定和实施工作，坚持科学立规为前提、严格执规为关键、严密督规为保障、全党守规为基础。规范党内法规立法有助于使党内法规立法更协调统一，提升党领导法治事业的能力。A选项正确。

B选项考查完善党内法规立法对领导干部的意义。《纲要》提出，完善党的干部工作制度。坚持党管干部原则，坚持新时代好干部标准，健全干部培育、选拔、管理、使用制度体系，建设忠诚干净担当的高素质专业化干部队伍。修订《干部教育培训工作条例》，完善干部教育培训制度，更好发挥教育培训在干部队伍建设中的先导性、基础性、战略性作用。这些立法规划有助于将领导干部打造成为更为坚实的全面依法治国的重要组织者、推动者、实践者，践行法治思维和法治方式。B选项正确。

C选项考查中国特色社会主义法治体系。党内法规既是管党治党的重要依据，也是建设社会主义法治国家的有力保障。党内法规体系是中国特色社会主义法治体系的重要组成部分。完备的法律规范体系、高效的法治实施体系、严密的法治监督体系、有力的法治保障体系、完善的党内法规体系这五大体系共同构成了中国特色社会主义法治体系。C 选项正确。

D 选项考查依法治国和依规治党的关系，干扰性较强。依规管党治党是依法治国的重要前提和政治保障。但党内法规和国家法律在性质上是不同的。党内法规主要针对党内政治生活和党的领导事务，国家法律是在宪法统摄之下对人们的行为进行调整和评价。国家法律如果与宪法相抵触，应通过合宪性审查来实现规范的统一和协调。党内法规的内容虽然不能与宪法和法律相抵触，但按照《立法法》，党内法规并不是合宪性审查对象，也不能由全国人大及其常委会等备案审查机关对党内法规进行合宪性审查。D 选项错误。

∧ 法理学【02】

第一套

第一部分 试题

一、单项选择题

1. 李某入职某科技公司，在下班后通过微信或钉钉等软件与客户或同事沟通交流，花费时间共计 500 小时，李某因此向公司主张加班费，公司则认为李某下班后在群里与客户或同事交流不属于加班。李某起诉至法院，法院经审理认为，劳动者在非工作时间、工作场所以外利用微信等社交媒体开展工作等情况越来越常见，这种方式构成"隐性加班"，因此依据《劳动法》，公司应当支付李某加班费。对此，下列哪一说法是正确的？

A. 李某与公司之间存在隶属性法律关系

B.《劳动法》是经济法部门

C.《劳动法》在隐性加班问题上存在嗣后漏洞

D. 法院判决体现了效益原则

2. 张某（男）与赵某（女）共同生活后于 2020 年生育一子，2021 年 1 月双方举行结婚仪式，至今未办理结婚登记手续。赵某收到张某彩礼款 16 万元。后双方感情破裂，于 2022 年 8 月终止同居关系。张某起诉主张赵某返还全部彩礼。根据 2020 年《最高人民法院关于适用〈中华人民共和国民法典〉婚姻家庭编的解释（一）》（以下简称《解释》），如双方未办理结婚登记手续，当事人请求返还按照习俗给付的彩礼的，法院应当支持。法官经审理后认为，双方已共同生活，因未办理结婚登记手续，不具有法律上的夫妻权利义务关系，但不应当忽略共同生活的"夫妻之实"。如仅因未办理结婚登记而要求接受彩礼一方全部返还，有违公平原则，遂驳回张某诉求。对此，下列哪一说法是正确的？

A.《解释》与民法典的效力相同

B. 习俗是非正式法律渊源

C. 公平原则应当优先于司法解释适用

D. 法官运用了反向推理

二、多项选择题

1. 随着新兴科技的迅猛发展，有学者提出法律 3.0 的观念，即被法律所规范的技术也成为法律的一部分。对此，下列哪些说法是错误的？

A. 法律的规范性特征会被科技改变

B. 科技发展会引发法的价值冲突

C. 科技改变了法治的核心内涵

D. 法律 3.0 体现出排他性法律实证主义的概念立场

2. 常某与山东某地河务局签署《黄河淤背区开发种植协议书》，约定对淤背区进行开发种植，但不得种植小麦、玉米、棉花等高杆农作物。后常某与谭某签署《农村土地承包合同》，由谭某对该淤背区进行开发。谭某提出种植玉米，常某表示认可，未告知协议书内容。河务局在巡视时发现谭某种植玉米，遂要求其停止种植。谭某起诉至法院。《黄河保护法》第 67 条规定："禁止在河道、湖泊管理范围内建设妨碍行洪的建筑物、构筑物以及从事影响河势稳定、危害河岸堤防安全和其他妨碍河道行洪的活动。"法院据此判令常某与谭某解除承包合同。对此，下列哪些说法是错误的？

　　A.《黄河保护法》第 67 条是义务性规则

　　B. 常某与河务局签署的协议具有普遍约束力

　　C. 常某与谭某之间法律关系的解除是基于法律事件

　　D.《山东省黄河保护条例》优先于《黄河保护法》适用

　　3. 甲、乙多次组织人员实施敲诈勒索、非法拘禁等活动，被公安机关立案侦查，采取指定居所监视居住的强制措施，后由检察院逮捕。在逮捕审查期间，检察院调查发现甲、乙遭受办案人员实施的饥饿、疲劳讯问，遂对办案人员进行监督，追究其刑事责任，并退回补充侦查，排除非法证据。对此，下列哪些说法是正确的？

　　A. 办案人员实施的非法询问方式侵权了犯罪嫌疑人的人权

　　B. 检察院的监督权属于权力权

　　C. 追究办案人员的刑事责任体现了司法责任原则

　　D. 检察院对办案人员的监督属于国家监督

　　4. 杨某为聋哑人，生活不能自理，亦无亲属照顾。顾某等三人尽心照料杨某饮食起居，在其生病住院期间悉心照顾，并于杨某死亡后为其操办了丧葬事宜。顾某等三人向法院申请指定民政局为杨某的遗产管理人。法院审理后认为，顾某等三位申请人虽然没有赡养杨某的法定义务，但对其进行了事实上的扶养，因此是杨某的利害关系人，据此法院判决民政局作为杨某的遗产管理人。关于法院，下列哪些说法是正确的？

　　A. 其进行的解释是正式解释

　　B. 运用了客观目的解释的方法

　　C. 对顾某等人利害关系人身份的认定进行了外部证成

　　D. 其判决有助于弘扬社会主义核心价值观

第二部分　答案详解

一、单项选择题

1. 答案：C　难度：中

考点： 法律关系、法律部门、法律漏洞、归责原则

命题和解题思路： 本题取材于人民法院案例库入库参考案例。作为首批入选案例，本案的亮点在于法官认定工作时间之外的"隐性加班"构成加班，充分保障了劳动者的权益。题目选项考查法理学基础知识，需要考生熟练掌握相关知识点。本题的 A、B 选项是常规考法，难度较低。C、D 选项需要考生灵活运用知识点，尤其是关于嗣后漏洞的判断，考生需结合社交媒体的发展趋势，准确判断出隐性加班属于《劳动法》制定之后出现的新情况。

【选项分析】A 选项考查法律关系的分类。按照法律关系主体的地位不同，可以将法律关系分为隶属性法律关系和平权性法律关系。隶属法律关系指的是法律主体之间存在权力服从的不对等关系。在本案中，李某和公司之间是平等的民事主体关系，而非权力隶属关系，因此不是隶属性法律关系。A 选项错误。

B 选项考查法律部门和法律体系。按照法律所调整的社会关系，可以将法律体系分为不同的法律部门。经济法部门是调整经济关系的法律规范的总称。本案中涉及的《劳动法》属于劳动关系，涉及社会保障和社会利益，因此并非经济法部门，而是属于社会法部门。B 选项错误。

C 选项考查法律漏洞。《劳动法》制定时，对延长工作时间的加班行为做出了明确的规定。然而，员工在下班后，通过社交媒体与客户或者同事交流，并不属于在工作单位延长工作时间的情形，在《劳动法》中并未明确规定。这种新情形是移动互联网兴起之后的新漏洞，属于嗣后漏洞。C 选项正确。

D 选项考查归责原则。归责原则的类型有责任法定、公正、效益和责任自负四种原则。效益原则指的是责任追究和社会成本与效益相当，主要强调追责所带来的社会效果。本案中并未出现判决所产生的社会影响及效益，因此无法判断其是否符合效益原则。因此效益原则是干扰性内容，考生应当准确判断。D 选项错误。

2. 答案：B 难度：易

考点：法律解释体制、法律渊源、法律原则、法律推理

命题和解题思路：2023 年 11 月，最高人民法院与民政部、全国妇女联合会联合召开推进移风易俗、治理高额彩礼新闻发布会，发布人民法院涉彩礼纠纷典型案例，本题根据其中一个典型案例加以改编。本题涉及《解释》的应用问题。虽然该《解释》提出双方未办理结婚登记手续的情况下可以返还彩礼，但本案的特殊情况在于男女双方已经共同生活且生子，直接适用《解释》会有违公平。选项考查法律渊源、法律规则等基础知识，难度较低，考生可从容作答。B 选项提到的习俗是习惯的一种体现，只要考生能够识别这一点，则可轻松做对。D 选项是命题人常用的干扰性"老三样"，反向推理一般是作为干扰项存在，但考生需要真正弄通反向推理的内涵。

【选项分析】A 选项考查司法解释的法律效力。司法解释是最高司法机关为了更好适用法律而对全国人大及其常委会所制定的法律做出的解释，包括审判解释和检察解释。司法解释不同于全国人大常委会所做出的解释。全国人大常委会做出的解释与法律具有同等效力，但最高司法机关所做出的解释效力低于法律。因此，最高院对《民法典》做出的司法解释效力是低于《民法典》的。A 选项错误。

B 选项考查非正式法律渊源。非正式法律渊源是指那些不具有明文规定的法律效力，但可以在司法裁判中作为法官适用之大前提的资料。在我国，非正式法源包括习惯、判例和政策。习俗是习惯的一种，是民间长期实践所形成的社会风俗。如果习俗与公序良俗不冲突，则可以作为非正式法源。B 选项正确。

C 选项考查法律原则的适用。法律原则是指不同于法律规则的规范，其内容具有高度概括性，因此不如法律规则明确和具体。在司法裁判中，法官应当优先适用法律规则，在适用法律规则会产生个案中的不正义的情况下，才可以适用法律原则。在本案中，虽然法官援引了法律原则，但是在适用司法解释之规定会产生不合理的结果的前提下才做出的选择。考生可能会产生疑问，司法解释之规定是否具有法律规则的适用优先性。司法解释作为对法律之解释，其在司法裁判中发挥着和法律规则相同的作用，因此也优先于法律原则而适用。C 选

项错误。

D 选项考查法律推理的类型。反向推理是一种特殊的法律推理形式，指从法律规范赋予某种事实情形以某个法律后果推出，这一后果不适用于法律规范未规定的其他事实情形。反向推理是一种消极推理，在司法实践中适用不多。虽然法官认定本案不适用《解释》所规定的未办理结婚登记而应该返还彩礼的情形，但这一适用是援引法律原则而进行的<u>演绎推理</u>，而非反向推理。D 选项错误。

二、多项选择题

1. 答案：ACD　难度：难

考点： 法的特征、法的价值冲突、法治、法的概念争议

命题和解题思路： 科技发展对法律造成巨大冲击，因此有学者提出法律 3.0 这一新兴概念。本题受启发于法学家罗杰·布朗斯沃德的《法律 3.0》一书，围绕法的概念争议、法治等基础性命制，命制精巧，难度较大。对于这种观点性题目，考生既需要熟练掌握原理，以不变应万变，也需要灵活运用所学知识。A、C 选项干扰性极强，考生如果不能把握基本原理，则很容易得出科技改变法律本质特征和法治内涵的错误判断。D 选项也需要考生融会贯通，理解排他性和包容性法律实证主义的分歧在于是否包容道德，而非与科技相关，从而避免受到选项的误导。

【选项分析】 A 选项考查法的特征。虽然科技对法律造成很大影响，很多学者赋予法律以新的内涵，但法律在本质上仍然是一种社会规范，其规范性、国家意志性和强制性等特征不会发生改变。即使如《法律 3.0》所强调的技术成为法律的一部分，这也不能对法律的属性造成根本改变。A 选项错误，当选。

B 选项考查法的价值冲突。无论在立法还是司法实践中，法律的价值冲突是不可避免的。科技发展带来便利的同时，也对法律造成挑战，带来更多的价值冲突。尤其是智能科技的发展，对人的自由、人权和正义等概念造成很多冲击，人的隐私权、信息权等权益与信息流通、数据繁荣等价值之间存在激烈冲突。<u>科技规范越来越多地影响法律规范</u>，这些价值冲突会一直存在。B 选项正确，不当选。

C 选项亦考查考生掌握基本原理的能力。法治的核心是良法善治，通过约束权力和保障权利来促进公民利益和社会发展。虽然科技不断拓展法律的边界，对法律的挑战越来越明显，但在科技的规制上仍然需要良法善治，<u>法治的核心并未变化，反而需要强化</u>。C 选项错误，当选。

D 选项考查法的概念争议。如果考生对排他性和包容性实证主义的核心立场不熟悉，很容易误认为科技对法律的介入恰恰体现了排他性法律实证主义的立场。排他性和包容性法律实证主义的分歧在于法律的效力基础是否包含道德因素。<u>无论科技是否进入到法律之中，都与道德因素没有关系，所以与排他性和包容性实证主义的立场无关</u>。D 选项错误，当选。

2. 答案：BCD　难度：难

考点： 法律规则、法的效力、法律关系的变动、法的效力等级

命题和解题思路： 随着生态法治建设不断深入，与生态文明相关的案例不断涌现。本题取材于最高法院发布的司法服务黄河流域生态保护和高质量发展典型案例。本案的亮点在于法院基于《黄河保护法》中的强制性规定对承包合同的效力进行否定。本题选项设计灵活，考查法律规则、法律关系等重点知识，难度不高，但要求考生精准记忆，避免误判。A、B、C 选项考查考生对基础知识的记忆准确性，较易做出判断。D 选项具有一定的干扰性，涉及

上位法优先于下位法适用的原则，考生应准确适用。

【选项分析】 A 选项考查法律规则的分类。按照法律规则的内容，可以将法律规则分为授权性规则和义务性规则，义务性规则又具体分为禁止性规则和命令性规则。《黄河保护法》第 67 条是禁止性要求，因此既是禁止性规则，又属于义务性规则。如果考生不熟悉这些规则之间的关系，则容易判断失误。A 选项正确，不当选。

B 选项考查非规范性法律文件的效力，在法考真题中经常出现。常某与河务局签署的协议是非规范性法律文件，只针对常某与河务局有效，不同于规范性法律文件，因此并不具有普遍效力。B 选项错误，当选。

C 选项考查法律关系的变动。法律关系的变动包括两个要素，一是法律规范，二是法律事实。法律事实包括法律行为和法律事件。法律事件是不以人的意志为转移的事实。在本案中，常某与谭某之间法律关系的解除是基于谭某种植玉米这一违法行为，而非法律事件，C 选项错误，当选。

D 选项考查法的渊源的效力原则，具有干扰性。在不同法律渊源出现冲突的时候，上位法优先于下位法适用。《山东省黄河保护条例》是山东省制定的地方性法规，而《黄河保护法》是全国人大常委会制定的法律，在效力等级上高于地方性法规。适用此处的一个疑问是，如果两部法律之间不冲突，上位法是否仍然优于下位法？在理论上，此处的解释方案是，即使上位法与下位法不冲突，上位法和下位法关于特定事项的规定是一致的，上位法仍然在效力上高于和优于下位法。D 选项错误，当选。

3. **答案：** ABCD　**难度：** 中

考点： 法的价值、权利的语义类型、司法原则、法律监督

命题和解题思路： 刑事司法中的程序正义是法律的基本价值追求，尊重嫌疑人的诉讼人权和防止刑讯逼供是程序正义的体现。本题取材于最高检发布的第五十三批指导性案例，该批案例强调的是检察院的侦查监督功能。本题选项涉及多项知识点，考查全面，对考生的知识要求比较高。A 选项考查人权这一价值，考生应结合刑事诉讼法做出判断。B 选项考查权利的语义类型，考生应对自由权、主张权和权力权之间的区分有准确把握。C、D 选项涉及法的运行，考生只要掌握基础知识点，便可从容判断。

【选项分析】 A 选项考查人权这一价值。人权是人之为人所享有的本有权利，是道德意义上的基础权利。人权作为法律的价值基础，需要转化为法律权利加以保障，具体包括政治性人权和社会人权等。公民在刑事诉讼中不受刑讯逼供的权利是政治性人权的体现。虽然这种人权已经转化为刑事诉讼法中的具体诉讼权利，比如不受刑讯逼供的权利，但这些权利仍然是人权的体现，所以以对犯罪嫌疑人实施非法询问损害了嫌疑人的人权。A 选项正确。

B 选项考查权利的语义类型。权利的语义类型分为三类：自由权、主张权和权力权。其中权力权指的是法律主体拥有能够使得其与其他法律主体之间的法律关系发生变化的法律上的力量或强力，也被称为法律能力。这三类语义类型虽然看起来复杂，但实际上很容易区分。权力权一般与公权力相关。在本案中，检察机关对侦查活动的监督权是公权力的实施，因此是一种权力权。B 选项正确。

C 选项考查司法责任原则。办案人员的侦查活动也是司法过程的一部分，因此也应当承担司法责任。司法责任原则指的是司法机关和司法人员在行使司法权过程中由于侵犯公民、法人和其他社会组织的合法权益，造成严重后果，应承担相应责任。办案人员违反法律规定，对犯罪嫌疑人实施刑讯，这一做法侵犯了犯罪嫌疑人的合法权益，追究办案人员的法律责任符合司法责任原则。C 选项正确。

D 选项考查法律监督体系。法律监督体系包括国家法律监督体系和社会法律监督体系。国家机关的监督包括国家权力机关、行政机关、监察机关、司法机关的监督。检察院追究办案人员的责任,是行使检察监督权力的体现,属于国家法律监督体系的一部分。D 选项正确。

4. 答案:BCD 难度:中

考点: 法律解释体制、法律解释方法、法的证成、法与道德

命题和解题思路: 本题取材于人民法院报发布的"2023 年度人民法院十大案件",该案针对利害关系人做出了客观目的解释,保护了当事人的合法权益,促进了社会主义核心价值观。题目选项涵盖法的适用、法与道德等重点知识点,难度不高,但立意较高。A 选项是常规干扰性,考生应准确区分正式解释和非正式解释的差异。B、C 选项考查法的适用的基本原理,考生需灵活运用知识点,特别是精准提炼案例中法官解释的关键信息。D 选项较为简单,考生基于常理便可准确判断。

【选项分析】 A 选项考查正式法律解释与非正式法律解释的区分。正式解释指由有法律解释权的国家机关对法律作出的具有法律约束力的解释。非正式解释则与之相反。法官在司法裁判中必然需要对法律条文进行解释,但这种解释不同于有权机关的解释,仅具有个案效果,而不具有普遍约束力。因此法官进行的解释只是非正式解释,而非正式解释。A 选项错误。

B 选项考查法律解释的方法。本案涉及对民法典和民事诉讼法中的利害关系人的解释。利害关系人的范围,在法律和司法解释中,一般限定于继承人、受遗赠人和遗产债权人。继承人和受遗赠人,是由法定继承或遗嘱确定;而遗产债权人则由司法文书或合同等法律文件确定。而本案中,人民法院认定对被继承人尽到主要扶养义务的申请人,可以作为"利害关系人"申请指定遗产管理人。这是基于利害关系人制度背后的客观目的所做出的解释。B 选项正确。

C 选项考查法的证成,是法考常见的考法之一。法的证成分为内部证成和外部证成。内部证成是按照逻辑规则进行的推论和说理过程,外部证成则指对法律决定所依赖的前提的证成,它关注的是法律决定所依赖的前提的正确性和合理性。在本案中,顾某等人是否应该作为利害关系人向法院提起申请,在法律和事实上都不确定,因此需要对大小前提进行证成,所以是外部证成。C 选项正确。

D 选项考查法与道德的关系,围绕核心价值观而命制。人民法院在这个案例中,扩大解释"利害关系人"的范围,并据此对遗产纠纷进行裁判,丰富了民法典"利害关系人"的内涵。据此,指定管理人的法律程序有了更多启动和适用的机会,被继承人尽到主要扶养义务的申请人参与遗产管理也因此具有了程序上的正当性。因此,人民法院通过司法案例完善了立法关于遗产管理人的制度,也让顾某等人悉心照料杨某的"大爱"得以彰显,是通过法律弘扬社会主义核心价值观的典范。D 选项正确。

第二套

第一部分　试题

一、单项选择题

1. 建安建筑公司违反法律规定将自己承包的工程交由包工头梁某实际施工，后梁某因工伤死亡，其妻子刘某向人社局申请工伤认定。人社局认定为工伤，建筑公司向该市政府进行复议，市政府撤销了人社局的工伤认定书。刘某向法院提起诉讼。法院认为《工伤保险条例》关于"本单位全部职工或者雇工"的规定，不应否定个体工商户、"包工头"等特殊的用工主体参加工伤保险的资格。包工头违法承揽工程的法律责任，与其参加社会保险的权利之间并不冲突。因此，建筑公司应当承担梁某的工伤保险责任。对此，下列哪一说法是错误的？

A. 本案判决体现了司法平等原则

B. 法官对梁某社会保险权利的认定是外部证成

C. 本案中并不存在法的价值冲突

D.《工伤保险条例》的规定存在明显漏洞

2. 有法学家曾言，没有国家强制力的法是一种自相矛盾，犹如不燃烧的火，是不发亮的光。对此，下列哪一说法是正确的？

A. 法的强制性是保证法律实施的唯一力量

B. 按照法律实证主义的观点，法的强制属性与其内容是否正确无关

C. 法律强制与个人自由必然冲突

D. 法律自产生起就具备了独立于其他社会规范的强制力量

二、多项选择题

1. 2022 年 1 月，某公司员工李某父亲病重，李某通过微信和邮件向领导请假七天并紧急返乡。期间公司要求李某提供请假材料，李某通过微信提交了父亲病历照片。五天后，李父病重去世。当日，公司以李某请假未批不到岗、构成旷工为由解除了劳动合同。李某申请劳动仲裁，仲裁委认定公司解除劳动合同违法。公司不服仲裁起诉到法院。法院审理认为，公司明知其父重病，仍以请假材料不全、未经审批为由，要求李某到岗，与社会主义核心价值观中友善的要求不符，亦有悖中华民族的传统孝文化，既不合情也不合理。对此，下列哪些说法是错误的？

A. 李某和公司之间既存在调整性法律关系，也存在纵向法律关系

B. 法院认定公司解除劳动合同违法，表明李某旷工行为是无责的

C. 社会主义核心价值观在本案中发挥着正式法律渊源的作用

D. 法官援引孝文化作出判决，说明法律和道德在强制方式上相同

2. 甲公司在知名软件托管平台上传了一款分身软件的初始源代码，适用国际公认的开源许可协议，并进行了软件著作权登记。乙公司开发了微信视频美颜版等 4 款软件并上传至平台供用户下载，但并未提供源代码下载。甲公司认为该软件中的沙盒分身功能与本公司软件

构成实质性相似，乙公司收取会员费且不提供源代码的行为构成著作权侵权，遂诉至法院。法院审理后认为，沙盒分身部分功能代码是作为被诉侵权软件的衍生部分而整体发布的，故乙公司应公开源代码，但其未提供源代码下载，违反许可协议，授权自动终止。乙公司继续使用涉案软件已没有法律和合同依据，故构成著作权侵犯。对此，下列哪些说法是正确的？

    A. 本案中存在法律责任竞合

    B. 法官参照了多个国家法院对开源许可协议性质的认定，是比较法解释

    C. 甲公司的著作权是一种自由权

    D. 本案法官认为玩友公司使用涉案软件无法律依据，运用的是设证推理

    3. 上海市民李某早年购买了一棵香樟树，后从自家院内移栽到院外。因树枝长势太盛影响采光，李某花钱请专业师傅对树木进行"修剪"，将分支全部砍除，剩余两米高的主干。上海城管部门认定李某为"擅自砍伐"，处罚款 14 万元。上海市人大常委会制定的《上海市绿化条例》第 43 条规定，擅自砍伐树木的，由市或者区绿化管理部门处绿化补偿标准五至十倍的罚款。该事件引发网络热议。有学者认为该条规定的树木不应当包含从自家移到院外的树木。对此，下列哪些说法是正确的？

    A. 该条文规定的是应为模式

    B. 只有设置法律义务的规则才能发挥法的指引作用

    C. 该学者对"树木"进行了限制解释

    D. 该处罚体现出执法的可预测性与正当性之间的紧张

    4. 生成式人工智能是一种自然语言处理工具，能够通过理解和学习人类的语言来进行对话和互动，像人类一样聊天交流并进行内容创作。该应用在推进技术进步的同时也对法律实践造成挑战。基于此，国家网信办联合其他部门发布了《生成式人工智能服务管理暂行办法》。对此，下列哪些说法是错误的？

    A. 该办法是行政法规，效力低于法律

    B. 生成式人工智能技术应当被赋予法律主体地位

    C. 科技立法技术应当被智能技术所取代

    D. 智能科技的迅猛发展将带来科技伦理与法律的分离

第二部分　答案详解

一、单项选择题

1. 答案：C　难度：中

考点：当代中国司法的原则、法的证成、法的价值冲突及其解决、法律漏洞的填补

命题和解题思路：本案改编自最高人民法院指导案例 191 号；刘某诉广东省英德市人民政府行政复议案。该案明确了建筑施工企业违反法律法规规定将自己承包的工程交由自然人实际施工，该自然人因工伤亡，社会保险行政部门参照有关法律、司法解释的规定认定建筑施工企业为承担工伤保险责任单位的，人民法院应予支持。本题难度不高，A、B 选项考查基础知识点，只要考生意识到对"包工头"这一特殊群体的保护是平等的要求，因此也应当享受保险权利，便可判断出这是平等原则的具体体现，也是法官进行的外部证成。D 选项考查法律漏洞的类型，考生要知晓明显漏洞和隐藏漏洞的区别点，即是否应当在法律上积极规

定。C选项是本题难点，考生若机械理解法律中的价值冲突，则很容易掉入陷阱。

【选项分析】A选项考查司法原则。司法机关应当遵循的原则包括司法公正、司法平等、司法合法、审判权独立行使和司法责任等原则。由于这些内容原则性强，容易被考生所忽视。本案中，法官针对违法承揽工程的包工头是否像职工或雇工那样享有保险权利的问题，充分说理，作出明确法律保障，体现的正是司法平等原则的要求。按照该原则，任何权利受到侵犯的公民一律平等地受到法律保护。梁某虽然违法承揽工程，但其作为复杂工程建设的末端，理应得到充分的保险保障，不应受到歧视。A选项正确，不当选。

B选项考查法的证成。法的证成指的是在法律适用过程中对法律决定或判断作出理由支持。法的证成分为内部证成和外部证成两种形式，按照推理规则从相关前提推导出结论的过程是内部证成，对法律决定所依赖的前提的证成属于外部证成。本案中，梁某作为违法承揽工程的包工头，是否能够按照《工伤保险条例》的规定享受社会保险，在事实上是不清楚的，所以法律推理的小前提需要进一步的证成。法官通过对事实进行规范分析，结合《工伤保险条例》的立法目的，认定梁某构成工伤，这是典型的外部证成。B选项正确，不当选。

C选项具有较强的干扰性。法官认定梁某违规承揽合同的事实与其参加社会保险的权利并不冲突，只是承认这一违法行为并不能对梁某的保险权构成阻碍。在一个司法案件中，法的价值冲突是常态，法官只是通过充分的说理和法的证成解决这些冲突，遵循个案中的比例原则或价值位阶原则作出令人信服的裁判。本案中，建筑公司和保险公司的财产权都与梁某的保险权存在冲突，只是本案中梁某的保险权具有优先地位，建筑公司应当承担相应的给付责任。关于司法裁判中的价值冲突问题，考生切不可过于教条，而是知晓其背后的原理，转化为常理常情。C选项错误，当选。

D选项考查法律漏洞。法律漏洞是法律不合目的的、依其目的被评价为不好的缺失状态。按照漏洞的表现形态，可以分为明显漏洞与隐藏漏洞。所有法律漏洞要么是明显漏洞，要么是隐藏漏洞。《工伤保险条例》规定的是"本单位全部职工或者雇工"。按照这一规定，违规承揽合同的包工头不应算在其中。但按照《工伤保险条例》的立法目的，对包工头也应一视同仁，因此属于应积极规定但没有规定的情形，是明显漏洞。针对明显漏洞，应当进行目的论扩张，把包工头的工伤纳入其中。D选项正确，不当选。

2. 答案：B　难度：中

考点：法的概念的争议、法的特征、法的价值、法产生的一般规律

命题和解题思路：法理学中的法概念论和价值论是相对比较抽象的知识点，对部分考生造成较大困扰。从整体上来说，这部分考点在命题上一般难度并不高，但会设置一些干扰因素，让考生在考场上产生犹疑感。本题以法的强制性特征为基点，考查法概念论和起源等理论性知识点，需要考生既熟悉理论观点，又能灵活转化。A、B、C选项考查考生对法的强制性概念和价值关系的理解，考生需对相关知识点，准确把握，避免作出极端和机械的判断。D选项考查法律起源的特征，考生需要结合法律起源之初与其他社会规范的混同状况进行判断，否则容易教条地理解法的强制性而误以为法律在产生之初就具有独立的强制性。

【选项分析】A选项考查法的强制性特征。强制性指的是法律运用国家强制力量保证自身之实施的属性。法律需要运用国家的强制力量，才能保证其规范性和国家意志性等特征的实现，所以法律实施需要动用警察、法院和检察院等国家强制力量。但法律的实施是一个综合过程，并非完全由强制力量所保障，道德规范和社会观念也是重要的辅助性力量，如果法律仅仅依靠国家强制力保障实施，忽视其他规范，则会影响法律实施的最终效果。A选项错误。

B 选项考查法概念论，需要考生对法律实证主义观点和自然法观点的区分能够灵活运用。按照法律实证主义观点，法律的效力来自法律被权威性制定这一事实问题，而非法律的内容是否符合道德。换言之，只要法律是由权威性主体制定，则法律就具有权威性和强制性。因此，法律的强制性与内容无关。即使法律的内容是不道德的，仍然能够体现出强制性特征。B 选项正确。

C 选项考查法的价值。法的价值包括秩序、自由、人权和正义等。自由价值指的是人按照自己的意志进行选择和行动的能力。自由是法律的价值追求，法律保障自由价值实现。法律中包含对个人自由的限制性规定，法律强制虽然表面上是对自由的限制，但法律强制在本质上是为了保障自由的实现。基于伤害原则、法律家长主义和法律道德主义，法律可以正当地对自由进行强制性限制，从而更好地保障人的自由的实现。因此，法律强制与个人自由并非必然冲突。C 选项错误。

D 选项考查法的起源。法的起源呈现出一般性规律，其中之一是，法的产生经历了法与宗教规范、道德规范的浑然一体到不断分化、相对独立的发展过程。这意味着尽管法律产生之后就具备了强制性特征，但是这种强制性并非以与道德和宗教截然区分的方式，而是有着很深的宗教和道德色彩，比如最初的法律强制可能有宗教强制意味。D 选项错误。

二、多项选择题

1. 答案：ABCD   难度：中

考点： 法律关系的种类、归责与免责、法律渊源、法与道德

命题和解题思路： 2023 年 3 月，最高人民法院发布第三批人民法院大力弘扬社会主义核心价值观典型民事案例，彰显社会主义核心价值观的司法价值。本题改编自其中的"李某与某电子商务公司劳动争议案"。法官通过确认孝道在该案中的重要意义，探索了一条法治和德治融合的可行之路。针对 A 选项，考生需要熟记不同法律关系的分类，以不变应万变。B 选项具有迷惑性，偷梁换柱，考生应对公司和李某行为的合法性判断作出区分。C、D 选项涉及法律和道德之间的关系，考生可基于法律和道德的不同，准确判断本案判决中道德影响法官推理的方式。

【选项分析】A 选项考查法律关系的分类。这一考点是法律关系的核心知识点，几乎每年必考。按照法律关系产生的依据，法律关系可以分为调整性法律关系和保护性法律关系。调整性法律关系的产生依据为合法行为，保护性法律关系的产生依据为违法行为。按照法律主体在法律关系中的地位，可将法律关系分为纵向法律关系和横向法律关系。纵向法律关系的主体之间是不平等的，横向法律关系的主体之间是平等的。本案中，李某和公司存在劳动关系，这是合法的调整性法律关系。李某和公司虽然是雇主和雇工的关系，但二者在法律上是平等的，并不存在隶属关系，所以不是纵向法律关系。A 选项错误，当选。

B 选项具有一定的干扰性。本案涉及法律判断和道德判断之间的区分。虽然法官以李某尽孝为由认为公司解除劳动合同是违法的，但对于李某旷工一事，法院并未表明态度。从本案的核心争议来看，李某在未得到批准的情况下仍然回家，的确构成旷工，只是法院认为李某是回家尽孝，符合情理，以此为由开除李某不合法理，但并不意味着李某旷工就无任何法律责任。从情理法结合的角度，李某旷工可以免除责任，但并非没有法律责任。B 选项错误，当选。

本案的典型意义体现在法官将社会主义核心价值观融入说理之中，展示出社会主义核心价值观的司法价值。但从属性上来看，社会主义核心价值观依然是道德判断，其本身并非法

律。正式法律渊源是具有明文规定的法律效力并作为法律决定之大前提的规范来源，如宪法、法律、法规等。因此，社会主义核心价值观在本案中并非正式的法律渊源，而只是增强司法裁判之正当性的论证资源。C 选项错误，当选。

法官对孝道文化的援引，体现出道德判断对裁判合目的性的提升以及道德判断在外部证成中的有益价值。但孝道文化的介入，并不意味着法律和道德这两种规范的趋同，也不意味着法律强制和道德强制的差异消失。从性质上来说，法律强制与道德强制存在本质不同，法律强制以国家作为后盾，道德强制则主要依靠良知。虽然本案中法官以孝道为由否定了公司解除劳动合同之行为的合法性，其本质是以道德理由强化法律判断的强制性，而不是将道德强制和法律强制混同。D 选项错误，当选。

2. 答案：AB　　难度：难

考点： 法律责任竞合、法律解释的方法、权利与义务、法律推理的种类

命题和解题思路： 本案改编自最高人民法院发布的 2021 年中国法院 10 大知识产权案件之一：甲网络科技有限公司与乙网络科技有限公司等侵害计算机软件著作权纠纷案。该案在软件著作权保护领域作出了开创性贡献，对开源许可协议性质的认定和软件开发者著作权的保护等类似案件的裁判具有示范意义。A 选项考查法律责任竞合，考生可结合案情从容应对。B 选项有些标新立异，毕竟比较法解释很少出现，考生应根据选项内容，大胆作出选择。C 选项考查权利的语义类型，这也是 2023 年的新增考点。D 选项具有迷惑性，是命题人常用的命制方式。除非题干中有非常清楚的线索，否则一般情况下法官不会采取演绎推理之外的其他方式。

【选项分析】 A 选项考查法律责任竞合。甲公司开发的软件适用开源许可协议，意味着按照国际惯例，只要使用这款软件的相关功能，就应当遵循协议，开放源代码下载——这也是"独乐乐不如众乐乐"精神的体现。乙公司既没有开放源代码，还将该软件用来收取会员费，违反了开源许可协议，侵犯了甲公司的著作权。法律责任竞合指的是一个行为引发多个责任的存在和冲突，乙公司的行为既构成违约，也构成侵权，所以引发责任竞合。A 选项正确。

B 选项考查法律解释方法。法律解释有文义解释、立法者目的解释、历史解释、比较解释、体系解释和客观目的的解释。比较解释是根据外国立法例和判例学说对某个法律规定进行解释。在我国法院的司法实践中，比较解释用得并不多。本案却罕见地参照了多个国家法院对开源许可协议性质的认定，是在软件知识产权保护中的一次重要推进，也体现出比较解释并非空中楼阁，在新兴科技相关的司法实践中存在可观的运用空间。B 选项正确。

C 选项考查权利的语义类型。权利的语义类型分为三类：（1）主张权是狭义的、原本意义的权利，也是大陆法系民法学或我国民法学中通常所谓的请求权。（2）"某人拥有自由权"可以被进一步表达为：x 自由于 y 而做或不做 z。（3）权力权可以被表述为：法律主体 x 拥有创立针对 y 的一个法律地位的权力。从著作权的内涵来看，其本质在于权利所有者可向他人主张不在未经许可的情况下干预自己对作品的权利状态，故著作权并非自由权。C 选项错误。

D 选项考查法律推理类型。设证推理是从某个结论或事实出发，依据某个假定的法则推导出某个前提或曾发生的事实的推论，分为经验推定和规范推定两类。在本案中，法官基于著作权法的相关规定和乙公司未公开源代码的事实认定乙公司构成侵权，是典型的演绎推理。演绎推理是正向的，设证推理是反向的。设证推理依赖于法官的法感或前理解，其适用存在严格的限制，考生需要准确把握。D 选项错误。

3. **答案：CD   难度：难**

考点： 法律规则、法的作用、法律解释、法适用的目标

命题和解题思路： 本案改编自 2021 年发生于上海的一则行政处罚事件。李某将自家香樟树移出家门，后又进行修剪，反受到高额处罚，戏剧性效果十足，行政执法的边界问题也引发学界热议。本题围绕这一处罚中的规则适用问题进行命制，综合考查规则的逻辑结构等本体论问题和法律的适用等动态问题。选项设计灵活，A、B 选项是常规考点，考生容易判断。C 选项具有一定难度，需要考生深刻领会这个热点案件的特殊情节，即李某砍伐的树木是从自家院子挪到公共道路上的"私人财产"。考生应基于常理常情，准确识别该案中的紧张关系，才能看穿命题人的深意。

【选项分析】A 选项考查法律规则的逻辑结构。法律规则包含假定条件、行为模式和法律后果三个要素。其中行为模式分为三种，可为模式、应为模式和勿为模式。应为模式和勿为模式是义务性要求，但二者是不同的。《上海市绿化条例》第 43 条的实质是禁止砍伐树木，因此是勿为模式。关于应为模式和勿为模式的区分，有多年真题都曾经考过。考生一定要准确识别，同时判断出规则提出的是应然性要求还是禁止性要求。A 选项错误。

B 选项考查法的作用。法的作用分为规范作用和社会作用两类。法的规范作用分为指引、评价、教育、预测和强制五种类型。法的指引作用是指法对本人的行为的引导作用，分为确定的指引和不确定的指引。通过设置法律义务可以实现确定的指引，宣告法律权利可以实现不确定的指引。因此，包含权利或义务的规则都可以发挥法的指引作用。B 选项以偏概全，是错误的。

本案的戏剧性之处在于李某修剪的树木是从自家院中移出的。树木从自家移出到路边后，是否自动地成为市政的树木，这一点存在争议。《上海市绿化条例》第 43 条规定的树木是否应当包含这种特殊情形下的树木，实际上是一个解释问题。学者将从自家移出的树木排除在该条文之外，是在"树木"的普通文义范围下进行了更进一步的限缩，因此是限制解释。C 选项正确。

D 选项涉及对法律适用的目标的理解。考生需要注意的是，虽然法适用的目标这部分知识点主要针对司法裁判，但对行政执法同样适用。因此，行政执法也面对可预测性与正当性的紧张关系。城管部门基于《上海市绿化条例》的字面含义对李某进行高额处罚，虽然符合法律的形式要求，但从实质法治的角度，一是未充分考虑香樟树是李某自家树木的特殊性，有机械执法之嫌；二是罚款过高，超出了民众的合理性期待。因此，从实质法治的角度，该处罚引发可预测性与正当性之紧张。D 选项正确。

4. **答案：ABCD   难度：中**

考点： 当代中国法的正式渊源、法律关系的要素、立法技术、法与社会的一般关系

命题和解题思路： 科技发展对法律实践带来很大挑战。从法理学的角度来看，科技挑战要求法律作出积极回应，特别是解决科技发展中的伦理问题。随着人工智能的发展越来越复杂，命题人对智能技术格外青睐。本题以最新的生成式人工智能为背景考查考生对科技引发的法理学挑战的理解。A 选项是常规考点，考生可结合法律渊源的类型加以判断。B 选项具有迷惑性，考生不可基于关于人工智能的科幻想象而陷入时空错置。C、D 选项看起来言之成理，但考生应保持定力，对立法技术和科技伦理有准确判断，切勿被选项中的表达带偏。

【选项分析】A 选项考查法律渊源及其效力层次。正式的法律渊源包括宪法、法律、行政法规、部门规章、地方性法规等不同形式的规范性文件。行政法规是国务院为了实施法律而制定的行政管理性规定，其制定主体只能是国务院。《生成式人工智能服务管理暂行办法》

是由国家网信办联合其他部门发布的，只是部门规章，而非行政法规。A 选项错误，当选。

B 选项考查法律关系的主体。法律关系的主体有公民、法人和国家等。生成式人工智能在自然语言处理上已经实现了重大的突破，甚至在某些方面超出了人类的认知和分析能力。尽管如此，人工智能仍然不能成为法律关系的主体，因为人工智能无法向公民或法人那样承担责任。考生应注意，无论人工智能在当前如何发展，法律关系主体的范围不会改变，但法律关系的客体会发生改变，比如出现信息数据这一新兴客体类型。B 选项错误，当选。

C 选项具有一定的迷惑性。科学技术立法不同于传统立法，对立法技术提出较高要求，新兴技术所引发的权利义务问题、责任分配问题都要求改进立法技术，使得权利、义务和责任的规定更为清晰，比如关于自动驾驶汽车的立法，应当对自动驾驶引发的事故责任分配作出明确规定。但立法技术不同于智能技术，立法技术是关于立法过程的知识、经验、规则和方法的总结，智能技术是以算法为分析手段的数据处理技术，二者在本质上是不同的。因此，科技立法技术不能被智能技术所替代。C 选项错误，当选。

D 选项对考生的理解提出了较高要求，考生应当结合法理学原理和常理常情加以判断。科技发展带来了巨大益处，同时产生了很多伦理挑战，比如智能技术对个人隐私的侵犯，基因技术对人的尊严的冲击等。智能技术越发达，越需要防范技术的伦理风险，因此应当强化科技伦理的法律治理，通过法律的形式减少科技引发的伦理危机。D 选项错误，当选。

▰\ 宪法【03】

第一套

第一部分　试题

一、单项选择题

1. 某省人大常委会制定的计划生育条例规定，对涉嫌违法生育的，卫生和计划生育行政部门应当进行调查。必要时，市或者区县（自治县）卫生和计划生育行政部门可以要求当事人进行技术鉴定以查清事实，当事人应当配合。经该省公民提出审查建议，全国人大常委会对该规定予以纠正。对此，下列哪一说法是正确的？
　　A. 卫生和计划生育行政部门可以根据该条例制定实施细则
　　B. 全国人大常委会可以对该条例的内容做出改变
　　C. 强制亲子鉴定在目的上不具有正当性
　　D. 全国人大应当将审查建议反馈给该省公民并向社会公开

2. 2024 年 5 月，国务院制定《公平竞争审查条例》。关于该条例，下列哪一说法是正确的？
　　A. 由国务院全体会议通过
　　B. 应当写入"根据宪法，制定本条例"
　　C. 经国务院总理签署后发生法律效力
　　D. 应当在各级政府官方网站上刊载

3. 中央和香港特区的关系是《中华人民共和国香港特别行政区基本法》的重要内容，也是一国两制的规范体系。对此，下列哪一说法是正确的？
　　A. 香港特区直辖于中央政府
　　B. 中央政府负责特区的社会治安
　　C. 中央任命特区行政机关主要人员和终审法院法官
　　D. 特区法院对国防、外交等国家行为享有管辖权

4. 村委会成员在村民自治中发挥着重要作用。关于村委会成员，下列哪一说法是错误的？
　　A. 村委会成员应当有女性
　　B. 村委会中的财务会计可由乡镇政府委派
　　C. 村民代表会议应当包含村委会成员
　　D. 村委会成员实行离任经济责任审计

5. 2024 年，全国人大常委会在宁夏等多个省份启动《黄河保护法》执法检查。对此，下列哪一说法是正确的？
　　A. 执法检查组成员应当邀请全国人大代表参加
　　B. 全国人大常委会可以委托银川市人大常委会进行检查

C. 执法检查组应当提出执法检查报告

D. 执法检查组可以对环保执法不当行为进行纠正

6. 民族自治地方的自治条例和单行条例可以对相关法律规定进行变通，以更好地行使自治权。据此，自治条例和单行条例可以对下列哪一选项内容进行变通？

A. 行政法规

B. 监察法规

C. 法律的基本原则

D. 民族区域自治法的规定

二、多项选择题

1. 人大代表在人大闭会期间可以开展各项活动。对此，下列哪些说法是正确的？

A. 代表在闭会期间的活动以集体活动为主

B. 县级以上代表可以列席本级人民代表大会专门委员会会议

C. 代表在视察时可以就地解决农民工拖欠工资问题

D. 县级以上代表有权向本级人民代表大会常务委员会提出批评

2. 宪法总纲规定了国家的根本制度和根本任务。关于宪法总纲，下列哪些说法是正确的？

A. 系宪法修改的主要领域

B. 主要内容为国家职权和义务

C. 未对公民权利和义务做出规定

D. 与宪法序言具有同等效力

3. 对国家工作人员的选举和罢免是人大及其常委会的重要职责。关于国家工作人员的罢免程序，下列哪些说法是正确的？

A. 400 名代表可以提出对国务院审计长的罢免案

B. 全国人大常委会五分之一以上的委员可以提出对最高法院副院长的罢免

C. 省人大主席团可以对省高院院长提出罢免案

D. 地级市中级人民法院可以向市人大常委会提出针对副市长的撤职案

4. 县级政府是国民经济和社会发展的基础行政区域。关于县级政府的运行，下列哪些说法是正确的？

A. 县级政府实行县长负责制

B. 县级政府有权撤销乡镇政府的拆迁决定

C. 县长若违法违纪，则县人大常委会可以予以撤职

D. 县政府可以设立街道办事处

5. 国家标志象征国家主权和尊严。关于国家标志，下列哪些表述是错误的？

A. 除了国家机构，党的机构也应当悬挂国徽

B. 在国家宪法日，应当在公园悬挂国旗

C. 经国务院办公厅批准，国徽可用于商标

D. 公民在非官方场合不可以奏唱国歌

第二部分　答案详解

一、单项选择题

1. 答案：A　难度：中

考点： 立法法、宪法监督

命题和解题思路： *备案审查制度是推进宪法实施的重要机制，在法考中会不断强化考查。根据《立法法》的规定，公民可以针对行政法规、地方性法规、自治条例和单行条例等规范提出审查建议。本题结合实践中出现的强制亲子鉴定规定的备案审查进行命制，针对性强，选项设计灵活，且隐藏多个"坑"，考生需要认真解题。A、C 选项判断难度较高，需考生具备完备的宪法知识。B、D 选项涉及宪法监督的具体要求，考生应结合《立法法》的规定做出准确判断。*

【选项分析】 A 选项考查政府部门的权限。计生条例属于地方性法规，为了更好地实施这些法规，地方政府可以制定地方政府规章，而地方政府部门可以制定实施细则。实施细则并非严格意义上的法律法规，而是地方政府部门的规范性文件，但对于实施法律法规具有重要意义。实施细则是一种规范性文件，是有关机关或部门为使下级机关或人员更好地贯彻执行某一法令、条例和规定，结合实际情况，对其所做的详细的、具体的解释和补充。A 选项正确。

B 选项考查全国人大常委会的宪法监督功能。该条例需要在全国人大常委会备案，由全国人大常委会对其进行审查。根据《立法法》第 108 条的规定，全国人民代表大会常务委员会有权撤销同宪法和法律相抵触的行政法规，有权撤销同宪法、法律和行政法规相抵触的地方性法规。据此，如果发现有合宪性问题，全国人大常委会可以撤销该条例，但无权改变该条例。B 选项错误。

C 选项考查宪法基本权利，具有干扰性。强制亲子鉴定的规定明显侵犯人格尊严，损害了公民自由。然而，计生条例做出这种规定的目的在于维护计划生育制度，所以这部条例在目的上是正当的，只是所规定的举措在手段上存在不当，与目的相冲突，有违比例原则。C 选项错误。

D 选项考查备案审查制度的实施。《立法法》第 113 条规定："全国人民代表大会有关的专门委员会、常务委员会工作机构应当按照规定要求，将审查情况向提出审查建议的国家机关、社会团体、企业事业组织以及公民反馈，并可以向社会公开。"根据此规定，审查报告的公开并非法定要求，而是选择项。D 选项错误。

2. 答案：C　难度：中

考点： 国务院、立法法

命题和解题思路： *本题考查国务院和行政法规的制定，属于典型的"小题大做"。行政法规的制定程序涉及通过主体、发布主体和发布方式等。A、C、D 选项考查《立法法》的具体规定，考生应结合条文做出判断，尤其 D 选项具有迷惑性，稍有不慎即可能选错。B 选项出其不意，考查行政法规的立法内容。考生若熟悉立法动态，便可知道"根据宪法，制定本法"并非硬性规定。*

【选项分析】 A 选项考查行政法规的制定主体。《中华人民共和国国务院组织法》第 8 条第 2 款规定："国务院常务会议的主要任务是讨论法律草案、审议行政法规草案，讨论、决定、通报国务院工作中的重要事项。"据此，行政法规由国务院常务会议审议通过，而非全体会议。A 选项错误。

B 选项考查行政法规的立法依据。《立法法》第 72 条第 1 款规定："国务院根据宪法和法律，制定行政法规。"虽然行政法规的制定依据是宪法，但根据立法惯例，全国人大或者全国人大常委会所制定的法律可以写入"根据宪法，制定本法"。行政法规、部门规章、地方性法规等一般不写入此规定，否则反而使得宪法权威降格为形式性要求，因此这并非硬性要求。B 选项错误。

C 选项考查行政法规的签署和公布。《立法法》第 77 条第 1 款规定："行政法规由总理签署国务院令公布。"据此，《公平竞争审查条例》在总理签署之后产生效力。C 选项正确。

D 选项考查行政法规的公布形式。《立法法》第 78 条第 1 款规定："行政法规签署公布后，及时在国务院公报和中国政府法制信息网以及在全国范围内发行的报纸上刊载。"据此，行政法规刊载的载体并不包括各级政府的官方网站。D 选项偷梁换柱，是错误的。

3. **答案：A**   **难度：中**

考点： 中央和特别行政区的关系

命题和解题思路： 特区制度也是每年必考的知识点。随着一国两制制度不断深化，特区制度的考查越来越细致。考生既要熟悉《基本法》，也要掌握其背后的宪法原理。本题选项取材于《中华人民共和国香港特别行政区基本法》的规定。A 选项的说法虽然不常见，但属于《基本法》所规定的内容。B、C、D 选项对相关条文进行改动，考生应当结合宪法原理，准确区分中央和香港特区的各自权限。

【选项分析】 A 选项考查中央和特区的关系。《中华人民共和国香港特别行政区基本法》第 12 条规定："香港特别行政区是中华人民共和国的一个享有高度自治权的地方行政区域，直辖于中央人民政府。"虽然"直辖"这个词容易让考生误解为直辖市，但这是中央和特区关系的准确定位。A 选项正确。

B 选项考查中央政府对香港特区的管理权限。《中华人民共和国香港特别行政区基本法》第 14 条第 2 款规定："香港特别行政区政府负责维持香港特别行政区的社会治安。"据此，香港特区的治安事务由特区承担，而非中央政府。中央政府负责特区的防务和外交事务。B 选项错误。

C 选项考查中央的任命权。《中华人民共和国香港特别行政区基本法》第 15 条规定："中央人民政府依照本法第四章的规定任命香港特别行政区行政长官和行政机关的主要官员。"第 88 条规定："香港特别行政区法院的法官，根据当地法官和法律界及其他方面知名人士组成的独立委员会推荐，由行政长官任命。"根据这些规定，香港行政机关主要官员由中央任命，终审法院法官则是由香港特区行政长官任命。C 选项错误。

D 选项考查特区法院的司法管辖权。《中华人民共和国香港特别行政区基本法》第 19 条第 3 款规定："香港特别行政区法院对国防、外交等国家行为无管辖权。香港特别行政区法院在审理案件中遇有涉及国防、外交等国家行为的事实问题，应取得行政长官就该等问题发出的证明文件，上述文件对法院有约束力。行政长官在发出证明文件前，须取得中央人民政府的证明书。"国防外交事务本身属于中央行政事务，特区司法权无法干预。只有在行政长官以行政权力参与的情况下，法院才能就事实问题做出判断。D 选项错误。

4. **答案：B**   **难度：易**

考点： 村民委员会

命题和解题思路： 村民委员会虽然内容较少，但每年必考，考生应该重视。该知识点的命题趋势是考点越来越细致、灵活。本题结合这一趋势进行命题，重点考查了村委会成员的相关规定。考生应当对《村民委员会组织法》烂熟于心。选项根据条文而设计，难度整体较低，但 B、C 选项具有一定迷惑性。财务会计仍然属于村委会成员，所以不能委派。如果考生对村民代表会议的组成不熟悉，则容易对 C 选项误判。

【选项分析】A 选项考查村委会成员的组成。《村民委员会组织法》第 6 条第 1 款和第 2 款规定："村民委员会由主任、副主任和委员共三至七人组成。村民委员会成员中，应当有妇女成员，多民族村民居住的村应当有人数较少的民族的成员。"据此，村委会成员中应当有女性，这是硬性要求。A 选项表述正确，不当选。

B 选项考查村委会成员的选举。《村民委员会组织法》第 11 条第 1 款规定："村民委员会主任、副主任和委员，由村民直接选举产生。任何组织或者个人不得指定、委派或者撤换村民委员会成员。"财务会计是村委会的组成人员，虽然掌握财务事务，但仍由村民选举而产生。B 选项表述错误，当选。

C 选项考查村民代表会议。《村民委员会组织法》第 25 条第 1 款规定："人数较多或者居住分散的村，可以设立村民代表会议，讨论决定村民会议授权的事项。村民代表会议由村民委员会成员和村民代表组成，村民代表应当占村民代表会议组成人员的五分之四以上，妇女村民代表应当占村民代表会议组成人员的三分之一以上。"据此，村民代表会议应当包含村委会成员。C 选项表述正确，不当选。

D 选项考查村委会成员的监督。根据《村民委员会组织法》第 35 条的规定，村民委员会成员实行任期和离任经济责任审计。做好经济责任审计工作可有效推动村委换届工作，让农民群众选出作风正派、廉洁公正、为农民办实事的村干部；从长远看，有利于强化村级财务管理的监督约束机制，有利于进一步健全和完善村务公开和民主管理制度。D 选项表述正确，不当选。

5. 答案：C　难度：中

考点：宪法监督

命题和解题思路：执法检查是全国人大常委会行使监督权的重要形式，开展《黄河保护法》执法检查是充分发挥人大职能作用、促进用法治思维和法治方式解决黄河环保问题的具体措施。本题围绕执法检查的相关宪法规定而命制，考查具体灵活。考生应当熟知条文，特别是 A 选项涉及的应当和可以的区别，B 选项涉及的下级和下一级的区别。C 是常规知识，从常理上可以判断。D 选项具有一定的干扰性，考生应区别执法检查与监督的不同形式。

【选项分析】A 选项考查人大常委会的执法检查权。《中华人民共和国各级人民代表大会常务委员会监督法》第 22 条规定："各级人民代表大会常务委员会参照本法第九条规定的途径，每年选择若干关系改革发展稳定大局和群众切身利益、社会普遍关注的重大问题，有计划地对有关法律、法规实施情况组织执法检查。"第 33 条第 2 款规定："执法检查组的组成人员，从本级人民代表大会常务委员会组成人员以及本级人民代表大会有关专门委员会组成人员中确定，并可以邀请本级人民代表大会代表参加。"据此，A 选项将"可以"调换为"应当"是错误的，不当选。

B 选项考查人大常委会执法检查的委托权。《监督法》第 34 条第 1 款规定："全国人民代表大会常务委员会和省、自治区、直辖市的人民代表大会常务委员会根据需要，可以委托下一级人民代表大会常务委员会对有关法律、或者相关法律制度在本行政区域内的实施情况进行检查。受委托的人民代表大会常务委员会应当将检查情况书面报送上一级人民代表大会常务委员会。"据此，全国人大常委会可以委托下一级，即省级人大常委会进行执法检查，而非所有下级人大常委会。B 选项错误。

C 选项考查执法检查报告。《监督法》第 36 条第 1 款规定："执法检查结束后，执法检查组应当及时提出执法检查报告，由委员长会议或者主任会议决定提请常务委员会审议。"据此，执法检查组有义务出具报告。C 选项正确。

D 选项考查执法检查组的监督权限。执法检查的意义在于督促依法行政，保障法律实施，发现法律不足。虽然执法检查的重要目的是对违法行政的行为进行监督，但执法检查过程中，检查组无权直接纠正违法行政行为，而是应该提出监督意见，由相关部门进行整改。D 选项看似合理，但违反了执法检查的基本原则，是错误的。

6. 答案：A　难度：中

考点：民族自治地方的自治权

命题和解题思路： 民族区域自治立法变通权是在保障民族平等原则下赋予民族自治地方的一种自治权，是指民族自治地方的自治机关从本民族地方的实际出发，对于不适应地方实际情况的法律、行政法规加以变通的立法活动。但自治法规的变通权限受到一定限制，本题即对此进行考查。考生应当熟悉条文，举一反三，特别是 B 选项中的监察法规这一类型，容易带来误导。C、D 选项基于《立法法》条文进行设计，考生应当结合条文规定准确进行判断。

【选项分析】 本题考点围绕《立法法》第 85 条的规定而进行命制。

《立法法》第 85 条第 2 款规定："自治条例和单行条例可以依照当地民族的特点，对法律和行政法规的规定作出变通规定，但不得违背法律或者行政法规的基本原则，不得对宪法和民族区域自治法的规定以及其他有关法律、行政法规专门就民族自治地方所作的规定作出变通规定。"根据这一规定，自治条例和单行条例可以针对法律和行政法规进行变通。A 选项正确。

监察法规是一种新兴事物，在立法法中未予以规定，因此按照合法性原则，监察法规不能变通。B 选项错误。

自治条例和单行条例的变通不能违背法律的基本原则，否则与法律相冲突。C 选项错误。

自治条例和单行条例的变通权来自宪法和民族区域自治法的规定，如果对民族区域自治法也进行变通的话，会破坏自治权的根基，因此不能变通。D 选项错误。

二、多项选择题

1. 答案：ABD　难度：中

考点：人大代表

命题和解题思路：《中华人民共和国全国人民代表大会和地方各级人民代表大会代表法》（以下简称《代表法》）是我国宪法体系的一个重要构成部分，是我国根本政治制度的重要组成部分，它调整的是人民代表的职务关系，包括代表在人民代表大会期间和闭会期间行使职权、履行职责的过程中所发生的各种法律关系。人大代表履行职责是人民代表大会制度的具体落实。本题考查《代表法》规定的人大闭会期间的代表职权，考查细致，难度较大。考生首先要熟悉《代表法》条文，其次要融会贯通。在闭会期间，代表履职要体现人民共同意志，所以以集体活动为主，A 选项可准确判断。B、C、D 涉及具体职责，通过代表的宪法属性，考生可以识别 C 选项中的混淆之处。

【选项分析】 A 选项考查代表的活动方式。《代表法》第 20 条规定："代表在闭会期间的活动以集体活动为主，以代表小组活动为基本形式。代表可以通过多种方式听取、反映原选区选民或者原选举单位的意见和要求。"该规定的意义在于，代表集体活动，在人大代表大多兼职的情况下，集体活动可以从思想上引起广大代表的重视，可以增强代表执行职务的荣誉感和自豪感。另外，集体活动可以有效利用时间，提高执行职务的效率。A 选项正确。

B 选项考查代表列席会议的权利。《代表法》第 26 条规定："县级以上的各级人民代表大会代表可以应邀列席本级人民代表大会常务委员会会议、本级人民代表大会各专门委员会会议，参加本级人民代表大会常务委员会组织的执法检查和其他活动。乡、民族乡、镇的人民代表大会代表参加本级人民代表大会主席团组织的执法检查和其他活动。"据此，县级以上代表可以列席本级人民代表大会专门委员会会议。B 选项正确。

C 选项考查人大代表的视察职责。根据《代表法》第 22 条的规定，县级以上的各级人民代表大会代表根据本级人民代表大会常务委员会的安排，对本级或者下级国家机关和有关单位的工作进行视察。乡、民族乡、镇的人民代表大会代表根据本级人民代表大会主席团的安排，对本级人民政府和有关单位的工作进行视察。代表视察时，可以向被视察单位提出建议、批评和意见，但不直接处理问题。这种规定的意义在于权力分工。人大代表具有监督权，但无执法权，无法直接解决农民工拖欠工资问题。C 选项错误。

D 选项考查代表的批评权。批评是一种正常的监督权力，人大代表理应享有批评权。《代表法》第 29 条规定："代表在本级人民代表大会闭会期间，有权向本级人民代表大会常务委员会或者乡、民族乡、镇的人民代表大会主席团提出对各方面工作的建议、批评和意见。建议、批评和意见应当明确具体，注重反映实际情况和问题。"据此，县级以上代表有权向本级人民代表大会常务委员会提出批评，D 选项正确。

2. 答案：ABD　难度：中

考点：宪法效力、宪法修改

命题和解题思路：宪法总纲是宪法的重要组成部分，规定了国家的根本制度。考生可能熟悉总纲的条文，但对总纲的整体没有宏观把握，本题旨在弥补这一缺失。2023 年考过总纲中的特区制度，体现出总纲考查的趋向。A 选项考查宪法修改，却反其道而行之，要求考生对宪法修改的条文既见树木，又见森林。B、C 选项考查总纲的内容，要求考生非常熟悉。D 选项醉翁之意不在酒，实际上考查宪法序言的效力，考生应当从宪法效力的整体性准确判断。

【选项分析】A 选项考查宪法的历次修正案。从近五次修正来看，宪法总纲的修改占了一多半。宪法修正案共 52 条，总纲的修改达到了 24 条，是宪法修改最主要的领域，其他修改分布于序言、权利和义务、国家机关等内容中。A 选项正确。

B 选项考查宪法总纲的内容。从条文来看，宪法总纲主要规定了国家根本制度、基本原则和基本政策。这些内容本质上都是关于国家职权和义务的规定，比如国家实行计划生育政策，实际上就是国家在人口和生育事务上所承担的义务。B 选项正确。

C 选项同样考查宪法总纲的内容。虽然宪法总纲主要规定了国家制度和原则，但同时也在部分条文规定了公民的权利和义务，比如国家尊重和保障人权，国家依照法律规定保护公民的私有财产权和继承权等。C 选项说法过于绝对，是错误的。

D 选项考查宪法总纲和宪法序言的效力。宪法序言是我国宪法的灵魂，是宪法的重要组成部分，同现行宪法各章节一样具有最高法律效力。宪法序言对宪法条文具有统领性和指导性作用，宪法条文的具体规定是宪法序言规定的基本价值和原则的具体化、条文化，总纲中许多规定特别是有关国家基本国策的规定，是对宪法序言规定的国家根本任务、奋斗目标等的具体实现。因此，宪法序言与宪法总纲一样，都体现出宪法的最高效力。D选项正确。

3.答案：ACD　　难度：中

考点：各级人民代表大会及其常委会

命题和解题思路：罢免和撤职是人大及其常委会的重要宪法职责。在我国宪法体制中，全国人大、地方人大和人大常委会可以进行罢免，唯独全国人大常委会无罢免职责，这是一种特别的制度安排，考生需要明晰，因此可以对B选项进行排除。除此之外，涉及到的提罢免的主体，也是常见考点。A选项涉及代表比例，C选项涉及主席团，D选项涉及地方法院，都是恰当的提案主体，考生应当牢记。

【选项分析】A选项考查国家领导人员的罢免。《选举法》第16条第2款规定："全国人民代表大会代表的名额不超过三千人。"《全国人大组织法》第20条规定："全国人民代表大会主席团、三个以上的代表团或者十分之一以上的代表，可以提出对全国人民代表大会常务委员会的组成人员，中华人民共和国主席、副主席，国务院和中央军事委员会的组成人员，国家监察委员会主任，最高人民法院院长和最高人民检察院检察长的罢免案，由主席团提请大会审议。"因此，400名代表超过十分之一，可以提出对审计长的罢免案。A选项正确。

B选项考查全国人大常委会的罢免，极具误导性。按照《全国人大组织法》的规定，常务委员会组成人员十人以上联名可以针对国务院等机关提出质询，但不能提罢免案。B选项错误。

C选项考查地方人大的罢免权。《地方组织法》第31条第1款规定："县级以上的地方各级人民代表大会举行会议的时候，主席团、常务委员会或者十分之一以上代表联名，可以提出对本级人民代表大会常务委员会组成人员、人民政府组成人员、监察委员会主任、人民法院院长、人民检察院检察长的罢免案，由主席团提请大会审议。"因此，省人大主席团可以针对省高院院长提出罢免案。C选项正确。

D选项考查地方人大常委会的撤职权。《监督法》第60条规定："县级以上地方各级人民代表大会常务委员会在本级人民代表大会闭会期间，可以决定撤销本级人民政府个别副省长、自治区副主席、副市长、副州长、副县长、副区长的职务；可以撤销由它任命的本级人民政府其他组成人员和人民法院副院长、庭长、副庭长、审判委员会委员、审判员，人民检察院副检察长、检察委员会委员、检察员，中级人民法院院长，人民检察院分院检察长的职务。"第61条第1款规定："县级以上地方各级人民政府、监察委员会、人民法院和人民检察院，可以向本级人民代表大会常务委员会提出对本法第六十条所列国家机关工作人员的撤职案。"据此，中院可以向人大常委会提出针对副市长的撤职案。D选项正确。

4.答案：AB　　难度：中

考点：地方各级人民政府

命题和解题思路：地方各级人民政府是执行国家发展要务的主要主体，在宪法上意义重大。本题考查县级政府这一主体，县级政府承前启后，在国家治理中意义重大。A、B选项涉及县级政府的职责，是常规考法，考生易于判断。C选项有隐藏的坑，考生应准确识别，特别是要区分县长被撤职和县长不能承担职责两种情形。D选项涉及地方政府派出机关，考生应熟记知识点。

【选项分析】A选项考查政府的基本配置。为了更好地行使行政职能，首长负责制可以提高行政效率，产生最大的行政效能。首长负责制具体体现为省长负责制、市长负责制和县长负责制。A选项正确。

B选项考查县级政府的监督功能。县级政府领导政府各部门和下级政府，对各部门和下级政府的不适当的决定可以撤销和改变。乡镇政府是县级政府的下级机关，其作出的拆迁决定可以由县级政府撤销。B 选项正确。

C 选项考查县长的罢免。根据《地方组织法》的规定，<u>县长是县政府正职，只能由地方人大选举和罢免</u>，地方人大常委会只能对地方政府副职进行撤职，而无权罢免正职。只有在政府正职无法履职的情况下，才由本级人大常委会从副职人选中选出代理人选。在本题中，县长违法违纪，应当向本级人大常委会提出辞职，在人大常委会批准之后，再从副职中选出代理县长。C 选项错误。

D 选项考查政府派出机构。《地方组织法》第 85 条第 3 款规定："市辖区、不设区的市的人民政府，<u>经上一级人民政府批准</u>，可以设立若干街道办事处，作为它的派出机关。"据此，县政府无权设立街道办事处。D 选项错误。

5. 答案：ACD 难度：难

考点：国家标志

命题和解题思路：国家标志是宪法学知识一个比较小的知识点，但在法考中会不定期考查。这部分知识点比较琐碎，考生需要以特定的技巧进行掌握。一是识别国旗和国徽的不同悬挂要求，尤其是是否涉及党的机构，A 选项即考查这一点。B 选项考查细致，考生应熟悉该选项涉及的重要条文。C、D 选项似乎名正言顺，但考生结合常理便可识别其中诡计。

【选项分析】 A 选项考查悬挂国徽的要求。考生若仔细阅读《国旗法》和《国徽法》的规定，便可判断出来，国家机构和党的机构都应该悬挂国旗，但只有国家机构才应当悬挂国徽。因为国徽更强调国家权力的行使，所以党的机构无需悬挂国徽，而是悬挂党徽。A 选项表述错误，当选。

B 选项需要考生熟悉《国旗法》的内容。按照《国旗法》第 7 条第 1 款的规定，国庆节、国际劳动节、元旦、春节和国家宪法日等重要节日、纪念日，各级国家机关、各人民团体以及大型广场、公园等公共活动场所应当升挂国旗。因此，在国家宪法日这种特别的节日，公园应当悬挂国旗。B 选项表述正确，不当选。

C 选项考查国徽的使用要求。根据《国徽法》第 13 条第 1 项的规定，<u>国徽及其图案不得用于商标、授予专利权的外观设计、商业广告</u>。C 选项撒了烟雾弹，并非获得办公厅许可就可以豁免，因为这是一条禁止性条文，办公厅并无权进行授权。C 选项表述错误，当选。

D 选项考查国歌法的相关规定，也使用了烟雾弹策略。尽管国歌非常庄重，在特定活动中要奏唱国歌。而且国歌在使用中也受很多限制，比如《国歌法》第 15 条规定："在公共场合，故意篡改国歌歌词、曲谱，以歪曲、贬损方式奏唱国歌，或者以其他方式侮辱国歌的，由公安机关处以警告或者十五日以下拘留；构成犯罪的，依法追究刑事责任。"但这一规定并不意味着公民在私下场合不能唱国歌。该选项隐藏较深，考生易受误导。D 选项表述错误，当选。

第二套

第一部分 试题

一、单项选择题

1. 关于不成文宪法，下列哪一选项是正确的？

A. 不成文宪法不是说没有任何制定法规范，而是其数量很少，宪法渊源多表现为宪法惯例

B. 我国存在宪法惯例，但我国宪法并非不成文宪法

C. 不成文宪法的结构包括序言和正文，而没有附则

D. 英国宪法和日本《明治宪法》属于不成文宪法

2. 设区的月照市人民政府制定了《月照市文化促进实施办法》。根据《立法法》，下列哪一说法是正确的？

A. 该规章由市长决定，由政府全体会议予以公布

B. 该规章应当报本级人大常委会、上一级人大常委会和人民政府以及国务院备案

C. 为了促进文化产业发展，该规章可以作出对本地文化产业实行免税的规定

D. 如果该规章内容与上位法相冲突，省人大常委会可以撤销该规章

3. 2022 年，香港特别行政区行政长官针对《中华人民共和国香港特别行政区维护国家安全法》的相关规定向全国人大常委会提请解释。12 月，全国人大常委会针对该法第十四条和第四十七条作出解释。对此，下列哪一说法是正确的？

A. 特别行政区法院在审理案件中遇有涉及国家安全的相关事实认定问题时，应取得行政长官就该等问题发出的证明书

B. 《中华人民共和国香港特别行政区维护国家安全法》的解释权属于全国人大和全国人大常委会

C. 基于特别法优于一般法原则，在香港特别行政区法律和《中华人民共和国香港特别行政区维护国家安全法》规定不一致的情况下，优先适用特别行政区法律

D. 特别行政区立法会制定的国家安全方面的法案需报全国人大常委会备案，全国人大常委会在必要时可对法案进行修改

4. 根据《宪法》和法律的规定，下列哪一选项是错误的？

A. 中华人民共和国公民有休息的权利

B. 公民被剥夺政治权利的，其言论自由也被剥夺

C. 非法强制拆除公民的房屋属于侵犯公民的财产权

D. 不幸感染传染病的公民有从国家和社会获得物质帮助的权利

5. 某省省会北宁市政府推行道路停车收费改革，市发改委将运营权委托给慧廷公司。但因收费过高，有市民停车一天需缴费几百元，引发民众不满。对此，下列哪一说法是正确的？

A. 市人大常委会可以改变市政府关于道路停车收费的不合理决定

B. 市政府可以委托发改委主任向该市人大常委会就收费改革进行专项报告

C. 市人大常委会 3 人以上联名可以对市政府的改革决策进行质询

D. 有群众举报副市长与慧廷公司存在利益输送，市检察院检察长可以向该市人大常委会提出对副市长的撤职案

6. 某省人大制定的《母婴保健条例》强制要求男女双方在结婚前进行医学检查。任某认为，该规定与宪法规定的婚姻自由原则相抵触，于是向全国人大常委会提出审查建议。对此，下列哪一说法是正确的？

A. 婚姻自由是公民的基本自由，国家应该避免对婚姻自由进行干预

B. 全国人大常委会若认为该条例与法律相抵触，则可以由工作机构召开联合审查会议，要求该省人大到会说明情况

C. 该条例如果与卫健委的规定相冲突，则由国务院决定如何适用

D. 全国人大有关工作机构应当将审查情况向任某反馈并向社会公开

二、多项选择题

1. 关于全球范围下的宪法发展和变迁，下列哪些说法是错误的？

A. 在全球范围内，民定宪法是主流形式

B. 美国是刚性宪法，所以法院可以直接援引宪法裁判案件

C. 德国存在宪法判例，但其效力低于宪法规范

D. 宪法实践从国内法扩展到国际法，国际条约已成为各国宪法的正式渊源

2. 某乡政府通过所辖村村委会，要求村委会向每户村民收取 500 元用于修建村民文化中心。村民认为该决定没有通过村民讨论，因此不愿交款，村委会告知村民，如不按期交款，就不发放防洪工程补助款。对此，下列哪些说法是错误的？

A. 乡政府干预了该村的村民自治事务，由乡人民代表大会责令改正

B. 本村 5 名以上有选举权的村民或 3 名以上村民代表联名，可以提出对村委会成员的罢免要求

C. 有 1/3 以上的村民代表提议，应当召集村民会议

D. 该村村民代表若召开村民代表大会议推翻村委会决定，应由 2/3 以上的到会人员同意

3. 某边境自治县制定了关于边境对外贸易的单行条例。对此，下列哪些说法是正确的？

A. 该条例需报全国人大常委会和国务院备案

B. 该条例可对法律和行政法规的规定做出变通

C. 该条例若存在合法性问题，则该自治县所在地的省级人大常委会可以撤销

D. 县政府可以制定具体实施该条例的单行规章

4. 某市中级法院在审理一起个人信息权益案件时，认为《个人信息保护法》第 29 条"处理敏感个人信息应当取得个人的单独同意"的规定需要进一步明确具体含义，遂中止审理，逐级报送至最高法院。根据我国宪法和法律，下列哪些做法是正确的？

A. 该市中级法院可以援引宪法中的"公民人格尊严不受侵犯"这一条款作为裁判依据

B. 最高法院可向全国人大常委会提出对该条进行法律解释的要求

C. 个人信息权益在宪法中并无直接的规范依据，因此只是一种私法权益

D. 关于敏感个人信息保护的国际条约也能成为我国的宪法渊源

第二部分　答案详解

一、单项选择题

1. 答案：B　难度：难

考点：宪法的分类、宪法渊源、宪法典的结构（序言、正文、附则）、近代意义宪法的产生（英国宪法和日本《明治宪法》）

命题和解题思路：本题属于典型的复合性试题，名为考查不成文宪法，实则涵盖了宪法基本理论部分几乎所有的问题（仅宪法效力未作考查）。宪法基础理论部分，知识点比较琐碎，而且易错点较多，考生在备考中需要格外谨慎。本题选项设计整体难度不高，但存在迷惑选项，如果考生审题不仔细，则很容易作出错误判断，比如A选项考查不成文宪法的渊源形式，如果考生对宪法渊源掌握不牢，则很容易受误导。B、C、D选项内容较为常规，考生需要牢记相关知识点，并且能够举一反三，夯实理论基础。

【选项分析】A选项主要考查不成文宪法的含义，同时还附带考查了宪法渊源。不成文宪法是指没有统一的宪法典，宪法散见于多种法律规范、宪法判例和宪法惯例等。在不成文宪法国家，并不是说没有任何宪法方面的成文法（制定法）规范，其制定法不仅存在，甚至可能还很多。例如，以不成文宪法之代表的英国宪法来说，《大宪章》《权利法案》《王位继承法》等，这些数量繁多的制定法都是英国宪法的组成部分。A选项前半段陈述正确，但在后半段，命题人故意变乱事实，并以（英国不成文）宪法中相对而言较多的宪法惯例来干扰考生的正常判断。A选项内容错误。

B选项考查我国宪法的分类和渊源。我国宪法属于成文宪法，而非不成文宪法，这一点相信人人都能作出正确判断。但B选项的前半段"我国存在宪法惯例"，不一定人人都能够作出正确判断。事实上，我国宪法虽然属于成文宪法，但也有大量宪法惯例存在，比如我国宪法的修改采取"宪法修正案"形式，宪法本身并未作出明确规定，宪法也没有对宪法修改后如何公布作出规定。实践中，我国历次宪法修正均是由"全国人大主席团"以"全国人大公告"的形式发布的，此种宪法惯例并不见诸宪法规定。B选项内容正确，为当选项。

C选项考查宪法典的结构。宪法典的结构是针对成文宪法而言；不成文宪法往往由大量分散的宪法性法律、宪法判例和宪法惯例等组成，因此不存在一般意义上的宪法结构问题。C选项陈述错误。——应该说，如果单独针对C选项进行判断，考生一般都不会作出误判。但命题人将C选项置于B选项（讨论我国宪法的情况）之后，接着讨论宪法结构问题，实际上是想利用"我国宪法的结构包括序言和正文，而没有附则"这一大部分考生都知道的重要知识点施加潜在心理影响，诱导考生作出误判。此即为杀伤力很强且屡试不爽的"连环计"。

D选项考查近代意义宪法的产生。我们知道，英国宪法是近代宪法之母，它是典型的不成文宪法；而日本《明治宪法》是典型的成文宪法。命题人在本题中实际上是试图以英国和日本（明治时期）都设置有"君主"这一共同点来诱导考生将两国宪法归为同类。D选项内容错误。

2. 答案：B　难度：中

考点：地方政府规章的制定程序、备案和审查

命题和解题思路：2023年《立法法》修改，是我国宪法生活的一项大事。这次修改，

涉及地方立法权、合宪性审查等基础性立法工作机制，对完善立法机制体制、提高立法质量具有重要意义。本次修改覆盖的范围非常宽泛，必将成为 2024 年命题的热门考点。本题以地方政府规章为切入点，考查地方政府规章的制定程序、备案和审查等重要知识点。A、B 选项考查程序性规定，其中 A 选项偷梁换柱，将决定主体和公布主体混淆。C、D 选项考查地方政府规章的内容审查。C 选项对考生综合能力提出要求，考生应结合地方政府规章的立法范围准确判断。D 选项难度较高，考生需把合宪性审查的各种改变和撤销权限牢记于心。

【选项分析】 A 选项考查地方政府规章的制定程序。《立法法》第 95 条第 2 款规定，地方政府规章应当经政府常务会议或者全体会议决定。《立法法》第 96 条第 2 款规定，地方政府规章由省长、自治区主席、市长或者自治州州长签署命令予以公布。简言之，地方政府规章由集体决定，由行政长官公布。A 选项偷梁换柱，具有较强的迷惑性，需要考生对这个知识点准确掌握。A 选项错误。

B 选项考查地方政府规章的备案审查。《立法法》第 109 条第 4 项规定，部门规章和地方政府规章报国务院备案；地方政府规章应当同时报本级人民代表大会常务委员会备案；设区的市、自治州的人民政府制定的规章应当同时报省、自治区的人民代表大会常务委员会和人民政府备案。地方政府规章存在减损公民权利的风险，因此《立法法》对其备案提出了较高要求。B 选项正确。

C 选项考查地方政府规章的立法范围。《立法法》第 93 条第 3 款规定，设区的市、自治州的人民政府根据本条第 1 款、第 2 款制定地方政府规章，限于城乡建设与管理、生态文明建设、历史文化保护、基层治理等方面的事项。月照市人民政府有权就文化促进进行立法，但该规章对免税的规定，却超出了地方政府规章的权限。《税收征收管理法》第 3 条第 2 款规定，任何机关、单位和个人不得违反法律、行政法规的规定，擅自作出税收开征、停征以及减税、免税、退税、补税和其他同税收法律、行政法规相抵触的决定。C 选项错误。

D 选项考查地方政府规章的合宪性审查。《立法法》关于改变或撤销相关规范性文件的规定内容比较丰富，给考生的记忆带来挑战。《立法法》第 108 条规定：……（三）国务院有权改变或者撤销不适当的部门规章和地方政府规章；……（五）地方人民代表大会常务委员会有权撤销本级人民政府制定的不适当的规章；（六）省、自治区的人民政府有权改变或者撤销下一级人民政府制定的不适当的规章。由此可见，只有国务院、本级人大常委会、上一级政府有权撤销设区的市政府制定的地方政府规章，上一级人大常委会并无权限。D 选项错误。

3. 答案：A　　难度：难

考点：中央与特别行政区的关系、特别行政区的政治体制、特别行政区的法律制度

命题和解题思路：本题 A 选项考查《中华人民共和国香港特别行政区维护国家安全法》（以下简称《香港国安法》）中行政长官的权限，虽然知识点容易，但考生容易忽视。B、C、D 选项以这次释法为"外衣"，考查全国人大常委会的权限和《香港国安法》的效力位阶，考生应确知全国人大常委会享有唯一的法律解释权，但不能对备案的特别行政区法律进行修改。C 选项涉及《香港国安法》的特殊定位，不能套用特殊法和一般法之优先性原理。

【选项分析】 A 选项考查《香港国安法》的具体规定，也是这次释法涉及的主要条文。该法第 47 条规定，香港特别行政区法院在审理案件中遇有涉及有关行为是否涉及国家安全或者有关证据材料是否涉及国家秘密的认定问题，应取得行政长官就该等问题发出的证明书，上述证明书对法院有约束力。A 选项正确。

B 选项考查《香港国安法》的法律解释主体。该法由全国人大常委会制定，是全国性法

律。该法第 65 条规定，本法的解释权属于全国人民代表大会常务委员会。按照《立法法》第 48 条规定，法律解释权属于全国人大常委会。全国人大是最高权力机关和立法机关，并不享有法律解释权。B 选项错误。

C 选项考查《香港国安法》和特别行政区法律的适用优先性。一般情况下，除了少数法律之外，全国性法律在香港和澳门地区不适用。但《香港国安法》是针对香港国家安全事务的全国性法律，所以能够在香港特别行政区直接适用。该法第 62 条规定，香港特别行政区本地法律规定与本法不一致的，适用本法规定。因此，《香港国安法》和特别行政区法律之间的关系并非一般法和特别法的关系，而是《香港国安法》优先适用。C 选项错误。

D 选项考查特别行政区法律的备案审查制度。香港特别行政区立法会可以基于《香港特别行政区基本法》制定任何其有权制定的法律，但按照《香港特别行政区基本法》第 17 条的规定，特别行政区立法机关制定的法律须报全国人大常委会备案，备案并不影响该法律的生效。全国人大常委会如果认为特别行政区法律有不符合基本法关于中央管理的事务及中央和香港之关系的条款，可将有关法律发回，但不作修改。D 选项故意混淆发回和修改的关系，考生需要明辨。D 选项错误。

4. **答案：A   难度：易**

考点：政治权利和自由、财产权、劳动者的休息权、获得物质帮助权

命题和解题思路：本题考查公民的基本权利。四个选项均针对易产生认识偏差的考点展开设计，其内容涉及劳动者的休息权、政治权利和自由、住宅不受侵犯和财产权以及获得物质帮助权。正确解答本题，需要对上述知识点有清楚的认识。

【选项分析】A 选项考查劳动者的休息权。《宪法》第 43 条第 1 款规定，中华人民共和国劳动者有休息的权利。这是关于劳动者休息权的规定。我国宪法和法律所规定的休息权，是指劳动者的休息权，而非泛指任何公民的休息权。休息权的主体问题一直是命题人"热衷"的对象。A 选项内容错误，符合题干要求，为当选项。

B 选项考查政治权利和自由。往年考题曾经考查过"我国公民被剥夺政治权利的，其出版自由也被剥夺"，应当说，这一选项不难判断，公民被剥夺政治权利的，其出版自由也被剥夺。但公民被剥夺政治权利的，其言论自由是否也被剥夺，未必人人都能作出正确判断。因此，本题的 B 选项是在往年真题基础上的难度加码。——很多人会把"言论"（说话）和"言论自由"混为一谈。必须清楚的是，即使剥夺政治权利，也不可能阻止被剥夺人"说话"，但其不再享有针对国家政治和社会生活中的问题表达其思想和见解的自由，即其言论自由被剥夺，例如不能注册社交账号发表评论。B 选项内容正确，不当选。

C 选项是干扰项，该选项考查两个知识点：住宅不受侵犯和财产权。"非法强制拆除公民的房屋"，部分考生会将其理解为指向广义的人身自由中的"住宅不受侵犯"。我国《宪法》第 39 条规定，中华人民共和国公民的住宅不受侵犯。禁止非法搜查或者非法侵入公民的住宅。根据这一规定，"住宅不受侵犯"禁止的是非法搜查或者非法侵入公民的住宅。而"非法强制拆除公民的房屋"与非法搜查或者非法侵入无关，它侵犯的标的为房屋的财产权。与此相关的是《宪法》第 13 条的规定，公民的合法的私有财产不受侵犯。C 选项内容正确，不当选。

D 选项考查获得物质帮助权。《宪法》第 45 条规定，中华人民共和国公民在年老、疾病或者丧失劳动能力的情况下，有从国家和社会获得物质帮助的权利。据此，获得物质帮助权是有一定条件要求的，此种条件即宪法所规定的"年老、疾病或者丧失劳动能力的情况下"。只有具备了这种条件，才能主张物质帮助权。不幸感染传染病的公民，符合此种条件，因而

有从国家和社会获得物质帮助的权利。D 选项内容正确，不当选。

5. 答案：B　难度：中

考点：县级以上地方各级人大常委会、地方各级人民政府、《监督法》

命题和解题思路：政府决策关乎百姓民生，一旦给百姓带来过重的不合理负担，"与民争利"，则会对政府公信力造成严重损害。本题以政府的某项具体决策为切入点，考查宪法监督、地方人大及政府职权等基础知识点，选项涵盖多项知识点，以小见大。地方人大和人大常委会的职权、地方人大常委会的监督职能等知识点颇为琐碎，涉及听取工作报告、质询、撤职等多种制度设计，给考生带来很多困扰。本题 A 选项考查地方人大常委会对地方政府决定的监督。考生还是要牢记那句话：亲生可改，远亲能撤。B、C、D 选项考查地方人大常委会的监督职能。这部分知识点难度较低，但一旦和案例掺和在一起，考生极易打错靶子。破解之道在于以事例驱动知识点，反复训练，才能真正突破。

【选项分析】A 选项考查地方人大常委会的职权。根据《地方组织法》第 50 条的规定，县级以上地方人大常委会可以撤销本级人民政府的不适当的决定和命令。北宁市人大常委会可以撤销北宁市人民政府的不适当的决定，但并无改变之权限。针对监督中的改变抑或撤销之难点，考生可牢记，人大或人大常委会对政府之决定，只可撤销，而没有改变之权力。A 选项错误。

B 选项考查地方人大常委会听取和审议专项工作报告的职权。《监督法》第 11 条规定："各级人民代表大会常务委员会每年选择若干关系改革发展稳定大局和群众切身利益、社会普遍关注的重大问题，有计划地安排听取和审议本级人民政府、监察委员会、人民法院和人民检察院的专项工作报告。" 第 16 条规定:" 专项工作报告由人民政府、监察委员会、人民法院或者人民检察院的负责人向本级人民代表大会常务委员会报告，人民政府也可以委托有关部门负责人向本级人民代表大会常务委员会报告。委员长会议或者主任会议可以决定将报告交有关专门委员会审议。因此，人民政府可以向本级人大常委会报告专项工作，也可委托发改委向人大常委会报告工作。B 选项正确。

C 选项考查监督中的质询制度。《监督法》第 51 条第 1 款规定："全国人民代表大会常务委员会组成人员十人以上联名，省、自治区、直辖市、自治州、设区的市人民代表大会常务委员会组成人员五人以上联名，县级人民代表大会常务委员会组成人员三人以上联名，可以向常务委员会书面提出对本级人民政府及其部门和监察委员会、人民法院、人民检察院的质询案。"北宁市为设区的市，质询人数需要达到 5 人以上。C 选项错误。

D 选项考查监督中的撤职。《监督法》第 60 条规定，"县级以上地方各级人民代表大会常务委员会在本级人民代表大会闭会期间，可以决定撤销本级人民政府个别副省长、自治区副主席、副市长、副州长、副县长、副区长的职务"。第 61 条第 1 款规定："县级以上地方各级人民政府、监察委员会、人民法院和人民检察院，可以向本级人民代表大会常务委员会提出对本法第六十条所列国家机关工作人员的撤职案。" 由此可知，北宁市人民检察院可以提起对该市副市长的撤职案。但 D 选项偷梁换柱，将主体更换为该市人民检察院检察长，故意制造混淆，考生应仔细分辨。撤职案的提出主体是人民检察院这个机关，而非检察长个人。D 选项错误。

6. 答案：B　难度：中

考点：人身自由、《立法法》

命题和解题思路：强制婚检制度在我国法制历程中一直伴随着争议。1994 年发布的《母婴保健法》确立了强制婚检法律制度。2003 年发布的《婚姻登记条例》不再将婚检报告作为婚姻登记的必备条件。《民法典》第 1053 条规定，一方患有重大疾病的，应当在结婚登记前如实告知另一方；不如实告知的，另一方可以向人民法院请求撤销婚姻。近年来，一些省份所制定的地方性法规直接或隐晦地对婚检作出规定，引发合宪性审查议题。在《立法法》修改之后，强制婚检问题成为合宪性审查的关注点。本题以此背景进行命制，考查考生准确掌握《立法法》的能力。A 选项是原理性考查，考生需准确把握公民自由和国家权力的边界。B、D 选项考查《立法法》新增的合宪性审查之规定，考生对这部分要格外重视。C 选项考查不同规范性文件之间冲突之解决，是常规考点，考生可从容应对。

【选项分析】A 选项考查公民的基本权利和义务。婚姻自由是公民的基本自由，《宪法》第 49 条规定，禁止破坏婚姻自由。公民的婚姻自由受到国家保护，这体现了对个体自由选择和意思自治的充分尊重。强制婚检引发诟病，主要在于这一制度有限制婚姻自由之嫌。然而，公民享有婚姻自由，并不意味着国家对婚姻自由不能有任何干预。《民法典》第 1053 条的规定，虽然不是要求强制婚检，但体现的是对结婚双方信息不对称的情况下一方所作之婚姻选择的限制，是一种正当的干预。A 选项太过绝对，是错误的。

B 选项考查全国人大常委会的备案审查制度。《立法法》第 112 条规定，全国人民代表大会专门委员会、常务委员会工作机构在审查中认为行政法规、地方性法规、自治条例和单行条例同宪法或者法律相抵触，或者存在合宪性、合法性问题的，可以向制定机关提出书面审查意见；也可以由宪法和法律委员会与有关的专门委员会、常务委员会工作机构召开联合审查会议，要求制定机关到会说明情况，再向制定机关提出书面审查意见。根据这一条文，全国人大常委会工作机构有权要求该省人大到联合审查会议说明情况。B 选项正确。

C 选项考查不同规范性文件之间的冲突及其解决。卫健委的规定属于部门规章，在其规定与地方性法规发生冲突的时候，按照《立法法》第 106 条的规定，地方性法规与部门规章之间对同一事项的规定不一致，不能确定如何适用时，由国务院提出意见，国务院认为应当适用地方性法规的，应当决定在该地方适用地方性法规的规定；认为应当适用部门规章的，应当提请全国人民代表大会常务委员会裁决。在这两部规范出现冲突的时候，并非由国务院决定如何适用，而是要区分不同情况。C 选项错误。

D 选项考查备案审查的具体程序。按照《立法法》第 113 条的规定，全国人民代表大会有关的专门委员会、常务委员会工作机构应当按照规定要求，将审查情况向提出审查建议的国家机关、社会团体、企业事业组织以及公民反馈，并可以向社会公开。因此，全国人大常委会向任某反馈是其义务，但向社会公开审查情况并非必需。D 选项错误。

二、多项选择题

1. 答案：BCD　难度：中

考点：宪法的分类与制定、宪法的渊源

命题和解题思路：本题考查宪法基本理论，涉及宪法分类、宪法渊源等基础知识点。这部分内容对考生比较友好，备考难度较低。法考客观题每年几乎都会有一道题目与宪法基础理论相关，所以考生对这部分内容也应重视。本题 A、B 选项考查宪法的不同分类，但不仅限于分类类型，还包括对不同类型的宪法特征的理解。C、D 选项考查宪法渊源，围绕宪法判例和国际条约在宪法渊源体系中的地位而设计，难度不高，但需要考生辨析易混点，比如宪法判例和宪法规范的效力等级。

【选项分析】选项 A 考查宪法的分类。按制定宪法的主体，可以将宪法分为钦定宪法、民定宪法和协定宪法三类。钦定宪法是以君主的名义制定的宪法，民定宪法是以人民的名义制定的宪法，协定宪法则是由君主和国民协商制定的宪法。按照当今全球范围内的宪法实践来看，大多数国家都是民定宪法。A 选项正确，不当选。

选项 B 考查对刚性宪法的理解。刚性宪法与柔性宪法相对，指的是制定和修改的程序比普通法律更为严格的宪法。成文宪法一般属于刚性宪法。美国宪法当然是刚性宪法，但美国法院援引宪法作为直接裁判的依据，并非因为其宪法是刚性宪法，而是因为其独特的司法审查制度。该选项具有迷惑性，考生需在逻辑上做出明辨。B 选项错误，当选。

C 选项考查宪法渊源中的宪法判例。宪法判例是法院在司法过程中作出的涉及宪法问题的具有宪法效力的判例。美国和德国都有宪法判例。从性质上来说，宪法判例与宪法规范具有同等效力。C 选项错误，当选。

D 选项考查宪法渊源中的国际条约。全球宪法实践如火如荼，确实出现从国内法向国际法扩展的趋势，例如《公民权利和政治权利国际公约》被很多国家所吸纳。但并不意味着所有的国家都将国际条约视为宪法渊源，只有部分国家的宪法明确作出这样的规定。D 选项过于绝对，与事实不符，当选。

2. **答案**：ABD　　**难度**：中

考点：村民委员会

命题和解题思路：麻雀虽小，五脏俱全。村民基层自治制度虽然没有县级以上的国家制度那么复杂，但考查起来也可以变化多端，让考生陷入两难。《村民委员会组织法》内容并不算多，但规定具体细致，考生不能掉以轻心。本题考查村委罢免、村民会议等制度，几乎全面覆盖难点。A 选项涉及村民委员会与乡镇政府之关系的原理，但设置了乡人民代表大会这一干扰项，需要考生识别诡计。B、C、D 选项主要考查联名、提议或决策主体的人数与比例，数字烦琐，容易混淆，需要考生重点突破。

【选项分析】选项 A 考查乡镇政府与村民自治之间的关系。按照《村民委员会组织法》第 5 条第 1 款规定，乡、民族乡、镇的人民政府对村民委员会的工作给予指导、支持和帮助。乡政府不得干预依法属于村民自治范围内的事项。据此，乡政府要求村委会向村民收钱，超出了其职权范围，应当予以纠正。但考生切不可在此有知识上的含糊。按照《村民委员会组织法》第 36 条第 3 款的规定，乡、民族乡、镇的人民政府干预依法属于村民自治范围事项的，由上一级人民政府责令改正。选项中提出由乡人民代表大会责令改正，具有迷惑性。考生若基础不牢，很容易陷入误区。A 选项错误，当选。

B 选项考查对村民委员会的罢免。按照《村民委员会组织法》第 16 条第 1 款的规定，本村 1/5 以上有选举权的村民或者 1/3 以上的村民代表联名，可以提出罢免村民委员会成员的要求，并说明要求罢免的理由。B 选项放了"烟雾弹"，将 1/5 和 1/3 的要求改为 5 名和 3 名，考生若审题不慎，很容易就中计。B 选项错误，当选。

C 选项考查村民会议的召集。按照《村民委员会组织法》第 21 条第 2 款的规定，有 1/10 以上的村民或者 1/3 以上的村民代表提议，应当召集村民会议。召集村民会议，应当提前 10 天通知村民。C 选项正确，不当选。考生应该仔细分辨村民会议、村民代表会议的召集条件和表决条件，切不可混淆。

D 选项考查村民代表会议的决策。村民代表会议有权撤销或者变更村民委员会不适当的决定。按照《村民委员会组织法》第 26 条第 2 款的规定，村民代表会议有 2/3 以上的组成人员参加方可召开，所作决定应当经到会人员的过半数同意，而非 2/3 以上。考生需牢记，无论是村民会议、村民代表会议还是村民小组会议，参加人数要求有不同，但表决人数都是到会人员的过半数。D 选项错误，当选。

3. 答案：AB　　难度：难

考点：民族自治地方的自治权、《立法法》、《监督法》

命题和解题思路：民族自治地方的自治机关和自治权是法考必考内容。这部分知识点对考生来说相对比较友好，只要考生对其中几个容易混淆的知识点加以重点突破，则一般不会失分。本题结合《立法法》中的备案审查制度进行考查，无形中增加了题目难度。如果考生以为自治条例和单行条例要点简单，实际上是轻敌了。A、B选项考查自治条例和单行条例的基本属性，考生应记住条例的备案主体，不能忽略国务院。C选项难度极高，需要考生对相关规范极为熟悉，否则仍然是云里雾里。D选项以县政府规章作为"鱼饵"误导考生，考生应当避免上当。

【选项分析】A选项考查自治条例和单行条例的备案审查制度。对于自治州和自治县的自治条例和单行条例，《民族区域自治法》和《立法法》均在《宪法》所规定的向全国人大常委会备案的基础上，增加了向国务院备案的要求。因此，该县制定的单行条例需要向全国人大和国务院备案。A选项正确。

B选项考查民族自治地方在立法上的变通权。《立法法》第85条第2款规定，自治条例和单行条例可以依照当地民族的特点，对法律和行政法规的规定作出变通规定，但不得违背法律或者行政法规的基本原则，不得对宪法和民族区域自治法的规定以及其他有关法律、行政法规专门就民族自治地方所作的规定作出变通规定。因此，该条例可以对法律和行政法规的规定作出变通，只是受到必要的限制。B选项正确。

C选项考查自治条例和单行条例的备案审查制度，具有很强的干扰性。自治县的单行条例需要由省级人大常委会批准后生效，且要报全国人大常委会和国务院备案。如果单行条例存在合法性问题，按照《立法法》第108条第2项的规定，只有全国人大常委会才有权撤销省、自治区、直辖市人大常委会批准的自治条例和单行条例。这意味着，尽管该单行条例是由省级人大常委会批准的，但该省级人大常委会并无权撤销。同理，尽管省级人大有权撤销省级人大常委会批准的地方性法规，但省级人大也无权撤销省级人大常委会批准的自治条例和单行条例。C选项错误。

D选项考查民族自治地方的政府立法权。自治地方的政府并无制定自治性地方政府规章的权力。D选项以"单行规章"这个无中生有的新创造误导考生，若考生基础不牢，容易被牵着鼻子走。自治区和自治州的政府可以制定普通的地方政府规章，但自治县政府则无立法权，无法制定政府规章。D选项错误。

4. 答案：BD　　难度：难

考点：宪法的渊源、宪法效力、人身自由、宪法实施

命题和解题思路：个人信息保护是当前法律实践中的热点，引发大量学科的关注，宪法学也不例外。本题以个人信息保护的实践动态为载体考查考生对宪法基本原理的理解，综合性强，对考生的答题能力提出较高要求。个人信息权益虽然并未在宪法中得以规定，但该项权益有着直接的宪法规范依据，即"公民人格尊严不受侵犯"这一条款。A选项围绕这一条款而设计，但考查宪法实施的方式，属于常规考法，考生应能轻松应对。B选项考查《立法法》关于法律解释的相关制度设计，要求考生将之与合宪性审查的提议主体进行对照理解。C、D选项虽然也是考查宪法基本原理，但以个人信息保护作为载体，增加考生的判断难度，要求考生随机应变，开阔视野。

【选项分析】A选项考查宪法效力和宪法实施。按照最高法院印发的《人民法院民事裁判文书制作规范》的规定，裁判文书不得引用宪法作为裁判依据，但其体现的原则和精神可

以在说理部分予以阐述。由此可知,法官在裁判中不能将宪法规范作为裁判依据,即大前提,但可以作为强化说理论证的资源。"公民人格尊严不受侵犯"这一条款对理解敏感个人信息的法律意义来说非常重要,但法官不能将之作为裁判的直接依据。A 选项错误。

B 选项考查《立法法》关于法律解释体制的规定。全国人大常委会享有法律解释权。按照《立法法》第 49 条第 1 款的规定,国务院、中央军事委员会、国家监察委员会、最高人民法院、最高人民检察院、全国人民代表大会各专门委员会,可以向全国人民代表大会常务委员会提出法律解释要求或者提出相关法律案。基于这一规定,最高人民法院可以针对《个人信息保护法》的相关条款的具体含义向全国人大常委会提出法律解释要求。B 选项正确。

C 选项考查对宪法权利和自由的理解。宪法对个人信息权益和保护并未作出明文规定,但并不意味着个人信息权益没有宪法依据。个人信息与个人自由、身份和尊严紧密相关,是人格尊严的具体呈现。个人信息和个人隐私也有诸多重叠之处,是人格完整性的保障。当前学术研究虽然对个人信息权益存在一定争议,但形成的基本共识是个人信息权益既具有公法属性,也具有私法属性,而非单纯的私法权益。C 选项错误。

D 选项考查宪法渊源。个人信息保护已经成为全球共识,随着信息技术的发展,全球范围内容的个人信息和数据权益保护势在必行,因此形成了关于信息保护和数据流通的一系列国际条约。在我国,国际条约被认可为宪法渊源,只是并未明确国际条约和宪法之间的关系。D 选项正确。

第一套

第一部分　试题

单项选择题

1. 根据出土于陕西省岐山县董家村的一件青铜礼器记载，牧牛是一个小贵族，他向周王控告自己的上级贵族倚仗权势霸占了自己的五名奴隶。在此之前牧牛已经控告过且败诉，牧牛并未执行。审理该案的伯扬父认为，牧牛虽然违背了第一次誓言，但本次诉讼中他愿意履行誓言并重新起誓，同时交付五名奴隶，与上级贵族重修于好，应当予以肯定，遂将对牧牛的鞭笞数降为五百下。关于伯扬父的审判，下列哪一说法是正确的？
　A. 以礼取代法律而审判
　B. 判决重实体而轻程序
　C. 秉持明德慎罚的理念
　D. 处刑体现了重罚主义

2. 太宗即位时，有士人伪造文凭参加选官，太宗问后命处死造假而不自首者。戴胄审理一造假者，判处流刑。太宗大怒，认为戴胄有违君令，让他失信。戴胄回应说："法者，布大信于人；言乃一时喜怒所发。陛下以一朝忿，将杀之，既知不可而置之法，此忍小忿、存大信也。若阿忿违信，臣为陛下惜之。"对此，下列哪一说法是正确的？
　A. 依唐律，造假者当被处死刑
　B. 造假者若自首，可以免除刑罚
　C. 戴胄认为法律高于君命
　D. 太宗可以直接审理该案

3. 南宋时，寡妇阿章将田宅卖给徐荣，两年后徐荣把田宅卖给阿章丈夫的从弟徐蒙，九年后阿章以田宅系典卖为由起诉，想从徐蒙处赎田。易化县令判"交钱还业"。徐蒙上诉到临安府，并"缴徐荣厚买"阿章"赤契三道"，分明该载出卖二字。关于本案，下列哪一说法是正确的？
　A. 宋代土地买卖盛行，双方可以自由交易
　B. 宋代土地只能绝卖，不能活卖
　C. 徐蒙对于阿章田宅有优先购买权
　D. 阿章可以从徐荣处赎回田产

4. 南京国民政府对相关法律规范进行完善汇总，形成了六法全书。关于六法全书，下列哪一说法是正确的？
　A. 系国民政府时期法律体系的总称
　B. 其中的宪法依照《中华民国临时约法》而制定
　C. 继承了清末修律的成果

D. 对新中国成立后的法制建设影响深远

第二部分　答案详解

1. 答案：C　难度：中

考点：先秦时期的法律思想

命题和解题思路： 1975 年出土于陕西省岐山县董家村的一件青铜礼器上共铸有 157 个字，完整记录了一起诉讼案件，即牧牛案，是我国迄今为止保存最早的司法裁判文书，为研究西周法制的运行特点、体系架构、思想理念提供了一份翔实的史料。考生应当结合西周法律思想，针对案情，做出准确判断。A、B、D 选项当然符合当代对先秦法律制度的理解，但伯扬父的审判在当时既尊重了法律，也体现出程序的要求，减轻刑罚的判决并非重罚，而是宽严相济，由此考生可根据案情准确判断。

【选项分析】 A 选项考查判决中的道德和法律。西周法律对于刑罚等级、科刑轻重、主从刑相结合等重要问题大都有规定，为坚持依法裁判提供了必要条件。伯扬父作出的裁判均以相关法律为依据。首先，伯扬父指出牧牛违背前誓；其次，因为牧牛愿意履行誓言，与上级贵族重归于好，满足了赦免的条件，依照法律对其从宽，且将处罚内容详细载明。因此，伯扬父并非以礼取代法律，而是严格按照法律裁判。A 选项错误，不当选。

B 选项考查该案中的实体和程序问题。西周时期虽未有向社会颁布的成文法，所谓"昔先王议事以制，不为刑辟"，但司法裁判活动亦能反映西周时期司法实践关注程序价值的客观事实。而且，当时的司法程序随着案件的难易程度呈现灵活的繁简变化。这件青铜礼器的铭文所载案件因属于上诉案件，誓审程序较为复杂，第一次起誓是牧牛对自己违背先誓行为的承认，是对自己所犯罪行的肯定性答复。第二次起誓是牧牛在司法官伯扬父的带领下起誓，表示对判决结果的服从。从案件可以看出，本案实体和程序并重。B 选项错误，不当选。

C 选项考查本案所体现的价值理念。明德慎罚是周公等人在系统总结夏商以来治国理政得失基础上提出的法律思想。周公主张以教为先，强调教化对预防犯罪的重要作用，认为仅以残酷的刑罚并不能实现国家的长治久安，刑罚的适用应建立在明察而得当的基础上，要求轻罪轻罚、重罪重罚，这样方可收到民畏民服的积极效果。伯扬父的判决鲜明地体现了明德慎罚，宽严相济。C 选项正确，当选。

D 选项考查本案中的刑罚观。相较于殷商末期的酷刑泛滥，西周时期的定罪量刑考虑罪犯的主观动机，更加重视悔过表现，积极对其宽宥减赦，通过量刑的宽宥赦免，不仅给予罪犯改过自新的机会，亦减少了诉讼滋生、案外生案的可能，对促进社会和谐稳定具有积极作用，是西周时期法制文明较前代极大进步的表现。牧牛与上级贵族是上下级的关系，牧牛负有照管牛群的职责。若是一味着眼于牧牛背离誓言、状告上级的情节，而对牧牛认罪悔过并愿意重新履约的表态视而不见，最终只会让双方的关系再无缓和的可能。D 选项错误，不当选。

2. 答案：B　难度：中

考点：唐律

命题和解题思路： 本题取材于唐代著名典故，该案例既体现了唐太宗的开明，也体现了唐律的法制完善。唐太宗命令考试文凭造假者处死，但这显然违反唐律的规定，因此戴胄以判决加以纠正。针对这类题目，考生既要熟知律例的规定，也要把握案件要点，切记生搬硬套。A、C、D 选项虽然并无直接的规范依据，但考生从本案细节和常理上可以判断准确。B 选项考查基础知识点，考生只要掌握唐律自首制度的内容，便可从容作答。虽然本案难度不高，但考生应当举一反三，针对其他案件的类似选项做出准确判断。

【选项分析】A 选项考查唐律的死刑规定。尽管考生对唐律中判决死刑的犯罪类型不能完全掌握，但从重罪十条的规定便可看出，判处死刑的犯罪行为一定是非常严重的危及国家安全、社会秩序和人身安全的行为。通过戴胄的判决，考生可以双重确认，即文凭造假仅可判处流刑，上升不到死刑的程度。A 选项错误。

B 选项考查唐律中的自首制度。唐律自首的基本原则是犯罪未发而自首，原其罪。这是唐律中自首制度的核心原则，也是自首制度的基本条件。所谓犯罪未发，就是指犯罪尚未被发现，犯罪人在官府或者他人尚未发觉其犯罪行为之前，自动投案的称为自首。所谓原其罪，就是指对于自首的犯罪人，一般不加以处罚，或者给予极轻的处罚，以示宽恕和鼓励。如果造假者自首，按照唐律，可以减免刑罚。B 选项正确。

C 选项考查君权和法律的关系。尽管本案中戴胄严格按照法律进行判案，且否定了太宗所提出的方案，但这并不意味着戴胄认为君权低于法律，而是通过捍卫法律的尊严彰显出君权的神圣。戴胄反复强调的"信"，即是君权的威严和至高而带来的威信和尊严。C 选项错误。

D 选项考查皇帝的权力。虽然皇权至上，但依照法律，司法权是由皇帝授予特定部门和官员来行使的。本案中，戴胄通过大理寺对案件进行裁断，体现出权力的分工。虽然皇帝掌握生杀大权，并不意味着皇帝可以任意插手和干预案件，而是要经过必要的程序。另外，皇帝掌握死刑的决定权，这体现出最高权力是掌握在皇帝手中。D 选项错误。

3. 答案：C　难度：难

考点：宋代的契约制度

命题和解题思路：本题取材于宋代典故，考查宋代的法律制度，尤其是契约制度。本题涉及宋代土地买卖的规定、契约的类型等知识点，命制灵活，考点丰富。选项涉及绝卖与活卖之区别、土地优先购买权等具体要点，需要考生充分掌握所学知识。A、C 选项需要结合案情和常理，尤其是土地制度的复杂性，从而对 C 选项的合理性进行把握。B、D 选项可结合宋代契约制度的具体规定灵活判断。

【选项分析】A 选项考查宋代的土地买卖制度。宋朝法律确认地主、自耕农的土地私有权，发给他们"红契"，作为土地私有权的凭证。买卖田宅必须经过"立契"的法定程序，凡加盖官印的称为"红契"，表示官府确认，不加官印的称为"白契"。由此可见，土地买卖必须经过严格的法定程序，尤其是不能忽视官府的参与，买卖双方并非完全自由交易。A 选项错误。

B 选项考查宋代的契约制度。按照买卖是否附加条件，可以分为绝卖和活卖。活卖是附条件的买卖，典卖是其中之一。宋代典卖土地、房屋的现象成为普遍现象，被法律所承认并形成制度。典卖土地是指将土地、房屋等不动产出典给他人，收取一定的典价，在约定期限内原价赎回。"活卖"与"绝卖"不同。绝卖是所有权的转移，不能赎回。在宋代，这两种买卖形式并存。B 选项错误。

C 选项考查宋代的亲邻优先权制度。该制度规定，在土地买卖过程中，亲属和邻居享有优先购买权。这一制度旨在保护土地不外流，维护社会稳定和家族利益。在本案中，徐蒙与阿章有亲属关系，所以徐蒙享有土地的优先购买权。C 选项正确。

D 选项考查绝卖和活卖的区别。根据案情，阿章与徐荣的契约记载着"出卖"，这表明阿章并非典卖，而是绝卖，即彻底出卖，不再赎回。D 选项错误。

4. 答案：C　难度：中

考点：南京国民政府的法律制度

命题和解题思路： 六法全书在中国法制历程中具有特定意义。六法全书是民国时期立法的突出体现，是民国法律制度的集大成，同时又体现出资产阶级法律制度的局限性和不彻底性。本题以六法全书为切入点，考查六法全书的具体切面，需要考生既熟悉其内容，也明白其意义。A、B选项涉及六法全书的内容，凭史实可轻易判断。C、D选项考查六法全书的意义，考生应准确定位，尤其是结合新中国的法制建设，不要被D选项所迷惑。

【选项分析】A选项考查六法全书的主要内容。1928—1937年期间，国民政府先后公布实施了六个门类的法律法规：宪法（《训政时期约法》）、民法、民事诉讼法、刑法、刑事诉讼法、行政法（不包经济法），建立起国民政府法律体系的基本框架。以这些大类法规中的基本法典（行政法除外）为中心，各有一整套的关系法规，即低位阶的法律、条例、通则、规程、规则、细则、办法、纲要、标准、准则以及判例、解释例等不同层次和性质的法律，组成一个严密的、层次分明的法律系统。国民政府采取"以法典为纲、以相关法规为目"的方式，将法典及相关法规汇编成《六法全书》。据此，六法全书是国民政府法律体系的主体内容，但并非其法律体系的全部，也不能视为法律体系的总称。A选项错误。

B选项考查六法全书的发展历程。1927年4月，蒋介石发动政变，成立了南京国民政府。1928年10月，经国民党中央执行委员会决议，国民党公布了"训政纲领"和《国民政府组织法》（后经1929年3月国民党第3次全国代表大会追认），从此，国民政府进入"训政"时期。这一时期通过的宪法及宪法性法律有：《中华民国训政时期约法》（1931年）、《中华民国宪法草案》（1936年）、《中华民国宪法》（1947年）、《动员戡乱时期紧急条款》（1948年）。在政体上，这一时期的立宪号称采取不完全的"责任内阁制"，突出总统的权利。因此，六法全书中的宪法明显得体现出南京国民政府的政治追求，已经脱离了《中国民国临时约法》的框架和原则。B选项错误。

C选项考查六法全书的继承性。从立法过程来看，六法全书对清末修律内容借鉴颇多。除立宪模式有根本的转变外，民事立法、商事立法、民事诉讼立法、刑事立法、刑事诉讼立法，基本在清末立法的基础上经删改而成。C选项正确。

D选项考查六法全书与新中国法制建设的关系。中华人民共和国成立前夕，1949年2月22日，中共中央发出了由当时担任中央法律委员会主任的王明起草的《关于废除国民党"六法全书"与确定解放区司法原则的指示》。同年3月21日，华北人民政府颁发了《废除国民党的六法全书及其一切反动法律》的训令。这两个文件的主要内容就是：废除国民党的六法全书及其一切反动法律，各级人民政府的司法审判不得再援引其条文。由此可见，新中国法制建设完全脱离了六法全书的影响。D选项错误。

第二套

第一部分　试题

单项选择题

1. 《后汉书·列女传》载：酒泉庞淯母者，赵氏之女也，字娥。父为同县人所杀，而娥兄弟三人，时俱病物故。仇乃喜而自贺，以为莫己报也。娥阴怀感愤，乃潜备刀兵，常帷车以候仇家。十余年不能得。后遇于都亭，刺杀之。因诣县自首。对此，下列哪一说法是正确的？

A. 依照"为政以仁"思想，赵娥的行为是为父报仇的义举，在汉代应当免罚

B. 汉律区分了自首与自新，赵娥属于自首，应免罚

C. 依据论心定罪原则，赵娥符合忠孝精神，可以免罚

D. 赵娥后被宽宥，体现出统治者偏重孝道而看轻法律

2. 《宋会要辑稿》记载："州狱翻异，则提刑司差官推勘；提刑司复翻异，则以至转运、提举、安抚司。本路所差既遍，则又差邻路。"关于翻异别勘制，下列哪一说法是正确的？

A. 犯人在录问或行刑时推翻口供提出申诉，应由提刑司定夺是否进行重审

B. 犯人翻供且"实碍重罪"时，应由提刑司发回原州衙由原审官员重审

C. 提刑司介入翻异别勘制，体现了司法权力的内部制约

D. 翻异别勘制有助于防范冤假错案，从根本上实现司法公正

3. 关于《大清新刑律》的特点，下列哪一说法是错误的？

A. 采用罪刑法定主义原则

B. 在体例上抛弃了旧律"诸法合体"的编纂形式

C. 采用西方国家通用的缓刑、假释、正当防卫等制度和术语

D. 确立了新的刑罚制度，规定的主刑包括死刑、遣刑、流刑、徒刑和罚金

4. 关于马锡五审判方式，下列哪一说法是错误的？

A. 重视深入实际，调查研究，调解息讼

B. 注重诉讼程序的正规化和法典化建设，追求程序正义

C. 开创了抗日民主政权司法民主的崭新形式

D. 创造性地把中国共产党群众路线的工作方针运用于审判实践

第二部分　答案详解

单项选择题

1. 答案：C　难度：中

考点： 秦汉时期的法律思想与制度

命题和解题思路： 赵娥复仇案是中国法制历程中的经典故事，是汉代法律制度的缩影，也是理解礼法关系的一把钥匙。本题以赵娥复仇且自首一事综合考查汉代关于犯罪刑罚、春秋决狱等核心知识点，要求考生既要熟知基础理论，也要能够与案例有机结合。应对汉代法律制度的题目，考生需注意两点：一是汉承秦制，在很多方面继承了秦代的法律制度；二是汉代法律呈现出法律儒家化的趋势并影响后世。A、B选项涉及对赵娥杀仇行为的评价，考生应准确判断，避免混淆。C、D选项则考查考生综合运用知识进行分析的能力，要求考生灵活运用所学知识点，不拘泥于知识的表面含义。

【选项分析】 A选项考查汉代的法律思想。"为政以仁"强调的是贯彻如今矜老恤幼的恤刑思想，80岁以上的老人、8岁以下的幼童，以及怀孕未产的妇女、老师、侏儒等，在有罪监禁期间，给予不戴刑具的优待。赵娥虽然为父报仇，但按照汉代法律，赵娥仍然构成故意杀人，依律不能免罚。A选项错误。

B选项"张冠李戴"，将唐律中的自首制度套在了汉代法律之上。唐代才区分自首与自

新，汉代继承秦制，按律可以减轻，但不能免罚。B 选项错误。

C 选项考查春秋决狱。按照这一理念，如果犯罪人的主观动机与儒家忠孝精神相符合，则虽然其行为具有社会危害性，也可以减免刑事处罚，也就是论心定罪原则。C 选项正确。实际上，虽然赵娥应当按律定罪，后来被皇帝特赦，也算是论心定罪原则的践行。

D 选项具有一定的干扰性。赵娥在自首后，虽然守尉基于同情示意她逃跑，但她却拒绝：“匹妇虽微，犹知宪制，杀人之罪，法所不纵，今既犯之，义无可逃，乞就刑戮，殒身朝市，肃明王法。”这至少表明在违法与忠孝出现冲突的时候，法律并非处于下风。虽然汉代“与民休息”“宽省刑罚”，但并不表明对法律是轻视的。D 选项错误。

2. 答案：C　　难度：难

考点：唐宋时期的法律思想与制度

命题和解题思路：宋朝统治者从“慎刑”思想出发，为避免以及减少冤假错案的发生而设立翻异别勘制。该制度是指在法官或司法机关对于犯罪嫌疑人进行审理、录问或行刑时，犯罪嫌疑人若推翻自己原来供述之口供，而且“所翻情节，实碍重罪”时，案件必须重新更换法官（差官别推）或更换司法机关（移司别勘）进行重新审判的制度。该制度对于实现司法公正具有重要意义。本题结合提刑司的相关职能，进行了更为全面的考查。A、B 两项结合提刑司的职能进行设计，要求考生结合题干进行精准判断。C、D 两项从宏观角度考查，考生易于判断。翻异别勘制容易被考生所忽略，解题的一个窍门是结合现代司法理念，对翻异别勘制中的闪光之处进行挖掘。

【选项分析】A 选项结合提刑司的职权考查翻异别勘制的程序性规定。“州狱翻异，则提刑司差官推勘”，指的是只要在审理中犯罪嫌疑人翻供，则应当启动别勘程序，进行重审，而非由提刑司定夺。这一制度设计的初衷就是最大限度地减少冤案，是司法制度的进步。A 选项错误。

B 选项同样考查别勘的程序。如果犯人翻供且“实碍重罪”时，则表明案情重大，必须要更换官员进行重审，而不能发回原审官员重审，否则就会流于形式，影响断案效果。B 选项错误。

C 选项考查提刑司的职能。宋代设立提刑司，作为中央在地方各路的司法派出机构。提刑司通过巡视，既对常规审判进行监督，也可以推动翻异别勘的有效落实。提刑司的设立是为了监督司法权力，减少冤假错案，缓和社会矛盾。在这个意义上，提刑司制度体现了宋代司法权力的内部制约，是一种司法进步。C 选项正确。

D 选项与 C 选项具有相关性。虽然翻异别勘制旨在减少冤假错案，制约司法权力，体现人文关怀，但由于封建制度自身的局限性，这一制度并不能从根本上减少司法武断，实现司法公正。宋朝司法机构的多元化倾向，有利于分散司法权力，形成各机构间的相互监督，便于皇权操控审判权力。但机构重叠，职权重复，权责不明，严重影响了国家正常司法职能的发挥。D 选项错误。

3. 答案：D　　难度：易

考点：清末的法律思想与制度

命题和解题思路：《大清新刑律》是中国第一部近代刑法，其历时之久（1906～1911），法案之多（共 7 案），论争之激烈，影响之广，在中国法律近代化过程中可谓绝无仅有，在世界立法史上也独树一帜，代表着中国法制现代化的一次重大转型。考生要区分《大清现行刑律》与《大清新刑律》，在对比之中体会《大清新刑律》的立法特色。D 选项即是据此进行设计，《大清现行刑律》保留了《大清律例》的遣刑、流刑等传统刑罚，而《大清新刑律》则废除这些旧刑罚，采用了西方的主刑和从刑两种形式。A、B、C是对《大清新刑律》的准确定性，考生需牢记。

【选项分析】A选项考查《大清新刑律》的立法原则。《大清新刑律》采纳了西方的罪刑法定原则与缓刑制度等，改变了传统刑法的比附援引之定罪方式，可以说是对传统刑法观念的一次重大突破，是迈向刑法现代化的关键一跃。虽然《大清新刑律》命途坎坷，但其在立法理念上的进步是中国法制进程中的一束亮光。A选项正确，不当选。

《大清新刑律》抛弃了以往旧律"诸法合体"的编纂体例，以罪名和刑罚等专属刑法范畴的条文作为法典的唯一内容，因而成为一部纯粹的专门刑法典。B选项正确，不当选。

《大清新刑律》采用了一些近代西方资产阶级的刑法原则和近代刑法学的通用术语。如罪刑法定、法律面前人人平等及缓刑、假释、正当防卫等。删除了旧律中八议、十恶等名目，增加了一些新的罪名。从技术角度和形式上看，《大清新刑律》属于近现代意义上的新式刑法典，与中国传统法典在结构、体例及表现形式上，均有较大不同。C选项正确，不当选。

D选项具有迷惑性。清宣统二年（1910年），颁行《大清现行刑律》，废除五刑，改为罚金、徒刑、流刑、遣刑及死刑（斩、绞）五种。同年年末公布《大清新刑律》，规定主刑和从刑两种。主刑分5种：死刑（绞刑）、无期徒刑、有期徒刑、拘役、罚金。另外，还规定缓刑、假释等制度。从刑分褫夺公权和没收两种。《大清新刑律》废除了流刑、遣刑这两种刑罚方式。D选项错误，当选。

4. 答案：B　难度：易

考点：马锡五审判方式

命题和解题思路："马锡五审判方式"是2023年新增考点，该司法模式以定分止争、解决纠纷、修复社会关系为根本目标，以人民司法和司法为民理念为价值指引，既维护了边区的社会稳定和经济发展，也为新中国司法传统的型塑奠定了实践基础。本次考查马锡五审判方式的特征和历史意义，选项设计难度较低，考生如果基础扎实，可以从容应对。A、B选项展现马锡五审判方式的程序特征，考生需熟知马锡五审判方式的特色，避免将现代司法理念生搬硬套。C、D选项考查马锡五审判方式的历史意义，考生应当充分理解，并与习近平法治思想中关于公正司法的知识点进行关联。

【选项分析】A选项考查马锡五审判方式的实施路径。该模式要求法官深入一线，客观、全面进行调查研究，坚持一切从实际出发，收集一切有关的人证、物证，审慎分析研究。司法实践是复杂的，如果只是机械教条地套用法律，则会忽视生活事实的复杂性，导致脱离实际的裁判结果。A选项正确，不当选。

B选项考查马锡五审判方式的程序特征。马锡五审判方式是高度沉浸式的，并未受到太多条条框框的束缚。马锡五经常到案件的争讼地点，和区、乡干部一起，征求群众意见，让大家评理。如果边区群众的舆论观点符合政策和法律，则依照群众的意见进行裁判。否则，就用政策和法律的精神宣传，教育群众，提升群众判断是非的能力和法律观念，做到群众舆论和法律融为一体。因此，这一模式并非追求诉讼程序的体系完整和法典化，而是面向生活本身，灵活应对。B选项错误，当选。

"马锡五审判方式"在司法工作中坚持群众路线，强调法官走出法庭，深入一线，在广大群众中建立司法基础，案件的调查和审讯都要有群众参与。这样不仅案件当事人纠纷得到解决，案外人也会感到满意，同时也为人民司法理论体系的完善提供了实践基础，体现了司法民主。坚持司法为民立场，就是积极回应人民群众新要求新期待，切实维护人民群众的合法权益，这也是中国共产党群众路线工作方针的鲜活体现。C、D选项正确，不当选。

八 国际法【05】

第一套

第一部分 试题

一、单项选择题

1. 甲、乙两国因各种政治事件意见不合而冲突不断，最终甲国对乙国发动了战争。甲、乙两国的邻国丙国宣布了战时中立，且提出了甲、乙两国谈判解决争端的建议。根据国际法上的相关规则，下列哪一说法是正确的？

　　A. 丙国促进两国谈判的建议有利于和平解决国际争端，甲、乙两国有义务接受

　　B. 因丙国宣布了中立，甲、乙两国均不得对丙国船舶临检

　　C. 丙国有权和甲、乙两国保持正常的外交和商务关系

　　D. 在丙国不参与战争的前提下，甲国可利用丙国领土实施军队过境

2. 甲国公民多杰是甲国派驻乙国使馆的一名武官。关于其任职及在乙国的行为，根据《维也纳外交关系公约》，下列哪一说法是正确的？

　　A. 甲国派遣多杰前，无需征得乙国的同意

　　B. 乙国民众由于全球气候变暖发起环保集会活动，多杰不得参加或支持此项集会

　　C. 多杰在任职期间参与走私被乙国警方发现，乙国司法机关不得对其进行刑事审判和处罚

　　D. 多杰参加乙国举行的某项业务技能比赛获得冠军，但其拒绝领取奖金，这不违反外交代表义务

二、多项选择题

《联合国反腐败公约》和《联合国打击跨国有组织犯罪公约》是国际社会在反腐败和打击跨国有组织犯罪领域合作的基本法律依据。甲国和乙国均为两公约的缔约国，且甲国和乙国有双边引渡条约。2023 年，甲国请求乙国引渡甲国国民英某和乙国国民萨拉，并指控他们在甲国境内的商业活动中存在腐败行为，但依据乙国法律规定，对甲国指控的行为应不予处罚。依据相关国际法规则，下列哪些说法是正确的？

　　A. 如乙国同意引渡，公约将必然作为引渡的法律依据

　　B. 甲、乙两国可以依据双边引渡条约进行引渡行为

　　C. 如果乙国拒绝引渡萨拉，应对萨拉在乙国进行起诉

　　D. 两公约对死刑犯的情况做了规定

第二部分　答案详解

一、单项选择题

1. 答案：C　难度：中

考点： 战争状态与战时中立

命题和解题思路： 近年来，战争与武装冲突法的考查频次有所增加，战时中立国的权利和义务需要考生关注。中立国具有不作为、防止、容忍的义务，而交战国也有相应的义务，这个角度考生不要忽视。

【选项分析】 丙国的行为是解决国际争端的政治性方法中的斡旋，甲、乙两国可以接受，但是没有义务接受。A 选项错误。

根据《战争法条约》，中立国须容忍交战国对其国家和人民采取的有关措施，包括对船舶的临检，而交战国须容忍中立国与他方交战国保持正常的外交和商务关系。B 选项错误。

中立国的权利包括：领土主权受到尊重、人员权益应得到保护、有权与其中任一方保持正常的外交和商务关系。C 选项正确。

中立国不得直接或间接地向任何交战国提供军事支持或帮助，有义务防止交战国在其领土或管辖范围内利用其资源准备从事敌对行动以及战争相关的行动。D 选项错误。

2. 答案：C　难度：中

考点： 外交人员的特权与豁免、使馆及享有外交特权与豁免人员的义务

命题和解题思路： 外交关系法属于高频考点，其中的外交特权和豁免更是需要考生仔细掌握。该部分内容中容易被考生忽略的知识点是使馆及享有外交特权和豁免人员的义务。在考查日益细化的趋势下，该考点属于传统考点里的"擦边球"，将其掺杂进来提高了题目的难度，考生需要掌握全面才能答对。

【选项分析】 根据《维也纳外交关系公约》相关规定，使馆馆长和武官的派遣须事先征得接受国同意。A 选项错误。

使馆及享有外交特权和豁免的人员的义务包括不得干涉接受国的内政，一般指不得介入接受国的党派斗争，不得参加或支持旨在反对接受国政府的集会、游行示威活动等。对于环保活动的支持，不属于干涉内政。B 选项错误。

外交人员享有刑事管辖的完全豁免，即接受国不得对其进行刑事审判和处罚。C 选项正确。

外交代表不应在接受国为私人利益从事任何专业活动和商业活动，多杰不应参加比赛，选项中的拒绝领取奖金是迷惑内容。D 选项错误。

二、多项选择题

答案：BC

考点： 联合国两公约中的引渡规则

命题和解题思路： 联合国两公约中的引渡规则，是引渡这个传统考点下的逐步被重视的规则。两公约的缔约国众多，作为该领域的基本法律依据，明确和充实了多边引渡制度。考生需要关注到该知识点并且理解其规则含义，才能顺利解答本题。

【选项分析】公约尊重现有缔约国的引渡制度，公约可以但不必然作为缔约国之间产生引渡义务的法律依据。A 选项错误。

公约可以但不必然作为缔约国之间产生引渡义务的法律依据，因而甲乙两国可以依据已经具有的双边引渡条约进行引渡行为。B 选项正确。

若被请求引渡者为本国人，依据公约的规定，缔约国应采取或引渡或起诉的措施。C 选项正确。

公约保留了政治犯不引渡原则，但对死刑犯的情况未做出规定。D 选项错误。

第二套

第一部分　试题

一、单项选择题

1. 甲乙两国因领土问题一直冲突不断，甲国对乙国发动了战争。根据国际法上相关战争法的规定，下列哪一说法是正确的？

A. 甲乙两国之间的外交关系和领事关系断绝，但特权和豁免不因此而减损

B. 甲乙两国之间的领土条约暂停执行，同盟互助条约、和平友好条约立即废止，引渡条约、商务条约持续有效

C. 甲乙两国人民之间的贸易和商务往来是被禁止的，包括废除已履行的契约和已结算的债务

D. 甲国对在海上遇到乙国从事慈善任务的船舶可以拿捕没收

2. 甲国为沿海国，但从未发表过任何关于大陆架的法律或声明，也从未在大陆架上进行过任何活动。现乙国在甲国不知晓的情况下，在甲国毗连区海底进行科研钻探活动。对此，下列哪一说法是正确的？

A. 乙国的行动非法，应立即停止并承担相应责任

B. 根据海洋科研自由原则，乙国行为合法

C. 乙国行为合法，因为甲国从来没有提出大陆架的主张

D. 乙国行为合法，因为甲国从未在大陆架上进行任何活动或有效占领

二、多项选择题

中国公民李某 2020 年携贪污的巨款逃往甲国。根据甲国法律，对李某贪污行为的最高量刑为 15 年。甲国与我国没有引渡条约。甲国表示，如果中国对李某被指控的犯罪有确凿的证据，并且作出对其量刑不超过 15 年的承诺，可以将其引渡给中国。根据我国引渡法的有关规定，下列哪些判断是正确的？

A. 我国对于甲国上述引渡所附条件，是否作出承诺表示接受，由最高人民法院决定

B. 我国对于甲国上述引渡所附条件，是否作出承诺表示接受，由最高人民检察院决定

C. 在紧急情况下，可以在向甲国正式提出引渡请求前，请求甲国对李某先行采取强制措施

D. 一旦我国作出接受上述条件的承诺并引渡成功，我国司法机关在对李某审判和量刑

时，应当受该承诺的约束

第二部分　答案详解

一、单项选择题

1. 答案：A　难度：中

考点： 战争开始的法律后果

命题和解题思路： *战争与武装冲突法是近年需要考生关注的考点。特别是战争开始的法律后果，存在一般规则也存在例外规则，考生需要对该考点全面掌握才能正确选择。*

【选项分析】战争开始后，两国之间的外交关系和领事关系一般自动断绝。交战国的外交代表和领事官员有返回其派遣国的权利。这些人员在离境前的合理期限内，一般仍享有外交特权和豁免。A 选项正确。

同盟互助条约、和平友好条约立即废止；引渡条约、商务条约除条约另有规定外也停止效力；两国之间的领土条约一般继续维持。B 选项错误。

战争开始后，断绝经贸往来是敌国之间通常采取的措施。一般地，交战国人民之间的贸易和商务往来是被禁止的，但对已履行的契约和已结算的债务不废除。C 选项错误。

交战国对在海上遇到敌国公、私船舶和货物可以拿捕没收。但对从事探险、科学、宗教或从事慈善任务的船舶以及执行医院任务的船舶除外。D 选项错误。

2. 答案：A　难度：易

考点： 大陆架制度

命题和解题思路： *命题人通过本题考查了《联合国海洋法公约》中规定的大陆架制度。考生要注意的是，沿海国对于大陆架的权利不取决于有效或者象征性地占领或任何明文公告。*

【选项分析】大陆架不是沿海国领土，但是国家在此享有某些排他性的主权权利。沿海国为勘探大陆架和开发其自然资源的目的，对大陆架行使主权权利。这种权利是专属性的，任何人未经沿海国明示同意，都不得从事勘探和开发大陆架的活动。A 选项正确。

B 选项说法是对公海科研自由的混淆，大陆架并没有科研自由的制度。B 选项错误。

大陆架权利不需要国家主张，是《联合国海洋法公约》规定下的领海外依其陆地领土的全部自然延伸，如果从领海基线量起，不足 200 海里的扩至 200 海里。C 选项错误。

沿海国对于大陆架的权利既不取决于有效或者象征性地占领也不需要任何明文公告。D 选项错误。

二、多项选择题

答案：ACD　难度：中

考点： 中华人民共和国引渡法

命题和解题思路： *本题考查了《引渡法》相关规定。考生对法条的掌握应该完整，特别是对最高法院和最高检察院相关职能的区分。*

【选项分析】根据《引渡法》第 50 条规定，被请求国就准予引渡附加条件的，对于不损害中华人民共和国主权、国家利益、公共利益的，可以由外交部代表中华人民共和国政府向被请求国作出承诺。对于限制追诉的承诺，由最高人民检察院决定；对于量刑的承诺，由最高人民法院决定。在对被引渡人追究刑事责任时，司法机关应当受所作出的承诺的约束。本题中，甲国所提出附条件是关于量刑，因此应由最高人民法院决定。A、D 选项正确。B 选项错误。

根据《引渡法》第 48 条规定，在紧急情况下，可以在向外国正式提出引渡请求前，通过外交途径或者被请求国同意的其他途径，请求外国对有关人员先行采取强制措施。C 选项正确。

司法制度和法律职业道德【06】

第一套

第一部分　试题

一、单项选择题

1. 关于法律职业道德特征的理解，下列哪一表述是正确的？
A. 具有政治性，要求法律从业人员办理案件时应当重点考虑政治效果
B. 具有职业性，其功能在于约束法律职业共同体成员的职业内行为
C. 具有实践性，在法律实践中对法律从业人员的具体行为进行评价
D. 具有正式性，通过承担法律职业责任等外在强制力推动落实

2. 《人民法院组织法》对法院的设置和职权、审判组织形式作出了明确规定。关于某市中级法院的表述，下列哪一说法是正确的？
A. 可对人民调解委员会的调解工作进行业务指导
B. 应当设立专业审判庭和综合业务机构
C. 可以在辖区内设立若干人民法庭
D. 可召开审判委员会专业委员会会议

3. 检察院的内部机构、专业委员会的设置必须符合法律规定的程序和方式。关于甲县检察院的行为，下列哪一做法符合法律规定？
A. 经最高检察院和省有关部门同意、甲县人大常委会批准，设立派出机构
B. 经省检察院和省有关部门同意，在看守所设立检察室
C. 设立由副检察长担任主任的检察官考评委员会
D. 设立检察官代表占半数的检察官遴选委员会

4. 《公证法》对公证员的任免以及公证程序均有明确规定。对此，下列哪一表述符合法律规定？
A. 公证员冯某办证审查时发现案情重大复杂，应当提交公证处集体讨论
B. 仲裁员戚某因接受当事人请客被 T 仲裁委员会除名，其不得担任公证员
C. 黄某申请担任公证员，应当由司法部任命并颁发公证员执业证书
D. 罗某欲申请遗嘱公证，应当亲自到公证处并由两名公证员共同办理

二、多项选择题

1. 韩某本科毕业后考入 H 省 X 区检察院，从事公诉工作满八年，被评定为二级检察官。后因个人原因，申请从 X 区检察院离职被批准。关于韩某离任两年后的任职选择，下列哪些说法违反法律规定？
A. 担任 X 区内甲律所的行政人员
B. 在 S 省设立个人律师事务所

C. 以律师身份担任 X 区检察院办理案件的辩护人

D. 考核合格后担任 X 区公证处的公证员

2. 甲律所是一家特殊的普通合伙制律师事务所，吕某是该所的合伙人。在李某诉王某股权转让合同纠纷案中，吕某受聘担任王某的代理律师。诉讼过程中，吕某疏于研判案情，未对《股权转让协议》中李某股权转让款请求权提出时效经过的抗辩，导致王某被法院判决承担 351 万元股权转让款。关于吕某的行为及法律责任，下列哪些说法是正确的？

A. 违反恪尽职守、勤勉尽责原则

B. 违反律师与委托人的关系规范

C. 王某可要求吕某承担赔偿责任

D. 其他合伙人无须承担赔偿责任

3. 在某高校司法制度课堂上，主讲教师就《法律援助法实施工作办法》组织了课堂讨论，四位同学先后发表观点。下列哪些说法是错误的？

A. 甲说：法律援助机构应当建立法律援助信息公开制度，接受社会监督

B. 乙说：法律援助机构应通过服务窗口、电话、网络等多种方式提供法律咨询服务

C. 丙说：对法院给予司法救助的当事人，法院应当通知法律援助机构提供法律援助

D. 丁说：法律援助人员是指律师、基层法律服务工作者和法律援助志愿者

三、不定项选择题

在国家法官学院 2023 年秋季开学典礼暨"人民法院大讲堂"上，最高人民法院院长提出要以"阅核制"为抓手，落实院庭长监督管理责任。此后，全国多地法院陆续出台"落实阅核制度试行意见"，明确院庭长作为阅核人，要对裁判文书进行全面阅核，并签批留痕。关于"阅核制"改革的理解，下列说法正确的是：

A. 有助于提升司法效率

B. 有助于落实司法公开

C. 有助于实现司法公正

D. 有助于落实司法责任制

第二部分　答案详解

一、单项选择题

1. 答案：C　难度：中

考点：法律职业道德

命题和解题思路：法律职业道德几乎每年必考，属于本学科的重点考点。本题采用以往常用的表述题形式，对法律职业道德特征的内涵理解予以考查。表述题通读后未发现明显瑕疵，即可认定正确。法律职业道德的政治性不意味着裁判要着重考虑整治效果，应实现"三效合一"，据此可排除 A 选项；法律职业道德主要约束法律从业人员的职业内行为，据此排除选项 B；法律职业道德主要表现为法律法规形式，会通过规范的外在强制力予以实现，但仍主要依赖于从业人员内心的约束，据此可排除选项 D。

【选项分析】相比于其他职业，法律职业道德尤为强调其政治属性，但这并不意味着法

律从业人员办案时应重点考虑政治效果，应当努力实现案件裁判的法律效果、政治效果和社会效果的"三效合一"。选项 A 错误。

法律职业道德的内容与法律职业活动密切相连，主要规范法律职业共同体成员的职业内行为。但对于法官、检察官等从业人员，其业外行为也会予以约束。选项 B 错误。

法律职业行为过程，就是法律职业实践过程，只有在法律实践过程中，才能体现出法律职业道德的水准。选项 C 正确。

法律职业道德的表现形式较为正式，除了一般职业道德的规章制度、工作守则、服务公约、劳动过程、行为须知等表现形式外，还通过法律、法规、规范性文件等形式表现出来。据此，法律职业道德会通过承担法律责任等外在强制力予以落实，但作为一种道德意识，仍主要依赖于法律从业人员的内心自我约束。选项 D 错误。

2. 答案：D　　难度：中

考点：审判机关

命题和解题思路：本题以表述题形式，对《人民法院组织法》中有关中级法院的机构设置、职权以及审判委员会等知识点予以考查。各选项均有法律明文规定，难度不高。选项 A 和 C 主要以基层法院相关规定"移花接木"设置陷阱，只有基层法院才可设立人民法庭、才能指导人民调解委员会调解工作；选项 B "应当"的表达过于绝对，也可予以排除。

【选项分析】《人民法院组织法》第 25 条第 2 款规定，基层人民法院对人民调解委员会的调解工作进行业务指导。据此，对人民调解委员会的调解工作进行业务指导的是基层法院，而非中级法院。选项 A 错误。

《人民法院组织法》第 27 条规定，人民法院根据审判工作需要，可以设必要的专业审判庭。法官员额较少的中级人民法院和基层人民法院，可以设综合审判庭或者不设审判庭。

人民法院根据审判工作需要，可以设综合业务机构。法官员额较少的中级人民法院和基层人民法院，可以不设综合业务机构。据此，如果中级法院法官员额较少，可以不设立专业审判庭和综合业务机构。选项 B 说法因过于绝对而错误。

《人民法院组织法》第 26 条第 1 款规定，基层人民法院根据地区、人口和案件情况，可以设立若干人民法庭。据此，只有基层法院可以设立人民法庭，中级法院不可以。选项 C 错误。

《人民法院组织法》第 36 条第 3 款规定，中级以上人民法院根据审判工作需要，可以按照审判委员会委员专业和工作分工，召开刑事审判、民事行政审判等专业委员会会议。据此，中级法院可召开审判委员会专业委员会会议。选项 D 正确。

3. 答案：B　　难度：中

考点：检察机关、检察官

命题和解题思路：本题以近年修订的《人民检察院组织法》和《检察官法》为命题素材，对检察院派出机构、监所检察室以及检察官专业委员会的设置条件予以综合考查。各选项均有明确的解题法律依据，但命题着眼点很细，对知识点记忆精确度要求较高。区县检察院不得设立派出机构，据此可排除选项 A；检察官考评委员会主任应由检察长担任，据此排除 C 选项；最高检察院和省检察院才有权设立检察官遴选委员会，据此可排除 D 选项。

【选项分析】《人民检察院组织法》第 16 条规定，省级人民检察院和设区的市级人民检察院根据检察工作需要，经最高人民检察院和省级有关部门同意，并提请本级人民代表大会常务委员会批准，可以在辖区内特定区域设立人民检察院，作为派出机构。据此，区县检察院无权设立派出机构。选项 A 错误。

《人民检察院组织法》第 17 条第 2 款规定,省级人民检察院设立检察室,应当经最高人民检察院和省级有关部门同意。设区的市级人民检察院、基层人民检察院设立检察室,应当经省级人民检察院和省级有关部门同意。据此,经省检察院和省有关部门同意,甲县检察院可以在看守所设立检察室。选项 B 正确。

《检察官法》第 40 条规定,检察官考评委员会的组成人员为五至九人。检察官考评委员会主任由本院检察长担任。据此,检察官考评委员会主任应由检察长担任。选项 C 错误。

《检察官法》第 16 条第 1 款规定,省、自治区、直辖市设立检察官遴选委员会,负责初任检察官人选专业能力的审核。同法第 4 款规定,遴选最高人民检察院检察官应当设立最高人民检察院检察官遴选委员会,负责检察官人选专业能力的审核。据此,只有最高人民检察院和省级检察院有权设立检察官遴选委员会,县检察院无此权力。选项 D 错误。

4. 答案:A　难度:中

考点:公证机构和公证员、公证程序与公证效力

命题和解题思路:公证制度每年考查一题,本题采用"一拖四式"小案例形式,对公证员的禁止任职条件、公证员的任命程序、公证的申请和审查等制度综合考查。选项案例基本是对法条规定的简单运用,考生只要准确把握《公证法》的相关规定,可正确解答本题。仲裁员被除名后不得担任法官和检察官,公证员不在限制之列,据此可排除 B 选项;公证员的发证机关是省级司法行政机关,据此可排除 C 选项;遗嘱公证特殊情况下可由一名公证员和一名见证人办理,据此可排除 D 选项。

【选项分析】《公证程序规则》第 26 条规定,公证机构在审查中,应当询问当事人有关情况,释明法律风险,提出法律意见建议,解答当事人疑问;发现有重大、复杂情形的,应当由公证机构集体讨论。选项 A 正确。

《公证法》第 20 条规定,有下列情形之一的,不得担任公证员:(1)无民事行为能力或者限制民事行为能力的;(2)因故意犯罪或者职务过失犯罪受过刑事处罚的;(3)被开除公职的;(4)被吊销公证员、律师执业证书的。据此,仲裁员被仲裁委员会除名,并非法律规定不得担任公证员的情形。选项 B 错误。

《公证法》第 21 条规定,担任公证员,应当由符合公证员条件的人员提出申请,经公证机构推荐,由所在地的司法行政部门报省、自治区、直辖市人民政府司法行政部门审核同意后,报请国务院司法行政部门任命,并由省、自治区、直辖市人民政府司法行政部门颁发公证员执业证书。据此,黄某申请担任公证员,应当由司法部任命并由省级司法行政机关颁发公证员执业证书。选项 C 错误。

《公证法》第 26 条规定,自然人、法人或者其他组织可以委托他人办理公证,但遗嘱、生存、收养关系等应当由本人办理公证的除外。《公证程序规则》第 53 条第 1、2 款规定,公证机构办理遗嘱公证,应当由二人共同办理。承办公证员应当全程亲自办理,并对遗嘱人订立遗嘱的过程录音录像。特殊情况下只能由一名公证员办理时,应当请一名见证人在场,见证人应当在询问笔录上签名或者盖章。据此,遗嘱公证不能由他人代办,但并非只能到公证处办理;且特殊情况下,遗嘱公证可由一名公证员办理,并请一名见证人在场。选项 D 错误。

二、多项选择题

1. 答案:BCD　难度:中

考点:检察官、律师、律师事务所、公证机构和公证员

命题和解题思路：《关于进一步规范法院、检察院离任人员从事律师职业的意见》是2022年法考大纲新增法律法规。本题以韩检察官离任后任职为主线，对检察官离任后任职限制、个人律师事务所的设立条件、考核担任公证员的条件进行综合考查。"工作满八年""二级检察官"是解题关键信息。一级以下检察官到律所的禁止任职期限是两年，据此可确定选项A；个人律师事务所的设立人应当具备五年以上律师执业经历，据此可判断B选项；离任后终身不得以律师身份担任原任职检察院的辩护人，由此可确定选项C；考核担任公证员要求从事十年以上的检察工作，据此可判断D选项。

【选项分析】《关于进一步规范法院、检察院离任人员从事律师职业的意见》第4条第2项规定，辞去公职或者退休的人民法院、人民检察院领导班子成员，四级高级及以上法官、检察官，四级高级法官助理、检察官助理以上及相当职级层次的审判、检察辅助人员在离职3年内，其他辞去公职或退休的人民法院、人民检察院工作人员在离职2年内，不得到原任职人民法院、人民检察院管辖地区内的律师事务所从事律师职业或者担任"法律顾问"、行政人员等，不得以律师身份从事与原任职人民法院、人民检察院相关的有偿法律服务活动。据此，作为二级法官的韩某，离职两年后可以到X区内甲律所担任行政人员。选项A正确，不当选。

《律师事务所管理办法》第11条规定，设立个人律师事务所，除应当符合本办法第8条规定的条件外，还应当具备下列条件：（一）设立人应当是具有5年以上执业经历并能够专职执业的律师；（二）有人民币10万元以上的资产。据此，作为个人律师事务所的设立人应当具有5年以上的律师执业经历，韩某并不符合上述条件。选项B错误，当选。

《检察官法》第37条第2款规定，检察官从人民检察院离任后，不得担任原任职检察院办理案件的诉讼代理人或者辩护人，但是作为当事人的监护人或者近亲属代理诉讼或者进行辩护的除外。据此，韩某从检察院离任后，终身不得以律师身份担任原任职检察院办理案件的辩护人。选项C错误，当选。

《公证法》第19条规定，从事法学教学、研究工作，具有高级职称的人员，或者具有本科以上学历，从事审判、检察、法制工作、法律服务满10年的公务员、律师，已经离开原工作岗位，经考核合格的，可以担任公证员。据此，韩某从事检察工作未满10年，离开原工作岗位，不能考核担任公证员。选项D错误，当选。

2. 答案：AB 难度：中

考点： 法律职业道德、律师与委托人或当事人的关系规范、律师和律师事务所执业中违法犯罪行为的法律责任

命题和解题思路： 本题以律师因执业过错为委托人造成损失为素材，对法律职业道德的基本原则、律师与委托人的关系规范以及律师的民事赔偿责任予以考查。选项A和B较为简单，根据题干表述结合选项的字面理解即可正确作答；律师对外不承担赔偿责任，据此可排除选项C；特殊的普通合伙律师事务所中有的合伙人会承担有限责任，而非不承担责任，据此可排除D选项。

【选项分析】 恪尽职守、勤勉尽责原则，要求法律职业人员对本职工作一丝不苟、忠于职守、精研业务，保持良好的职业修养。据此，吕律师疏于研判案情，未能及时提出时效经过的抗辩，导致本方被判决承担责任，其行为明显违反了恪尽职守、勤勉尽责原则。选项A正确。

《律师执业行为规范（试行）》第36条规定，律师应当充分运用专业知识，依照法律和委托协议完成委托事项，维护委托人或者当事人的合法权益。据此，吕律师显然未能充分运

用专业知识，维护委托人的合法权益，违反律师与委托人的关系规范。选项 B 正确。

《律师法》第 54 条规定，律师违法执业或者因过错给当事人造成损失的，由其所在的律师事务所承担赔偿责任。律师事务所赔偿后，可以向有故意或者重大过失行为的律师追偿。据此，王某可要求甲律所承担赔偿责任，而非吕律师。选项 C 错误。

《律师事务所管理办法》第 53 条第 2 款规定，普通合伙律师事务所的合伙人对律师事务所的债务承担无限连带责任。特殊的普通合伙律师事务所一个合伙人或者数个合伙人在执业活动中因故意或者重大过失造成律师事务所债务的，应当承担无限责任或者无限连带责任，其他合伙人以其在律师事务所中的财产份额为限承担责任；合伙人在执业活动中非因故意或者重大过失造成的律师事务所债务，由全体合伙人承担无限连带责任。据此，合伙人吕某因重大过失造成律所债务，其他合伙人应承担有限责任，而非不承担赔偿责任。选项 D 错误。

3. **答案：ACD　　难度：中**

考点： 法律援助的机构和人员、法律援助的形式和范围

命题和解题思路：《法律援助法实施工作办法》是 2024 年法考大纲新增法律法规，本题以该办法的新规定为素材，以表述题形式对法律援助形式、法律援助人员范围等知识点予以考查。选项 A 运用"偷梁换柱"之计，将"司法行政机关"换为"法律援助机构"设置陷阱；选项 C 采用"移花接木"之法，将无需审查经济状况改为通知法律援助干扰答题；选项 D 则用故意遗漏关键信息的方式挖坑。

【选项分析】《法律援助法实施工作办法》第 5 条第 6 项规定，司法行政机关指导、监督法律援助工作，依法履行下列职责：……（六）建立法律援助信息公开制度，依法向社会公布法律援助相关法律法规、政策公告、案件质量监督管理情况等信息，接受社会监督。据此，司法行政机关建立法律援助信息公开制度，而非法律援助机构。选项 A 错误，当选。

《法律援助法实施工作办法》第 8 条第 1 项规定，法律援助机构组织实施法律援助工作，依法履行下列职责：（一）通过服务窗口、电话、网络等多种方式提供法律咨询服务，提示当事人享有依法申请法律援助的权利，并告知申请法律援助的条件和程序。据此，选项 B 正确，不当选。

《法律援助法实施工作办法》第 15 条规定，当事人以人民法院、人民检察院、公安机关给予国家司法救助的决定或者人民法院给予司法救助的决定为依据，向法律援助机构申请法律援助的，法律援助机构免予核查经济困难状况。据此，对法院给予司法救助的当事人申请法律援助，法律援助机构免予核查经济困难状况，而非通知法律援助。选项 C 错误，当选。

《法律援助法实施工作办法》第 29 条规定，本办法所称法律援助人员，是指接受法律援助机构的指派或者安排，依法为经济困难公民和符合法定条件的其他当事人提供法律援助服务的律师、基层法律服务工作者、法律援助志愿者以及法律援助机构中具有律师资格或者法律职业资格的工作人员等。据此，法律援助人员除了律师、基层法律服务工作者和法律援助志愿者之外，还应包括法律援助机构中具有律师资格或者法律职业资格的工作人员。选项 D 错误，当选。

三、不定项选择题

答案：CD　　难度：中

考点： 司法公正、司法效率

命题和解题思路： 最新的司法改革措施很容易成为本科目命题素材，本题以表述题形式，对法院"阅核制"改革的目标予以考查。正确解题的关键是准确把握"阅核制"改革

的内容和目标，再结合各选项表述的内涵不难准确答题。

【选项分析】"阅核制"是指院、庭长依据审判监督管理权力和责任清单对合议庭、独任法官做出的裁判文书和工作文书，从程序、事实认定、法律适用、裁判结果、文书格式和质量等方面进行审查的内部监督管理机制。审判员对院庭长阅核意见有异议的，可以提请复议或由院庭长将案件提交专业法官会议或审委会讨论，院庭长不得径行改变审判员的意见。据此，"阅核制"改革并不会带来司法效率的提升，甚至还有可能影响司法效率。选项 A 错误。

"阅核制"改革属于法院系统内部质量监控制度，这和司法公开并无关系。选项 B 错误。

司法裁判结果的正确性是司法公正的构成要素，"阅核制"通过院、庭长的过程把关，有利于实现裁判结果的正确性，进而实现司法公正。选项 C 正确。

院、庭长对裁判文书全面阅核后签批留痕，若该裁判文书出错，阅核者也应当承担相应的司法责任。选项 D 正确。

第二套

第一部分　试题

一、单项选择题

1. 关于法律职业道德的内涵和功能，下列哪一理解是错误的？
A. 由于法律人独特的职业思维，使得法律职业道德容易与大众道德观念发生冲突
B. 提高法治工作队伍的职业道德水平是落实全面依法治国方略的有效保障
C. 法律从业人员严守职业道德是维护法律职业形象和司法公信力的必然要求
D. 具备法律职业道德可以解决法律运行中的各种利益矛盾和价值冲突

2. 关于法官、检察官的任免及其行为，下列哪一说法是错误的？
A. 赵法官被甲区法院开除后，可担任其子在甲区法院买卖合同纠纷案的代理人
B. 钱某是乙市中级法院法官，其父不得担任乙市内某律师事务所的设立人
C. 孙检察官调往法院刑事审判庭工作，应当提请免除其检察官职务
D. 李检察官无意间泄露了检察工作秘密，应当给予其处分

3. 马某是北京市某律师事务所西安分所的律师，其接受当事人陈某委托，代理一起买卖合同纠纷。因各种原因，案件迟迟未能取得进展。为搪塞陈某，马某伪造了一份法院的开庭传票。陈某向法院询问案情时，被法院工作人员发现该传票系伪造。后马某以伪造国家机关公文罪，被判处有期徒刑 1 年、缓期 2 年执行。关于马某职业责任的实施主体，下列哪一说法是正确的？
A. 由北京市司法局吊销马某的律师执业证书
B. 由西安市司法局吊销马某的律师执业证书
C. 由北京市律师协会取消马某的会员资格
D. 由西安市律师协会建议取消马某的会员资格

4. 我国《公证法》对公证员的条件和任免、公证程序均有明确规定。关于公证员和公

证程序，下列哪一说法是正确的？

A. 某大学法学院蒋教授未取得法律职业资格，经考核合格，可兼职担任公证员

B. 仲裁员沈某因在仲裁时枉法裁决，被仲裁委员会除名，其不得担任公证员

C. 公证员韩某在办证审查时发现案情重大复杂，应提交公证处主任会议集体讨论

D. 杨某同学委托其在其执业的甲公证处代办学历公证，杨某予以拒绝，其行为符合规定

二、多项选择题

1. 2023 年 2 月，吕某因某古董花瓶的所有权与黄某发生纠纷，向 B 区法院起诉，王律师担任吕某的委托代理人。吕某让王律师对案件胜诉概率作出预测，王律师予以拒绝。后王律师发现吕某提供虚假的证据材料，遂单方要求解除委托合同。诉讼过程中，洪某对该古董花瓶主张所有权，向 B 区法院起诉，王律师接受洪某的委托担任其委托代理人。双方约定法院若判决花瓶归洪某所有，王律师以市场价格购买收藏。关于王律师的行为，下列哪些做法违反律师与委托人或当事人的关系规范？

A. 拒绝预测案件胜诉概率   B. 单方要求解除委托合同

C. 担任洪某的委托代理人   D. 约定以市场价格购买花瓶

2. 为防止利益输送和利益勾连，维护司法廉洁和司法公正，应严格规范法院、检察院离任人员从事律师职业。关于法院、检察院离任人员的行为，下列哪些做法违反相关规定？

A. 甲区法院的周法官伪造诉讼文书被开除，两年后到乙区某律所从事行政工作

B. 吴某是丙市中级法院副院长，其辞职两年后到丁市某律所从事律师职业

C. 郑某是戊区检察院的一级检察官，其退休两年后到戊区某律所担任法律顾问

D. 王检察官退休后欲从事律师职业，承诺放弃其机关的各种待遇，无须办理审批手续

3. 小刘系刘某之子，刘某住所地在甲区，小刘住所地在乙区。刘某向乙区法院起诉小刘，要求支付赡养费。刘某未委托诉讼代理人，欲申请法律援助。关于本案的法律援助，下列哪些说法是错误的？

A. 刘某可向甲区或乙区法律援助机构提出援助申请

B. 法律援助机构应当严格审查刘某的经济状况

C. 法律援助机构应当指派律师为刘某提供法律援助

D. 若刘某的申请被驳回，可向法律援助机构提出异议

三、不定项选择题

法官恪守职业道德，是维护法官职业形象与司法公信力的基石和底线。下列选项中法官违反法官职业道德的业外行为是：

A. 何法官在某网络平台直播带货，但并未言明其法官身份

B. 李法官经常参加律师同学组织的聚会，但从不谈论办案信息

C. 赵法官受聘免费担任某中学法治辅导员，协助开展校园普法工作

D. 牛法官利用掌握的金融知识在二级市场进行股票买卖操作

第二部分　答案详解

一、单项选择题

1. 答案：D　难度：中

考点： 法律职业道德

命题和解题思路： *法律职业道德几乎每年必考，大多采用表述题形式命制。本题遵循"重者恒重"的命题规律，对法律职业道德的内涵和功能予以考查。了解司法制度具有纠纷解决功能，即可选中 D 选项。*

【选项分析】法律人注重缜密的逻辑，审慎对待情感、情理等因素，注重程序性思维，这使得法律人遵循的法律职业道德与普通大众的道德观念容易发生冲突。选项 A 正确，不当选。

《中共中央关于全面推进依法治国若干重大问题的决定》提出，全面推进依法治国，必须大力提高法治工作队伍思想政治素质、业务工作能力、职业道德水准，着力建设一支忠于党、忠于国家、忠于人民、忠于法律的社会主义法治工作队伍，为加快建设社会主义法治国家提供强有力的组织和人才保障。据此，提高法治工作队伍的职业道德水准有助于落实全面依法治国方略。选项 B 正确，不当选。

法律职业道德对于维护法律职业声誉，发挥法律功能和提高全社会的道德水平具有积极意义。据此，法律职业人员严格遵守职业道德，有利于维护法律职业形象和司法公信力。选项 C 正确，不当选。

法律运行中存在的各种利益矛盾和价值冲突会形成法律纠纷，司法制度的首要功能就是解决纠纷，而法律职业道德不具有此功能。选项 D 错误，当选。

2. 答案：B　难度：中

考点： 法官、检察官

命题和解题思路： *法官、检察官制度均为法考中的高频考点。《法官法》和《检察官法》修订后又有诸多新增规定，法考复习应当重点关注。本题以"一拖四"式小案例形式，对法官任职回避、检察官任免、检察官惩戒等知识点予以综合考查。虽然考查面广，但均有明确的法律依据，考生只要熟悉《法官法》与《检察官法》的相关规定就能准确作答。*

【选项分析】《法官法》第 36 条第 3 款规定，法官被开除后，不得担任诉讼代理人或者辩护人，但是作为当事人的监护人或者近亲属代理诉讼或者进行辩护的除外。据此，赵法官被甲区法院开除后，担任其子在甲法院诉讼案件的代理人符合法律规定。选项 A 正确，不当选。

《法官法》第 24 条规定，法官的配偶、父母、子女有下列情形之一的，法官应当实行任职回避：（1）担任该法官所任职人民法院辖区内律师事务所的合伙人或者设立人的；（2）在该法官所任职人民法院辖区内以律师身份担任诉讼代理人、辩护人，或者为诉讼案件当事人提供其他有偿法律服务的。《法官法》是对法官的规范，而非规范法官的近亲属。据此，如果钱法官之父担任乙市内某律师事务所的设立人，钱法官应任职回避。选项 B 错误，当选。

《检察官法》第 20 条第 2 项规定，检察官调出所任职人民检察院的，应当依法提请免除其检察官职务。选项 C 正确，不当选。

《检察官法》第 47 条第 1 款第 3 项规定，检察官泄露国家秘密、检察工作秘密、商业秘密或者个人隐私的，应当给予处分；构成犯罪的，依法追究刑事责任。据此，无论是故意还是过失，泄露检察工作秘密应当予以处分。选项 D 正确，不当选。

3. **答案：D　难度：中**

考点：律师执业中违纪行为的处分、律师和律师事务所执业中违法犯罪行为的法律责任

命题和解题思路：本题以律师伪造法院传票为背景事实，对律师职业责任的实施主体予以考查。解题的难点在于准确把握对分所律师给予行政处罚和违纪处分，应由分所所在地的司法行政机关和律师协会实施。且吊销律师执业证书和取消会员资格这样的严厉处罚，只能由省级司法行政机关和省级律协作出。

【选项分析】选项 A、B 考查吊销律师执业证书的实施主体。《律师和律师事务所违法行为处罚办法》第 48 条规定，对律师事务所分所及其律师的违法行为给予行政处罚，由分所所在地的司法行政机关依照《律师法》和本办法的规定实施。处罚决定应当抄送设立分所的律师事务所及其所在地设区的市级或者直辖市区（县）司法行政机关。《律师法》第 49 条第 2 款规定，律师因故意犯罪受到刑事处罚的，由省、自治区、直辖市人民政府司法行政部门吊销其律师执业证书。据此，马某犯伪造国家机关公文罪，属于故意犯罪。应由省级司法行政部门吊销马某的律师执业证书，选项 A、B 错误。

选项 C、D 考查取消会员资格的实施主体。《律师协会会员违规行为处分规则（试行）》第 17 条第 2 款规定，会员被司法行政机关依法吊销执业证书的，该会员所在的省、自治区、直辖市律师协会应当直接对其作出取消会员资格的纪律处分决定。据此，马某是陕西省律师协会会员，应由陕西省律协取消其会员资格。选项 C 错误。

《律师协会会员违规行为处分规则（试行）》第 17 条第 1 款规定，训诫、警告、通报批评、公开谴责、中止会员权利一个月以上一年以下的纪律处分由省、自治区、直辖市律师协会或者设区的市律师协会作出；取消会员资格的纪律处分由省、自治区、直辖市律师协会作出；设区的市律师协会可以建议省、自治区、直辖市律师协会依本规则给予会员取消会员资格的纪律处分。据此，西安市律协可以建议陕西省律协取消马某的会员资格。选项 D 正确。

4. **答案：D　难度：中**

考点：公证机构和公证员（公证员的条件与任免）、公证程序与公证效力（公证的申请、公证的审查）

命题和解题思路：公证制度每年考查一题，本题采用"一拖四"小案例形式，对公证员的考核任职条件、禁止任职条件、公证的申请和审查等制度综合考查。选项案例基本都是对法条规定的简单运用，考生只要准确把握《公证法》的相关规定，即可轻松解答本题。选项 B 运用"移花接木"之法，将除名仲裁员不得担任法官和检察官的规定设为干扰信息；选项 C 涉及《公证程序规则》的修正内容，运用"无中生有"之计，杜撰公证处主任会议设置陷阱。

【选项分析】选项 A 考查公证员考核任职条件。《公证法》第 19 条规定，从事法学教学、研究工作，具有高级职称的人员，或者具有本科以上学历，从事审判、检察、法制工作、法律服务满 10 年的公务员、律师，已经离开原工作岗位，经考核合格的，可以担任公证员。据此，蒋教授符合公证员考核任职条件，但不能兼职担任公证员。选项 A 错误。

选项 B 考查禁止担任公证员的情形。《公证法》第 20 条规定，有下列情形之一的，不得担任公证员：（1）无民事行为能力或者限制民事行为能力的；（2）因故意犯罪或者职务过失犯罪受过刑事处罚的；（3）被开除公职的；（4）被吊销公证员、律师执业证书的。据此，仲裁员被仲裁委员会除名，并非法律规定不得担任公证员的情形。选项 B 错误。

选项 C 考查重大、复杂公证案件的决策组织。《公证程序规则》第 26 条规定，公证机构在审查中，应当询问当事人有关情况，释明法律风险，提出法律意见建议，解答当事人疑问；发现有重大、复杂情形的，应当由公证机构集体讨论。据此，重大、复杂案件应由公证机构集体讨论，并无"公证处主任会议"这一决策机关。选项 C 错误。

选项 D 考查公证代理。《公证程序规则》第 11 条第 2 款规定，公证员、公证机构的其他工作人员不得代理当事人在本公证机构申办公证。据此，杨某拒绝为其同学在其执业的公证机构代办公证，符合规定。选项 D 正确。

二、多项选择题

1. 答案：CD　难度：难

考点：律师与委托人或当事人的关系规范

命题和解题思路：律师与当事人或委托人的关系是律师执业过程中需要面对的最重要的关系，该知识点涉及的内容较多，也是律师职业道德部分考查频率最高的考点。本题对禁止虚假承诺、非法牟取委托人权益、利益冲突、拒绝代理等规范予以综合考查。题目考查范围较广，部分选项并无法律明文规定，需要推导作答，难度颇高。选项 C 是主要干扰项，需要借助利益冲突规则，结合各方诉讼请求和诉讼地位推导作答。

【选项分析】选项 A 考查禁止虚假承诺规则。《律师执业行为规范（试行）》第 44 条规定，律师根据委托人提供的事实和证据，依据法律规定进行分析，向委托人提出分析性意见。第 45 条规定，律师的辩护、代理意见未被采纳，不属于虚假承诺。据此，王律师可以提出分析意见，但不应对胜诉概率作出预测。王律师依据事实、证据和法律提出分析意见，即便最终未被采纳，也不属于虚假承诺。选项 A 正确，不当选。

选项 B 考查律师有权拒绝辩护或者代理的情形。《律师执业行为规范（试行）》第 42 条规定，律师接受委托后，无正当理由不得拒绝辩护或者代理、或以其他方式终止委托。委托事项违法、委托人利用律师提供的服务从事违法活动或者委托人故意隐瞒与案件有关的重要事实的，律师有权告知委托人并要求其整改，有权拒绝辩护或者代理、或以其他方式终止委托，并有权就已经履行事务取得律师费。据此，王律师发现吕某提供虚假的证据材料，有权解除委托合同。选项 B 正确，不当选。

选项 C 考查利益冲突规则。《律师执业行为规范（试行）》第 51 条第 7 项规定，在委托关系终止后，同一律师事务所或同一律师在同一案件后续审理或者处理中又接受对方当事人委托的，律师及律师事务所不得与当事人建立或维持委托关系。据此，洪某参加诉讼属于有独立请求权第三人，就花瓶的所有权，其与本诉原告吕某形成利益冲突。王律师与吕某解除委托合同后，又接受洪某的委托，违反了上述规则。选项 C 错误，当选。

选项 D 考查禁止非法牟取委托人权益规则。《律师执业行为规范（试行）》第 47 条规定，律师和律师事务所不得违法与委托人就争议的权益产生经济上的联系，不得与委托人约定将争议标的物出售给自己；不得委托他人为自己或为自己的近亲属收购、租赁委托人与他人发生争议的标的物。据此，双方约定法院若判决花瓶归洪某所有，王律师以市场价格购买收藏，违反了上述规则。选项 D 错误，当选。

2. 答案：AD　难度：中

考点：法官、检察官

命题和解题思路：《关于进一步规范法院、检察院离任人员从事律师职业的意见》是2022 年法考大纲新增的法律法规，法考复习应当重点关注。本题以"一拖四"式小案例形式，对法官、检察官离任后禁止从事律师职业的相关规定予以综合考查。各选项均有明确的解题依据，考生准确掌握上述司法文件的禁止性规定即可准确作答。

【选项分析】《关于进一步规范法院、检察院离任人员从事律师职业的意见》第 4 条第 1 项规定，被开除公职的人民法院、人民检察院工作人员不得在律师事务所从事任何工作。据此，周法官被开除，其不得在律师事务所从事任何工作，到其他地区的律所工作亦应禁止。选项 A 错误，当选。

《关于进一步规范法院、检察院离任人员从事律师职业的意见》第 4 条第 2 项规定，辞去公职或者退休的人民法院、人民检察院领导班子成员，四级高级及以上法官、检察官，四级高级法官助理、检察官助理以上及相当职级层次的审判、检察辅助人员在离职 3 年内，其他辞去公职或退休的人民法院、人民检察院工作人员在离职 2 年内，不得到原任职人民法院、人民检察院管辖地区内的律师事务所从事律师职业或者担任"法律顾问"、行政人员等，不得以律师身份从事与原任职人民法院、人民检察院相关的有偿法律服务活动。据此，吴法官是丙市中院领导班子成员，其辞职后 3 年内不得到丙市中院辖区内律所从事律师职业。本题中，吴法官辞职两年后到丁市某律所从事律师职业，并不违规。选项 B 正确，不当选。郑检察官是一级检察官，其退休后 2 年内不得到原任职检察院辖区内律所担任法律顾问。选项 C 正确，不当选。

《关于进一步规范法院、检察院离任人员从事律师职业的意见》第 4 条第 3 项规定，人民法院、人民检察院退休人员在不违反前项从业限制规定的情况下，确因工作需要从事律师职业或者担任律师事务所"法律顾问"、行政人员的，应当严格执行中共中央组织部《关于进一步规范党政领导干部在企业兼职（任职）问题的意见》规定和审批程序，并及时将行政、工资等关系转出人民法院、人民检察院，不再保留机关的各种待遇。据此，王检察官退休后欲从事律师职业，必须履行审批程序。选项 D 错误，当选。

3. 答案：ACD   难度：中

考点：法律援助的形式和范围、法律援助的程序和实施

命题和解题思路：法律援助制度是重点考点，几乎每年必考。《法律援助法》是 2022 年法考大纲新增的法律法规，法考复习时亦应高度关注。本题以《法律援助法》新增的给付赡养费案件申请法律援助为切入点，对法律援助的管辖、适用条件、实施主体、救济程序等知识点予以考查。诉讼案件向办案机关所在地申请法律援助无疑最为方便，可判断选项 A；了解民事法律援助和刑事法律援助的区别，可确定选项 C；把握异议应由司法行政机关审查，可确定 D。

【选项分析】选项 A 考查申请法律援助的管辖。《法律援助法》第 38 条规定，对诉讼事项的法律援助，由申请人向办案机关所在地的法律援助机构提出申请；对非诉讼事项的法律援助，由申请人向争议处理机关所在地或者事由发生地的法律援助机构提出申请。据此，刘某应向办案机关所在地乙区法律援助机构提出申请。选项 A 错误，当选。

选项 B 考查法律援助的适用条件。《法律援助法》第 31 条第 4 项规定，请求给付赡养费、抚养费、扶养费的当事人，因经济困难没有委托代理人的，可以向法律援助机构申请法律援助。据此，刘某提出法律援助申请，法律援助机构应当严格审查其经济状况。选项 B 正确，不当选。

选项 C 考查法律援助的实施主体。《法律援助法》第 12 条规定，县级以上人民政府司法行政部门应当设立法律援助机构。法律援助机构负责组织实施法律援助工作，受理、审查法律援助申请，指派律师、基层法律服务工作者、法律援助志愿者等法律援助人员提供法律援助，支付法律援助补贴。据此，法律援助的实施主体并非限于律师，包括律师、基层法律服务工作者、法律援助志愿者等。选项 C 错误，当选。

选项 D 考查法律援助的救济程序。《法律援助法》第 49 条第 1 款规定，申请人、受援人对法律援助机构不予法律援助、终止法律援助的决定有异议的，可以向设立该法律援助机构的司法行政部门提出。据此，刘某的异议应向设立法律援助机构的乙区司法行政部门提出。选项 D 错误，当选。

三、不定项选择题

答案： AB　　**难度：** 中

考点： 法官职业道德的主要内容

命题和解题思路： 法官职业道德的主要内容几乎每年必考。本题以法官的业外行为作为主线，采用"一拖四"式小案例形式，对选项中法官的行为是否违反法官职业道德进行考查。本题难度不高，根据日常经验和社会道德观念亦可推导作答。

【选项分析】《法官职业道德基本准则》第 17 条规定，不从事或者参与营利性的经营活动，不在企业及其他营利性组织中兼任法律顾问等职务，不就未决案件或者再审案件给当事人及其他诉讼参与人提供咨询意见。据此，无论是否言明身份，何法官在网络平台直播带货都属于参与营利性经营活动，违反确保司法廉洁的法官职业道德。选项 A 违规，当选。

法官约束业外活动要求，应对避免使公众对法官的公正司法和清正廉洁产生合理怀疑，避免影响法官正常履行职责，避免对法院的公信力产生不良影响。李法官业余时间经常与律师同学聚会，虽不讨论案件，但其行为仍然违反"维护司法形象"中约束业外活动的规定。选项 B 违规，当选。

赵法官受聘免费担任某中学法治辅导员，协助开展校园普法工作，这属于公益性质的活动，并不违反法官职业道德。选项 C 合规，不当选。

《关于人民法院落实廉政准则防止利益冲突的若干规定》第 5 条规定，人民法院工作人员不得利用职权和职务上的影响，买卖股票或者认股权证；不得利用在办案工作中获取的内幕信息，直接或者间接买卖股票和证券投资基金，或者向他人提出买卖股票和证券投资基金的建议。据此，恪守法官职业道德并非一概禁止法官购买股票，禁止的是法官利用职权获取信息购买股票获利行为。故牛法官的行为并不违反法官职业道德。选项 D 合规，不当选。

∥八 刑法【07】

第一套

第一部分 试题

一、单项选择题

1. 王某在某商场安放定时了炸弹，并以此敲诈勒索商场经营者杜某 100 万元，结果被商场保安抓住。杜某通知防暴警察后便命令保安将王某往死里打，王某身受重伤，无奈说出炸弹安放地点，但保安仍继续毒打，王某最终被打死。关于本案，下列哪一说法是正确的？
   A. 由于王某的实行行为已经结束，杜某和保安不能进行正当防卫
   B. 杜某和保安的防卫是针对作为的正当防卫
   C. 杜某和保安的行为系无过当防卫，不构成犯罪
   D. 杜某和保安的行为成立故意杀人罪

2. 关于结果加重犯的认定，下列哪一说法是正确的？
   A. 万某意图伤害李某，结果认错对象，将姚某当做李某伤害致死。万某成立故意伤害罪基本犯的既遂
   B. 杜某意图用铁锤和铁钎破坏铁路轨道，结果在敲击时，铁锤不小心脱手砸死路人甲。杜某成立破坏交通设施罪的结果加重犯
   C. 程某拐卖儿童甲后，将其藏在自己家中，警察乙在正常解救时与程某发生枪战，结果甲被击中身亡。程某构成拐卖儿童罪的结果加重犯
   D. 曾某意图强奸甲女，计划先将其打成重伤后再奸淫。曾某开始用手扼住甲的脖子后，正好有路人经过，曾某不得已松手逃跑。曾某的行为应以强奸罪基本犯的未遂来认定

3. 王某酒后调戏甲女，结果被甲的男友乙喝止。王某气恼下捡起板砖朝乙头上拍去，乙奋起反击，夺回板砖将王某打倒在地。倒地后的王某抽搐不止（冠心病所致），乙见状携甲离去。事后查明，乙受轻微伤，而王某头部遭板砖打至轻伤，但因酒后斗殴导致冠心病突发而死亡。关于本案，下列哪一说法是正确的？
   A. 王某与乙系相互斗殴，二人均不成立正当防卫
   B. 乙的行为系防卫过当
   C. 乙在王某倒地后具有救助义务，其没有履行，构成不作为犯罪
   D. 乙的行为属于正当防卫，不构成犯罪

4. 关于阻却违法性事由的认定，下列哪一说法是正确的？
   A. 李某欺骗张某甲省发生水灾，需要捐款，张某拿出一万元委托李某捐赠，李某却将该笔钱捐给了同样受灾的自己的家乡乙省。李某构成诈骗罪
   B. 杜某讨厌小区居民养狗，便欺骗甲说其养的名贵大狗是禁养犬类，必须交给卫生防疫部门扑灭，甲深信不疑，便同意杜某将该狗打死。杜某的行为不构成犯罪
   C. 金某欺骗女友赵某，说金某家人不同意两人婚事，希望一同殉情。赵某深信不疑，

便先服毒自杀，金某在赵某死亡后并未自杀。金某不构成故意杀人罪

D. 债权人曾某听说债务人钱某陷入债务危机，便在债权快到期时，将钱某的法拉利轿车偷开走意图抵债。曾某的行为系自救行为，不构成犯罪

5. 程某意图进入甲女家盗窃，不料发现甲在家中，便动手抢劫。在对甲使用暴力后，发现其身无分文，便放弃抢劫意图，转而意图奸淫甲。待程某将甲拖到卧室后，发现甲脸上的妆全部花了，顿时兴致全无，便放弃了强奸，草草猥亵了事。为发泄心中不满，走之前将房中啼哭不止的甲的幼子打至轻伤。关于程某的行为，下列哪一说法是正确的？

A. 由盗窃转为抢劫，是另起犯意

B. 由抢劫转为强奸，是犯意转化

C. 由强奸转为猥亵，是另起犯意

D. 将甲的幼子打伤，是行为对象转换

6. 杜某潜入前女友章某房内，意图偷回其赠送的金戒指。但其实章某已经搬走，杜某偷走的是新房主李某的同款戒指（系10元买的假货）。待其走到门口时，李某的男友钱某恰好回来，以为家里来了客人，而杜某以为钱某是章某的新男友，愤恨之下意图报"夺妻之仇"，便趁钱某还未反应过来时直接上前将其打倒，然后逃走。事后查明，钱某受轻微伤。关于本案，下列哪一选项是正确的？

A. 杜某偷错戒指，系打击错误

B. 因杜某所盗财物未达数额较大标准，不成立转化型抢劫

C. 因杜某并非为了窝藏赃物、抗拒抓捕或者毁灭罪证，不成立转化型抢劫

D. 因杜某并未造成钱某轻伤，不成立转化型抢劫

7. 关于犯罪停止形态的认定，下列哪一说法是正确的？

A. 杜某捡到一张储蓄卡，便以取现的意图拿到附近的自动取款机上反复试验密码，结果卡被锁住。杜某的行为成立犯罪未遂

B. 王某意图强奸二丫，对二丫使用暴力后发现其身上佩戴的珠宝非常值钱，便考虑还是搞钱重要，进而放弃奸淫转而抢劫。因王某未完全放弃犯罪念头，应认定为只成立抢劫罪既遂

C. 李某以杀害意图将小红推下悬崖后独自下山，四小时到达山脚后发现小红多处骨折，口吐鲜血。李某于心不忍便将其送往医院，因救助及时，小红未死亡。李某构成故意杀人罪中止

D. 杀手赵某准备了一把狙击枪和一个火箭筒，意图狙杀在广场演讲的刘某，结果第一枪没有打中，第二枪卡壳，第三枪炸膛，赵某客观上虽可以换火箭筒继续狙杀，但其认为天意如此，便放弃了狙杀。赵某成立故意杀人罪未遂

8. 汪某意图盗窃豪车，便向在4S店工作的李某求助开车锁技巧，李某明知汪某意图偷车，但仍装不知道，将开锁方式告诉了汪某，并鼓励汪某"开车锁很容易，不要害怕"。当天，汪某看上一辆奔驰车，使用该方式开锁时，因紧张一直打不开车门，一气之下捡起砖块砸了车窗，然后将车开走。关于李某的行为性质，下列哪一说法是正确的？

A. 构成帮助未遂

B. 成立盗窃罪帮助犯未遂

C. 与汪某成立盗窃罪的共犯，系犯罪既遂

D. 不构成犯罪

9. 关于共同犯罪中的事实认识错误，下列哪一说法是正确的？

A. 杜某误认为甲是无责任能力的精神病人，便引诱其杀害乙，但实际上，甲是间歇性精神病人，在被杜某引诱以及杀害乙期间，其具有责任能力。杜某构成故意杀人罪的间接正犯

B. 钱某误认为甲是正常人，便教唆其杀害乙，结果甲是无责任能力的精神病人，甲在无责任能力的情况下杀了乙。钱某构成故意杀人罪的教唆犯

C. 医生赵某意图杀死病人甲，其明知甲对青霉素严重过敏，仍对不知情的护士乙说，已经做过皮试了，给他注射大剂量青霉素。乙后来虽发现甲没有做皮试，但认为应该不会过敏，便仍按照赵某的要求注射了青霉素，导致甲死亡。赵某构成故意杀人罪的教唆犯

D. 咖啡师孙某将一杯掺有毒药的咖啡递给服务员甲，对甲说："请把这杯咖啡端给客人乙"，甲系毒物学专业毕业，接过后发现杯中有毒，但仍将其端给了乙，乙喝后中毒身亡。孙某构成故意杀人罪的间接正犯

10. 司机章某深夜驾驶卡车送货，途中意图强奸坐在副驾驶位上的李某，便停车撕扯李某衣服，李某惊慌之下打开车门逃跑，结果头部落地摔成重伤，章某从后视镜看到李某倒在地上抽搐，仍开车离去。后李某被一辆正常行驶的车轧死。事后查明，即使不被轧死，李某也将在两三小时后因失血过多死亡。关于本案，下列哪一说法是正确的？

A. 因李某自己选择跳车，死亡结果应由李某自己负责

B. 因章某先行行为系故意犯罪，因此，章某对李某不负救助义务

C. 章某的行为成立故意杀人罪既遂

D. 章某的行为应以强奸致人死亡的结果加重犯来定性

11. 关于危害公共安全犯罪的认定，下列哪一说法是正确的？

A. 民间枪支爱好者王某有两把左轮手枪，但没有子弹，另一位枪支爱好者杜某有一百发左轮手枪子弹却没有枪支。两人商量后，王某用一把手枪换了杜某五十发子弹。两人构成非法买卖枪支、弹药罪

B. 警察李某外出办案时，突然发现自己的枪支丢失，便立刻准备报告，同事赵某赶紧阻拦，说"你要报告了，就等着受处分吧，你先去找，我把枪借给你用几天"，李某遂放弃报告，结果翌日歹徒用该枪支抢劫杀人。李某构成丢失枪支不报罪，而赵某不构成该罪

C. 章某盗窃高速公路中间的铁质隔离栏，导致路中央只有绿化带做间隔。章某构成破坏交通设施罪

D. 某采矿场经理为规避被停工整顿，在矿道内的瓦斯监控设备未修好的情况下，向矿山安全监察局报告已经修好，且采矿工作一直未停止。经理构成重大责任事故罪

二、多项选择题

1. 为了锻炼小孩车技，醉酒的郑某要求 10 周岁的儿子小郑开车送自己回家。路上小郑因车速过快撞倒了行人李某，郑某下车查看，发现李某头骨碎裂，已奄奄一息，便对小郑说："你快下车回家，不要跟任何人说你开车了"，随后坐到驾驶座，紧闭车门，等路人报警。事后查明，即使及时送医，李某仍无法救活。关于本案，下列哪些说法是错误的？

A. 小郑不构成犯罪，但郑某构成交通肇事罪，系间接正犯

B. 郑某构成交通肇事罪的共犯

C. 郑某构成交通肇事罪与妨害作证罪

D. 郑某应负交通肇事罪结果加重犯的责任

2. 李某捡到王某的手机后，发现没有开机密码，便利用王某手机支付宝中的蚂蚁花呗透支消费了5万元。待到还款日，王某才发现并报警。关于本案，李某不成立下列哪些罪名？

A. 盗窃罪

B. 合同诈骗罪

C. 贷款诈骗罪

D. 信用卡诈骗罪

3. 关于破坏社会主义市场经济秩序罪的认定，下列哪些说法是正确的？

A. 钱某在一宗国有土地挂牌拍卖的竞拍过程中，与其他竞拍者串通，以最低价中标。钱某构成串通投标罪

B. 杜某为虚增业绩以在交易对象面前显示自身实力，便虚开了500万增值税专用发票，最终促成了这笔交易，随后杜某将该发票撕毁。杜某构成虚开增值税专用发票罪

C. 赵某用自己的信用卡，通过自动存取款机存入1万元高度仿真的假币，然后又在其他自动取款机中取出1万元真币。赵某构成盗窃罪与使用假币罪

D. 汪某醉酒驾车与三轮车发生碰撞，导致三轮车主重伤。次日，汪某隐瞒饮酒的事实报警并报保险公司理赔，最终保险公司因汪某购买了交强险而支付了15万赔偿金。汪某构成诈骗罪

4. 关于侵犯公民人身权利的犯罪认定，下列哪些说法是错误的？

A. 王某要出差五天，便拜托邻居甲方便时过来照看一下自己15周岁的女儿乙，三天后乙自愿与甲发生性关系。甲构成负有照护职责人员性侵罪

B. 李某考虑到自己的弟弟一直找不到媳妇，便对人贩子甲说："下次你有合适的人我帮你联系买家"。一个月后，甲拐骗到一位妇女，李某将其买下给自己弟弟做妻子。李某构成拐卖妇女罪的帮助犯和收买被拐卖的妇女罪

C. 汪某意图囚禁甲，便骗甲说："我们正在拍密室生存节目，为期一个月，这一个月内只能呆在这间地下室内，你要同意并能坚持下来，节目组就付你100万奖金"，甲同意。一个月后案发。汪某构成非法拘禁罪

D. 杜某意图绑架甲并向其家人勒索财物，便将甲往车上拽。甲拼命反抗，杜某拿了一根棒球棍向甲头部猛击，想将其打晕后带走，结果将甲头骨击碎，血流不止，杜某见状害怕逃走。甲被路人送医，后查明受重伤。杜某构成绑架罪基本犯未遂和故意伤害罪的想象竞合犯

5. 关于盗窃罪的认定，下列哪些说法是正确的（不考虑数额）？

A. 周某进入甲家盗窃，甲9周岁的儿子乙在家，周某便说："我是你父亲同事，他的电脑忘在家里了，让我带过去，你带我去拿吧"。乙信以为真，便带周某去取电脑，周某遂带着电脑离开。周某构成入户盗窃

B. 马某看到甲家门口停着一辆限量版摩托，便潜入甲家，拿走放在桌上的钥匙，然后开走了摩托车。马某构成针对车钥匙和摩托车的入户盗窃

C. 章某在2023年5月至今，采用撬锁的方式盗窃二手电动车两次（其中一次未遂），价值共600元。此外，假装帮人修电动车（价值500元），不顾主人手抓着车把，趁其不备，

猛地开走逃离现场。章某构成盗窃罪

D. 李某看到酒店正在举办婚宴，桌上放的喜酒都是 10 年的茅台，便对坐着的客人甲说："我是男方的朋友"，甲信以为真，赶紧让座。李某一人喝掉了两瓶茅台。李某构成盗窃罪

6. 王某将 10 万元错打到张某的账户上，在查到张某电话后给其打电话要求返还，张某说："我不是你要找的人，你别再骚扰我了"，随后挂掉电话，不再接听。片刻后，张某将此事告诉自己的妻子赵某，让赵某去 ATM 机上把钱取出来。取完钱后，两人连夜搬往外地生活。关于本案，下列哪些说法是正确的？

A. 张某拒接电话的行为，成立侵占罪

B. 张某让赵某取现的行为，成立盗窃罪

C. 赵某构成盗窃罪和掩饰、隐瞒犯罪所得罪的想象竞合犯

D. 张某与王某的通话行为，构成诈骗罪

7. 关于诈骗罪的认定，下列哪些说法是正确的？

A. 王某在超市付款时把车钥匙遗忘在收银台上，片刻后收银员甲看到钥匙，便喊："这是谁的车钥匙"，乙谎称是自己的钥匙，甲便交给乙，乙找到车将车开走。乙针对车钥匙和车辆，构成诈骗罪

B. 某文化公司经理李某对集邮爱好者甲谎称自己公司的某款邮票即将涨价，甲遂高价购买。李某构成诈骗罪

C. 张某请朋友在高档酒店吃饭，吃完饭后发现无力支付餐费，便产生逃单意图，对收银员甲说："我是你们老板的朋友，下个月发了工资过来付款"，甲同意，张某一去不返。张某构成诈骗罪

D. 汪某在超市将五粮液酒的瓶盖打开，将其倒到二锅头瓶中，随即拿到收银台结账，收银员扫码二锅头的价码，随后汪某离开。汪某构成诈骗罪

8. 关于侵犯财产罪的认定，下列哪些说法是正确的？

A. 王某驾驶的卡车在村口高速公路边侧翻，所载的榴莲倾泻一地，村民们见状，不顾王某阻拦，哄抢一空，货主损失惨重。因没有首要分子，村民们不构成聚众哄抢罪

B. 酒店老板杜某看到隔壁酒店生意火爆，心生妒忌，便雇了一群乞丐，每天光顾隔壁酒店，要求一人坐一桌，只点一盘青菜，从早吃到晚，导致隔壁酒店生意一落千丈，损失惨重。杜某构成破坏生产经营罪

C. 李某发现甲偷了其摩托车，便对甲说："你如果不把你家空的房子免费给我住一年，我就去举报你偷车"，甲惊慌之下只有答应。事后查明，一年房租约等于被盗摩托车价值。李某构成敲诈勒索罪

D. 赵某绑架甲的儿子乙后，到甲家对其说："如果不给我 100 万，你就见不到乙了"，甲惊恐之下赶紧交钱。赵某构成抢劫罪和绑架罪，应数罪并罚

三、不定项选择题

1. 关于妨害社会管理秩序罪的认定，下列说法正确的是：

A. 在某次事业单位招考中，刘某落榜后找到拟被录取但意图放弃者王某，给其 10 万元现金，让王某将身份让给自己，王某同意，刘某遂以王某身份进入该单位工作。刘某和王某构成冒名顶替罪的共犯

B. 李某为了验证一颗鸡蛋从 25 层楼抛下能砸死人的说法，便跑到 25 楼拿了一个鸡蛋向楼下的甲抛了下去，但没有砸中。李某构成高空抛物罪

C. 赵某为了进监狱养老，便与甲商量演一出抢劫的"戏"，赵某"抢"完甲后，甲去公安机关报案。公安机关立案后，甲对案情按照事先商量好的内容做了详细陈述。甲构成伪证罪

D. 汪某受甲所托，在甲事先联系好的乙处购买冰毒用于甲自吸，但汪某购买后私自截留了少量冰毒供自己吸食。汪某构成贩卖毒品罪

2. 关于贪污贿赂犯罪的认定，下列说法正确的是：

A. 在政府征地过程中，负责审核征地拆迁面积的国家工作人员甲与被拆迁户乙串通虚报拆迁面积，从政府拆迁办多获得 10 万元拆迁款。甲、乙构成贪污罪的共犯

B. 某县教育局局长甲收受乙的贿赂 10 万元后，感觉事情可能办不好，便退回 5 万元，随后事情发生转机，待办好后甲又向乙要回了该 5 万元。甲的受贿数额为 15 万元

C. 某私营上市公司负责人甲为谋取个人利益，以单位名义将公司干股送给国家工作人员乙。甲构成行贿罪和职务侵占罪，应数罪并罚

D. 家长甲为了让自己子女上重点中学，便找到自己的闺蜜乙，乙系当地教育局局长丙的妻子。甲给乙 10 万元，让其想想办法。乙收钱后告诉了丙实情，丙答应帮忙。乙应直接以利用影响力受贿罪论处

3. 关于渎职罪的认定，下列说法正确的是：

A. 法院执行局局长王某受人之托，故意晚一周采取诉讼保全措施，导致当事人利益遭受重大损失。王某构成滥用职权罪

B. 派出所民警杜某索取他人贿赂，后利用职务便利销毁了由其承办的某强奸案的重要证据。杜某构成徇私枉法罪和受贿罪，数罪并罚

C. 海关行政执法人员赵某发现自己好友构成走私罪，但仍决定放其一马，仅按照海关法进行了处理，没有移送司法机关。赵某构成放纵走私罪

D. 看守所民警李某利用工作便利，故意制造机会，放走其同事经办的在押犯罪嫌疑人钱某。李某构成私放在押人员罪

4. 关于破坏环境资源保护类犯罪的认定，下列说法正确的是：

A. 某县医院明知甲公司没有医疗废物经营许可证，仍委托甲公司处置医疗废物，导致环境严重污染。县医院构成污染环境罪

B. 甲化工企业因为没有购置废物处理设备而被环保部门处罚，后为避免生产设备闲置，甲企业明知乙公司未购置该废物处理设备，仍将全部厂房和设备租给乙公司使用并获利，乙公司在生产过程中大量排污，严重污染环境。甲、乙企业构成污染环境罪的共犯

C. 水泥生产企业的经理甲，指使技术人员干扰厂区内的环境质量检测系统采样，致使检测数据严重失真。该水泥生产企业构成污染环境罪

D. 村民王某趁邻居李某外出打工，将其房前屋后和自留地上种植的零星树木砍倒卖掉，数额较大。王某构成盗伐林木罪

第二部分　答案详解

一、单项选择题

1. 答案：D　难度：难

考点： 不作为犯罪的正当防卫认定

命题和解题思路： 本题的考点不同于常见的以作为方式进行的正当防卫的认定，其考查的是不作为犯罪的正当防卫问题。在刑法真题难度日益提高的当下，考生要有意识地扫清知识盲点，增加知识面。针对不作为是可以进行正当防卫的，其限度要求体现在只要迫使行为人履行了义务，就不能再防卫了。

【选项分析】从事实角度看，安放炸弹的行为已经结束，但如果认为实行行为结束就不能进行正当防卫，杜某和保安将无法处置即将发生的危险，这是不符合情理的。A 选项错误。

王某安放炸弹后，就已经给法益造成了重大危险，此时其就具有了阻止该危险发生的义务，如果不履行该义务，即是一种不作为。此时开始防卫，不可能是让王某不再作为（即不再安放炸弹），而是让其实施某种行为，即以防卫的方式逼杜某开口说出炸弹的位置。因此，这不是针对作为的正当防卫，而是针对不作为的正当防卫。B 选项错误。

对不作为犯的防卫限度不应该与作为等同，只要迫使行为人履行了义务，就不能再防卫了。本题中，只要王某说出了炸弹的位置，就等于已经履行了义务，就不能再防卫了，此时即不可能成立无过当防卫。本题中，杜某和保安的行为成立防卫过当，构成故意杀人罪。C 选项错误。D 选项正确。

2. 答案：C　难度：难

考点： 结果加重犯的认定

命题和解题思路： 本题考查了结果加重犯的认定。所谓结果加重犯，也称为加重结果犯，是指法律规定的一个犯罪行为（基本犯罪），由于发生了严重结果而加重其法定刑的情况。对于加重结果的发生至少要有预见可能性。C 选项中，强调了是正常的解救行为，而如果是警察基于重大判断失误导致被害人死亡的，例如误将被拐人当做犯罪人而开枪，则不能将死亡结果归责于行为人，此种情形下则不构成拐卖儿童罪的结果加重犯。

【选项分析】对结果加重犯的行为对象的范围不能做僵硬限制，而应注意认识错误的情形，A 选项中不论是根据具体符合说还是法定符合说，李某的死亡都要由万某负责，因此，万某应成立结果加重犯。A 选项错误。

B 选项中的死亡结果并非交通工具倾覆、毁坏所致，因此对杜某不能适用刑法第 119 条，而只能认定为破坏交通设施罪的基本犯与过失致人死亡罪的想象竞合犯。B 选项错误。

如果后行为或者其他介入因素导致死亡结果发生，因而阻断了基本行为和加重结果之间的直接关联性，那么，就不能认定为结果加重犯。本题中，拐卖儿童后通常会介入警察的解救行为，不能认为正常的解救行为属于异常的介入因素，其作为介入因素没有阻断基本行为和加重结果之间的关系。因此，正常的解救行为导致被害人死亡的，应该将死亡结果归责于犯罪人。C 选项正确。

D 选项是未遂的结果加重犯的例子，即行为人试图故意实施结果加重犯，但基本结果与加重结果均没有发生的情形。对此，应适用结果加重犯的法定刑，同时适用未遂犯的规定，但处罚上应该轻于结果加重犯的未遂和未遂的结果加重犯。D 选项错误。

3. 答案：D　难度：难

考点：正当防卫的认定

命题和解题思路：本题考查了正当防卫的认定，包括相互斗殴的行为、防卫过当的认定以及正当防卫能否作为不作为犯罪的作为义务来源等。2020 年最高人民法院、最高人民检察院、公安部联合发布的《关于依法适用正当防卫制度的指导意见》对于法考中正当防卫的考查非常重要，需要考生认真掌握。C 选项中，要注意，只有存在防卫过当可能性时才具有阻止结果发生的作为义务，如果一开始就判断没有明显超过必要限度，就不具有成立防卫过当的危险，因而就不会产生救助义务。

【选项分析】防卫行为与相互斗殴具有外观上的相似性，应该通过综合考量案发起因、对冲突升级是否有过错、是否使用或者准备使用凶器、是否采用明显不相当的暴力、是否纠集他人参与打斗等客观情节，准确判断行为人的主观意图和行为性质。乙的行为系阻止调戏行为发生，对冲突升级没有过错，不能认为其阻止行为是不法行为，因此，不能认定两者是相互斗殴。A 选项错误。

成立防卫过当，需要防卫行为明显超过必要限度，造成重大损害。但本题中，乙的行为手段并没有明显超过必要限度，也只是造成了王某轻伤，至于死亡结果是由于其个人体质原因所导致，对此，乙无法预见。因此，死亡结果不应由乙负责，乙不构成防卫过当，不成立过失致人死亡罪。B 选项错误。

乙的手段并未过激，没有明显超出必要限度，王某的死亡结果与乙的正当防卫行为之间不具有因果关系，不能认为如果王某不救助，其原本是正当防卫的结果就会自然发展到防卫过当的结果。因此，乙不具有救助义务，C 选项错误。

综上分析，乙的行为并没有明显超过必要限度造成重大损害，其行为成立正当防卫，不构成犯罪，D 选项正确。

4. 答案：C　难度：难

考点：阻却违法事由的认定

命题和解题思路：本题考查了被害人承诺的效力、自救行为的认定。本题考查的知识点较细，涉及被害人承诺中的法益关系认识错误的考查，即如果被害人就法益侵害本身不存在任何错误，或者说，知道自己的法益受侵害却仍然承诺，那么，不管行为人是否实施了欺骗行为，承诺都是有效的。反之，承诺就是无效的。如果欺骗行为使被害人对于法益的有无、性质、价值（效用）、危险程度和范围产生了错误而做出承诺，该承诺无效。本题 ABC 选项即考查了法益关系认识错误的知识点。

【选项分析】在行为人的欺骗行为使得被害人通过放弃一种法益实现另外一重要目的时，需要考虑被害人承诺的重要目的是否实现，如果重要目的实现了，就认为对法益关系没有发生错误认识，承诺有效。A 选项中张某已经实现了捐款目的，李某不构成诈骗罪。A 选项错误。

如果欺骗行为事实上使得被害人不可能行使自己的决定权，没有事实上的自主决定权时，应该认为产生了法益关系的认识错误（法益概念包含了处分法益的自由、存在价值和交换价值），此时被害人的承诺无效。B 选项中杜某的行为构成故意毁坏财物罪。B 选项错误。

被害人虽受骗，但知道法益侵害之事实的性质，只是基于个人的主观情感而做出的自杀的决定，不影响承诺的效力。金某不构成故意杀人罪。C 选项正确。

所谓自救行为必须是无法依靠国家机关或依靠国家机关很难恢复受侵害的法益。D 选项中由于债权还未到期，即使到期了，也应该优先通过公权力的救助，曾某的行为构成盗窃罪。D 选项错误。

5. 答案：C   难度：难

考点：犯意转化、另起犯意、行为对象转换

命题和解题思路： 本题集中考查了犯意转化、另起犯意、行为对象转换三者的区分。这也是法考的常考知识点。区分这三者最主要的标准是前一犯罪是否已经停止，如果停止后，又产生另一犯意，实施另一个犯罪行为，则是另起犯意。认定这三者的目的，在于处理方式不同，对于另起犯意，成立数罪，而犯意转化和行为对象转换只成立一罪。

【选项分析】所谓犯意转化，有两种情况，一是行为人以此犯意实施犯罪的预备行为，却以彼犯意实施犯罪的实行行为，例如，本想抢劫，但进入现场后发现没人，改成盗窃；二是在实行犯罪的过程中的犯意改变，导致此罪与彼罪的转化，这种转化应该限于两个行为所侵犯的法益具有包容关系的情形，如在伤害过程中，产生了杀意，意图杀死他人。犯意转化处理原则是犯意升高者，从新意，犯意降低者，从旧意。A 选项是犯意转化，是以此犯意实施犯罪的预备，却以彼犯意实施犯罪的实行行为。A 选项错误。

所谓另起犯意，是指在前一犯罪已经既遂、未遂或中止后，又针对同一个被害对象，另起犯意实施另一犯罪行为，因而成立数罪。要注意，必须是两个法益之间具有包容关系时，才可能存在犯意转化，如果没有包容关系，则是另起犯意。B 选项是另起犯意，因程某的抢劫行为已经停止（未遂），此时意图强奸，属于另起犯意。B 选项错误。

C 选项也是另起犯意，此时程某的强奸行为亦已经停止（中止），此时进行猥亵，属于另起犯意。C 选项正确。

而所谓行为对象转换，是指行为人在实行犯罪的过程中，有意识地将原先设定的行为对象，转移到另一行为对象上。又分为三种情况，一是如果行为对象的转换依然处于同一犯罪构成内，而且法益主体没有变更，则不影响对既遂的认定。例如，甲原打算盗窃乙家巨额现金，入室后发现大量珠宝，便放弃盗窃现金的意思，仅窃取了珠宝；二是如果行为对象转换导致法益主体变更，但是法益属于非专属法益（可在不同主体间让渡）的，也只成立一罪的既遂。如甲意欲盗窃乙的手机，侵入乙丙合住的房间后，只盗窃了丙的手机。虽然法益主体变更，但是行为对象属于财产，是非专属法益，则甲只成立盗窃罪既遂；三是如果行为对象转化，导致个人专属法益（不可在不同主体间让渡）的主体变化，或者导致法益性质变化，就属于另起犯意，应该数罪并罚。D 选项中，程某将甲的幼子打伤，属于个人专属法益的主体变更，两者法益性质也不一样，且此时程某的猥亵行为亦已经停止（既遂），因此，无论从哪个角度看，都属于另起犯意。D 选项错误。

6. 答案：C   难度：难

考点：打击错误、转化型抢劫的认定

命题和解题思路： 本题涉及打击错误和对象不能犯的区别、转化型抢劫的认定等问题。本题中的考点，还涉及到两个司法解释，即 2005 年发布的最高人民法院《关于审理抢劫、抢夺刑事案件适用法律若干问题的意见》和 2016 年发布的最高人民法院《关于审理抢劫刑事案件适用法律若干问题的指导意见》。要注意，B、C、D 选项都给出了"不成立转化型抢劫"的结论，说明出题人的意图是考查不成立转化型抢劫的原因。

【选项分析】打击错误，又称为"方法错误"，是指由于行为本身的失误，而导致行为人所欲攻击的对象与实际受害的对象不一致，但这种不一致仍然没有超出同一构成要件。本题中杜某在着手实行时意图盗窃的对象与实际受害的对象一致，因此，并非打击错误。实际上，如果在普通盗窃的场合，这是对象不能犯，即行为人的错误主要在于对行为对象的认识错误，尽管行为人实施了犯罪行为，但由于对象的不存在（没有真戒指），使得犯罪未能得逞。A选项错误。

2016年《关于审理抢劫刑事案件适用法律若干问题的指导意见》第3条第1款规定，"犯盗窃、诈骗、抢夺罪"，主要是指行为人已经着手实施盗窃、诈骗、抢夺行为，一般不考查盗窃、诈骗、抢夺行为是否既遂。但是所涉财物数额明显低于"数额较大"的标准，又不具有《两抢意见》第5条所列5种情节之一的（1. 盗窃、诈骗、抢夺接近"数额较大"标准；2. 入户或在公共交通工具上盗窃、诈骗、抢夺后在户外或交通工具外实施上述行为的；3. 使用暴力致人轻微伤以上后果的；4. 使用凶器或以凶器相威胁的；5. 具有其他严重情节的），不构成抢劫罪。本题虽明显低于数额较大标准，但具有入户情节。因此，不成立转化型抢劫的理由并非未达数额较大标准。B选项错误。

成立转化型抢劫，主观上是为了窝藏赃物、抗拒抓捕或者毁灭罪证的目的，本题中，杜某是愤恨之下意图报"夺妻之仇"，因此，不可能成立转化型抢劫。C选项正确。

事后抢劫中的暴力和以暴力相威胁，必须达到足以压制他人反抗的程度，至于是否造成或足以造成被害人身体伤害或死亡结果，并不影响事后抢劫的成立。当然，需要注意的是，2016年《关于审理抢劫刑事案件适用法律若干问题的指导意见》第3条第2段规定：对于以摆脱的方式逃脱抓捕，暴力强度较小，未造成轻伤以上后果的，可不认定为"使用暴力"，不以抢劫罪论处。但本题中，杜某并不是"以摆脱的方式逃脱抓捕"，因此，D选项中不成立转化型抢劫，并不是因为杜某并未造成钱某轻伤所致。D选项错误。

7. 答案：D　难度：难

考点： 犯罪未遂、犯罪中止、手段不能犯

命题和解题思路： 本题主要考查了犯罪未遂和犯罪中止的认定，这是法考必考知识点。A选项还考查了犯罪未遂与手段不能犯的区别。只有当行为人客观上实施的行为具有侵害法益的紧迫危险，主观上有相应故意时，才能认定为是未遂，当然，手段不能犯可能成立犯罪预备。而如果站在行为时，根据客观因果法则，客观行为没有侵害法益的任何危险时，就只能认定为不能犯。

【选项分析】 由于盲猜到密码的可能性非常低，因此，从客观未遂论的角度，杜某系手段不能犯，而非犯罪未遂。A选项错误。

王某的行为并非着手实行阶段的犯意转化。这一类型的犯意转化需要两个行为所侵犯的法益之间具有相互包容的关系，例如伤害过程中又意图杀人，抢夺过程中又意图抢劫等等。B选项中的两个法益，即性自主决定权法益和财产法益，相互之间不具有包容关系。因此，不能成立犯意转化，而是另起犯意。同时，犯罪中止中的"放弃犯意"是指完全放弃该次特定犯罪的犯意，而非放弃一切犯罪的犯意。因此，王某构成抢劫罪的既遂和强奸罪的中止。B选项错误。

C选项中，由于前后已经间隔了四个小时，不能再认为杀害行为与救助行为之间具有延续性，或者说，杀害行为已经形成了犯罪未遂。但如果虽然间隔了数小时，可行为人一直在场，那么，可以认为杀害行为与救助行为之间具有单一性。C选项错误。

D选项中，如果赵某准备的是两把狙击枪，可以认为是犯罪中止，因为能够很方便转换手段，可以认为前行为没有形成犯罪未遂。但本题中，另外一个武器是火箭筒，如果使用火箭筒很明显会增加被发现的风险，因此可以认为赵某此时不可能立即转换合适的杀人手

段——即否定赵某的行为系犯罪中止，因为不具有中止所必须要求具备的"自动性"，本选项只能认为成立犯罪未遂。D 选项正确。

8. 答案：B　难度：难

考点：片面帮助犯

命题和解题思路： 本题设计的场景是片面帮助犯的帮助犯未遂，具有一定的难度。所谓片面帮助犯，是指参与犯罪的人中，有一方意识到自己是在和他人共同实施符合构成要件的行为，而另一方没有意识到有他人和自己共同实施犯罪。片面帮助犯属于帮助犯的一种，但其不是典型的共犯，因为仅对知情的一方适用共同犯罪的处罚原则，对不知情的一方不适用共同犯罪的处罚原则。我国刑法理论大多是承认片面帮助犯的。本题中，李某即属于片面帮助犯。本题中 A 选项具有迷惑性，所谓帮助未遂是指帮助行为在正犯还未着手实行行为时因为意志以外原因而未得逞，即帮助实行的意图没有得逞，这一点需要考生予以注意。

【选项分析】 A 选项考查的是帮助未遂与帮助犯未遂的区别。李某提供的技术已经维系到正犯着手实行时了，只不过是汪某自己紧张没有打开车锁，这应该属于帮助犯未遂（承担盗窃罪未遂的刑事责任）。但帮助未遂是指帮助行为在正犯还未着手实行行为时因为意志以外原因而未得逞，例如，甲应乙的请求，给乙的入室盗窃提供了一把钥匙，结果乙在路上把钥匙弄丢了，乙自己翻墙进入盗窃既遂的情况，此种情形下顶多成立犯罪预备阶段的帮助犯。本题中，李某已经提供完技术，汪某也用该技术着手开锁了，因此，不可能成立帮助未遂。A 选项错误。

李某所传授的开车锁技巧虽然对汪某的正犯着手行为产生了物理上的因果性，但与正犯的既遂结果之间没有物理的因果性，其鼓励的话在汪某打不开锁时也失去了心理上的帮助作用，因此，李某的帮助行为只是与正犯的着手实行盗窃之间具有物理和心理上的因果性，只能承担盗窃罪未遂的刑事责任，即盗窃罪帮助犯的未遂。B 选项正确。

C 选项认为李某与汪某成立共犯，如果将片面共犯也当做共犯的话，可以认为是正确的，但不成立犯罪既遂，而只应承担盗窃罪未遂的刑事责任。C 选项和 D 选项均错误。

9. 答案：B　难度：难

考点：共犯中的事实错误

命题和解题思路： 本题涉及共同犯罪中的事实认识错误的处理，具有一定难度。本题 A、B、C、D 选项分别涉及不同情形，需要考生把握的是，要想成立间接正犯，需要客观上对犯罪的进程产生了支配性、操纵性的影响。而间接正犯的故意可以降格成为教唆犯的故意，即间接正犯的故意当然包括了（不止如此）引起被教唆人实施符合构成要件的违法行为的故意。认识到这两点对掌握该知识点至关重要。

【选项分析】 成立间接正犯需要对实行者具有支配力，但由于甲在接受引诱时具有责任能力，因此，不能认为对其产生了支配力。同时，由于间接正犯的故意也符合教唆犯的故意，因此，应该认定杜某的行为构成故意杀人罪的教唆犯。A 选项错误。

成立教唆犯，只要引起被教唆人实施符合构成要件的违法行为即可，而不需要引起被教唆者的故意。在 B 选项中，甲确实实施了杀害的行为，虽然客观上钱某对甲产生了支配力，但由于钱某主观上不具有间接正犯的故意，而只是教唆犯的故意，因此，钱某的行为成立故意杀人罪的教唆犯。B 选项正确。

赵某成立故意杀人罪的间接正犯，系利用欠缺杀人故意的乙的过失行为的间接故意杀人。本选项中，乙虽然发现甲没有做皮试，但其主观上存在过失心态，认为应该不会过敏，因此，赵某对乙的行为仍具有支配力，乙成立医疗事故罪。赵某成立故意杀人罪的间接正犯。C 选项错误。

虽然在甲发现前，孙某是怀着间接正犯的故意来实施犯罪的，但由于甲接过咖啡杯后发现有毒药，此时不能认为孙某对甲的行为具有支配性。由于间接正犯的故意包含了教唆犯的故意，同时孙某也引起了甲实施符合故意杀人罪的构成要件的不法行为，因此，孙某的行为成立故意杀人罪的教唆犯，甲成立故意杀人罪的正犯。D 选项错误。

10. 答案：C　　难度：难

考点： 不作为犯罪的认定、因果关系

命题和解题思路： 本题考查了不作为犯罪的认定问题，还一同考查了因果关系理论中的介入因素问题。本题中的介入因素不是单一的，而是连续发生的介入因素。在发生介入因素的情况下，考生应重点把握如何规范地确认行为人是否应当对结果负责。对此需要牢记介入三因素：前行为人的行为对于结果所起的作用大小；介入因素的异常性大小；介入因素对结果所起作用大小。对于不作为因果关系的判断，则以具有作为义务的人如果履行了作为义务是否可以避免结果发生为标准，如果是，则肯定不作为与结果之间的因果关系。本题中，交代"即使不被轧死，李某也将在两三小时后因失血过多死亡"的用意，即在于说明如果及时履行救助义务，是能够避免死亡结果发生的。

【选项分析】 章某深夜意图奸淫李某，考虑到被害人的恐惧心理，其跳车行为具有通常性，因此，死亡结果应该由章某负责。A 选项错误。

不作为的作为义务来源包括故意犯罪。章某着手强奸的行为，使得李某的生命法益处于紧迫的危险之中，因此章某对李某负有救助义务。B 选项错误。

综上所述，李某的死亡结果应归责于章某。从作为的角度看，章某的行为成立强奸致人死亡的结果加重犯，但由于强奸罪的基本犯未遂，应在强奸罪结果加重犯的法定刑幅度内按照未遂的裁量标准进行，即可以比照既遂犯从轻或者减轻处罚。而从不作为的角度看，章某成立故意杀人罪既遂，其量刑要重于按照作为犯罪来处理。两者系竞合关系，因此，章某的行为成立故意杀人罪既遂。C 选项正确，D 选项错误。

11. 答案：A　　难度：难

考点： 非法买卖枪支、弹药罪、丢失枪支不报罪、破坏交通设施罪、重大责任事故罪、危险作业罪的认定

命题和解题思路： 本题考查了危害公共安全犯罪中的几个常考罪名，提示的一个复习要点是：对罪名的认定并不能仅知晓罪名的犯罪构成，更要把握住罪名所保护的法益，如果某行为不可能造成某罪所保护的法益侵害之结果，就不成立该罪。这一点曾多次在客观题考试中考查。

【选项分析】 以枪支换弹药，以及用弹药换弹药、枪支换枪支的行为，要看是否增加了公共危险。仅有弹药没有枪支，或者仅有枪支没有弹药，危险程度有限，但交换后，既有枪支又有弹药，那公共危险就大大增加了。如果增加了公共危险，则可以将交换的行为评价为以物易物型的"买卖"，即成立买卖枪支、弹药罪。A 选项正确。

丢失枪支不报罪谴责的是丢失枪支不及时报告的行为，至于"造成严重后果"属于客观的超过要素，不需要行为人对之有认识或抱有希望或者放任的态度。行为人对丢失枪支后的"不及时报告行为"是有认识以及是抱有希望或者放任态度的，因此，丢失枪支不及时报告罪是故意犯罪，存在共犯形态。本选项中，赵某成立丢失枪支不及时报告罪的教唆犯。B 选项错误。

由于道路中央还有绿化带做隔离，因此不会对交通领域的公共安全产生重大妨害，不成

立破坏交通设施罪,一般成立盗窃罪。C 选项错误。

由于没有发生重大伤亡事故或造成其他严重后果,不能成立重大责任事故罪。同理,也不能成立强令、组织他人违章冒险作业罪,应该成立危险作业罪,该罪是具体危险犯,不需要造成责任事故或重大事故。D 选项错误。

二、多项选择题

1. 答案:ABCD **难度:难**

考点:交通肇事罪、妨害作证罪

命题和解题思路:本题考查了交通肇事罪司法解释中共犯的认定,法考曾多次考查最高人民法院《关于审理交通肇事刑事案件具体应用法律若干问题的解释》的内容,希望考生注意。本题融合了不作为犯罪的结果避免可能性、妨害作证罪、间接正犯的认定等知识点,考查较为灵活,也具有一定难度。A 选项表面看起来成立间接正犯,但事实上因交通肇事罪是过失犯罪,不可能存在支配性,这一点容易被考生忽视。

【选项分析】交通肇事罪是过失犯,而一般认为主观上如果是过失,将不可能存在支配性和操纵性的可能,因此,郑某不能成立交通肇事罪的间接正犯。A 选项错误,当选。

最高人民法院《关于审理交通肇事刑事案件具体应用法律若干问题的解释》第 5 条第 2 款规定:"交通肇事后,单位主管人员、机动车辆所有人、承包人或者乘车人指使肇事人逃逸,致使被害人因得不到救助而死亡的,以交通肇事罪的共犯论处。"似乎郑某将构成交通肇事罪的共犯,但问题是,郑某即使及时将李某送往医院,李某也无法存活,其死亡并非逃逸所致。因此,对郑某不能适用该款规定。B 选项错误,当选。

最高人民法院《关于审理交通肇事刑事案件具体应用法律若干问题的解释》第 7 条规定:"单位主管人员、机动车辆所有人或者机动车辆承包人指使、强令他人违章驾驶造成重大交通事故,具有本解释第二条规定情形之一的,以交通肇事罪定罪处罚。"本题中,造成李某一人死亡(第 2 条第 1 款第 1 项"死亡 1 人或者重伤 3 人以上,负事故全部或者主要责任的")的结果,符合该解释第七条的规定,对郑某应该以交通肇事罪定罪处罚。但由于郑某是交通肇事罪的当事人,基于期待可能性的原因,不能成立妨害作证罪。因此,C 选项错误,当选。

李某即使及时送医,也无法抢救,说明其缺乏结果回避的可能性。因此,郑某没有及时救助也不能成立交通肇事逃逸致人死亡,不负该罪结果加重犯的责任。D 选项错误,当选。

2. 答案:ABD **难度:难**

考点:贷款诈骗罪

命题和解题思路:本题考查了贷款诈骗罪的认定。所谓贷款诈骗罪,是指以非法占有为目的,使用欺骗方法,骗取银行或者其他金融机构的贷款,数额较大的行为。本题中考生往往容易忽略蚂蚁花呗属于信用贷,花呗服务商其实是金融机构,从而错误地选择 A 选项。

【选项分析】花呗借款并非由王某占有,因此,李某并没有将王某占有的财物转移给自己占有,所以不可能成立盗窃罪。A 选项当选。

虽然李某实质上是冒用王某的名义与花呗服务商签订合同,进而利用该合同进行诈骗,但由于被害人属于金融机构,李某实际上骗取的是贷款,而贷款诈骗罪是合同诈骗罪的特殊类型,基于特别罪名优先于普通罪名的原则,应该认定为是贷款诈骗罪。B 选项当选,C 选项不当选。

支付宝中的花呗账户及其密码并非信用卡的卡号和密码。因此,李某并没有使用王某的信用卡资料，不能成立信用卡诈骗罪。D选项当选。

3. 答案：CD　　难度：难

考点：串通投标罪、虚开增值税专用发票罪、使用假币罪、保险诈骗罪

命题和解题思路：本题考查了破坏社会主义市场经济秩序罪中几个重要罪名的认定。需要注意的是，A选项中拍卖并非投标，不能想当然地认为两者差不多，就类推适用。C选项中涉及的知识点，即对先后侵犯了财产性利益和货币两种财产法益的考查，属于法考的常考考点，具有一定的理论难度，需要引起考生注意。

【选项分析】串通投标罪，指投标者相互串通投标报价，损害招标人或者其他投标人利益，或者投标者与招标者串通投标，损害国家、集体、公民的合法权益，情节严重的行为。本罪主体是特殊主体，只能是投标人、招标人，包括个人和单位。但需要注意的是，国有土地拍卖并非投标，如果把拍卖解释成投标，就是类推解释，因此，A选项错误。

目前司法实践中，已经逐渐形成"不以骗取国家税款为目的"的行为不构成虚开增值税专用发票的共识。2024年3月15日，最高人民法院、最高人民检察院联合发布的《关于办理危害税收征管刑事案件适用法律若干问题的解释》（以下简称《解释》）将过去分散在指导案例、意见中的共识进一步明确并上升为司法解释，对司法实务具有更强的约束力。《解释》第10条第2款规定，为虚增业绩、融资、贷款等不以骗抵税款为目的，没有因抵扣造成税款被骗损失的，不以本罪论处，构成其他犯罪的，依法以其他犯罪追究刑事责任。B选项中，杜某的目的是为虚增业绩，而非为了抵扣税款，且已将该发票撕毁，因此，不能构成虚开增值税专用发票罪，B选项错误。

赵某将1万元假币存入ATM存取款机时，就已经使该1万元假币置于流通领域，侵害了货币的公共信用，构成了使用假币罪。同时，通过存入假币获得本不应该有的、针对银行的债权，侵犯了银行的财产性利益，构成针对财产性利益的盗窃罪。由于只有一个行为，因此，与使用假币罪成立想象竞合犯，从一重罪，即使用假币罪论处。后面取出现金的行为侵犯了银行的货币，成立盗窃罪，这与使用假币罪是两个行为，且有两个故意，应该数罪并罚。C选项正确。

根据《机动车交通事故责任强制保险条例》第22条规定：有下列情形之一的，保险公司在机动车交通事故责任强制保险责任限额范围内垫付抢救费用，并有权向致害人追偿：（一）驾驶人未取得驾驶资格或者醉酒的；（二）被保险机动车被盗抢期间肇事的；（三）被保险人故意制造道路交通事故的。有前款所列情形之一，发生道路交通事故的，造成受害人的财产损失，保险公司不承担赔偿责任。D选项中，汪某是醉酒造成的事故。根据该条例规定，保险公司在垫付抢救费用后，有权向汪某追偿，但汪某隐瞒了醉酒这一事实，导致保险公司放弃了追索权，对此，应成立诈骗罪，而非保险诈骗罪。因为无论汪某是否饮酒，都不影响被害人获得15万的赔偿金，隐瞒醉酒的事实与保险金的赔付之间不存在因果关系。因此，汪某不成立保险诈骗罪，而是成立普通诈骗罪。D选项正确。

4. 答案：ABCD　　难度：难

考点：负有照护职责人员性侵罪、收买被拐卖的妇女罪、非法拘禁罪、绑架罪

命题和解题思路：本题考查了侵犯公民人身权利犯罪中的几个常考罪名。A选项考查了对负有照护职责人员性侵罪中的"职责"的理解，这也是该罪名最可能被考查的考点。C选项涉及对被害人承诺中的法益关系认识错误。

【选项分析】负有照护职责人员性侵罪中的职责必须是使得被害人在相关领域对行为人形成较为稳定的依赖关系，例如在教育、医疗、生活领域长时间形成实质性的看护、管护、

指导、治疗等关系时，才能成为该罪中的负有照护"职责"之人。甲只是方便时临时过来看一下，并没有形成稳定的长期照护关系。因此，不能构成该罪。A选项错误，当选。

李某的行为没有超出"收买"的范围，且甲本来就有拐卖的意图，因此，李某的行为并非拐卖妇女罪的帮助犯或者教唆犯，只成立收买被拐卖的妇女罪。B选项错误，当选。

甲对自己身体被拘束的事实是明知的，只是对汪某行为的动机产生了错误认识，因此，该同意有效，汪某不构成非法拘禁罪。这与采用欺骗的方式使得被害人误以为自己没有身体移动的自由，而只能滞留在特定场所不同，此种情形下的被害人不知道自己的人身自由被剥夺，而C选项中，是认识到自己的人身自由被剥夺，只是对背后的动机产生了错误认识。这两种情况具有不同的性质，考生需要注意区分。C选项错误，当选。

对于绑架罪中的"故意伤害被绑架人，致人重伤、死亡的，处无期徒刑或者死刑，并处没收财产"的理解，需要注意的是，这里的故意伤害既可以发生在绑架既遂后，也可以发生在绑架过程中。因此，杜某构成绑架罪结果加重犯的未遂。D选项错误，当选。

5. 答案：CD　　难度：难

考点：盗窃罪、诈骗罪

命题和解题思路： 本题考查了盗窃罪和诈骗罪的认定，应该说，这一考点是法考每年的重头戏，需要引起考生的重点关注，不能有知识盲点。C选项中，考查了盗窃罪中的"多次盗窃"的认定，以前常考的考点是，在"两年以内三次盗窃"中的两次都已经受过治安管理处罚的情况下能否认定为成立盗窃罪中的多次盗窃类型（应认定为"多次盗窃"），而本题考查的知识点则相对生僻，即三次"盗窃"包括盗窃未遂在内，同时抢夺行为可以被降格评价为盗窃行为。这往往是考生容易忽略的知识盲区。

【选项分析】 A选项中，乙虽然未成年，但9周岁的未成年人已经能够支配占有家中一般物品了，因此，甲的行为系诈骗罪，而非盗窃罪。A选项错误。

B选项中，由于该车钥匙也具有重要的使用价值，因此，可以单独成立入户盗窃，盗窃对象是车钥匙本身，不能将车钥匙和车辆一体性评价。B选项错误。

C选项中，两年以内三次盗窃中的盗窃，包括未遂在内，另外，抢夺行为可以被降格评价为盗窃行为。因此，章某成立盗窃罪（多次盗窃）。C选项正确。

D选项中，盗窃罪中的"转移占有"包括直接消费。题目中的甲对财物并非有权处分人，因此，李某欺骗甲的行为不能评价为诈骗罪的实行行为，李某不构成诈骗罪，而是构成盗窃罪。D选项正确。

6. 答案：ABC　　难度：难

考点：侵占罪、盗窃罪

命题和解题思路： 本题考查了侵占罪和盗窃罪的认定，这一考点同样也是法考每年的重点，需要考生高度关注。本题中，涉及存款债权和货币现金两种财产法益，不能将两者混为一谈。D选项中，表面上看，是一种欺骗行为，但该欺骗行为只可能使王某产生一时的困惑，而不会使王某陷入处分汇款的错误认识，因此不构成诈骗罪。

【选项分析】 本题考查的知识点是侵占后的取得行为的定性。张某对该笔存款债权属于不当得利，应该返还，因此，不能认定其具有取款的正当权利。其拒接电话的行为，可以认定为不愿返还存款债权。对该笔错误汇款可以理解为遗忘物，因此，张某成立针对存款债权的侵占罪。A选项正确。

张某让赵某取现的行为，成立针对现金的盗窃罪。因为此时张某只能认定为是占有辅助人，王某仍观念性地占有该笔存款债权，B选项正确。需要注意，此时由于卡还是张某的，并非"冒用他人信用卡",因此,不成立信用卡诈骗罪。由于侵占罪和盗窃罪最终侵害的是一个财产法益,可以作为包括的一罪论处。

赵某的行为针对存款债权之侵占,构成掩饰、隐瞒犯罪所得罪;针对现金,成立盗窃罪。因为只有一个取款行为,故成立两罪的想象竞合犯。C 选项正确。

张某在接王某电话中所说的话,并不会使王某陷入处分该笔汇款的错误认识,因此,不构成诈骗罪。D 选项错误。

7. 答案:CD 难度:难

考点:诈骗罪

命题和解题思路:本题考查了每年必考的诈骗罪的认定问题,四个选项均是高频知识点。其中 D 选项涉及对处分意识的理解。根据官方辅导用书的观点,如果已经意识到处分的财物种类,只是对其数量、价值产生错误,则可以认定被骗者具有处分意识。这一知识点很容易犯错,需要考生予以注意。

【选项分析】在诈骗罪中,行为人或者第三人取得的财物与被骗者处分的财物必须具有同一性,即诈骗罪中的素材同一性。A 选项中,甲只对车钥匙具有处分权限,而对车辆不可能具有处分权限。因此,针对车钥匙乙构成诈骗罪,针对车辆乙则构成盗窃罪。A 选项错误。

诈骗罪中的虚构事实,既包括针对过去的事实、现在的事实,也包括虚构将来的事实或者虚构将来事实发生的可能性。B 选项中,李某属于民事欺诈,不构成诈骗罪,B 选项错误。

C 选项主要考查对诈骗罪中的处分意识的理解。21 年法考真题中考查的是骗收银员说"送完朋友后回来结账",此种情形下,不能认为被害人有处分意识和处分行为。但本题中,可以认为收银员对餐费债权具有处分意识和处分行为,即同意张某暂时欠费。因此,张某构成诈骗罪。由此可以看出,诈骗罪中的处分意识的尺度把握非常重要。C 选项正确。

D 选项涉及诈骗罪中的处分意识的理解。对于是否基于被骗而处分财物,需要注意,如果只是对所处分的财物的价格、数量产生的误解,则不能认为被骗者具有处分财物的意识,本题中,收银员已经认识到自己处分的是白酒,只是没有认识到所处分白酒的真实价值(价格),对此,应认为收银员已经具有了诈骗罪中的处分财物的意识。需要进一步指出,除非收银员没有认识到所处分财产的基本性质,例如,本案中收银员以为处分的是矿泉水(其实是白酒),这时才不宜认定为具有处分意识。因此,汪某构成诈骗罪。D 选项正确。

8. 答案:CD 难度:难

考点:聚众哄抢罪、破坏生产经营罪、敲诈勒索罪、抢劫罪

命题和解题思路:本题涉及侵犯财产罪中的几个不常见罪名。需要引起考生充分注意的是,2024 年的考试大纲中新增了破坏生产经营罪,该罪名隐藏着很多知识点,具有可考性。需要考生掌握的是,破坏生产经营罪是广义的故意毁坏财物,因此,其破坏的必须是有形的对象,而不能是无形的生产性经营。D 选项中,考生往往会常识性地认为,绑架后的勒索财物行为是绑架罪的实行行为之一,但需要指出的是,绑架罪保护的法益是人身权益,而不包括财产利益。以勒索财物为目的,属于主观的超过要素,不需要有对应的客观要素。

【选项分析】A 选项中,聚众哄抢是一种行为方式,并不存在"首要分子聚集众人哄抢财物"的要件,没有首要分子,也不妨碍本罪的成立,对其中的积极参加者应该追究聚众哄抢罪的刑事责任。A 选项错误。

B 选项中,破坏生产经营罪的行为必须表现为毁坏、残害等毁损行为,且毁损的对象必须是机器设备、耕畜或与之可以类比的生产工具、生产资料。不能把所有的日常经营都当做本罪的对象，否则就严重扩大了本罪的处罚范围。酒店的生意正是一种日常的生产性经营活动，因此杜某不能构成破坏生产经营罪。B 选项错误。

C 选项中，李某虽然有为挽回自身被盗财物的动机，但由于其并非房屋所有权人，因此，仍构成敲诈勒索罪。至于举报盗窃，虽是合法的，但以此作为获取财产性利益的手段，则属于敲诈勒索罪中的"以恶害相通告"，即不要求敲诈勒索罪中的恶害的实现自身具有违法性。C 选项正确。

D 选项中，赵某绑架乙后，对甲的胁迫已经超出了敲诈勒索罪的程度，使得甲产生了恐惧心理而不敢反抗，因此赵某构成抢劫罪。由于怀着勒索财物的目的，在以实力控制乙后就已经实现了绑架罪的既遂，因此，对于事后以杀害乙相威胁的行为，应单独成立抢劫罪，与绑架罪数罪并罚。D 选项正确。

三、不定项选择题

1. 答案：C　难度：难

考点：冒名顶替罪、高空抛物罪、伪证罪、贩卖毒品罪

命题和解题思路：本题涉及妨害社会管理秩序罪中的几个不常见罪名。需要指出的是，该章中的罪名每年会考一两道题，但不会作为重点考查。该章中包括的具体罪名很多，复习时不可能面面俱到，要有所侧重。D 选项中，涉及毒品犯罪的考查，对此，需要考生关注 2023 年最高人民法院印发的《全国法院毒品案件审判工作会议纪要》，这一司法解释虽然由于种种原因没有放到大纲中，但只要考到毒品犯罪的知识点，大概率会涉及这一司法解释。

【选项分析】 A 选项中，冒名顶替罪是指盗用、冒用他人身份，顶替他人取得的高等学历教育入学资格、公务员录用资格、就业安置待遇的行为，本罪不包括取得事业单位录取资格，当然，如果题目变成公务员录用资格，则二人均构成冒名顶替罪。A 选项错误。

B 选项中，实施高空抛物行为同时构成其他犯罪的，属于想象竞合犯，从一重论处。一个鸡蛋从 25 楼抛下，可以砸破头骨致人死亡，最高检网站上有类似案例。李某故意向甲实施高空抛物的行为，具有致人死亡的具体危险，理应成立故意杀人罪未遂，而非高空抛物罪。B 选项错误。

C 选项中，甲诬告陷害赵某，是经过赵某自己教唆的，不可能侵犯赵某的人身权利，因此，不可能构成诬告陷害罪。但公安机关立案后，甲仍然故意做虚假证明，侵犯了刑事诉讼证明过程的客观真实性，理应构成伪证罪。需要注意的是，伪证罪中的"证人"主体一般认为包括被害人。C 选项正确。

D 选项中，根据 2023 年最高人民法院印发的《全国法院毒品案件审判工作会议纪要》（昆明会议纪要）的规定，"代购者从托购者事先联系的贩毒者处，为托购者购买仅用于吸食的毒品，并收取、私自截留少量毒品供自己吸食的，一般不以贩卖毒品罪论处。"因此，汪某的行为不构成贩卖毒品罪。D 选项错误。

2. 答案：C　难度：难

考点：贪污罪、受贿罪、行贿罪、单位行贿罪

命题和解题思路：本题涉及对贪污贿赂犯罪中的贪污罪、受贿罪、行贿罪、单位行贿罪的考查，这几个罪名都是考查重点。B 选项涉及对受贿数额的认定问题，对此，要综合考虑是否是同一请托事项，是否还有其他请托事项，退回的财物和索回的财物是否一致等因素。

【选项分析】 A 选项中，甲虽然是国家工作人员，但其不主管、管理政府拆迁款，不能认定其利用了职务上的便利，因此不构成贪污罪，而是成立诈骗罪。A 选项错误。

B 选项中，甲先前受贿的 10 元已经既遂，后又要回的 5 万元能否再计算进受贿总数额，要综合考虑是否是同一请托事项，是否还有其他请托事项，退回的财物和索回的财物是否一致，以及在单位行贿的场合，退回的接受者和索回时的对象是否具有同一性等因素。如果能够判断构成了新的受贿行为，就应该数额相加。本选项中，不能认定甲是实行了新的受贿行为，因此，甲的受贿数额为 10 万元。B 选项错误。

C 选项中，根据《刑法》第 393 条的规定，因行贿取得的违法所得归个人所有的，依照行贿罪的规定定罪处罚。因此，区分单位行贿罪和行贿罪的一个重要标准就是违法所得归谁所有。本选项中，违法所得是归乙个人所有，因此虽然是以单位名义，但仍是行贿罪，而非单位行贿罪。又由于是将单位财物送给乙，还成立职务侵占罪。两个行为，侵犯了两个法益，应该数罪并罚。C 选项正确。

D 选项中，成立利用影响力受贿罪不要求国家工作人员对行为主体的行为内容知情（但要求许诺为请托人谋取不正当利益），即不要求丙知道甲的请托及其请托内容。如果知情，那么国家工作人员成立受贿罪，其近亲属成立受贿罪共犯和利用影响力受贿罪的想象竞合犯，从一重论处。换言之，D 选项中，乙应该成立受贿罪共犯和利用影响力受贿罪的想象竞合犯。D 选项错误。

3. 答案：B 难度：难

考点：滥用职权罪、徇私枉法罪、放纵走私罪、私放在押人员罪、徇私舞弊不移交刑事案件罪、脱逃罪

命题和解题思路：本题涉及渎职罪中的相对重要的罪名。需要注意的是，放纵走私罪、私放在押人员罪、徇私舞弊不移交刑事案件罪、脱逃罪并不常见，但都在考试大纲中。对于本章的复习，不可能面面俱到，而只能对大纲中的罪名所涉及的重要易错知识点予以关注，例如 B 选项中受贿罪和徇私枉法的关系等。

【选项分析】 A 选项中，王某构成《刑法》第 399 条"执行判决、裁定滥用职权罪"，该罪是指，由于在执行判决、裁定活动中，滥用职权，不依法采取诉讼保全措施、不履行法定执行职责，或者违法采取诉讼保全措施、强制执行措施，致使当事人或者其他人的利益遭受重大损失的行为。执行判决、裁定滥用职权罪与滥用职权罪是特殊罪名和一般罪名的关系，应该以执行判决、裁定滥用职权罪来认定。A 选项错误。

B 选项中，《刑法》第 399 条第 4 款规定"司法工作人员收受贿赂，有前 3 款行为的，同时又构成本法第 385 条规定之罪的，依照处罚较重的规定定罪处罚。"对此特别规定，从文意解释的角度和司法实践中的做法看，这一规定只限于"先收受贿赂，再徇私枉法"，而如果是主动索贿后徇私枉法或者先徇私枉法再受贿，则应该数罪并罚。B 选项正确。

C 选项中，由于赵某已经按照海关法进行了处理，其行为的危害性主要体现在没有移送司法机关追究刑事责任，因此，赵某的行为成立《刑法》第 402 条徇私舞弊不移交刑事案件罪。该罪是指"行政执法人员徇私舞弊，对依法应当移交司法机关追究刑事责任的不移交，情节严重的行为"，该罪的法定刑是处三年以下有期徒刑或者拘役；对造成严重后果的，处三年以上七年以下有期徒刑。而如果赵某既不按照海关法处理也不移交司法机关追究刑事责任的话，则构成放纵走私罪，《刑法》第 411 条放纵走私罪规定"海关工作人员徇私舞弊，放纵走私，情节严重的，处 5 年以下有期徒刑或者拘役；情节特别严重的，处 5 年以上有期徒刑。"C 选项错误。

D 选项中，李某只是利用工作便利，放走的是其同事经办案件的在押人员，而构成私放在押人员罪需要司法工作人员利用其职务便利，也就是说，如果李某放走的是自己经办案件

的在押人员，即构成私放在押人员罪。因此，李某构成脱逃罪的共犯，而不构成《刑法》第400 条第 1 款的私放在押人员罪。D 选项错误。

4. 答案：A　难度：中

考点：污染环境罪、破坏计算机信息系统罪、盗伐林木罪

命题和解题思路：本题考查了破坏环境资源保护类犯罪中的几个相对重要罪名，涉及两个 2023 年下半年生效的司法解释，即 2023 年 8 月 15 日起施行的由最高人民法院发布的《关于审理破坏森林资源刑事案件适用法律若干问题的解释》和 2023 年 8 月 15 日起施行的《最高人民法院、最高人民检察院关于办理环境污染刑事案件适用法律若干问题的解释》，需要引起考生的注意。A、C、D 选项涉及上述解释中的三个可能的出题点，需要考生知晓。

【选项分析】A 选项中，根据 2023 年 8 月 15 日施行的由最高人民法院、最高人民检察院联合发布的《关于办理环境污染刑事案件适用法律若干问题的解释》第 7 条第 1 款的规定："无危险废物经营许可证从事收集、贮存、利用、处置危险废物经营活动，严重污染环境的，按照污染环境罪定罪处罚；同时构成非法经营罪的，依照处罚较重的规定定罪处罚。"以及第 8 条规定："明知他人无危险废物经营许可证，向其提供或者委托其收集、贮存、利用、处置危险废物，严重污染环境的，以共同犯罪论处。"该县医院构成污染环境罪的共犯。A 选项正确。

B 选项中，即便甲企业明知乙公司同样没有添置废物处理设备，仍将厂房和设备租给乙公司，但既然乙公司准备生产，就必须遵守法律规定，乙公司对污染环境的结果，必须自己承担责任，甲企业对此不负共犯责任。B 选项错误。

C 选项中，根据《关于办理环境污染刑事案件适用法律若干问题的解释》第 11 条第 1 款的规定："针对环境质量监测系统实施下列行为，或者强令、指使、授意他人实施下列行为，后果严重的，应当依照刑法第二百八十六条的规定，以破坏计算机信息系统罪定罪处罚：（一）修改系统参数或者系统中存储、处理、传输的监测数据的；（二）干扰系统采样，致使监测数据因系统不能正常运行而严重失真的；……"C 选项中甲的行为，虽然没有直接侵入计算机信息系统，但仍以破坏计算机信息系统罪定罪处罚（单位也可构成），这虽然可能有争议，但属于司法解释的规定，需要考生予以知晓。C 选项错误。

D 选项中，根据 2023 年 8 月 15 日起施行的由最高人民法院发布的《关于审理破坏森林资源刑事案件适用法律若干问题的解释》第 11 条规定："下列行为，符合刑法第 264 条规定的，以盗窃罪定罪处罚：（一）盗窃国家、集体或者他人所有并已经伐倒的树木的；（二）偷砍他人在自留地或者房前屋后种植的零星树木的。非法实施采种、采脂、掘根、剥树皮等行为，符合刑法第 264 条规定的，以盗窃罪论处。在决定应否追究刑事责任和裁量刑罚时，应当综合考虑对涉案林木资源的损害程度以及行为人获利数额、行为动机、前科情况等情节；认为情节显著轻微危害不大的，不作为犯罪处理。"由于他人房前屋后和自留地上的零星树木一般达不到数量较大标准，不认为达到了侵犯森林资源法益的标准。因此，不构成盗伐林木罪，但如果达到数额较大标准，可以构成盗窃罪。D 选项错误。

第二套

第一部分　试题

一、单项选择题

1. 关于刑法解释，下列哪一说法是正确的？

A. 由于刑法中规定了强迫交易罪，因此对于有交易存在的强迫取财行为，都不能认定为抢劫罪

B.《刑法》第 389 条第 3 款"因被勒索给予国家工作人员以财物，没有获得不正当利益的，不是行贿"中的"不正当利益"，基于体系解释，应被解释成"不正当利益的许诺"

C. 罪刑法定原则并不禁止扩大解释，因此通过扩大解释得出的结论也不会违反罪刑法定原则

D. 将"非法占有目的"解释为盗窃罪不成文的构成要件要素，违反了补正解释方法

2. 李某傍晚路过一湖，看到有一女子带着幼儿跳湖，便驻足观看，突然发现这两人像是自己的妻儿，正准备上前看清楚，但转念一想，不可能那么巧，就算是，现在也在离婚诉讼期，自己也不会游泳，便悄然离去。事后查明，溺亡二人确系李某妻儿，但如当时及时救助，他们是可以获救的。对于本案，下列哪一说法是正确的？

A. 李某不会游泳，不具有救助的可能性，不构成犯罪

B. 如果李某当时认为两人已必死无疑，则不构成犯罪

C. 即使李某认为处于离婚诉讼期不具有救助义务，仍构成犯罪

D. 李某未救助而离去，构成不作为的故意杀人罪

3. 李某与王某互殴，李某骑在王某身上举拳殴打，王某摸出匕首朝李某胡乱捅了几刀，李某翻身倒下血流不止，哀求王某将其送医，王某丢下一句"活该"，便悄然离去。事后查明，李某因未得到及时救助而死亡。关于本案，下列哪一说法是正确的？

A. 如认为李某的行为属于《刑法》第 20 条的"行凶"，则王某的行为不构成犯罪

B. 王某的行为不属于正当防卫，构成不作为的故意杀人罪

C. 即使认为王某的行为构成犯罪，也应当减轻或者免除处罚

D. 如果认为正当防卫不需要具有防卫意识，则王某捅刀的行为属于正当防卫

4. 王某深夜潜入群租房内意图盗窃，在打开李某房门准备盗窃时，发现李某在房间熟睡，便将其房门反锁，转而盗窃隔壁房间。此时，另一位租客张某下班回家，发现王某，以为是其他租客的朋友，便打了声招呼，王某以为被发现，推倒张某夺门而逃，结果造成张某轻伤。关于本案，下列哪一说法是正确的？

A. 王某的行为虽系盗窃未遂，但符合转化型抢劫的前提

B. 王某转而盗窃隔壁房间财物的行为系另起犯意，成立两个盗窃罪

C. 王某推倒张某的行为成立转化型抢劫罪

D. 王某反锁李某的行为构成抢劫罪，系入室抢劫

5. 关于因果关系，下列哪一说法是正确的？

A. 非法行医的王某让患肺炎的李某去药店购买感冒药治疗，药店销售员孙某发觉感冒药治不了李某的病，但仍缄默不语，将感冒药卖给了李某，李某服药后因未得到正确治疗而死亡。李某的死亡结果应归责于孙某

B. 王某将炸弹扔向李某，意图将其炸死，李某在能躲开的情况下，一脚将炸弹踢飞，导致炸弹飞向人群，造成多人死伤的结果。该死伤结果应归属于王某的行为

C. 王某强奸李某后，李某悲愤自杀。王某的行为符合强奸"致使被害人死亡"的要件

D. 流浪汉李某向王某乞讨，王某拿着 100 元纸币对李某晃了一下，随后将其扔到湖中，李某为得到这 100 元而跳湖，导致溺水死亡。该死亡结果应归属于王某

6. 黄牛王某在某演唱会开始之前为非法获利而去应聘保安，待演唱会开始后，对场外买不到票的粉丝说："2000 元一个人（门票最高 1000 元），我放你们进去。"众粉丝敢怒不敢言，无奈之下纷纷交钱入场。事后查明，王某共获利 3 万元。针对本案中王某的行为，下列哪一说法是正确的？

A. 构成职务侵占罪　　　　　B. 构成聚众扰乱公共场所秩序罪
C. 不构成犯罪　　　　　　　D. 构成强迫交易罪

7. 下列哪一情形下甲的行为成立紧急避险？

A. 因发生森林大火，甲带头砍伐了 50 米隔离带，最终保护住了千亩森林，但事后查明，只需要砍伐 10 米即可，甲对此也认可

B. 甲遭遇持枪歹徒追杀，不得已破门闯入路边一处住宅内躲藏，后因此获救，事后查明，该处住宅系歹徒本人住宅

C. 医生甲面对三位亟待肝移植的患者束手无策，恰好一名深度昏迷患者李某被紧急送往医院，甲诊断后发现自己已无力挽救李某生命，便私下将李某肝脏移植给了三位患者

D. 李某为了戒赌而自断小拇指，路人甲见状，为抢时间接活李某的小拇指，而打烂停在路边的一轿车车窗，驾车将李某紧急送医

8. 关于认识错误，下列哪一说法是正确的？

A. 药店老板王某以为自己销售的是假药，但实际上只是劣药，销售后对用户的身体健康造成了严重危害。王某的行为不成立销售假药罪

B. 张某误将出差不在家的李某停在车库的电瓶车当作无主物而骑走。张某的行为不构成犯罪

C. 赵某误以为他人提包中装的是手枪而实施盗窃行为，但事实上提包中只有弹药。无论如何，赵某的行为都不可能无罪

D. 程某意图撞死李某，其启动车后先倒车，但在倒车过程中不慎撞死了同伙孙某。程某存在打击错误，根据法定符合说，成立故意杀人既遂

9. 某夜，钱某兄弟意图抢劫路人，在钱弟迷晕一位路人后，两人准备上前取财，突然发现该路人是两人的父亲，钱弟立马收手，站在一边手足无措。钱哥见状心里一横，拿刀抹了其父的脖子，独自逃跑。钱弟急忙将其父送医并愤而报警，但因医院路途遥远，途中其父失血过多死亡。关于本案，下列哪一说法是正确的？

A. 就杀人行为，钱弟的行为从心理的、物理的角度来说，是可以继续进行下去的，但最终不应认定为未遂

B. 钱哥杀害其父亲的行为，超出了钱弟的责任范围，应由钱哥一人负责

C. 因为其父最终死亡，钱弟的行为不符合犯罪中止的有效性，故不能认定为犯罪中止

D. 钱弟的行为具有自首情节，应当在抢劫罪致人死亡（既遂）的基础上从轻或者减轻处罚

10. 关于罪数形态，下列哪一说法是正确的？

A. 盗窃罪与盗伐林木罪之间不可能存在想象竞合关系

B. 故意杀人罪与故意伤害罪之间不可能存在想象竞合关系

C. 赵某在某次通过海运走私文物的同时，还在船上夹带了武器，对此应数罪并罚

D. 钱某为了杀害李某，深夜潜入派出所盗取制式枪支一支，次日用该枪杀害了李某，钱某的行为系手段与目的的牵连，不能数罪并罚

11. 关于危害公共安全罪，下列哪一说法是正确的？

A. 李某在火车一号车厢处发现有他人忘带下车的管制刀具，便将其带到自己所在的六号车厢中。李某构成非法携带管制刀具危及公共安全罪

B. 钱某有两把手枪但没有子弹，而赵某拥有大量子弹却没有枪支，两人商议后，钱某用一把手枪换了赵某的部分子弹。两人均构成非法买卖枪支、弹药罪

C. 警察王某将自己的公务用枪私自出借给法警张某，让其带去执行任务。王某构成非法出借枪支罪

D. 何某将挂在自家门口的消防设备箱打碎，拿出其中的消防设施卖给废品收购站，结果一个月后何某邻居家着火，因无法及时灭火而导致该栋楼大部分被烧毁。该损失应由何某负责

二、多项选择题

1. 关于刑法适用范围，下列哪些说法是错误的？

A. 位于 A 国的王某为了毒杀位于 B 国的赵某，向赵某邮寄含有剧毒的食品包裹，装有该包裹的列车途经中国境内时发生火灾被毁。王某的行为可以适用中国刑法来管辖

B. 中国公民甲在中国境内教唆美国公民乙在美国的拉斯维加斯开设赌场。对甲的行为应以中国《刑法》第 303 条开设赌场罪追究刑事责任

C. 李某在 2020 年 12 月 1 日抢夺公交车司机方向盘。由于当时还未增设妨害安全驾驶罪，因此该行为不构成犯罪

D. 外国人甲所乘坐的中国船舶航行在公海上，甲以为在中国领域外，不再受中国刑法管辖了，便参与了聚众淫乱活动。甲的行为仍适用中国刑法

2. 孙某被初步诊断为脑死亡，其父母刚签完器官捐赠协议，科主任就打电话给急救中心说还有必要再抢救，但急救中心主任王某由于亟待孙某的器官置换给其子，便向孙某父母隐瞒了该电话。随后，王某便开始移植手术，孙某随即死亡。关于本案，下列哪些说法是正确的？

A. 由于孙某父母签署该协议是基于真实的意思表示，因此该协议继续有效，王某的行为不构成犯罪

B. 如果协议中有一条"该器官将优先捐给孙某的弟弟"，且王某对此知情，王某即构成故意杀人罪

C. 王某隐瞒了该电话内容，严重不负责任，应成立医疗事故罪

D. 王某欺骗他人捐献器官，成立故意杀人罪

3. 王某在身上藏了一把手枪向李某求婚，打算如李某不同意就将其射杀。在王某见面表白后，李某正说"你是个好人"时，手枪走火导致李某中弹后血流不止，王某见状一边痛哭大喊"你不要死，你继续说啊"一边将李某送往医院，但因为不熟悉路线，绕了远路，耽误了抢救时间，在路上李某的流血过多死亡。关于本案，下列哪些说法是正确的？

A. 王某的行为系未必的故意，不影响对其故意杀人罪既遂的认定

B. 王某主动将李某送往医院的行为成立犯罪中止

C. 王某的行为成立故意杀人（预备）罪与过失致人死亡罪

D. 王某并不具有实施杀人的实行行为的故意

4. 关于刑事责任能力，下列哪些说法是错误的？

A. 王某公开侮辱同事李某，情节严重，但经法医鉴定王某行为时患有好诉偏执妄想症，王某系无责任能力人。王某不构成犯罪

B. 李某以抢劫的故意对孟某实施暴力，但见到孟某流血后，精神病发作将孟某强奸。李某成立抢劫罪既遂与强奸罪的未遂

C. 赵某在 16 周岁生日当晚实施敲诈勒索行为，次日醒来时查收了被害人寄送来的财物。赵某的行为不构成任何犯罪

D. 钱某意图强奸张某而故意使自己陷入无责任能力状态，但在陷入无责任能力状态后强奸了张某的闺蜜。由于是在无责任能力状态下的对象混淆，因此钱某的行为不构成犯罪

5. 甲、乙共谋夜晚去村里偷狗（不考虑数额），经商议，甲在车里等待，乙下车毒狗，结果还未来得及放毒饵就被藏獒追咬，不得已翻墙躲进藏獒主人家，却又被院中藏獒围住撕咬，乙情急之下大声呼喊甲来救助，甲翻墙救起乙往回跑，跑了一段路后，被惊醒的藏獒主人一家纷纷拿起棍子赶上来追打，并唤几条藏獒追咬，两人无奈便捡起石头向后扔，结果不知谁扔的石头砸中了男主人，致其轻伤倒地。关于本案，下列哪些说法是正确的？

A. 甲、乙破门而入的行为系紧急避险

B. 甲、乙扔石头的行为成立故意伤害罪

C. 甲、乙的行为构成转化型抢劫

D. 甲、乙不应负刑事责任

6. 经营企业的杨某为向银行贷款，编造了可以满足银行房贷条件的资料，将其交给了在某银行房贷部门的朋友周某，并告知其真相，请周某帮忙想想办法，周某表示尽量帮忙，后周某采用隐瞒真相的方法获得了具有发放贷款批准权限的领导的同意。杨某获得贷款后，由于经营不佳，无力偿还贷款，造成银行重大损失。关于本案，下列哪些说法是正确的？

A. 杨某将材料交给周某的行为，已经符合骗取贷款罪的犯罪构成，成立了骗取贷款罪既遂

B. 周某构成违法发放贷款罪和骗取贷款罪的想象竞合犯

C. 周某的行为仅构成违法发放贷款罪

D. 如果杨某没有请求周某帮忙，杨某的行为则不构成犯罪

7. 钱某长期买短途火车票乘坐长途火车，遇到列车员查票时便躲进卫生间，待查票结束后再出来，此时列车员看到他，会认为是已经查过票的乘客。等到站后钱某有时会拿假票从人工验票口出站，有时则抄铁路沿线的一条小路出站。关于本案（不考虑数额），下列哪些说法是正确的？

A. 钱某乘车途中躲避查票的整个行为构成诈骗罪

B. 钱某拿假票出站的行为构成诈骗罪

C. 如途中没有遇到列车员，钱某抄小路出站的行为构成盗窃罪

D. 钱某超过票面所记载车站继续乘车的行为，属行政违法，不构成犯罪

8. 下列哪些情形下甲构成受贿罪？

A. 中学教师甲在代表学校采购教具过程中，利用职务便利，私下索取销售方回扣，但被对方回绝

B. 税务局局长甲利用职务上的便利为请托人谋取利益，并跟请托人约定，待其退休后再给其感谢费

C. 财政局局长甲在某乡镇领导向其申请 30 万元拨款时，要求乡镇领导申请 60 万元并将其中的 30 万元给自己，乡镇领导如约照做

D. 赵某花 30 万元请托公安局局长甲为自己谋利益，甲同意并与赵某约定，如果事情办不好，将全额退款，结果事情没有办好，甲如约退还了 30 万元

三、不定项选择题

1. 王某进入李某家中盗窃，在被李某发现后，向李某腹部猛踢一脚，李某拼命抓住王某。此时，王某的朋友赵某路过，见状好奇，便走进屋内，了解情况后也朝李某腹部踢了一脚，随后两人一同拿走了李某的财物。事后查明，李某因脾脏破裂内出血死亡，但无法查清是谁的一脚所致。关于本案，下列说法正确的是：

A. 王某与赵某均构成入户抢劫的情节加重犯

B. 王某与赵某均构成抢劫致人死亡的结果加重犯

C. 李某的死亡结果无法归责于王某与赵某

D. 赵某系承继的共犯，仅构成抢劫罪的基本犯

2. 王某与钱某强奸了李某，之后王某去上厕所，李某对钱某说"我把手上的金表给你，你放我走吧"，钱某伸手接过，默许李某开门逃走。王某回来发现李某不见了，钱某便拿出金表告诉王某经过。王某明知是真金表，却一边跟钱某说"这是假的"，一边将金表扔进垃圾桶，钱某听罢恼羞成怒追出门去，王某随即捡起金表藏在怀里。后李某报警案发。关于本案，下列说法正确的是：

A. 王某与钱某均构成强奸罪和抢劫罪

B. 钱某取走金表的行为不构成犯罪

C. 王某取走金表的行为构成诈骗罪

D. 钱某获取金表的行为系共犯实行过限，王某不负责任

3. 2023 年 1 月，赵某伪造国家铁路局的印章并使用，被人发现后报警。警察在抓捕赵某过程中，错抓了与赵某长相颇似的李某。李某一边极力挣脱，一边大声辩解说抓错人了。在挣脱过程中，李某不小心撞倒了警察甲，致其轻伤。后在裁判阶段发现抓错了人。关于本案，下列说法正确的是：

A. 赵某构成伪造国家机关印章罪　　B. 李某构成故意伤害罪

C. 李某构成袭警罪　　　　　　　　D. 李某构成妨害公务罪

4. 某村委会主任在本县"道路扩宽工程"拆迁征地期间，利用协助乡政府从事宅基地

确认的职务便利，违规合谋为其子和当公务员的弟弟甲出具宅基地确认单，最终多获拆迁退补款 200 万元。后经查，发现甲有大量超过其正当收入的存款，甲辩称其中一些是自己经商所得（查证属实），另一些是该宅基地退补款，剩下是自己参与赌博所得（无法查证）。关于本案，下列说法正确的是：

  A. 村委会主任的行为系利用职务便利所为，构成贪污罪

  B. 甲经商所得部分系违法所得，构成巨额财产来源不明罪

  C. 甲对自述的宅基地退补款，不构成巨额财产来源不明罪

  D. 甲对赌博所得履行了说明义务，不构成巨额财产来源不明罪

第二部分　答案详解

一、单项选择题

1. 答案：D　难度：难

考点：刑法解释

命题和解题思路：本题结合刑法分则中相关罪名的构成要件来考查考生对于刑法解释理论的掌握程度。其中较为迷惑人的选项是 C 和 D，考生一般会认为既然扩大解释是被允许的，那么通过扩大解释得出的结论也必然是正当的，但实际上，方法与结论是两个不同的层面，即使扩大解释是被允许的，得出的结论还要经过各种标准的检验。考生一般较少关注补正解释，本题等于是提供给考生一次复习的机会。

【选项分析】当强迫已经达到使所谓交易方不能反抗或不敢反抗的程度时，仍应认定为抢劫罪。A 项错误。

如果将"不正当利益"解释成"不正当利益的许诺"，实际上是不利于犯罪人的解释，有违罪刑法定原则。B 项错误。

虽然扩大解释作为方法本身是符合罪刑法定原则的，但通过扩大解释得出的结论可能并不合理，存在违反罪刑法定原则的可能性。C 项错误。

补正解释是对法条中的不当用语（如对《刑法》第 63 条的"以下"作出不包括本数的解释和对《刑法》第 191 条第 1 款中的"没收"作出的没收或返还被害人的解释）作出与刑法整体相协调的解释以及对于犯罪性质的解释（如认为强迫他人吸毒系对个人法益的犯罪），并不包括增加不成文的构成要件要素。D 项正确。

2. 答案：C　难度：难

考点：不作为犯罪、认识错误

命题和解题思路：本题融合了不作为犯罪和违法性认识错误的考点，考查较为全面。A 项涉及不作为的救助可能性，B 项涉及结果回避可能性，C 项涉及违法性认识错误问题，希望考生通过本题熟悉不作为犯罪的构成要件。

【选项分析】李某在当时的情况下，虽然自己不会游泳，但完全可以打电话报警或者呼喊他人救助，可以认为其仍具有履行救助行为的可能性，因此，构成过失致人死亡罪。A 项错误。

即使李某主观上因为认识错误而认为两人已经必死无疑，没有结果回避的可能性，但如果客观上仍具有结果回避的可能性，则仍可能成立过失犯罪。B 项错误。

李某误认为处于离婚诉讼期的夫妻之间不具有救助义务，这属于法律认识错误，不影响

犯罪的成立。C项正确。

李某对于跳湖的两人是否是自己的妻儿并非处于明知状态，不能认为成立故意犯罪，其行为应成立过失致人死亡罪。D项错误。

3. 答案：A　　难度：难

考点：正当防卫、不作为犯罪

命题和解题思路：本题考查了正当防卫的前提条件、不作为犯罪的作为义务来源等问题。对于正当防卫能否成为不作为犯罪的作为义务来源，我们的观点是，如果不救助可能导致正当防卫变为防卫过当，那么，正当防卫者就有救助的义务。容易让考生出错的地方是，王某的行为其实并非正当防卫，而是以作为方式实施的故意杀人。这一点需要考生注意"互殴"与徒手殴打时用刀捅的行为的定性。总之，本题的考查具有综合性，需要考生多角度判断。

【选项分析】如果认为李某的行为是"行凶"，那么，王某的行为属于无过当防卫，也不存在救助义务。A项正确。

王某的行为前期已经成立作为的故意杀人，不作为的故意杀人罪被吸收，不再单独成立不作为的故意杀人罪。B项错误。

由于王某的行为不成立正当防卫，不能适用防卫过当的减免条款。C项错误。

王某的行为除了主观上的防卫意志以外，还不符合正当防卫的前提条件，即两人实际上是互殴，不能认定为遭受不法侵害，且李某仅仅是徒手殴打，而王某掏出刀捅李某，对此，也不符合正当防卫的限度条件。因此，王某捅刀的行为即使不考虑防卫意识，也不属于正当防卫。D项错误。

4. 答案：A　　难度：难

考点：另起犯意、行为对象转化、转化型抢劫、抢劫罪

命题和解题思路：本题融合了另起犯意和行为对象转化的区别、转化型抢劫的要件等知识点。所谓另起犯意，是指在前一犯罪已经既遂、未遂或中止后，又另起犯意实施另一犯罪行为，应当成立数罪，数罪并罚。而行为对象化，是指行为人在实施犯罪过程中，有意识地将原先设定的行为对象转移到另一行为对象上；如果行为对象体现了相同法益，而且不属于专属法益，应成立一罪。如果行为对象虽体现相同法益，但属于专属法益的，应成立同种数罪；如果行为对象体现了不同法益，则应数罪并罚，属于另起犯意。本题中，王某的行为是行为对象转化而非另起犯意。另外，在转化型抢劫的认定中，暴力或以暴力相威胁的对象的范围也属于常考的热点问题，希望考生对此予以重点关注。

【选项分析】王某并未盗窃到财物，但由于将张某推倒造成轻伤，可谓情节较为严重，应当认定为盗窃罪的未遂犯。只要行为人着手实行的盗窃、诈骗、抢夺行为具有取得数额较大财物的危险性，且行为人主观上有盗窃、诈骗、抢夺数额较大财物的故意，则不管是既遂还是未遂，也无论所取得的财物数额大小，都符合"犯盗窃、诈骗、抢夺罪"的条件。因此，A项正确。

王某的行为并非另起犯意，而是行为对象转化，成立一个盗窃罪。B项错误。

王某推倒张某的行为，对其抗拒抓捕并无客观上的帮助，因此，不成立转化型抢劫。C项错误。

王某反锁李某的行为，对于取财没有任何助力，不能成立抢劫罪。D项错误。

5. 答案：B　　难度：难

考点：因果关系

命题和解题思路：因果关系理论是几乎每年都要考查的内容，非常重要。本题主要考查了介入的因果关系问题，所设计的四个选项，均属于考生容易忽略、错选的情况。需要提醒考生的是，介入因素是否对因果关系产生影响，要进行相当性判断，应考虑以下三方面情形，综合判断后来认定行为与结果的因果关系：(1) 实行行为导致结果的危险性大小。危险性大，则该行为与结果有因果关系；反之则没有因果关系。(2) 介入因素异常性的大小。介入因素太异常，则表明最初的实行行为与结果可能无因果关系；反之则有因果关系。(3) 介入因素本身对结果发生的作用大小。作用大，则表明最初的实行行为与结果无因果关系；反之则有因果关系。

【选项分析】药店销售员孙某没有义务指出李某买了无效的药品，其行为没有中断前行为即王某非法行医行为与死亡结果之间的关系。A项错误。

李某一脚踢飞的行为系人体在当时情况下的自然反应，具有通常性，不能要求其在面对不法侵害时只能采取躲避的举动，即所介入的李某的行为没有中断王某行为对于结果发生的因果流程。B项正确。

强奸罪中的"致使被害人死亡"是指强奸中的暴力、胁迫或其他手段或者奸淫行为本身所直接导致的死亡，不能包括自杀这种间接的致死类型。C项错误。

李某的行为系自愿作出的即自陷风险，王某的行为在一般人看来并不具有危险性，因此，该死亡结果不应该归属于王某。D项错误。

6. 答案：C　难度：中

考点：职务侵占罪、聚众扰乱公共场所秩序罪、强迫交易罪

命题和解题思路：本题来源于司法实践中发生的一例真实案例。有考生可能会认为，应该套用《刑法》第227条倒卖车票、船票罪，但本案中并非乘车、乘船的场合，也没有实际的门票和倒卖的行为，这无法用扩张解释予以解决，因此，属于法无明文规定不为罪的情况。需要注意的是，法考曾经考过几次无罪的选项，这其实是想告诉考生，要摒弃有罪思维，在无法用选项中的罪名予以规制时，大胆选择无罪选项。

【选项分析】王某的行为并没有非法占有本单位财物，这些钱并没有交给单位并纳入单位的收入系统。A项错误。

王某既没有聚众的行为，也没有聚众扰乱公共场所秩序的故意。B项错误。

王某的行为并没有任何强迫的成分，其本人也不是市场交易的主体，因此不能构成强迫交易罪。D项错误。

由于这笔钱还没有入单位的账目，因此，即使把财产性利益纳入故意毁坏财物罪中的财物范围，也不能认为是毁坏了单位的财物。综上，王某的行为只能按无罪处理，C项正确。当然，其仍可能触犯《治安管理处罚法》。

7. 答案：B　难度：难

考点：紧急避险

命题和解题思路：紧急避险与正当防卫一样是法考经常考查的考点。本题主要选取了紧急避险中的几个不常引人注意的知识点，希望给考生起到查缺补漏的作用。其中BD项可能与考生的通常认识相背离，需要考生引起注意。

【选项分析】甲的行为不符合紧急避险所要求的"将损害控制在最小限度内"，实际上超过了必要限度，造成了不应有的损害，成立避险过当。A项不当选。

虽然一般情况下紧急避险中所损害的是第三者法益，但在特殊情况下，还是可以通过损害行为人与实施犯罪行为无关的财物来达到避险目的的，正如B项。B项当选。

李某并未承诺进行器官移植，不能把人的生命作为实现任何目的的手段，否则将会造成法秩序的混乱，导致保护生命的法目的难以实现。C项不当选。

如果李某自愿放弃自己的小拇指，那么，就不存在值得保护的法益，也就不存在进行紧急避险的前提基础。换言之，不能为了保护他人自愿放弃的法益而实施紧急避险，当然如果是在他人自杀情况下还是可以进行紧急避险的。D项不当选。

8. 答案：A　难度：难

考点：刑法中的认识错误

命题和解题思路：本题借刑法分则中的几个罪名，考查了刑法中的认识错误问题。需要注意的是，D项中的打击错误是限定于实行行为作出时发生的手段偏离，而本题中的D项却只是处于预备阶段，这需要考生一方面对知识点掌握得非常牢固，同时另一方面审题要仔细，否则就容易做错。C项主要考查考生对于打击错误中的理论掌握情况，如果光凭感觉，往往就会认为这种情况不可能是无罪的想法，这样就会做错。

【选项分析】如果将王某的行为评价为销售假药罪的未遂，将会使其处罚轻于销售劣药罪的既遂，由于两罪保护的法益相同，且在主观上可以将销售假药的故意降格评价为销售劣药的故意，客观上王某也确实是销售了劣药，因此，可以认为王某构成销售劣药罪。A项正确。

张某存在抽象事实认识错误，其主观上只具有侵占的故意，而不具有盗窃的故意，同时，对于他人占有的财物，其实也可以评价为是侵占罪的对象，即在客观上将盗窃降格评价为侵占。这样一来，B项中张某的行为可以评价为侵占罪。B项错误。

根据具体符合说和客观未遂论，因为客观上不存在枪支，所以对枪支是不能犯，而对于盗窃弹药仅有过失，但刑法不处罚过失的盗窃弹药行为，因此，在这种情况下，是应该做无罪处理。C项错误。

程某还未开始实施撞死李某的实行行为，其倒车的行为只是故意杀人的预备，而打击错误是限定于实行行为发生了误差，因此，程某并不存在打击错误，对孙某的死亡应该负过失致人死亡罪的责任。D项错误。

9. 答案：A　难度：难

考点：犯罪中止、共犯认定

命题和解题思路：本题将共犯理论与犯罪中止的认定融合起来考查，这两个考点其实是法考的常客，非常重要，希望借本题的设计进一步巩固考生的理解。不认定犯罪中止并不是因为不符合中止的有效性，而是因为两者是共犯，已经成立既遂了，这一选项考查了考生审题的仔细程度。D项顺带考查了刑罚论中的自首的处罚原则。

【选项分析】钱弟的行为从心理的、物理的角度来说，确实可以继续下去，但从伦理的角度来说，是无法继续的，因此，此时应该参考客观说的观点，即一般人在当时情况下是否会进行下去，如果一般人都进行不下去，行为人也同样停手的话，说明无需给其以中止的奖励，认定为未遂。但由于两人是共犯，钱弟的行为要想中止，就必须阻止钱哥的行为，由于其未阻止，因此仍成立既遂，应该由两人共同负责。A项正确，B项错误。

钱弟的行为不能认定为犯罪中止，并非其不符合犯罪中止的有效性要件，而是因为两人成立共犯，"部分实行，全部负责"，因此不能认定为犯罪中止。C项错误。

对于自首，刑法的处罚原则是可以从轻或者减轻处罚，而非应该。D项错误。

10. 答案：C　难度：难

考点：罪数形态的认定

命题和解题思路： 罪数问题是法考常考的考点。关于罪数形态，本题既涉及常见的知识点即牵连犯的认定，也涉及较为生僻的知识点，如 AB 项，我们通常认为盗窃罪和盗伐林木罪是法条竞合关系，就不可能再成立想象竞合，同理，故意杀人罪和故意伤害罪也是如此，但其实在特定的情况下，这两对罪名之间仍可以成立想象竞合关系。

【选项分析】两个法条在通常情况下是法条竞合关系，但不排除在特殊情况下，因适用一个法条不能充分、全面评价行为的不法内容时，两个法条是想象竞合关系。我国《刑法》第 345 条第 1 款规定，盗伐森林或者其他林木，数量较大的，处 3 年以下有期徒刑、拘役或者管制，并处或者单处罚金；数量巨大的，处 3 年以上 7 年以下有期徒刑，并处罚金；数量特别巨大的，处七年以上有期徒刑，并处罚金。也就是说，当盗伐林木的财产价值超出了有期徒刑的上限 15 年时，盗伐林木罪的刑罚条款就无法涵盖行为的不法，这时就需要与盗窃罪成立想象竞合犯，利用盗窃罪去评价该严重的不法。A 项错误。

同理，在故意杀人罪与多种形态的故意伤害罪中，对故意杀人罪的处罚不能充分包含案件的不法内容时，就有必要将两罪认定为是想象竞合。例如，在行为人以特别残忍的手段实施杀人行为致人重伤造成严重残疾时，如果再按特别法条认定为故意杀人未遂，就会对行为人从轻或减轻处罚，但这样就不能充分评价行为人以特别残忍手段致人重伤造成严重残疾的不法内容，此时，应该认定为想象竞合犯，从一重罪处罚。B 项错误。

最高人民法院、最高人民检察院《关于办理走私刑事案件适用法律若干问题的解释》第 22 条规定，在走私的货物、物品中藏匿刑法第一百五十一条、第一百五十二条、第三百四十七条、第三百五十条规定的货物、物品，构成犯罪的，以实际走私的货物、物品定罪处罚；构成数罪的，实行数罪并罚。理论上说，赵某的行为表面上看是一个行为，但侵犯了两个法益，也可以将放置不同物品的行为理解为单独的多个行为，因此，可以认定为数罪并罚。C 项正确。

成立牵连犯需要有类型性的关系，而为了杀人并不需要冒险去派出所盗窃枪支，即两者之间不具有"通常会如此发生"的关系。因此，不成立牵连犯，而应该数罪并罚。D 项错误。

11. **答案：B　　难度：难**

考点： 危害公共安全类罪名

命题和解题思路： 危害公共安全罪是法考分则中的重点，其中有些知识点会反复考查，如危险驾驶罪、破坏交通设施罪等，而本题中所涉及的知识点往往容易被忽略。例如，AB 项，主要在于考查行为是否增加了对公共安全的危险，如果增加了，就可以肯定相关犯罪的成立和构成要件要素的确定；反之，则不能认定。D 项借放火罪考查了结果的归属问题。

【选项分析】李某只是将管制刀具从一号车厢转移到六号车厢，其行为并未增加对公共安全的危险，因此不能构成非法携带管制刀具危及公共安全罪。A 项错误。

钱某和赵某的行为实际上是增加了对公共安全的危险，因为在没有交换前，各自都缺乏开枪的条件，交换后，都具备了独自开枪的条件，且以物换物的方法是商品买卖的一种基本方法，可评价为非法买卖枪支、弹药罪。B 项正确。

非法出借枪支罪出借的对象一般是依法不具有配备公务用枪资格的人，如果出借给有配备公务用枪资格的人，由于该人也是受枪支使用规定约束的，所以一般来说，不会显著增加对公共安全的危险。当然，不妨碍认定出借人和借枪人违反相关枪支使用管理行政规定。C 项错误。

何某在盗窃该消防设施时，主观上并没有放火或失火的故意，盗窃消防设施并不会必然导致火灾出现，换言之，两者之间不具有相当因果关系。因此，何某的行为只能评价为盗窃罪，而无需对该火灾的结果负责。D 项错误。

二、多项选择题

1. 答案：ABC　　难度：中

考点：刑法的适用范围

命题和解题思路： 本题考查刑法的地域和时间效力范围问题，A 项要注意区分单纯的过境地和中间地；B 项比较容易做错，让考生误认为甲的行为是教唆犯，进而应适用我国刑法；C 项考查考生对于刑法修正案修改前后相关犯罪的认定的熟悉情况；D 项考查了《刑法》第 6 条属地管辖中的"旗国主义"，顺带考查了违法性认识错误的处理。应该说，本题难度不大，主要考查考生对于基本知识点的掌握情况。

【选项分析】我国只是过境地，而不是中间地，因此我国刑法没有管辖权。A 项错误，当选。

由于在美国拉斯维加斯开设赌场并非犯罪行为，根据共犯从属性说，无法处罚教唆犯，因此，甲的行为不适用中国刑法。B 项错误，当选。

虽然还未增设妨害安全驾驶罪，但可以认定为劫持汽车罪或者以危险方法危害公共安全罪。C 项错误，当选。

我国《刑法》第 6 条第 2 款规定："凡在中华人民共和国船舶或者航空器内犯罪的，也适用本法。"甲乘坐的是我国船舶，仍应适用我国刑法，其主观上属于违法性认识错误，不能阻却故意的成立，所以应适用我国刑法中的聚众淫乱罪条款，构成该罪。D 项正确，不当选。

2. 答案：BD　　难度：难

考点：被害人承诺

命题和解题思路： 本题主要考查被害人承诺问题。考生往往记住了以作为方式进行的欺骗而容易忽略本题 A 项中所提到的承诺意思表示不真实的情形。B 项考查了承诺目的是否达成的问题，这一点也相对较为重要，也可能在主观题中考查，需要引起考生注意。

【选项分析】在器官移植手术实际开展之前，捐赠人都有权利撤销该捐赠协议，王某作为急救中心主任，其有义务将科主任的电话内容告知孙某父母，其等于是以不作为的方法剥夺了孙某父母在真实意愿状态下作出承诺的可能，因此，该协议是无效协议。王某的行为构成故意杀人罪。A 项错误，D 项正确。

如果协议中存在一条那样的条款，王某没有履行，那么，无疑是导致孙某父母的捐赠目的落空，王某的行为就不能因承诺而阻却犯罪。B 项正确。

王某的行为并非基于过失，而是故意，医疗事故罪只能由过失构成，因此，王某的行为不成立医疗事故罪。C 项错误。

3. 答案：CD　　难度：难

考点：犯罪中止、附条件的故意

命题和解题思路： 犯罪中止问题是法考的重要考点，经常会考到，而附条件的故意则往往容易被忽略。本题结合一个典型的附条件的故意的案例，考查考生对这两个知识点的掌握情况。所谓附条件的故意，是指犯罪的实行需要以一定的条件为前提；实行犯罪的意思是确定的，但实行与否却和一定条件相关的故意类型。对于附条件的故意，需要考生注意其与未必的故意的区别。所谓未必的故意，是指行为人明知自己的行为或许（可能）会发生危害社会的结果，并希望或放任这一结果发生的心理态度。这两者完全不是一个概念。对于附条件的故意，只有当所附条件出现时，才能够认定具有实施相应犯罪实行行为的故意。

【选项分析】王某的行为系附条件的故意，对于题干中的案情，其只具有实施杀人预备行为的故意，但由于所附条件还未出现，不能认为王某具有实施杀人实行行为的故意。A 项错误，D 项正确。既然如此，王某成立故意杀人罪的预备与过失致人死亡罪。C 项正确。

由于手枪走火系过失，而绕了远路导致死亡，对死亡的结果而言，也具有过失，因此，对于死亡结果而言成立过失致人死亡罪。由于出现了死亡结果，对于过失犯罪而言，已经成立既遂，不可能将其认定为犯罪中止。B 项错误。

4. 答案：ABCD　　难度：难

考点：刑事责任能力

命题和解题思路：刑事责任能力问题属于法考中常考常新的问题，每次考查都会涉及以往没有考过的问题，如果考生拘泥于常见的考点，那么，可能难以应对考点的频繁更新。本题中，A 项可能会使考生选错，考生会通常认为只要鉴定出来是精神病，那就是无责任能力人，对于所有的犯罪案件都不负刑事责任，但其实对于特定的精神疾病，只是在一定范围的犯罪内阻却责任。这一点希望考生引起注意。

【选项分析】就刑事责任能力而言，所谓部分责任能力是指行为人由于精神障碍对某一类犯罪没有责任能力，但对其他犯罪具有责任能力的情形。这里的"某一类犯罪"不是指严重犯罪，而是与其精神障碍有联系的某一类犯罪，如果是好诉偏执妄想症，那么仅对诬告陷害罪等与好诉妄想有关的犯罪不负刑事责任。A 项错误。

由于丧失责任能力后实施的是与精神正常时完全不同的两个犯罪，这意味着因果关系发生了重大的偏离，因此，对于强奸行为不能认定，也不能认为在强奸行为的暴力部分是具有责任能力的，因此只能以精神正常时的责任故意来认定，即抢劫罪既遂。B 选项错误。

赵某的行为至少可以构成侵占罪。C 项错误。

如果原因自由行为的认识错误发生在同一构成要件内，则不影响犯罪既遂的认定，原因是，如果认为钱某是对象错误，那么成立强奸既遂；如果属于方法错误，根据法定符合说，也成立强奸既遂。D 项错误。

5. 答案：AD　　难度：难

考点：紧急避险、转化型抢劫

命题和解题思路：本题融合了紧急避险的认定、转化型抢劫等知识点。需要考生注意的是，本题甲、乙二人还未着手实施盗窃行为，此时遭遇了藏獒追咬，等于犯罪已经宣告结束，停留在了预备阶段，这时如果继续追咬可以认为已经面临了对于人身的现实危险，认识到这一点，对于本题的判断分析非常重要。另外，对于转化型抢劫，如果盗窃行为处于预备阶段，是无法成立转化型抢劫的，这是需要考生予以注意的地方。

【选项分析】乙由于还未放毒饵就被追咬，说明还未着手实施偷狗的行为，只能算是盗窃预备，而刑法是不处罚此种盗窃的预备行为的。另外，盗窃行为已经停止在预备阶段了，而藏獒的追咬行为却一直在继续，也就意味着乙此时正面临着现实的危险，此时，乙具有紧急避险的权利，其破门躲进藏獒主人家的行为，成立紧急避险。而甲破门救援的行为，同样也符合紧急避险的要件。A 项正确。

对于刑法不予处罚的盗窃预备来说，应排除在转化型抢劫的前提条件之外，不能成立转化型抢劫。C 项错误。

藏獒主人在甲、乙两人已经逃出一段路后，仍拿棍子追打并唤几条藏獒撕咬的行为，即便认为是对于盗窃预备犯的正当防卫，无疑也超出了正当防卫的限度范围，系防卫过当，而对于防卫过当，甲、乙二人是可以进行正当防卫的，因此，向后扔石头的行为，系正当防卫，不负刑事责任。B项错误，D项正确。

6. 答案：BD　难度：难

考点：违法发放贷款罪、骗取贷款罪

命题和解题思路：需要考生注意的是，骗取贷款罪也是诈骗类的犯罪，因此，骗取贷款罪的构造与普通诈骗罪的构造相同，即行为人实施欺骗行为→金融机构工作人员产生行为人符合贷款条件的认识错误→基于认识错误发放贷款→行为人取得贷款。如果银行具有处分贷款权限的工作人员知情，那么，就不能认为构成骗取贷款罪。但本题融合了共犯问题一同考查，增加了判断的难度，需要考生仔细审题。

【选项分析】杨某将材料交给周某的行为还没有达到既遂的标准，只有在周某欺骗了领导、使领导陷入认识错误并因此处分了贷款、杨某获得了贷款、银行遭受了损失以后，骗取贷款罪才能达到既遂。A项错误。

周某一方面是在杨某的教唆下实施了骗取贷款的行为，两人成立共同犯罪；另一方面，还成立违法发放贷款罪，由于周某只有一个行为，因此成立想象竞合犯。B项正确，C项错误。

如果杨某根本没有请求周某帮忙，后续是周某自作主张采取隐瞒真相的方法欺骗具有批准权限的领导的同意，那么，杨某的行为由于不存在欺骗行为和故意，因此，不能认为其构成犯罪。D项正确。

7. 答案：AB　难度：难

考点：盗窃罪、诈骗罪

命题和解题思路：本题属于"买短乘长"问题，对于该问题学界讨论较多，也有相关的判例（认定为诈骗罪）。但需要注意的是，不是任何情况下，"买短乘长"都构成诈骗罪。例如，本题的C项，就不存在被骗人，不构成诈骗罪。总之，对于此类题目，需要考生扎实掌握基本知识点，这样才能在做题时没有陌生的感觉。

【选项分析】钱某超过票面所记载的车站继续乘车时，其就负有在列车员查票时或者出站验票时履行补票手续的义务，但钱某躲避查票的行为，实际上是使列车员产生了错误认识，误认为其是已经查过票的乘客，进而产生不得向其补票的意思，构成了不作为的诈骗。A项正确。

钱某拿假票通过人工验票口出站的行为，属于以虚构事实、隐瞒真相的方法实施诈骗的行为，其使得验票员产生了错误认识并对其放行，即免除了其应当支付的对价（债权）。B项正确。

由于铁路服务并不存在谁占有的问题，因而不存在排除他人占有该服务的情形。另外，有偿服务也不能认为是财产性利益，否则强迫劳动罪就应当成立抢劫罪了，只能认为基于有偿服务所应当得到的财产性利益（如债权、应收款），才是财产性利益。C项错误。

如果数额较小，可以认为不构成犯罪，但在数额较大且有相应罪名能够处置的情况下，不能认为是行政法规处罚的事项就不构成犯罪。D项错误。

8. 答案：ABD　难度：难

考点：受贿罪

命题和解题思路：本题主要考查受贿罪犯罪主体的认定以及共同犯罪问题。受贿罪属于身份犯，行为主体必须具有国家工作人员的身份，在工作性质上也必须是从事公务，具有公

共职权的性质,这也是区分行为人构成受贿罪还是非国家工作人员受贿罪的关键,属于高频考点。另外,考生还应当熟悉国家工作人员范围界定有关的重要立法解释和司法解释。如本题中的 B 项所依据的《关于国家工作人员利用职务上的便利为他人谋取利益离退休后收受财物行为如何处理问题的批复》等。

【选项分析】甲虽然是中学教师,但在代表学校采购教具的过程中属于从事公务,具有公共职权的性质,因而甲在此情境下属于国家工作人员,其利用职务之便,索取销售方回扣(不入公账的回扣属于贿赂),已经成立受贿罪。在索贿的场合,只要实施了索贿行为,就已经侵犯了职务行为的不可收买性,成立既遂。A 项当选。

根据最高人民法院《关于国家工作人员利用职务上的便利为他人谋取利益离退休后收受财物行为如何处理问题的批复》,国家工作人员利用职务上的便利为请托人谋取利益,并与请托人事先约定,在其离退休后收受请托人财物,构成犯罪的,以受贿罪定罪处罚。从理论上说,这种情况下,能够明确认定退休后收取的贿赂款是在职期间的职务行为的对价,显然应当成立受贿罪。B 项当选。

财政局局长甲的行为其实是打着索贿幌子的贪污行为,该乡镇领导属于贪污罪的共犯,原因是该笔"贿赂"本身就是甲所主管的单位财产,对该笔钱的支配属于甲的职权范围,而非该乡镇领导所能支配的财物(贿赂款)。C 项不当选。

公安局局长甲的行为已经触犯了职务行为不可收买性的法益,即使事后退还了,也已经构成受贿罪的既遂。D 项当选。

三、不定项选择题

1. 答案:D   难度:难
考点:抢劫罪

命题和解题思路:本题融合了入户抢劫的认定、抢劫致人重伤的认定、事实存疑时的结果归责、承继的共犯等问题,具有一定的难度。需要考生对于共犯和抢劫罪中的若干重要知识点非常熟悉,否则很可能选错。这要求考生复习时没有疏漏,且对相关重要的司法解释比较熟悉。例如,本题中涉及最高人民法院《关于审理抢劫刑事案件适用法律若干问题的指导意见》的规定。

【选项分析】根据最高人民法院《关于审理抢劫刑事案件适用法律若干问题的指导意见》的规定,以侵害户内人员的人身、财产为目的,入户后实施抢劫,包括入户实施盗窃、诈骗等犯罪而转化为抢劫的,应当认定为"入户抢劫"。本题中,王某的行为符合入户抢劫的前提——意图盗窃,但赵某只是好奇,走进去看看,不符合入户抢劫的前提性条件,不能认定为"入户抢劫"。A 项错误。

BC 项涉及事实存疑时的结果归责问题,由于该死亡结果不排除是王某的一脚所致,因此,对于赵某来说,根据存疑时有利于被告的原则,不对死亡结果负责。但对于王某而言,不管死亡结果是谁造成的,他都要负责,因此,将该死亡结果归责于王某没有违反存疑时有利于被告原则。BC 项均错误。

赵某在知情的情况下,自愿加入犯罪进程,属于承继的共犯,由于其实施了符合抢劫罪基本构成要件所要求的行为——暴力、取财行为,因此,其要承担抢劫罪的基本犯的责任,但不承担入户和致人死亡的加重犯的罪责。D 项正确。

2. 答案:BC   难度:难
考点:抢劫罪、诈骗罪

命题和解题思路：本题融合了抢劫罪中暴力的认定和诈骗罪中处分行为的认定，其中，前者往往容易做错。在此，需要考生们注意这个问题，即行为人出于其他目的实施暴力、胁迫行为，使被害人丧失反抗能力后，产生非法占有财物的意图进而取走财物的，是否成立抢劫罪，有几种具体情况：（1）在行为人持续实施暴力行为的过程中，被害人提出给钱，行为人才停止的，只要能评价为"如果不给钱就继续实施暴力"的胁迫，就认定为抢劫；（2）暴力行为已经压制反抗后，产生取得财物的意思，行为人要求被害人将财物给自己的，或者被害人恳求不要取走财物，但行为人仍然取走的，能够认定为抢劫罪；（3）暴力、胁迫行为已经压制反抗，暴力、胁迫并没有持续时，被害人主动提出给钱，行为人单纯拿走被害人提供的现金的，不宜认定为抢劫罪；（4）暴力行为已经压制反抗后，产生取得财物的意思，单纯在被害人意识到的情况下取走被害人的财物，不宜认定为抢劫（必须有一个意思的交流，要求拿给自己或者被害人恳求不要拿但仍然拿走）。

【选项分析】本题中，行为人的行为属于在暴力、胁迫行为已经压制反抗，暴力、胁迫并没有持续时，被害人主动提出给钱，而行为人单纯拿走被害人提供的金表的情形，由于此时无法肯定行为人具有抢劫的暴力行为，且与被害人之间没有意思交流，因此不可能给被害人产生新的不能反抗、不敢反抗的情况，因此，不宜认定为抢劫罪。A项错误，B项正确。

王某采取隐瞒真相的方式使钱某陷入了认识错误，即误认为这个表是假的，进而默认了王某扔掉的处分行为，这使得王某获得了该财物。C项正确。

由于钱某获得该表的行为不构成犯罪，因此无所谓共犯实行过限。D项错误。

3. 答案：A　　难度：中

考点：伪造国家机关印章罪、袭警罪、妨害公务罪

命题和解题思路：本题考查了伪造当前不存在的国家机关的印章的行为的认定以及在公务行为实质不正当时，为摆脱抓捕所使用暴力的性质认定问题。尽管这两个知识点相对来说考生较少关注，但这两个知识点所举情况在司法实践中是比较常见的，具有一定的理论含量，容易出题。因此，希望考生借本题熟悉这两个知识点。

【选项分析】即便伪造并非现有国家机关的印章，但由于这样的印章同样只能由国家所刻，该行为也已经侵犯伪造国家机关印章罪所保护的法益——国家机关印章的公共信用。换言之，伪造国家机关印章，只是意味着伪造应当由国家机构制作的印章，而不要求存在与之相对应的真实的印章。A项正确。

李某并不存在故意伤害的意图，不能成立故意伤害罪。B项错误。

要成立妨害公务罪，其职务行为必须具有合法性，这里的合法性究竟是以裁判时为基准还是以行为时为基准，学界存在争议，但我们认为，妨害公务罪中的职务行为合法与否，并不只是就国家机关内部应否追责而言，而是还要考虑到相对于被执行人来说，是否是合法的，必须在包含被执行人在内的整体法秩序的视野下判断是否合法，否则不利于刑法保障人权机能的发挥。因此，应该以裁判时为基准判断是否合法。本题中，裁判时发现是抓错了人，因此，对于李某的抓捕并非依法执行职务的行为，李某的反抗不能构成妨害公务罪。D项错误。

袭警罪的成立是以成立妨害公务罪为基础的，既然不构成妨害公务罪，也就不能成立袭警罪。C项错误。

4. 答案：C　　难度：难

考点：贪污罪、诈骗罪、巨额财产来源不明罪

命题和解题思路：《刑法》第395条第1款规定，国家工作人员的财产、支出明显超过

合法收入，差额巨大的，可以责令该国家工作人员说明来源，不能说明来源的，差额部分以非法所得论，处 5 年以下有期徒刑或者拘役；差额特别巨大的，处 5 年以上 10 年以下有期徒刑。财产的差额部分予以追缴。这里的"说明来源"如何理解存在一些疑问。本题正是着眼于此，希望考生对这一重要但较少引起关注的考点予以重视。

【选项分析】村委会主任的行为只是利用了协助出具确认单的职务便利，但至于是否批准相应的退补款，则不是其所能控制的，也超出了其职务范围。换言之，其获得这笔退补款并非基于经手、主管、管理的权限，因此，该行为不构成贪污罪，而是诈骗罪。A 项错误。

在巨额财产来源不明罪中，如果行为人说明了巨额财产来源于一般违法，且能够查证属实的，则不能认定为巨额财产来源不明罪，只能按照一般违法来处罚。如果行为人说明了巨额财产来源于犯罪行为，即履行了说明义务，但无法查证的，应该仍认定为巨额财产来源不明罪。在这种情况下，对"不能说明来源"应解释为"不能说明合法来源"。否则无疑是放纵了犯罪。本案中，甲经商所得部分系一般违法且能够查证，因此，按照一般违法来处理即可。B 项错误。

对于宅基地退补款，由于能够查证属实，应该按照诈骗罪处理，不构成巨额财产来源不明罪。C 项正确。

对于赌博所得，即使其履行了说明义务，但由于无法查证属实，仍构成巨额财产来源不明罪。D 项错误。

∥∧ 刑事诉讼法【08】

第一套

第一部分　试题

一、单项选择题

1. 法院审理徐某诈骗案期间，李某以徐某犯重婚罪向同一法院提起刑事自诉，同时请求宣告双方婚姻无效。法院审理认为，徐某虽然欺骗李某而导致婚姻无效，但其行为不构成重婚罪。关于法院对本案的处理，下列哪一说法是正确的？
A. 判决宣告徐某与李某的婚姻无效
B. 说服李某撤回对徐某涉嫌重婚罪的起诉
C. 适用普通程序对徐某诈骗案与重婚案一并审理
D. 将徐某重婚案移送公安机关处理

2. 在本地无固定住处的陈某因涉嫌盗窃罪被立案侦查，其被公安机关初步判定可能判处拘役。被取保候审后，陈某干扰被害人作证并致其轻伤，该行为被初步判定也可能判处拘役。关于公安机关对本案的处理，下列哪一说法是正确的？
A. 在盗窃案立案后可对陈某适用指定居所监视居住
B. 在盗窃案立案后可提请检察院对陈某批准逮捕
C. 在伤害案立案后应暂扣陈某已缴纳的全部保证金
D. 在伤害案立案后可提请检察院对陈某批准逮捕

3. 某地法院开庭审理何某诉曹某人身侵权纠纷案时，曹某因冲击法庭被公安机关立案侦查。移送审查起诉后，检察院认为曹某的行为情节显著轻微、危害不大，遂对曹某作出不起诉决定。关于本案的处理，下列哪一说法是正确的？
A. 检察院应告知曹某有权对不起诉决定提出申诉
B. 检察院应将不起诉决定书送达曹某和何某
C. 检察院应将对本案检察意见和不起诉决定书一并移送法院处理
D. 如法院认为不起诉决定有误，可要求检察院复议

4. 检察院以关键证据未收集为由，对涉嫌集资诈骗罪的夏某作出不批准逮捕决定。审查起诉期间，检察官因住院耽搁了该案的办理进度。提起公诉后，法院审查认为该案缺乏认定夏某非法占有目的的证据。关于本案的处理，下列哪一说法是正确的？
A. 检察院不批准逮捕夏某，应制作补充侦查提纲送交公安机关
B. 检察官因故耽搁审查起诉，可将该案退回补充侦查
C. 法院可建议检察院补充收集证明夏某具有非法占有目的的证据
D. 如检察院未补充移送证据，法院应对夏某作出无罪判决

5. 涉嫌间谍罪的杨某被逮捕羁押于某看守所，其全程未委托律师辩护，派驻看守所的值班律师张某在侦查阶段为杨某提供了法律帮助。审判期间，法院认为杨某可能被判处无期徒

刑。关于本案的处理，下列哪一说法是正确的？

    A. 杨某如向张某提出法律援助申请，张某应将申请及时转交办案机关

    B. 张某会见杨某，应以杨某约见张某和办案机关准许会见为前提

    C. 张某可在该案审查起诉阶段继续为杨某提供法律帮助

    D. 法律援助机构收到法院通知后，应及时随机抽选一名律师为杨某辩护

6. 某法院连续数日开庭审理多人涉嫌组织、参加黑社会性质组织罪、故意伤害罪、强迫卖淫罪、诈骗罪等罪一案。部分被告人对关键证据提出异议，部分被告人表示认罪认罚。关于本案，下列哪一做法未违反我国刑事审判的原则？

    A. 庭审公开网对本案庭审全程直播

    B. 法院未安排认罪认罚的某被告人参加法庭调查

    C. 控辩双方在法庭调查阶段围绕争议证据的相关性进行辩论

    D. 法庭辩论前，法院通知本院一名法官到庭替换因事离开的人民陪审员

7. 甲、乙、丙、丁等人聚众斗殴，导致多人轻伤和财物受损。公安机关拘留斗殴者后，对案发现场进行了勘验，组织甲、乙二人同场辨认丙，委托相关机构对年龄不详的丁作骨龄鉴定。关于本案，下列哪一做法是正确的？

    A. 侦查人员安排随行的本单位实习生作为现场勘验的见证人

    B. 侦查人员将甲从看守所带到附近派出所的讯问室进行讯问

    C. 甲、乙二人辨认丙形成的笔录不得作为定案的根据

    D. 对丁作骨龄鉴定的时间不计入办案期限

8. 某地矿山安监局调查某煤矿事故后，将形成的事故调查报告和收集的一氧化碳监测设备数据等证据移送公安机关。审判期间，法院发现安监局未以封存状态移送监测数据，且被告人到案经过的材料记录不清。关于法院对本案证据的处理，下列哪一说法是正确的？

    A. 应参照有关书证的规定对事故调查报告进行审查认定

    B. 对事故调查报告中涉及的专门性问题，应委托鉴定机构出具意见

    C. 不得将安监局移送的监测数据作为定案的根据

    D. 应通知检察院对被告人的到案经过进行补充说明

9. 某法院一审判决林某犯强迫卖淫罪，判处有期徒刑 10 年，并处罚金 3 万元。林某上诉启动二审后，二审法院审查认为一审判决认定事实无误，但部分判决强迫卖淫罪的事实应成立抢劫罪，且判处的刑期畸轻、罚金较少。关于本案，法院的下列哪一做法是正确的？

    A. 二审法院判决林某犯强迫卖淫罪和抢劫罪，决定执行有期徒刑十年，并处罚金三万元

    B. 二审法院判决未增加罪名和有期徒刑刑期，仅上调了并处罚金的数额

    C. 二审法院发回原审法院重新审判，原审法院判决林某犯强迫卖淫罪和抢劫罪，决定执行有期徒刑 10 年，并处罚金 3 万元

    D. 二审法院发回原审法院重新审判，检察院补充起诉抢劫罪，原审法院判决决定执行的刑期和并处的罚金重于原一审判决

10. 甲（15 岁）涉嫌抢劫罪。在一案审查起诉期间，甲的父亲丙代甲与被害人乙达成和解。辩护人认为甲是趁乙不备夺取财物，未对乙采取其他行为。检察院决定对甲适用附条件不起诉。关于本案的处理，下列哪一说法是正确的？

A. 丙可代甲按和解协议约定向乙赔礼道歉

B. 丙与乙协商由乙确定被抢走财物的价值

C. 检察院决定附条件不起诉前应查明甲履行和解协议的情况

D. 辩护人为甲所作的辩护是一种轻罪辩护

二、多项选择题

1. 朱某因将贺某打成重伤被移送审查起诉，县检察院向县法院提出强制医疗申请，县法院审理时只通知了朱某及其诉讼代理人到庭。被决定强制医疗后，朱某向市中级法院申请复议。关于本案的处理，下列哪些说法是正确的？

A. 县检察院应对朱某作出不起诉决定

B. 县法院应听取贺某的意见

C. 县检察院应对县法院的审理活动提出纠正意见

D. 市中级法院应撤销县法院的决定，发回县法院重审

2. 甲酒后驾车不慎撞倒乙后弃车逃跑，同时打电话叫朋友丙去现场顶罪。丙从一开始即交代了甲的安排，侦查人员丁和戊对甲进行了讯问。开庭时，甲申请排除非法证据，法院通知丙和丁出庭。本案中，下列哪些证据属于传闻证据？

A. 记录乙在医院口述案发现场所见场景的音频

B. 乙在医院通过视频连线向法庭陈述其在人行道上被撞

C. 丙当庭表示甲在案发当晚酒后驾车撞倒了人

D. 丁当庭表示讯问时甲自愿陈述自己到过案发现场

3. 某区公安局侦查周某盗窃案期间，辩护人李某携助理王某会见。周某要求两人将其藏匿赃款20万元的地点转告妻子，李某不同意。王某电话转告后，周某的妻子将赃款全部取走。关于本案的处理，下列哪些说法是正确的？

A. 李某可拒绝为周某继续辩护

B. 周某可拒绝李某为其继续辩护

C. 李某可将周某藏匿赃款的地点告知区公安局

D. 如王某的行为成立犯罪，区公安局可对王某立案侦查

4. 余某因故意伤害郭某被移送审查起诉。余某认罪认罚，与郭某达成刑事和解，检察院建议法院对余某适用缓刑并适用速裁程序审理。对此，下列哪些情形会直接导致法院无法通过速裁程序对本案作出判决？

余某未能及时履行和解达成的赔偿义务，郭某反悔不愿和解或调解

B. 法院与控辩双方就余某的到案是否成立自首产生很大分歧

C. 法院审理发现余某是否已满18周岁的证据不足

D. 法院审理认为量刑建议的刑期偏重

5. 最高法院复核赵某强奸案，认为原判认定事实正确、证据充分，但判处死刑过重，遂裁定不予核准，将本案发回曾维持赵某死刑判决的某省高级法院重新审判。关于该省高级法院的重新审判，下列哪些说法是正确的？

A. 可将本案发回原审中级法院重新审判

B. 可安排原审的审判长继续主审本案

C. 可不开庭审理即对赵某改判

D. 改判的判决自宣告之日起生效

6. 检察院对认罪认罚的尹某提出适用缓刑的量刑建议，法院通过速裁程序审理并采纳量刑建议作出判决。但尹某以量刑过重为由提出上诉，二审法院审查认为原判认定事实不清。关于本案的处理，下列哪些说法是正确的？

A. 如尹某的辩护人对量刑建议有异议，检察院应不予采纳

B. 如检察院认为尹某反悔不认罚后不应对其适用缓刑，应依法提出抗诉

C. 如二审法院将本案发回重审，原审法院应适用普通程序重新审判

D. 如尹某在进入第二审程序后要求撤回上诉，二审法院可以准许

7. 居住异地的丁某因涉嫌盗窃罪被拘传到案，公安机关在拘传期间查清案情并对丁某取保候审。法院受案后决定继续取保候审，庭审时丁某威胁被害人，导致庭审因秩序被严重扰乱而中断。关于本案，下列哪些做法是正确的？

A. 公安机关拘传丁某的时长约 21 小时

B. 侦查机关应及时指定丁某居住地的派出所执行取保候审

C. 对丁某继续取保候审的决定，由承办本案的独任审判员作出

D. 针对庭审之事，法院决定拘留丁某 10 日，结束后又决定逮捕丁某

三、不定项选择题

1. 甲县公安局根据市公安局的指定管辖，对涉嫌非法吸收公众存款罪的乙县某公司总经理高某进行立案侦查。不久后，高某被逮捕羁押于乙县看守所。关于本案侦查阶段逮捕高某后的羁押必要性审查、评估，下列说法正确的有：

A. 如高某申请适用取保候审，甲县公安局应对羁押必要性进行评估

B. 如乙县检察院收到羁押必要性审查申请，可开展初步审查

C. 甲县检察院开展羁押必要性审查，乙县检察院应予以配合

D. 甲县检察院开展羁押必要性审查，可要求甲县公安局收集审查所需的证据

2. 小傅（17 岁）交通肇事致人死亡后逃逸，归案后因拒不认罪且有打击报复证人行为被采取逮捕措施。审查起诉期间，小傅的父亲大傅被安排前往看守所会见，随后小傅认罪认罚。关于本案的做法，下列说法正确的有：

A. 检察院审查逮捕小傅，要求公安机关补交关于小傅的社会调查报告

B. 大傅会见小傅时，承办本案的检察官陪同在场

C. 到场值班律师对小傅认罪有异议，小傅未签署认罪认罚具结书

D. 小傅确已悔罪，检察院拟对小傅适用附条件不起诉

3. 徐某和孙某共谋将两人与刘某共同经营的船舶用于走私活动。审判期间，检察院建议法院判决没收被查封的船舶，刘某提出权属异议，生效判决未对涉案船舶作出处理。关于本案，下列做法正确的有：

A. 公诉人庭审举示涉案船舶财务资料时，可就运费问题对徐某和孙某进行讯问

B. 公诉人应出示证据证明被查封的船舶系起诉书指控走私犯罪使用的船舶

C. 法院应通知刘某参加庭审

D. 原审法院应对涉案船舶另行作出处理

第二部分　答案详解

一、单项选择题

1. 答案：C　难度：难

考点： 自诉案件第一审程序、管辖

命题和解题思路： 本题考查自诉案件第一审程序的两个知识点，同时考查附带民事诉讼的受理范围和管辖中"自转公"的情形。解答本题，考生应注意因缺乏证据而不能认定有罪和行为不构成犯罪的区别。掌握刑事判决判项类型和附带民事诉讼受理范围，可排除 A 选项；掌握法院说服当事人撤回自诉的情形，可排除 B 选项；掌握法院将自诉案件移送公安机关处理的情形，可排除 D 选项。

【选项分析】 A 选项考查刑事判决判项类型和附带民事受理范围。《刑事诉讼法》第 200 条规定了一种有罪判决和两种无罪判决的判项表述。《法院解释》第 295 条进一步细化了第一审公诉案件的裁判类型，仅限于对刑事部分进行裁判和对涉案财产作出处理。根据《法院解释》第 333 条规定，对自诉案件，应当参照刑事诉讼法第 200 条和本解释第 295 条的有关规定作出判决。对依法宣告无罪的案件，有附带民事诉讼的，其附带民事部分可以依法进行调解或者一并作出判决，也可以告知附带民事诉讼原告人另行提起民事诉讼。故自诉案件的刑事判决中也不应出现民事判项。从功能属性上看，刑事判决本质上是人民法院以法定的程序，确定被告人是否承担刑事责任以及承担何种刑事责任，并附随处理相关犯罪物品及涉案财物、确定是否赔偿因犯罪行为对被害人所直接造成的物质损失，以及特殊情况下基于特殊预防的考虑对被告人处以某些非刑罚处罚措施的一种法律后果宣告方式。刑事判决不应作出民事判项，以防内容被不当扩大，偏离刑事判决的功能属性。另外，刑事判决主文部分的类别、内容以及判项表述应当受到来自刑法、刑事诉讼法等相关刑事法律及司法解释的严格限定，在重婚罪的刑事判决中作出宣告双方婚姻关系无效的判项于法无据。同样，根据《刑事诉讼法》第 101 条和《法院解释》第 175 条规定，刑事附带民事诉讼的受案范围仅限于被害人因人身权利受到犯罪侵犯或者财物被犯罪分子毁坏而遭受物质损失的情形。本案自诉人提出的宣告婚姻无效的诉讼请求，属于民法上对婚姻效力的确认之诉，并非犯罪导致的被害人方物质损失的范畴。故宣告婚姻无效也不属于刑事附带民事诉讼受理范围。A 选项错误。

B 选项考查法院说服自诉案件当事人撤回起诉或裁定驳回起诉的情形。《法院解释》第 320 条规定了自诉案件立案审查中法院"应当说服自诉人撤回起诉；自诉人不撤回起诉的，裁定不予受理"的九种情形，其中包括"缺乏罪证的"。《法院解释》第 321 条规定了自诉案件立案后法院"应当说服其撤回起诉或者裁定驳回起诉"的情形，即"经审查缺乏罪证的自诉案件，自诉人提不出补充证据的"。需要注意的是：法院对提起的自诉应当进行全面审查，既要审查自诉材料是否符合形式要求，也要审查犯罪事实是否清楚，证据是否足够。但是缺乏罪证与行为不构成犯罪是两码事，对于自诉的庭前审查并非判断被告人是否构成犯罪的审查，故不得以"被告人的行为不构成犯罪"为由，说服自诉人撤回起诉或者裁定不予受理，对于此类自诉案件，仍然应当开庭审判并作出判决。B 选项错误。

C 选项考查自诉案件与公诉案件的合并审理。根据《法院解释》第 324 条规定，被告人实施两个以上犯罪行为，分别属于公诉案件和自诉案件，人民法院可以一并审理。对自诉部

分的审理，适用自诉案件第一审程序这一章节的规定。又根据《法院解释》第 327 条规定，自诉案件符合简易程序适用条件的，可以适用简易程序审理。不适用简易程序审理的自诉案件，参照适用公诉案件第一审普通程序的有关规定。本案中，同一法院在同一时期审理检察院起诉徐某诈骗案和李某自诉徐某重婚案，具有一并审理两案的时机。徐某重婚案因法院审查认为不构成犯罪而不能适用简易程序审理，故法院在合并审理两案后适用普通程序进行审理无任何问题。C 选项正确。

D 选项考查法院向公安机关移送案件的情形。根据《法院解释》第 1 条第 2 项规定，对于重婚案等被害人有证据证明的轻微刑事案件，被害人直接向人民法院起诉的，人民法院应当依法受理。对其中证据不足，可以由公安机关受理的，或者认为对被告人可能判处三年有期徒刑以上刑罚的，应当告知被害人向公安机关报案，或者移送公安机关立案侦查。本案并非出现证据不足的情况，而是法院审理认为被告人行为不构成犯罪，如果确认此审理结论，自诉人如不撤诉，法院就应依法认定被告人无罪。不能再将该案视为犯罪线索移送公安机关立案侦查。D 选项错误。

2. 答案：D　难度：中

考点：强制措施

命题和解题思路：本题考查强制措施中取保候审、监视居住的适用以及违反取保候审义务规定后的处理方式。解答本题，应准确解读并把握取保候审和监视居住适用的条件。牢记监视居住的适用一般应以符合逮捕条件为前提，可排除 A 选项；牢记逮捕的适用条件，可排除 B 选项；牢记对涉嫌新罪之人暂扣保证金应以不违反取保候审义务规定为前提，可排除 C 选项。

【选项分析】A 选项考查监视居住的适用条件。根据《刑事诉讼法》第 74 条规定，人民法院、人民检察院和公安机关对符合逮捕条件，有下列情形之一的犯罪嫌疑人、被告人，可以监视居住：患有严重疾病、生活不能自理的；怀孕或者正在哺乳自己婴儿的妇女；系生活不能自理的人的唯一扶养人；因为案件的特殊情况或者办理案件的需要，采取监视居住措施更为适宜的；羁押期限届满，案件尚未办结，需要采取监视居住措施的。对符合取保候审条件，但犯罪嫌疑人、被告人不能提出保证人，也不交纳保证金的，可以监视居住。根据《刑事诉讼法》第 81 条第 3 款规定，"可能判处徒刑以上刑罚"是一般型逮捕的必备条件之一。这是关于犯罪严重程度的规定。根据我国刑法的有关规定，初步判定犯罪嫌疑人、被告人可能被判处有期徒刑以上的刑罚，而不是可能被判处管制、拘役、独立适用附加刑等轻刑或者被免除刑罚的，才符合逮捕条件。据此，本案中陈某在盗窃案立案初始不符合逮捕条件，也不符合替代取保候审型监视居住的适用条件，故公安机关不能在盗窃案立案后就对陈某适用监视居住。A 选项错误。

B 选项考查逮捕的适用条件。如 A 选项中分析，陈某在盗窃案立案初始不符合逮捕条件，公安机关既然已判断至此，就不应提请检察院对陈某批准逮捕。B 选项错误。

C 选项考查暂扣保证金的前提条件。根据《关于取保候审若干问题的规定》第 29 条规定，被取保候审人没有违反刑事诉讼法第七十一条的规定（被取保候审人应当遵守的规定），但在取保候审期间涉嫌故意实施新的犯罪被立案侦查的，公安机关应当暂扣保证金，待人民法院判决生效后，决定是否没收保证金。对故意实施新的犯罪的，应当没收保证金；对过失实施新的犯罪或者不构成犯罪的，应当退还保证金。本案中，陈某虽然符合涉嫌故意实施新的犯罪被立案侦查的情形，但其所涉嫌新罪的行为违反了被取保候审人应当遵守的义务性规定，即"不得以任何形式干扰证人作证"。故根据《刑事诉讼法》第 71 条规定，被取保候审的犯罪嫌疑人、被告人违反被取保候审人应当遵守的规定，已交纳保证金的，没收部分或者全部保证金，并且区别情形，责令犯罪嫌疑人、被告人具结悔过、重新交纳保证金、提出保证人，或者监视居住、予以逮捕。故本案不应只是暂扣陈某已缴纳的全部保证金。C 选项错误。

D 选项考查违反取保候审义务规定后的处理方式。根据《刑事诉讼法》第 71 条和《公安部规定》第 135 条规定，被取保候审人违反取保候审规定，具有下列情形之一的，可以提请批准逮捕：（1）涉嫌故意实施新的犯罪行为的；（2）有危害国家安全、公共安全或者社会秩序的现实危险的；（3）实施毁灭、伪造证据或者干扰证人作证、串供行为，足以影响侦查工作正常进行的；（4）对被害人、举报人、控告人实施打击报复的；（5）企图自杀、逃跑，逃避侦查的；（6）未经批准，擅自离开所居住的市、县，情节严重的，或者两次以上未经批准，擅自离开所居住的市、县的；（7）经传讯无正当理由不到案，情节严重的，或者经两次以上传讯不到案的；（8）违反规定进入特定场所、从事特定活动或者与特定人员会见、通信两次以上的。综上，陈某的行为不仅涉嫌故意实施新的犯罪行为，还属于干扰证人作证的行为，公安机关可以提请批准逮捕。D 选项正确。

3. 答案：C　难度：难

考点：不起诉

命题和解题思路：本题设计了一个类似"行刑双向衔接"的案例，以法院发现犯罪线索移送公安机关立案侦查开始，最后到检察院作出不起诉决定后移送主管机关处理结束。解答本题，应厘清本案的移送和衔接脉络，即"法院（妨害民事诉讼行为的主管机关）→公安机关（侦查）→检察院（审查起诉）→法院（不起诉后案件回到主管机关）"。尤其注意本案中检法的衔接既非公诉与审判的衔接，也非对不起诉决定的救济，而是不起诉决定后的反向衔接。据此可判定 C 选项正确，D 选项错误。准确把握本案不起诉的种类和被不起诉人有权申诉的情形，可排除 A 选项；准确甄别刑案中的当事人，可排除 B 选项。

【选项分析】A 选项考查被不起诉人有权申诉的情形。一般而言，不起诉决定是有利于被不起诉人（犯罪嫌疑人）的，毕竟司法机关不再追究被不起诉人的刑事责任。但有的不起诉决定会引起被不起诉人的不满，对此应保障被不起诉人的申诉权。比如以认定"犯罪情节轻微"为前提的酌定不起诉，被不起诉人可能以"不构成犯罪""事实不清、证据不足"为由提出申诉。根据《刑事诉讼法》第 177 条第 2 款和第 181 条规定，对于人民检察院依照本法第 177 条第 2 款规定作出的不起诉决定（酌定不起诉决定），被不起诉人如果不服，可以自收到决定书后七日以内向人民检察院申诉。人民检察院应当作出复查决定，通知被不起诉的人，同时抄送公安机关。根据《检察规则》第 377 条规定，不起诉决定书应当送达被害人或者其近亲属及其诉讼代理人、被不起诉人及其辩护人以及被不起诉人所在单位。送达时，应当告知被害人或者其近亲属及其诉讼代理人，如果对不起诉决定不服，可以自收到不起诉决定书后七日以内向上一级人民检察院申诉；也可以不经申诉，直接向人民法院起诉。依照刑事诉讼法第一百七十七条第二款作出不起诉决定的，应当告知被不起诉人，如果对不起诉决定不服，可以自收到不起诉决定书后七日以内向人民检察院申诉。但本案中，根据《刑事诉讼法》第 16 条和第 177 条第 1 款规定，检察院认定曹某行为"情节显著轻微、危害不大"，对曹某作出的是"不认为是犯罪"的法定不起诉决定，故曹某无权申诉，检察院不应告知曹某可以申诉。A 选项错误。

B 选项考查检察院对不起诉决定书的送达。根据《刑事诉讼法》第 178～180 条规定，不起诉的决定，应当公开宣布，并且将不起诉决定书送达被不起诉人和他的所在单位；对于公安机关移送起诉的案件，人民检察院决定不起诉的，应当将不起诉决定书送达公安机关；对于有被害人的案件，决定不起诉的，人民检察院应当将不起诉决定书送达被害人。据此，检察院如作出不起诉决定，应将不起诉决定书送达与不起诉决定密切关联的办案机关和当事人。本案中，何某未因曹某冲击法庭成为曹某涉嫌扰乱法庭秩序罪的被害人，其只是民事案件中的被侵权人，检察院不应向何某送达不起诉决定书。B 选项错误。

C 选项考查不起诉案件的移送。行刑反向衔接是检察机关深入贯彻落实《中共中央关于加强新时代检察机关法律监督工作的意见》关于"健全检察机关对决定不起诉的犯罪嫌疑人依法移送有关主管机关给予行政处罚、政务处分或者其他处分的制度"的举措。根据《刑事诉讼法》第 177 条第 3 款规定，人民检察院决定不起诉的案件，应当同时对侦查中查封、扣押、冻结的财物解除查封、扣押、冻结。对被不起诉人需要给予行政处罚、处分或者需要没收其违法所得的，人民检察院应当提出检察意见，移送有关主管机关处理。有关主管机关应当将处理结果及时通知人民检察院。根据《民事诉讼法》第 113 条第 3 款规定，人民法院对哄闹、冲击法庭，侮辱、诽谤、威胁、殴打审判人员，严重扰乱法庭秩序的人，依法追究刑事责任；情节较轻的，予以罚款、拘留。据此，法院对于情节较轻的扰乱法庭秩序行为，可以进行罚款、拘留。本案中，法院认为曹某冲击法庭涉嫌犯罪，移送公安机关处理，但检察机关认为该行为不构成犯罪，故应反向移送给法院进行处理。法院虽然不是行政机关，但系对妨害民事诉讼行为采取处罚措施的主管机关，故本案可参照"行刑反向衔接"。C 选项正确。

D 选项考查不起诉决定的复议、复核。根据《刑事诉讼法》第 179 条规定，对于公安机关移送的案件，公安机关认为不起诉的决定有错误的时候，可以要求复议，如果意见不被接受，可以向上一级人民检察院提请复核。根据《监察法》第 54 条第 4 款规定，对于监察机关移送的案件，监察机关认为不起诉的决定有错误的，可以向上一级人民检察院提请复议。据此，有权对不起诉决定提出复议的机关，只能是案件的侦查或调查机关。本案中，法院系将犯罪线索移交给公安机关，如公安机关不予立案，参照《公安部规定》第 181 条规定，移送案件的法院可向公安机关申请复议。D 选项错误。

4. **答案：A　难度：中**

考点：补充侦查

命题和解题思路：本题设计了一个缺乏重要证据的案例，综合考查不同阶段补充侦查适用的三个知识点和裁判的一个知识点。解答本题，应清晰掌握不同机关在补充侦查中的职责定位。准确把握退回补充侦查的适用情形，可排除 B 选项；准确把握法院主动通知或建议检察院补充侦查的情形，可排除 C 选项；把握定罪证据不足和重罪证据不足的区别，可排除 D 选项。

【选项分析】A 选项考查审查批捕环节的补充侦查。补充侦查是公安机关依照法定程序，在原有侦查工作的基础上进行补充收集证据的一种侦查活动。审查批捕环节处于侦查阶段，只是案件暂时因公安机关提请批准逮捕移送到了检察院。检察院在该环节主要精力用于审查核实证据，而非主动收集证据，如检察院因缺乏证据认定犯罪事实而未批准逮捕，公安机关可补充收集证据。根据《刑事诉讼法》第 90 条规定，人民检察院对于公安机关提请批准逮捕的案件进行审查后，应当根据情况分别作出批准逮捕或者不批准逮捕的决定。对于批准逮捕的决定，公安机关应当立即执行，并且将执行情况及时通知人民检察院。对于不批准逮捕的，人民检察院应当说明理由，需要补充侦查的，应当同时通知公安机关。又根据《检察规则》第 285 条第 1 款规定，对公安机关提请批准逮捕的犯罪嫌疑人，人民检察院作出不批准逮捕决定的，应当说明理由，连同案卷材料送达公安机关执行。需要补充侦查的，应当制作补充侦查提纲，送交公安机关。A 选项正确。

B 选项考查退回补充侦查的适用情形。根据《刑事诉讼法》第 175 条第 1、2 款的规定，人民检察院审查案件，可以要求公安机关提供法庭审判所必需的证据材料；认为可能存在本法第五十六条规定的以非法方法收集证据情形的，可以要求其对证据收集的合法性作出说明。人民检察院审查案件，对于需要补充侦查的，可以退回公安机关补充侦查，也可以自行侦查。由此可见，检察院退回补充侦查的目的是让公安机关继续收集证据，从而完善证据体系。检察院因未能及时审查某一案件而退回补充侦查的情况在实践中并不鲜见，但这种做法是不当的，架空了审查起诉的期限规定。如果案件因承办人的原因不能及时审查起诉，正确的做法是及时将该案移交其他检察官处理，而非通过退回补充侦查的方式缓解期限压力。B 选项错误。

C 选项考查法院建议检察院补充侦查的情形。《法院解释》第 274、277 和 297 条规定了审判阶段补充侦查的情形。其一，审判期间，公诉人发现案件需要补充侦查，建议延期审理的，合议庭可以同意，但建议延期审理不得超过两次；其二，审判期间，被告人提出新的立功线索的，人民法院可以建议人民检察院补充侦查；其三，审判期间，人民法院发现新的事实，可能影响定罪量刑的，或者需要补查补证的，应当通知人民检察院，由其决定是否补充、变更、追加起诉或者补充侦查。综上可见，法院只有在发现有利于被告人的新的立功线索时，才能主动建议检察院补充侦查。而其他情况下，法院基于中立的裁判者地位，不能站在控方立场主动收集不利于被告人的证据或敦促控方补充收集指控证据。对有利于被告人的证据，应通知检察院移送，对于新的事实或其他证据，应交由检察院决定是否补查补证或补充侦查。如果检察院不补查或移送，法院根据起诉指控事实和在案证据裁判即可。C 选项错误。

D 选项考查证据不足的裁判方式。根据《法院解释》第 295 条第 1 款第 4 项第 5 项规定，对第一审公诉案件，人民法院审理后，证据不足，不能认定被告人有罪的，应当以证据不足、指控的犯罪不能成立，判决宣告被告人无罪；案件部分事实清楚，证据确实、充分的，应当作出有罪或者无罪的判决；对事实不清、证据不足部分，不予认定。由此可见，对于事实不清、证据不足的情况，应区分情况对待。如系定罪的事实不清、证据不足，则应判决宣告被告人无罪；如系指控重罪或多笔犯罪事实中的部分事实不清、证据不足，但构成轻罪或不影响罪名成立的，仍应作出有罪判决。本案中，夏某涉嫌集资诈骗罪，法院认为夏某对集资款项具有非法占有目的的事实不清、证据不足，应对这一部分不予认定。如根据在案证据能认定夏某成立非法吸收公众存款罪，仍应作出有罪判决。D 选项错误。

5. 答案：C　难度：难

考点：法律援助辩护、值班律师制度

命题和解题思路：本题考查申请法律援助的程序、法律援助律师的资质要求、值班律师会见在押嫌疑人、值班律师的跨阶段帮助等四个知识点。解答本题，应全面掌握值班律师的权利和义务。了解立法对及时转交法律援助申请的规定，可排除 A 选项；了解值班律师会见在押犯的启动方式，可排除 B 选项；了解无期、死刑案件法律援助律师的资质要求，可排除 D 选项。

【选项分析】 A 选项考查及时转交在押人员法律援助申请。处于被羁押状态的犯罪嫌疑人、被告人、服刑人员，由于其人身自由处于限制当中，不可能亲自前往法律援助机构进行申请，并且也无法第一时间与其近亲属、法定代理人会面，此时，由办案机关、监管场所或值班律师来转交法律援助申请成为有意愿申请法律援助的犯罪嫌疑人、被告人等能够及时获得法律援助的唯一有效途径。根据《法律援助法》第 39 条规定，被羁押的犯罪嫌疑人、被告人、服刑人员，以及强制隔离戒毒人员等提出法律援助申请的，办案机关、监管场所应当在 24 小时内将申请转交法律援助机构。犯罪嫌疑人、被告人通过值班律师提出代理、刑事辩护等法律援助申请的，值班律师应当在 24 小时内将申请转交法律援助机构。据此，为畅通被羁押人员获得法律援助的申请渠道，办案机关、监管场所、值班律师负有及时向法律援助机构转交被羁押人员法律援助申请的义务。A 选项中，既然值班律师系由法律援助机构派驻，其直接向法律援助机构转交申请即可。A 选项错误。

B 选项考查值班律师会见在押人员。根据《法律援助值班律师工作办法》第 6 条第 3 款的规定，值班律师办理案件时，可以应犯罪嫌疑人、被告人的约见进行会见，也可以经办案机关允许主动会见。与犯罪嫌疑人、被告人有权约见值班律师的权利相对应，值班律师可以会见犯罪嫌疑人、被告人，看守所应当为值班律师会见提供便利。故本案中，值班律师张某可以主动会见犯罪嫌疑人杨某，不需以杨某的约见为前提，只不过应经办案机关允许。B 选项错误。还需注意，由于该案系危害国家安全犯罪案件，如张某应杨某的约见进行会见，在侦查期间也应当经侦办此案的国家安全机关许可。

C 选项考查值班律师的跨阶段帮助。同一值班律师跨阶段提供帮助，有助于实现前后法律帮助的连贯和协调，提高后一阶段法律帮助的效率，故需尽量保障不同诉讼阶段值班律师的同一。根据《法律援助值班律师工作办法》第 11 条规定，对于被羁押的犯罪嫌疑人、被告人，在不同诉讼阶段，可以由派驻看守所的同一值班律师提供法律帮助。对于未被羁押的犯罪嫌疑人、被告人，前一诉讼阶段的值班律师可以在后续诉讼阶段继续为犯罪嫌疑人、被告人提供法律帮助。C 选项正确。

D 选项考查重罪案件法律援助律师的特殊资质。根据《法律援助法》第 26 条规定，可能被判处无期徒刑、死刑的人，以及死刑复核案件的被告人，法律援助机构收到人民法院、人民检察院、公安机关通知后，应当指派具有 3 年以上相关执业经历的律师担任辩护人。在我国刑事司法实践中，"可能被判处无期徒刑、死刑的案件"以及"死刑复核案件"，均属于极其严重的刑事案件，直接关系到个人的生命或长期失去人身自由的重大利益；鉴于这两类案件包含着重大的司法利益，为了确保法律援助服务的质量，立法要求提供法律援助的律师必须具有 3 年以上相关执业经验。故本项中，随机抽选一名律师作为本案法律援助律师的做法是错误的。D 选项错误。

6. 答案：C　　难度：难

考点：刑事审判的原则

命题和解题思路：本题以一起有组织犯罪案例的庭审为主线，分别考查审判公开原则、直接言词原则、辩论原则和集中审理原则这四项刑事审判原则的要求。解答本题，需了解各项刑事审判原则的基本内涵和实践要求。掌握审判公开原则适用的例外，可排除 A 选项；掌握直接言词原则对当事人到场的要求，可排除 B 选项；掌握集中审理原则对法庭成员不可更换的要求，可排除 D 选项。

【选项分析】A 选项考查审判公开原则限制适用的情形。为了保护更重要的利益，各国法律都规定了审判公开原则限制适用的特别情形。这种限制主要表现在两个方面：一是法庭评议不公开；二是对部分案件不公开审理。我国刑事诉讼法对审判公开原则适用的限制性规定与国外基本上相同。根据《刑事诉讼法》第 188 条的规定，下列案件不公开审理：(1)有关国家秘密的案件。其目的是防止泄露国家秘密，危害国家利益。是否属于国家秘密根据保密法确认。（2）有关个人隐私的案件。如强奸案件等。其目的是保护被害人或者其他人的名誉，防止对社会产生不利影响。（3）当事人申请不公开审理的涉及商业秘密的案件。不公开审理的案件，应当当庭宣布不公开审理的理由。不公开审理的案件，宣告判决一律公开进行。本案中，部分被告人涉嫌强迫卖淫罪，涉及被害人的名誉和个人隐私，对本案强迫卖淫罪部分，不应公开审理。故庭审公开网对本案庭审全程直播的做法错误。A 选项不当选。

B 选项考查直接言词原则包含的在场原则。直接言词原则分为直接原则和言词原则。所谓直接原则，是指法官必须与诉讼当事人和诉讼参与人直接接触，直接审查案件事实材料和证据。直接原则又可分为直接审理原则和直接采证原则。前者的含义是，法官审理案件时，公诉人、当事人及其他诉讼参与人应当在场。除法律另有特别规定外，如果上述人员不在场，不得进行法庭审理，否则，审判活动无效。在这一意义上，直接审理原则也称为在场原则。直接采证原则，是指法官对证据的调查必须亲自进行，不能由他人代为实施，而且必须当庭直接听证和直接查证，不得将未经当庭亲自听证和查证的证据加以采纳，不得以书面审查方式采信证据。综上，本案中，法院未安排认罪认罚的某被告人参加法庭调查违反了直接审理原则（在场原则）。B 选项不当选。

C 选项考查辩论原则在我国庭审的具体适用。辩论原则是指在法庭审理中，控辩双方应以口头的方式进行辩论，法院裁判的作出应以充分的辩论为必经程序。辩论的内容包括证据问题、事实问题、程序问题和法律适用问题。辩论的内容包括实体问题和程序问题。围绕案件实体事实和程序事实的辩论，主要针对证据能力和证据的证明力、证据的充分性以及程序的合法性展开。实体法和程序法的适用问题也是辩论的内容。适用辩论原则，需要注意以下两点：除了在法庭辩论阶段集中进行辩论以外，在法庭调查过程中，控辩双方也可以围绕某一证据的合法性、相关性问题进行辩论。法庭应当保障控辩双方有平等、充分的辩论机会。法庭应当引导辩论双方围绕案件争议焦点进行辩论。实践中有的法官预先规定辩护人发言的时间，构成对辩护方辩论权的限制。我国《刑事诉讼法》和《法院解释》未禁止法庭调查阶段对单个证据的三性进行辩论，法庭辩论阶段主要围绕定罪、量刑、涉案财物处理的事实、证据、适用法律等问题进行综合性辩论，可称为"大辩论"。为了更充分地调查某一争议较大的证据，在法庭调查阶段专门针对该证据进行"小辩论"也是可行的。C 选项当选。

D 选项考查集中审理原则对法庭成员全程参与的要求。集中审理原则，又称不中断审理原则，是指"法院开庭审理案件，应在不更换审判人员的条件下连续进行，不得中断审理的诉讼原则"。该原则要求法庭对每个刑事案件的审理除了必要的休息时间外，原则上应当是不中断地连续进行。换言之，法庭审理案件从开庭到判决应当尽可能地一气呵成，不应中断。集中审理原则对审判庭的成员有如下要求：其一，一个案件组成一个审判庭进行审理，每起案件自始至终亦应由同一法庭进行审判，而且在案件审理已经开始尚未结束以前不允许法庭再审理任何其他案件。这是为了防止因交叉审理而使法官、陪审员在不同案件之间造成混淆，保证合议庭对每个案件都能够形成系统完整的印象并作出准确的判断，从而保证裁判质量。其二，法庭成员不可更换。法庭成员（包括陪审员）必须始终在场参加审理。对于法庭成员因故不能继续参加审理的，应由始终在场的候补法官、候补陪审员替换之。如果没有足够的法官、陪审员可以替换，则应重新审判。这也是直接原则的要求。因为参与裁判制作的法官、陪审员必须参与案件的全部审理活动，接触所有的证据全面听取法庭辩论，否则无以对案件形成全面的认知并作出公正的裁判。综上，本案中，中途更换审判人员的做法使得接力参与庭审的法官未直接参与法庭调查和直接采证，同时违反了直接言词原则和集中审理原则。D 选项不当选。

7. 答案：C　难度：中

考点： 侦查行为、辨认笔录

命题和解题思路： 本题考查某项侦查行为的实施是否正确，涉及讯问地点、见证人、辨认程序和鉴定时间计入办案期限共四个知识点，其中辨认结合了证据制度进行考查。解答本题，应仔细审题，准确把握题干和选项所交代的案件信息。掌握侦查现场见证人的资格条件，可排除 A 选项；掌握各种情形下的讯问地点，可排除 B 选项；掌握鉴定时间不计入办案期限的鉴定事项，可排除 D 选项。

【选项分析】A 选项考查见证人的资格。根据《公安部规定》第 194 条规定，公安机关开展勘验、检查、搜查、辨认、查封、扣押等侦查活动，应当邀请有关公民作为见证人。下列人员不得担任侦查活动的见证人：生理上、精神上有缺陷或者年幼，不具有相应辨别能力或者不能正确表达的人；与案件有利害关系，可能影响案件公正处理的人；公安机关的工作人员或者其聘用的人员。确因客观原因无法由符合条件的人员担任见证人的，应当对有关侦查活动进行全程录音录像，并在笔录中注明有关情况。据此，本项中的随行实习生属于公安机关一方，应视为公安机关的临时工作人员，不能作为本案现场勘验的见证人。A 选项错误。

B 选项考查侦查讯问的地点。根据《刑事诉讼法》第 118 条第 2 款和 119 条第 1 款规定，犯罪嫌疑人被送交看守所羁押以后，侦查人员对其进行讯问，应当在看守所内进行；……根据《公安部规定》第 198 条规定，讯问犯罪嫌疑人，除下列情形以外，应当在公安机关执法办案场所的讯问室进行：紧急情况下在现场进行讯问的；对有严重伤病或者残疾、行动不便的，以及正在怀孕的犯罪嫌疑人，在其住处或者就诊的医疗机构进行讯问的。对于已送交看守所羁押的犯罪嫌疑人，应当在看守所讯问室进行讯问。据此，本案中甲已经被拘留送至看守所，就不能将其从看守所带到其他执法办案场所的讯问室进行讯问。B 选项错误。

C 选项考查违反辨认程序的后果。根据《公安部规定》第 259 条第 2 款规定，……几名辨认人对同一辨认对象进行辨认时，应当由辨认人个别进行。本项中，甲乙二人同场辨认丙违反了单独辨认的要求，可能导致甲乙二人互相影响双方对丙的辨认过程和结果。根据《法院解释》第 105 条规定，辨认笔录具有下列情形之一的，不得作为定案的根据：……辨认活动没有个别进行的；……"错误的辨认容易导致错误的指控和冤假错案"，故应严格对待违反法定辨认程序形成的辨认笔录。C 选项正确。

D 选项考查鉴定时间是否计入办案期限。鉴定属于刑事诉讼活动范畴，理应受到办案期限的规制，如有例外，应由法律明确规定。有的鉴定可能耗时较长，且对案件进展产生重大影响，对此，《刑事诉讼法》第 149 条规定："对犯罪嫌疑人作精神病鉴定的期间不计入办案期限。"《公安部规定》第 257 条进一步规定："对犯罪嫌疑人作精神病鉴定的时间不计入办案期限，其他鉴定时间都应当计入办案期限。"据此，D 选项错误。

8. 答案：D　难度：中

考点： 刑事证据的种类与审查认定

命题和解题思路： 本题考查刑事证据的审查认定，涉及事故调查报告的证据定位及其对专门性问题的处理、电子数据的采信和到案经过材料的补证或解释等知识点。解答本题，应对事故调查报告在刑事诉讼中的定位和功能有准确的认知。了解事故调查报告发挥证明作用的主要是其内含的可澄清专门性问题的专业意见，可排除 A 和 B 选项；区分瑕疵电子数据和真实性无法得到保障的电子数据，可排除 C 选项。

【选项分析】A 选项考查事故调查报告的证据种类。《刑事诉讼法》规定的有关专门性问题的证据种类仅指鉴定意见，但司法实践中由于司法鉴定的范围有限，大量的关于专门性问题的报告被用于证明案件事实，如广泛运用的价格认定报告等。为了解决实践中关于此类专门性报告的适用难题，《法院解释》第 100 条明确了专门性报告的刑事诉讼证据资格：<u>因无鉴定机构，或者根据法律、司法解释的规定，指派、聘请有专门知识的人就案件的专门性问题出具的报告，可以作为证据使用。</u>关于专门性问题报告的审查认定，适用有关鉴定意见的规定。此外，实践中常见的事故调查报告也是另一种有关专门性问题的证据资料，如火灾事故调查报告、交通事故调查报告等。这种报告通常由相关部门制作，涉及的案件专门性问题往往是对案件事实认定至关重要的因素。同样，为了解决实践中的用困境，《法院解释》第 101 条也规定了有关部门对事故调查形成的报告具有刑事诉讼证据资格，并明确其中涉及专门性问题的意见经法庭查证属实，且调查程序符合法律、有关规定的，可以作为定案的根据。专门性问题报告和事故调查报告中有关专门性问题的意见实际上是类似并参照鉴定意见运用的证据形式。另外，《法院解释》第 100 条和 101 条位于《法院解释》第四章（证据）第五节（鉴定意见的审查与认定），故应参照有关鉴定意见的规定对事故调查报告进行审查认定。A 选项错误。

B 选项考查事故调查报告的证明机理和采信前提。事故调查报告的技术性强，已经包含对专门性问题的意见，其性质实际与鉴定意见类似。报告中涉及专门性问题的意见对案件事实发挥重要的证明作用。如前所述，报告中涉及专门性问题的意见经法庭查证属实，且调查程序符合法律、有关规定的，可以作为定案的根据。故一般无需专门委托鉴定机构对其中的专门性问题进行鉴定。B 选项错误。

C 选项考查瑕疵电子数据的补证或合理解释。以封存的状态移送作为证据使用的电子数据，可以更好地保障电子数据的完整性，避免其遭到篡改或破坏。《关于办理刑事案件收集提取和审查判断电子数据若干问题的规定》第 18 条第 1 款明确要求<u>收集、提取的原始存储介质或电子数据，应当以封存状态随案移送</u>，并制作电子数据的备份一并移送。根据《法院解释》第 113 条、114 条规定，<u>电子数据的收集、提取程序有下列瑕疵，经补正或者作出合理解释的，可以采用；不能补正或者作出合理解释的，不得作为定案的根据：未以封存状态移送的；……</u>。综上，<u>只要能通过补证或合理解释保证未封存移送的电子数据的真实性，仍然可以采用该电子数据，将其作为定案的根据。</u>C 选项错误。

D 选项考查检察机关对有关材料的补充说明。根据《法院解释》第 142 条规定："对监察机关、侦查机关出具的被告人到案经过、抓获经过等材料，应当审查是否有出具该说明材料的办案人员、办案机关的签名、盖章。<u>对到案经过、抓获经过或者确定被告人有重大嫌疑的根据有疑问的，应当通知人民检察院补充说明。</u>"2021 年《法院解释》将 2012 年《法院解释》对应条款的"应当要求侦查机关补充说明"改为"应当通知人民检察院补充说明"。主要考虑：根据刑事诉讼流程，审判程序中法院不宜直接要求侦查机关补充说明。法院通知检察院补充说明，而后由检察院协调侦查机关出具相关说明材料，更为适宜。D 选项正确。

9. 答案：A　难度：难

考点：上诉不加刑原则

命题和解题思路：本题考查上诉不加刑原则，主要涉及原判认定罪数不当和判处刑罚畸轻时的处理。解答本题，应站在二审法院的视角，准确判断题中的第一审判决错在哪。以此为基础，首先准确判断二审法院的裁判方式，可排除 C 选项和 D 选项；其次需知"不得直接加重刑罚"的刑罚包括主刑和附加刑，可排除 B 选项。

【选项分析】上诉不加刑原则是二审法院审判只有被告人一方上诉的案件，在作出新的判决时，不得对被告人判处重于原判的刑罚的一项原则。《刑事诉讼法》第 237 条第 1 款规定，第二审人民法院审理被告人或者他的法定代理人、辩护人、近亲属上诉的案件，不得加重被告人的刑罚。第二审人民法院发回原审人民法院重新审判的案件，除有新的犯罪事实，人民检察院补充起诉的以外，原审人民法院也不得加重被告人的刑罚。这就是我国关于上诉不加刑的法律规定。该原则旨在保护被告人的上诉权，防止因上诉而招致不利的后果。上诉不加刑原则只适用于被告人和他的法定代理人、辩护人、近亲属提起的上诉案件。而人民检察院提出抗诉的或者自诉案件自诉人提出上诉的，二审人民法院对案件进行判决时，不受该原则的限制，这是《刑事诉讼法》第 237 条第 2 款所规定的上诉不加刑原则的例外情况。《法院解释》对上诉不加刑原则进行了细化，明确审理被告人或者其法定代理人、辩护人、近亲属提出上诉的案件，不得对被告人的刑罚作出实质不利的改判，并应当执行一系列具体规定。

本题的题干交代，二审法院审理认为原判决认定事实没有错误，只是部分事实不应被判处强迫卖淫罪，而是应当被判处抢劫罪。换言之，二审法院认为一审判决适用法律错误。根据《刑事诉讼法》第 236 条第 1 款第 2 项规定，第二审人民法院对不服第一审判决的上诉、抗诉案件，经过审理后，原判决认定事实没有错误，但适用法律有错误，或者量刑不当的，应当改判。故 C 选项和 D 选项中裁定撤销原判、发回重审的做法错误。再者，D 选项中，假设可以发回重审，由于没有新的犯罪事实，检察院不应补充起诉抢劫罪，而是变更起诉罪名为强迫卖淫罪和抢劫罪，原审法院也不得加重刑罚。

根据《法院解释》第 401 条第 1 款第 3 项规定，审理被告人或者其法定代理人、辩护人、近亲属提出上诉的案件，原判认定的罪数不当的，可以改变罪数，并调整刑罚，但不得加重决定执行的刑罚或者对刑罚执行产生不利影响。据此，在认定的犯罪事实不变的情况下，改判未加重决定执行的刑罚，或未对刑罚执行产生不利影响的，可将一罪改判为数罪。这样仍符合"不得对被告人的刑罚作出实质不利的改判"的要求。A 选项正确。

根据《法院解释》第 401 条第 1 款第 7 项规定，原判判处的刑罚不当、应当适用附加刑而没有适用的，不得直接加重刑罚、适用附加刑。原判判处的刑罚畸轻，必须依法改判的，应当在第二审判决、裁定生效后，依照审判监督程序重新审判。B 选项中，第二审判决虽未加重林某的主刑，但加重了附加刑中的罚金刑，也属于加重刑罚，违反了上诉不加刑原则的要求。B 选项错误。

10. 答案：C   难度：中

考点：刑事和解的程序规则；辩护的内容与分类

命题和解题思路：本题考查刑事和解的参与主体、协商内容、协议履行等内容，同时考查辩护内容及其分类。解答本题，应准确把握办案机关和当事人、诉讼参与人在刑事和解程序中的职责或权利义务。了解（不）可代为履行的和解事项，可排除 A 选项；了解和解协商中（不）可协商的事项，可排除 B 选项；了解法律上的无罪辩护，可排除 D 选项。

【选项分析】A 选项考查刑事和解协议的履行主体。根据《检察规则》第 494 条规定，犯罪嫌疑人系限制行为能力人的，其法定代理人可以代为和解。犯罪嫌疑人在押的，经犯罪嫌疑人同意，其法定代理人、近亲属可以代为和解。据此，法定代理人可代未成年人与被害人达成和解，能否代为履行和解内容呢？基于监护人的赔偿责任，法定代理人代为赔偿损失没有任何问题。但赔礼道歉具有较强的人身属性，体现了犯罪嫌疑人、被告人的悔罪态度，法定代理人可以以自己名义就管教不严等赔礼道歉，但该行为不代表未成年犯罪嫌疑人、被告人同时向被害人赔礼道歉。《法院解释》第589条第3款关于"被告人的法定代理人、近亲属依照前两款规定代为和解的，和解协议约定的赔礼道歉等事项，应当由被告人本人履行"的规定具有合理性，审查起诉阶段也应参照适用。A选项错误。

B选项考查刑事和解协议的协商事项。根据《检察规则》第495条规定，双方当事人可以就赔偿损失、赔礼道歉等民事责任事项进行和解，并且可以就被害人及其法定代理人或者近亲属是否要求或者同意公安机关、人民检察院、人民法院对犯罪嫌疑人依法从宽处理进行协商，但不得对案件的事实认定、证据采信、法律适用和定罪量刑等依法属于公安机关、人民检察院、人民法院职权范围的事宜进行协商。据此，本案中丙与乙可协商由乙确定赔偿损失的数额，但抢劫财物的价值（抢劫数额）对量刑会产生影响，不能由当事人协商确定，应由司法机关依法查明。B选项错误。

C选项考查检察院对刑事和解协议履行情况的查明义务。根据《刑事诉讼法》第290条规定，对于达成和解协议的案件，公安机关可以向人民检察院提出从宽处理的建议。人民检察院可以向人民法院提出从宽处罚的建议；对于犯罪情节轻微，不需要判处刑罚的，可以作出不起诉的决定。人民法院可以依法对被告人从宽处罚。据此，达成刑事和解协议可以为犯罪嫌疑人、被告人带来从宽处理的后果，但协议如不能得到履行，和解从宽就缺乏正当依据。对此，《法院解释》第593条第1款要求："和解协议约定的赔偿损失内容，被告人应当在协议签署后即时履行。"《检察规则》第503条第1款要求："人民检察院拟对当事人达成和解的公诉案件作出不起诉决定的，应当听取双方当事人对和解的意见，并且查明犯罪嫌疑人是否已经切实履行和解协议、不能即时履行的是否已经提供有效担保，将其作为是否决定不起诉的因素予以考虑。"C选项正确。

D选项考查无罪辩护的类型。本案中，辩护人认为"甲是趁乙不被夺取财物，未对乙采取其他行为"，即认为甲实际上实施的是抢夺行为，没有对被害人实施暴力、胁迫或其他强制方法，因而不构成抢劫罪。仅从客观要件层面看，辩护人实施的是认为只构成一个较轻的罪名而不构成指控的较重的罪名的一种辩护，即轻罪辩护。但是本案中甲仅有15岁，根据《刑法》第17条关于刑事责任年龄的规定，甲仅对犯"故意杀人、故意伤害致人重伤或者死亡、强奸、抢劫、贩卖毒品、放火、爆炸、投放危险物质罪"负刑事责任，对除此以外的行为不负刑事责任。换言之，辩护人认为甲实施的是抢夺行为，结合甲的年龄，其实际上做的是不应承担刑事责任的辩护。这是一种事实上的无罪辩护和法律上的无罪辩护的结合，即先认为甲事实上不存在暴力、胁迫或其他行为，后认为甲不应为抢夺行为承担刑事责任。D选项错误。

二、多项选择题

1. 答案：ABCD   难度：难

考点：强制医疗程序

命题和解题思路：本题设计了一个从公安机关立案侦查到上一级法院审查复议申请的刑事追诉转换为申请强制医疗的案例，考查强制医疗程序的三个知识点和不起诉的一个知识点。解答本题，考生应准确把握本案普通诉讼流程与强制医疗程序的衔接点，同时应注意强制医疗程序中对当事人基本权利的保障，把握侵害当事人基本权利的救济渠道和监督机制。

【选项分析】A选项考查审查起诉程序与强制医疗程序的衔接。根据题干内容，公安机关将朱某故意伤害案移送检察院审查起诉时，尚未认定朱某系依法不负刑事责任的精神病人。但检察院未对朱某案提起公诉，而是向法院提出强制医疗申请。根据《刑事诉讼法》第

302 条规定"实施暴力行为，危害公共安全或者严重危害公民人身安全，经法定程序鉴定依法不负刑事责任的精神病人，有继续危害社会可能的，可以予以强制医疗"，<u>本案中检察院认定朱某系依法不负刑事责任的精神病人，且符合予以强制医疗的条件</u>。根据《刑事诉讼法》第 16 条、177 条规定和《检察规则》第 543 条规定，<u>审查起诉中，犯罪嫌疑人经鉴定系依法不负刑事责任的精神病人的，人民检察院应当作出不起诉决定</u>。认为符合刑事诉讼法第 302 规定条件的，应当向人民法院提出强制医疗的申请。A 选项正确。

B 选项考查强制医疗的审理程序。审理强制医疗，不仅要保障被申请人或被告人的合法权利，还要保障被害人的合法权益，听取被害人的意见。根据 2021 年《法院解释》新增的第 635 条规定，<u>审理强制医疗案件，应当会见被申请人，听取被害人及其法定代理人的意见</u>。B 选项正确。

C 选项考查检察院对强制医疗的监督。检察机关的监督覆盖刑事诉讼活动全程，作为特别程序的强制医疗程序也概莫能外。根据 2019 年《检察规则》增加的第 545 条规定，人民检察院发现人民法院强制医疗案件审理活动具有下列情形之一的，<u>应当提出纠正意见：未通知被申请人或者被告人的法定代理人到场的；被申请人或者被告人没有委托诉讼代理人，未通知法律援助机构指派律师为其提供法律帮助的；未组成合议庭或者合议庭组成人员不合法的；未经被申请人、被告人的法定代理人请求直接作出不开庭审理决定的；未会见被申请人的；被申请人、被告人要求出庭且具备出庭条件，未准许其出庭的</u>……据此，C 选项正确。

D 选项考查强制医疗的复议程序。类似于第二审法院针对第一审法院"违反法律规定的诉讼程序，可能影响公正审判"的情形应裁定撤销原判、发回原审人民法院重新审判的规定，上一级法院审查针对强制医疗决定复议申请时，发现第一审法院存在严重违反法定程序的情况，也应发回重审。根据《法院解释》第 643 条第 3 项规定，<u>原审违反法定诉讼程序，可能影响公正审判的，应当撤销原决定，发回原审人民法院重新审判</u>。故本案中，市中级法院发回重审的裁定是正确的。D 选项正确。

2. 答案：AC　难度：难

考点：传闻证据规则

命题和解题思路：本题主要考查传闻证据的界定。2022 年主观题考查了传闻证据的界定，2023 年客观题考查了意见证据的界定，本题分别参考这两题的形式和内容进行设计。解答本题，应全面把握传闻证据的两种形式。准确判断证据是否属于证人向裁判者直接作出的陈述，可排除 B 选项；准确把握出庭人当庭陈述的证明对象，可排除 D 选项。

【选项分析】传闻证据规则，也称传闻证据排除规则，即法律排除传闻证据作为认定犯罪事实的根据的规则。根据这一规则，如无法定理由，任何人在庭审期间以外及庭审准备期间以外的陈述，不得作为认定被告人有罪的证据。所谓传闻证据，主要包括两种形式：<u>一是书面传闻证据，即亲身感受了案件事实的证人在庭审期日之外所作的书面证人证言及警察、检察人员所作的（证人）询问笔录；二是言词传闻证据，即证人并非就自己亲身感知的事实作证</u>，而是向法庭转述他从别人那里听到的情况。之所以排除传闻证据，主要理由：一是传闻证据有可能失真。传闻证据因具有<u>复述的性质</u>，可能因故意或过失导致转述错误或偏差。二是传闻证据无法接受交叉询问，无法在法庭上当面对质，真实性无法证实，也妨碍当事人权利的行使。三是传闻证据并非在裁判者面前的陈述。基于直接言词原则，证据调查应当在法庭上进行，以保证裁判官能够察言观色、辨明真伪。但对于传闻证据，由于裁判者未能直接听取原陈述人的陈述，无法观察原始证人作证时的表情和反应，因而很难判断真实性和准确性，故而予以排除。但综合我国刑事诉讼法相关规定来看，我国并没有规定传闻证据排除规则，只是部分地体现了该规则的精神。

A 选项中，记录乙在医院口述案发现场所见场景的音频，如同乙在庭审期日之外所作的书面证人证言。区别只是方式上由口述代替亲笔书写或询问记录，载体由音频数据代替纸张，但都未改变该证据是亲身感受案件事实的人在庭审之外所作的陈述这一本质。故 A 选项中的证据是传闻证据。A 选项正确。

B 选项中，根据《法院解释》第 253 条第 1 款规定，证人具有下列情形之一，无法出庭作证的，人民法院可以准许其不出庭：庭审期间身患严重疾病或者行动极为不便的；居所远离开庭地点且交通极为不便的；身处国外短期无法回国的；有其他客观原因，确实无法出庭的。具有这些情形的，可以通过视频等方式作证。本案中，乙通过视频连线陈述的内容系其亲身感受的内容。视频连线虽与当庭作证有所区别，但视频连线具有即时性，将证人作证与庭审现场实时连接。控辩双方不仅可以对乙进行询问，乙的实时陈述也直接呈现在裁判者面前。故 B 选项中的证据属于亲历者在庭审期日向法庭作出的陈述，不属于传闻证据。B 选项错误。

C 选项中，根据题干交代，丙被甲电话叫到现场顶罪，说明丙并非案发现场的亲历者，未见到甲酒后驾车撞倒人的过程。丙之所以知道甲酒后驾车撞倒了人，是因为甲叫丙来顶罪，把事情缘起告诉了丙。丙虽出庭作证，但其当庭陈述的案发经过也属于向法庭转述从别人那里听到的情况，具有复述的性质。故 C 选项中的证据是传闻证据，C 选项正确。需注意的是，如果丙当庭陈述的是"甲让丙顶罪"的经过，则该陈述属于"被要求顶罪"亲历者的当庭陈述，不属于传闻证据。

D 选项中，法庭依职权通知侦查人员丁出庭，系让其就讯问过程的合法性说明情况，故丁的当庭陈述应落脚到其眼见耳闻"甲系自愿陈述"，这是丁对讯问现场情况的亲身感知，而非转述"甲说过其到过案发现场。"再者，丁是收集证据的侦查人员，对于证明案件事实而言不具备证人身份，不能将其叙述的被告人所述内容作为认定案件事实的证据，否则每个案件的侦查人员都会因为了解案情成为证人。故 D 选项中的证据是侦查人员作为程序性事实的亲历者所作出的陈述，不属于传闻证据。D 选项错误。

3. 答案：AB　难度：中

考点：辩护人的权利和义务

命题和解题思路：本题设计了一个律师助理帮助犯罪嫌疑人隐匿证据、转移赃款的案例，考查辩护人的拒绝辩护权和保密义务，同时考查辩护人涉嫌帮助犯罪嫌疑人妨碍诉讼成立犯罪时的管辖。解答本题，应厘清犯罪嫌疑人、被告人与辩护人之间的拒绝辩护权的异同，如此可正确判断前两个选项。了解辩护人的保密权利和保密义务，可排除 C 选项；了解辩护人履职期间涉嫌犯罪的立案管辖特别规定，可排除 D 选项。

【选项分析】A 选项考查辩护人的拒绝辩护权。为了更好地维护被追诉人的合法权益，辩护人接受委托或指派后，不能随意拒绝为被追诉人辩护。辩护人的拒绝辩护权在特定情形下才产生。根据《律师法》第 32 条第 2 款规定，律师接受委托后，无正当理由的，不得拒绝辩护或者代理。但是，委托事项违法、委托人利用律师提供的服务从事违法活动或者委托人故意隐瞒与案件有关的重要事实的，律师有权拒绝辩护或者代理。本案中，当周某利用辩护人李某提供的服务从事违法活动，李某即有权拒绝辩护。A 选项正确。

B 选项考查被追诉人拒绝辩护人继续辩护的权利。《律师法》第 32 条第 1 款规定："委托人可以拒绝已委托的律师为其继续辩护或者代理，同时可以另行委托律师担任辩护人或者代理人。"《刑事诉讼法》第 45 条规定："在审判过程中，被告人可以拒绝辩护人继续为他辩护，也可以另行委托辩护人辩护"。《法院解释》第 311 条第 2 款规定："被告人当庭拒绝辩护人辩护，要求另行委托辩护人或者指派律师的，合议庭应当准许。被告人拒绝辩护人辩护后，没有辩护人的，应当宣布休庭；仍有辩护人的，庭审可以继续进行。"以上是规定被追诉人拒绝辩护人继续辩护的三个条款。既然委托辩护中辩护人系被追诉人或其近亲属自愿委托，且辩护人行使辩护权以维护被追诉人合法权益为核心，当被追诉人不愿该辩护人为其辩护时，当然享有解除委托辩护（即拒绝辩护人继续辩护）的权利。本案中，虽然犯罪嫌疑人周某系要求辩护人从事违法活动被拒，但不影响周某行使其拒绝辩护人继续辩护的权利。B 选项正确。

C 选项考查辩护人的保密权利和保密义务。实践中，辩护人更易取得被追诉人的信任，从而了解到被追诉人知晓但公安司法机关尚未掌握的案件信息。如果辩护人在公安司法机关面前不享有保密权利，对被追诉人不承担保密义务，那么辩护人与被追诉人之间的信任基础将丧失。根据《刑事诉讼法》第 48 条规定，辩护律师对在执业活动中知悉的委托人的有关情况和信息，有权予以保密。从保守委托人秘密的角度，辩护律师的这项权利同时也是其应当履行的义务。但是，辩护律师在执业活动中知悉委托人或者其他人，准备或者正在实施危害国家安全、公共安全以及严重危害他人人身安全的犯罪的，应当及时告知司法机关。本案中，辩护人李某知悉的信息并非应当及时告知司法机关的事项，故应对周某承担保密义务。C 选项错误。

D 选项考查辩护人涉嫌犯罪的立案管辖。根据《刑事诉讼法》第 44 条规定，辩护人或者其他任何人，不得帮助犯罪嫌疑人、被告人隐匿、毁灭、伪造证据或者串供，不得威胁、引诱证人作伪证以及进行其他干扰司法机关诉讼活动的行为。违反前款规定的，应当依法追究法律责任，辩护人涉嫌犯罪的，应当由办理辩护人所承办案件的侦查机关以外的侦查机关办理。根据《六机关规定》第 9 条规定，公安机关、人民检察院发现辩护人涉嫌犯罪，或者接受报案、控告、举报、有关机关的移送，依照侦查管辖分工进行审查后认为符合立案条件的，应当按照规定报请办理辩护人所承办案件的侦查机关的上一级侦查机关指定其他侦查机关立案侦查，或者由上一级侦查机关立案侦查。不得指定办理辩护人所承办案件的侦查机关的下级侦查机关立案侦查。据此，本案中，侦查本案的区公安局不得对辩护人代理本案时自身涉嫌的相关犯罪进行侦查，否则存在利害冲突。本案中的王某虽然是李某的律师助理，但其仍属于辩护人一方，其参与辩护涉嫌相关犯罪时，也应参照执行上述立案管辖规定。D 选项错误。

4. 答案：ABC　　难度：难

考点：速裁程序

命题和解题思路：本题考查刑事速裁程序的适用范围、审理和转处。解答本题，应全面掌握适用速裁程序的正向积极条件和反向否定情形。对于反向否定情形，除了掌握不适用速裁程序的各类情形，还应掌握已适用速裁程序审理但应转为普通程序或简易程序审理的各类情形。掌握赔偿事项、适用法律有无重大争议、被告人是否系未成年人等因素对适用速裁程序的影响，可准确判断前三个选项的正误；了解量刑建议调整对速裁程序的影响，可排除 D 选项。

【选项分析】由于速裁程序的庭前准备和庭审程序已作大幅简化，故应严格限定速裁程序的适用范围和适用条件。根据《刑事诉讼法》第 222 条、223 条和《法院解释》第 370 条规定，基层人民法院管辖的可能判处三年有期徒刑以下刑罚的案件，案件事实清楚，证据确实、充分，被告人认罪认罚并同意适用速裁程序的，可以适用速裁程序，由审判员一人独任审判。有下列情形之一的，不适用速裁程序：被告人是盲、聋、哑人，或者是尚未完全丧失辨认或者控制自己行为能力的精神病人的；被告人是未成年人的；案件有重大社会影响的；共同犯罪案件中部分被告人对指控的犯罪事实、罪名、量刑建议或者适用速裁程序有异议的；被告人与被害人或者其法定代理人没有就附带民事诉讼赔偿等事项达成调解或者和解协议的；辩护人作无罪辩护的；其他不宜适用速裁程序审理的。根据《法院解释》第 375 条规定，适用速裁程序审理案件，在法庭审理过程中，具有下列情形之一的，应当转为普通程序或者简易程序审理：被告人的行为可能不构成犯罪或者不应当追究刑事责任的；被告人违背意愿认罪认罚的；被告人否认指控的犯罪事实的；案件疑难、复杂或者对适用法律有重大争议的；其他不宜适用速裁程序的情形。综上可见，《法院解释》在《刑事诉讼法》规定的基础上增加了限制速裁程序适用的情形。

A 选项中，余某与郭某虽在审查起诉阶段达成和解，但余某未及时履行和解达成的赔偿义务，故郭某依然可以在审判阶段通过提起附带民事诉讼等方式向余某主张赔偿。郭某反悔不愿和解或调解，导致双方没有就附带民事诉讼赔偿等事项达成调解或者和解协议，本案不适用速裁程序。A 选项当选。

B 选项中，被告人的到案行为是否成立自首情节，是法律适用问题。本案中，控辩审三方对余某的到案是否成立自首产生很大分歧，即意味着对本案适用法律产生重大争议，应适用普通程序或简易程序审理。B 选项当选。

C 选项中，根据《法院解释》第 146 条第 2 款规定，证明被告人已满 12 周岁、14 周岁、16 周岁、18 周岁或者不满 75 周岁的证据不足的，应当作出有利于被告人的认定。从保障未成年被告人程序利益的角度，法院审理发现余某是否已满十八周岁的证据不足，即应从有利于被告人角度认定余某未满十八周岁，对余某按未成年人诉讼程序审理，不适用速裁程序。C 选项当选。

D 选项中，根据《法院解释》第 353 条规定，对认罪认罚案件，人民法院经审理认为量刑建议明显不当，或者被告人、辩护人对量刑建议提出异议的，人民检察院可以调整量刑建议。人民检察院不调整或者调整后仍然明显不当的，人民法院应当依法作出判决。适用速裁程序审理认罪认罚案件，需要调整量刑建议的，应当在庭前或者当庭作出调整；调整量刑建议后，仍然符合速裁程序适用条件的，继续适用速裁程序审理。据此，法院审理认为量刑建议的刑期偏重，并不会直接否定速裁程序的适用。D 选项不当选。

5. 答案：BCD　难度：难

考点：判处死刑立即执行案件复核后的处理

命题和解题思路：本题考查最高法院不予核准死刑并将案件发回重审后的审理程序，同时考查第二审裁判的生效时间。解答本题，应注意把握原审法院审理死刑复核发回重审案件与按审判监督程序重审案件、第二审法院发回重审案件在审判组织、再发回重审、二审开庭审理等方面的不同要求。掌握第二审法院原则上不得将最高法院发回重审的案件再发回第一审法院重审的要求，可排除 A 选项。

【选项分析】A 选项考查第二审法院重新审判时的发回重审。对于上诉、抗诉引起的二审案件和启动审判监督程序按第二审程序重新审理的案件，何种情况下发回第一审法院重审，刑诉法和《法院解释》有明确规定，即应当发回重审的第一审违反法定诉讼程序的案件和可以发回重审的第一审判决认定事实不清、证据不足的案件。而对于最高法院不予核准死刑而发回重审的案件，《法院解释》第 430 条前两款规定："最高人民法院裁定不予核准死刑的，根据案件情况，可以发回第二审人民法院或者第一审人民法院重新审判。对最高人民法院发回第二审人民法院重新审判的案件，第二审人民法院一般不得发回第一审人民法院重新审判。"虽然该条没有完全禁止第二审法院再将案件发回第一审法院重审，但根据该表述可知，原第二审法院审理死刑复核发回重审案件，可再将案件发回第一审法院重审的情形，应比一般的第二审程序或再审的第二审程序发回重审的情形把控更严。毕竟，从法律规定来看，最高法院不核准被告人死刑，依法可以发回第二审法院，也可以直接发回第一审法院重新审判。最高法院认为直接发回一审重审才能更好查清案件事实的，会直接发回一审重审。既然最高法院没有直接发回一审，而是发回二审重新审判，第二审法院就应切实履行二审的监督、纠错职能，依法作出判决或者裁定，原则上不得将案件发回原一审法院重新审判。本案系因原审量刑过重而发回二审法院的重审，第二审法院直接改判即可，不应再发回第一审法院重审。A 选项错误。

B 选项考查重新审判另行组成合议庭的例外。《刑事诉讼法》第 239 条和 256 条分别规定第一审法院对于第二审法院发回重新审判的案件、原审法院按照审判监督程序重新审判的案件，应当另行组成合议庭进行。但未对最高法院死刑复核后发回原审法院重新审判案件的合议庭组成作出规定。根据《法院解释》第 432 条规定，最高人民法院裁定不予核准死刑，发回重新审判的案件，原审人民法院应当另行组成合议庭审理，但本解释 429 条第 4 项、第 5 项规定的案件除外。又根据《法院解释》第 429 条第 4、5 项规定，最高人民法院复核死刑案件，复核期间出现新的影响定罪量刑的事实、证据的，应当裁定不予核准，并撤销原判，发回重新审判；原判认定事实正确、证据充分，但依法不应当判处死刑的，应当裁定不予核准，并撤销原判，发回重新审判；根据案件情况，必要时，也可以依法改判。综上，对于出现新的证据而非原审合议庭错误裁判的情形和事实认定正确可直接改判的情形，原审法院无需另行组成合议庭，由原合议庭继续审理，可在保障案件审理质量的同时提高审理效率。B 选项正确。

C 选项考查死刑复核案件发回第二审法院重审的审理方式。根据《法院解释》第 430 条规定，最高人民法院裁定不予核准死刑的，根据案件情况，可以发回第二审人民法院或者第一审人民法院重新审判。对最高人民法院发回第二审人民法院重新审判的案件，第二审人民法院一般不得发回第一审人民法院重新审判。第一审人民法院重新审判的，应当开庭审理。第二审人民法院重新审判的，可以直接改判；必须通过开庭查清事实、核实证据或者纠正原审程序违法的，应当开庭审理。本案发回省高级法院重新审判后，直接对原判的死刑进行改判即可，故可不开庭审理。C 选项正确。

D 选项考查第二审裁判的生效时间。2021 年《法院解释》新增 413 条第 3 款规定："第二审判决、裁定是终审的判决、裁定的，自宣告之日起发生法律效力。"本案发回省高级法院重新审判后，省高级法院作出的改判判决是第二审判决，改判后的刑罚不再是死刑立即执行，故该判决自宣告之日起发生法律效力。D 选项正确。

6. 答案：BC　难度：难

考点：认罪认罚案件的审查起诉、审理

命题和解题思路：本题主要考查认罪认罚案件审查起诉和审理，涉及办理认罪认罚案件听取意见、量刑监督、速裁案件发回重审和撤回上诉共 4 个知识点。解答本题，需注意有关认罪认罚从宽制度的规定涉及多个司法解释和规范性文件，应贯通掌握和运用。掌握检察院对量刑建议不同意见的处理方式，可排除 A 选项；掌握第二审法院准许撤回上诉的情形，可排除 D 选项。

【选项分析】A 选项考查检察院办理认罪认罚案件听取意见及对不同意见的处理。根据

《检察院认罪认罚量刑建议指导意见》第25条规定，人民检察院应当充分说明量刑建议的理由和依据，听取犯罪嫌疑人及其辩护人或者值班律师对量刑建议的意见。犯罪嫌疑人及其辩护人或者值班律师对量刑建议提出不同意见，或者提交影响量刑的证据材料，人民检察院经审查认为犯罪嫌疑人及其辩护人或者值班律师意见合理的，应当采纳，相应调整量刑建议，审查认为意见不合理的，应当结合法律规定、全案情节、相似案件判决等作出解释、说明。本案中，尽管检察院提出的适用缓刑的量刑建议对尹某足够有利，但不能因此无视辩护人的意见，更何况缓刑也存在刑期和考验期的长短之别。A选项错误。

B选项考查检察院对认罪认罚案件量刑的监督。根据《检察院认罪认罚量刑建议指导意见》第39条规定，认罪认罚案件中，人民法院采纳人民检察院提出的量刑建议作出判决、裁定，被告人仅以量刑过重为由提出上诉，因被告人反悔不再认罪认罚致从宽量刑明显不当的，人民检察院应当依法提出抗诉。因被告人反悔不认罚导致"从宽"的前提和基础不复存在，此时检察机关对符合抗诉条件的案件提出抗诉，是履行法律监督职责的体现。当然，此时检察机关的抗诉是一种程序性权利，效力在于启动二审，最终需要二审法院经过审理来确认被告人是否确属无正当理由上诉、一审判决是否不当。需要强调的是，并非对所有被告人反悔上诉的情形，检察机关都要提出抗诉，只有量刑明显不当属于量刑确有错误，才符合法律和司法解释规定的抗诉条件。缓刑与监禁刑存在明显差别，检察院认为不应再适用缓刑，显然属于被告人反悔不再认罪认罚致从宽量刑明显不当，故检察院应依法提出抗诉。B选项正确。

C选项考查认罪认罚案件的二审发回重审。根据两高三部《关于适用认罪认罚从宽制度的指导意见》第45条规定，被告人不服适用速裁程序作出的第一审判决提出上诉的案件，可以不开庭审理。第二审人民法院审查后，按照下列情形分别处理：其一，发现被告人以事实不清、证据不足为由提出上诉的，应当裁定撤销原判，发回原审人民法院适用普通程序重新审理，不再按认罪认罚案件从宽处罚；其二，发现被告人以量刑不当为由提出上诉的，原判量刑适当的，应当裁定驳回上诉，维持原判；原判量刑不当的，经审理后依法改判。本案中，尹某以量刑过重为由提出上诉，第二审法院本可不发回重审，但其审理认为原判认定事实不清。这种情况下，第二审法院可以在查清事实后改判，也可裁定撤销原判，发回重审。根据《法院解释》第377条规定，适用速裁程序审理的案件，第二审人民法院依照刑事诉讼法第236条第1款第3项的规定发回原审人民法院重新审判的，原审人民法院应当适用第一审普通程序重新审判。C选项正确。

D选项考查第二审法院准许撤回上诉的情形。根据《法院解释》第383条第1、2款规定，上诉人在上诉期限内要求撤回上诉的，人民法院应当准许。上诉人在上诉期满后要求撤回上诉的，第二审人民法院经审查，认为原判认定事实和适用法律正确，量刑适当的，应当裁定准许；认为原判确有错误的，应当不予准许，继续按照上诉案件审理。本案中，第二审法院审查认为原判认定事实不清，即原判存在错误，应当不予准许撤回上诉的要求。D选项错误。

7. 答案：CD　　难度：中

考点：取保候审；拘传；司法拘留

命题和解题思路：本题综合考查强制措施中拘传、取保候审、拘留和逮捕的适用。解答本题，应厘清本案中被追诉人被采取强制措施或其他措施的脉络，即"拘传—取保候审—司法拘留—逮捕"。准确把握拘传持续时间的限制，可排除A选项；了解异地执行取保候审的送交执行程序，可排除B选项。

【选项分析】A 选项考查拘传持续时间的限制。根据《刑事诉讼法》第 119 条第 2 款和第 3 款规定，传唤、拘传持续的时间不得超过十二小时；案情特别重大、复杂，需要采取拘留、逮捕措施的，传唤、拘传持续的时间不得超过二十四小时。不得以连续传唤、拘传的形式变相拘禁犯罪嫌疑人。据此，拘传持续时间被限制为 12 小时，但案情特别重大、复杂，需要采取拘留、逮捕措施的，经县级以上公安机关负责人批准，拘传持续时间不得超过 24 小时。本案的案情并非特别重大、复杂，公安机关也没有拘留或提请批准逮捕的计划，故拘传丁某持续的时间不得超过 12 小时。A 选项错误。

B 选项考查异地执行取保候审的送交执行程序。根据《关于取保候审若干问题的规定》第 14、15 条规定，公安机关决定取保候审的，在核实被取保候审人已经交纳保证金后，应当将取保候审决定书、取保候审执行通知书和其他有关材料一并送交执行。公安机关决定取保候审的，应当及时通知被取保候审人居住地的派出所执行。被取保候审人居住地在异地的，应当及时通知居住地公安机关，由其指定被取保候审人居住地的派出所执行。必要时，办案部门可以协助执行。据此，由于异地（居住地）的派出所并非侦办本案的公安机关的派出机构，故通知异地公安机关进行指定更为妥当。B 选项错误。

C 选项考查法院决定继续取保候审的程序。根据《法院解释》第 147 条和 162 条规定，人民法院根据案件情况，可以决定对被告人拘传、取保候审、监视居住或者逮捕。对被告人采取、撤销或者变更强制措施的，由院长决定；决定继续取保候审、监视居住的，可以由合议庭或者独任审判员决定，应当重新办理手续，期限重新计算；继续使用保证金保证的，不再收取保证金。据此，强制措施的采取、撤销或者变更涉及对被告人人身自由的限制或剥夺，应当十分慎重。法院阶段变更强制措施，本应由院长决定为宜，但为提高案件办理的质效，只规定由院长决定已不适应当前司法体制改革的要求。故 2021 年《法院解释》对于法院继续沿用取保候审、监视居住这两类非羁押强制措施，交由合议庭或独任审判员决定。C 选项正确。

D 选项考查法院对严重扰乱法庭秩序者的司法拘留。司法拘留是指在刑事诉讼、民事诉讼、行政诉讼过程中，对于严重妨碍诉讼程序顺利进行的诉讼参与人以及其他人员采用的一种强制性处分。司法拘留由人民法院决定，并由人民法院的司法警察执行，然后交公安机关有关场所看管。本案中，丁某的行为系严重妨碍诉讼程序的行为。根据《刑事诉讼法》第 199 条规定，在法庭审判过程中，如果诉讼参与人或者旁听人员违反法庭秩序，审判长应当警告制止。对不听制止的，可以强行带出法庭；情节严重的，处以一千元以下的罚款或者十五日以下的拘留。罚款、拘留必须经院长批准。对聚众哄闹、冲击法庭或者侮辱、诽谤、威胁、殴打司法工作人员或者诉讼参与人，严重扰乱法庭秩序，构成犯罪的，依法追究刑事责任。故本案中，法院可以决定对丁某处以 15 日以下的拘留，这里的拘留是司法拘留，法院无权对丁某刑事拘留。以《刑事诉讼法》第 71 条和 81 条规定为基础，根据《法院解释》第 164 条第 4 项规定，打击报复、恐吓滋扰被害人、证人、鉴定人、举报人、控告人等的，法院应当决定逮捕。本案中，法院对丁某先后决定司法拘留和逮捕，均有法律依据，两者可以先后衔接适用。D 选项正确。

三、不定项选择题

1. 答案：ACD 　难度：难

考点：羁押必要性审查、评估

命题和解题思路：本题依据 2024 年大纲新增考点命制，考查羁押必要性审查制度的最新规定。2023年11月，最高人民检察院、公安部联合发布了《人民检察院、公安机关羁押必要性审查、评估工作规定》（以下简称《规定》），该规定立足近年来的逮捕羁押实践，围绕规范羁押强制措施适用、依法保障在押人员及被害人合法权益、保障刑事诉讼活动顺利进行等目标，对检察机关、公安机关开展羁押必要性审查、评估工作的职责分工、启动程序、内容方式、标准把握、监督管理等作出规定。解答本题，应注意除承担羁押必要性审查职责的检察院之外，还应关注公安机关和其他检察院应承担的职责或注意的事项。了解其他检察院收到羁押必要性审查申请的处理方式，可排除B选项。

【选项分析】 A选项考查公安机关开展羁押必要性评估工作的职责。《规定》一方面继续完善检察机关羁押必要性审查制度，另一方面新建公安机关羁押必要性评估制度。《规定》第1条第2款规定："公安机关在移送审查起诉前，发现采取逮捕措施不当或者犯罪嫌疑人及其法定代理人、近亲属或者辩护人、值班律师申请变更羁押强制措施的，应当对羁押的必要性进行评估。不需要继续羁押的，应当及时决定释放或者变更强制措施。"第6条第3款规定："公安机关根据案件侦查情况，可以对被逮捕的犯罪嫌疑人继续采取羁押强制措施是否适当进行评估"第26条第1款规定："公安机关提请人民检察院审查批准延长侦查羁押期限，应当对继续羁押的必要性进行评估并作出说明。"综上可见，《规定》对不同情况下公安机关进行羁押必要性评估作出了要求。本案侦查阶段高某申请变更逮捕为取保候审，应向侦查机关甲县公安局提出，甲县公安局应对被逮捕的高某进行羁押必要性评估。A选项正确。

B选项考查其他检察院、公安机关收到羁押必要性审查后的处理方式。根据《检察规则》第576条第2款和新规第10条第3款规定，其他人民检察院、公安机关收到申请的，应当告知申请人向负责案件办理的人民检察院、公安机关提出申请，或者在二日以内将申请材料移送负责案件办理的人民检察院、公安机关，并告知申请人。由此可见，其他检察院收到羁押必要性审查申请，其他公安机关收到强制措施变更申请，要么告知申请人向谁提出，要么帮申请人移送材料，而不能自行初审。本项中的迷惑点是高某被乙县看守所关押，那么监督乙县看守所的乙县检察院似乎可对高某的羁押必要性进行审查，这么认为就错了。B选项错误。

C选项考查异地羁押案件的羁押必要性审查。如前所述，无论本地羁押还是异地羁押，都应由负责案件办理的检察院、公安机关进行羁押必要性审查、评估。为提供案件办理的效率和便利度，《规定》第4条第3款规定："犯罪嫌疑人、被告人在异地羁押的，羁押地人民检察院、公安机关应当予以配合。"C选项正确。

D选项考查羁押必要性审查过程中公安机关的协助义务。根据《检察规则》第578条和新规第12条规定，开展羁押必要性审查、评估工作，应当全面审查、评估犯罪嫌疑人、被告人涉嫌犯罪事实、主观恶性、悔罪表现、案件进展情况、可能判处的刑罚、身体状况、有无社会危险性和继续羁押必要等因素。也即，在羁押必要性审查、评估工作中，需要审查被羁押人是否具有社会危险性的相关证据。对此，《规定》第14条作出规定："审查、评估犯罪嫌疑人、被告人是否有继续羁押的必要性，可以采取自行或者委托社会调查、开展量化评估等方式，调查评估情况作为作出审查、评估决定的参考。犯罪嫌疑人、被告人是未成年人的，经本人及其法定代理人同意，可以对未成年犯罪嫌疑人、被告人进行心理测评。公安机关应当主动或者按照人民检察院要求收集、固定犯罪嫌疑人、被告人是否具有社会危险性的证据。"由此可见，检察院开展羁押必要性审查，可对公安机关提出收集、固定相关证据的要求。D选项正确。

2025 国家统一法律职业资格考试 **客观 400 题**（上册）

2. 答案：AB   难度：难

考点：未成年人刑事案件诉讼程序

命题和解题思路： 本题考查检察机关办理未成年人刑事案件的特别程序规定，涉及审查逮捕的要求、亲属会见、未成年人刑事案件适用认罪认罚从宽制度和附条件不起诉的适用条件共四个知识点。解答本题，需全面、准确把握办理未成年人刑事案件的特别注意之处。需知未成年犯罪嫌疑人、被告人必须有辩护人进行辩护，值班律师不可代替辩护人履职，可排除 C 选项；熟记附条件不起诉的罪名条件，可排除 D 选项。

【选项分析】A 选项考查对未成年人的审查逮捕。对未成年犯罪嫌疑人、被告人采取强制措施时，要慎重对待，尽量不采用或少采用强制措施，尤其是长时间的羁押措施。为严格限制逮捕措施的适用，相关规定对审查逮捕未成年犯罪嫌疑人的程序进行了规范。根据《人民检察院办理未成年人刑事案件的规定》第 14~16 条规定，审查内容方面，其一，应当重点审查其是否已满 14、16、18 周岁。对犯罪嫌疑人实际年龄难以判断，影响对该犯罪嫌疑人是否应当负刑事责任认定的，应当不批准逮捕。其二，应当审查公安机关依法提供的证据和社会调查报告等材料。公安机关没有提供社会调查报告的，人民检察院根据案件情况可以要求公安机关提供，也可以自行或者委托有关组织和机构进行调查。其三，应当注意是否有被胁迫、引诱的情节，是否存在成年人教唆犯罪、传授犯罪方法或者利用未成年人实施犯罪的情况。据此，本项中，检察院审查逮捕小傅，要求公安机关补交社会调查报告的做法正确。A 选项正确。

B 选项考查未成年人刑事案件审查起诉阶段的亲属会见。根据《人民检察院办理未成年人刑事案件的规定》第 24 条和 25 条规定，移送审查起诉的案件具备以下条件之一，且其法定代理人、近亲属等与本案无牵连的，经公安机关同意，检察人员可以安排在押的未成年犯罪嫌疑人与其法定代理人、近亲属等进行会见、通话……在押的未成年犯罪嫌疑人同其法定代理人、近亲属等进行会见、通话时，检察人员应当告知其会见、通话不得有串供或者其他妨碍诉讼的内容。会见、通话时检察人员可以在场。综上可见，未成年人刑事案件办案过程中的亲属会见不同于辩护人会见，这既是给予未成年人及其家属的特别权利，也是检察机关办案的需要，属于检察机关开展未成年人刑事检察工作的一部分。故检察院可根据具体情况派检察人员在场。B 选项正确。

C 选项考查未成年犯罪嫌疑人签署认罪认罚具结书。根据《刑事诉讼法》第 174 条和《检察规则》第 467、468 条规定，未成年犯罪嫌疑人认罪认罚的，人民检察院应当告知本人及其法定代理人享有的诉讼权利和认罪认罚的法律规定，并依照刑事诉讼法第 173 条的规定，听取、记录未成年犯罪嫌疑人及其法定代理人、辩护人、被害人及其诉讼代理人的意见。未成年犯罪嫌疑人认罪认罚的，应当在法定代理人、辩护人在场的情况下签署认罪认罚具结书。法定代理人、辩护人对认罪认罚有异议的，不需要签署具结书。根据《刑事诉讼法》第 278 条规定，未成年犯罪嫌疑人、被告人没有委托辩护人的，人民法院、人民检察院、公安机关应当通知法律援助机构指派律师为其提供辩护。故对于未成年人认罪认罚的案件，不存在值班律师在场把关一说，无论是委托辩护还是法律援助辩护，必须保证未成年人有辩护人进行辩护，故只可能是法定代理人、辩护人对未成年人认罪认罚有异议。C 选项错误。

D 选项考查附条件不起诉的适用条件。根据《刑事诉讼法》第 282 条第 1 款规定，对于未成年人涉嫌刑法分则第四章、第五章、第六章规定的犯罪，可能判处一年有期徒刑以下刑罚，符合起诉条件，但有悔罪表现的，人民检察院可以作出附条件不起诉的决定。人民检察院在作出附条件不起诉的决定以前，应当听取公安机关、被害人的意见。本案中，小傅涉嫌的是刑法分则第二章（危害公共安全罪）规定的交通肇事罪，不在附条件不起诉适用的罪名范围内。D 选项错误。

3. 答案：ABD 难度：难

考点：法庭调查的程序；查封、扣押、冻结财物及其处理

命题和解题思路：本题考查法庭调查程序和涉案财物的处理，其中法庭调查程序包括讯问被告人、涉案财物的法庭调查及案外人参与。解答本题，需全面把握刑事涉案财物的处理程序，了解涉案财物处理中控方的责任、辩方及案外人的权利和法院的职责。了解涉案财物权属争议的案外人参与诉讼的程序，可排除 C 选项。

【选项分析】A 选项考查举证、质证环节的讯问被告人。根据《法院解释》第 242 条前 2 款规定，对被告人的讯问、发问集中于法庭调查阶段宣读起诉书、对起诉书答辩后的对出庭人证进行调查的环节。但在证据较多、案情较为复杂的案件中，公诉人在讯问环节涉及大量与证据有关的细节问题，会影响庭审节奏，且公诉人讯问与相关证据之间的关联性也难以体现，其讯问的针对性不强。2021 年《法院解释》吸收《法庭调查规程》的相关规定，新增第 242 条第 3 款规定：“<u>根据案件情况，就证据问题对被告人的讯问、发问可以在举证、质证环节进行。</u>”A 选项正确。

B 选项考查公诉人针对应追缴的涉案财物进行举证。为强化产权司法保护，2021 年《法院解释》充实了涉案财物的相关规定，要求对定罪量刑和涉案财物处理并重。根据《法院解释》第 279 条第 1 款和第 3 款规定，法庭审理过程中，<u>应当对查封、扣押、冻结财物及其孳息的权属、来源等情况，是否属于违法所得或者依法应当追缴的其他涉案财物进行调查，由公诉人说明情况、出示证据、提出处理建议</u>，并听取被告人、辩护人等诉讼参与人的意见。经审查，不能确认查封、扣押、冻结的财物及其孳息属于违法所得或者依法应当追缴的其他涉案财物的，不得没收。<u>据此，如检察院建议没收被查封、扣押、冻结的财物，公诉人对此应说明情况，出示证据</u>。法院审查确认该财物属于违法所得或其他应追缴的涉案财物（比如犯罪工具），才可没收。B 选项正确。

C 选项考查关于案外人对涉案财物提出权属异议的处理。根据《法院解释》第 279 条第 2 款规定，<u>案外人对查封、扣押、冻结的财物及其孳息提出权属异议的，人民法院应当听取案外人的意见；必要时，可以通知案外人出庭</u>。如此规定，一方面明确要求听取对涉案财物提出权属异议的案外人的意见，以落实《中办、国办涉案财物处置意见》的要求；另一方面，没有必要在所有涉及案外人的案件中一律通知到庭，且《中办、国办涉案财物处置意见》只是要求人民法院应当“通知其参加诉讼”但并未要求“通知其参加庭审”，故规定为“必要时，可以通知案外人出庭”。故本案中，法院应听取刘某的意见，但不一定要通知刘某出庭。C 选项错误。

D 选项考查对未处理涉案财物的后续处理。根据《法院解释》第 446 条第 2 款规定，<u>判决生效后，发现原判未对随案移送的涉案财物及其孳息作出处理的，由原审人民法院依法对涉案财物及其孳息另行作出处理</u>。据此，如生效判决未对随案移送的涉案财物作出处理，应由原审法院另行作出处理，无需启动再审程序纠正。D 选项正确。

第二套

第一部分 试题

一、单项选择题

1. 艾某强奸案审判期间，值班律师甲先为艾某提供帮助，法律援助律师乙后为艾某辩护。乙将作为证据材料移送法院的讯问录像在网络披露，之后艾某的妻子委托辩护人丙为艾某辩护。关于本案的处理，下列哪一选项是正确的？
   A. 甲查阅本案案卷材料，需经法院许可
   B. 乙无权查阅作为证据材料移送的讯问录像
   C. 法院可建议司法行政机关对乙进行处罚
   D. 法院应确定丙为艾某的辩护人

2. 公安机关侦查发现贾某利用境外服务器向组织卖淫的"客户"发送信息，于是对该服务器进行网络远程勘验，在勘验中对服务器流转的通讯记录进行实时监控，提取到通讯信息的相关数据。关于本案的处理，下列哪一选项是正确的？
   A. 公安机关在网络远程勘验中监控通讯记录，无需另行审批
   B. 法院对通讯信息中的暗语不甚理解，可要求公安机关进行说明
   C. 法院应依照"勘验笔录的审查与认定"的相应规定对通讯信息进行审查
   D. 法院不得在判决中表述实时监控通讯记录所使用的技术方法

3. 某地市场监管局主要依据 H 公司的总经理黄某的陈述对销售伪劣产品的 H 公司作出行政处罚决定。刑事庭审中，胡某作证称，"在黄某办公室外听到其对别人说知道产品的事，其意思应该是知道被调查的产品是假的"。鉴于销售记录表对 H 公司比较重要，检察院在庭审中出示了复制件。关于本案的处理，下列哪一选项是正确的？
   A. 行政处罚决定书可作为黄某供述的补强证据
   B. 胡某上述第一句陈述属于传闻证据
   C. 胡某上述第二句陈述不得作为证据使用
   D. 销售记录表的复制件可用于定案

4. 某区检察院在侦查终结前核查某重大案件讯问的合法性，发现陈某的某次供述系刑讯逼供取得。审查起诉期间，区公安局未按区检察院要求提供该案黄某某次供述的讯问录像，李某的某次供述被区检察院认定系严重刑讯逼供取得。区检察院最后对该案提起公诉。关于本案的处理，区检察院的下列哪一做法是正确的？
   A. 应依法排除上述陈某的供述
   B. 不得将上述黄某的供述作为提起公诉的依据
   C. 应将上述李某的供述随案移送至区法院
   D. 可决定对讯问李某的侦查人员立案侦查

5. X 县法院对居住地在 Y 县的尹某变更强制措施为取保候审。期间，法院发现尹某的保证人何某未履行保证义务，遂改用保证金保证。法院最后对尹某判处缓刑。关于本案的处

理，下列哪一选项是正确的？

  A. 由 X 县公安局通知 Y 县公安局处理执行事宜

  B. X 县法院对何某处以罚款

  C. Y 县公安局批准尹某离开 Y 县前，应征得 X 县公安局同意

  D. 法院对尹某案宣判后，取保候审自动解除

  6. 梁某和林某过失致孙某重伤，分别被检察院决定起诉和不起诉。庭前会议中，法院认为梁某成立正当防卫，孙某对梁某提起附带民事诉讼。宣判前，检察院认定二人系正当防卫，法院准许撤回起诉。关于本案的处理，下列哪一选项是正确的？

  A. 法院可在庭前会议中建议检察院撤回起诉

  B. 法院应告知孙某可对林某一并提起附带民事诉讼

  C. 法院可对附带民事诉讼分案审理并作出判决

  D. 检察院可对林某维持不起诉决定

  7. 某地市场监管局调查发现某企业非法经营和逃税涉嫌犯罪，遂将案件移送公安局。公安局审查认为非法经营部分材料不全，逃税部分不属于其职责范围。公安局经调查核实决定不予立案后，发现该案需追究刑事责任。关于本案的处理，公安局的下列哪一做法是正确的？

  A. 针对材料不全问题，可将案件退回市场监管局补齐

  B. 应将逃税案件移送税务机关

  C. 调查核实期间，可对企业办公现场进行勘查

  D. 应撤销不予立案决定

  8. 余某、吴某因通过网络传播其编造的赵某出轨传闻被立案侦查。检察院起诉后发现两人行为未严重危害社会秩序，遂撤回起诉。而后，赵某认为余某的行为情节严重，对其提起自诉。关于本案的处理，下列哪一选项是正确的？

  A. 针对检察院的起诉，法院应裁定终止审理

  B. 针对赵某的自诉，法院应追加吴某为被告人

  C. 赵某提起自诉后，提供证据确有困难，法院可要求检察机关提供协助

  D. 法院可对赵某自诉案进行调解

  9. 程某在五年前通过诈骗手段取得刘某的轿车和他人的珠宝、名表、50 万元款项等，并将款项全部用于支付购房首付款。如今案发，涉案财物被查封、扣押和冻结，但法院的生效判决未对珠宝作出处理，也无人认领名表。对此，法院的下列哪一做法是正确的？

  A. 判决前将轿车返还刘某

  B. 将房产追缴

  C. 判决后即将无人认领的名表上缴国库

  D. 启动再审对珠宝作出处理

  10. 在高某缺席审判案的审查起诉中，检察院发现该案尚无高某已出境的证据，也无辩护人为高某辩护。法院审理认为高某犯罪事实清楚，但其不符合国家工作人员这一受贿罪的主体要件。关于本案的处理，下列哪一选项是正确的？

  A. 检察院应通知法律援助机构指派律师为高某辩护

  B. 检察院应自行补充收集高某已出境的证据

C. 参加诉讼的高某之妻可在法庭上出示证明高某任职的证据

D. 法院可按照审理认定的罪名作出判决

二、多项选择题

1. 王某利用网络平台对十余人实施诈骗，案发后被移送审查起诉，检察院认定某账户主要用于接收诈骗所得资金，但无法与三名在境外的被害人取得联系并逐笔核实转账数额。关于本案的处理，检察院的下列哪些做法是正确的？

A. 如远程询问异地被害人，应对询问过程同步录音录像

B. 如向网络平台调取王某的通讯记录，应制作调取证据通知书

C. 可按照该账户接收的资金数额认定诈骗数额

D. 应在审查相关证据材料后对诈骗所得资金作出处理

2. 下列哪些做法体现了刑事诉讼的效率理念？

A. 某法官在某天下午对八件速裁案件集中开庭，逐案审理

B. 某法院在对原审被告人依照审判监督程序重新进行一审时，发现其还有漏罪被起诉至本院，遂并案审理

C. 某检察院对涉嫌盗窃罪的某未成年人决定附条件不起诉

D. 某认罪认罚案件事实清楚，证据确实充分，法官独任审理判处被告人有期徒刑 3 年 2 个月

3. 因犯诈骗罪被 H 县法院判处有期徒刑 6 年的祁某，在 I 县服刑期间被发现曾在 I 县犯下的抢劫罪行未被追诉。法院审理发现祁某向监管人员主动交代漏罪的行为未被认定。关于本案的处理，下列哪些选项是正确的？

A. 公安机关讯问祁某，应在其执法办案场所的讯问室进行

B. 祁某抢劫案可由 I 县法院进行审判

C. 证明祁某具有累犯情节的证据材料，应包括其犯诈骗罪的判决书

D. 法院应要求监管机关提供证明材料或监管人员作证

4. 检察院对涉嫌故意伤害罪的王某适用认罪认罚从宽。庭前审查阶段，由于王某与被害人终于达成刑事和解，检察院认为应调低量刑建议。法院对王某适用速裁程序审理，但宣判前王某又否认犯罪事实。关于本案的处理，下列哪些选项是正确的？

A. 检察院起诉前应积极促使王某与被害人自愿达成和解

B. 检察院起诉时可建议法院适用速裁程序

C. 检察院调整量刑建议应在庭前或当庭提出

D. 法院最后应转为普通程序审理该案

5. M 市 N 县检察院认为 N 县法院对沈某重罪轻判而提出抗诉。二审开庭前，沈某病故，M 市检察院同时以抗诉不当为由撤回抗诉，M 市中级法院审查认为对沈某定罪的证据不足。关于本案的处理，下列哪些选项是正确的？

A. N 县检察院提出抗诉，应报请 M 市检察院批准

B. M 市检察院撤回抗诉前，应听取 N 县检察院意见

C. M 市中级法院应不予准许 M 市检察院撤回抗诉

D. M 市中级法院应继续对沈某缺席审理

6. 王某因犯故意杀人罪被 H 省 I 市中级法院的生效判决判处无期徒刑。服刑期间，王某直接向 H 省高级法院申诉表示其因受到他人威胁而替"真凶"顶罪。后经 H 省高级法院指定 J 市中级法院审查，两级法院均认为王某所述有合理理由。关于本案的处理，下列哪些选项是正确的？

A. H 省高级法院可告知王某向 I 市中级法院提出申诉

B. J 市中级法院可听取 I 市检察院的意见

C. J 市中级法院可根据审查结论决定启动再审

D. 再审期间，法院可决定中止原判决的执行

7. 检察院对涉嫌抢夺罪的陆某作出附条件不起诉决定，其母卢某对所附矫治措施有异议，被害人吴某不服该决定。考验期满后，检察院对陆某作出不起诉决定。关于本案的处理，下列哪些选项是正确的？

A. 检察院前后两次作出不起诉决定前，都应听取吴某的意见

B. 检察院应告知吴某不能向法院提起自诉

C. 若卢某的不同意见不利于对陆某的帮教，检察院应作出起诉决定

D. 若陆某以后向检察院申请出具无犯罪记录证明，检察院可不开具

三、不定项选择题

1. 雷某自愿认罪认罚后被批准逮捕。直至起诉前，雷某一直无辩护人辩护，其始终表示认罪认罚，但因无力赔偿被害人损失而未取得谅解。检察院最终对雷某提出有期徒刑 3 年的量刑建议。关于本案的处理，检察院的下列做法正确的是：

A. 审查逮捕时应考虑雷某认罪认罚的情况

B. 审查逮捕时应通知值班律师为雷某提供帮助

C. 应与雷某就有期徒刑 3 年的量刑建议协商一致

D. 审查起诉时不应对雷某适用认罪认罚从宽制度

2. 在某寻衅滋事案审判中，被告人贺某认罪，但因对损坏财物的价格鉴定意见有异议而不认罚，对此，法院主动通知鉴定人出庭。法庭辩论环节，公诉人当庭发表调低起诉书量刑建议的意见。关于本案的处理，下列选项错误的是：

A. 鉴定人陈述后，应由贺某先向鉴定人发问

B. 针对专业性较强的问题，可以诱导方式向鉴定人发问

C. 法庭辩论时，法庭应指引控辩双方主要围绕被损坏财物价格问题进行

D. 法院应要求检察院在指定时间内以书面方式变更量刑建议

3. 某省高级法院复核骆某死刑缓期执行案期间，骆某没有委托辩护人，其因打伤他人又被立案侦查。死刑缓期执行期间，骆某被某中级法院以犯故意伤害罪判处有期徒刑 8 年。关于本案的处理，下列选项正确的是：

A. 高级法院复核期间，应通知法律援助机构指派律师为骆某辩护

B. 骆某故意伤害案应由服刑地中级法院审判

C. 骆某犯故意伤害罪情节恶劣，法院应呈报最高法院核准执行死刑

D. 法院在判处骆某有期徒刑 8 年时，应决定执行死刑缓期执行

第二部分　答案详解

一、单项选择题

1. 答案：C　　难度：难

考点：辩护

命题和解题思路： 本题综合考查 2021 年《法院解释》关于辩护的新增规定，同时考查考生对《法律援助法》相关内容的理解和运用。解答本题，注意值班律师的律师身份，就会明白 A 选项中值班律师行使相同权利应参照律师辩护人的相关规定；把握案卷材料的组成内容，可知 B 选项中作为证据材料的讯问录像至少属于律师的查阅范围；辩护权源于被告人，由此可知被告人对于辩护人有最终选择权，可排除 D 选项的干扰。

【选项分析】 A 选项考查值班律师的阅卷权。值班律师不具有辩护人的身份，其主要为被追诉人提供法律帮助。为了尽可能保证值班律师法律帮助的效果，《法律援助法》第 37 条规定，法院、检察院、公安机关应当保障值班律师依法提供法律帮助，告知没有辩护人的犯罪嫌疑人、被告人有权约见值班律师，并依法为值班律师了解案件有关情况、阅卷、会见等提供便利。据此，值班律师享有阅卷权。那么值班律师阅卷是否需经法院许可？根据《法院解释》第 53 条第 3 款规定，值班律师查阅案卷材料，适用辩护人查阅案卷材料的规定。可见，对于阅卷权的行使，值班律师与辩护人无异，既然值班律师具有律师身份，理应参照辩护律师阅卷的有关规定执行。加之无任何限制值班律师阅卷权的规定，可以认为值班律师阅卷，无需经过法院、检察院的许可。A 选项错误。

B 选项考查辩护人对讯问录音录像的查阅权。讯问录音录像既可以用于证明取证的合法性，又可以用于核实讯问笔录所记录的供述与辩解的真实性。但较之一般证据材料，录音录像具有一定的特殊性，可能涉及侦查办案的策略方法，也可能涉及其他关联案件和当事人隐私，如一律允许复制，恐难以控制传播面一旦泄露可能带来的影响。从实践来看，允许查阅，即可以满足辩护律师的辩护需要，充分保障其权益。根据《法院解释》第 54 条规定，对作为证据材料向法院移送的讯问录音录像，辩护律师申请查阅的，法院应当准许。B 选项错误。

C 选项考查对辩护人泄露案件保密信息的处理。根据《法院解释》第 55 条规定，查阅、摘抄、复制案卷材料，涉及国家秘密、商业秘密、个人隐私的，应当保密；对不公开审理案件的信息、材料，或者在办案过程中获悉的案件重要信息、证据材料，不得违反规定泄露、披露，不得用于办案以外的用途。违反前述规定的，法院可以通报司法行政机关或者有关部门，建议给予相应处罚；构成犯罪的，依法追究刑事责任。本案中，乙的行为属于将不公开审理案件的信息、材料违规披露，违反了辩护律师的保密义务和执业纪律，法院有权建议司法行政机关对乙进行处罚。C 选项正确。

D 选项考查委托辩护与法律援助辩护的选择。根据诉讼常识，委托辩护显然优先于法律援助辩护；根据《法律援助法》第 27 条规定，不能利用法律援助辩护限制或损害犯罪嫌疑人、被告人的委托辩护权；根据《法律援助法》第 48 条第 6 项规定精神，受援人不得同时享有法律援助辩护和委托辩护。本案中，当艾某的妻子为艾某委托辩护人后，就只能由其中一种类型的辩护人为艾某辩护。根据《法院解释》第 51 条规定，对法律援助机构指派律师为被告人提供辩护，被告人的监护人、近亲属又代为委托辩护人的，应当听取被告人的意见，由其确定辩护人人选。据此，最终确定辩护人人选的权利由被告人行使。如是艾某自行委托辩护人丙，那当然可确定丙为艾某辩护人，但本案是艾某妻子委托，还需由艾某亲自确定。D 选项错误。

2. 答案：D　难度：难

考点：技术侦查证据的审查与认定

命题和解题思路： 2021 年《法院解释》在"证据"章新增"技术调查、侦查证据的审查与认定"一节。本题将电子数据与技术侦查证据的知识点结合起来考查，需要考生综合分析复杂证据问题。解答本题，注意勘验和技术侦查是两码事，可排除 A 选项；了解审判阶段承担证明责任的是检察院，可排除 B 选项；牢记通讯信息属于电子数据，可排除 C 选项。

【选项分析】 A 选项考查技术侦查的审批。监控通讯记录是技术侦查措施，即使是在进行网络远程勘验的过程中实施，也应按照技术侦查的规则履行审批手续，不能将其视作勘验措施的一部分。《关于办理刑事案件收集提取和审查判断电子数据若干问题的规定》第 9 条第 3 款规定："为进一步查明有关情况，必要时，可以对远程计算机信息系统进行网络远程勘验。进行网络远程勘验，需要采取技术侦查措施的，应当依法经过严格的批准手续。" A 选项错误。

B 选项考查电子数据的审查。《法院解释》第 115 条规定，对视听资料、电子数据，法院应当审查是否移送文字抄清材料以及对绰号、暗语、俗语、方言等不易理解内容的说明。暗语是违法犯罪分子用于躲避侦查的联络用语，如果法官无法理解暗语的真实含义，就可能对事实的准确认定产生影响。从法院的角度，对暗语的内容进行说明，应当是承担证明责任的检察院的义务。至于是否需要通知公安机关协助，也是由检察院自行把握。因此，根据《法院解释》第 115 条规定，对暗语等不易理解内容的说明，未移送的，必要时，可以要求检察院移送。B 选项错误。

C 选项考查采取技术侦查措施收集的证据材料的审查。技术侦查证据本身不是独立的证据种类，对于技术侦查所获取的证据，《法院解释》第 119 条要求根据相关证据材料所属证据种类，依照相应规定进行审查。本案中，公安机关提取到的通讯信息是组织卖淫团伙与"客户"之间通讯产生的数据内容，并非对境外服务器进行远程勘验的记录，因而不能将其作为勘验笔录进行审查，应根据"电子数据的审查与认定"的相应规定进行审查。C 选项错误。

D 选项考查有关技术侦查相关信息的保护措施。技术侦查的有效实施关键在于技术侦查的秘密性，需要对技术侦查措施使用的技术设备、技术方法等可能暴露技术侦查过程的信息进行必要的保密。根据《法院解释》第 121 条的规定，采用技术调查、侦查证据作为定案根据的，法院在裁判文书中可以表述相关证据的名称、证据种类和证明对象，但不得表述有关人员身份和技术调查、侦查措施使用的技术设备、技术方法等。D 选项正确。

3. 答案：C　难度：中

考点：证据规则

命题和解题思路： 近年法考刑诉的客观题和主观题都考查过刑事证据的理论知识，值得考生注意。本题综合考查补强证据规则、传闻证据规则、意见证据规则和最佳证据规则四个知识点。解答本题，考生应注意结合证据法原理和相关证据规则，并根据案例所给情形分析解答证据法案例题。了解补强证据的独立来源这一要求，可排除 A 选项；厘清证据的证明内容，可排除 B 选项；了解提交书证原件的例外情形，可排除 D 选项。

【选项分析】A 选项考查补强证据必须满足的条件。设立补强证据的重要目的在于确保特定证据的真实性，从而降低错误风险，因此补强证据与补强对象之间不能重叠，而必须独立于补强对象，具有独立的来源，否则就无法担保补强对象的真实性。本案中，行政处罚决定书主要依据黄某的陈述作出，其虽然为行政机关在行政执法过程中制作的书证，但其关于违法事实的记录与黄某的陈述实际上是重叠的。同样，行政处罚决定书关于案件事实的记录与黄某的供述来源同一，无法担保黄某供述的真实性，因此不能作为黄某供述的补强证据。A 选项错误。

B 选项考查传闻证据的形式。传闻证据主要包括两种形式：一是书面传闻证据，即亲身感受了案件事实的证人在庭审期日之外所作的书面证人证言及警察、检察人员所作的（证人）询问笔录；二是言词传闻证据，即证人并非就自己亲身感知的事实作证，而是向法庭转述他从别人那里听到的情况。本案中，胡某的第一句陈述显然不属于第一种传闻证据，看似可能属于第二种传闻证据。但细致分析可见，胡某的第一句陈述是用于证明其亲身感知的"黄某对'产品的事'是知道的"，而非转述黄某知道的"产品的事"，因此不属于传闻证据。B 选项错误。

C 选项考查意见证据规则。意见证据规则，是指证人只能陈述自己亲身感受和经历的事实，而不得陈述对该事实的意见或者结论。证人发表意见有可能对案件事实的认定产生误导，因此《法院解释》第88条第2款规定，证人的猜测性、评论性、推断性的证言，不得作为证据使用，但根据一般生活经验判断符合事实的除外。本案中，胡某根据听到的"黄某知道产品的事情"显然不能凭一般生活经验直接推断这里的"事情"是被调查的产品系伪劣一事，因此属于不得作为证据使用的推断性陈述。C 选项正确。

D 选项考查最佳证据规则。最佳证据规则，又称原始证据规则，是指以文字、符号、图形等方式记载的内容来证明案情时，原件才是最佳证据。该规则要求书证的提供者应尽量提供原件，如果提供副本、抄本、复制本等非原始材料，则必须提供充足理由加以说明。最佳证据规则的着眼点是书证的真实性、可靠性。书证的原件，真实、可靠程度显然要高于抄件和复制件。《法院解释》第84条体现了最佳证据规则的精神，根据该条第1款规定，据以定案的书证应当是原件，取得原件确有困难的，可以使用副本、复制件。本案中，取得销售记录表的原件并不困难，应当贯彻最佳证据规则，以原件为定案根据。D 选项错误。

4. 答案：C　难度：难

考点：非法证据排除

命题和解题思路：本题主要考查审前阶段的非法证据排除。《刑事诉讼法》及相关规范性文件对我国刑事诉讼中的非法证据排除规则作出了较多规定，学习刑诉中的非法证据排除规则，不仅要理解非法证据排除的实体性规则，还要掌握非法证据排除的程序性规则。解答本题，注意区分检察机关有权排除非法证据的程序阶段，可排除 A 选项；准确把握公安司法机关排除非法证据的标准，可排除 B 选项；了解检察机关自侦案件的立案决定权，可排除 D 选项。

【选项分析】A 选项考查重大案件侦查终结讯问合法性的核查。《关于办理刑事案件严格排除非法证据若干问题的规定》第14条第3款和《检察规则》第71条第1款对重大案件侦查终结前讯问合法性核查制度作出规定。核查的主体是检察院，具体为检察院驻看守所检察人员；核查的对象是侦查机关讯问合法性问题；核查过程应全程同步录音录像；核查结果应及时通知检察院捕诉部门。根据《检察规则》第71条第2款规定，负责捕诉的部门认为确有刑讯逼供等非法取证情形的，应当要求公安机关依法排除非法证据，不得作为提请批准逮捕、移送起诉的依据。本案中，检察院核查讯问合法性时发现陈某的供述合法性问题，此时尚在侦查阶段，排除非法证据的主体是侦查机关而非检察机关，检察机关只能基于法律监督权对公安机关提出要求。A 选项错误。

B 选项考查应当排除非法证据的程度标准。对于非法言词证据，最终是否排除，不取决于公安司法机关是否取得某项证明证据合法性的材料，而在于最终能否排除非法取证的可能性。根据《检察规则》第 75 条第 2 款规定，检察院调取公安机关讯问犯罪嫌疑人的录音、录像，公安机关未提供，检察院经审查认为不能排除有刑讯逼供等非法取证行为的，相关供述不得作为批准逮捕、提起公诉的依据。据此，公安机关未提供讯问录音、录像，只是导致某项能够证实或证伪取证合法性的关键材料缺失，最终是否排除相关证据，要看综合其他材料审查后的判断结论。B 选项错误。

C 选项考查非法证据排除后的处理。《关于办理刑事案件严格排除非法证据若干问题的规定》第 17 条第 3 款和《检察规则》第 73 条第 1 款的规定，被排除的非法证据应当随案移送，并写明为依法排除的非法证据。与域外一些国家不同的是，我国刑事诉讼实践中，后阶段的主导办案机关需要全面了解前阶段主导办案机关对案件的处理情况，需要执行全案案卷材料移送制度。被排除的非法证据一方面仍要随案移送，另一方面需明确被标识为非法证据，以供后一主导办案机关全面了解情况。C 选项正确。

D 选项考查检察院自侦案件的立案侦查权。根据《检察规则》第 14 条第 2 款的规定，基层检察院对自侦案件有以上级交办为前提的立案侦查权和协助上级检察院办理的协助侦查权。根据第 14 条第 1 款的规定，检察院办理直接受理侦查的案件，由设区的市级检察院立案侦查。基层检察院发现犯罪线索的，应当报设区的市级检察院决定立案侦查。据此，基层检察院不具有自行决定对自侦案件进行立案侦查的权力。D 选项错误。

5. **答案：A** **难度：难**

考点：取保候审

命题和解题思路：2022 年 9 月，最高人民法院、最高人民检察院、公安部、国家安全部联合印发了修订版《关于取保候审若干问题的规定》，时隔二十余年再次对取保候审的适用统一作出规定。本题重点考查异地执行取保候审的程序要求，同时对 2021 年《法院解释》和 2022 年《关于取保候审若干问题的规定》新增的两个共同知识点进行考查。解答本题，掌握对违反取保候审相关规定的处罚，可排除 B 选项；了解取保候审期间特殊事项的批准，可排除 C 选项；准确把握强制措施与刑罚执行的衔接，可排除 D 选项。

【选项分析】A 选项考查取保候审的异地执行。本案中，尹某的居住地在 Y 县，并非办案机关所在的 X 县，办案机关如对尹某采取取保候审，应交由居住地公安机关异地执行。根据《关于取保候审若干问题的规定》第 15 条第 1 款规定，公安机关决定取保候审的，应当及时通知被取保候审人居住地的派出所执行。被取保候审人居住地在异地的，应当及时通知居住地公安机关，由其指定被取保候审人居住地的派出所执行。必要时，办案部门可以协助执行。与该条规定有所不同的是，本案中是法院对尹某决定取保候审，到底是法院通知居住地（异地）公安机关执行，还是交由本地公安机关通知。从办案实践来看，由本地公安机关联络并对接异地公安机关更为适宜。根据《关于取保候审若干问题的规定》第 20 条第 1 款规定，法院、检察院决定取保候审的，应当将取保候审决定书、取保候审执行通知书和其他有关材料一并送交所在地同级公安机关，由所在地同级公安机关依照本规定第 15~17 条的规定交付执行。A 选项正确。

B 选项考查对未履行保证义务保证人的处罚。执行机关在监督考察被取保候审人的第一线，其更方便同时对保证人是否履行保证义务进行审查认定。根据《六机关规定》第 14 条规定，对取保候审保证人是否履行了保证义务，由公安机关认定，对保证人的罚款决定，也由公安机关作出。依据该条规定，B 选项错误。法院如果发现保证人未履行保证义务，根据《法院解释》第 156 条规定，应当书面通知公安机关依法处理。

C 选项考查执行取保候审过程中的报批要求。法院、检察院决定取保候审的案件，取保候审决定权和执行权是分属不同机关的。虽然执行中的常规事项可由执行机关自行把握，但对一些特别情况宜报请决定机关把关，毕竟决定机关是当前的主导办案机关。根据《关于取保候审若干问题的规定》第 20 条第 5 款规定，法院、检察院决定取保候审的，执行机关批准被取保候审人离开所居住的市、县前，应当征得决定机关同意。据此，本案中，Y 县公安局批准尹某离开 Y 县前，应征得 X 县法院同意。C 选项错误。

D 选项考查取保候审与刑罚执行的衔接。强制措施的自动解除，意味着已被刑罚执行替代。本案中，对尹某案宣判后，判决还未生效，即使生效，也未第一时间开始执行。根据《法院解释》第 519 条第 2 款、第 3 款规定，对被判处管制、宣告缓刑的罪犯，宣判时，应当告知罪犯自判决、裁定生效之日起 10 日以内到执行地社区矫正机构报到，以及不按期报到的后果。法院应当自判决、裁定生效之日起 5 日以内通知执行地社区矫正机构，并在 10 日以内将判决书、裁定书、执行通知书等法律文书送达执行地社区矫正机构，同时抄送检察院和执行地公安机关。法院与社区矫正执行地不在同一地方的，由执行地社区矫正机构将法律文书转送所在地的检察院和公安机关。由此可见，从宣告缓刑到执行缓刑，还有一段时间，这期间对被告人的取保候审依然在延续。根据《关于取保候审若干问题的规定》第 24 条第 3 款第 4 项规定和《法院解释》第 172 条规定，被判处管制或者适用缓刑，社区矫正已经开始执行的，取保候审自动解除，不再办理解除手续，决定机关应当及时通知执行机关。D 选项错误。

6. 答案：B　　难度：难

考点：附带民事诉讼

命题和解题思路：本题综合考查附带民事诉讼、庭前会议和不起诉的多个知识点，考查方式比较灵活，对相关内容的考查比较深入。解答本题，除了掌握相关规范条文，还需区分事实与法律问题。掌握法院建议撤诉的唯一情形，可排除 A 选项；理解附带民事诉讼的存在基础，可排除 C 选项；区分不同类型不起诉决定的法律后果，可排除 D 选项。

【选项分析】A 选项考查法院建议撤回起诉的情形。撤回起诉是检察院在提起公诉后发现不应追究被告人刑事责任时所采取的主动纠错的处理方式，同时也有规避法院无罪判决之意。对于检察院要求撤回起诉，法院会严格审查。通常而言，法院应积极行使刑事裁判权，不应主动建议检察院撤回起诉。《法院解释》仅一处（第 232 条）规定了法院可以建议检察院撤回起诉的情形，即在庭前会议中听取控辩双方对案件事实、证据材料的意见后，对明显事实不清、证据不足的案件，可以建议检察院补充材料或者撤回起诉。由于庭前会议是不能对实体问题进行实质审查的，所以只有在事实、证据明显存在问题时，才可建议检察院补充材料或撤回起诉，避免浪费庭审资源。但本案中，法院在庭前会议中发现的问题并非明显事实不清、证据不足的问题，而是法律适用的问题，无论是否是明显错误的法律适用问题，法院都应经法庭审理加以确定，而非在庭前会议中贸然认定并建议检察院撤回起诉。A 选项错误。

B 选项考查法院对附带民事诉讼原告人的提醒义务。附带民事部分的当事人无需与刑事部分的当事人一一对应，为充分保障附带民事原告人获得民事赔偿的权利，《法院解释》不仅尽可能周延罗列了依法负有赔偿责任的所有主体，还增加了法院对附带民事诉讼原告人的提醒义务。根据《法院解释》第181条第1款规定，被害人或者其法定代理人、近亲属仅对部分共同侵害人提起附带民事诉讼的，法院应当告知其可以对其他共同侵害人，包括没有追究刑事责任的共同侵害人，一并提起附带民事诉讼，但共同犯罪案件中同案犯在逃的除外。B选项正确。

C选项考查附带民事诉讼的成立前提。附带民事诉讼是由刑事诉讼所追究的涉嫌犯罪的行为所引起的，是在追究被告人刑事责任的同时，附带解决其应承担的民事赔偿责任问题。因此，附带民事诉讼必须以刑事诉讼的成立为前提，如果刑事诉讼不能成立，附带民事诉讼也不能成立，但可以另行提起独立的民事诉讼。根据《法院解释》第197条第2款规定，法院准许检察院撤回起诉的公诉案件，对已经提起的附带民事诉讼，可以进行调解；不宜调解或者经调解不能达成协议的，应当裁定驳回起诉，并告知附带民事诉讼原告人可以另行提起民事诉讼。据此，本案中对附带民事诉讼分案审理并作出判决的做法是错误的。C选项错误。

D选项考查不起诉决定的变更。对于检察院作出的不起诉决定，如历经审查或变动，《检察规则》共规定了三种处理方式，即维持不起诉决定、变更不起诉决定（变更事实或法律依据）和撤销不起诉决定。本案中，检察院最初对林某作出不起诉决定是因为认定其过失犯罪情节轻微，作出的是（酌定）不起诉决定，而最后认为梁某和林某行为构成正当防卫，即没有犯罪事实，那么对林某就应该作出（法定）不起诉决定。由于之前的（酌定）不起诉决定在结论上是错误的，所以不能在之前不起诉决定的基础上变更事实或法律依据。本案应根据《检察规则》第278条第1项规定，对于检察院依照刑事诉讼法第177条第2款作出不起诉决定（酌定不起诉），发现犯罪嫌疑人没有犯罪事实，或者符合刑事诉讼法第16条规定的情形之一的，应当撤销原不起诉决定，依照刑事诉讼法第177条第1款的规定重新作出不起诉决定（法定不起诉）。D选项错误。

7. 答案：C   难度：中

考点：立案

命题和解题思路：本题从一起行政执法机关移送案件切入，综合考查公安机关立案的相关知识点，重点考查行政执法机关移送案件的处置方式。解答本题，掌握公安机关针对行政执法机关移送案件不同情况的应对方式，可排除A选项和B选项；准确把握立案前公安机关采取调查核实措施的权限，可排除D选项。

【选项分析】A选项考查公安机关对移送案件材料不全时的处理。行政执法与刑事司法衔接时，案件材料往往不复杂，如果材料不全，通知行政执法机关补齐是既快又简便的方式。《公安部规定》第180条第2款规定，公安机关认为行政执法机关移送的案件材料不全的，应当在接受案件后24小时以内通知移送案件的行政执法机关在3日以内补正，但不得以材料不全为由不接受移送案件。据此，本项中公安局将案件退回市场监管局的做法是错误的。A选项错误。

B选项考查移送案件不属于公安机关职责范围内时的处理。公安机关对行政执法机关移送的案件，可能面临两种不能受理的情况。一是案件属于非自己职责范围内的行政违法案件；二是案件是犯罪案件，但不属于自己管辖。对于后者，具有打击犯罪职责的公安机关应接受，再移送主管机关处理；对于前者，公安机关并非违法线索的发现者，由行政执法机关之间直接对接更合适。根据《公安部规定》第180条第3款规定，公安机关认为行政执法机关移送的案件不属于公安机关职责范围的，应当书面通知移送案件的行政执法机关向其他主管机关移送案件，并说明理由。B 选项错误。

C 选项考查立案前初查措施范围。立案前的调查核实又称初查，是在没有确认犯罪嫌疑人的情况下采取的核实措施，应当以侵犯公民权利的程度为衡量标准，严格把控措施的限度。根据《公安部规定》第 174 条第 2 款规定，调查核实过程中，公安机关可以依照有关法律和规定采取询问、查询、勘验、鉴定和调取证据材料等不限制被调查对象人身、财产权利的措施。但是，不得对被调查对象采取强制措施，不得查封、扣押、冻结被调查对象的财产，不得采取技术侦查措施。据此，本项中公安机关采取的勘查措施，具体是对现场进行拍照、绘图和制作描述性笔录的措施，不会限制被调查对象人身、财产权利，可以在立案前采取。C 选项正确。

D 选项考查立案决定错误时的处理。不予立案意味着办案机关未启动刑事诉讼程序，因此不代表对某一案件在刑事诉讼层面作出终局性处理。相关规定未要求公安机关在发现不予立案决定有误时应作出撤销不予立案决定，实践中也不存在这种做法。根据《公安部规定》第 178 条第 3 款规定，决定不予立案后又发现新的事实或者证据，或者发现原认定事实错误，需要追究刑事责任的，应当及时立案处理。据此，无需撤销之前的不予立案决定。D 选项错误。

8. **答案：D 难度：难**

考点：自诉案件的程序

命题和解题思路： 本案考查自诉案件的程序，但题干设计了公诉程序和自诉程序的衔接情况，增加了解题的复杂度。解答本题，考生需综合运用管辖和第一审程序的知识解析本案中的事实和法律问题。掌握撤回起诉的法律效果，可排除 A 选项；掌握控审分离这一基本原则，可排除 B 选项；掌握自诉案件的证据协助，可排除 C 选项。关键要注意本案并非"公诉转自诉"案件，而是告诉才处理案件。

【选项分析】 本案是历经公诉和自诉的案件，通过题干可以判断余某和吴某的行为涉嫌诽谤罪。这本是一个告诉才处理的罪名，之所以被立案侦查，原因是公安机关认为两人行为严重危害社会秩序。在公诉案审理阶段，检察院认为两人行为未达到"严重危害社会秩序"，因而撤回起诉并作出不起诉决定。虽然赵某随后提起自诉，但本质上依然是以告诉才处理为依据提起，而非公安机关或者检察院应当追究刑事责任而未追究提起。

A 选项考查撤回起诉。本案中，如果法院发现检察院起诉的案件属于告诉才处理的案件，未开庭审理则应将案件退回检察院，已开庭审理则应当裁定终止审理。但本案是由检察院发现不应通过提起公诉追究被告人刑事责任而要求撤诉，对此，根据《法院解释》第 296 条规定，在开庭后、宣告判决前，检察院要求撤回起诉的，法院应当审查撤回起诉的理由，作出是否准许的裁定。因此，本案法院如认为检察院撤回起诉的理由正确，应当裁定准许撤回起诉。在检察院已经撤回起诉后，法院就无需再裁定终止审理。A 选项错误。

B 选项考查自诉案件部分起诉。现代刑事诉讼遵循不告不理、控审分离的基本准则，法院只对被指控犯罪的被告人进行审理，不应主动追加被告人。根据《法院解释》第 323 条第 1 款规定，自诉人明知有其他共同侵害人，但只对部分侵害人提起自诉的，法院应当受理，并告知其放弃告诉的法律后果。B 选项错误。

C 选项考查自诉案的公安机关协助。该知识点是 2021 年《法院解释》新增内容，根据《法院解释》第 325 条第 2 款规定，对通过信息网络实施的侮辱、诽谤行为，被害人向法院告诉，但提供证据确有困难的，法院可以要求公安机关提供协助。C 选项错误。

D 选项考查自诉案件的调解。根据《刑事诉讼法》第 212 条、第 210 条规定，法院对自诉案件，可以进行调解；自诉人在宣告判决前，可以同被告人自行和解或者撤回自诉。但"公诉转自诉"的案件不适用调解。该类案件不适用调解，主要是因为本质上可能是公诉案件，被害人只不过通过自诉的形式来救济，法院对此类案件不宜调解。而本案看似经历公诉转自诉的过程，但如前所述，本案本质上属于告诉才处理的案件。赵某是以告诉才处理（诽谤行为情节严重）为案由提起自诉，而非以诽谤罪的公诉条件（严重危害社会秩序）提起自诉，所以不属于"公诉转自诉"案件。因此法院可以进行调解。D 选项正确。

9. 答案：A　　难度：难

考点：涉案财物处理

命题和解题思路： *涉案财物的处理是法考刑诉中容易被考生忽略的知识点。解答本题，考生需知对被追诉人和被害人合法财产权益的保护同样是刑事诉讼实现公正不可或缺的一环。掌握涉案财物与合法财产混同时的处理，可排除 B 选项；掌握将追缴涉案财物上缴国库的条件，可排除 C 选项；掌握另行处理涉案财物的方式，可排除 D 选项。*

【选项分析】A 选项考查权属明确的涉案财物的返还。对于被害人的合法财产，为了让被害人能够及时享有该财产的权益，应当以及时返还为原则。只有在顾及返还的公平性和确定性时，才可以暂不返还。《法院解释》第 438 条对被害人合法财产的返还时间和返还方式进行了规定。对被害人的合法财产，权属明确的，应当依法及时返还，但须经拍照、鉴定、估价，并在案卷中注明返还的理由，将原物照片、清单和被害人的领取手续附卷备查；权属不明的，应当在法院判决、裁定生效后，按比例返还被害人，但已获退赔的部分应予扣除。本案中，轿车的权属明确，法院应在拍照、鉴定、估价后及时将轿车返还被害人。据此，法院在判决前就将轿车返还刘某的做法显然是正确的。A 选项正确。

B 选项考查应当追缴的涉案财物与合法财产混同时的处理。本案中，程某将依法应当追缴的涉案财物用于置业，根据《法院解释》第 443 条第 1 款规定，对因此形成的财产及其收益，应当追缴。但程某用于置业的财物仅作为购房的首付款，只是购置房屋的一部分价值。根据《法院解释》第 443 条第 2 款规定，被告人将依法应当追缴的涉案财物与其他合法财产共同用于投资或者置业的，对因此形成的财产中与涉案财物对应的份额及其收益，应当追缴。由此可知，应当追缴的是 50 万元对应的份额及其增值部分。从保障被追诉人财产权的角度，对其房贷对应的份额不应追缴。B 选项错误。

C 选项考查无人认领财物的处理。对暂时无人认领财物的处理，需充分保障财物所有人的权益，即便是无人认领面临上缴国库时，也应以积极寻找所有权人为前提。根据《法院解释》第 445 条第 3 款规定，判决返还被害人的涉案财物，应当通知被害人认领；无人认领的，应当公告通知；公告满 1 年无人认领的，应当上缴国库；上缴国库后有人认领，经查证属实的，应当申请退库予以返还；原物已经拍卖、变卖的，应当返还价款。据此，判决后立即将无人认领的名表上缴国库的做法是错误的。C 选项错误。

D 选项考查对判决未处理的涉案财物的处理。根据《法院解释》第 295 条第 2 款规定，对涉案财物，法院应当根据审理查明的情况，依照本解释"涉案财物处理"章的规定作出处理。如果法院在判决时未对随案移送的涉案财物作出处理，该如何应对？根据《法院解释》第 446 条规定，第二审期间，发现第一审判决未对随案移送的涉案财物及其孳息作出处理的，可以裁定撤销原判，发回原审法院重新审判，由原审法院依法对涉案财物及其孳息一并作出处理。判决生效后，发现原判未对随案移送的涉案财物及其孳息作出处理的，由原审法院依法对涉案财物及其孳息另行作出处理。这里的"另行"所表达的意思很明确，即不由原审法院对原案启动再审一并处理涉案财物，而是对涉案财物另行单独作出处理。D 选项错误。

10. 答案：C   难度：难

考点：缺席审判程序

命题和解题思路： 随着《检察规则》和《法院解释》先后对缺席审判程序进行详细规定，我国刑事缺席审判制度的规范依据日臻完善，可能成为法考刑诉的常考点。本题设计的案例贯穿监察调查、审查起诉和审判三个阶段。了解强制指派辩护在缺席审判中的适用阶段，可排除 A 选项；了解检察院对监察机关移送起诉的案件（以下简称监察案件）自行补充侦查的情形，可排除 B 选项；掌握潜逃境外型缺席审判的适用案件范围，可排除 D 选项。

【选项分析】 A 选项考查缺席审判案件的强制指派辩护。应当通知法律援助辩护具有强制性，一旦具备法定情形，根据案件所处的诉讼阶段，相应的办案机关承担通知法律援助机构的义务。可见强制指派辩护的情形需要法律或司法解释明确规定。而《刑事诉讼法》《检察规则》或其他具有规范效力的文件都无缺席审判案件审查起诉阶段"应当通知法律援助机构指派律师进行辩护"的规定。因此，缺席审判承担通知法律援助义务的只有法院，不包括办理该案的侦查机关和检察机关。A 选项错误。

B 选项考查监察案件的自行补充侦查。本选项看似考查《检察规则》第 505 条第 4 款"人民检察院提起公诉的，应当向人民法院提交被告人已出境的证据"的规定，实则考查《检察规则》关于监察案件自行补充侦查的规定。由于检察院对于拟缺席审判案件提起公诉时应提交被告人已出境的证据，所以应当在审查起诉阶段保证该证据材料入卷。题干中虽然没有提到监察机关，但根据高某被起诉的罪名可知这是一个监察案件。当缺少重要证据时，有两种途径补充收集，即退回监察机关补充调查和检察院自行补充侦查。根据《检察规则》第 343 条第 1 款规定，检察院对于监察机关移送起诉的案件，认为需要补充调查的，应当退回监察机关补充调查。必要时，可以自行补充侦查。B 选项错误。

C 选项考查缺席审判案件被告人近亲属的权利。一方面，由于被告人未到庭参加庭审，为保障被告人的辩护权，《法院解释》赋予被告人的近亲属参加诉讼的权利。另一方面，既然被告人的近亲属有权就缺席审判的判决独立提出上诉，自然应当赋予其参加庭审的权利，否则其无法有效行使上诉权。基于此，根据《法院解释》第 603 条规定，被告人的近亲属参加诉讼的，可以发表意见，出示证据，申请法庭通知证人、鉴定人等出庭，进行辩论。C 选项正确。

D 选项考查缺席审判案件的终止审理。刑事诉讼法对于缺席审判的案件范围有明确的限定。根据《法院解释》第 599 条第 2 项规定，法院庭前审查发现提起公诉的案件不属于可以适用缺席审判程序的案件范围的，应当退回检察院；根据《法院解释》第 604 条第 3 款规定，经审理认定的罪名不属于刑事诉讼法第 291 条第 1 款规定的罪名（贪污贿赂案件）的，应当终止审理。本案中，法院审理认为高某犯罪事实清楚但因为其不是国家工作人员而不能认定其构成受贿罪，言下之意就是高某构成非国家工作人员受贿罪，显然这不属于缺席审判程序适用案件范围，因此法院不能通过缺席审判程序判决高某构成非国家工作人员受贿罪，应当对本案终止审理。D 选项错误。

二、多项选择题

1. 答案：AB   难度：难

考点：信息网络犯罪案件诉讼程序

命题和解题思路： 信息网络犯罪案件的证据与程序问题是当前刑事司法实践的热点问题

之一。为依法惩治信息网络犯罪活动，最高人民法院、最高人民检察院、公安部于 2022 年 8 月出台了《关于办理信息网络犯罪案件适用刑事诉讼程序若干问题的意见》（以下简称《网络犯罪案件程序意见》），较同时废止的最高人民法院、最高人民检察院、公安部《关于办理网络犯罪案件适用刑事诉讼程序若干问题的意见》（2014 年）有较大篇幅的改动和新增。鉴于新近出台的《网络犯罪案件程序意见》很可能在今后的法考中被考查，本题根据新增或改动的内容设计四个选项。解答该题，考生除了根据新出台的规则判断外，也可综合运用刑事诉讼法知识辨别选项正误。了解账户资金推定规则的适用前提，可排除 C 选项；掌握涉案财物处理的有权机关，可排除 D 选项。

【选项分析】 A 选项考查远程询问的要求。由于信息网络犯罪案件的被害人、证人往往遍布各地，为提高案件办理效率，减轻办案机关负担，询（讯）问异地证人、被害人以及与案件有关联的犯罪嫌疑人的，可以由办案机关通过远程网络视频等方式进行并制作笔录。同时需意识到通过远程网络视频进行询问、讯问的特殊性，由于询问主体与询问对象的空间分离，需要更多措施保障询问过程的完整性和合法性。因此，根据《网络犯罪案件程序意见》第 15 条第 3 款规定，远程询（讯）问的，应当对询（讯）问过程同步录音录像，并随案移送。A 选项正确。

B 选项考查收集电子数据的程序。判断该选项正误，需对收集电子数据的不同方式进行区别。扣押原始存储介质和提取电子数据都是由侦查人员亲自实施，本就需要办理相应的法律手续，故无需专门出具书面的收集证据通知书。但信息网络犯罪的相关银行账户、网络数据往往遍布各地，采用传统取证方式往往效率低下，故需调取手段作为补充。调取电子数据，是由电子数据持有人或网络服务提供者将电子数据提供给办案机关，故书面通知必不可少。根据《网络犯罪案件程序意见》第 14 条第 1 款规定，公安机关向网络服务提供者调取电子数据的，应当制作调取证据通知书，注明需要调取的电子数据的相关信息。调取证据通知书及相关法律文书可以采用数据电文形式。B 选项正确。

C 选项考查犯罪数额的认定。信息网络犯罪的一个突出特点就是被害人、涉案人分散在全国各地，对于以涉案资金数额等作为定罪量刑标准的案件，通常难以逐一对涉案资金进行取证。《网络犯罪案件程序意见》第 21 条完善了涉众型信息网络犯罪案件的账户资金推定规则：对于涉案人数特别众多的信息网络犯罪案件，确因客观条件限制无法收集证据逐一证明、逐人核实涉案账户的资金来源，但根据银行账户、非银行支付账户等交易记录和其他证据材料，足以认定有关账户主要用于接收、流转涉案资金的，可以按照该账户接收的资金数额认定犯罪数额，但犯罪嫌疑人、被告人能够作出合理说明的除外。据此，需准确把握推定账户资金为涉案资金的四项条件，即涉案人数特别众多、确因客观条件限制无法逐一确认、有关账户主要用于处理涉案资金和涉案人不能作出合理说明。本案显然不符合第一个条件，故不能适用账户资金推定规则。C 选项错误。

D 选项考查涉案财物的处理。涉案财物的处理关系到公民的财产权益，应由法院进行裁判。《网络犯罪案件程序意见》坚持涉案财物处置与定罪量刑并重，从公安机关收集证据、检察机关提出处理意见、人民法院裁判处理等方面分别提出要求。根据第 22 条第 2 款规定，公安机关应当全面收集证明涉案财物性质、权属情况、依法应予追缴、没收或者责令退赔的证据材料，在移送审查起诉时随案移送并作出说明；检察院应当对涉案财物的证据材料进行审查，在提起公诉时提出处理意见；法院应当依法作出判决，对涉案财物作出处理。检察院只能对涉案财物提出处理意见。D 选项错误。

2. **答案：AB   难度：中**

考点：诉讼效率

命题和解题思路：本题考查刑事诉讼基本理念中的诉讼效率，不仅考查考生对一些基本规定的熟知程度，而且考查考生结合制度内容判断制度价值的水准。解答本题，一方面应准确把握相关制度或机制实施的出发点，另一方面应特别注意对效率价值的追求应当以公正为前提。细致分析附条件不起诉的具体措施，可排除 C 选项；仔细审读 D 选项的内容，可发现 D 选项的明显错误。

【选项分析】诉讼效率是指诉讼中所投入的司法资源（包括人力、财力、物力等）与案件处理数量的比例。讲求诉讼效率，要求投入一定司法资源处理尽可能多的案件。追求诉讼效率，意味着应当降低诉讼成本，加速诉讼进程，减少案件拖延和积压。在刑事诉讼中，效率在公正得以实现的基础上才有意义。如果公正不存在，也就无所谓效率。因此，在刑事诉讼中，公正与效率的关系，应当是公正第一，效率第二。在刑事司法中，应当是在保证司法公正的前提下追求效率，而不能草率办案，损害实体公正和程序公正。

A 选项中，法官采取了对数件速裁案件集中开庭审理的做法，这种做法在速裁程序试点改革以前就在轻微刑事案件快速办理的简易程序中开始试行，是一种工作机制层面的变通。事实上，这种集中数个案件接续开庭审理的做法，有助于集中资源，降低开庭成本，减少案件拖延和积压，从而提高审判工作效率。《法院解释》第 372 条对此也作出明确规定，适用速裁程序审理案件，可以集中开庭，逐案审理。A 选项正确。

B 选项中，再审法官采取了对漏罪与原案并案审理的做法，相比于分案审理，并案审理可以达到同一审判组织集中审理关联案件的目的，减少司法资源投入，减少开庭审理次数。两个原本分开的案件只要在时间上适合并案审理，并案审理一般更有利于提高诉讼效率和减少被追诉者的讼累。本案中，原审被告人的漏罪已被起诉至再审法院，在时间和审级上都已同步，采并案审理显然更有利于提高审判效率。这也符合《法院解释》第 467 条规定的要求，即对依照审判监督程序重新审判的案件，法院在依照第一审程序进行审判的过程中，发现原审被告人还有其他犯罪的，一般应当并案审理，但分案审理更为适宜的，可以分案审理。B 选项正确。

C 选项中，需判断附条件不起诉是否有助于提升诉讼效率。附条件不起诉的制度初衷是更好地对涉罪未成年人进行帮教，通过对其进行充分的教育改造，促使其更好地回归社会。附条件不起诉虽然为未成年犯罪嫌疑人的审前分流提供了新的途径，但相比于酌定不起诉，附条件不起诉因长达数月的监督考察，实际上并未加快公安司法机关的结案进度，在节约审判资源的同时投入了更多的检察资源。因此，从总体上看，附条件不起诉的做法值得提倡，但其并不能体现刑事诉讼的效率理念。C 选项错误。

D 选项中，对无争议的案件进行独任审判从表面上看固然节约司法资源，但独任审判的案件应当符合法定的适用条件，否则就构成明显的程序违法。本案被告人被判处有期徒刑 3 年 2 个月，显然不符合适用速裁程序独任审判的刑期条件。根据《刑事诉讼法》第 216 条第 1 款规定，适用简易程序审理案件，对可能判处的有期徒刑超过 3 年的，应当组成合议庭进行审判。据此，本案也不能适用简易程序的独任审判。由于法官看似提高效率的做法损害了程序公正，不符合刑事诉讼保证司法公正的前提下追求效率的理念。D 选项错误。

3. 答案：BD **难度：难**

考点：证据的综合审查与运用

命题和解题思路：本题以漏罪追诉为主线设计，考查考生根据题干所设场景准确把握相关程序适用情形、参与主体等具体事项。解答本题，考生应重点注意本案漏罪追诉中被追诉人所处境遇，前罪与后罪的关系和到案经过。全面掌握不同情形下公安机关侦查讯问的地点，可排除 A 选项；掌握累犯的构成条件，可排除 C 选项。

【选项分析】A 选项考查讯问地点。《公安部规定》第 198 条对公安机关讯问犯罪嫌疑人的地点作了明确规定，原则上应在公安机关执法办案场所的讯问室，但也存在一些例外情况。这些例外情况是根据案件嫌疑人的实际情况而定，具有合理性。根据第 198 条第 3 款规定，对于正在被执行行政拘留、强制隔离戒毒的人员以及正在监狱服刑的罪犯，可以在其执行场所进行讯问。本案中，对于正在 I 县监狱服刑的祁某的讯问，如果不在监狱进行讯问，就得将其从监狱押出押回，如此操作手续麻烦，费时费力。因此现实中没必要一定将其押到公安机关的执法办案场所进行讯问。A 选项错误。

B 选项考查漏罪的管辖。根据《法院解释》第 13 条第 1 款规定，正在服刑的罪犯在判决宣告前还有其他罪没有判决的，由原审地法院管辖；由罪犯服刑地或者犯罪地的法院审判更为适宜的，可以由罪犯服刑地或者犯罪地的法院管辖。本案中，祁某抢劫案原则上由 H 县法院审判，但考虑到祁某目前在 I 县服刑，抢劫罪又是发生在 I 县，同时满足服刑地和犯罪地的条件，从办案便利的角度显然 I 县法院满足审判更为适宜的条件，可由 I 县法院进行审判。B 选项正确。

C 选项考查从重处罚量刑证据材料的提供。根据《法院解释》第 145 条规定，证明被告人具有累犯、毒品再犯情节等的证据材料，应当包括前罪的裁判文书、释放证明等材料；材料不全的，应当通知检察院提供。但本选项考查重点并非该条规定，而是考生能否意识到本案不能成立累犯。所谓累犯，是指受过一定的刑罚处罚，刑罚执行完毕或者赦免以后，在法定期限内又犯被判处一定的刑罚之罪的情形。本案追诉的是祁某在前案宣判前就已存在的漏罪，显然不符合累犯条件。C 选项错误。

D 选项考查从轻、减轻处罚量刑证据材料的提供。根据《法院解释》第 144 条第 2 款规定，对被告人及其辩护人提出有自首、坦白、立功的事实和理由，有关机关未予认定，或者有关机关提出被告人有自首、坦白、立功表现，但证据材料不全的，法院应当要求有关机关提供证明材料，或者要求有关人员作证，并结合其他证据作出认定。本案中，祁某正在监狱服刑，法院发现其是主动向监管人员交代漏罪，要求监管机关提供证明材料或监管人员作证是合理的。D 选项正确。

4. 答案：ACD　难度：难

考点：速裁程序

命题和解题思路：认罪认罚从宽在程序衔接上的知识点多与简易程序、速裁程序的适用相结合。本题综合考查了认罪认罚案件适用刑事和解、速裁程序、调整量刑建议和程序转换的相关知识点。解答本题，考生需建立诉讼程序中的阶段思维，将选项和题干充分结合，按序分析检法两家在相应程序时点的做法是否正确。仔细审题，把握题干指出"庭前审查阶段终于达成刑事和解"的用意，可排除 B 选项。

【选项分析】A 选项考查检察院对刑事和解的适用。对于有被害人的案件，犯罪嫌疑人认罪认罚，通常意味着其愿意积极赔偿被害人的损失。犯罪嫌疑人是否积极赔偿损失，是否与被害方和解或取得被害方谅解，将是检察院最终是否认定"认罚"或提出量刑从宽建议的重要考虑因素。当然，犯罪嫌疑人认罪认罚并积极赔偿被害人并不一定能让被害人同意和解或谅解，这样就会对量刑从宽产生一定影响。加之修复社会关系的需要，检察院在认罪认罚案件中应当有所作为。根据《检察规则》第 276 条第 3 款规定，对于符合当事人和解程序适用条件的公诉案件，犯罪嫌疑人认罪认罚的，检察院应当积极促使当事人自愿达成和解。A

选项正确。

B选项考查检察院建议适用速裁程序的前提。《检察规则》第437条、第438条规定了检察院可以建议适用速裁程序的基本前提和排除适用的情形。实际上，检察院能否建议法院适用速裁程序，主要看起诉时该案能否在审判阶段适用速裁程序。但需注意的是，虽然案件在起诉时不符合适用速裁程序的条件，但在法院受理后可能就达到适用速裁程序的条件，本案即是如此。王某与被害人在庭前审查阶段达成刑事和解，最终使得法院可通过速裁程序审理本案。审判阶段才和解意味着本案在起诉时双方未达成和解。因此，根据《检察规则》第438条第5项规定，被告人与被害人或者其法定代理人没有就附带民事诉讼赔偿等事项达成调解或者和解协议的，检察院不得建议法院适用速裁程序。B选项错误。

C选项考查速裁程序量刑建议的调解。由于速裁案件应当庭宣判，检察院如需调整量刑建议，应及时提出，否则调整就失去意义。根据《关于适用认罪认罚从宽制度的指导意见》第41条第2款规定，适用速裁程序审理的，检察院调整量刑建议应当在庭前或者当庭提出。本案虽然最终因王某最后否认犯罪事实而不能当庭宣判，但并不影响检察院认为应调低量刑建议时，应在庭前或当庭提出。C选项正确。

D选项考查速裁程序的转换。如果仅看《法院解释》第375条规定，适用速裁程序审理案件，当被告人否认指控的犯罪事实的，"应当转为普通程序或者简易程序审理"。这样考生就误认为D选项不周延，所以是错误的。实际上，第375条关于"速转普"或"速转简"的规定未区分"转简"还是"转普"，还是都可以的情况。因此，需要在确定案件不能适用速裁程序时，继续判断案件能否适用简易程序，如不能适用简易程序，就只能适用普通程序，反之两者都可适用。根据《法院解释》第368条规定，适用简易程序审理案件，被告人当庭对起诉指控的犯罪事实予以否认的，应当转为普通程序审理。据此，王某在宣判前否认犯罪事实，本案同时不符合适用简易程序的条件，应当直接"速转普"。D选项正确。

5.答案：BCD 难度：难

考点：二审抗诉、缺席判决

命题和解题思路： 本题考查二审抗诉的三个知识点和缺席审判的一个知识点。二审抗诉和再审抗诉是法考刑诉的难点。解答本题，考生应厘清上下级检察院在二审抗诉中的关系。同时准确把握撤回抗诉是否影响案件的公正处理，以及被告人死亡时终止审理和缺席审理的适用。掌握检察院提出抗诉的权限，即可排除A选项。

【选项分析】 A选项考查二审抗诉权的行使主体。根据《刑事诉讼法》第228条规定，地方各级检察院认为本级法院第一审的判决、裁定确有错误的时候，应当向上一级法院提出抗诉。又根据《检察规则》第585条规定，检察院在收到法院第一审判决书或者裁定书后，应当及时审查。对于需要提出抗诉的案件，应当报请检察长决定。可见，针对县法院的一审裁判提出抗诉的权力自始至终属于县检察院，不能因市检察院可能出庭支持抗诉就认为抗诉权由市检察院批准行使。A选项错误。

B选项考查检察院撤回抗诉的内部程序。按修改前《检察规则》的规定，上一级检察院认为抗诉不当的，应当向同级法院撤回抗诉，同时通知下级检察院即可，不一定要听取下级检察院的意见。根据现行《检察规则》第589条第2款规定，上一级检察院认为抗诉不当的，应当听取下级检察院的意见。听取意见后，仍然认为抗诉不当的，应当向同级法院撤回抗诉，并且通知下级检察院。毕竟，二审抗诉是下级检察院提出的，在撤回抗诉前听取下级检察院意见，显得更为慎重。B选项正确。

C选项考查二审法院对撤回抗诉的处理。修改前的《法院解释》未对二审法院在抗诉期满后的准许撤回抗诉进行明确限定。根据 2021 年《法院解释》第 385 条第 2 款规定，检察院在抗诉期满后要求撤回抗诉的，第二审法院可以裁定准许，但是认为原判存在将无罪判为有罪、轻罪重判等情形的，应当不予准许，继续审理。可见，修改后的《法院解释》更关注撤回抗诉对被告人是否公平。本案中，二审法院认为对沈某定罪的证据不足，即原判存在将无罪判为有罪的情形，因此应当不予准许检察院撤回抗诉。C 选项正确。

D 选项考查被告人死亡的缺席审判。根据《刑事诉讼法》第 297 条规定，被告人死亡的，法院应当裁定终止审理，但有证据证明被告人无罪，法院经缺席审理确认无罪的，应当依法作出判决。根据《法院解释》第 606 条第 2 款规定，"有证据证明被告人无罪，经缺席审理确认无罪"，包括案件事实清楚，证据确实、充分，依据法律认定被告人无罪的情形，以及证据不足，不能认定被告人有罪的情形。本案中，二审法院原则上应当对沈某案裁定终止审理，但在二审法院已经发现对沈某定罪的证据不足的情况下，二审法院应当继续审理进一步确认是否应当判决沈某无罪。本案是抗诉案件，沈某病故时二审法院尚未开庭，因此应当继续对沈某缺席审理。D 选项正确。

6. **答案**：ABD　　**难度**：难

考点：审判监督程序

命题和解题思路：本题重点考查 2021 年《法院解释》关于审判监督程序的三个新增内容。解答本题，考生一方面应熟记申诉原则上由终审法院先审查处理，另一方面需准确把握终审法院以外的法院在申诉审查中的地位和作用，从而正确判断终审法院以外的法院"可为"和"不能为"，由此排除 C 选项。

【选项分析】A 选项考查越级申诉时的处理。根据《刑事诉讼法》第 254 条第 1 款和《法院解释》第 460 条规定，终审法院认为本院的生效裁判确有错误，由院长提交审判委员会讨论决定是否再审。鉴于终审法院有自行启动再审的权力，《法院解释》第 453 条规定，申诉由终审法院审查处理。根据该条第 2 款规定，上一级法院对未经终审法院审查处理的申诉，可以告知申诉人向终审法院提出申诉，或者直接交终审法院审查处理，并告知申诉人；案件疑难、复杂、重大的，也可以直接审查处理。所以本案中，H 省高级法院收到王某的申诉后，可以告知王某向 I 市中级法院提出申诉，也可以直接交 I 市中级法院审查处理，如认为该案疑难、复杂、重大，也可以直接审查处理。如果王某直接向最高法院申诉，根据该条第 3 款规定，最高法院应当告知申诉人向下级法院提出。A 选项正确。

B 选项考查终审法院以外法院审查申诉的方法。如果审查申诉的法院并非审理过该案的法院，必然需要通过更多渠道了解该案原来的处理情况。根据 2021 年《法院解释》第 456 条规定，对立案审查的申诉案件，法院可以听取当事人和原办案单位的意见，也可以对原判据以定罪量刑的证据和新的证据进行核实。必要时，可以进行听证。本案中，J 市中级法院虽然是接受上级法院指派的任务，但毕竟是亲自审查申诉的法院，当然可根据第 456 条规定听取原办案单位的意见。该条规定的是"原办案单位"，而非"原审法院"，说明《法院解释》允许审查申诉的法院听取法院以外的办案单位的意见。B 选项正确。

C 选项考查启动再审的权力。J 市中级法院根据 H 省高级法院的指定，对本该由 I 市中级法院立案审查的申诉进行审查，其仅是起到审查申诉的作用，由于其并非终审法院，因此不能自行决定启动再审，只能是在最高法院或 H 省高级法院指令再审时，才能对该案进行审理。根据《法院解释》第 454 条规定，最高法院或者上级法院可以指定终审法院以外的法院对申诉进行审查。被指定的人民法院审查后，应当制作审查报告，提出处理意见，层报最高法院或者上级法院审查处理。所以本案中，J 市中级法院的正确做法是制作审查报告，提出处理意见,报 H 省高级法院审查处理。C 选项错误。

D 选项考查再审期间刑罚的执行。根据《刑事诉讼法》第 253 条和《法院解释》第 458 条第 5 项规定,原判决所依据的被告人供述、证人证言等证据发生变化,影响定罪量刑,且有合理理由的,视为有新的证据证明原判决认定的事实确有错误,可能影响定罪量刑,法院应当重新审判。本案中,法院应启动再审。因为王某是因受到他人威胁而替"真凶"顶罪,可能经再审改判无罪。根据《法院解释》第 464 条规定,再审期间不停止原判决、裁定的执行,但被告人可能经再审改判无罪,或者可能经再审减轻原判刑罚而致刑期届满的,可以决定中止原判决、裁定的执行,必要时,可以对被告人采取取保候审、监视居住措施。D 选项正确。

7. 答案:AB　　难度:难

考点:附条件不起诉

命题和解题思路: 附条件不起诉是未成年人诉讼程序的常考点,对于这一领域的知识点,考生需要注意附条件不起诉中各当事人及其法定代理人的权利行使、权利保障及限制。本题重点考查被害人的诉权保障及限制。解答本题,应认识到附条件不起诉对于未成年犯罪嫌疑人具有重要的教育和挽救功能,可以避免法院定罪对未成年人的发展造成不利影响,故应尽可能排除附条件不起诉的适用障碍。本题附带考查犯罪记录封存,考生应谨记附条件不起诉也会带来一定负面影响,如不封存,可能对未成年人的影响反而大于被封存的犯罪记录。

【选项分析】 A 选项考查被害人的诉权保障。由于被害人是受犯罪行为直接侵害的人,具有诉权,因此根据《检察规则》第 469 条第 2 款、第 477 条第 2 款规定,检察机关在作出附条件不起诉决定前和考察后作出不起诉决定前都应听取被害人意见。被害人的意见及申诉在法定层面均不具有阻断附条件不起诉决定及随后作出不起诉决定的效力,但两次听取意见和准许两次申诉足以体现检察机关对被害人诉权的保障。A 选项正确。

B 选项考查被害人的诉权限制。如果被害人可以在附条件不起诉的决定作出后提出自诉,那么检察院对所附条件的监督考察将成为徒劳。全国人民代表大会常务委员会《关于〈中华人民共和国刑事诉讼法〉第二百七十一条第二款的解释》规定,"被害人对人民检察院对未成年犯罪嫌疑人作出的附条件不起诉的决定和不起诉决定,可以向上一级人民检察院申诉,不适用《刑事诉讼法》第 176 条(现第 180 条)关于被害人可以向人民法院起诉的规定",即此种情况下,被害人不可以向法院提起自诉。根据《检察规则》第 472 条第 1 款规定,被害人不服附条件不起诉决定的,应当告知其不适用刑事诉讼法第 180 条关于被害人可以向人民法院起诉的规定,并做好释法说理工作。据此,检察院有主动告知的义务。B 选项正确。

C 选项考查法定代理人异议对附条件不起诉的影响。未成年犯罪嫌疑人及其法定代理人对附条件不起诉的异议分为两种:一种是对附条件不起诉这种处理方式有异议;另一种是对所附条件及考验期有异议。根据《刑事诉讼法》第 282 条第 3 款规定和《检察规则》第 470 条规定,检察院对于前一异议,应当提起公诉;对于后一异议,检察院可以依法采纳其合理的意见,对考察的内容、方式、时间等进行调整,其意见不利于对未成年犯罪嫌疑人帮教,检察院不采纳的,应当进行释法说理。即是说,只要未成年犯罪嫌疑人及其法定代理人未针对附条件不起诉的决定本身提出异议,那检察院不应提起公诉。C 选项错误。

D 选项考查犯罪记录封存的保障。未成年人的犯罪记录被封存后,当其日后入学或就业需要开具无犯罪记录却被拒绝开具时,犯罪记录封存无异于形同虚设,未在关键时刻发挥应有作用。因此《检察规则》第 487 条明确要求，被封存犯罪记录的未成年人或者其法定代理人申请出具无犯罪记录证明的，检察院应当出具。需要协调公安机关、法院为其出具无犯罪记录证明的，检察院应当予以协助。D 选项错误。

三、不定项选择题

1. 答案：A　　难度：难

考点： 认罪认罚从宽案件办理

命题和解题思路： 本题考查认罪认罚从宽案件的办理，立足于审查逮捕和审查起诉两个阶段考查检察机关办理认罪认罚案件的两个知识点。解答本题，考生应将认罪认罚与社会危险性考量、达成和解、谅解以及协商式司法充分联系起来进行分析。了解侦查阶段通知值班律师的义务主体，可排除 B 选项；了解量刑建议的形成过程，可排除 C 选项；了解不予认定"认罚"的情形，可排除 D 选项。

【选项分析】A 选项考查认罪认罚案件的逮捕审查。犯罪嫌疑人认罪认罚的，可以说明其愿意配合刑事追诉，妨碍诉讼顺利进行的风险降低，发生社会危险性的概率随之降低。根据《检察规则》第 270 条第 1 款规定，批准或者决定逮捕，应当将犯罪嫌疑人涉嫌犯罪的性质、情节、认罪认罚等情况，作为是否可能发生社会危险性的考虑因素。本案中，虽然检察院对雷某批准逮捕，但不影响审查逮捕时应对雷某认罪认罚情况这一因素进行考虑。A 选项正确。

B 选项考查审查逮捕环节的值班律师帮助。检察院审查逮捕时，案件总体仍处于侦查阶段，宜由公安机关统筹联络值班律师为犯罪嫌疑人提供法律帮助。根据《检察规则》第 267 条第 2 款规定，犯罪嫌疑人自愿认罪认罚、没有辩护人的，在审查逮捕阶段，检察院应当要求公安机关通知值班律师为其提供法律帮助；在审查起诉阶段，检察院应当通知值班律师为其提供法律帮助。据此，审查逮捕环节的值班律师提供法律帮助一事，由检察机关对公安机关提出要求即可。B 选项错误。

C 选项考查量刑建议的协商。我国认罪认罚从宽制度的确立，虽然对协商式司法有所促进，但没有改变审查起诉阶段检察院依职权主导认罪认罚案件办理的传统，现实中更多的是检察院拿出自己的量刑建议方案，再听取犯罪嫌疑人意见。根据《关于适用认罪认罚从宽制度的指导意见》第 33 条规定，检察院提出量刑建议前，应当充分听取犯罪嫌疑人、辩护人或者值班律师的意见，尽量协商一致。据此，对量刑建议协商一致只是一种提倡，而非硬性要求。C 选项错误。

D 选项考查排除认罪认罚从宽制度适用的情形。为尽可能助推认罪认罚从宽制度的适用，在被追诉人愿认罪认罚的情况下，应尽量少设置适用障碍。《关于适用认罪认罚从宽制度的指导意见》针对"认罪"和"认罚"分别规定了一项排除适用的情形，后者即犯罪嫌疑人、被告人虽然表示"认罚"，却暗中串供、干扰证人作证、毁灭、伪造证据或者隐匿、转移财产，有赔偿能力而不赔偿损失，则不能适用认罪认罚从宽制度。其中并没有提到"无能力赔偿被害人损失或未取得谅解"。又根据《检察规则》第 276 条第 1 款规定，办理认罪认罚案件，检察院应当将犯罪嫌疑人是否与被害方达成和解或者调解协议，或者赔偿被害方损失，取得被害方谅解，或者自愿承担公益损害修复、赔偿责任，作为提出量刑建议的重要考虑因素。据此，"无力赔偿被害人损失，而未取得谅解"只是影响从宽处罚的幅度，影响量刑建议的结果，不会影响对"认罚"的认定，也就不会因此排除认罪认罚从宽制度的适用。D 选项错误。

2. **答案：ABD**   **难度：难**

考点：法庭调查程序

命题和解题思路：本题综合考查 2021 年《法院解释》关于法庭审理中鉴定人出庭、量刑辩论、量刑建议调整方式的三个新增或修改内容。解答本题，考生应重点掌握鉴定人出庭与证人出庭的异同，以及法院对待犯罪事实、罪名指控变更与量刑建议调整的异同。掌握依职权通知证人出庭的发问顺序，可排除 A 选项；谨记我国庭审系一概禁止诱导发问，可排除 B 选项；了解量刑建议的调整方式，可排除 D 选项。

【选项分析】A 选项考查鉴定人出庭后的发问顺序。关于证人与鉴定人出庭的主要要求是一致的，区别主要在于强制出庭的对象只有证人，无鉴定人。根据《法院解释》第 259 条、第 260 条规定，证人出庭后，一般先向法庭陈述证言；其后，经审判长许可，由申请通知证人出庭的一方发问，发问完毕后，对方也可以发问。法庭依职权通知证人出庭的，发问顺序由审判长根据案件情况确定。鉴定人、有专门知识的人、调查人员、侦查人员或者其他人员出庭的，参照适用上述规定。本案中，虽然被告人贺某对价格鉴定意见有异议，但鉴定人并非其申请出庭，是由法庭依职权通知出庭，应由审判长根据案件情况确定发问顺序。A 选项错误，当选。

B 选项考查庭审发问规则。根据《法院解释》第 261 条规定，对证人、被告人、被害人、附带民事诉讼当事人、鉴定人、有专门知识的人、调查人员、侦查人员或者其他人员的讯问、发问，不得以诱导方式进行。虽然庭审发问能否在一定情形下使用诱导性问题在理论界存在争议，但诉讼规则对此的意见是明确的，即不允许。即使是专业性较强的问题，也不得采取诱导方式发问。B 选项错误，当选。

C 选项考查对法庭辩论焦点的指引。如果被告人认罪，控辩双方对定罪问题无争议，法庭辩论就无需聚焦于定罪问题。为了明确辩论焦点，提升辩论质量和效率，法庭应对辩论进行适当引导。根据《法院解释》第 283 条规定，对被告人认罪的案件，法庭辩论时，应当指引控辩双方主要围绕量刑和其他有争议的问题进行。C 选项正确，不当选。

D 选项考查量刑建议的调整方式。根据《法院解释》第 289 条的规定，公诉人当庭发表与起诉书不同的意见，属于变更、追加、补充或者撤回起诉的，法院应当要求检察院在指定时间内以书面方式提出。至于调整量刑建议应用何种方式，《法院解释》《检察规则》及其他规范性文件未作出规定。鉴于量刑建议与涉及指控犯罪事实、罪名和被告人的变更、追加、补充或者撤回起诉存在显著不同，应允许量刑建议的灵活调整。根据《关于适用认罪认罚从宽制度的指导意见》第 41 条第 2 款和《法院解释》第 353 条第 2 款规定，适用速裁程序审理认罪认罚案件，需要调整量刑建议的，应当在庭前或者当庭作出调整。当庭对量刑建议作出调整，那就是以发表口头意见的方式进行调整。D 选项错误，当选。

3. **答案：AD**   **难度：难**

考点：死刑的执行

命题和解题思路：本题综合考查指派辩护、管辖、死刑的执行、判决宣告后漏罪的并罚等刑事诉讼法和刑法的知识点。解答本题，需注意严格界分死缓复核和死缓执行两个阶段，不能将两个阶段发生的事混淆处理或互相参酌处理。掌握漏罪的审判管辖，可排除 B 选项；了解死缓改死刑立即执行的时间条件，可排除 C 选项。

【选项分析】A 选项考查强制指派辩护的适用情形。考生比较熟知的是，对于可能被判处无期徒刑、死刑的人，没有委托辩护人的，公安司法机关应当通知法律援助机构指派律师为其提供辩护。根据《法律援助法》第 25 条规定，申请法律援助的死刑复核案件被告人，没有委托辩护人的，法院应当通知法律援助机构指派律师担任辩护人。高级法院复核死缓期间的被告人属于已经被判处死刑但尚在核准的被告人，显然不符合前一类情形；如果考生根据后一规定认为经申请，法院才应通知法律援助机构指派律师为骆某辩护，那么就忽略了《法院解释》已有的对被告人权利保障更到位的规定。根据《法院解释》第 47 条第 2 款规定，高级法院复核死刑案件，被告人没有委托辩护人的，应当通知法律援助机构指派律师为其提供辩护。A 选项正确。

B 选项考查漏罪的审判法院。如果骆某是在死刑缓期执行期间又犯新罪，则根据《法院解释》第 13 条第 2 款、第 497 条第 1 款规定，被判处死刑缓期执行的罪犯，在死刑缓期执行期间犯罪的，应当由罪犯服刑地的中级法院依法审判。但本案中，骆某是在死缓复核期间犯新罪，在进入死缓执行后，属于正在服刑的罪犯在判决宣告前还有其他罪没有判决。根据《法院解释》第 13 条第 1 款规定，正在服刑的罪犯在判决宣告前还有其他罪没有判决的，由原审地法院管辖；由罪犯服刑地或者犯罪地的法院审判更为适宜的，可以由罪犯服刑地或者犯罪地的法院管辖。B 选项错误。

C 选项考查对死缓犯决定执行死刑的情形。根据《刑事诉讼法》第 261 条第 2 款规定，被判处死刑缓期二年执行的罪犯，在死刑缓期执行期间犯罪的，如果故意犯罪，情节恶劣，查证属实，应当执行死刑的，由高级法院报请最高法院核准。由此可见，法律明确规定了死刑缓期执行期间死缓变死刑的情形。对于同样的情形，发生在死缓判决复核期间该如何处理，法律没有明确规定。由于死缓变死刑立即执行关乎个人生命权的剥夺，不能将死缓复核期间的情形参考死缓执行期间的规定处理，应当严格遵循罪刑法定原则。C 选项错误。

D 选项考查漏罪的并罚。根据《刑法》第 69 条、第 70 条规定，判决宣告以后，刑罚执行完毕以前，发现被判刑的犯罪分子在判决宣告以前还有其他罪没有判决的，应当对新发现的罪作出判决，把前后两个判决所判处的刑罚，依照数罪并罚的规定，决定执行的刑罚。本案中，骆某前罪已被判处死刑缓期二年执行，后罪被判处有期徒刑，对两个判决所判处的刑罚，应当决定执行刑种更严厉的死刑缓期二年执行。D 选项正确。

行政法与行政诉讼法【09】

第一套

第一部分　试题

一、单项选择题

1. 合理行政原则是行政法的基本原则，该原则对行政机关实施行政管理提出了更高的要求。下列哪一做法体现了合理行政原则的要求？
   A. 派出所民警对未成年人张某实施询问时通知其父母到场
   B. 市场监管局对违规生产的化工厂采取了查封相关机器设备而非查封整个厂房的措施
   C. 镇政府因政策变动变更了与大德公司签订的《购买服务协议》并给予适当补偿
   D. 行政审批局将"取水许可审批"从原来的 5 个工作日压缩为 1 个工作日

2. 县水利局二级科员张某因参与赌博被公安局拘留 5 天，水利局对其作出记大过处分。张某向市水利局提出申诉后被驳回。张某遂向县水利局提出辞职申请。对此，以下哪一说法是正确的？
   A. 县水利局可按规定降低张某的级别
   B. 县水利局可以张某赌博被拘留为由辞退张某
   C. 张某有权向省水利厅提出再申诉
   D. 县水利局应在 90 日内审批张某的辞职申请

3. 根据国务院 2024 年立法工作计划，水利部、住房和城乡建设部、国家发展和改革委员会负责起草《节约用水条例》。关于该条例的制定程序和解释适用，下列哪一说法是错误的？
   A. 条例草案及其说明等向社会公布征求意见的时间不少于 30 日
   B. 送审稿未经三部委主要负责人共同签署的，国务院法制机构可以退回
   C. 国务院办公厅在条例公布后的 30 日内报全国人大常委会备案
   D. 水利部的法制机构可以向国务院提出解释要求

4. 关于行政法规的立法权限，下列哪一说法是错误的？
   A. 对行政处罚案件的级别管辖作出特殊规定
   B. 对实施行政许可收费作出特殊规定
   C. 对延长冻结存款的时间作出特殊规定
   D. 对行政争议适用复议前置作出特殊规定

5. 关于具体行政行为的效力，下列哪一说法是正确的？
   A. 行政机关不得随意变更已作出的具体行政行为，这是形式确定力的体现
   B. 违法的具体行政行为不产生法律效力
   C. 具体行政行为被撤销后其效力溯及既往消灭
   D. 无效的具体行政行为不具有公定力

6. 某区政府对张某作出责令限期拆除违建的决定，张某不起诉也不履行。区政府遂向区法院申请强制执行，区法院以责令限期拆除决定明显缺乏事实根据为由，裁定不予执行。对此，下列哪一说法是正确的？

A. 区政府申请强制执行前应当发布公告，限期张某自行拆除

B. 区政府申请法院强制执行的期限为 2 年

C. 法院应自受理之日起 30 日内作出是否执行的裁定

D. 区政府可就不予执行裁定向区法院申请复议一次

7. 赵某系烈士之子，其于 2021 年 3 月 2 日依照民政部、财政部《关于给部分烈士子女发放定期生活补助的通知》（下称《补助通知》），向区退役军人事务局申请补发自通知生效之日至其申请期间的烈士子女定期生活补助，该局予以拒绝。赵某向区政府申请行政复议，后者予以驳回。赵某向法院提起诉讼。法院审理认为，赵某申请符合发放条件。对此，下列哪一说法是正确的？

A. 定期生活补助的发放属于行政许可

B. 赵某的起诉期限是 6 个月

C. 法院可以对《补助通知》是否合法、有效、合理、适当进行评述

D. 法院应当判决区退役军人事务局在一定期限内针对赵某的申请重新作出处理

二、多项选择题

1.《律师法》规定，申请律师执业需要取得法律职业资格，并向司法行政机关申请颁发律师执业证书。对此，下列哪些说法是错误的？

A. 法律职业资格属于核准类行政许可

B. 律师执业证书的发放属于涉及特定行业的市场准入许可

C. 司法行政部门有权依法委托律师协会颁发律师执业证书

D. 律师执业证书违法发放的，司法行政部门应予以注销

2. Y 公司向 H 区行政审批局递交燃气经营许可期限的延续申请。H 区审批局发出补正材料通知书，要求 Y 公司补正材料。Y 公司补正后，H 区审批局再次发出补正材料通知书，Y 公司认为其已无法补正，遂向法院起诉，请求撤销补正通知书。后 H 区审批局只委托律师出庭。庭审期间，Y 公司以被告负责人未出庭为由拒绝陈述，导致庭审无法进行。对此，下列哪些说法是正确的？

A. Y 公司应当在燃气经营许可有效期届满 30 日前提出延续申请

B. H 区审批局的补正通知书属于过程性行政行为，不具有可诉性

C. 对 Y 公司拒绝陈述的行为，法院应当按照撤诉处理

D. 法院有权就 H 区审批局的应诉情况向 H 区政府提出司法建议

3. 街道办事处科员陆某在上班途中被邱某驾驶的轿车撞伤，交警部门认定邱某负事故全部责任。后区人社局对陆某不予认定工伤，陆某起诉请求撤销区人社局的决定。法庭调查阶段，陆某请求法院判决邱某承担侵权赔偿责任，法院未准许。法院审理后撤销区人社局的决定，责令其重新作出行政行为。区人社局再次以同一事实和理由作出不予认定工伤的决定。对此，下列哪些说法是错误的？

A. 区人社局的工伤认定属于依申请的裁量行为

B. 法院不准许陆某提出民事侵权赔偿诉讼请求正确

C. 法院应当直接判决确认陆某的受伤构成工伤

D. 法院有权就区人社局二次作出的工伤认定向监察机关提出司法建议

4. H 省 S 市司法局认定 W 律师事务所指派本所律师担任同一诉讼案件的原告、被告代理人，构成接受有利益冲突的案件的违法行为，经听证，决定给予该律所警告、没收违法所得 80 万元的处罚。后 W 律师事务所向 S 市政府申请复议。S 市政府经咨询行政复议委员会的意见，认为 S 市司法局的处罚决定事实不清、证据不足。对此，下列哪些说法是正确的？

A. S 市司法局作出处罚决定前有必要经过法制审核

B. W 律师事务所有权向 H 省司法厅申请复议

C. 行政复议委员会的意见构成 S 市政府复议决定的重要参考依据

D. S 市政府有权在查清事实后变更 S 市司法局的处罚决定

5. W 县某村村民姜某因琐事将刘某殴打致轻微伤。W 县公安局经对姜某询问查证，决定对其拘留 3 日。后姜某向 W 县政府申请复议。W 县政府以 W 县公安局的决定证据不足为由，决定对姜某罚款 400 元。姜某不服向法院起诉，刘某也以对姜某的处罚偏轻为由向法院起诉。对此，下列哪些选项是错误的？

A. W 县公安局应当在立案之日起 90 日内对姜某作出处罚决定

B. W 县政府应当适用简易程序审理案件

C. W 县政府应当撤销 W 县公安局的决定并责令其重作

D. 法院可判决将姜某的罚款改为 1000 元

6. 2023 年 3 月 20 日，某县文广局执法人员以未经许可从事上网服务为由，当场扣押了 M 网吧的电脑主机等物品，《扣押物品清单》载明了物品数量，但对物品性能未作说明，且未经网吧负责人签字确认，扣押决定书也未告知起诉期限。同年 10 月 2 日，M 网吧向法院起诉请求判决县文广局赔偿财物损坏的损失。诉讼期间，当事人双方对部分电脑主机是否在扣押期间损坏发生争议。关于本案，下列哪些说法是正确的？

A. 电脑主机等物品在扣押期间的保管费用由县文广局承担

B. M 网吧起诉已经超过起诉期限

C. 法院应认为 M 网吧同时提起了扣押行为违法确认诉讼和行政赔偿诉讼

D. 县文广局应就电脑主机损坏的情况承担举证责任

7. 某区政府与卢某签订《房屋征收补偿安置协议》，约定对卢某划地安置。后经区自然资源局调查得知，案涉房屋的实际所有权人是栾某，而栾某不符合划地安置条件，遂作出解除前述协议的决定。卢某诉至法院，请求撤销区自然资源局的解除协议决定。对此，下列哪些说法是错误的？

A. 区政府与卢某可约定双方应履行协议发生的争议由区法院管辖

B. 卢某提起的撤销诉讼应当遵守起诉期限的规定

C. 本案审理对象是栾某是否为房屋实际所有人以及其是否符合划地安置条件

D. 法院有权以被告解除协议行为违法为由判决撤销解除行为并责令重做

8. 李某向国家金融监管总局 L 市监管分局举报某保险公司的违法行为。L 市监管分局通过《告知意见书》告知李某无法查实。李某向 L 省监管局申请复议，经听证，L 省监管局维持了 L 市监管分局的决定。李某以 L 市监管分局为被告提起诉讼，经法院释明，李某不同意追加 L 省监管局为被告。对此，下列哪些说法是错误的？

A. 李某有权向 L 市政府申请复议

B. 国家金融监管总局有权审理针对 L 市监管分局提起的复议案件

C. 法院应当追加 L 省监管局为第三人

D. L 市监管分局负责证明《告知意见书》的合法性

三、不定项选择题

1. 2023 年 8 月 1 日，张某等 15 人向县政府书面申请公开征收其房屋的省级以上部门批文及县政府授权镇政府征收的授权文件。县政府于 8 月 3 日签收申请，9 月 15 日答复张某等人文件不存在。张某等人向法院起诉请求撤销答复书。法院适用简易程序审理后认为，县政府的答复内容合法。关于本案，下列说法错误的是：

A. 张某等人的申请应包括申请公开信息的理由

B. 张某等人需要推选 2-4 名诉讼代表人

C. 法院应当在立案之日起 45 日内审结

D. 法院应当判决驳回张某等的诉讼请求

2. 王某殴打杨某构成轻伤，市公安局决定对王某取保候审。市检察院以故意伤害罪对王某提起公诉，市法院决定将王某逮捕，后王某被取保候审。最后，市检察院将该案撤回起诉，市法院作出解除取保候审决定及撤销案件决定。王某被限制人身自由 193 天，遂申请人身自由损害赔偿，并要求给付精神损害抚慰金 10 万元。对此，下列选项错误的是：

A. 市法院为赔偿义务机关

B. 赔偿义务机关可以与王某就赔偿方式、项目和数额进行协商

C. 王某的人身自由损害赔偿金总额为国家上年度职工年平均工资的 20 倍

D. 王某的精神损害抚慰金总额应当在其人身自由赔偿金总额的 50% 以下酌定

第二部分　答案详解

一、单项选择题

1. **答案：B　难度：难**

考点：行政法的基本原则

命题和解题思路： 本题考查考生对行政基本原则的理解和掌握程度。知识点涉及合法行政原则、合理行政原则、高效便民原则和诚实守信原则。四个选项中，B 选项和 C 选项具有一定的难度，考生需要明确区分合理行政原则和诚实守信原则的不同要求，才能作出正确的选择。正确回答本题，需要考生对相关行政法基本原则的核心要求有较好的理解，并能够举一反三，较好地把握各种原则内容之间的细微区别。

【选项分析】《治安管理处罚法》第 84 条规定："询问笔录应当交被询问人核对；对没有阅读能力的，应当向其宣读。记载有遗漏或者差错的，被询问人可以提出补充或者更正。被询问人确认笔录无误后，应当签名或者盖章，询问的人民警察也应当在笔录上签名。被询问人要求就被询问事项自行提供书面材料的，应当准许；必要时，人民警察也可以要求被询问人自行书写。询问不满十六周岁的违反治安管理行为人，应当通知其父母或者其他监护人到场。"选项 A 中，警察询问未成年人时通知其父母到场是符合法律规定的操作方式，体现

了合法行政原则的要求，而不是合理行政原则，不当选。

合理行政原则的基本要求有三项：一是公平公正原则；二是考虑相关因素原则；三是比例原则，其中比例原则又包括适当性原则、必要性原则和法益均衡原则。必要性原则体现为最小侵害要求，也就是说，当行政机关有多种行为方式选择时，行政机关应当选择对当事人权益损害最小的方式。选项B中，对于违法生产的化工厂，监管部门查封相关设备而非查封整个厂房的措施符合必要性原则，体现了合理行政原则的要求，当选。

诚实信用原则有两项要求，一是行政信息真实原则，二是保护信赖利益原则。选项C中，镇政府因政策变动变更了与大德公司签订的《购买服务协议》并给予适当补偿，符合保护相对人信赖利益原则的要求，不当选。

高效便民原则有两项要求，一是行政效率原则，二是便利当事人原则。选项D中，行政审批局将"取水许可审批"从原来的5个工作日压缩为1个工作日，既体现了行政管理的效率原则，也带有便利当事人办事的意味，总体体现了高效便民原则的要求，不当选。

2. 答案：C　难度：难

考点： 公务员基本管理制度

命题和解题思路： 本题考查考生对公务员管理制度相关规定的掌握程度。四个选项中，ACD选项考查知识点较细，考生容易出现判断困难。尤其是C选项，需要考生对题干内容有较好的理解，才能作出正确选择。正确回答本题，需要考生一方面要注意《公务员法》的细节性规定，另一方面还要认真审题。

【选项分析】《公务员法》第64条规定："公务员在受处分期间不得晋升职务、职级和级别，其中受记过、记大过、降级、撤职处分的，不得晋升工资档次。受处分的期间为：警告，六个月；记过，十二个月；记大过，十八个月；降级、撤职，二十四个月。受撤职处分的，按照规定降低级别。"对照上述规定可知，A选项说法错误。

《公务员法》第88条规定："公务员有下列情形之一的，予以辞退：（一）在年度考核中，连续两年被确定为不称职的；（二）不胜任现职工作，又不接受其他安排的；（三）因所在机关调整、撤销、合并或者缩减编制员额需要调整工作，本人拒绝合理安排的；（四）不履行公务员义务，不遵守法律和公务员纪律，经教育仍无转变，不适合继续在机关工作，又不宜给予开除处分的；（五）旷工或者因公外出、请假期满无正当理由逾期不归连续超过十五天，或者一年内累计超过三十天的。"对照上述规定可知，辞退需要具备法定情形，张某赌博被拘留不是辞退的法定情形。B选项说法错误。

《公务员法》第95条规定："公务员对涉及本人的下列人事处理不服的，可以自知道该人事处理之日起三十日内向原处理机关申请复核；对复核结果不服的，可以自接到复核决定之日起十五日内，按照规定向同级公务员主管部门或者作出该人事处理的机关的上一级机关提出申诉；也可以不经复核，自知道该人事处理之日起三十日内直接提出申诉；……对省级以下机关作出的申诉处理决定不服的，可以向作出处理决定的上一级机关提出再申诉……"据此，张某的申请被市水利局驳回后，其依法可以提出再申诉。C选项说法正确。

《公务员法》第85条规定："公务员辞去公职，应当向任免机关提出书面申请。任免机关应当自接到申请之日起三十日内予以审批，其中对领导成员辞去公职的申请，应当自接到申请之日起九十日内予以审批。"本题中，张某并非单位领导，故其辞职申请的审批时间为30日，D选项说法错误。

3. 答案：D　难度：难

考点： 行政法规制定程序

命题和解题思路： 本题考查行政法规制定程序规定的相关内容，具体涉及起草、审查、决定、解释等程序方面的特殊规定。四个选项中，BD选项存在一定难度，考生可能会因不太注意细节规定而出现判断困难。尤其是D选项，考生极可能判断错误。正确回答本题，需要考生充分注意《行政法规制定程序条例》的细节性规定。

【选项分析】《行政法规制定程序条例》第13条第2款规定："起草行政法规，起草部门应当将行政法规草案及其说明等向社会公布，征求意见，但是经国务院决定不公布的除外。向社会公布征求意见的期限一般不少于30日。"对照上述规定可知，A选项说法正确，不当选。

《行政法规制定程序条例》第19条规定："行政法规送审稿有下列情形之一的，国务院法制机构可以缓办或者退回起草部门：……（四）上报送审稿不符合本条例第十五条、第十六条、第十七条规定的。"《行政法规制定程序条例》第16条规定："起草部门向国务院报送的行政法规草案送审稿（以下简称行政法规送审稿），应当由起草部门主要负责人签署。起草行政法规，涉及几个部门共同职责需要共同起草的，应当共同起草，达成一致意见后联合报送行政法规送审稿。几个部门共同起草的行政法规送审稿，应当由该几个部门主要负责人共同签署。"结合上述规定可知，B选项说法正确，不当选。

《行政法规制定程序条例》第30条规定："行政法规在公布后的30日内由国务院办公厅报全国人民代表大会常务委员会备案。"对照上述规定可知，C选项说法正确，不当选。

《行政法规制定程序条例》第32条规定："国务院各部门和省、自治区、直辖市人民政府可以向国务院提出行政法规解释要求。"第33条规定："对属于行政工作中具体应用行政法规的问题，省、自治区、直辖市人民政府法制机构以及国务院有关部门法制机构请求国务院法制机构解释的，国务院法制机构可以研究答复；其中涉及重大问题的，由国务院法制机构提出意见，报国务院同意后答复。"结合上述规定可知，提出解释要求的是国务院部门以及省级人民政府，提出解释请求的是国务院各部门法制机构以及省级人民政府法制机构。D选项说法错误，当选。

4. **答案：C   难度：难**

考点： 行政处罚适用、行政许可实施、行政强制措施的设定、行政复议申请

命题和解题思路： 本题是一道综合题，重点考查行政法规在不同领域、不同事项上的立法权限，其考查规定内容涉及《行政处罚法》《行政许可法》《行政强制法》以及《行政复议法》。考生如果对上述立法中有关行政法规的立法权限规定掌握不牢固，极可能产生选择困难。正确回答此类题目，考生可以有意识地就法规、规章能够规定的事项等结合上述立法规定事先做出归纳总结。

【选项分析】《行政处罚法》第23条规定："行政处罚由县级以上地方人民政府具有行政处罚权的行政机关管辖。法律、行政法规另有规定的，从其规定。"据此可知，A选项说法正确，不当选。

《行政许可法》第58条第1款规定："行政机关实施行政许可和对行政许可事项进行监督检查，不得收取任何费用。但是，法律、行政法规另有规定的，依照其规定。"对照上述规定可知，行政法规有权对许可办理的收费作出规定。B选项说法正确，不当选。

《行政强制法》第32条规定："自冻结存款、汇款之日起三十日内，行政机关应当作出处理决定或者作出解除冻结决定；情况复杂的，经行政机关负责人批准，可以延长，但是延长期限不得超过三十日。法律另有规定的除外。延长冻结的决定应当及时书面告知当事人，并说明理由。"据此可知，延长冻结存汇款的时间已经由《行政强制法》作出规定，行政法

规无权作出规定，C 选项说法错误，当选。

《行政复议法》第 23 条第 1 款规定："有下列情形之一的，申请人应当先向行政复议机关申请行政复议，对行政复议决定不服的，可以再依法向人民法院提起行政诉讼：……（五）法律、行政法规规定应当先向行政复议机关申请行政复议的其他情形。"据此可知，行政法规有权对复议前置作出特殊规定。D 选项说法正确，不当选。

5. 答案：D　难度：难

考点：具体行政行为的效力

命题和解题思路：本题考查了考生对具体行政行为效力的理解和掌握程度。具体行政行为的效力属于行政法学的基础理论，需要考生重点掌握。本题四个选项中，BCD 选项具有一定的迷惑性，考生如果对相关知识点理解不深，可能作出错误判断。

【选项分析】具体行政行为的确定力是指具体行政行为一经生效，其内容非依法不得争议和变更。形式确定力是指具体行政行为对相对人的一种法律效力，即在行政复议或行政诉讼期限届满之后，相对人不能再要求改变其行为内容。实质确定力是指具体行政行为自向相对人告知之时起，行政机关不得任意改变行为内容。A 选项是实质确定力的体现，其说法错误。

违法的具体行政行为未必构成无效，虽然具体行政行为存在违法的情形，但其违法的程度并不相同，存在重大明显违法情形的具体行政行为属于无效行为，但对于一般违法的具体行政行为，则在被有权机关撤销前依然具有效力。此外，对于存在轻微违法的具体行政行为，可以确认违法，但未必否定其效力。因此，具体行政行为的效力应当根据违法的不同情况来分别确定，据此，B 选项说法错误。

具体行政行为一般违法构成撤销的理由，但是否所有违法的具体行政行为都要被撤销，则需要分情况讨论。负担性行为违法的，一般应当予以撤销，其溯及既往失去效力；但授益性行为，则可能需要考虑相对人有无信赖利益。如果相对人具有信赖利益，则可能自撤销之日起面向未来失去效力，而非溯及既往失效。C 选项说法错误。

无效的具体行政行为是指具有重大明显违法情形的行为。对于该行为，相对人有权拒绝遵守和执行，其他国家机关不负有尊重的义务，因此，该行为不具有一旦成立即推定为合法有效的公定力。D 选项说法正确。

6. 答案：C　难度：难

考点：行政强制执行

命题和解题思路：本题考查考生对行政强制执行中的行政非诉执行制度的理解和掌握程度。四个选项中 CD 选项因表述模糊且考查知识点较细，考生可能在判断上会存在困难。正确回答本题，需要考生认真读题，同时对行政强制执行立法的具体规定有较好的掌握。

【选项分析】《行政强制法》第 44 条规定："对违法的建筑物、构筑物、设施等需要强制拆除的，应当由行政机关予以公告，限期当事人自行拆除。"第 54 条规定："行政机关申请人民法院强制执行前，应当催告当事人履行义务。催告书送达十日后当事人仍未履行义务的，行政机关可以向所在地有管辖权的人民法院申请强制执行；执行对象是不动产的，向不动产所在地有管辖权的人民法院申请强制执行。"对照上述规定可知，A 选项说法错误。

《行政强制法》第 53 条规定："当事人在法定期限内不申请行政复议或者提起行政诉讼，又不履行行政决定的，没有行政强制执行权的行政机关可以自期限届满之日起三个月内，依照本章规定申请人民法院强制执行。"《行诉法解释》第 152 条规定："对发生法律效力的行政判决书、行政裁定书、行政赔偿判决书和行政调解书，负有义务的一方当事人拒绝履行的，对方当事人可以依法申请人民法院强制执行。人民法院判决行政机关履行行政赔偿、行政补偿或者其他行政给付义务，行政机关拒不履行的，对方当事人可以依法向法院申请强制执行。"第 153 条第 1 款规定："申请执行的期限为二年。申请执行时效的中止、中断，适用法律有关规定。"对照上述规定可知，行政非诉执行与行政诉讼执行的申请执行期限不同，前者适用 3 个月期限，后者适用 2 年期限。本题属于行政非诉执行，应适用 3 个月期限。B 选项说法错误。

《行政强制法》第 58 条规定："人民法院发现有下列情形之一的，在作出裁定前可以听取被执行人和行政机关的意见：（一）明显缺乏事实根据的；（二）明显缺乏法律、法规依据的；（三）其他明显违法并损害被执行人合法权益的。人民法院应当自受理之日起三十日内作出是否执行的裁定。裁定不予执行的，应当说明理由，并在五日内将不予执行的裁定送达行政机关。行政机关对人民法院不予执行的裁定有异议的，可以自收到裁定之日起十五日内向上一级人民法院申请复议，上一级人民法院应当自收到复议申请之日起三十日内作出是否执行的裁定。"据此规定可知，C 选项说法正确，D 选项说法错误。

7. 答案：C　难度：难

考点： 具体行政行为的种类、起诉期限、法律适用、复议维持判决

命题和解题思路： 本题四个选项中，C 选项因考查知识点较细，考生如复习不全面，就会出现判断困难。D 选项则考查考生对复议维持案件判决方式如何适用的掌握程度。正确回答本题，考生不但要熟悉法条，更应当理解相关的法理知识。

【选项分析】 行政许可是指行政机关根据相对人的申请，经依法审查，准予其从事特定活动的行为。行政给付则是指行政机关依法对特定的相对人提供物质利益或与物质利益有关的权益的行为。两种行为虽然都具有依申请行为的性质，但实质内容存在差别。本题中行政机关向符合条件的烈士子女发放定期生活补助的行为符合行政给付的特点。A 选项表述错误。

《行政诉讼法》第 45 条规定："公民、法人或者其他组织不服复议决定的，可以在收到复议决定书之日起十五日内向人民法院提起诉讼。复议机关逾期不作决定的，申请人可以在复议期满之日起十五日内向人民法院提起诉讼。法律另有规定的除外。"据此可知，B 选项表述错误。

依照最高人民法院《关于审理行政案件适用法律规范问题的座谈会纪要》规定，县级以上人民政府及其主管部门制定发布的具有普遍约束力的决定、命令或其他规范性文件不是正式的法律渊源，对人民法院不具有法律规范意义上的约束力。但是，人民法院经审查认为被诉具体行政行为依据的其他规范性文件合法、有效并合理、适当的，在认定被诉具体行政行为合法性时应承认其效力；人民法院可以在裁判理由中对其他规范性文件是否合法、有效、合理或适当进行评述。据此可知，C 选项表述正确。

《行诉法解释》第 136 条规定："人民法院对原行政行为作出判决的同时，应当对复议决定一并作出相应判决。人民法院依职权追加作出原行政行为的行政机关或者复议机关为共同被告的，对原行政行为或复议决定可以作出相应判决。人民法院判决撤销原行政行为和复议决定的，可以判决作出原行政行为的行政机关重新作出行政行为。人民法院判决作出原行政行为的行政机关履行法定职责或者给付义务的，应当同时判决撤销复议决定。原行政行为合法、复议决定违法的，人民法院可以判决撤销复议决定或者确认复议决定违法，同时判决驳回原告针对原行政行为的诉讼请求。原行政行为被撤销、确认违法或者无效，给原告造成损失的，应当由作出原行政行为的行政机关承担赔偿责任；因复议决定加重损害的，由复议

机关对加重部分承担赔偿责任。原行政行为不符合复议或者诉讼受案范围等受理条件，复议机关作出维持决定的，人民法院应当裁定一并驳回对原行政行为和复议决定的起诉。"本案属于复议维持案件，法院认定行政机关不履行法定职责时，应当依法判决退役军人事务部履行给付义务，同时判决撤销复议决定。据此可知，D 选项表述错误。

二、多项选择题

1. 答案：ABCD   难度：难

考点： 行政许可种类、行政许可实施主体、行政许可撤销与注销

命题和解题思路： 本题四个选项中，CD 选项均具有一定难度，考生需要就行政许可委托实施主体的规定、行政许可撤销与注销的区别有较好理解。正确回答本题，需要考生充分掌握与行政许可的实施和撤销相关的规定。

【选项分析】《行政许可法》第 12 条规定："下列事项可以设定行政许可：（一）直接涉及国家安全、公共安全、经济宏观调控、生态环境保护以及直接关系人身健康、生命财产安全等特定活动，需要按照法定条件予以批准的事项；（二）有限自然资源开发利用、公共资源配置以及直接关系公共利益的特定行业的市场准入等，需要赋予特定权利的事项；（三）提供公众服务并且直接关系公共利益的职业、行业，需要确定具备特殊信誉、特殊条件或者特殊技能等资格、资质的事项；（四）直接关系公共安全、人身健康、生命财产安全的重要设备、设施、产品、物品，需要按照技术标准、技术规范，通过检验、检测、检疫等方式进行审定的事项；（五）企业或者其他组织的设立等，需要确定主体资格的事项；（六）法律、行政法规规定可以设定行政许可的其他事项。"本条具体规定了行政许可的以下类型：普通许可、特许、认可、核准和登记。其中法律职业资格为资格类许可，归属于认可类许可；律师执业证书为行为类许可，归属于普通许可。据此可知，AB 选项说法错误。

《行政许可法》第 24 条规定："行政机关在其法定职权范围内，依照法律、法规、规章的规定，可以委托其他行政机关实施行政许可。委托机关应当将受委托行政机关和受委托实施行政许可的内容予以公告。委托行政机关对受委托行政机关实施行政许可的行为应当负责监督，并对该行为的后果承担法律责任。受委托行政机关在委托范围内，以委托行政机关名义实施行政许可；不得再委托其他组织或者个人实施行政许可。"根据本条规定，行政许可权只能委托给其他行政机关行使，不能委托给协会。C 选项说法错误。

《行政许可法》第 69 条规定："有下列情形之一的，作出行政许可决定的行政机关或者其上级行政机关，根据利害关系人的请求或者依据职权，可以撤销行政许可：（一）行政机关工作人员滥用职权、玩忽职守作出准予行政许可决定的；（二）超越法定职权作出准予行政许可决定的；（三）违反法定程序作出准予行政许可决定的；（四）对不具备申请资格或者不符合法定条件的申请人准予行政许可的；（五）依法可以撤销行政许可的其他情形。被许可人以欺骗、贿赂等不正当手段取得行政许可的，应当予以撤销。"第 70 条规定："有下列情形之一的，行政机关应当依法办理有关行政许可的注销手续：……（四）行政许可依法被撤销、撤回，或者行政许可证件依法被吊销的；……"结合上述两条规定可知，当行政许可违法作出时，行政机关应当依法撤销该行政许可，只有在撤销许可之后，行政机关才可以办理注销手续。D 选项说法错误。

2. 答案：AD   难度：难

考点： 行政许可延续、行政诉讼受案范围、行政机关负责人出庭应诉

命题和解题思路： 本题四个选项中，CD 选项均具有一定难度，考查知识点内容较细，

考生如果对相关规定内容不理解或者记忆不牢固，极可能陷入判断错误。正确回答本题，需要考生充分注意相关立法和司法解释的细节性规定。

【选项分析】《行政许可法》第50条规定："被许可人需要延续依法取得的行政许可的有效期的，应当在该行政许可有效期届满三十日前向作出行政许可决定的行政机关提出申请。"对照上述规定可知，A选项说法正确。

最高人民法院《关于审理行政许可案件若干问题的规定》第3条规定："公民、法人或者其他组织仅就行政许可过程中的告知补正申请材料、听证等通知行为提起行政诉讼的，人民法院不予受理，但导致许可程序对上述主体事实上终止的除外。"本题中，在Y公司认为其已无法补正的情况下，H区审批局再次发出的补正通知书事实上终止了Y公司的许可延续申请程序，故应当纳入行政诉讼的受案范围。B选项说法错误。

最高人民法院《关于行政机关负责人出庭应诉若干问题的规定》第13条规定："……原告以行政机关具有本规定第十二条第一款情形为由在庭审中明确拒绝陈述或者以其他方式拒绝陈述，导致庭审无法进行，经法庭释明法律后果后仍不陈述意见的，人民法院可以视为放弃陈述权利，由其承担相应的法律后果。"本题中，H区审批局负责人拒绝出庭应诉，Y公司因此拒绝陈述，法院应当进行释明，如无效果，法院可以对Y公司作放弃陈述权利处理。C选项说法错误。

最高人民法院《关于行政机关负责人出庭应诉若干问题的规定》第12条规定："有下列情形之一的，人民法院应当向监察机关、被诉行政机关的上一级行政机关提出司法建议：……（三）行政机关负责人和行政机关相应的工作人员均不出庭应诉的；……"据此可知，D选择说法正确。

3. **答案**：AC　　**难度**：难

考点：具体行政行为的种类、行政附带民事诉讼、行政诉讼的判决与执行

命题和解题思路：本题四个选项中，BC选项均具有一定难度，考生需要对行政附带民事诉讼的成立要件、判决适用有较好的理解。正确回答本题，需要考生充分掌握行政诉讼程序规则以及各类判决的具体适用方法。

【选项分析】行政确认是指行政机关依法就相关法律事实、法律地位等作出认定并予以宣告的具体行政行为。据此，人社局作出工伤认定属于行政确认行为。该行为依据当事人的申请作出，属于依申请的行为。由于工伤认定属于行政机关依据客观事实和相关立法就当事人受到的事故伤害是否构成工伤作出的判断，其结果在有或无之间，人社局并不具有裁量权力，因此A选项说法错误，当选。

《行政诉讼法》第61条第1款规定："在涉及行政许可、登记、征收、征用和行政机关对民事争议所作的裁决的行政诉讼中，当事人申请一并解决相关民事争议的，人民法院可以一并审理。"因本题涉及的行政行为属于行政确认，因此，不适用行政附带民事诉讼程序。B选项说法正确，不当选。

《行政诉讼法》第70条规定："行政行为有下列情形之一的，人民法院判决撤销或者部分撤销，并可以判决被告重新作出行政行为：（一）主要证据不足的；（二）适用法律、法规错误的；（三）违反法定程序的；（四）超越职权的；（五）滥用职权的；（六）明显不当的。"第77条第1款规定："行政处罚明显不当，或者其他行政行为涉及对款额的确定、认定确有错误的，人民法院可以判决变更。"结合上述规定可知，在现有行政诉讼法规定的前提下，除行政处罚以及有关款额确定或认定行为之外，法院只有作出撤销重作判决的权力，无权直接变更被告的行政行为。C选项说法错误，当选。

《行诉法解释》第 90 条第 3 款规定："行政机关以同一事实和理由重新作出与原行政行为基本相同的行政行为，人民法院应当根据行政诉讼法第七十条、第七十一条的规定判决撤销或者部分撤销，并根据行政诉讼法第九十六条的规定处理。"《行政诉讼法》第 96 条规定："行政机关拒绝履行判决、裁定、调解书的，第一审人民法院可以采取下列措施：……（四）向监察机关或者该行政机关的上一级行政机关提出司法建议。接受司法建议的机关，根据有关规定进行处理，并将处理情况告知人民法院；……"据此可知，D 选项说法正确，不当选。

4. 答案：ABCD　难度：难

考点：行政处罚程序、行政复议管辖、行政复议程序与决定

命题和解题思路：本题四个选项中，AB 选项具有一定难度，需要考生对行政处罚的实施程序尤其是法制审核程序的适用条件、司法行政机关作为复议被申请人时的复议机关选择等特殊规定有较好掌握。正确回答本题，需要考生对上述重要知识点有精细的理解和掌握。

【选项分析】《行政处罚法》第 58 条第 1 款规定："有下列情形之一，在行政机关负责人作出行政处罚的决定之前，应当由从事行政处罚决定法制审核的人员进行法制审核；未经法制审核或者审核未通过的，不得作出决定：……（二）<u>直接关系当事人或者第三人重大权益，经过听证程序的</u>；……"本题中，S 市司法局作出没收违法所得 80 万元的处罚决定，涉及律所重大财产利益，且经过了听证程序，符合法制审核程序适用条件，A 选项说法正确。

《行政复议法》第 28 条规定："对履行行政复议机构职责的地方人民政府司法行政部门的行政行为不服的，可以向本级人民政府申请行政复议，<u>也可以向上一级司法行政部门申请行政复议</u>。"据此可知，B 选项说法正确。

《行政复议法》第 61 条第 3 款规定："提请行政复议委员会提出咨询意见的行政复议案件，行政复议机关应当将咨询意见作为作出行政复议决定的重要参考依据。"据此可知，C 选项说法正确。

《行政复议法》第 63 条规定："行政行为有下列情形之一的，行政复议机关决定变更该行政行为：……（三）事实不清、证据不足，经行政复议机关查清事实和证据。"据此可知，D 选项符合该规定，其说法正确。

5. 答案：ABC　难度：难

考点：治安行政处罚程序、行政复议程序与复议决定、变更判决

命题和解题思路：本题四个选项中，ACD 选项具有一定难度，需要考生对治安管理机关的办案期限以及行政复议简易程序的规定具有较好把握。正确回答本题，需要考生对上述主要知识点有精细的理解和掌握。

【选项分析】《行政处罚法》第 60 条规定："行政机关应当自行政处罚案件立案之日起九十日内作出行政处罚决定。法律、法规、规章另有规定的，从其规定。"《治安管理处罚法》第 99 条第 1 款规定："公安机关办理治安案件的期限，自受理之日起不得超过三十日；案情重大、复杂的，经上一级公安机关批准，可以延长三十日。"对照上述规定可知，治安管理处罚的办案期限不适用行政处罚法规定的 90 日。A 选项说法错误，当选。

《行政复议法》第 53 条规定："行政复议机关审理下列行政复议案件，认为事实清楚、权利义务关系明确、争议不大的，可以适用简易程序：（一）被申请行政复议的行政行为是当场作出；（二）被申请行政复议的行政行为是警告或者通报批评；（三）案件涉及款额三千元以下；（四）属于政府信息公开案件。除前款规定以外的行政复议案件，当事人各方同意适用简易程序的，可以适用简易程序。"对照上述规定可知，本案复议涉及的行政行为为

拘留行为，不符合简易程序的适用情形，B 选项说法错误，当选。

《行政复议法》第 63 条规定："行政行为有下列情形之一的，行政复议机关决定变更该行政行为：……（三）事实不清、证据不足，经行政复议机关查清事实和证据。"依照上述规定可知，对于下级机关决定认定事实不清的，复议机关可以在查清事实后作出变更决定，C 选项说法错误，当选。

《行政诉讼法》第 77 条规定："行政处罚明显不当，或者其他行政行为涉及对款额的确定、认定确有错误的，人民法院可以判决变更。人民法院判决变更，不得加重原告的义务或者减损原告的权益。但利害关系人同为原告，且诉讼请求相反的除外。"本题中刘某起诉意在请求加重对姜某的处罚，依照本条规定，法院可以判决变更加重。D 选项说法正确，不当选。

6. 答案：ACD　难度：难

考点：行政强制措施实施程序、起诉期限、行政赔偿和诉讼

命题和解题思路：本题四个选项中，BC 选项考查知识点较细，考生容易忽视相关规定内容，出现判断错误，若想准确判断此类问题，需要考生在复习时注意法律条款的细节性规定。

【选项分析】《行政强制法》第 26 条规定："对查封、扣押的场所、设施或者财物，行政机关应当妥善保管，不得使用或者损毁；造成损失的，应当承担赔偿责任。对查封的场所、设施或者财物，行政机关可以委托第三人保管，第三人不得损毁或者擅自转移、处置。因第三人的原因造成的损失，行政机关先行赔付后，有权向第三人追偿。因查封、扣押发生的保管费用由行政机关承担。"据此，A 选项的说法正确。

《行诉法解释》第 64 条规定："行政机关作出行政行为时，未告知公民、法人或者其他组织起诉期限的，起诉期限从公民、法人或者其他组织知道或者应当知道起诉期限之日起计算，但从知道或者应当知道行政行为内容之日起最长不得超过一年。复议决定未告知公民、法人或者其他组织起诉期限的，适用前款规定。"据此可知，本题中，M 网吧的起诉并未超过 1 年时间。B 选项说法错误。

最高人民法院《关于审理行政赔偿案件若干问题的规定》第 13 条规定："行政行为未被确认为违法，公民、法人或者其他组织提起行政赔偿诉讼的，人民法院应当视为提起行政诉讼时一并提起行政赔偿诉讼。……"据此，C 选项说法正确。

《行诉法解释》第 47 条规定："根据行政诉讼法第三十八条第二款的规定，在行政赔偿、补偿案件中，因被告的原因导致原告无法就损害情况举证的，应当由被告就该损害情况承担举证责任。……"据此可知，D 选项说法正确。

7. 答案：AC　难度：难

考点：行政协议诉讼

命题和解题思路：本题涉及行政协议案件的约定管辖限制、起诉期限适用情形、行政协议案件的审理对象、行政协议案件的审理方式等。四个选项中，BCD 选项有一定难度，考生需要区分清楚行政协议案件审理对象的可分性以及基于此种区分导致的法律适用不同。正确回答本题，考生不仅要知道行政协议司法解释的形式规定，而且要理解其背后的法理。

【选项分析】最高人民法院《关于审理行政协议案件若干问题的规定》第 7 条规定："当事人书面协议约定选择被告所在地、原告所在地、协议履行地、协议订立地、标的物所在地等与争议有实际联系地点的人民法院管辖的，人民法院从其约定，但违反级别管辖和专属管辖的除外。"据此，虽然行政协议当事人可以约定案件管辖法院，但不得违反行政诉讼

法关于级别管辖的规定。依照行政诉讼法规定，以区政府为被告的案件，应当由中级法院管辖。因此，A 选项说法错误，当选。

最高人民法院《关于审理行政协议案件若干问题的规定》第 25 条规定："……对行政机关变更、解除行政协议等行政行为提起诉讼的，起诉期限依照行政诉讼法及其司法解释确定。"本题中，卢某、栾某起诉的对象是区自然资源局解除协议的决定，依照本条规定，应适用起诉期限规定。B 选项说法正确，不当选。

《关于审理行政协议案件若干问题的规定》第 11 条规定："人民法院审理行政协议案件，应当对被告订立、履行、变更、解除行政协议的行为是否具有法定职权、是否滥用职权、适用法律法规是否正确、是否遵守法定程序、是否明显不当、是否履行相应法定职责进行合法性审查。原告认为被告未依法或者未按照约定履行行政协议的，人民法院应当针对其诉讼请求，对被告是否具有相应义务或者履行相应义务等进行审查。"依照上述规定，区自然资源局解除协议的行为是否合法成为本案的审理对象。C 选项说法错误，当选。

《关于审理行政协议案件若干问题的规定》第 16 条第 2 款规定："被告变更、解除行政协议的行政行为存在行政诉讼法第七十条规定情形的，人民法院判决撤销或者部分撤销，并可以责令被告重新作出行政行为。"据此可知，D 选项说法正确，不当选。

8. 答案：ACD   难度：难
考点：行政复议管辖、复议维持案件的审理
命题和解题思路：本题四个选项中，AB 选项因考查知识点较细，考生可能面临选择困难。正确回答本题，需要考生特别注意《行政复议法》的最新规定以及最高人民法院司法解释有关复议维持案件的特殊规定。

【选项分析】《行政复议法》第 27 条规定："对海关、金融、外汇管理等实行垂直领导的行政机关、税务和国家安全机关的行政行为不服的，向上一级主管部门申请行政复议。"本题的被申请人是实行垂直领导的金融监管机关，复议机关应为上一级主管部门。A 选项说法错误，当选。

《行政复议法》第 38 条规定："上级行政复议机关根据需要，可以审理下级行政复议机关管辖的行政复议案件。……"据此可知，B 选项说法正确，不当选。

《行诉法解释》第 134 条规定："复议机关决定维持原行政行为的，作出原行政行为的行政机关和复议机关是共同被告。原告只起诉作出原行政行为的行政机关或者复议机关的，人民法院应当告知原告追加被告。原告不同意追加的，人民法院应当将另一机关列为共同被告。……"根据该条规定可知，法院应当将 L 省监管局列为共同被告，而不是追加为第三人。C 选项说法错误，当选。

《行诉法解释》第 135 条第 2 款规定："作出原行政行为的行政机关和复议机关对原行政行为合法性共同承担举证责任，可以由其中一个机关实施举证行为。复议机关对复议决定的合法性承担举证责任。"据此可知，D 选项说法错误，当选。

三、不定项选择题

1. 答案：ABD   难度：难
考点：政府信息公开制度、行政诉讼程序、诉讼代表人、行政诉讼判决
命题和解题思路：本题四个选项中，CD 选项具有一定难度，C 选项考查知识点较细，考生容易出现判断困难，D 选项涉及对题干内容的分析，需要考生对行政诉讼判决的适用情

形有较好地掌握。要想正确回答本题，考生不但要熟悉相关立法和司法解释的规定，还要会做理论分析。

【选项分析】《政府信息公开条例》第 29 条第 2 款规定："政府信息公开申请应当包括下列内容：（一）申请人的姓名或者名称、身份证明、联系方式；（二）申请公开的政府信息的名称、文号或者便于行政机关查询的其他特征性描述；（三）申请公开的政府信息的形式要求，包括获取信息的方式、途径。"据此可知，政府信息公开申请并不包括申请公开信息的理由。A 选项说法错误，当选。

《行政诉讼法》第 28 条规定："当事人一方人数众多的共同诉讼，可以由当事人推选代表人进行诉讼。……"《行诉法解释》第 29 条规定："行政诉讼法第二十八条规定的'人数众多'，一般指十人以上。根据行政诉讼法第二十八条的规定，当事人一方人数众多的，由当事人推选代表人。当事人推选不出的，可以由人民法院在起诉的当事人中指定代表人。行政诉讼法第二十八条规定的代表人为二至五人。代表人可以委托一至二人作为诉讼代理人。"对照上述规定可知，B 选项说法错误，当选。

《行政诉讼法》第 83 条规定："适用简易程序审理的行政案件，由审判员一人独任审理，并应当在立案之日起四十五日内审结。"据此规定可知，C 选项说法正确，不当选。

最高人民法院《关于审理政府信息公开行政案件若干问题的规定》第 12 条规定："有下列情形之一，被告已经履行法定告知或者说明理由义务的，人民法院应当判决驳回原告的诉讼请求：（一）不属于政府信息、政府信息不存在、依法属于不予公开范围或者依法不属于被告公开的；（二）申请公开的政府信息已经向公众公开，被告已经告知申请人获取该政府信息的方式和途径的；（三）起诉被告逾期不予答复，理由不成立的；（四）以政府信息侵犯其商业秘密、个人隐私为由反对公开，理由不成立的；（五）要求被告更正与其自身相关的政府信息记录，理由不成立的；（六）不能合理说明申请获取政府信息系根据自身生产、生活、科研等特殊需要，且被告据此不予提供的；（七）无法按照申请人要求的形式提供政府信息，且被告已通过安排申请人查阅相关资料、提供复制件或者其他适当形式提供的；（八）其他应当判决驳回诉讼请求的情形。"本题中，法院审理认为县政府的答复内容合法，因此，不能支持张某等人的撤销诉讼请求，但依照《政府信息公开条例》第 33 条第 2 款规定，"行政机关不能当场答复的，应当自收到申请之日起 20 个工作日内予以答复；需要延长答复期限的，应当经政府信息公开工作机构负责人同意并告知申请人，延长的期限最长不得超过 20 个工作日。"本题中被告的答复超过上述法定期限（虽然时间不长），属于程序轻微违法。依照《行政诉讼法》第 74 条第 1 款规定，行政行为程序轻微违法，但对原告权利不产生实际影响的，人民法院依法作出确认违法判决。据此，D 选项说法错误，当选。

2. 答案：C　难度：难

考点：刑事司法赔偿

命题和解题思路：本题涉及刑事司法赔偿义务机关的确定、刑事司法赔偿程序、人身自由赔偿金和精神损害抚慰金的计算标准等。上述知识点在国家赔偿法及其相关司法解释中均有明确规定，需要考生重点掌握。四个选项中，AD 选项具有一定难度，需要考生正确确定赔偿义务机关，对精神损害抚慰金的计算标准有较好掌握，否则会作出错误判断。

【选项分析】《国家赔偿法》第 21 条规定："……对公民采取逮捕措施后决定撤销案件、不起诉或者判决宣告无罪的，作出逮捕决定的机关为赔偿义务机关。……"本题中，作出逮捕决定的是市法院，其应当是赔偿义务机关。A 选项说法正确，不当选。

《国家赔偿法》第 23 条规定："……赔偿义务机关作出赔偿决定，应当充分听取赔偿请求人的意见，并可以与赔偿请求人就赔偿方式、赔偿项目和赔偿数额依照本法第四章的规定进行协商……"据此规定，B 选项说法正确，不当选。

《国家赔偿法》第 33 条规定："侵犯公民人身自由的，每日赔偿金按照国家上年度职工日平均工资计算。"该条并未就人身自由赔偿金设定最高限额，C 选项说法显然错误，当选。

《国家赔偿法》第 35 条规定："有本法第三条或者第十七条规定情形之一，致人精神损害的，应当在侵权行为影响的范围内，为受害人消除影响，恢复名誉，赔礼道歉；造成严重后果的，应当支付相应的精神损害抚慰金。"最高人民法院《关于审理国家赔偿案件确定精神损害赔偿责任适用法律若干问题的解释》第 7 条规定："有下列情形之一的，可以认定为国家赔偿法第三十五条规定的'造成严重后果'：（一）无罪或者终止追究刑事责任的人被羁押六个月以上；……"第 8 条规定："致人精神损害，造成严重后果的，精神损害抚慰金一般应当在国家赔偿法第三十三条、第三十四条规定的人身自由赔偿金、生命健康赔偿金总额的百分之五十以下（包括本数）酌定；……。"本题中，王某被限制人身自由 193 天，属于造成严重后果的情形，其精神损害抚慰金应当在人身自由赔偿金总额的百分之五十以下酌定。D 选项说法正确，不当选。

第二套

第一部分　试题

一、单项选择题

1. 2023 年中共中央、国务院印发《党和国家机构改革方案》，组建国家金融监督管理总局作为国务院直属机构。关于该局的职权、设置与编制管理，下列哪一选项是正确的？

A. 主管特定业务，行使行政管理职能

B. 其设立由国务院机构编制管理机关提出方案，报国务院决定

C. 如减少编制，应由国务院机构编制管理机关提出方案，报国务院批准

D. 处级内设机构的领导职数按照国务院组织法的规定确定

2. 关于公务员的基本管理制度，下列哪一选项是错误的？

A. 一级主任科员李某可晋升担任处级领导职务，也可晋升四级调研员

B. 民政局科员纪某因旷工连续超过 15 天被辞退

C. 生态环境局对科员朱某作出的免职决定不因其提出申诉而停止执行

D. 统计局科员厉某受警告处分期间，其工资档次不能晋升

3. 2023 年 8 月国务院公布《社会保险经办条例》。关于该条例的制定，下列哪一选项是错误的？

A. 起草部门可以吸收社会保险领域的专家参与起草

B. 国务院法制机构应当将行政法规送审稿等向社会公布征求意见

C. 国务院法制机构应当就涉及重大利益调整的法规送审稿组织论证咨询

D. 国务院办公厅应当在该条例公布后 30 日内报全国人大常委会备案

4. 下列哪一行为属于具体行政行为？

A. 民政局工作人员张某因参与赌博被记过处分

B. 市场监管局对未制定食品安全事故处置方案的罐头厂负责人实施约谈

C. 药监局因某制药厂未按规定报告疑似药品不良反应的情况责令其限期改正

D. 县公安局对张某提出的追究李某刑事责任的请求不予立案

5. 某地村民赵某为阻止某建设项目施工，将镇政府工作人员朱某殴打致伤。接到朱某报案后，市公安局当日立案受理，并对赵某进行询问。经调查取证，市公安局决定给予赵某拘留5日的行政处罚。赵某不服申请行政复议，同时提出暂缓执行拘留决定的申请。对此，下列哪一说法是正确的？

A. 市公安局应当告知赵某申请听证的权利

B. 市公安局对赵某询问查证的时间不能超过8小时

C. 市公安局应当暂缓执行拘留决定

D. 赵某可在接到拘留决定之日起60日内申请复议

6. 2015年7月3日，某省政府批准设立的位于T市H区的开发区管委会下属招商局与A企业签订投资协议。次年7月1日，A企业以受欺诈为由，向H区法院提起诉讼，请求撤销涉案投资协议。经审理，法院认定被告在缔约过程中确实隐瞒了部分真实情况，涉案协议应当撤销。关于本案，下列哪一选项是错误的？

A. A企业起诉超过法定期限

B. 本案由H区法院管辖

C. A企业应当对受欺诈签订协议的事实承担举证责任

D. 法院有权判决被告赔偿A企业的损失

7. 某超市向市场监管局递交个体工商户变更登记申请书，申请在原营业执照核准的经营范围内增加蔬菜零售项目。市场监管局经审查，认定该申请不符合市政府20号文件中"菜市场周边200米范围内不得设置与菜市场经营类同的农副产品经销网点"的规定，遂通知不予办理变更登记。超市向法院提起诉讼，请求撤销不予办理变更登记决定。法院调查期间，超市以刚知道20号文件内容为由，请求审查该文件的合法性。法院审理认为20号文件违背了商务部文件中有关维护市场公平准入原则的规定。对此，下列哪一选项是错误的？

A. 个体工商户变更登记属于行政许可

B. 法院不应接受超市对20号文件的审查申请

C. 法院应当通知市政府对20号文件的合法性作出说明

D. 法院应当在裁判理由中对20号文件是否合法作出阐释

二、多项选择题

1. 关于行政法的基本原则，下列哪些说法是正确的？

A. 行政机关及时更正错误的政府信息，符合高效便民要求

B. 行政机关赔偿相对人扣押财物毁损的损失，符合权责统一原则要求

C. 行政处罚听证会的主持人由非本案调查人员担任，符合合理行政原则要求

D. 行政机关不得擅自改变已经作出的许可行为，符合诚实守信原则要求

2. 关于行政行为的设定依据，下列哪些表述是错误的？

    A. 地方性法规可以设定限制从业的行政处罚

    B. 行政法规可以设定冻结银行汇款的强制措施

    C. 国务院部门规章可以设定为期一年的行政许可

    D. 设区的市政府规章可以设定通报批评的行政处罚

3. 韩某向县教育局递交材料申请开办幼儿园，教育局予以拒绝。韩某遂诉至法院。法院判决县教育局对韩某的申请重新作出处理。县教育局审查后，为韩某颁发了幼儿园开办许可。后县教育局发现韩某存在提供虚假申请材料问题，遂决定注销韩某获得的办园许可证。韩某向县政府申请复议，县政府以不符合复议受理条件为由驳回申请。韩某向法院提起诉讼。对此，下列哪些说法是错误的？

    A. 县教育局可以韩某递交申请材料不完整为由不受理申请

    B. 法院判决县教育局处理韩某申请时应当指定作为时限

    C. 县教育局注销韩某的办园许可证正确

    D. 韩某申请复议后应当以县政府为被告提起诉讼

4. 某公司职工金某上班途中被朱某驾驶的汽车碰撞后死亡，公安交管部门认定朱某负事故全部责任。区人社局根据金某五个子女的申请认定金某死亡属于工伤。公司不服，向区政府申请复议。区政府未通知金某五个子女即作出了撤销工伤认定。金某五个子女向法院提起诉讼，请求撤销区政府的复议决定，同时申请法院一并处理其与朱某的侵权赔偿争议。对此，下列哪些选项是正确的？

    A. 区人社局所在地的区法院有权管辖本案

    B. 法院应当通知金某五个子女推选代表人参加诉讼

    C. 法院不应准许金某子女提出的一并处理侵权赔偿申请

    D. 法院应当判决撤销区政府的复议决定

5. 下列哪些行政行为不属于行政诉讼受案范围？

    A. 英国人彼得在我国某市住宅区中故意殴打他人，被公安机关行政拘留

    B. 张某申请县政府督促县生态环境局查处企业排污行为，县政府未予答复

    C. 郑某认为规划局拒绝向其提供所经营工厂的行政许可监督检查记录，向法院起诉

    D. 财政局认为王某提出的政府信息公开申请内容不明确，要求其进一步更改

6. D 市 C 县自然资源局向县城管局发出《关于对丁某涉嫌违法建设的认定函》，认定丁某所建的预制板厂未办理《建设工程规划许可证》，请县城管局依法查处。县城管局对丁某作出《限期改正违法行为通知书》，限其在 1 个月内自行拆除违建。3 个月后，县城管局作出《限期拆除违法建筑决定书》，限丁某自收到决定书之日起 3 日内自行拆除违法建筑，该决定书未告知丁某申请复议的期限。丁某向 C 县政府申请行政复议。C 县政府复议维持。复议期间，C 县政府作出《行政强制执行决定书》，责成县城管局、县自然资源局联合对预制板厂强制拆除。丁某对强拆行为提起诉讼。经法院传票传唤，被告无正当理由拒不到庭。对此，下列哪些选项是错误的？

    A. 《关于对丁某涉嫌违法建设的认定函》属于可诉的行政确认行为

    B. 丁某对《限期拆除违法建筑决定书》申请复议的期限为 60 日

    C. C 县法院对本案有管辖权

    D. 法院有权建议监察机关对拒不到庭被告的负责人作出处分

7. 2023 年 3 月 20 日，周某驾车时左手持烟放在车窗外，被区交警支队民警当场罚款 200 元。周某向区政府申请行政复议，区政府在受理后第 3 个月作出维持决定。周某提起行政诉讼，法院适用简易程序审理本案，认定区交警支队罚款 200 元合法。对此，下列哪些选项是错误的？

A. 区政府如选择简易程序审理本案，应在受理申请之日起 45 日内作出复议决定

B. 行政诉讼中，罚款 200 元决定的合法性应由区交警支队举证证明

C. 法院可以通知区政府的负责人出庭应诉

D. 法院应在判决维持 200 元罚款决定的同时撤销区政府的复议决定

8. 2014 年 11 月 20 日，李某因涉嫌故意杀人被 A 市公安局刑事拘留；同年 12 月 2 日，李某被 A 市检察院批准逮捕，后被提起公诉。2015 年 6 月 23 日，A 市中院作出刑事判决，认定李某犯故意杀人罪，判处死刑，缓期二年执行，并处剥夺政治权利。李某上诉后，H 省高院裁定撤销原判、发回重审。重审期间，A 市检察院作出不起诉决定，李某被释放，共计被羁押 363 天。2016 年 1 月 5 日，李某提出国家赔偿申请，同时请求精神损害赔偿。2017 年 3 月 20 日，H 省高院赔偿委员会作出赔偿决定。对此，下列哪些说法是正确的？

A. A 市检察院是赔偿义务机关

B. 赔偿义务机关应当在作出赔偿决定书之日起 10 日内送达李某

C. 李某人身自由受到侵害的每日赔偿金应按照 2016 年度职工日平均工资计算

D. 李某的精神损害抚慰金可以在其人身自由赔偿金总额的 50% 以上酌定

三、不定项选择题

1. 2020 年 12 月 26 日，某县文广局以未取得《网络文化经营许可证》从事互联网上网服务经营活动为由，决定扣押某网吧的电脑主机、显示器等物品，并告知其在 6 个月内可以提起诉讼。该局在《查封（扣押）物品清单》上仅载明物品数量，且未经网吧签字确认。2021 年 2 月 28 日，县文广局通知网吧解除扣押。2021 年 9 月 20 日，网吧向法院提起诉讼，请求判决撤销文广局的扣押行为并赔偿损失。法院立案后，当事人双方对扣押的显示器是否在扣押期间损坏发生争议。关于本案，下列说法正确的是：

A. 县文广局扣押行为超过法定期限

B. 法院应当通知网吧变更诉讼请求

C. 法院对网吧提出的赔偿请求应裁定驳回起诉

D. 法院应当要求县文广局证明显示器扣押时未损坏的事实

2. 2023 年 3 月 24 日，孙某以邮寄中国邮政 EMS 快递的方式向 C 县自然资源局申请公开涉及某建设项目的以下政府信息：（1）国有建设用地使用权出让合同；（2）建设用地规划许可证；（3）建设工程规划许可证；（4）建设工程各层平面图。4 月 22 日，C 县自然资源局作出答复：向原告提供并邮寄国有建设用地使用权出让合同、建设用地规划许可证、建设工程规划许可证，建设工程各层平面图等经查询不存在。9 月 8 日，原告将该答复诉至法院，请求判决撤销。案件审理期间，C 县自然资源局向孙某邮寄了该项目各层平面图。孙某未撤回起诉。对此，下列说法错误的是：

A. C 县自然资源局收到孙某政府信息公开申请的时间需要双方共同确认

B. C 县局有权向孙某收取必要的信息处理费

C. 孙某的起诉已经超过法定期限

D. 法院应当作出确认 C 县自然资源局答复违法的判决

第二部分　答案详解

一、单项选择题

1. 答案：B　难度：难

考点：中央国家行政机关

命题和解题思路： 本题考查中央国家行政机关机构设置与编制管理的相关内容。《国务院行政机构设置和编制管理条例》对国务院不同组成机构的职权、设置与编制管理作出了详细规定。相关机构的表述并不一致，容易产生混淆，需要考生通过反复练习加强理解和掌握。四个选项中 BD 选项具有一定难度，需要考生仔细区别，才能选出正确答案。

【选项分析】 《国务院行政机构设置和编制管理条例》第 6 条第 4 款规定："国务院直属机构主管国务院的某项专门业务，具有独立的行政管理职能。"依照上述规定可知，国家金融监督管理总局主管国务院的某项专门业务，A 选项表述错误。

《国务院行政机构设置和编制管理条例》第 8 条规定："国务院直属机构、国务院办事机构和国务院组成部门管理的国家行政机构的设立、撤销或者合并由国务院机构编制管理机关提出方案，报国务院决定。"据此，B 选项表述正确。

《国务院行政机构设置和编制管理条例》第 19 条："国务院行政机构增加或者减少编制，由国务院机构编制管理机关审核方案，报国务院批准。"据此，C 选项表述错误。

《国务院行政机构设置和编制管理条例》第 21 条规定："国务院办公厅、国务院组成部门、国务院直属机构和国务院办事机构的领导职数，按照国务院组织法的规定确定。……国务院行政机构的处级内设机构的领导职数，按照国家有关规定确定。"据此可知，D 选项表述错误。

2. 答案：D　难度：难

考点：公务员的基本管理制度

命题和解题思路： 本题内容涉及公务员的晋升、录用制度以及公务员处分制度。四个选项中，AD 选项考查考生对《公务员法》细微规定的掌握程度，C 选项考查考生对取消录用和不予录用关系的理解程度。如果考生对《公务员法》的相关规定理解不深刻，极可能作出错误判断。正确回答本题，需要考生对《公务员法》细节规定好好掌握。

【选项分析】 《公务员法》第 21 条第 1~3 款规定："公务员的领导职务、职级应当对应相应的级别。公务员领导职务、职级与级别的对应关系，由国家规定。根据工作需要和领导职务与职级的对应关系，公务员担任的领导职务和职级可以互相转任、兼任；符合规定资格条件的，可以晋升领导职务或者职级。公务员的级别根据所任领导职务、职级及其德才表现、工作实绩和资历确定。公务员在同一领导职务、职级上，可以按照国家规定晋升级别。"根据上述规定可知，A 选项表述正确，不当选。

《公务员法》第 88 条规定："公务员有下列情形之一的，予以辞退：……（五）旷工或者因公外出、请假期满无正当理由逾期不归连续超过十五天，或者一年内累计超过三十天的。"根据上述规定可知，B 选项表述正确，不当选。

《公务员法》第 96 条第 2 款规定："复核、申诉期间不停止人事处理的执行。"据此可知，C 选项表述正确，不当选。

《公务员法》第 64 条第 1 款规定："公务员在受处分期间不得晋升职务、职级和级别，其中受记过、记大过、降级、撤职处分的，不得晋升工资档次。"根据上述规定可知，D 选项表述错误，当选。

3. 答案：B　难度：难

考点：行政法规制定程序

命题和解题思路： 本题考查行政法规制定程序规定的相关内容，具体涉及起草、审查、决定等环节的特殊规定。BC 选项可能因考生不太注意细节规定而出现判断困难。尤其是 C 选项，即国务院法制机构组织论证咨询针对的是法定特殊情况，如果考生对相关规定记忆不清，极可能作出错误回答。正确回答本题，需要考生充分注意《行政法规制定程序条例》的细节性规定。

【选项分析】《行政法规制定程序条例》第 13 条第 3 款规定："起草专业性较强的行政法规，起草部门可以吸收相关领域的专家参与起草工作，或者委托有关专家、教学科研单位、社会组织起草。"据此，A 选项说法正确，不当选。

《行政法规制定程序条例》第 20 条规定："国务院法制机构应当将行政法规送审稿或者行政法规送审稿涉及的主要问题发送国务院有关部门、地方人民政府、有关组织和专家等各方面征求意见。……国务院法制机构可以将行政法规送审稿或者修改稿及其说明等向社会公布，征求意见。向社会公布征求意见的期限一般不少于 30 日。"据此可知，是否将行政法规送审稿等向社会公布征求意见，国务院法制机构有裁量权。B 选项表述错误，当选。

《行政法规制定程序条例》第 22 条规定："行政法规送审稿涉及重大利益调整的，国务院法制机构应当进行论证咨询，广泛听取有关方面的意见。论证咨询可以采取座谈会、论证会、听证会、委托研究等多种形式。行政法规送审稿涉及重大利益调整或者存在重大意见分歧，对公民、法人或者其他组织的权利义务有较大影响，人民群众普遍关注的，国务院法制机构可以举行听证会，听取有关机关、组织和公民的意见。"据此，C 选项的表述正确，不当选。

《行政法规制定程序条例》第 30 条规定："行政法规在公布后的 30 日内由国务院办公厅报全国人民代表大会常务委员会备案。"据此，D 选项表述正确，不当选。

4. 答案：C　难度：中

考点：具体行政行为

命题和解题思路： 具体行政行为的认定需要综合衡量主体、职权、单方性、外部性等多种因素，是一个非常复杂的问题。本题所列四个选项中，BC 两个选项相对不好区分，一旦考生对具体行政行为的法律行为效果属性把握不好，便可能作出错误判断。

【选项分析】 依照《公务员法》规定，机关公务员有违法违纪行为的，机关有权对其作出处分决定，该处分决定属于内部行政行为，不属于具体行政行为，据此，A 选项不当选。

在行政机关实施监管过程中，对于具有轻微违法行为的被管理对象，常常优先选择采用温和的管理手段，督促相对人自行改正违法行为，而非直接作出处罚、强制等行为，体现了执法的温度。上述温和的执法手段以约谈、提醒等最为常见，该类行为并没为被管理对象设定作为或者不作为义务，不具有具体行政行为所需的法律效果要素，不属于具体行政行为。据此，B 选项不当选。

药监局对于实施违法行为的制药厂，依法作出责令限期改正的处理决定，该决定直接针对个别药企作出，且设定了其必须作为的义务，符合具体行政行为外部性、法效性、具体性等典型特征。据此，C 选项当选。

公安机关具有双重职能：治安行政管理和刑事犯罪侦查。在履行刑事犯罪侦查职能过程中，其行使的并非行政事务管理权，而是刑事侦查权，虽然针对特定对象实施，但不具有具体行政行为所包含的行政职权要素。据此，D 选项不当选。

5. **答案：D　难度：中**

考点： 治安行政处罚程序、行政复议程序

命题和解题思路： 治安行政处罚程序是法考重要的知识点之一，需要考生反复练习。复议申请期限区分一般申请期限与单行立法特殊申请期限两种情况，需要考生结合单行立法与行政复议法的规定加以确定。四个选项均考查较细的知识点，需要考生熟悉相关规定的细节，才能作出正确选择。

【选项分析】《治安管理处罚法》第 98 条规定："公安机关作出吊销许可证以及处二千元以上罚款的治安管理处罚决定前，应当告知违反治安管理行为人有权要求举行听证；违反治安管理行为人要求听证的，公安机关应当及时依法举行听证。"据此，市公安局作出拘留决定无需告知赵某听证权利，A 选项说法错误。

《治安管理处罚法》第 83 条第 1 款规定："对违反治安管理行为人，公安机关传唤后应当及时询问查证，询问查证的时间不得超过 8 小时；情况复杂、依照本法规定可能适用行政拘留处罚的，询问查证的时间不得超过 24 小时。"本题中，赵某的行为构成可予以拘留的违法行为，对其询问查证的时间不得超过 24 小时。据此，B 选项说法错误。

《治安管理处罚法》第 107 条规定："被处罚人不服行政拘留处罚决定，申请行政复议、提起行政诉讼的，可以向公安机关提出暂缓执行行政拘留的申请。公安机关认为暂缓执行行政拘留不致发生社会危险的，由被处罚人或者其近亲属提出符合本法第一百零八条规定条件的担保人，或者按每日行政拘留二百元的标准交纳保证金，行政拘留的处罚决定暂缓执行。"据此，被处罚人提出暂缓执行拘留决定后，公安机关是否决定暂缓执行，需要符合法定条件，尤其是需要判断暂缓执行拘留不致发生社会危险。本题中，并未交代上述情节，故虽然赵某提出暂缓执行拘留的申请，但市公安局未必应当暂缓执行该决定。C 选项说法错误。

《行政复议法》第 20 条第 1 款规定："公民、法人或者其他组织认为行政行为侵犯其合法权益的，可以自知道或者应当知道该行政行为之日起六十日内提出行政复议申请；但是法律规定的申请期限超过六十日的除外。"《治安管理处罚法》第 102 条规定："被处罚人对治安管理处罚决定不服的，可以依法申请行政复议或者提起行政诉讼。"据此，在治安管理处罚法未明确规定申请复议期限的情况下，应当适用《行政复议法》规定的一般申请期限，即60 日。D 选项说法正确。

6. **答案：A　难度：难**

考点： 行政协议争议处理

命题和解题思路： 本题四个选项中，BC 选项相对简单，考生可以按照行政协议司法解释作出选择；AD 选项相对较难，主要涉及协议撤销权的行使期限、行政协议诉讼被告确定以及协议撤销案件的审理对象，需要考生结合民事法律规范的相关规定，才能作出正确判断。

【选项分析】《最高人民法院关于审理行政协议案件若干问题的规定》第 27 条第 2 款规定："人民法院审理行政协议案件，可以参照适用民事法律规范关于民事合同的相关规定。"本题中，A 企业以受到欺诈为由，请求法院撤销协议，此属于行使公法协议撤销权。关于该撤销权行使的期限，需要参照民事法律规范的规定。《民法典》第 152 条规定："有下列情形之一的，撤销权消灭：（一）当事人自知道或者应当知道撤销事由之日起一年内、重大误解

的当事人自知道或者应当知道撤销事由之日起九十日内没有行使撤销权；……"据此，本题中，A 企业向法院请求撤销协议的，应当适用 1 年的规定，从案情交代看，其起诉并未超期，选项 A 说法错误，当选。

《行诉法解释》第 21 条规定，当事人对由国务院、省级人民政府批准设立的开发区管理机构所属职能部门作出的行政行为不服提起诉讼的，以其职能部门为被告。依照上述规定，本题中的招商局具有被告资格，由此，H 区法院有权管辖本案。B 选项说法正确，不当选。

《最高人民法院关于审理行政协议案件若干问题的规定》第 10 条规定："被告对于自己具有法定职权、履行法定程序、履行相应法定职责以及订立、履行、变更、解除行政协议等行为的合法性承担举证责任。原告主张撤销、解除行政协议的，对撤销、解除行政协议的事由承担举证责任。对行政协议是否履行发生争议的，由负有履行义务的当事人承担举证责任。"据此规定，A 企业主张撤销投资协议，应对受欺诈事实承担举证责任。C 选项说法正确，不当选。

《最高人民法院关于审理行政协议案件若干问题的规定》第 15 条第 2 款规定："因被告的原因导致行政协议被确认无效或者被撤销，可以同时判决责令被告采取补救措施；给原告造成损失的，人民法院应当判决被告予以赔偿。"据此，本题中，法院在判决撤销协议的同时，有权判决被告赔偿原告损失。D 选项说法正确，不当选。

7. 答案：B　难度：难

考点： 行政许可、规范性文件的一并审查

命题和解题思路： 本题四个选项中，A 选项涉及行政许可的界定，BCD 选项涉及《行诉法解释》有关规范性文件一并审查的细节性规定。正确回答本题，需要考生对行政许可的种类以及规范性文件一并审查的相关规定有较好的理解。

【选项分析】《行政许可法》第 12 条规定："下列事项可以设定行政许可：……（五）企业或者其他组织的设立等，需要确定主体资格的事项；……"据此，企业的设立属于行政许可的一种类型，理论上称之为登记类许可。该法第 49 条规定："被许可人要求变更行政许可事项的，应当向作出行政许可决定的行政机关提出申请；符合法定条件、标准的，行政机关应当依法办理变更手续。"据此，变更先前的行政许可，需要由许可机关进行审查，仍属于行政许可范畴。A 选项说法正确，不当选。

《行诉法解释》第 146 条规定："公民、法人或者其他组织请求人民法院一并审查行政诉讼法第五十三条规定的规范性文件，应当在第一审开庭审理前提出；有正当理由的，也可以在法庭调查中提出。"据此，在超市陈述正当理由的情况下，法院应准许在法庭调查阶段提出对 20 号文件的审查申请。B 选项说法错误，当选。

《行诉法解释》第 147 条规定："人民法院在对规范性文件审查过程中，发现规范性文件可能不合法的，应当听取规范性文件制定机关的意见。制定机关申请出庭陈述意见的，人民法院应当准许。行政机关未陈述意见或者未提供相关证明材料的，不能阻止人民法院对规范性文件进行审查。"据此可知，C 选项说法正确，不当选。

《行诉法解释》第 149 条第 1 款规定："人民法院经审查认为行政行为所依据的规范性文件合法的，应当作为认定行政行为合法的依据；经审查认为规范性文件不合法的，不作为人民法院认定行政行为合法的依据，并在裁判理由中予以阐明。……"据此可知，D 选项说法正确，不当选。

二、多项选择题

1. 答案：BD　难度：难

考点：行政法基本原则

命题和解题思路：行政法基本原则内容多，有些内容之间可能存在理解上的交叉，需要考生仔细分辨各项基本原则的核心要求并能够加以区分。本题中，AC 选项具有一定的迷惑性，需要考生遵循上述要求加以鉴别；BD 选项相对简单，但也需要考生认真分析后才能作出准确选择。

【选项分析】高效便民原则有两项内容：（1）行政机关应当积极履行法定职责，禁止不作为或者不完全作为；（2）遵守法定时限，禁止超过法定时限或者不合理迟延。行政机关及时更正错误的政府信息主要目的在于保证公开的信息真实准确，其主要体现的是诚实守信原则要求（行政信息真实原则），因此，A 选项说法错误。

权责统一原则的基本内容是：（1）行政效能原则。行政机关要完成管理经济、社会和文化事务的职责，需要立法赋予其必要的管理手段，保证政令有效。（2）行政责任原则。行政机关违法或者不当行使职权，应当依法承担相应法律责任。B 选项设定的内容体现了有权即有责、违法应担责的行政责任原则要求，其说法正确。

合理行政原则的基本内容是：（1）公平公正原则。行政机关在执行职务时要平等对待行政相对人，不偏私、不歧视。（2）考虑相关因素原则。行政机关作出裁量决定时，只能考虑符合立法授权目的的各种因素，不能考虑非相关因素。（3）比例原则。C 选项设定的内容与上述要求不符，其应当是程序正当原则的体现，即回避原则的要求，因此，其说法错误。

诚实守信原则的基本内容是：（1）行政信息真实原则。行政机关公布的信息应当全面、准确、真实。行政机关为其提供的各类信息的真实性负责。（2）保护相对人信赖利益原则。行政机关应当保证行政行为的稳定性，当由于立法或者客观情况的变化需要变更先前作出的行政行为时，需要依法补偿相对人由此受到的损失。D 选项设定的内容体现了保护相对人信赖原则的要求，其说法正确。

2. 答案：BC　难度：中

考点：行政处罚、行政许可、行政强制措施的设定权

命题和解题思路：本题是一道综合题，此类题目在法考题中经常出现，需要考生结合行政处罚、行政许可、行政强制立法中相应行政行为的设定权规定作出回答。本题难度适中，只要考生对上述立法的规定内容有较好的掌握，即不难作出正确的选择。

【选项分析】《行政处罚法》第 12 条第 1 款规定："地方性法规可以设定除限制人身自由、吊销营业执照以外的行政处罚。"据此可知，A 选项表述正确，不当选。

《行政强制法》第 9 条规定："行政强制措施的种类：（一）限制公民人身自由；（二）查封场所、设施或者财物；（三）扣押财物；（四）冻结存款、汇款；（五）其他行政强制措施。"第 10 条规定："行政强制措施由法律设定。尚未制定法律，且属于国务院行政管理职权事项的，行政法规可以设定除本法第九条第一项、第四项和应当由法律规定的行政强制措施以外的其他行政强制措施。……"据此可知，B 选项说法错误，当选。

《行政许可法》第 15 条第 1 款规定："本法第十二条所列事项，尚未制定法律、行政法规的，地方性法规可以设定行政许可；尚未制定法律、行政法规和地方性法规的，因行政管理的需要，确需立即实施行政许可的，省、自治区、直辖市人民政府规章可以设定临时性的行政许可。临时性的行政许可实施满一年需要继续实施的，应当提请本级人民代表大会及其

常务委员会制定地方性法规。"据此可知，省级政府规章可设定临时性行政许可，而国务院部门规章不能设定临时性行政许可，C 选项说法错误，当选。

《行政处罚法》第 14 条第 2 款规定："尚未制定法律、法规的，地方政府规章对违反行政管理秩序的行为，可以设定警告、通报批评或者一定数额罚款的行政处罚。罚款的限额由省、自治区、直辖市人民代表大会常务委员会规定。"据此可知，D 选项说法正确，不当选。

3. 答案：ACD　难度：难

考点：行政许可实施程序、行政诉讼判决、行政诉讼被告

命题和解题思路：本题 ABD 选项较难回答，对考生掌握相关知识的详细程度、理解消化程度要求较高。考生如果对相关知识点没有深入领会，极易作出错误判断。正确回答本题，需要考生在复习时注意法律条款的细节性规定。

【选项分析】《行政许可法》第 32 条规定："行政机关对申请人提出的行政许可申请，应当根据下列情况分别作出处理：……（四）申请材料不齐全或者不符合法定形式的，应当当场或者在五日内一次告知申请人需要补正的全部内容，逾期不告知的，自收到申请材料之日起即为受理；……"对照上述规定可知，A 选项说法错误，当选。

《行政诉讼法》第 72 条规定："人民法院经过审理，查明被告不履行法定职责的，判决被告在一定期限内履行。"据此可知，B 选项说法正确，不当选。

《行政许可法》第 69 条第 2 款规定："被许可人以欺骗、贿赂等不正当手段取得行政许可的，应当予以撤销。"据此可知，对于韩某提供虚假材料骗取许可的行为，县教育局应当作出撤销决定，而非注销决定。C 选项说法错误，当选。

《行诉法解释》第 133 条规定："行政诉讼法第二十六条第二款规定的'复议机关决定维持原行政行为'，包括复议机关驳回复议申请或者复议请求的情形，但以复议申请不符合受理条件为由驳回的除外。"据此可知，当复议机关以申请不符合受理条件驳回复议申请时，并不属于对原行政行为的维持，而是独立的复议决定。在此情形下，当事人可以有两种选择，既可以直接起诉原行政行为，也可以起诉复议机关不受理的行为。因此，D 选项的说法错误，当选。

4. 答案：CD　难度：难

考点：级别管辖、行政诉讼参加人、行政附带民事诉讼、撤销判决

命题和解题思路：本题四个选项中，AD 选项相对简单，BC 选项稍有复杂，其主要考查诉讼代表人的确定标准，即当事人达到何种数量需要确定诉讼代表人，同时行政附带民事诉讼本身也需要符合《行政诉讼法》及其司法解释规定的条件。正确回答本题，需要考生对上述知识点的内容有较好的把握。

【选项分析】《行政诉讼法》第 26 条第 2 款规定："经复议的案件，复议机关决定维持原行政行为的，作出原行政行为的行政机关和复议机关是共同被告；复议机关改变原行政行为的，复议机关是被告。"据此，本题中，区政府是案件被告。《行政诉讼法》第 15 条规定："中级人民法院管辖下列第一审行政案件：（一）对国务院部门或者县级以上地方人民政府所作的行政行为提起诉讼的案件；……"据此，有权管辖本案的法院应当是中级人民法院。A 选项说法错误。

《行政诉讼法》第 28 条规定："当事人一方人数众多的共同诉讼，可以由当事人推选代表人进行诉讼。代表人的诉讼行为对其所代表的当事人发生效力，但代表人变更、放弃诉讼请求或者承认对方当事人的诉讼请求，应当经被代表的当事人同意。"根据《行诉法解释》第 29 条规定，本条规定的人数众多，一般指 10 人以上。据此可知，B 选项说法错误。

《行政诉讼法》第 61 条第 1 款规定："在涉及行政许可、登记、征收、征用和行政机关对民事争议所作的裁决的行政诉讼中，当事人申请一并解决相关民事争议的，人民法院可以一并审理。"本题涉及的是行政确认，并不符合行政附带民事诉讼的提起条件。C 选项说法正确。

《行政诉讼法》第 70 条规定："行政行为有下列情形之一的，人民法院判决撤销或者部分撤销，并可以判决被告重新作出行政行为：……（三）违反法定程序的；……"本题中，区政府在行政复议程序中，应当通知金某五个子女作为复议第三人参加复议而没有通知，复议程序违法，法院应当以违反法定程序为由，作出撤销判决。据此，D 选项说法正确。

5. 答案：BD　难度：难

考点：行政诉讼受案范围

命题和解题思路： 行政诉讼受案范围是法考经常考查的知识点。《行政诉讼法》及其司法解释就不属于行政诉讼受案范围的事项作出了明确规定，此外，在一些单行法或者部门法领域也存在一些排除法院受理的情况。本题的设置即考查考生对上述立法规定的掌握程度。四个选项中，ACD 选项具有一定难度，需要考生综合运用所学进行整体判断。

【选项分析】《行政诉讼法》第 98 条规定："外国人、无国籍人、外国组织在中华人民共和国进行行政诉讼，适用本法。法律另有规定的除外。"第 99 条规定："外国人、无国籍人、外国组织在中华人民共和国进行行政诉讼，同中华人民共和国公民、组织有同等的诉讼权利和义务。外国法院对中华人民共和国公民、组织的行政诉讼权利加以限制的，人民法院对该国公民、组织的行政诉讼权利，实行对等原则。"依据上述规定，外国人在我国居住，接受我国行政管理，除特殊领域（如出入境管理领域）外，其针对行政主管部门的常规执法行为提起行政诉讼，当然属于行政诉讼受案范围。A 选项中，英国人彼得在我国境内实施了治安违法行为，公安机关依法对其拘留，其有权依照《行政诉讼法》的规定，向法院提起行政诉讼。此案属于常规行政诉讼案件，法院应当受理。A 选项不当选。

《行诉法解释》第 1 条第 2 款规定："下列行为不属于人民法院行政诉讼的受案范围：……（八）上级行政机关基于内部层级监督关系对下级行政机关作出的听取报告、执法检查、督促履责等行为；……"选项 B 叙述的情形符合该款第 8 项规定的情况，不属于行政诉讼受案范围，当选。

《最高人民法院关于审理行政许可案件若干问题的规定》第 2 条规定："公民、法人或者其他组织认为行政机关未公开行政许可决定或者未提供行政许可监督检查记录侵犯其合法权益，提起行政诉讼的，人民法院应当依法受理。"据此，C 选项所述的情况属于行政诉讼受案范围，不当选。

《最高人民法院关于审理政府信息公开行政案件若干问题的规定》第 2 条规定："公民、法人或者其他组织对下列行为不服提起行政诉讼的，人民法院不予受理：（一）因申请内容不明确，行政机关要求申请人作出更改、补充且对申请人权利义务不产生实际影响的告知行为；……"选项 D 符合该条第 1 项规定内容，当选。

6. 答案：ABC　难度：难

考点：具体行政行为的种类、行政诉讼受案范围、行政强制执行案件的适格被告、缺席判决

命题和解题思路： 本题四个选项均有一定难度，其中，AB 选项不但涉及具体行政行为的种类，还涉及其可诉性；C 选项考查考生对最高法院关于强拆案件被告确定司法解释的掌握程度，D 选项重在考查缺席判决制度的相关内容。正确回答本题，需要考生对具体行政行为基本原理、行政诉讼受案范围以及最高法院相关司法解释有较为深入的理解。

【选项分析】C县自然资源局向县城管局发出的《关于对丁某涉嫌违法建设的认定函》虽然确认了丁某的违法建设行为，对丁某的权益有一定影响，但由于其并未向丁某本人送达，其法律效果限定于行政机关相互之间，不具有可诉性。据此，A选项说法错误，当选。

《行政复议法》第20条第3款规定："行政机关作出行政行为时，未告知公民、法人或者其他组织申请行政复议的权利、行政复议机关和申请期限的，申请期限自公民、法人或者其他组织知道或者应当知道申请行政复议的权利、行政复议机关和申请期限之日起计算，但是自知道或者应当知道行政行为内容之日起最长不得超过一年。"据此，B选项说法错误，当选。

《最高人民法院关于正确确定县级以上地方人民政府行政诉讼被告资格若干问题的规定》第2条规定："县级以上地方人民政府根据城乡规划法的规定，责成有关职能部门对违法建筑实施强制拆除，公民、法人或者其他组织不服强制拆除行为提起诉讼，人民法院应当根据行政诉讼法第二十六条第一款的规定，以作出强制拆除决定的行政机关为被告；没有强制拆除决定书的，以具体实施强制拆除行为的职能部门为被告。"本题中，作出强拆决定的是C县政府，其应当作为行政诉讼被告。《行政诉讼法》第15条规定："中级人民法院管辖下列第一审行政案件：（一）对国务院部门或者县级以上地方人民政府所作的行政行为提起诉讼的案件；……"据此，本案的管辖法院应当是D市中级人民法院，C选项说法错误，当选。

《行政诉讼法》第58条规定："经人民法院传票传唤，原告无正当理由拒不到庭，或者未经法庭许可中途退庭的，可以按照撤诉处理；被告无正当理由拒不到庭，或者未经法庭许可中途退庭的，可以缺席判决。"本题中，被告经传票传唤，无正当理由未到庭参加诉讼，法院有权作出缺席判决。同法第66条第2款规定："人民法院对被告经传票传唤无正当理由拒不到庭，或者未经法庭许可中途退庭的，可以将被告拒不到庭或者中途退庭的情况予以公告，并可以向监察机关或者被告的上一级行政机关提出依法给予其主要负责人或者直接责任人员处分的司法建议。"据此，D选项说法正确，不当选。

7. 答案：ABD　　难度：难

考点：行政诉讼简易程序、行政机关负责人出庭应诉、复议维持案件审理

命题和解题思路：本题四个选项均有一定难度，其中，AC选项考查考生对最高法院司法解释的细节规定的掌握程度，D选项重在考查复议维持案件的裁判方式，尤其是考生是否了解行政诉讼法对维持判决的取消情况。正确回答本题，需要考生对最高法院司法解释相关条文有较为深入的理解。

【选项分析】《行政复议法》第62条第2款规定："适用简易程序审理的行政复议案件，行政复议机关应当自受理申请之日起三十日内作出行政复议决定。"据此可知，A选项表述错误，当选。

《行诉法解释》第135条第2款规定："作出原行政行为的行政机关和复议机关对原行政行为合法性共同承担举证责任，可以由其中一个机关实施举证行为。复议机关对复议决定的合法性承担举证责任。"本题属于复议维持案件，依照前述规定，罚款200元的证明责任需要由交警支队和区政府共同承担，B选项说法错误，当选。

《最高人民法院关于行政机关负责人出庭应诉若干问题的规定》第4条规定："对于涉及食品药品安全、生态环境和资源保护、公共卫生安全等重大公共利益，社会高度关注或者可能引发群体性事件等的案件，人民法院应当通知行政机关负责人出庭应诉。有下列情形之一，需要行政机关负责人出庭的，人民法院可以通知行政机关负责人出庭应诉：（一）被诉

行政行为涉及公民、法人或者其他组织重大人身、财产权益的;(二)行政公益诉讼;(三)被诉行政机关的上级机关规范性文件要求行政机关负责人出庭应诉的;(四)人民法院认为需要通知行政机关负责人出庭应诉的其他情形。"据此可知,除涉及该条第 1 款规定,法院应当通知行政机关负责人出庭应诉的情况外,人民法院对于其他案件,是可以通知负责人出庭,而非承担必须通知义务。C 选项说法正确,不当选。

《行诉法解释》第 136 条第 5 款规定:"原行政行为合法、复议决定违法的,人民法院可以判决撤销复议决定或者确认复议决定违法,同时判决驳回原告针对原行政行为的诉讼请求。"本题中,区政府复议行为超过法定期限,属于程序违法。根据前述司法解释规定,在原行政行为合法、复议行为违法的情况下,人民法院应当判决撤销复议决定或确认其违法的同时,判决驳回原告针对 200 元罚款的撤销请求。因此,D 选项说法错误,当选。

8. 答案:BC   难度:难

考点:刑事司法赔偿

命题和解题思路:本题四个选项中,ABD 选项具有一定难度,考生容易作出错误判断。A 选项考查赔偿义务机关的确定,B 选项考查送达赔偿决定的期限,D 选项考查精神损害抚慰金的计算标准。上述知识点涉及的法条规定较细,考生可能未给予充分重视,因此陷入选择困难。正确回答本题,需要考生对《国家赔偿法》以及相关司法解释的规定有较好的把握。

【选项分析】《最高人民法院、最高人民检察院关于办理刑事赔偿案件适用法律若干问题的解释》第 12 条第 1 款规定:"一审判决有罪,二审发回重审后具有下列情形之一的,属于国家赔偿法第二十一条第四款规定的重审无罪赔偿,作出一审有罪判决的人民法院为赔偿义务机关:(一)原审人民法院改判无罪并已发生法律效力的;(二)重审期间人民检察院作出不起诉决定的;(三)人民检察院在重审期间撤回起诉超过三十日或者人民法院决定按撤诉处理超过三十日未作出不起诉决定的。"据此可知,本题中的赔偿义务机关应为 A 市中院。A 选项说法错误。

《国家赔偿法》第 13 条第 2 款规定:"赔偿义务机关决定赔偿的,应当制作赔偿决定书,并自作出决定之日起十日内送达赔偿请求人。"据此可知,B 选项说法正确。

《最高人民法院、最高人民检察院关于办理刑事赔偿案件适用法律若干问题的解释》第 21 条第 1 款规定:"国家赔偿法第三十三条、第三十四条规定的上年度,是指赔偿义务机关作出赔偿决定时的上一年度;复议机关或者人民法院赔偿委员会改变原赔偿决定,按照新作出决定时的上一年度国家职工平均工资标准计算人身自由赔偿金。"据此可知,C 选项说法正确。

《国家赔偿法》第 17 条规定:"行使侦查、检察、审判职权的机关以及看守所、监狱管理机关及其工作人员在行使职权时有下列侵犯人身权情形之一的,受害人有取得赔偿的权利:……(二)对公民采取逮捕措施后,决定撤销案件、不起诉或者判决宣告无罪终止追究刑事责任的;……"同法第 35 条规定:"有本法第三条或者第十七条规定情形之一,致人精神损害的,应当在侵权行为影响的范围内,为受害人消除影响,恢复名誉,赔礼道歉;造成严重后果的,应当支付相应的精神损害抚慰金。"结合上述两条规定,李某有权提出精神损害赔偿申请。《最高人民法院关于审理国家赔偿案件确定精神损害赔偿责任适用法律若干问题的解释》第 7 条规定:"有下列情形之一的,可以认定为国家赔偿法第三十五条规定的'造成严重后果':(一)无罪或者终止追究刑事责任的人被羁押六个月以上;……受害人无罪被羁押十年以上;受害人死亡;受害人经鉴定为重伤或者残疾一至四级,且生活不能自理；受害人经诊断、鉴定为严重精神障碍或者精神残疾一至二级，生活不能自理，且与侵权行为存在关联的，可以认定为后果特别严重。"根据本条规定，李某受到的人身自由侵害属于具有严重后果的情况，但不属于后果特别严重的情况。该解释第 8 条规定："致人精神损害，造成严重后果的，精神损害抚慰金一般应当在国家赔偿法第三十三条、第三十四条规定的人身自由赔偿金、生命健康赔偿金总额的百分之五十以下（包括本数）酌定；后果特别严重，或者虽然不具有本解释第七条第二款规定情形，但是确有证据证明前述标准不足以抚慰的，可以在百分之五十以上酌定。"根据本条规定，李某的精神损害抚慰金计算标准应当在人身自由赔偿金总额的50%以下，D 选项说法错误。

三、不定项选择题

1. 答案：ABCD　　难度：难

考点：行政强制措施实施程序、起诉与受理、行政赔偿诉讼程序、举证责任

命题和解题思路：本题四个选项中，BC 选项具有一定难度，需要考生了解诉讼请求的相关知识以及一并提起行政赔偿案件对涉案行政行为起诉期限的规定。

【选项分析】《行政强制法》第 25 条规定："查封、扣押的期限不得超过 30 日；情况复杂的，经行政机关负责人批准，可以延长，但是延长期限不得超过 30 日。"基于上述规定可知，扣押行为的期限明显超过法定期限，A 选项说法正确。

《行诉法解释》第 68 条第 3 款规定："当事人未能正确表达诉讼请求的，人民法院应当要求其明确诉讼请求。"据此，在当事人未正确表达诉求时，法院有释明义务。本题中，扣押行为已经实施完毕，不具有可撤销内容，网吧仅能请求确认违法，法院有必要通知其变更诉求内容。B 选项说法正确。

《最高人民法院关于审理行政赔偿案件若干问题的规定》第 19 条规定："公民、法人或者其他组织一并提起行政赔偿诉讼，人民法院经审查认为行政诉讼不符合起诉条件的，对一并提起的行政赔偿诉讼，裁定不予立案；已经立案的，裁定驳回起诉。"本题中，网吧对扣押行为提起行政诉讼已经超过起诉期限，不符合起诉条件，因赔偿请求与扣押撤销请求同时提起，依照前述规定，在确认扣押行为起诉超期的情况下，对于网吧一并提出的赔偿请求，法院应当裁定驳回起诉。C 选项说法正确。

《行政诉讼法》第 38 条第 2 款规定："在行政赔偿、补偿的案件中，原告应当对行政行为造成的损害提供证据。因被告的原因导致原告无法举证的，由被告承担举证责任。"本题中，由于县文广局制作扣押清单未载明扣押显示器的性能，也未经网吧确认，由此导致双方就显示器损坏时间发生争执，且网吧举证困难，依照前述规定，应当由县文广局证明扣押时没有损坏的事实，否则应当承担不利后果。D 选项说法正确。

2. 答案：ABC　　难度：难

考点：政府信息公开制度、政府信息公开诉讼、行政诉讼判决

命题和解题思路：本题四个选项中，AD 选项具有一定难度，A 选项考查考生对《政府信息公开条例》规定内容的详细掌握程度，D 选项考查考生对诉讼期间被告变更行政行为后的裁判方式的运用与理解，如果考生对相关内容掌握不牢固，即会作出错误判断。

【选项分析】《政府信息公开条例》第 31 条规定："行政机关收到政府信息公开申请的时间，按照下列规定确定：……（二）申请人以邮寄方式提交政府信息公开申请的，以行政机关签收之日为收到申请之日；以平常信函等无需签收的邮寄方式提交政府信息公开申请的，政府信息公开工作机构应当于收到申请的当日与申请人确认，确认之日为收到申请之

日;(三)申请人通过互联网渠道或者政府信息公开工作机构的传真提交政府信息公开申请的,以双方确认之日为收到申请之日。"本题中,孙某并非以邮寄平常信函的方式提交政府信息公开申请,无需经由 C 县自然资源局与孙某共同确认收到申请的时间。A 选项说法错误,当选。

《政府信息公开条例》第 42 条第 1 款规定:"行政机关依申请提供政府信息,不收取费用。但是,申请人申请公开政府信息的数量、频次明显超过合理范围的,行政机关可以收取信息处理费。"据此可知,B 选项说法错误,当选。

《政府信息公开条例》第 51 条规定:"公民、法人或者其他组织认为行政机关在政府信息公开工作中侵犯其合法权益的,可以向上一级行政机关或者政府信息公开工作主管部门投诉、举报,也可以依法申请行政复议或者提起行政诉讼。"据此可知,政府信息公开案件的起诉期限适用《行政诉讼法》规定的一般期限。《行政诉讼法》第 46 条规定:"公民、法人或者其他组织直接向人民法院提起诉讼的,应当自知道或者应当知道作出行政行为之日起 6 个月内提出。"对照本题可知,孙某的起诉并未超过 6 个月,C 选项说法错误,当选。

《行诉法解释》第 81 条规定:"被告在一审期间改变被诉行政行为的,应当书面告知人民法院。原告或者第三人对改变后的行政行为不服提起诉讼的,人民法院应当就改变后的行政行为进行审理。被告改变原违法行政行为,原告仍要求确认原行政行为违法的,人民法院应当依法作出确认判决。原告起诉被告不作为,在诉讼中被告作出行政行为,原告不撤诉的,人民法院应当就不作为依法作出确认判决。"本题中,C 县自然资源局在诉讼期间邮寄了当初认为不存在的政府信息,可以认为其改变了原行政行为内容,在此情况下,如果孙某仍不撤诉,法院应就原行政行为继续审理,并依法作出确认违法判决。D 选项说法正确,不当选。

图书在版编目（CIP）数据

2025 国家统一法律职业资格考试客观 400 题 / 桑磊主编. -- 北京 ：中国政法大学出版社，2025. 2. -- ISBN 978-7-5764-1936-8

Ⅰ. D920.4

中国国家版本馆 CIP 数据核字第 2025DP3147 号

出 版 者　　中国政法大学出版社

地　　址　　北京市海淀区西土城路 25 号

邮寄地址　　北京 100088 信箱 8034 分箱　邮编 100088

网　　址　　http://www.cuplpress.com（网络实名：中国政法大学出版社）

电　　话　　010-58908285(总编室) 58908433 （编辑部） 58908334(邮购部)

承　　印　　北京鑫海金澳胶印有限公司

开　　本　　787mm×1092mm　1/16

印　　张　　23.5

字　　数　　600 千字

版　　次　　2025 年 2 月第 1 版

印　　次　　2025 年 2 月第 1 次印刷

定　　价　　79.00 元（全两册）

桑磊法考

2025 客观题网络辅导

咨询电话:400-839-3366　报名通道:扫描下方二维码

以上内容由桑磊法考提供，为广大考生提供服务，有效期截至 2025 年 12 月 31 日。

桑磊法考

2025国家统一法律职业资格考试

客观 400 题

下册

主编◎桑　磊

编著◎吴志伟　任启明　熊　晖

　　　柯勇敏　邹龙妹

中国政法大学出版社

2025·北京

图书在版编目（CIP）数据

2025 国家统一法律职业资格考试客观 400 题 / 桑磊主编. -- 北京 ： 中国政法大学出版社，2025. 2. -- ISBN 978-7-5764-1936-8

Ⅰ. D920.4

中国国家版本馆 CIP 数据核字第 2025DP3147 号

出　版　者	中国政法大学出版社
地　　　址	北京市海淀区西土城路 25 号
邮寄地址	北京 100088 信箱 8034 分箱　邮编 100088
网　　　址	http://www.cuplpress.com（网络实名：中国政法大学出版社）
电　　　话	010-58908285(总编室) 58908433（编辑部） 58908334(邮购部)
承　　　印	北京鑫海金澳胶印有限公司
开　　　本	787mm×1092mm　1/16
印　　　张	23.5
字　　　数	600 千字
版　　　次	2025 年 2 月第 1 版
印　　　次	2025 年 2 月第 1 次印刷
定　　　价	79.00 元（全两册）

	试题	详解
民法【10】		
第一套		
一、单项选择题	1	7
二、多项选择题	4	17
三、不定项选择题	6	23
第二套		
一、单项选择题	26	32
二、多项选择题	29	42
三、不定项选择题	31	50
知识产权法【11】		
第一套		
一、单项选择题	54	55
二、多项选择题	54	57
第二套		
一、单项选择题	60	61
二、多项选择题	60	64
商法【12】		
第一套		
一、单项选择题	68	72
二、多项选择题	69	77
三、不定项选择题	71	81
第二套		
一、单项选择题	82	86
二、多项选择题	84	91
三、不定项选择题	85	93

	试题	详解
经济法【13】		
第一套		
一、单项选择题	96	98
二、多项选择题	97	102
第二套		
一、单项选择题	105	107
二、多项选择题	106	111
环境资源法【14】		
第一套		
一、单项选择题	115	116
二、多项选择题	115	117
第二套		
一、单项选择题	118	119
二、多项选择题	118	120
劳动与社会保障法【15】		
第一套		
一、单项选择题	121	122
二、多项选择题	121	124
第二套		
一、单项选择题	126	128
二、多项选择题	127	129
国际私法【16】		
第一套		
一、单项选择题	131	132

	试题	详解
二、多项选择题	131	133
第二套		
一、单项选择题	135	136
二、多项选择题	135	137

国际经济法【17】

	试题	详解
第一套		
一、单项选择题	139	140
二、多项选择题	139	141
第二套		
一、单项选择题	143	144
二、多项选择题	143	145

民事诉讼法与仲裁制度【18】

	试题	详解
第一套		
一、单项选择题	147	151
二、多项选择题	149	156
三、不定项选择题	150	161
第二套		
一、单项选择题	163	167
二、多项选择题	165	171
三、不定项选择题	166	175

法律文件简称对照表

简称	全称
民法典总则编解释	最高人民法院关于适用《中华人民共和国民法典》总则编若干问题的解释
民法典物权编解释（一）	最高人民法院关于适用《中华人民共和国民法典》物权编的解释（一）
民法典婚姻家庭编解释（一）	最高人民法院关于适用《中华人民共和国民法典》婚姻家庭编的解释（一）
民法典担保制度解释	最高人民法院关于适用《中华人民共和国民法典》有关担保制度的解释
民法典合同编通则解释	最高人民法院关于适用《中华人民共和国民法典》合同编通则若干问题的解释
民法典继承编解释（一）	最高人民法院关于适用《中华人民共和国民法典》继承编的解释（一）
诉讼时效规定	最高人民法院关于审理民事案件适用诉讼时效制度若干问题的规定
建筑物区分所有权解释	最高人民法院关于审理建筑物区分所有权纠纷案件适用法律若干问题的解释
《建设工程施工合同解释（一）》	最高人民法院关于审理建设工程施工合同纠纷案件适用法律问题的解释（一）
《彩礼纠纷规定》	最高人民法院关于审理涉彩礼纠纷案件适用法律若干问题的规定
买卖合同解释	最高人民法院关于审理买卖合同纠纷案件适用法律问题的解释
房屋租赁合同解释	最高人民法院关于审理城镇房屋租赁合同纠纷案件具体应用法律若干问题的解释
民间借贷规定	最高人民法院关于审理民间借贷案件适用法律若干问题的规定
著作权纠纷解释	最高人民法院关于审理著作权民事纠纷案件适用法律若干问题的解释
专利纠纷规定	最高人民法院关于审理专利纠纷案件适用法律问题的若干规定
驰名商标保护解释	最高人民法院关于审理涉及驰名商标保护的民事纠纷案件应用法律若干问题的解释
商标纠纷案件解释	最高人民法院关于审理商标民事纠纷案件适用法律若干问题的解释
公司法司法解释（二）	最高人民法院关于适用《中华人民共和国公司法》若干问题的规定（二）
公司法司法解释（三）	最高人民法院关于适用《中华人民共和国公司法》若干问题的规定（三）
公司法司法解释（四）	最高人民法院关于适用《中华人民共和国公司法》若干问题的规定（四）
公司法司法解释（五）	最高人民法院关于适用《中华人民共和国公司法》若干问题的规定（五）
破产法司法解释（一）	最高人民法院关于适用《中华人民共和国企业破产法》若干问题的规定（一）
破产法司法解释（二）	最高人民法院关于适用《中华人民共和国企业破产法》若干问题的规定（二）
破产法司法解释（三）	最高人民法院关于适用《中华人民共和国企业破产法》若干问题的规定（三）

简称	全称
保险法司法解释（三）	最高人民法院关于适用《中华人民共和国保险法》若干问题的解释（三）
保险法司法解释（四）	最高人民法院关于适用《中华人民共和国保险法》若干问题的解释（四）
九民纪要	全国法院民商事审判工作会议纪要
涉外民事关系法律适用法司法解释（一）	最高人民法院关于适用《中华人民共和国涉外民事关系法律适用法》若干问题的解释（一）
民诉解释	最高人民法院关于适用《中华人民共和国民事诉讼法》的解释
民事证据规定	最高人民法院关于民事诉讼证据的若干规定
证券纠纷规定	最高人民法院关于证券纠纷代表人诉讼若干问题的规定
执行担保规定	最高人民法院关于执行担保若干问题的规定
执行和解规定	最高人民法院关于执行和解若干问题的规定
执行异议和复议	最高人民法院关于人民法院办理执行异议和复议案件若干问题的规定
执行程序解释	最高人民法院关于适用《中华人民共和国民事诉讼法》执行程序若干问题的解释
仲裁法司法解释	最高人民法院关于适用《中华人民共和国仲裁法》若干问题的解释

八 民法【10】

第一套

第一部分 试题

一、单项选择题

1. 甲委托乙出售名下某重点小学学区房一套，并向乙出具授权委托书。丙向乙表达购买意向，但乙知晓甲与丙关系不佳，遂拒绝出售。丙以揭发乙受贿的事实相要挟，乙无奈之下表示同意，按市价与丙签订《房屋买卖合同》。对此，下列哪一说法是正确的？

A. 甲有权基于重大误解撤销《房屋买卖合同》

B. 甲有权基于胁迫撤销《房屋买卖合同》

C. 乙有权基于重大误解撤销《房屋买卖合同》

D. 乙有权基于胁迫撤销《房屋买卖合同》

2. 周某与何某签订《居住权合同》，约定：周某在名下 A 房上为何某设立居住权，期限为 10 年。双方并未约定对价。合同签订后，双方申请办理居住权登记。何某入住后雇佣李某照顾其生活起居。半年后，何某向融汇公司借款 10 万元，以居住权抵押，双方签订了《抵押合同》。对此，下列哪一说法是错误的？

A. 周某无权请求李某从 A 房中搬出

B. 周某无权请求何某支付对价

C. 《抵押合同》效力待定

D. 何某自居住权记载于不动产登记簿时取得居住权

3. 黄某名下有 A、B 两间商铺。陆某有意买下 A 商铺，与黄某磋商数日后，双方签订《商铺转让协议》，约定转让价款为 100 万元，但因黄某笔误，在合同中将 A 商铺描述为 B 商铺，陆某也未发现该笔误。关于《商铺转让协议》的效力和标的物，下列哪一说法是正确的？

A. 不成立

B. 无效

C. 有效，且标的物为 A 商铺

D. 有效，且标的物为 B 商铺

4. 2023 年 5 月 1 日，梁某与方某共同购买公路自行车一辆，双方各出资 3000 元。5 月 10 日，梁某骑车上班，途中低头查看手机，不慎撞伤行人李某，花费医药费 2 万元。5 月 20 日，梁某向苏某借款 1000 元，未经方某同意就以其共有份额抵押，双方签订抵押合同并办理了抵押权登记。6 月 10 日，方某向不知情的何某借款 3000 元，未经梁某同意就以该自行车质押并交付。对此，下列哪一说法是正确的？

A. 李某有权请求梁某与方某对医药费承担连带责任

B. 苏某可以善意取得自行车抵押权

C. 何某可以善意取得自行车质权

D. 梁某有权请求何某返还自行车

5. 赵某（男）与李某（女）相恋两年后准备结婚，赵某按照李某父母的要求支付了 20 万元彩礼。一个月后，赵某与李某共同出资购买价值 50 万的一套商品房登记在双方名下，且并未约定共有的类型。在举行婚礼后，二人入住该房共同生活。两年后，二人因感情不和分手。后赵某起诉主张返还彩礼 20 万元。据查，赵某与李某尚未办理结婚登记。关于赵某，下列哪一说法是正确的？

A. 应当以李某与李某的父母为共同被告

B. 有权请求返还 20 万元彩礼

C. 有权随时请求分割该商品房

D. 其与李某婚姻关系无效

6. 钱某花费 40 万元购买一辆货车，挂靠在运通公司名下经营货运业务。某日，浩然公司委托钱某将一台设备由杭州运送至上海的某厂房。运输途中，因钱某驾驶不慎，在某路口撞伤行人胡某，花费医药费 5 万元。如不考虑该车的商业保险，下列哪一说法是正确的？

A. 应由钱某单独承担医药费的赔偿责任

B. 应由钱某与运通公司对医药费承担连带赔偿责任

C. 应由运通公司单独承担医药费的赔偿责任

D. 应由浩然公司部分承担医药费的赔偿责任

7. 2024 年 6 月 15 日，泰能公司与辉腾公司签订《煤矿收购协议》，约定其将名下前进煤矿的采矿权转让给辉腾公司，转让价款为 2 亿元。双方同时约定由泰能公司在两个月内完成报批义务，如逾期，泰能公司应支付 1000 万元的违约金。后泰能公司未按约履行报批义务。对此，下列哪一说法是错误的？

A. 辉腾公司有权不经催告直接解除《煤矿收购协议》

B. 辉腾公司无权请求泰能公司支付违约金

C. 辉腾公司有权请求泰能公司继续履行报批义务

D. 泰能公司无权请求辉腾公司支付转让款

8. 2023 年 10 月 5 日，甲公司将翰林院项目 9 号楼的主体工程发包给乙公司承建，乙公司完成主体工程的施工后，经甲公司同意，将该工程中的木工部分分包给周某。2024 年 5 月 9 日，周某持电锯从事木工收尾工作时，乙公司的员工方某在楼上拆除部件时不慎将钢管脱手，周某在躲避坠落的钢管时被电锯锯伤。后周某经医院治疗，花费医药费 3 万元。对此，下列哪一说法是正确的？

A. 乙公司与周某之间的分包合同无效

B. 周某有权请求方某承担医药费的赔偿责任

C. 周某有权请求乙公司承担医药费的赔偿责任

D. 周某应自行承担医药费

9. 2021 年 4 月 1 日，张某向胡某借款 10 万元，借期为 2 年。5 月 21 日，张某与何某登记结婚。张某的 10 万元借款实际用于二人婚后生活。11 月，张某出差后失去音讯。2024 年 3 月，经张某的母亲吴某申请，法院宣告张某失踪，并指定何某为张某的财产代管人。5 月，何某起诉与张某离婚。据此，下列哪一说法是错误的？

A. 如胡某能证明借款的实际用途，其有权请求何某偿还 10 万元借款

B. 胡某无权以吴某为被告起诉请求偿还 10 万元借款

C. 如吴某因过失造成张某财产损失，应当承担赔偿责任

D. 法院可以准予何某与张某离婚

10. 2023 年 1 月 1 日，王某与乙公司签订《商铺租赁协议》，约定：王某承租乙公司名下的 A 商铺用于经营健身房，租期为 10 年，前三年租金为 60 万，第四年开始每年租金增加 3%。1 月 10 日，双方完成备案手续。1 月 15 日，乙公司向丙银行借款 200 万元，以 A 商铺抵押并办理抵押权登记。1 月 20 日，王某与乙公司完成交房手续。因王某经营不善，拖欠 2024 年度的租金，经多次催告仍不支付，乙公司向王某发出解除通知。后王某将 A 商铺交还乙公司，但乙公司清理时发现 A 商铺中仍有一批王某未运走的健身器材。对此，下列哪一说法是正确的？

A.《商铺租赁协议》解除之前，丙银行的抵押权不能对抗王某的租赁权

B.《商铺租赁协议》于解除通知发出时解除

C. 乙公司有权请求王某赔偿剩余租期的租金

D. 乙公司无权留置该批健身器材

11. 2023 年 1 月 1 日，黄某向孙某借款 10 万元，约定借期为 1 年，按年利率 10% 计息。同日，陈某与孙某口头达成质押约定，陈某以一幅古画质押担保黄某的借款本息。赵某正租用该画用于某画展。2023 年 1 月 5 日，陈某通知赵某剩余一个月租期届满后直接将古画交付孙某。租期届满后，赵某按指示将古画交付孙某。借款到期后，黄某无力偿还。2024 年 1 月 10 日，孙某向陈某发函，表示直接以古画折抵借款本息，并通知黄某。陈某未予以答复，但黄某表示同意。对此，下列哪一说法是正确的？

A. 2023 年 1 月 1 日，孙某取得古画质权

B. 2024 年 1 月 10 日，孙某取得古画的所有权

C. 孙某有权收取剩余一个月的古画租金

D. 陈某有权就其古画的损失请求黄某承担赔偿责任

12. 青城公司开发建设了阳光住宅小区，且所有商品房均已售出，强盛公司承包了该小区的物业。2023 年 8 月 10 日，吴某驾车前往该小区，将车停在 10 号楼楼下的业主专用停车位，业主刘某的商品房外墙发生脱落，砸中该车，产生维修费 1 万元。据查，近期已有不少业主反映小区存在外墙脱落问题，但物业并未积极采取措施应对。关于吴某，下列哪一说法是正确的？

A. 有权请求刘某赔偿维修费

B. 有权请求强盛公司赔偿维修费

C. 有权请求 10 号楼的所有业主适当补偿

D. 应自行承担维修费

13. 陈某购买了一辆长城牌越野车，并为该车配备一只备胎。后陈某将该车卖给李某并交付，但并未交付备胎。李某发现后请求陈某交付备胎，陈某告知该备胎已经赠与好友胡某，胡某已将备胎安装于其同款越野车上。对此，下列哪一说法是正确的？

A. 李某于交付越野车时取得备胎的所有权

B. 李某有权请求陈某承担违约责任

C. 胡某对备胎的占有为善意的自主占有

D. 李某有权请求胡某返还备胎

14. 甲公司因资金链紧张，向乙公司借款 500 万元，借期为 1 年，按照年利率 10% 计息。次日，丙公司向甲公司发送担保函，承诺为甲公司的借款本息提供连带保证。两个月后，甲公司与乙公司签订《补充协议》，约定追加借款 100 万元，利息按原合同计算。甲公司的法定代表人黄某在连带保证人处签字，并备注：保证范围为追加的借款本息。借款到期后，甲公司因经营不善而无力偿还。据查，丙公司与黄某私下达成了承担连带共同担保约定。对此，下列哪一说法是正确的？

A. 甲公司与乙公司的借款合同于乙公司提供借款时生效

B. 乙公司有权请求丙公司在 500 万本金及其利息的范围内承担保证责任

C. 乙公司有权请求黄某在 600 万本金及其利息的范围内承担保证责任

D. 黄某承担保证责任后无权向丙公司追偿

二、多项选择题

1. 2022 年 9 月 1 日，张某向吴某借款 100 万元，借期为半年。11 月 1 日，张某向阳光慈善基金会捐赠 50 万元。2023 年 1 月 1 日，张某将名下市值 200 万元的 A 房出租给不知情的泰能公司，租期为 20 年，租金为每年 4 万元（约为周围同地段租金的一半），每年年初支付下一年租金。2023 年 3 月，张某对吴某的债务到期后无力偿还。A 房被查封拍卖时无人应拍，且张某名下已无其他可供偿债的财产，泰能公司尚未支付 2023 年租金。关于吴某，下列哪些说法是错误的？

A. 有权撤销张某的赠与行为

B. 有权撤销张某的出租行为

C. 有权代位行使 2023 年的租金

D. 其行使撤销权所支出的律师费由张某承担

2. 张某（男）与胡某（女）于 2021 年登记结婚并生育一子张小明。张小明出生后，二人签订夫妻协议，约定：张某继续工作挣钱，胡某则当全职太太，抚养孩子并照顾老人。后因张某身患重病，二人感情逐渐不和。2022 年 5 月，胡某入职甲公司并开始工作，张某知晓后提出异议。2023 年 2 月，二人签订《离婚协议》，对夫妻财产的分割、张小明的抚养等作出安排。协议签订后，因张某反悔，双方并未申请离婚登记。2023 年 7 月 5 日，胡某向法院起诉离婚。对此，下列哪些说法是错误的？

A. 张某有权向胡某主张违约损害赔偿

B. 离婚诉讼中，法院应当组织调解

C. 如果法院判决准予离婚，则婚姻关系于离婚判决作出之日解除

D. 如果法院判决准予离婚，则应当依《离婚协议》的约定分割夫妻财产

3. 陆某逛街时不慎遗失一个名牌手包，被常某拾得。常某花费 1000 元将该手包的破损处进行修复，后委托甲公司经营的二手店代为出售。该店以常某名义将手包出售给不知情的林某并交付，价款为 1 万元。对此，下列哪些说法是错误的？

A. 常某有权请求陆某支付 1000 元修复费

B. 甲公司出售手包的行为构成表见代理

C. 林某可以善意取得手包

D. 陆某有权请求林某返还手包

4. 2024 年 6 月 10 日，甲公司向乙公司借款 100 万元，以 A 生产设备抵押。6 月 15 日，甲公司向丙公司借款 500 万，以现有及将有的生产设备、原材料、半成品与产品抵押。6 月 20 日，丙公司办理抵押权登记。6 月 25 日，乙公司办理抵押权登记。7 月 10 日，甲公司将 A 设备转让给丁公司并交付，约定价款为 150 万元。7 月 25 日，丁公司向戊公司借款 50 万元，以 A 设备抵押并办理抵押权登记。8 月 10 日，丁公司向己公司借款 20 万元，以 A 设备质押并交付。对此，下列哪些说法是错误的？

A. 丙公司对 A 设备的抵押权优先于乙公司
B. 丁公司可以善意取得 A 设备所有权
C. 戊公司对 A 设备的抵押权优先于丙公司
D. 己公司对 A 设备的质权优先于戊公司

5. 2024 年初，刘某向安居公司投递简历，竞聘该公司法务主管职位。3 月 1 日，安居公司通过邮件通知刘某已被录用，雇佣期于 3 月 20 日开始，刘某应于 3 月 20 日前与安居公司签订书面劳动合同。3 月 3 日，刘某解除与原公司的劳动关系。3 月 15 日，安居公司突然发送邮件告知公司业务调整，不再为刘某办理入职手续。对此，下列哪些说法是正确的？

A. 安居公司违反了公序良俗原则
B. 安居公司违反了诚实信用原则
C. 刘某有权请求安居公司承担违约责任
D. 刘某有权请求安居公司承担缔约过失责任

6. 林某向宜居公司定制一套实木家具，双方约定：合同总价为 20 万，林某于合同签订日支付定金 3 万，一个月内支付首期款 12 万，交货日支付剩余价款后交货。双方并未约定定金类型。林某当天转账 3 万，并于一周后转账 12 万。但双方约定的交货日到来后林某并未支付尾款，宜居公司发送催款邮件多次，均遭到林某拒绝，且林某要求宜居公司先按约交付家具。对此，下列哪些说法是错误的？

A. 双方约定的定金为解约定金
B. 如宜居公司主张定金罚则，则其不得再向林某请求违约损害赔偿
C. 针对林某交付家具的请求，宜居公司有权主张同时履行抗辩权
D. 如宜居公司解除合同，则其不得再主张定金罚则

7. 甲村村民刘某对 A 地块享有土地承包经营权。刘某计划进城经商，于是将 A 地块转让给同村村民张某，双方签订《土地承包经营权转让协议》，约定转让价款为 2 万元。合同签订后双方办理登记手续。后张某流转 A 地块，与顺农公司签订《土地经营权流转合同》，约定顺农公司承包 A 地块，承包期为 10 年，顺农公司每年支付张某 1000 元。合同签订后双方办理了登记手续。对此，下列哪些说法是正确的？

A.《土地承包经营权转让协议》的签订需经发包方同意
B.《土地经营权流转合同》的签订需经刘某同意
C. 顺农公司于《土地经营权流转合同》生效时取得土地经营权
D. 张某流转 A 地块时，同等条件下，本村的其他村民享有优先权

8. 陈某（男）与李某（女）于 2013 年登记结婚，婚后收养一女小月。2023 年 2 月，陈某醉酒回家后对小月实施了性侵。对此，下列哪些说法是正确的？

A. 李某有权起诉撤销陈某的监护资格

B. 陈某与小月的收养关系于登记时成立

C. 小月对陈某行使侵权赔偿请求权不适用诉讼时效规定

D. 小月对陈某行使抚养费请求权不适用诉讼时效规定

9. 恒达公司计划在公司名下的 A 宗地上建造 B 写字楼，为此与建德公司签订《建设工程合同》，由建德公司承建 B 写字楼工程，工程款为 5000 万元，双方同时约定了恒达公司迟延支付工程款的违约金。建德公司经恒达公司同意，将 B 写字楼的工程拆分为两部分，分包给峰凯公司与岳明公司，约定的工程款均为 2000 万元，且就建德公司迟延支付工程款约定了违约金。B 写字楼竣工并验收合格后，因建德公司未按约支付工程款，峰凯公司起诉恒达公司，请求其支付 2000 万元工程款。据查，恒达公司尚有 1000 万元工程款逾期尚未支付。对此，下列哪些说法是错误的？

A. 恒达公司与建德公司之间的《建设工程合同》无效

B. 峰凯公司有权就其实际承建的工程部分优先受偿

C. 法院在诉讼中可以追加建德公司为第三人

D. 恒达公司应在 1000 万元的范围内对峰凯公司承担责任

三、不定项选择题

1. 张某名下有一辆大众牌轿车，某日该车发生故障，张某送至甲修理厂维修。该厂因人手不足，遂自行决定将该车转交给乙修理厂维修，产生维修费 2000 元。乙修理厂通知甲修理厂取车并通知其支付维修费，甲修理厂表示拒绝支付，要求乙修理厂自行向张某索要维修费。对此，下列说法中正确的是：

A. 乙修理厂有权请求甲修理厂支付维修费

B. 乙修理厂有权请求张某支付维修费

C. 张某有权解除与甲修理厂的维修合同

D. 甲修理厂有权解除与乙修理厂的维修合同

2. 陆某与陈某生育一子陆明，同时收养一子陆辉。陆明与黄某结婚，婚后生育一子陆杰。陆辉与何某结婚，婚后生育一子陆小波。后陆辉与何某离婚，与梁某再婚，陆小波与梁某的女儿孙洁由陆辉、梁某共同抚养。2023 年 6 月，陆辉突发心脏病去世。8 月，梁某生下一女陆小丽。12 月，陆某因交通事故去世。对此，下列说法中错误的是：

A. 孙洁有权代位继承陆某的遗产

B. 陆杰有权代位继承陆某的遗产

C. 陆小丽有权继承陆辉的遗产

D. 陆小丽有权转继承陆某的遗产

3. 张某在甲商场租下一间商铺，合法经营动物互动项目。某日，李某在张某的店中消费 100 元购买了撸猫套餐，与选中的一只波斯猫进行互动，在互动过程中被猫挠伤。李某支出狂犬疫苗接种费及医疗费 5000 元。对此，下列说法中正确的是：

A. 李某有权请求张某承担违约责任

B. 李某有权请求张某承担侵权责任

C. 因李某自甘风险，张某无须承担责任

D. 李某有权请求甲商场承担相应的侵权责任

4. 甲村村民吴某在其承包地上为盛农公司设立土地经营权，期限为 15 年，双方签订流转合同后办理了登记手续。盛农公司为了通行便利，又与邻地承包人何某签订地役权合同，期限为 15 年，每年盛农公司向何某支付 800 元，但双方并未办理地役权登记。后盛农公司以土地经营权抵押，向融金公司借款 10 万元。双方签订了抵押合同但并未办理抵押权登记。抵押期间，何某将土地承包经营权转让给不知情的同村村民胡某。借款到期后，盛农公司因经营不善无力偿还。对此，下列说法中错误的是：

    A. 盛农公司于地役权合同生效时取得地役权

    B. 盛农公司以土地经营权抵押时须经发包人同意

    C. 融金公司有权就地役权的对价优先受偿

    D. 盛农公司于登记时取得土地经营权

第二部分　答案详解

一、单项选择题

1. 答案：B　难度：中

考点： 可撤销的民事法律行为

命题和解题思路： 民事法律行为的效力瑕疵制度是民法客观题考试的核心考点之一，本题结合代理的事实背景考查可撤销的民事法律行为。解答本题的关键问题有二：第一，准确把握重大误解、胁迫这两个可撤销事由的构成要件。对于这一问题，考生以重大误解与胁迫的构成要件分析即可。第二，在代理的语境下，代理人的意思表示存在效力瑕疵时，谁有权主张撤销。对于这一问题，考生需要注意，对于有权代理的行为，代理行为的法律效果，不论是否对被代理人有利，均由被代理人承受。

【选项分析】 本题的主要问题有二：（1）重大误解或胁迫是否构成；（2）谁有权撤销。

先分析问题（1）。关于重大误解，《民法典》第 147 条规定："基于重大误解实施的民事法律行为，行为人有权请求人民法院或者仲裁机构予以撤销。"《民法典总则编解释》第 19 条第 1 款规定："行为人对行为的性质、对方当事人或者标的物的品种、质量、规格、价格、数量等产生错误认识，按照通常理解如果不发生该错误认识行为人就不会作出相应意思表示的，人民法院可以认定为民法典第一百四十七条规定的重大误解。"本题中，乙与丙签订《房屋买卖合同》时并无重大误解。

关于胁迫，《民法典》第 150 条规定："一方或者第三人以胁迫手段，使对方在违背真实意思的情况下实施的民事法律行为，受胁迫方有权请求人民法院或者仲裁机构予以撤销。"《民法典总则编解释》第 22 条规定："以给自然人及其近亲属等的人身权利、财产权利以及其他合法权益造成损害或者以给法人、非法人组织的名誉、荣誉、财产权益等造成损害为要挟，迫使其基于恐惧心理作出意思表示的，人民法院可以认定为民法典第一百五十条规定的胁迫。"本题中，丙以揭发乙受贿的事实相要挟，乙无奈之下表示同意，按市价与丙签订《房屋买卖合同》，丙存在胁迫行为。据此，《房屋买卖合同》是可撤销的。

再分析问题（2）。本题中，《房屋买卖合同》是乙代理甲与丙签订的，且存在有效的授权，该代理行为属于有权代理。《民法典》第 162 条规定："代理人在代理权限内，以被代理人名义实施的民事法律行为，对被代理人发生效力。"据此，有权代理的法律效果由被代理人承受，具体而言，《房屋买卖合同》的撤销权由被代理人甲享有。因此，甲有权基于胁迫撤销《房屋买卖合同》。需要注意的是，有的考生可能会认为乙有权撤销《房屋买卖合同》，这是错误的，因为乙仅享有出售房屋的代理权，其并未获得撤销《房屋买卖合同》的代理权，其无权代理甲撤销《房屋买卖合同》。综上，选项 B 正确；选项 A、C、D 错误。

2. 答案：C　难度：中

考点：居住权、登记及其法律效果

命题和解题思路：居住权是《民法典》新增的用益物权类型，本题集中围绕这一新用益物权展开，同时考查不动产登记中的一个细节性问题，即不动产物权变动的时点。解答本题时的关键在于《民法典》对居住权的基本定位。由居住权的相关规定可知，《民法典》总体上将居住权界定为社会保障性的用益物权，其具有人身专属性。基于这一基本定位，居住权的诸多具体规则都能得到理解。

【选项分析】 选项 A 从主体的角度考查居住权的权利内容。《民法典》第 366 条规定："居住权人有权按照合同约定，对他人的住宅享有占有、使用的用益物权，以满足生活居住的需要。"据此，居住权的主要权利内容就是满足居住权人的生活居住需要。不过，除了居住权人，其雇佣的保姆、亲属均有权居住在该住宅中。本题中，何某入住后雇佣李某照顾其生活起居，李某也有权基于居住权在该住宅中居住，周某无权请求李某从 A 房中搬出。选项 A 正确，不当选。

选项 B 考查居住权的对价。《民法典》第 368 条规定："居住权无偿设立，但是当事人另有约定的除外。设立居住权的，应当向登记机构申请居住权登记。居住权自登记时设立。"本题中，当事人并未约定居住权的对价，应解释为无偿。因此，周某无权请求何某支付对价。选项 B 正确，不当选。

选项 C 从权能的角度考查居住权。《民法典》第 369 条规定："居住权不得转让、继承。设立居住权的住宅不得出租，但是当事人另有约定的除外。"既然居住权不得转让与继承，那么自然也不得抵押。这是一种强制性规定，即使住宅所有权人同意抵押，居住权人也不得抵押。结合《民法典》第 153 条，《抵押合同》是无效的。选项 C 错误，当选。

选项 D 考查不动产物权变动的时点。《民法典》第 214 条规定："不动产物权的设立、变更、转让和消灭，依照法律规定应当登记的，自记载于不动产登记簿时发生效力。"据此可知，原则上不动产物权变动的时点是登记时，具体是指记载于不动产登记簿时，而非申请时。选项 D 正确，不当选。

3. 答案：C　难度：中

考点：合同的解释

命题和解题思路：合同的解释在民法客观题考试中并不常见，但《民法典合同编通则解释》对此作出了具体规定，复习时仍需适当关注，本题即围绕这一冷僻知识点展开。解答本题的重点在于审题环节厘清存在几个问题。结合题干与四个选项的表述不难发现，本题涉及的问题主要有二：其一是《商铺转让协议》的效力如何；其二是《商铺转让协议》中的标的物是 A 商铺还是 B 商铺。这两个问题的回答都涉及合同的解释规则的适用，因此本题的难点在于结合合同解释规则展开分析。因为合同由两个有相对人的意思表示构成（要约与承诺），因此，解释合同的核心在于如何具体适用有相对人的意思表示解释规则。对于有相对人的意思表示解释，判断当事人是否存在合意时，原则上应秉持客观解释。但是，也需要注意误载无害真意的解释规则。

【选项分析】《民法典》第 466 条第 1 款规定："当事人对合同条款的理解有争议的，应当依据本法第一百四十二条第一款的规定，确定争议条款的含义。"据此，合同的解释适用的是有相对人的意思表示解释规则。《民法典》第 142 条第 1 款规定："有相对人的意思表示的解释，应当按照所使用的词句，结合相关条款、行为的性质和目的、习惯以及诚信原则，确定意思表示的含义。"据此可知，有相对人的意思表示解释需要采取客观解释的立场，以理性受领人的视角进行解释。不过，在解释中也需考虑误载无害真意的解释规则。《民法典合同编通则解释》第 1 条第 2 款规定："有证据证明当事人之间对合同条款有不同于词句的通常含义的其他共同理解，一方主张按照词句的通常含义理解合同条款的，人民法院不予支持。"

据此，尽管《商铺转让协议》中写明的标的物是 B 商铺，但黄某有出让 A 商铺的意思，陆某有购买 A 商铺的意思，二人之间就 A 商铺的转让存在真实的合意。这意味着，《商铺转让协议》中的 B 商铺属于笔误，依据《民法典合同编通则解释》第 1 条第 2 款，应将其解释为 A 商铺。因此，《商铺转让协议》有效，且标的物为 A 商铺。选项 A、B、D 错误；选项 C 正确。

4. 答案：C　　难度：中

考点： 侵权责任的基本构成要件、善意取得、返还原物

命题和解题思路： 本题以公路自行车这一普通动产为核心标的物，穿插了多人出资、侵权行为、共有份额抵押、动产质押等法律事实，综合地考查了物权法上的多个考点，有一定难度。解答本题的关键在于厘清自行车的归属，对此考生需要在共有规则的指引下判断。对于侵权问题，考生需要注意其并非交通事故侵权，而是普通侵权，且并不属于共有物对外产生的债务。对于善意取得的问题，考生紧扣善意取得的构成要件进行分析即可，但需要注意，切勿忽略最为基础的前提——无权处分。对于返还原物问题，应重点审查梁某是否为所有权人，何某是否为无权占有人。

【**选项分析**】在展开四个选项的具体分析前，应先确定自行车的归属。2023 年 5 月 1 日，梁某与方某购买公路自行车一辆，双方各出资 3000 元。结合《民法典》第 308 条可知，梁某与方某对该自行车形成了按份共有，且份额比例为 1∶1。

选项 A 考查侵权责任的基本构成要件。不难推断的是，梁某与李某之间的事实属于侵权问题，且由于并未涉及机动车，该侵权属于一般侵权，应适用《民法典》第 1165 条第 1 款。该条款规定："行为人因过错侵害他人民事权益造成损害的，应当承担侵权责任。"据此，梁某骑车撞伤了李某，存在侵权行为，且梁某途中低头查看手机，存在过错，导致李某花费医药费 2 万元，符合侵权责任的构成要件。梁某应就 2 万元医药费承担侵权责任。有疑问的是，方某是否需要对此承担连带责任。《民法典》第 307 条规定："因共有的不动产或者动产产生的债权债务，在对外关系上，共有人享有连带债权、承担连带债务，但是法律另有规定或者第三人知道共有人不具有连带债权债务关系的除外；……"有考生可能会认为本题中李某的损害是自行车产生的，方某应承担连带责任。这一理解是不对的，本题中李某的损害是梁某的侵权行为造成的，自行车只是工具而已，其并不属于《民法典》第 307 条中"因共有的不动产或者动产产生的债权债务"，方某无需承担连带责任。选项 A 错误。

选项 B、C 均考查善意取得。先分析选项 B。梁某将共有份额抵押给苏某，属于对共有份额的处分。《民法典》第 305 条规定："按份共有人可以转让其享有的共有的不动产或者动产份额。其他共有人在同等条件下享有优先购买的权利。"据此可知，共有份额是独立的财产，原则上可以独立处分，除了该条规定的转让，也包括抵押。因此梁某抵押共有份额属于有权处分，无需经过方某同意。既然是有权处分，苏某也就不存在善意取得的可能。选项 B 错误。

再分析选项 C。方某将自行车质押给何某，属于对整个共有物的处分。《民法典》第 301 条规定："处分共有的不动产或者动产以及对共有的不动产或者动产作重大修缮、变更性质或者用途的，应当经占份额三分之二以上的按份共有人或者全体共同共有人同意，但是共有人之间另有约定的除外。"由于二人份额均为 50%，方某质押自行车应经过梁某同意。方某的行为构成无权处分，参照适用《民法典》第 311 条第 1 款，何某是善意，且已经完成交付，何某可以善意取得自行车质权。选项 C 正确。

选项 D 考查返还原物。依据《民法典》第 235 条，返还原物请求权的构成要件有二：（1）请求方为具有占有权能的物权人；（2）相对方为无权占有人。梁某作为共有人，满足要件（1）。相对方何某已经善意取得自行车质权，对自行车系有权占有，要件（2）不满足。因此，梁某无权请求何某返还自行车。选项 D 错误。

5. 答案：C　难度：难

考点： 彩礼的返还、无效婚姻、按份共有

命题和解题思路： 本题将彩礼问题与共有的类型判断、婚姻的效力问题融合在一起考查，颇具新意，也颇具难度。在审题环节，考生需要区分两层问题：彩礼问题与商品房归属问题，前者涉及女方收取的 20 万元彩礼是否需要返还，对此问题需要结合《民法典婚姻家庭编解释（一）》以及《彩礼纠纷规定》分析，其中最为重要的考量因素是<u>是否办理结婚登记以及是否实际共同生活</u>。后者则涉及商品房的归属，尤其是需要考生判断属于按份共有还是共同共有，对此需结合共同共有的类型法定原则进行判断。至于婚姻的效力问题，考生需要注意婚姻不成立与婚姻无效之间并不相同。

【选项分析】 选项 A、B 均考查彩礼的返还问题。《民法典婚姻家庭编解释（一）》第 5 条规定："当事人请求返还按照习俗给付的彩礼的，如果查明属于以下情形，人民法院应当予以支持：（一）双方未办理结婚登记手续；（二）双方办理结婚登记手续但确未共同生活；（三）婚前给付并导致给付人生活困难。适用前款第二项、第三项的规定，应当以双方离婚为条件。"《彩礼纠纷规定》第 6 条规定："双方未办理结婚登记但已共同生活，一方请求返还按照习俗给付的彩礼的，人民法院应当根据彩礼实际使用及嫁妆情况，综合考虑共同生活及孕育情况、双方过错等事实，结合当地习俗，确定是否返还以及返还的具体比例。"据此可知，对于未办理结婚登记但已共同生活的情形，法院需要结合各项因素确定返还的具体比例。本题中，赵某与李某并未办理结婚登记，但共同生活两年，赵某只能主张彩礼的部分返还。选项 B 错误。

至于返还彩礼诉讼的当事人问题。《彩礼纠纷规定》第 4 条第 1 款规定："婚约财产纠纷中，婚约一方及其实际给付彩礼的父母可以作为共同原告；婚约另一方及其实际接收彩礼的父母可以作为共同被告。"据此可知，赵某可以李某及其父母作为共同被告。选项 A 的错误之处在于"应当"二字。选项 A 错误。

选项 C 考查按份共有中的共有物分割。本题中，赵某与李某未办理过结婚登记，二人并无婚姻关系，依据《民法典》第 308 条，二人对商品房的共有属于按份共有。《民法典》第 304 条第 1 款规定："共有人可以协商确定分割方式。达不成协议，共有的不动产或者动产可以分割且不会因分割减损价值的，应当对实物予以分割；难以分割或者因分割会减损价值的，应当对折价或者拍卖、变卖取得的价款予以分割。"据此可知，赵某有权随时请求分割该商品房。选项 C 正确。

选项 D 考查婚姻的效力。本题中，赵某与李某未办理过结婚登记，其婚姻关系不成立，并非无效。选项 D 错误。

6. 答案：B　　难度：中

考点：机动车交通事故责任

命题和解题思路：结合题干与选项表述不难推断，本题是对机动车交通事故责任的集中考查。对于机动车交通事故责任，考生在复习时应形成稳定的解题思路：第一步，确定事故类型，明确是机动车之间的事故还是机动车与非机动车的事故，二者的归责原则有所差异。本题中涉及的是机动车与非机动车之间的事故；第二步，明确事故双方的责任及其比例，本题中由于机动车一方存在过错，应负担全部责任；第三步，分析机动车一方的责任是由驾驶者钱某单独负责，还是由他人替代负责（用人者责任），或者由他人共同负责（连带责任）。这一步骤也是本题的难点，即医药费由钱某自己承担，还是与运通公司或者浩然公司一起承担。对此考生需要注意机动车挂靠经营情形下的连带责任规则。

【选项分析】本题属于机动车事故责任问题，且属于机动车与行人之间的事故。结合钱某驾驶不慎的表述可知，机动车一方应对 5 万元医药费负全责。问题是钱某以外，运通公司与浩然公司是否需要承担。

《民法典》第 1211 条规定："以挂靠形式从事道路运输经营活动的机动车，发生交通事故造成损害，属于该机动车一方责任的，由挂靠人和被挂靠人承担连带责任。"据此，钱某的货车挂靠在运通公司名下经营货运业务，对于钱某一方的机动车事故责任，由钱某与运通公司负担连带责任。

此外还需要分析浩然公司是否有责任。钱某与浩然公司之间存在有效的货运合同，但对于该交通事故，浩然公司并无过错，其对胡某的医药费并无侵权责任。

综上，对于胡某的 5 万元医药费，应由钱某与运通公司负连带责任。选项 A、C、D 错误；选项 B 正确。

7. 答案：B　　难度：中

考点：未生效的民事法律行为

命题和解题思路：报批生效的合同是民法客观题考试中不常见的考点，不过由于《民法典合同编通则解释》对这一问题作出了具体规定，且涉及多个条文，因此有必要在复习时适当顾及。本题即集中围绕这一考点展开考查。对于报批生效的合同，考生需要注意其效力状态需要区分不同层次：履行报批等义务条款以及相关条款独立生效，但剩余的合同部分处于成立但未生效的状态。对于报批义务不履行时的救济问题，考生需要注意相对方享有选择权：选择请求继续履行报批义务，或者解除合同。此外需要提醒注意的是，对于报批义务不履行/迟延履行约定的违约金，属于独立生效的条款，如果报批义务方违反约定，可以触发违约金条款。

【选项分析】《民法典》第 502 条第 2 款规定："依照法律、行政法规的规定，合同应当办理批准等手续的，依照其规定。未办理批准等手续影响合同生效的，不影响合同中履行报批等义务条款以及相关条款的效力。应当办理申请批准等手续的当事人未履行义务的，对方可以请求其承担违反该义务的责任。"对于报批生效的合同，其合同效力状态较为复杂，合同的整体已经成立尚未生效，但其中履行报批等义务条款以及相关条款独立生效。选项 D 涉及合同主给付义务的履行。由于合同整体尚未生效，因此泰能公司尚无权请求辉腾公司支付转让款。选项 D 正确，不当选。

选项 A、B、C 均考查报批义务不履行的救济问题。《民法典合同编通则解释》第 12 条第 1 款规定："合同依法成立后，负有报批义务的当事人不履行报批义务或者履行报批义务不符合合同的约定或者法律、行政法规的规定，对方请求其继续履行报批义务的，人民法院应予支持；对方主张解除合同并请求其承担违反报批义务的赔偿责任的，人民法院应予支持。"据此，泰能公司未按约履行报批义务，辉腾公司可以选择请求其继续履行报批义务，选项 C 正确，不当选。

泰能公司也有权直接解除合同。需要注意的是，《民法典合同编通则解释》第 12 条第 1 款对于解除合同并未设置催告的要求，选项 A 正确，不当选。

违约金条款针对的是报批义务的履行问题，是《民法典》第 502 条第 2 款中的"相关条款"，已经独立生效，泰能公司未按约履行报批义务，触发了违约金条款，因此辉腾公司有权请求泰能公司支付违约金。选项 B 错误，当选。

8. 答案：C   难度：中

考点：建设工程合同、用人者责任、紧急避险

命题和解题思路：本题综合性地将建设工程合同、用人者责任、紧急避险等考点融合在一起考查，有一定难度。对于选项 A，考生需要厘清建设工程合同的无效事由，尤其是区分合法的分包与违法的分包。只有违法分包签订的建设工程合同是无效的。选项 B、C、D 事实上都涉及同一个问题，即周某的医药费由谁承担。就周某的损害而言，系由人为因素引发的紧急避险所致，考生应先结合紧急避险的规定锁定责任人方某。在此基础上还需要分析方某的责任是自己承担还是用人单位乙公司承担，对此结合用人者责任的相关规则分析即可。

【选项分析】选项 A 考查建设工程合同，具体涉及其效力评价。《民法典》第 791 条规定："发包人可以与总承包人订立建设工程合同，也可以分别与勘察人、设计人、施工人订立勘察、设计、施工承包合同。发包人不得将应当由一个承包人完成的建设工程支解成若干部分发包给数个承包人。总承包人或者勘察、设计、施工承包人经发包人同意，可以将自己承包的部分工作交由第三人完成。第三人就其完成的工作成果与总承包人或者勘察、设计、施工承包人向发包人承担连带责任。承包人不得将其承包的全部建设工程转包给第三人或者将其承包的全部建设工程支解以后以分包的名义分别转包给第三人。禁止承包人将工程分包给不具备相应资质条件的单位。禁止分包单位将其承包的工程再分包。建设工程主体结构的施工必须由承包人自行完成。"据此可知，分包存在合法分包与违法分包。本题中，乙公司经甲公司同意，将该工程中的木工部分分包给周某，属于合法的分包，乙公司与周某之间的分包合同有效。选项 A 错误。

选项 B、C、D 均涉及周某的医药费承担问题。与周某的损害直接相关的主体为方某，且周某存在紧急避险的情节，因此应先结合紧急避险的规则分析方某的侵权责任是否成立。《民法典》第 182 条第 1 款规定："因紧急避险造成损害的，由引起险情发生的人承担民事责任。"据此，周某躲避坠落的钢管时被电锯锯伤，可认定为周某为避免自己的生命安全受到威胁而采取躲避行为，构成紧急避险。依据《民法典》第 182 条第 1 款，应由引起险情发生的人，即方某承担侵权责任。

进而还需要分析，方某的侵权责任是其自己承担还是由其用人单位乙公司承担。《民法典》第 1191 条第 1 款规定："用人单位的工作人员因执行工作任务造成他人损害的，由用人单位承担侵权责任。用人单位承担侵权责任后，可以向有故意或者重大过失的工作人员追偿。"据此，方某是乙公司的员工，在执行工作任务时不慎将钢管脱手，进而导致周某受伤，乙公司应为方某承担替代责任。选项 B、D 均错误，选项 C 正确。

9. 答案：D   难度：难

考点：宣告失踪、夫妻共同债务、诉讼离婚

命题和解题思路：本题以宣告失踪为核心法律事实，融合了夫妻共同债务、诉讼离婚等

考点，具有综合性与迷惑性，颇具难度。对于选项 A，考生需要准确判断该 10 万元借款是张某的个人债务还是夫妻共同债务。选项 B 的核心在于财产代管人的相关规则，尤其是财产代管人的诉讼地位。选项 C 考查的是财产代管人的民事责任，这一选项具有迷惑性，因为吴某是失踪人张某的母亲，但并非张某的财产代管人，其对张某财产的侵权，仍奉行一般的过错责任。选项 D 涉及诉讼离婚中的一个细节性知识，即一方被宣告失踪，另一方起诉离婚的，法院应当准予。

【选项分析】选项 A 考查夫妻共同债务。张某的 10 万元借款较为特殊，是婚前以自己名义借的，其无法适用《民法典》第 1064 条。《民法典婚姻家庭编解释（一）》第 33 条规定："债权人就一方婚前所负个人债务向债务人的配偶主张权利的，人民法院不予支持。但债权人能够证明所负债务用于婚后家庭共同生活的除外。"据此，张某的 10 万元借款虽借于婚前，但实际用于婚后二人的共同生活，如果债权人胡某能证明借款的实际用途，其有权请求何某偿还 10 万元借款。选项 A 正确，不当选。

选项 B、C 均考查宣告失踪。选项 B 涉及失踪人的债务清偿。《民法典》第 43 条第 2 款规定："失踪人所欠税款、债务和应付的其他费用，由财产代管人从失踪人的财产中支付。"《民法典总则编解释》第 15 条第 2 款规定："债权人提起诉讼，请求失踪人的财产代管人支付失踪人所欠的债务和其他费用的，人民法院应当将财产代管人列为被告。经审理认为债权人的诉讼请求成立的，人民法院应当判决财产代管人从失踪人的财产中支付失踪人所欠的债务和其他费用。"据此，何某是财产代管人，而吴某不是财产代管人，胡某无权以吴某为被告起诉请求偿还 10 万元借款。选项 B 正确，不当选。

选项 C 考查财产代管人的法律责任。《民法典》第 43 条第 3 款规定："财产代管人因故意或者重大过失造成失踪人财产损失的，应当承担赔偿责任。"该条对财产代管人的法律责任有所优待，但需要注意的是，选项 C 涉及的主体是吴某，吴某是失踪人张某的母亲，但并非其财产代管人，其并不享有责任法上的优待。按照一般侵权的规则（《民法典》第 1165 条），如果吴某因过失造成张某财产损失，应当承担赔偿责任。选项 C 正确，不当选。

选项 D 考查诉讼离婚。《民法典》第 1079 条第 4 款规定："一方被宣告失踪，另一方提起离婚诉讼的，应当准予离婚。"本题中，张某已经被宣告失踪，其配偶何某于 2024 年 5 月起诉与张某离婚，法院应当准予离婚。选项 D 中"可以"的表述不准确。选项 D 错误，当选。

10. 答案：D　难度：难

考点：抵押人的权利义务、合同解除、违约责任、留置权

命题和解题思路：本题以商铺租赁为基础法律事实，将抵押权与租赁权的冲突、合同解除、违约责任、留置权等考点融合在一起考查，颇具难度。对于抵押权与租赁权的冲突，考生要区分先租赁后抵押与先抵押后租赁，分别适用各自的规则进行判断。尤其需要注意的是先租赁后抵押的情形，租赁权的对抗效力源于占有，而非租赁合同或者备案。选项 B 涉及合同以通知方式解除时的解除时点，难度不大。选项 C 考查以持续履行的债务为内容的定期合同解除后的违约责任计算，尤其是租赁合同解除后，出租人能否主张剩余租期的租金作为违约损害赔偿。对此原则上应作否定回答。对于留置权问题，考生需要重点分析同一法律关系要件。

【选项分析】选项 A 考查租赁权与抵押权的冲突问题，本题具体涉及先租赁后抵押。《民法典》第 405 条规定："抵押权设立前，抵押财产已经出租并转移占有的，原租赁关系不受该抵押权的影响。"据此，租赁权的对抗效力来源于占有，而非租赁合同本身或者备案。

本题中,《商铺租赁协议》签订于 2023 年 1 月 1 日,备案于 2023 年 1 月 10 日,交付于 2023 年 1 月 20 日。承租人王某取得租赁物占有的时点晚于抵押权登记时点。《商铺租赁协议》解除前,丙银行的抵押权可对抗王某的租赁权。选项 A 错误。

选项 B 考查合同解除的解除时点。本题中,王某拖欠租金,经多次催告仍不履行,依据《民法典》第 722 条,出租人乙公司有权解除《商铺租赁协议》。《民法典》第 565 条第 1 款规定:"当事人一方依法主张解除合同的,应当通知对方。合同自通知到达对方时解除;通知载明债务人在一定期限内不履行债务则合同自动解除,债务人在该期限内未履行债务的,合同自通知载明的期限届满时解除。对方对解除合同有异议的,任何一方当事人均可以请求人民法院或者仲裁机构确认解除行为的效力。"据此,《商铺租赁协议》于解除通知到达王某时解除,而不是发出时。选项 B 错误。

选项 C 考查违约责任。《民法典合同编通则解释》第 61 条规定:"在以持续履行的债务为内容的定期合同中,一方不履行支付价款、租金等金钱债务,对方请求解除合同,人民法院经审理认为合同应当依法解除的,可以根据当事人的主张,参考合同主体、交易类型、市场价格变化、剩余履行期限等因素确定非违约方寻找替代交易的合理期限,并按照该期限对应的价款、租金等扣除非违约方应当支付的相应履约成本确定合同履行后可以获得的利益。非违约方主张按照合同解除后剩余履行期限相应的价款、租金等扣除履约成本确定合同履行后可以获得的利益的,人民法院不予支持。但是,剩余履行期限少于寻找替代交易的合理期限的除外。"据此,本题中《商铺租赁协议》解除后,尽管出租人乙公司有权请求王某承担违约责任,但其不得请求王某支付剩余租期的租金。选项 C 错误。

选项 D 考查留置权。本题中,留置权涉及的一方为自然人,应适用民事留置权的规则。《民法典》第 448 条规定:"债权人留置的动产,应当与债权属于同一法律关系,但是企业之间留置的除外。"本题中,乙公司占有的该批健身器材与租金之间并非同一法律关系,乙公司也并未通过在先的给付行为维持或者提升该批健身器材的价值,因此无权留置该批健身器材。选项 D 正确。

11. 答案:C 难度:难

考点:动产质权、合同订立的一般方式、侵权责任的基本构成要件

命题和解题思路:本题以经典的借款+担保为基础法律事实,对动产质权进行集中考查,且兼顾合同订立中的要约与承诺、侵权责任的基本构成要件,颇具难度。选项 A、C 均涉及动产质权。选项 A 的难点在于通过指示交付的方式设立动产质权时,质权的设立时点到底是返还请求权让与合意达成时,还是让与通知到达直接占有人时。对此,应以后者为准。对于选项 C,考生需要注意动产质权人享有哪些权利,尤其是质押财产的孳息收取权。选项 B 看似考查履行期满后的以物抵债,但其实考查的是合同订立的一般方式,即要约与承诺。尽管孙某发出了以物抵债的要约,但出质人陈某并未作出承诺,双方之间并不存在以物抵债合意。黄某表示同意是带有迷惑性的事实,因为黄某并非古画的所有权人,其无权作出以物抵债的承诺。

【选项分析】选项 A、C 均考查动产质权。选项 A 涉及动产质权的设立。《民法典》第 429 条规定:"质权自出质人交付质押财产时设立。"该条中的交付既包括现实交付,也包括两种观念交付,即简易交付与指示交付。本题中,2023 年 1 月 5 日,陈某通知赵某剩余一个月租期届满后直接将古画交付孙某。从这一信息可知,陈某将对赵某的返还请求权让与给了债权人孙某,这属于观念交付中的指示交付。在指示交付的情形下,动产质权于返还请求权让与的通知到达直接占有人时设立。孙某于 2023 年 1 月 5 日取得古画的质权。选项 A 错误。

选项 C 涉及动产质权人的权利。《民法典》第 430 条规定："质权人有权收取质押财产的孳息，但是合同另有约定的除外。前款规定的孳息应当先充抵收取孳息的费用。"据此可知，动产质权人享有质押财产的孳息收取权。本题中，剩余 1 个月的古画租金属于古画的法定孳息，孙某作为动产质权人有权收取。选项 C 正确。

选项 B 看似考查以物抵债协议，实际上考查的是合同订立的一般方式，即要约与承诺。依据《民法典合同编通则解释》第 27 条，履行期满后的以物抵债协议属于诺成性合同，于当事人达成合意时成立并生效。本题中，2024 年 1 月 10 日，孙某向陈某发函，表示直接以古画折抵借款本息，并通知黄某，该行为属于以物抵债的要约，但古画的所有权人陈某未予以答复，其沉默不得被解释为承诺，因此孙某与出质人陈某之间并无有效的以物抵债合意，孙某也自然不可能取得古画的所有权。至于黄某表示同意这一事实，并不能导致古画的所有权移转。因为黄某是债务人，而非出质人，其无权处分古画。选项 B 错误。

选项 D 考查侵权责任的基本构成要件。既然孙某与陈某之间并无有效的以物抵债协议，古画的所有权也并未被孙某取得，那么陈某并无损害，古画的赔偿责任显然无法成立。选项 D 错误。

12. 答案：B　　难度：中

考点： 建筑物、构筑物或者其他设施及其搁置物、悬挂物脱落、坠落损害责任；建筑物中抛掷物品或者建筑物上坠落物品致害责任

命题和解题思路： 本题是对建筑物和物件损害责任的集中考查，有一定难度。本题的难点在于具体适用哪种物件损害责任类型，因为不同的责任类型，其责任者并不相同。对此本题需要注意，高空抛物规则适用的情形是建筑物中的抛掷物以及坠落物品，而外墙的脱落并不属于此种情形，因此本题应结合《民法典》第 1253 条。

【选项分析】《民法典》第 1253 条规定："建筑物、构筑物或者其他设施及其搁置物、悬挂物发生脱落、坠落造成他人损害，所有人、管理人或者使用人不能证明自己没有过错的，应当承担侵权责任。所有人、管理人或者使用人赔偿后，有其他责任人的，有权向其他责任人追偿。"本题中，近期已有不少业主反映小区存在外墙脱落问题，但物业并未积极采取措施应对，强盛公司明显具有过错，应对吴某的损害负责。

有考生可能会依据《民法典》第 1254 条认为应由刘某承担侵权责任，这一判断是错误的。《民法典》第 1254 条适用于建筑物中抛掷物（如扔出烟灰缸）与坠落物（如阳台衣架、花盆等坠落）的情形，外墙是业主共有部分，外墙的脱落不属于抛掷物与坠落物，要求刘某赔偿不仅于法无据，而且对其十分不公平。既然本题不适用《民法典》第 1254 条，那么也就不存在 10 号楼业主承担补偿责任的空间。

综上，选项 A、C、D 均错误，选项 B 正确。

13. 答案：B　　难度：中

考点： 主物转让时从物的所有权归属、违约责任、占有的种类、返还原物

命题和解题思路： 本题以具有主从关系的越野车与备胎作为核心标的物，将违约责任、占有的种类、返还原物等考点融合在一起考查，具有综合性，有一定难度。解答本题的关键在于识别出越野车与备胎之间的主从关系，即备胎是越野车的从物。在此基础上，考生需要准确分析越野车与备胎的物权变动过程，尤其是交付越野车后备胎的归属。对此考生尤其需要注意，《民法典》第 320 条规定的从随主规则原则上限于债权效力，换言之，转让主物者也有义务交付从物，移转从物的所有权，但从物的所有权移转需要单独的交付，仅有主物的交付不足以导致从物所有权的移转。事实上，明确了备胎的所有权归属，违约责任问题、占

有的种类问题以及返还原物问题，均可以得到准确解答。

【选项分析】选项 A 考查主物转让时从物的所有权归属。越野车与备胎之间具有主从关系，备胎尽管是独立于越野车以外的独立之物，但常辅助越野车，属于越野车的从物。《民法典》第 320 条规定："主物转让的，从物随主物转让，但是当事人另有约定的除外。"据此，陈某与李某之间的越野车买卖合同中也包括移转备胎所有权的内容，陈某依据合同不仅需要交付越野车，也需要交付备胎。不过，《民法典》第 320 条在效力上原则上限于债权层面，从物备胎的所有权移转仍需单独的交付行为——即交付备胎。因此，由于备胎尚未交付，其所有权尚未移转，仍属于陈某。选项 A 错误。

选项 B 考查违约责任。《民法典》第 577 条规定："当事人一方不履行合同义务或者履行合同义务不符合约定的，应当承担继续履行、采取补救措施或者赔偿损失等违约责任。"据此，依据越野车买卖合同，陈某有义务同时交付从物备胎，但陈某告知该备胎已经赠与好友胡某，导致这一合同义务陷入履行不能，陈某需要向李某承担违约责任。选项 B 正确。

选项 C 考查占有的种类。该选项涉及两个占有的分类：善意占有与恶意占有、自主占有与他主占有。由于陈某对备胎的处分属于有权处分，胡某可以通过有效的赠与合同+交付取得备胎的所有权，因此胡某对备胎的占有属于有权占有，既然是有权占有，那就不可能是善意占有。既然胡某已经是备胎的所有权人，那么胡某对备胎的占有就属于自主占有。选项 C 错误。

选项 D 考查返还原物。依据《民法典》第 235 条，返还原物请求权的构成要件有二：（1）请求方为具有占有权能的物权人；（2）相对方为无权占有人。本题中，胡某已经取得备胎的所有权，因此胡某对备胎的占有属于有权占有，李某无权请求返还。选项 D 错误。

14. 答案：D　　难度：难

考点：借款合同、保证合同、共同担保

命题和解题思路：本题以借款+保证担保为基础法律事实，考查了借款合同、保证合同与共同担保等考点。考点虽然不多，但迷惑性大，使得本题颇具难度。对于选项 A，考生需要区分自然人之间的借款与非自然人之间的借款，二者在借款合同的成立时点上有所不同。公司之间的借款合同并无特别的成立要件或生效要件，借款合同自合同签订时成立生效。选项 B 颇具迷惑性。现行法明确规定了三种保证合同的订立方式，本题涉及第三人作出保证承诺的方式，该承诺应向债权人作出，而不能向债务人作出。对于选项 C，考生需要厘清《补充协议》与此前的借款合同之间的关系，以及黄某的保证责任范围。选项 D 看似考查的是共同担保中各担保人之间的追偿权，实则由于丙公司与乙公司之间并无有效的保证合同，并不存在共同担保的构造。

【选项分析】选项 A 考查借款合同。《民法典》第 679 条规定："自然人之间的借款合同，自贷款人提供借款时成立。"据此，自然人之间的借款合同有特别成立要件，但其他类型的借款合同并无特别的成立要件与生效要件。选项 A 错误。

选项 B 考查保证合同。《民法典》第 685 条规定："保证合同可以是单独订立的书面合同，也可以是主债权债务合同中的保证条款。第三人单方以书面形式向债权人作出保证，债权人接收且未提出异议的，保证合同成立。"据此，保证合同须采用书面形式，且书面形式有三种类型：（1）单独订立的书面保证合同；（2）主债权债务合同中的书面保证条款；（3）第三人单方以书面形式向债权人作出保证，债权人接收且未提出异议。本题涉及的是第（3）种，不过需要注意的是，此种情形要求第三人向债权人作出保证的承诺，但本题中丙公司作出保证承诺的相对方是债务人而非债权人，据此丙公司与债权人乙公司之间并无有效的保证

合同。丙公司自然也无需承担保证责任。选项 B 错误。

选项 C 同样考查保证合同。甲公司的法定代表人黄某在连带保证人处签字，并备注：保证范围为追加的借款本息。据此，黄某作为连带保证人，其保证范围仅包括 100 万本金及其利息，对于原有的 500 万元本金及其利息，黄某无需承担保证责任。选项 C 错误。

选项 D 颇具迷惑性，有的考生或许会认为丙公司与乙公司存在有效的保证合同，又结合丙公司与黄某私下达成了承担连带共同担保约定这一事实，依据《民法典担保制度解释》第 13 条，进而得出黄某承担保证责任后有权向丙公司追偿的结论。但这一分析是错误的，因为丙公司并非保证人，换言之，本题中并不存在共同保证的结构，既然丙公司不是保证人，黄某承担保证责任后自然无权向丙公司追偿。选项 D 正确。

二、多项选择题

1. 答案：ABD　难度：难

考点：债权人撤销权、债权人代位权

命题和解题思路：债的保全制度是民法客观题考试的重要考点，本题将债权人撤销权与债权人代位权这两个考点融合在一起考查，颇具难度。解答本题时的关键在于区分债权人撤销权与债权人代位权，尽量互不干扰。对于债权人代位权、债权人撤销权是否成立的问题，考生应秉持构成要件思维，结合各自的构成要件分析。对于债权人行使撤销权支出的律师费等合理费用，现行法明确规定由债务人承担，但前提是债权人的撤销权是成立的。

【选项分析】选项 A、B 均考查债权人撤销权的构成要件。对于债权人撤销权，需要区分有偿的债权诈害行为与无偿的债权诈害行为，二者构成要件有所不同。选项 A 中的赠与行为属于无偿的债权诈害行为。《民法典》第 538 条规定："债务人以放弃其债权、放弃债权担保、无偿转让财产等方式无偿处分财产权益，或者恶意延长其到期债权的履行期限，影响债权人的债权实现的，债权人可以请求人民法院撤销债务人的行为。"据此，债权人撤销无偿债权诈害行为的构成要件有：（1）存在合法有效的债权；（2）债务人实施了无偿的债权诈害行为；（3）债务人的诈害行为影响债权的实现。本题中，要件（3）并不满足，因为张某阳光慈善基金会捐赠 50 万元时，其名下有一套市值 200 万元的 A 房，足以清偿吴某的借款。因此，吴某无权撤销张某的赠与行为。选项 A 错误，当选。

选项 B 中的出租行为是有对价的，属于有偿的债权诈害行为。《民法典》第 539 条规定："债务人以明显不合理的低价转让财产、以明显不合理的高价受让他人财产或者为他人的债务提供担保，影响债权人的债权实现，债务人的相对人知道或者应当知道该情形的，债权人可以请求人民法院撤销债务人的行为。"据此，债权人撤销无偿债权诈害行为的构成要件有：（1）存在合法有效的债权；（2）债务人实施了有偿的债权诈害行为；（3）债务人的诈害行为影响债权的实现；（4）债务人的相对人恶意。本题中，泰能公司是不知情的，要件（4）并不满足。吴某无权撤销张某的出租行为。选项 B 错误，当选。

选项 C 考查债权人代位权的构成要件。《民法典》第 535 条规定："因债务人怠于行使其债权或者与该债权有关的从权利，影响债权人的到期债权实现的，债权人可以向人民法院请求以自己的名义代位行使债务人对相对人的权利，但是该权利专属于债务人自身的除外。代位权的行使范围以债权人的到期债权为限。债权人行使代位权的必要费用，由债务人负担。相对人对债务人的抗辩，可以向债权人主张。"据此，债权人代位权的构成要件有：（1）债权人享有合法有效的到期债权；（2）债务人怠于行使其到期权利；（3）影响债权人的到期

债权实现。本题中，吴某对张某的借款债权已经到期，张某对泰能公司享有租金债权，且2023年的租金已经到期，张某怠于行使，导致吴某的债权实现受影响。吴某有权代位行使2023年的租金。选项C正确，不当选。

选项D考查债权人撤销权的法律效果。《民法典》第540条规定："撤销权的行使范围以债权人的债权为限。债权人行使撤销权的必要费用，由债务人负担。"《民法典合同编通则解释》第45条第2款规定："债权人行使撤销权所支付的合理的律师代理费、差旅费等费用，可以认定为民法典第五百四十条规定的"必要费用"。"据此，债权人行使撤销权而产生的合理的律师费，由债务人负担。但这一规则有一个前提，即债权人撤销权成立，如果债权人撤销权并不成立，债务人无需承担债权人所支出的律师费。本题中，债权人吴某并不享有撤销权，其起诉撤销时支出的律师费应自己承担。选项D错误，当选。

2. 答案：ACD　难度：难

考点：民事法律关系、诉讼离婚、协议离婚

命题和解题思路：本题围绕离婚制度展开集中考查，但其中也涉及民事法律关系与法外空间的识别问题，颇具难度。选项A的难点在于，张某与胡某签订的夫妻协议是民法上的民事法律行为，还是不受民法调整的内部分工协议？回答这一问题的核心在于，二人对该协议是否存在受法律拘束的意思。选项B、C都是诉讼离婚中具体规则的考查，考生需要注意诉讼离婚中调解是必经程序环节，与此同时，如果法院准予离婚，婚姻关系于判决生效时解除。选项D涉及协议离婚中离婚协议的效力评价。对此考生需要注意：离婚协议是一种特殊的民事法律行为，其以办理离婚登记为生效要件。

【选项分析】选项A考查民事法律关系，具体涉及民事法律关系与法外空间的区分。张小明出生后，二人签订夫妻协议，约定：张某继续工作挣钱，胡某则当全职太太，抚养孩子并照顾老人。这一夫妻协议显然属于婚姻内部的分工协议，双方并没有受法律拘束的意思，<u>其不构成民事法律行为，该协议不受民法调整</u>。因此，即使胡某违反了这一协议，并不能产生违约责任。选项A错误，当选。

选项B、C均考查诉讼离婚。选项B考查诉讼离婚中的调解环节。《民法典》第1079条第2款规定："人民法院审理离婚案件，应当进行调解；如果感情确已破裂，调解无效的，应当准予离婚。"据此可知，调解是诉讼离婚的必经程序环节。选项B正确，不当选。

选项C考查诉讼离婚的婚姻关系解除时点。《民法典》第1080条规定："完成离婚登记，或者离婚判决书、调解书生效，即解除婚姻关系。"据此，诉讼离婚时，<u>婚姻关系于判决书生效时解除</u>，而判决书的生效时点并非判决作出时。选项C错误，当选。

选项D考查协议离婚。《民法典》第1076条规定："夫妻双方自愿离婚的，应当签订书面离婚协议，并亲自到婚姻登记机关申请离婚登记。离婚协议应当载明双方自愿离婚的意思表示和对子女抚养、财产以及债务处理等事项协商一致的意见。"离婚协议通常包含三重内容：离婚合意、子女抚养合意、财产及债务处理合意，该协议以离婚登记为生效要件。本题中，张某与胡某并未办理离婚登记，该离婚协议尚未生效，法院即使准予离婚，也无须依照该离婚协议的约定分割夫妻财产。选项D错误，当选。

3. 答案：ABC　难度：难

考点：拾得遗失物、善意取得、表见代理、返还原物

命题和解题思路：本题以手包这一普通动产为核心标的物，设置了遗失、拾得、买卖等法律事实，将拾得遗失物、善意取得、表见代理、返还原物等考点融合起来考查，颇有难度。解答本题的关键在于结合时间线索，分析不同时点下手包的归属。对于1000元修复费

的返还，考生需要特别考虑常某存在侵占的事实情节。此外，本题中的最大难点在于，甲公司出售手包的行为如何界定。一方面，甲公司的行为属于有权代理；另一方面，甲公司的行为属于无权处分。

【选项分析】展开四个选项的分析之前，分析一下各个时点下手包的所有权归属。陆某遗失的手包被常某拾得，存在拾得遗失物的事实，该事实并不导致手包所有权移转，因此手包仍归陆某所有。常某花费1000元将手包修复，这一行为并不构成添附制度中的加工，因此修复后，手包的所有权仍属于陆某。后甲公司以常某名义将手包卖给林某并交付。这一行为一方面属于有权代理，因为存在常某的代理权授权；另一方面，由于常某对手包并无所有权，因此甲公司的出售行为也是无权处分。《民法典》第312条规定："所有权人或者其他权利人有权追回遗失物。该遗失物通过转让被他人占有的，权利人有权向无处分权人请求损害赔偿，或者自知道或者应当知道受让人之日起二年内向受让人请求返还原物；但是，受让人通过拍卖或者向具有经营资格的经营者购得该遗失物的，权利人请求返还原物时应当支付受让人所付的费用。权利人向受让人支付所付费用后，有权向无处分权人追偿。"据此，在知道或者应当知道受让人之日起二年内，遗失物不发生善意取得。本题中并无事实表明该二年期间已过，因此即使林某善意且已经完成交付，林某也不能善意取得手包，该手包仍属于陆某所有。选项C错误，当选。

选项A考查拾得遗失物。《民法典》第317条规定："权利人领取遗失物时，应当向拾得人或者有关部门支付保管遗失物等支出的必要费用。权利人悬赏寻找遗失物的，领取遗失物时应当按照承诺履行义务。拾得人侵占遗失物的，无权请求保管遗失物等支出的费用，也无权请求权利人按照承诺履行义务。"本题中，常某修复手包后委托甲公司代为售出，显然存在侵占的意思，其无权请求1000元修复费用。选项A错误，当选。

选项B考查表见代理。依据《民法典》第172条，表见代理以无权代理为前提，本题中，甲公司的代理行为属于有权代理，逻辑上不可能构成表见代理。选项B错误，当选。

选项D考查返还原物。既然林某无法善意取得手包的所有权，那么林某对手包的占有属于无权占有，而陆某作为手包的所有权人，有权依据《民法典》第235条请求林某返还手包。选项D正确，不当选。

4. 答案：BCD　难度：中

考点：担保物权竞合、抵押人的权利和义务、善意取得

命题和解题思路：从四个选项的表述看，本题集中考查了担保物权竞合这一考点，不过也同时兼顾了善意取得、抵押财产的转让的考查。解答本题的关键在于厘清题干中的各个担保法律事实，尤其是关注其公示的时点。对于担保物权的竞合，考生需要系统掌握其排序规则。至于善意取得问题，考生应重点分析甲公司将A设备转让给丁公司并交付，是否属于无权处分。此外，需要注意的是，题干中还穿插了抵押人转让抵押财产的情节，考生需要结合抵押财产的类型（动产/不动产）、抵押权是否已经登记，结合相关规则确定丁公司取得的是有抵押权负担的A设备还是没有抵押权负担的A设备。

【选项分析】选项A、B、D均考查担保物权竞合，且都涉及意定担保物权的竞合。从题干事实来看，由于并不存在价款担保权超级优先规则适用的余地，因此相关担保物权的排序，只需考虑公示的先后即可。《民法典》第414条规定："同一财产向两个以上债权人抵押的，拍卖、变卖抵押财产所得的价款依照下列规定清偿：（一）抵押权已经登记的，按照登记的时间先后确定清偿顺序；……"据此，由于丙公司的A设备抵押权登记于2024年6月20日，乙公司的A设备抵押权登记于2024年6月25日，丙公司对A设备的抵押权优先于乙

公司。选项 A 正确，不当选。

选项 C、D 的分析还涉及抵押财产的转让，需要分析丁公司取得 A 设备时，乙公司与丙公司的抵押权是否还存续。由于甲公司转让 A 设备时，其上已经有登记了的动产抵押权。因此需要分析丁公司是否构成《民法典》第 404 条中的正常经营活动买受人。《民法典》第 404 条规定："以动产抵押的，不得对抗正常经营活动中已经支付合理价款并取得抵押财产的买受人。"《民法典担保制度解释》第 56 条第 1 款规定："买受人在出卖人正常经营活动中通过支付合理对价取得已被设立担保物权的动产，担保物权人请求就该动产优先受偿的，人民法院不予支持，但是有下列情形之一的除外：……（二）购买出卖人的生产设备；……"由于 A 设备属于生产设备，丁公司不构成正常经营活动买受人，其虽然取得了 A 设备的所有权，但其上仍然存在乙公司与丙公司的抵押权。

戊公司的抵押权登记于 2024 年 7 月 25 日，晚于丙公司，依据《民法典》第 414 条，丙公司对 A 设备的抵押权优先于戊公司。选项 C 错误，当选。

《民法典》第 415 条规定："同一财产既设立抵押权又设立质权的，拍卖、变卖该财产所得的价款按照登记、交付的时间先后确定清偿顺序。"本题中，己公司对 A 设备的质权与戊公司的抵押权，何者优先取决于交付与登记的先后，由于戊公司的抵押权登记先完成，其抵押权优先于己公司对 A 设备的质权。选项 D 错误，当选。

选项 B 考查善意取得。2024 年 7 月 10 日，甲公司将 A 设备转让给丁公司并交付，甲公司对 A 设备的处分属于有权处分，不符合善意取得的构成要件。选项 B 错误，当选。

5. 答案：BD　难度：中

考点：民法的基本原则、违约责任、缔约过失责任

命题和解题思路：本题以刘某的求职经历为基础事实，考查了民法的基本原则与违约责任、缔约过失责任。选项 A、B 的关键问题在于识别公序良俗原则与诚实信用原则的区别：公序良俗原则主要适用于民事法律行为的效力评价；诚实信用原则主要适用于权利的行使行为与义务的履行行为，并不能直接作为民事法律行为效力评价的依据。选项 C、D 的关键在于区分违约责任与缔约过失责任，二者在发生时点、违反的义务、归责原则、法律效果等层面均有所不同，考生在复习时应严格区分。

【选项分析】首先可以确定选项 C 错误，因为刘某与安居公司之间并未正式签订合同，双方之间并无有效的合同关系，由此也就丧失了违约责任的基础。

《民法典》第 500 条规定："当事人在订立合同过程中有下列情形之一，造成对方损失的，应当承担赔偿责任：（一）假借订立合同，恶意进行磋商；（二）故意隐瞒与订立合同有关的重要事实或者提供虚假情况；（三）有其他违背诚信原则的行为。"据此，安居公司在合同磋商过程中，显然违反了诚信缔约的先合同义务，在通知刘某录用后，又在无任何正当理由的情形下终止与刘某的缔约，属于恶意磋商，且造成了刘某的财产损失，符合缔约过失责任的构成要件。刘某有权请求安居公司承担缔约过失责任。选项 D 正确。

最后分析民法的基本原则问题。违反诚实信用原则的主要情形就是民事权利滥用、违反先合同义务、违反附随义务、违反后合同义务等。既然上文已经确认安居公司成立缔约过失责任，那么其显然违反了民法的诚实信用原则。至于公序良俗原则，与先合同义务之间并无直接关联。选项 A 错误；选项 B 正确。

6. 答案：ABCD　难度：难

考点：定金、同时履行抗辩权、合同解除

命题和解题思路：本题以家具买卖作为基础法律事实，考查了定金、同时履行抗辩权与

合同解除等多个考点。对于定金的类型判断，考生不仅需要熟悉立约定金、成约定金、违约定金、解约定金等定金类型，还需要明确当事人对定金类型约定不明时的推定规则。对于定金责任与违约损害赔偿的关系，考生需从违约责任的填补功能角度入手，如果定金罚则不足以填补当事人的损失，那么其自然还可以继续主张违约损害赔偿。对于定金罚则与合同解除的关系，由于合同解除并不影响担保的效力，定金作为担保的手段之一，自然也不受其影响。对于同时履行抗辩权，考生直接按其构成要件分析即可，在本题中尤其需要注意当事人所互负的债务之间并无履行的先后顺序这一要件。

【选项分析】选项 A、B、D 均考查定金。选项 A 涉及定金的类型判断。《民法典合同编通则解释》第 67 条第 1 款规定："当事人交付留置金、担保金、保证金、订约金、押金或者订金等，但是没有约定定金性质，一方主张适用民法典第五百八十七条规定的定金罚则的，人民法院不予支持。"据此，林某与宜居公司约定了定金，但并未约定定金的类型，应推定为违约定金。选项 A 错误，当选。

选项 B 涉及定金罚则与违约损害赔偿的关系。《民法典》第 588 条第 2 款规定："定金不足以弥补一方违约造成的损失的，对方可以请求赔偿超过定金数额的损失。"据此可知，定金罚则与违约损害赔偿并非择一的关系，二者共同服务于损失填补这一制度功能。如果宜居公司主张定金罚则，且定金罚则不足以弥补违约造成的损失，那么其仍可继续主张违约损害赔偿。选项 B 错误，当选。

选项 D 考查合同解除与定金罚则的关系。《民法典》第 566 条第 3 款规定："主合同解除后，担保人对债务人应当承担的民事责任仍应当承担担保责任，但是担保合同另有约定的除外。"违约定金是担保的方式之一，既然合同解除不影响担保的效力，那么即使合同解除，宜居公司仍可主张定金罚则。选项 D 错误，当选。

选项 C 考查同时履行抗辩权。《民法典》第 525 条规定："当事人互负债务，没有先后履行顺序的，应当同时履行。一方在对方履行之前有权拒绝其履行请求。一方在对方履行债务不符合约定时，有权拒绝其相应的履行请求。"据此，同时履行抗辩权的构成要件之一就是互负的债务没有先后履行顺序。本题中，双方约定：合同总价为 20 万元，林某于合同签订日支付定金 3 万元，一个月内支付首期款 12 万元，交货日支付剩余价款后交货，据此，价款支付义务应先于交付义务履行，二者之间存在先后履行顺序，针对林某交付家具的请求，宜居公司有权主张先履行抗辩权，不应主张同时履行抗辩权。选项 C 错误，当选。

7. **答案：ACD** **难度：难**

考点：土地承包经营权、土地经营权

命题和解题思路：土地承包经营权虽然不是《民法典》新增的用益物权，但其具体内容已经经历了承包地三权分置改革，是民法客观题考试的难点之一。本题围绕土地承包经营权与土地经营权展开考查，颇具难度。解答本题时需要把握现行法上对土地承包经营权、土地经营权的基本定位：土地承包经营权仍然维持其身份属性，流转范围受限，原则上仅能在本集体经济组织内部转让与互换。土地经营权则脱离了身份属性，在一定程度上是可以自由流转的，不必限制于本集体经济组织。

【选项分析】选项 A 考查土地承包经营权的转让。《农村土地承包法》第 34 条规定："经发包方同意，承包方可以将全部或者部分的土地承包经营权转让给本集体经济组织的其他农户，由该农户同发包方确立新的承包关系，原承包方与发包方在该土地上的承包关系即行终止。"据此，土地承包经营权的转让需经发包方同意。选项 A 正确。

选项 B 考查土地经营权的设立。《农村土地承包法》第 36 条规定："承包方可以自主决

定依法采取出租（转包）、入股或者其他方式向他人流转土地经营权，并向发包方备案。"据此，承包方为他人设立土地经营权时，自行决定即可，只需向发包方备案。这意味着，设立土地经营权无需发包方同意，也无需前土地承包经营权人同意。本题中，刘某是 A 地的前土地承包经营权人，其已经将土地承包经营权转让给张某，张某已经是 A 地的承包方。《土地经营权流转合同》的签订无需经刘某同意。选项 B 错误。

选项 C 涉及土地经营权的设立时点。《民法典》第 341 条规定："<u>流转期限为五年以上的土地经营权，自流转合同生效时设立。</u>"据此可知，土地经营权的设立时点是流转合同生效时。因此，顺农公司于《土地经营权流转合同》生效时取得土地经营权。选项 C 正确。

选项 D 考查土地经营权流转时的优先权。《农村土地承包法》第 38 条规定："土地经营权流转应当遵循以下原则：……<u>（五）在同等条件下，本集体经济组织成员享有优先权。</u>"据此，张某流转 A 地时，同等条件下，本村的其他村民享有优先权。选项 D 正确。

8. 答案：ABD　难度：中

考点：监护资格的撤销、收养关系、不适用诉讼时效的请求权

命题和解题思路：本题的题干部分事实较为简短，以养父对养女的性侵行为为基础事实，考查了监护资格的撤销、收养关系、不适用诉讼时效的请求权等考点，有一定难度。对于监护资格的撤销，考生需要注意撤销事由以及有权请求撤销的主体。对于收养关系，现行法严格奉行登记主义。对于不适用诉讼时效规定的请求权，考生需要综合《民法典》第 196 条、第 995 条以及《诉讼时效规定》第 1 条等规定进行总结梳理。

【选项分析】选项 A 考查监护资格的撤销。《民法典》第 36 条规定："监护人有下列情形之一的，人民法院根据有关个人或者组织的申请，撤销其监护人资格，安排必要的临时监护措施，并按照最有利于被监护人的原则依法指定监护人：（一）实施严重损害被监护人身心健康的行为；……本条规定的有关个人、组织包括：其他依法具有监护资格的人，……。"李某作为小月的养母，依法具有监护资格，当然有权起诉撤销陈某的监护资格。选项 A 正确。

选项 B 考查收养关系的成立。《民法典》第 1105 条第 1 款规定："收养应当向县级以上人民政府民政部门登记。<u>收养关系自登记之日起成立。</u>"据此，收养关系自登记时成立。选项 B 正确。

选项 C、D 均考查不适用诉讼时效的请求权。即使陈某的监护资格被撤销，依据《民法典》第 37 条，陈某仍有义务向小月支付抚养费。《民法典》第 196 条规定："下列请求权不适用诉讼时效的规定：……<u>（三）请求支付抚养费、赡养费或者扶养费；</u>……"据此，小月对陈某抚养费请求权不适用诉讼时效规定。选项 D 正确。

对于陈某的性侵行为，小月有权主张人身损害赔偿，该请求权属于侵权请求权。依据《民法典》第 191 条，该请求权的诉讼时效起算点较为特殊，自受害人年满十八周岁之日起算。不过，该请求权仍然适用诉讼时效的规定。选项 C 错误。

9. 答案：ABC　难度：难

考点：建设工程合同

命题和解题思路：本题围绕建设工程合同进行集中考查，四个选项分别涉及这一典型合同的不同知识细节，颇具难度。对于选项 A，解题的关键在于识别建德公司的分包属于合法分包还是违法分包。此外，考生需要注意，违反分包时无效的是分包合同，而非发包人与承包人之间的合同。选项 B 的关键问题在于：承包人以外的实际施工人是否享有工程款的优先受偿权。选项 C、D 考查的都是实际施工人的权利救济问题，也是对《建设工程施工合同解释（一）》中相关规定的直接考查。

【选项分析】选项 A 考查建设工程合同的效力评价。《建设工程施工合同解释（一）》第 1 条第 2 款规定："承包人因转包、违法分包建设工程与他人签订的建设工程施工合同，应当依据民法典第一百五十三条第一款及第七百九十一条第二款、第三款的规定，认定无效。"该条确定了转包、违法分包的建设工程施工合同无效。对于违法分包，《民法典》第 791 条第 2 款规定："总承包人或者勘察、设计、施工承包人经发包人同意，可以将自己承包的部分工作交由第三人完成。第三人就其完成的工作成果与总承包人或者勘察、设计、施工承包人向发包人承担连带责任。承包人不得将其承包的全部建设工程转包给第三人或者将其承包的全部建设工程支解以后以分包的名义分别转包给第三人。"本题中，建德公司经恒达公司同意，将写字楼 B 的工程拆分为两部分，分包给峰凯公司与岳明公司，该行为属于违法分包。需要注意的是，违法分包时，无效的是分包合同，而非发包人与承包人之间的建设工程合同。因此，本题中无效的是建德公司与峰凯公司、岳明公司之间的建设工程合同，而非恒达公司与建德公司之间的《建设工程合同》。《建设工程合同》并无效力瑕疵，是有效的。选项 A 错误，当选。

选项 B 考查工程款优先受偿权。《建设工程施工合同解释（一）》第 35 条规定："与发包人订立建设工程施工合同的承包人，依据民法典第八百零七条的规定请求其承建工程的价款就工程折价或者拍卖的价款优先受偿的，人民法院应予支持。"据此可知，未与发包人订立建设工程施工合同的实际施工人，并不享有工程款优先受偿权。本题中，峰凯公司属于未与发包人订立建设工程施工合同的实际施工人，其无权就其实际承建的工程部分优先受偿。选项 B 错误，当选。

选项 C、D 均考查实际施工人的救济问题。《建设工程施工合同解释（一）》第 43 条规定："实际施工人以转包人、违法分包人为被告起诉的，人民法院应当依法受理。实际施工人以发包人为被告主张权利的，人民法院应当追加转包人或者违法分包人为本案第三人，在查明发包人欠付转包人或者违法分包人建设工程价款的数额后，判决发包人在欠付建设工程价款范围内对实际施工人承担责任。"据此，峰凯公司起诉恒达公司，请求其支付 2000 万元工程款，这属于实际施工人以发包人为被告主张权利的情形，法院应当追加违法分包人建德公司为第三人。选项 C 的措辞为"可以"，并不准确。选项 C 错误，当选。

发包人恒达公司尚有 1000 万元工程款逾期尚未支付，依据《建设工程施工合同解释（一）》第 43 条，恒达公司应在 1000 万元的范围内对峰凯公司承担责任。选项 D 正确，不当选。

三、不定项选择题

1. 答案：AC   难度：难
考点：承揽合同、债的特征
命题和解题思路：本题以机动车维修为核心法律事实，对承揽合同进行集中考查，涉及了该典型合同中的多个具体知识，颇具难度。解答本题时考生首先需要厘清轿车维修合同属于何种典型合同，事实上，维修是承揽合同的典型情形之一。在此基础上，考生需要把握张某与甲修理厂、甲修理厂与乙修理厂之间各自有独立的承揽合同。解答本题的关键在于准确分析甲修理厂将其工作任务转交第三人的行为，该行为在法律上会产生何种法律效果。此外，对于承揽合同中的定作人的任意解除权，考生需要注意其时间限制，即承揽人完成工作前。承揽人完成工作后，定作人不再享有任意解除权。

【选项分析】选项 A 考查承揽合同中的报酬请求权。《民法典》第 782 条规定："定作人应当按照约定的期限支付报酬。对支付报酬的期限没有约定或者约定不明确，依据本法第五百一十条的规定仍不能确定的，定作人应当在承揽人交付工作成果时支付；工作成果部分交付的，定作人应当相应支付。"据此，甲修理厂与乙修理厂之间存在有效的承揽合同，且乙修理厂已经按照约定完成了维修工作，甲修理厂应当按照合同约定支付维修费。选项 A 正确。

选项 B 考查债的相对性。张某与甲修理厂之间存在有效的承揽合同，但与乙修理厂之间并无承揽合同，乙修理厂无权请求张某支付维修费。选项 B 错误。

选项 C 考查承揽合同中定作人的法定解除权。《民法典》第 772 条规定："承揽人应当以自己的设备、技术和劳力，完成主要工作，但是当事人另有约定的除外。承揽人将其承揽的主要工作交由第三人完成的，应当就该第三人完成的工作成果向定作人负责；未经定作人同意的，定作人也可以解除合同。"据此，甲修理厂擅自将其主要工作交给第三人——乙修理厂来完成，违反了与张某之间的承揽合同，张某有权解除合同。该解除权属于法定解除权，与承揽工作是否已经完成无关。选项 C 正确。

选项 D 考查承揽合同中定作人的任意解除权。因为在甲修理厂与乙修理厂之间的承揽合同中，乙修理厂并无违约行为，因此甲修理厂无法主张法定解除权，但其可能主张任意解除权。《民法典》第 787 条规定："定作人在承揽人完成工作前可以随时解除合同，造成承揽人损失的，应当赔偿损失。"本题中，乙修理厂已经完成了维修工作，甲修理厂作为定作人，其任意解除权已经消灭。选项 D 错误。

2. 答案：ABD 难度：难

考点：法定继承、代位继承、转继承、胎儿利益的特殊保护

命题和解题思路：本题围绕继承法上的考点展开，对法定继承、代位继承、转继承等考点进行考查，且被设计为不定项选择题，颇具难度。解答本题的难点在于厘清相关自然人的关系。孙洁是陆某养子女的继子女，因此选项 A 的核心问题在于：被继承人养子女的有抚养关系的继子女是否有代位继承的资格。选项 B 的核心问题在于陆杰是否符合代位继承的前提条件。选项 C 的核心问题在于胎儿是否具有继承资格。选项 D 的核心问题在于陆小丽是否符合转继承的适用前提。

【选项分析】选项 A、B 均考查代位继承。《民法典》第 1128 条规定："被继承人的子女先于被继承人死亡的，由被继承人的子女的直系晚辈血亲代位继承。被继承人的兄弟姐妹先于被继承人死亡的，由被继承人的兄弟姐妹的子女代位继承。代位继承人一般只能继承被代位继承人有权继承的遗产份额。"本题仅涉及孙子女的代位继承。对于陆杰，陆某死亡时并不存在被继承人的子女先于被继承人死亡的情形，不满足代位继承的前提，陆杰作为陆某的孙子女，不能代位继承陆某的遗产。选项 B 错误，当选。

至于孙洁是否能够代位继承，首先需要确定是否存在被继承人的子女先于被继承人死亡的情形。本题中该情形确实存在，陆某的养子陆辉早于陆某死亡。其次需要分析孙洁是否具有代位继承的资格。孙洁是陆某养子女的有抚养关系的继子女。《民法典继承编解释一》第 15 条规定："被继承人的养子女、已形成扶养关系的继子女的生子女可以代位继承；被继承人亲生子女的养子女可以代位继承；被继承人养子女的养子女可以代位继承；与被继承人已形成扶养关系的继子女的养子女也可以代位继承。"该条并未将养子女的有扶养关系的继子女纳入代位继承的范围，因此养子女的有抚养关系的继子女不得代位继承。本题中，孙洁不能代位继承陆某的遗产。选项 A 错误，当选。

选项 C 考查胎儿利益的特殊保护。《民法典》第 1155 条规定："遗产分割时，应当保留胎儿的继承份额。胎儿娩出时是死体的，保留的份额按照法定继承办理。"据此，陆小丽是

陆辉的婚生女儿，其有权继承陆辉的遗产。选项 C 正确，不当选。

选项 D 考查转继承。《民法典》第 1152 条规定："继承开始后，继承人于遗产分割前死亡，并没有放弃继承的，该继承人应当继承的遗产转给其继承人，但是遗嘱另有安排的除外。"据此，转继承的适用前提是：继承开始后，继承人于遗产分割前死亡，且并没有放弃继承。本题中并不存在这一情形。陆小丽作为陆某养子女的亲生子女，可以代位继承陆某的遗产，但不能转继承陆某的遗产。选项 D 错误，当选。

3. 答案：AB　　难度：中

考点：违约责任、饲养动物损害责任、自甘风险、违反安全保障义务的侵权责任

命题和解题思路：*本题以目前社会上十分普遍的撸猫现象为基础事实，综合考查了多个考点，具有综合性，也有一定难度。对于李某的损害，考生需要分别从合同、侵权的角度去分析，二者可能构成竞合。对于自甘风险，考生需要重点注意其适用的情形以及免责的前提条件。对于甲商场，考生需要分析其承担法律责任的基础，即可能构成违反安全保障义务的侵权责任，考生应重点分析甲商场是否违反了安全保障义务。*

【选项分析】选项 A 考查违约责任。《民法典》第 577 条规定："当事人一方不履行合同义务或者履行合同义务不符合约定的，应当承担继续履行、采取补救措施或者赔偿损失等违约责任。"本题中，张某与李某之间存在有效的合同，基于该合同，张某有义务保护李某的人身、财产安全，但张某的猫挠伤了李某，张某违反了合同约定，应向李某承担违约责任。选项 A 正确。

选项 B 考查饲养动物损害责任。《民法典》第 1245 条规定："饲养的动物造成他人损害的，动物饲养人或者管理人应当承担侵权责任；但是，能够证明损害是因被侵权人故意或者重大过失造成的，可以不承担或者减轻责任。"本题中，张某店中的猫挠伤了李某，且李某并无故意或者重大过失，应由猫的饲养人张某承担侵权责任。选项 B 正确。

选项 C 考查自甘风险。《民法典》第 1176 条规定："自愿参加具有一定风险的文体活动，因其他参加者的行为受到损害的，受害人不得请求其他参加者承担侵权责任；但是，其他参加者对损害的发生有故意或者重大过失的除外。活动组织者的责任适用本法第一千一百九十八条至第一千二百零一条的规定。"依据该条，自甘风险适用于自愿参加具有一定风险的文体活动的情形，本题中李某是在撸猫过程中受伤，而撸猫并非有一定风险的文体活动。张某不得基于自甘风险免责。选项 C 错误。

选项 D 考查违反安全保障义务的侵权责任。《民法典》第 1198 条规定："宾馆、商场、银行、车站、机场、体育场馆、娱乐场所等经营场所、公共场所的经营者、管理者或者群众性活动的组织者，未尽到安全保障义务，造成他人损害的，应当承担侵权责任。因第三人的行为造成他人损害的，由第三人承担侵权责任；经营者、管理者或者组织者未尽到安全保障义务的，承担相应的补充责任。经营者、管理者或者组织者承担补充责任后，可以向第三人追偿。"本题中，甲商场虽然对李某的人身、财产负有一定的保护义务，但对于李某被张某店中的猫挠伤，甲商场并未违反安全保障义务，其侵权责任并不成立。选项 D 错误。

4. 答案：BCD　　难度：中

考点：土地经营权、地役权

命题和解题思路：*本题将两个民法客观题考试中不常见的考点——土地经营权与地役权融合起来考查，有一定难度。在解题时，考生需要对二者进行拆分，土地经营权问题与地役权问题适度分开，据此，选项 A、C 与选项 B、D 应分开处理。对于土地经营权，考生需要注意其设立的逻辑，即农户在其土地承包经营权上为他人设立，奉行登记对抗主义。不过需*

要注意，不论是土地经营权的转让还是抵押，都需要经过承包人（而非发包人！）同意。对于地役权，考生需要厘清需役地与供役地，在需役地一侧，考生需要重点关注地役权的从属性；在供役地一侧，考生需要重点关注登记对抗规则，尤其是地役权未登记时，不得对抗善意的供役地受让人。

【选项分析】选项 B、D 均考查土地经营权。《民法典》第 341 条规定："流转期限为五年以上的土地经营权，自流转合同生效时设立。当事人可以向登记机构申请土地经营权登记；未经登记，不得对抗善意第三人。"据此，盛农公司于合同生效时取得土地经营权。选项 D 错误，当选。

《农村土地承包法》第 47 条规定："承包方可以用承包地的土地经营权向金融机构融资担保，并向发包方备案。受让方通过流转取得的土地经营权，经承包方书面同意并向发包方备案，可以向金融机构融资担保。"据此，盛农公司以土地经营权抵押时须经承包人吴某同意。选项 B 错误，当选。

选项 A、C 均考查地役权。《民法典》第 374 条规定："地役权自地役权合同生效时设立。当事人要求登记的，可以向登记机构申请地役权登记；未经登记，不得对抗善意第三人。"据此可知，盛农公司于地役权合同生效时取得地役权。选项 A 正确，不当选。

依据《民法典》第 374 条，地役权未登记时不得对抗善意第三人。本题中，抵押期间，何某将土地承包经营权转让给不知情的同村村民胡某。盛农公司不得对抗善意第三人胡某，换言之，胡某取得的土地承包经营权并不带有地役权负担，该地役权最终消灭。既然地役权已经消灭，那么融金公司自然无权就地役权的对价优先受偿。选项 C 错误，当选。

第二套

第一部分　试题

一、单项选择题

1. 甲公司与乙公司为共同开发一款新软件而进行磋商。甲公司在签约前将其掌握的部分乙公司的商业秘密泄露给乙公司的竞争者丙公司，导致乙公司遭受损失。对此，下列哪一说法是正确的？

　　A. 甲公司的行为违反公序良俗原则

　　B. 甲公司的行为违反诚信原则

　　C. 乙公司有权请求甲公司承担违约责任

　　D. 乙公司有权请求丙公司承担缔约过失责任

2. 甲女因失恋而跳江自杀，乙男路过时跳入江中将甲女救下，但乙男入水时因压力过大导致胸椎骨折，花费医药费 5 万元。此外，施救过程中甲女的项链被扯落沉入江中。当地市政府为嘉奖乙男见义勇为的行为给予其现金奖励。对此，下列哪一说法是正确的？

　　A. 乙男应对项链的损失承担侵权责任

　　B. 甲女有权请求乙男适当补偿项链的损失

　　C. 乙男有权请求甲女适当补偿医药费，但甲女有权请求扣除现金奖励部分

D. 乙男有权请求甲女适当补偿医药费，且甲女无权请求扣除现金奖励部分

3. 王某（男）与方某（女）婚后育有一子王小明（10岁）。王某被诊断患有绝症后担心儿子无人照顾，遂立下遗嘱，指定王某的父母在其死后担任王小明的监护人。半年后，王某因病去世，王某的父母表示愿意监护王小明，方某则明确表示不想再监护王小明。某日，王小明在自家阳台玩耍时不慎将花盆推下楼，砸伤路人胡某。关于胡某的权利救济，下列哪一说法是正确的？

A. 有权请求方某承担侵权责任

B. 有权请求方某与王某的父母承担连带的侵权责任

C. 有权请求方某与王某的父母承担按份的侵权责任

D. 有权请求王某的父母承担侵权责任

4. 开元公司向强盛公司借款1亿元，约定以开元公司名下的一栋写字楼抵押，抵押合同签订后双方办理了抵押权登记。借款到期后，开元公司因经营不善而无力偿还。据查，强盛公司并无放贷资格，且过去两年内其以营利为目的向多个不特定对象提供借款。对此，下列哪一说法是正确的？

A. 借款合同有效，抵押合同有效，抵押权成立

B. 借款合同有效，抵押合同无效，抵押权不成立

C. 借款合同无效，抵押合同无效，抵押权不成立

D. 借款合同无效，抵押合同无效，抵押权成立

5. 甲、乙二人大学毕业后合租，合租期间各出资1000元购买了一只波斯猫一起饲养，并共同向宠物店订购猫粮，每个季度结算一次。某日甲失恋时被该猫挠伤，甲一怒之下将该猫从阳台扔出，砸中路过的行人丙，致其受伤，花费医药费3万元。据查，尚有2000元猫粮费用尚未结清。对此，下列哪一说法是正确的？

A. 甲、乙对猫粮费、医药费均需负连带责任

B. 甲、乙需对猫粮费负连带责任，乙无需负担医药费

C. 甲、乙需对猫粮费负按份责任，对医药费负连带责任

D. 甲、乙需对猫粮费负连带责任，乙需对医药费负适当补偿责任

6. 张某委托钱某为其出售古董一件，为此出具了授权委托书。由于半年来钱某均未寻找到合适的买家，张某有意结束委托，于是将授权委托书收回并将其锁进办公桌。某日，钱某趁张某不在时偷走该授权委托书，并以张某的名义将该古董以100万元的价格卖给不知情的李某，钱某收取价款后将古董交付李某。张某知道后表示反对。对此，下列哪一说法是正确的？

A. 李某对古董的占有属于有权的自主占有

B. 张某有权请求钱某承担违约责任

C. 李某有权就其受到的损害请求钱某赔偿

D. 李某需就自己的善意承担举证责任

7. 王某在山水美地住宅小区购买了一套三居室商品房，并将该房租给苏小妹。苏小妹在其中开设了一家美容体验馆。对此，下列哪一说法是正确的？

A. 苏小妹开设美容体验馆应征得物业公司的同意

B. 苏小妹开设美容体验馆应适当补偿其他有利害关系的业主

C. 苏小妹有权申请查阅业主共有部分的收益情况

D. 苏小妹无权参与解聘物业服务企业的表决

8. 2 月 5 日，甲为清偿乙的 3 万元到期货款，与乙签订抵偿协议，约定将 A 设备租赁给乙抵债，每月租金为 5000 元。2 月 7 日，甲向丙借款 5 万元，约定以 A 设备抵押，并于当天办理抵押权登记。2 月 9 日，甲将 A 设备交付乙使用。2 月 11 日，甲向丁借款 3 万元，以 A 设备质押，约定甲将对乙的返还请求权让与丁。2 月 13 日，甲通知乙，债务还清后将 A 设备交付丁。1 年后，丙、丁的债权均到期且甲无力清偿。对此，下列哪一选项是正确的？

A. 乙的租赁权可以对抗丙的抵押权

B. 丁的质权优先于丙的抵押权

C. 丁的质权于 2 月 13 日设立

D. 丁使用 A 设备应经丙的同意

9. 陆某书法造诣深厚，独创字体"陆体"，颇受赞誉。陆某应好友吴某之邀，以"陆体"创作诗歌《秋韵》，并将其赠与吴某。吴某后将该幅书法作品以 10 万元的价格卖给梁某并交付，梁某在某次书画作品展中将其展出。对此，下列哪一说法是正确的？

A. 陆某有权请求吴某返还 10 万元价款

B. 梁某可以善意取得《秋韵》的所有权

C. 梁某侵犯了陆某的展览权

D. 陆某无权请求梁某返还《秋韵》

10. 甲（19 岁）与乙（16 岁）不和，甲对自己的追求者丙（20 岁）说：你如果帮我教训乙一顿，我就跟你在一起。丙胆小不敢，但二人的对话被甲的另一追求者丁（21 岁）偷听到。为了追求甲，丁对乙实施了殴打，导致其小腿骨折。对此，下列哪一说法是正确的？

A. 乙只能请求甲承担侵权责任

B. 乙有权请求甲与丁承担按份责任

C. 乙有权请求甲与丁承担连带责任

D. 乙只能请求丁承担侵权责任

11. 2020 年 1 月 1 日，甲将 A 房租给乙使用，租期 5 年，租金每月 1 万元，押一付三。为担保租金债权的履行，乙将名下 B 房抵押给甲，约定乙迟延履行的租金累计达到 6 万元，甲才可以行使抵押权。抵押合同签订后双方办理了抵押权登记。2020 年 7 月，乙经甲同意将 A 房转租给丙，租期 2 年。2021 年 4 月，乙已有 3 万租金到期未付。对此，下列哪一说法是正确的？

A. 2021 年 4 月，甲无权行使 B 房抵押权

B. 2021 年 4 月，甲有权请求丙代乙履行租金支付义务

C. 如果丙代乙支付租金，则乙有权请求注销抵押权登记

D. 甲有权代位行使乙对丙的到期租金债权

12. 甲公司在其办公场地种植了 10 棵梧桐树，由于枝叶过于繁茂，委托从业多年的乙公司负责修剪。乙公司的员工钱某在修剪时不慎折断树枝后砸中路人孙某，致其受伤，花费医药费 1 万元。对此，下列哪一选项是正确的？

A. 孙某有权请求钱某赔偿医药费

B. 孙某有权请求甲公司赔偿医药费

C. 孙某有权请求乙公司赔偿医药费

D. 孙某有权就医药费请求甲公司与乙公司承担按份责任

13. 黄某在抖乐平台直播售卖单价 9.9 元的钻戒，并承诺假一罚 1000 元。梁某在黄某直播间下单了一颗钻戒，但收到货后检测发现该钻戒的材质是塑料。对此，下列哪一说法是正确的？

A. 梁某有权向抖乐平台撤销该买卖合同

B. 双方的买卖合同自黄某发货时生效

C. 梁某只能请求黄某支付 500 元惩罚性赔偿

D. 梁某有权请求黄某支付 1000 元惩罚性赔偿

14. 2020 年 6 月，甲女与乙男订婚，乙男按照约定向甲女父母支付 50 万元彩礼，订婚后二人共同生活，但一直未办理结婚登记，半年后甲女借口与乙男分手。2021 年 3 月，甲女与丙男登记结婚，2021 年 12 月，甲女生下一子小丙。小丙出生后丙男发现甲女隐瞒了婚前与乙男有过同居的经历，遂对甲女感情冷淡，且多次辱骂、殴打甲女。对此，下列哪一说法是正确的？

A. 乙男有权请求甲女的父母返还全部彩礼

B. 丙男有权起诉撤销与甲女的婚姻关系

C. 若甲女起诉丙男损害赔偿但不起诉离婚，则法院应不予受理

D. 如果甲女起诉离婚，法院应不经调解直接判决准予离婚

二、多项选择题

1. 甲女在乘坐地铁时怀疑身边的乙男使用手机对其隐私部位进行偷拍，于是要求打开乙男的手机相册进行检查，经检查后发现并无偷拍行为。事后甲女在网络平台上曝光了乙男的照片，并散布乙男是"偷窥狂""猥琐男"，引起社会热议。对此，甲女侵害了乙男的哪些权利？

A. 姓名权　　　　　　　　　B. 肖像权

C. 隐私权　　　　　　　　　D. 名誉权

2. 刘某与胡某在相邻两个水塘养蟹，二人各投入价值 5 万元的同种蟹苗。某日晚上突然天降暴雨，刘某的水塘地势较高，随着水位线的上升，刘某水塘里的蟹苗全部流入胡某的水塘。对此，下列哪些说法是正确的？

A. 刘某有权请求胡某赔偿其蟹苗的损失

B. 二人对胡某水塘里的蟹苗形成按份共有

C. 刘某有权请求分割胡某水塘里的蟹苗

D. 刘某有权基于所有权请求胡某返还蟹苗

3. 甲因生意周转向乙借款 100 万元。现还款期临近，甲为了避免名下的 A 房被执行，与丙商议后假签了两份合同，一份为数额 80 万元的借款合同，另一份为以 A 房抵债的还款协议，双方签订合同后办理了过户登记。乙的债权到期后，甲无力清偿。对此，下列哪些说法是正确的？

A. 甲与丙之间名为借款，实为赠与

B. 乙有权主张甲与丙之间的赠与合同无效

C. 乙有权撤销甲与丙之间的赠与合同

D. 甲有权撤销其与丙之间的赠与合同

4. 甲公司与乙银行签订《借款合同》，约定甲公司向乙银行借款 2 亿用于"浩然风景"工程项目的建设。丙公司以其名下某宗地的建设用地使用权抵押，双方签订抵押合同后一直未申请办理抵押权登记。对此，下列哪些说法是错误的？

A. 《借款合同》自乙银行提供借款时成立

B. 乙银行有权单方申请不动产登记机构办理抵押权登记

C. 若甲公司无力偿还到期借款，乙银行有权就该建设用地使用权变价优先受偿

D. 若甲公司以该笔借款开发新能源车，乙银行有权停止发放借款

5. 2020 年 3 月，刘老汉写下遗嘱 X，指定其儿子刘大继承其名下的 A 房与 B 房。6 月，刘老汉将 A 房租给甲公司作为办公场地，租期 3 年。12 月，刘老汉去世。刘老汉的女儿刘美伪造遗嘱 Y 将 B 房过户登记至自己名下。2021 年 3 月，刘大向不动产登记机构申请办理异议登记，并于次日起诉刘美请求其返还 B 房。2021 年 6 月，刘美与李某签订 B 房的买卖合同，交付后办理了过户登记。后法院判决确认 B 房为刘大所有。对此，下列哪些说法是错误的？

A. 遗嘱 X 已被部分撤回　　　　　　　　B. 遗嘱 Y 不成立

C. 刘大有权请求甲公司返还 A 房　　　　D. 刘大有权请求李某返还 B 房

6. 2020 年 1 月，甲公司向乙基金会公益捐赠 50 万元。2 月，甲公司为丙公司的借款债务提供连带责任保证，丙公司的债权人并不知情。3 月，甲公司对丁公司的 80 万元货款债权到期，丁公司知道己公司的债权也即将到期，且甲公司可能无力偿还，要求甲公司以价值 160 万元的设备抵债，双方签订了抵债协议。4 月，甲公司向戊公司支付到期货款 50 万元。2020 年 5 月，甲公司对己公司的 200 万借款债务到期，且无力偿还。对此，己公司有权请求撤销甲公司的下列哪些合同（行为）？

A. 赠与合同　　　　　　　　　　　　　B. 保证合同

C. 抵债协议　　　　　　　　　　　　　D. 对戊公司的债务履行行为

7. 甲藏有一幅《春树秋霜图》，委托乙装裱。装裱期间，乙参照市场行情，将该画以 50 万的价格卖给不知情的丙，双方约定乙再借用一周。一周后，丙将该画取走，并将其质押给丁，以担保其对丁的 30 万元借款。丁将该画置于自己经营的古玩店中以装点门面。某日，甲到丁店中闲逛时发现该画。对此，下列哪些选项是错误的？

A. 甲有权基于委托合同请求乙承担违约责任

B. 丁可以善意取得该画的质权

C. 丁对该画的占有属于他主的善意占有

D. 甲无权请求丁返还该画

8. 张铁柱与李淑娟结婚多年，育有一子张小杰，其配偶为朱美美，二人并未生育子女。10 年前，张小杰因车祸去世，获得死亡赔偿金 90 万元。此后朱美美坚持赡养张铁柱与李淑娟多年。2018 年 3 月 1 日，张铁柱驾船出海打鱼后下落不明。2019 年 6 月，朱美美与胡大结婚。2022 年 5 月，李淑娟起诉请求宣告张铁柱失踪，朱美美则起诉请求宣告张铁柱死亡。对此，下列哪些说法是错误的？

A. 法院应判决宣告张铁柱死亡

B. 法院应判决宣告张铁柱失踪

C. 朱美美有权继承 30 万死亡赔偿金

D. 朱美美有权继承 15 万死亡赔偿金

9. 甲公司主营建筑管材，因扩大生产线向乙银行借款 1 亿元，约定以其现有以及将有的原材料、半成品、产品等抵押，合同签订后办理了抵押登记。后甲公司为引入新款生产设备，向丙公司订购 A 型设备一台，约定总价 500 万元，分 6 期在一年内支付完毕；甲公司付清价款前，丙公司保留设备所有权。设备交付后 3 天，甲公司将该设备抵押给其债权人丁公司，并于当天办理了抵押权登记。5 天后，丙公司办理了所有权保留登记。现乙银行的借款到期，甲公司无力偿还，设备款也已有两期未按时支付。对此，下列哪些说法是错误的？

A. 乙银行对 A 设备的抵押权优先于丁公司

B. 乙银行对 A 设备的抵押权优先于丙公司保留的所有权

C. 丁公司对 A 设备的抵押权优先于丙公司保留的所有权

D. 丙公司有权不经催告直接行使取回权

三、不定项选择题

1. 下列选项中属于夫妻共同财产的是：

A. 夫妻一方婚前个人所有的房屋于婚后收取的租金

B. 夫妻一方婚前的存款于婚后购买的机动车

C. 夫妻一方婚后因见义勇为而获得的奖金

D. 夫妻一方婚后为个人炒股而借贷所取得的借款

2. 2018 年 5 月 1 日，张某向何某借款 15 万元，借期 1 年，到期后何某一直未请求张某履行。2022 年 4 月 1 日，何某被刘某饲养的宠物狗咬伤，花费医药费 1 万元。5 月 1 日，胡某欠何某的 30 万元借款到期。2022 年 6 月 1 日，何某欠方某的 15 万元借款到期且无力偿还。对此，下列说法正确的是：

A. 2022 年 4 月，方某有权提前代位行使何某对张某的 15 万元债权

B. 2022 年 6 月，方某有权代位行使何某对刘某的 1 万元债权

C. 2022 年 6 月，方某有权代位行使何某对胡某的 30 万元债权

D. 2022 年 4 月，方某有权代位请求张某履行债务

3. 张老汉有意出售一头黄牛，委托小刘代为售卖并向其出具授权委托书。小刘持授权委托书与胡某签订买卖合同，约定黄牛价款为 2 万元，一个月后交牛付款。张老汉得知后将授权委托书收回。一周后，小刘伪造张老汉的授权委托书，以张老汉的名义与不知情的李某签订买卖合同，约定黄牛价款为 1.8 万元，小刘当天就收取了价款并将黄牛交付李某。张老汉得知后表示反对。对此，下列说法正确的是：

A. 胡某有权请求李某返还黄牛

B. 张老汉有权请求李某返还黄牛

C. 李某有权请求小刘返还 1.8 万元

D. 如小刘拒绝返还 1.8 万元，则李某有权拒绝返还黄牛

4. 甲村农户刘能从村集体取得 A 地块的土地承包经营权，同村农户赵四则享有 B 地块的土地承包经营权。二人有意互换承包地，于是签订了《承包地互换合同》，但未办理登记。

后刘能进城务工，在 B 地块上为四海公司设立土地经营权，也未办理登记。对此，下列说法错误的是：

 A. 刘能与赵四签订《承包地互换合同》应经村集体同意

 B. 刘能于《承包地互换合同》生效时取得 B 地块的土地承包经营权

 C. 刘能为四海公司设立土地经营权应经村集体同意

 D. 四海公司以土地经营权抵押贷款时应经村集体同意

第二部分　答案详解

一、单项选择题

1. 答案：B　难度：中

考点：民法的基本原则、违约责任、缔约过失责任

命题和解题思路：本题较为巧妙地将民法的基本原则与违约责任、缔约过失责任融合在一起考查。解答本题时考生面临的核心问题是如何评价缔约磋商过程中泄露他人商业秘密的行为。具体而言，考生需要抓住甲公司泄露商业秘密的时点——磋商时，由此确定双方尚无有效的合同，因此违约责任在逻辑上无法成立。在此基础上，考生需要知晓，对他人商业秘密的保密义务也是先合同义务的内容之一，泄露他人的商业秘密属于违反先合同义务的行为，而先合同义务在体系上是基于诚信缔约的要求而派生的，因此违反先合同义务的行为所违反的是民法的诚信原则。此外，对于选项 D，考生需要注意，本题违反先合同义务的主体是甲公司，乙公司应向甲公司主张缔约过失责任，而非丙公司。

【选项分析】本题围绕甲公司泄露乙公司商业秘密的行为而展开。甲公司实施该行为时，甲、乙两家公司正在磋商合同，这意味着双方之间尚无有效的合同，而违约责任以有效的合同为前提，因此本题中违约责任是无法成立的，选项 C 错误。

《民法典》第 501 条规定："当事人在订立合同过程中知悉的商业秘密或者其他应当保密的信息，无论合同是否成立，不得泄露或者不正当地使用；泄露、不正当地使用该商业秘密或者信息，造成对方损失的，应当承担赔偿责任。"该条与《民法典》第 500 条都是关于缔约过失责任的规定。依据该条，泄露他人商业秘密的行为也是违反先合同义务的行为。由于甲公司泄露了乙公司的商业秘密，导致乙公司遭受损失，符合缔约过失责任的构成要件。甲公司（而非丙公司）应向乙公司承担缔约过失责任。选项 D 错误。

学理上，先合同义务来自于诚信缔约这一基本要求，因此违反先合同义务的行为也违反了民法的诚信原则。公序良俗原则主要用于调整民事法律行为的内容，是民事法律行为的无效事由之一（《民法典》第 153 条第 2 款）。选项 A 错误，选项 B 正确。

2. 答案：D　难度：中

考点：无因管理、公平责任

命题和解题思路：本题由 2023 年 6 月发生的外卖小哥跳江救人这一热点事件改编而来，考查见义勇为这一特殊的无因管理行为。解答本题时考生应先结合四个选项的表述提炼出其涉及的两个核心问题：（1）受益人甲女的财产损害如何填补？（2）管理人乙男在实施无因管理过程中遭受的损害如何填补？对这两个问题的回答需要考生进一步明确：结合本题的题干可知，本题所涉及的基本事实是乙男实施见义勇为行为救下甲女，该行为在民法的视角下是一种特殊的无因管理行为，《民法典》第 183 条与第 184 条规定了特殊的规则，旨在强化

见义勇为者的保护，此时考生不能再以无因管理的一般规则判断。此外考生还需要注意，选项 B 中的"适当补偿"这一表述是公平责任的常用表述，但现行法上的公平责任以法律有明确的具体规定为限。

【选项分析】 从本题的四个选项来看，其涉及两个核心问题：（1）受益人甲女的财产损害如何填补？（2）管理人乙男在实施无因管理过程中遭受的损害如何填补？

关于问题（1），《民法典》第 184 条规定："因自愿实施紧急救助行为造成受助人损害的，救助人不承担民事责任。"据此，乙男在救助甲女的过程中导致甲女的项链灭失，对于甲女的财产损失，乙男不承担赔偿责任，选项 A 错误。选项 B 中的"适当补偿"是公平责任的常见表述。《民法典》第 1186 条规定："受害人和行为人对损害的发生都没有过错的，依照法律的规定由双方分担损失。"据此，现行法上的公平责任有严格的范围限制，以法律具体明确的规定为限，如《民法典》第 182 条第 2 款、第 183 条、第 1190 条第 1 款等。但对于见义勇为时导致受助人损害的情形，现行法并无关于公平责任的规定，因此此时并不适用公平责任，甲女无权请求乙男适当补偿项链的损失，选项 B 错误。

关于问题（2），《民法典》第 183 条规定："因保护他人民事权益使自己受到损害的，由侵权人承担民事责任，受益人可以给予适当补偿。没有侵权人、侵权人逃逸或者无力承担民事责任，受害人请求补偿的，受益人应当给予适当补偿。"本题属于"没有侵权人"的情形，据此乙男就其医药费有权请求甲女适当补偿，该适当补偿在性质上属于公平责任。至于是否要扣除现金奖励部分，由于现金奖励与医药费的适当补偿属于不同性质的法律关系，二者的当事人、法律目的均不相同，甲女无权主张扣除。选项 C 错误，选项 D 正确。

3. 答案：A　　难度：中

考点： 监护的设立、监护人责任、建筑物中抛掷物品或者建筑物上坠落物品致害责任

命题和解题思路： 从四个选项的表述可知，本题涉及的核心问题是侵权问题。尽管从题干事实来看，本题是高空抛物侵权，但结合王小明 10 岁这一信息可知，最终的侵权责任承担，需结合监护人责任的规则才能确定。不过，监护人责任的分析与判断需要准确锁定监护人是谁。因此，本题的另一个核心问题是王小明实施侵权行为时的监护人是谁。就此而言，本题有环环相扣的特点，有一定难度。本题的正确解题思路是先确定王小明实施侵权行为时的监护人是谁，这也是本题的难点所在，在此基础上，结合监护人责任的规定进行分析。分析王小明的监护人时，考生需要准确处理父母的法定监护与遗嘱监护之间的协调问题。对此考生需要注意：父母作为法定监护人具有法定性，不论遗嘱内容如何，只要立遗嘱人死亡时被监护人的父母有一方仍健在且有监护能力，遗嘱所指定的主体就不能取得监护人地位，不论其同意与否。对于监护人责任规则的适用问题，考生应明确，现行法上的监护人责任总体上属于无过错的替代责任。

【选项分析】 本题涉及两个问题：（1）王小明实施侵权行为时的监护人是谁？（2）王小明造成的侵权损害（即胡某的损害）由何人承担？这两个问题在逻辑上存在递进关系。

先分析问题（1）。《民法典》第 29 条规定："被监护人的父母担任监护人的，可以通过遗嘱指定监护人。"《民法典总则编解释》第 7 条第 2 款规定："未成年人由父母担任监护人，父母中的一方通过遗嘱指定监护人，另一方在遗嘱生效时有监护能力，有关当事人对监护人的确定有争议的，人民法院应当适用民法典第二十七条第一款的规定确定监护人。"据此结合本题，尽管王某在遗嘱中指定其父母在王某死后担任王小明的监护人，但王某死亡时，其配偶方某仍然健在且有监护能力，依据《民法典》第 27 条第 1 款，方某是王小明的监护人。需要指出的是，父母作为未成年人的法定监护人具有强制性，不得通过单方的拒绝等方式逃

避。因此，即使方某明确表明不想再监护王小明，也不能据此免除其监护职责。故王小明实施侵权行为时的监护人是方某，王某的父母并非王小明的监护人。

再分析问题（2）。《民法典》第 1254 条第 1 款规定："禁止从建筑物中抛掷物品。从建筑物中抛掷物品或者从建筑物上坠落的物品造成他人损害的，由侵权人依法承担侵权责任；经调查难以确定具体侵权人的，除能够证明自己不是侵权人的外，由可能加害的建筑物使用人给予补偿。可能加害的建筑物使用人补偿后，有权向侵权人追偿。"据此，王小明不慎将花盆推下楼，砸伤路人胡某，由王小明依法承担侵权责任。考虑到王小明尚处于被监护的状态，应具体依据监护人责任的规则承担。《民法典》第 1188 条规定："无民事行为能力人、限制民事行为能力人造成他人损害的，由监护人承担侵权责任。监护人尽到监护职责的，可以减轻其侵权责任。有财产的无民事行为能力人、限制民事行为能力人造成他人损害的，从本人财产中支付赔偿费用；不足部分，由监护人赔偿。"据此可知，现行法上的监护人责任是无过错的替代责任，应由王小明的监护人——方某承担侵权责任。由于本题未交代王小明是否有个人财产，从解题的角度，不妨直接推定其没有个人财产。综上，胡某有权请求方某承担侵权责任。选项 B、C、D 均错误；选项 A 正确。

4. 答案：C　难度：中

考点：借款合同、抵押权的设定

命题和解题思路：本题的题干所涉及的是"借款+担保"这一经典的事实结构。在审题环节，考生应结合四个选项提炼出其所涉及的三个核心问题：（1）借款合同效力如何？（2）抵押合同效力如何？（3）抵押权是否成立？对于借款合同效力的判断，除了审查其是否有民事法律行为的一般无效事由外，还需要审查现行法上对借款合同（民间借贷合同）规定的一些特殊无效事由；对于抵押合同的效力判断，考生除了关注抵押合同自身有无效力瑕疵以外，也需要注意其与借款合同之间的主从关系。对于抵押权是否成立这一问题，考生需区分不动产与动产，动产抵押权的成立仅需有效的抵押合同即可；不动产抵押权的成立除了有效的抵押合同以外，还需要办理抵押权登记。按照上述思路对三个核心问题一一分析后，本题即可得解。

【选项分析】结合四个选项的具体表述可知，本题主要涉及三个核心问题：（1）借款合同效力如何？（2）抵押合同效力如何？（3）抵押权是否成立？

关于问题（1），需要重点分析"强盛公司并无放贷资格，且过去两年内其以营利为目的向多个不特定对象提供借款"这一事实因素应如何评价。《民间借贷规定》第 13 条规定："具有下列情形之一的，人民法院应当认定民间借贷合同无效：……（三）未依法取得放贷资格的出借人，以营利为目的向社会不特定对象提供借款的；……"依据第 3 项，未取得放贷资格的职业放贷人所签订的民间借贷合同是无效的。本题中，强盛公司并无放贷资格，且过去两年内其以营利为目的向多个不特定对象提供借款，其与开元公司签订的借款合同是无效的。选项 AB 错误。

关于问题（2），开元公司与强盛公司签订的抵押合同旨在担保双方借款合同中的借款债权，抵押合同是借款合同的从合同。根据《民法典》第 388 条第 1 款规定，主债权债务合同无效的，担保合同无效，但是法律另有规定的除外。可知，既然主合同借款合同无效了，那么抵押合同作为其从合同，也随之无效。

关于问题（3），本题涉及的是不动产抵押，《民法典》第 402 条规定："以本法第三百九十五条第一款第一项至第三项规定的财产或者第五项规定的正在建造的建筑物抵押的，应当办理抵押登记。抵押权自登记时设立。"可能有考生结合本条以及当事人办理了抵押权登记的事实，认为抵押权已经成立。这一判断是错误的。因为不动产抵押权的成立不仅需要办理抵押权登记，而且需要有效的抵押合同，如果抵押合同无效，即使办理了抵押权登记，抵押权也无法成立。本题中，开元公司与强盛公司之间的抵押合同是无效的，因此抵押权无法成立。选项C正确，选项D错误。

5. **答案：B　难度：难**

考点： 按份共有、建筑物中抛掷物品致害责任、公平责任

命题和解题思路： 从四个选项的表述来看，本题涉及的核心问题有两个：（1）猫粮费这一债务如何承担？（2）丙的人身损害由谁赔偿？对于问题（1），猫粮费属于共有物产生的债务，考生需要厘清甲、乙二人对波斯猫的所有权结构，确定其属于何种共有，在此基础上结合按份共有的对外债务规则分析；对于问题（2），考生需要厘清，到底是适用饲养动物损害责任还是建筑物中抛掷物品致害责任，二者所涉及的责任承担规则有较大差异。此外，选项D中的"适当补偿"这一表述是公平责任的常用表述，但《民法典》第1186条规定公平责任以法律有明确的具体规定为限。考生需要熟悉现行法上公平责任的具体情形，在此基础上判断本题所涉及的情形是否有公平责任适用的空间。

【选项分析】 结合四个选项的表述来看，本题所涉及的问题可以归纳为两个：（1）猫粮费这一债务如何承担？（2）丙的人身损害由谁赔偿？以下逐一展开分析。

关于问题（1），首先可以确认的是，甲、乙二人通过出资购买波斯猫的行为，对该猫形成共有，而猫粮费属于该共有物所产生的债务。由于共同共有的成立以存在共同关系为前提，而题干并未交代甲、乙之间存在共同关系，因此甲、乙二人对波斯猫的共有属于按份共有。《民法典》第307条规定："因共有的不动产或者动产产生的债权债务，在对外关系上，共有人享有连带债权、承担连带债务，但是法律另有规定或者第三人知道共有人不具有连带债权债务关系的除外；在共有人内部关系上，除共有人另有约定外，按份共有人按照份额享有债权、承担债务，共同共有人共同享有债权、承担债务。偿还债务超过自己应当承担份额的按份共有人，有权向其他共有人追偿。"据此可知，甲、乙二人应对猫粮费承担连带责任。选项C错误。

关于问题（2），需要分析识别本题究竟适用饲养动物损害责任还是建筑物中抛掷物品致害责任。饲养动物损害责任的成立要求损害是动物本身所特有的危险所引起的，而动物如同一个物件一般所导致的损害，不能适用饲养动物损害责任的规定。本题中，甲将波斯猫从阳台扔出，砸中丙，这一损害并非波斯猫作为动物特有的危险所引发，而是该波斯猫沦为建筑物中抛掷的物品所导致，此时不应再适用饲养动物损害责任的相关规定，而应适用建筑物中抛掷物品致害责任的相关规定。

《民法典》第1254条第1款规定，禁止从建筑物中抛掷物品。从建筑物中抛掷物品或者从建筑物上坠落的物品造成他人损害的，由侵权人依法承担侵权责任。据此可知，既然波斯猫由甲扔出，那么应由甲承担侵权责任，乙无需与甲承担连带责任。选项A错误。

此外尚需分析的是，乙是否需要承担适当补偿责任（公平责任）。《民法典》第1186条规定："受害人和行为人对损害的发生都没有过错的，依照法律的规定由双方分担损失。"据此，现行法上的公平责任有严格的范围限制，以法律具体明确的规定为限制。现行法上的公平责任主要有以下情形：（1）因自然原因引起危险，紧急避险人对受害人的适当补偿责任（《民法典》第182条第2款）；（2）见义勇为情形下如果没有侵权人、侵权人逃逸或者无力承担民事责任时，受益人的适当补偿责任（《民法典》第183条）；（3）完全民事行为能力人暂时没有意识或失去控制造成他人损害且无过错时，对受害人的补偿责任（《民法典》第

1190 条第 1 款）；（4）提供劳务期间，因第三人的行为造成提供劳务一方损害时，接受劳务一方的补偿责任（《民法典》第 1192 条第 2 款）；（5）抛掷物、坠落物致害时，经调查难以确定具体侵权人，可能加害的建筑物使用人的补偿责任（《民法典》第 1254 条第 1 款）。本题所涉及情形不是前述任何一种，因此乙无需承担适当补偿责任。选项 D 错误，选项 B 正确。

6. 答案：C　难度：难

考点： 占有的种类、违约责任、狭义的无权代理、表见代理

命题和解题思路： 本题带有一定的综合性，题干部分的主要内容是古董买卖的代理行为，而四个选项则在代理的相关问题以外还涉及占有的种类以及违约责任等考点，有一定难度。解答本题时，考生需要重点分析钱某实施代理行为时是否存在代理权。分析这一问题时考生需注意：尽管钱某实施代理行为时出具的授权委托书是真实的，但该授权委托书是偷取的而非基于张某的有效授权，因此钱某并无代理权。在此基础上，考生需要结合表见代理的构成要件分析其是否构成表见代理，进而判断李某是否能取得古董的所有权。由此，李某对古董的占有类型也能够得到明确的界定。至于选项 B，考生需要分析确定张某与钱某之间是否还有有效的合同关系。

【选项分析】 李某对古董的占有类型与钱某的代理行为是否有效，与李某是否能取得古董所有权紧密相关，因此本题的解析将选项 A 置于最后。

选项 B 考查违约责任。张某委托钱某为其出售古董一件，为此出具了授权委托书。由此张某与钱某之间形成双层法律关系：作为基础关系的委托合同以及张某单方的授权行为。由于半年来钱某均未寻找到合适的买家，张某有意结束委托，于是将授权委托书收回并将其锁进办公桌。这一事实表明张某解除了委托合同（《民法典》第 933 条），并撤回了代理权。此后张某与钱某之间就不再有有效的合同关系。随后钱某偷走该授权委托书，并实施了古董买卖的代理行为，都不是违约行为，无法成立违约责任。选项 B 错误。

选项 C 与选项 D 紧密相关，涉及狭义的无权代理与表见代理。钱某实施古董买卖这一代理行为时，张某与钱某之间的委托合同已经被解除，代理权已经被撤回，钱某不再享有代理权，其代理行为属于无权代理，需要结合《民法典》第 172 条判断其代理行为是否构成表见代理。《民法典》第 172 条规定："行为人没有代理权、超越代理权或者代理权终止后，仍然实施代理行为，相对人有理由相信行为人有代理权的，代理行为有效。"据此结合学理，表见代理的构成要件有四：（1）代理人欠缺代理权；（2）存在代理权外观；（3）被代理人具有可归责性；（4）相对方善意。本题中，尽管钱某实施代理行为时出具的授权委托书是真实的，但该授权委托书是钱某从张某处偷取的，张某并无真实的授权意思，对于该代理权外观，被代理人张某并无可归责性，钱某的代理行为不构成表见代理，属于狭义的无权代理。张某知道后表示反对表明其拒绝追认，钱某实施的代理行为不能拘束张某。《民法典》第 171 条第 3 款规定："行为人实施的行为未被追认的，善意相对人有权请求行为人履行债务或者就其受到的损害请求行为人赔偿。但是，赔偿的范围不得超过被代理人追认时相对人所能获得的利益。"据此，善意的李某有权请求钱某赔偿其受到的损害。选项 C 正确。

选项 D 则进一步考查善意的举证责任。《民法典总则编解释》第 27 条规定："无权代理行为未被追认，相对人请求行为人履行债务或者赔偿损失的，由行为人就相对人知道或者应当知道行为人无权代理承担举证责任。行为人不能证明的，人民法院依法支持相对人的相应诉讼请求；行为人能够证明的，人民法院应当按照各自的过错认定行为人与相对人的责任。"据此，相对方的善意是推定的，应由无权代理人举证证明相对方恶意。选项 D 错误。

　　既然钱某的狭义无权代理行为未得到张某的追认，这就意味着钱某将古董交付也无法使李某取得古董的所有权。李某对古董的占有属于无权占有，张某作为所有权人可以主张返还。李某主观上认为该古董已归其所有，是以自主占有的意思实施占有，因此李某对古董的占有属于无权的自主占有，选项 A 错误。

　　7. 答案：D　　难度：中

　　考点：业主的建筑物区分所有权

　　命题和解题思路：本题围绕业主的建筑物区分所有权这一客观题考试中的低频考点展开，涉及这一制度中的几个细节性问题。对于业主或专有部分的使用人实施住改商的行为，考生需要准确掌握其前提条件，即有利害关系业主的一致同意（而非多数同意），不过无需对其他业主负担适当补偿的义务。共有部分收益情况的查阅属于业主的知情权，此种知情权只有业主可以享有，承租人等使用人无权行使。解聘物业服务企业是业主大会的职权之一，只有业主才有权利参与业主大会并行使表决权。

　　【选项分析】选项 A 与选项 B 均涉及住改商行为的前置程序。《民法典》第 279 条规定："业主不得违反法律、法规以及管理规约，将住宅改变为经营性用房。业主将住宅改变为经营性用房的，除遵守法律、法规以及管理规约外，应当经有利害关系的业主一致同意。"据此可知，住改商的行为只需有利害关系的业主一致同意即可，物业公司并非业主，无需经其同意，选项 A 错误。现行法仅要求住改商行为实施前经过有利害关系的业主一致同意，并未规定对有利害关系的业主的补偿义务，因此无需补偿，选项 B 错误。

　　选项 C 考查业主的知情权。《建筑物区分所有权解释》第 13 条规定："业主请求公布、查阅下列应当向业主公开的情况和资料的，人民法院应予支持：……（三）物业服务合同、共有部分的使用和收益情况；……"据此可知，共有部分的收益情况属于业主知情权的范畴。不过，该条所规定的知情权只有业主可以享有，借用人、承租人等使用人并不享有。本题中，苏小妹是该房的承租人，并非业主，不得行使业主的知情权，选项 C 错误。

　　选项 D 考查业主大会的职权。《民法典》第 278 条第 1 款规定："下列事项由业主共同决定：……（四）选聘和解聘物业服务企业或者其他管理人；……"据此可知，解聘物业服务企业是业主大会的职权之一，而只有业主才能参加业主大会并行使表决权，承租人并非业主，其无权参加业主大会，也无权行使业主的表决权。本题中，苏小妹作为承租人无权参与解聘物业服务企业的表决。选项 D 正确。

　　8. 答案：C　　难度：中

　　考点：抵押权与租赁权并存、担保物权的竞合、动产质权

　　命题和解题思路：本题将担保物权制度中的多个考点融合在一起考查，带有一定的综合性。在审题环节，考生应结合题干与四个选项的表述识别出每个选项所考查的考点。对于选项 A 涉及的先租赁后抵押的问题，考生需要牢记一点，即租赁权超出债权之外的对抗效力都是基于承租人对租赁物的占有。对于选项 B 涉及的担保物权竞合问题，考生需要掌握现行法上的担保物权竞合顺位规则，特别是意定担保物权的竞合，原则上以公示为准排序即可。选项 C 涉及动产质权的成立问题，考生不仅需要掌握哪些交付方式可以设立动产质权，同时也需要掌握各种不同交付方式下质权设立的时点。原则上动产质权人在质权存续期间并没有使用质押财产的权利，除非经过出质人同意。

　　【选项分析】选项 A 考查抵押权与租赁权并存，具体涉及先租赁后抵押的情形。本题中，甲、乙双方在 2 月 5 日通过以物抵债的方式建立租赁关系，而 A 设备的抵押权则于 2 月 7 日设立。《民法典》第 405 条规定："抵押权设立前，抵押财产已经出租并转移占有的，原租赁关系不受该抵押权的影响。"据此可知，先成立的租赁权能够对抗抵押权的前提是承租人已经取得租赁物的占有，本题中抵押权于 2 月 7 日成立，且于当日登记，而承租人取得租赁物的占有在后（2 月 9 日），因此丙的抵押权可以对抗租赁权。选项 A 错误。

选项 B 考查担保物权的竞合。《民法典》第 415 条规定："同一财产既设立抵押权又设立质权的，拍卖、变卖该财产所得的价款按照登记、交付的时间先后确定清偿顺序。"据此可知，动产抵押权与动产质权竞合时的顺位直接依据公示先后判断即可，丙的抵押权于 2 月 7 日登记公示，早于交付时点，因此丙的抵押权优先于丁的质权。选项 B 错误。

选项 C 考查动产质权的设立。《民法典》第 429 条规定："质权自出质人交付质押财产时设立。"该条中的交付包括现实交付、简易交付与指示交付（返还请求权让与），不包括占有改定。在指示交付的情况下，通说认为动产质权自返还请求权让与通知到达动产直接占有人时设立，在本题中即 2 月 13 日。因此，丁的质权于 2 月 13 日设立。选项 C 正确。

选项 D 考查动产质权当事人的权利和义务。《民法典》第 431 条规定："质权人在质权存续期间，未经出质人同意，擅自使用、处分质押财产，造成出质人损害的，应当承担赔偿责任。"据此可知，尽管动产质权人可以对质押财产实施有权占有，但其并无权利使用质押财产，若使用质押财产须经出质人同意。在本题中，丁使用 A 设备应经出质人甲的同意，而非抵押权人丙的同意。选项 D 错误。

9. 答案：D　难度：中

考点：不当得利、善意取得、著作权侵权行为、返还原物

命题和解题思路：近年来民法客观题考试的命题趋势之一就是偶尔出现民法与其他学科（民事诉讼法、行政法、知识产权法等）的交叉命题。本题就是典型的民法与知识产权法的融合题，需要考生将民法知识与著作权法的知识融合运用。解答本题的难点在于从民法与著作权法两个不同视角去观察《秋韵》。从民法的角度，《秋韵》是作品的载体，属于普通动产，其所有权归属、变动以及相关的交易规则，适用物权法以及合同法的相关规定。例如，陆某将该载体赠与吴某后，吴某即取得其所有权，并可合法地实施转让等处分行为；从著作权法的视角，《秋韵》属于作品，兼有文字作品与美术作品的双重性质，受著作权法保护，其著作权由作者陆某享有。由于《秋韵》有美术作品的性质，展览权是其著作权内容之一。值得注意的是，《著作权法》对美术作品原件的展览权归属有特殊规定，考生需要掌握该特殊规定。

【选项分析】本题的四个选项中，选项 A、B、D 与民法知识相关；选项 C 与著作权法的知识相关。先分析民法的相关选项。

选项 A 考查不当得利。《民法典》第 985 条规定，得利人没有法律根据取得不当利益的，受损失的人可以请求得利人返还取得的利益。据此结合本题，陆某应好友吴某之邀，以"陆体"创作诗歌《秋韵》，并将其赠与吴某，吴某据此取得《秋韵》这一作品载体的所有权，其将《秋韵》卖给梁某属于有权处分，所获得的对价 10 万元并非不当得利，陆某无权请求返还。选项 A 错误。

选项 B 考查善意取得。依据《民法典》第 311 条，善意取得以让与人无权处分为前提。本题中，吴某将该幅书法作品以 10 万元的价格卖给梁某并交付，属于有权处分，不符合善意取得制度适用的前提条件，梁某是通过有效的买卖合同与交付行为取得《秋韵》所有权的。选项 B 错误。

选项 D 考查返还原物请求权。《民法典》第 235 条规定："无权占有不动产或者动产的，权利人可以请求返还原物。"据此可知，返还原物请求权的构成要件有二：（1）请求方为物

权人；（2）相对方为无权占有人。本题中，梁某通过有效的买卖合同与交付行为取得《秋韵》的所有权，对《秋韵》属于有权占有，陆某尽管是《秋韵》这一作品的著作权人，但已经不是《秋韵》这一作品载体的所有权人。因此，陆某无权请求梁某返还《秋韵》。选项D正确。

选项C考查著作权侵权行为。《秋韵》这一作品首先是一首诗歌，属于文字作品，同时，由于陆某书法造诣深厚，独创字体"陆体"，表明陆某的书法具有独创性，具有美术作品的性质。美术作品的特殊性之一在于其著作权中包含展览权的内容（《著作权法》第10条第1款第8项）。《著作权法》第20条规定："作品原件所有权的转移，不改变作品著作权的归属，但美术、摄影作品原件的展览权由原件所有人享有。作者将未发表的美术、摄影作品的原件所有权转让给他人，受让人展览该原件不构成对作者发表权的侵犯。"据此可知，美术作品原件的展览权由原件所有人享有。本题中，作为美术作品的《秋韵》，其展览权由原件的所有人梁某享有。因此，梁某在某次书画作品展中将其展出，并未侵犯陆某的展览权。选项C错误。

10. 答案：D　难度：中

考点：侵权责任的基本构成要件；教唆、帮助行为

命题和解题思路： 结合题干与选项表述不难推断，本题考查的核心问题是侵权责任的成立。不过，由于命题人在题干部分增加了教唆的事实因素，考生需要准确分析：对于乙的人身损害，侵权责任的成立是按照一般侵权的规则分析还是按照教唆侵权的规则分析。对此考生需要注意，教唆侵权属于有意思联络的侵权，以教唆这一意思联络为前提，本题中，甲只教唆了丙，但并未教唆丁，对于乙的人身损害，甲、丁二人不构成教唆侵权。

【选项分析】《民法典》第1169条规定："教唆、帮助他人实施侵权行为的，应当与行为人承担连带责任。教唆、帮助无民事行为能力人、限制民事行为能力人实施侵权行为的，应当承担侵权责任；该无民事行为能力人、限制民事行为能力人的监护人未尽到监护职责的，应当承担相应的责任。"该条所规定的教唆侵权，以教唆这一意思联络为前提，否则要求当事人承担连带责任是不正当的。本题中，甲对丙存在教唆行为，若丙遵从甲的教唆打伤乙，则甲与丙成立教唆侵权，需对乙的人身损害承担连带责任。但本题中实施加害行为的主体是丁，甲并未对丁实施教唆行为，因此对于丁实施的侵权行为，甲无需承担责任。选项A、B、C均错误。

综上，本题中丁对乙实施的殴打行为，相应的法律后果应由丁一人承担。《民法典》第1165条第1款规定："行为人因过错侵害他人民事权益造成损害的，应当承担侵权责任。"该条款是一般侵权的规范依据，丁故意实施殴打行为导致乙人身损害，符合侵权责任的成立要件，需对乙的人身损害承担侵权责任。选项D正确。

11. 答案：A　难度：难

考点：抵押权的实现、租赁合同、担保物权的消灭、债权人代位权

命题和解题思路： 本题较为巧妙地将担保物权制度中的知识点与债法上的知识点融合在一起考查，显示出综合性，颇具难度。就题干部分而言，本题中的抵押权所担保的主债权较为特殊，是租赁合同中的租金债权，而非常见的借款债权，考生在理解这一担保结构时需要结合租赁合同作为继续性合同的特性。在此基础上，本题也穿插了转租这一法律事实，在一定程度上增加了试题难度，考生需要区分经出租人同意的转租与未经出租人同意的转租，二者的法律效果有所不同。

【选项分析】选项A考查抵押权实现的条件。结合题干事实与《民法典》第402条，甲对 B 房的抵押权已经成立。《民法典》第 394 条第 1 款规定："为担保债务的履行，债务人或者第三人不转移财产的占有，将该财产抵押给债权人的，债务人不履行到期债务或者发生当事人约定的实现抵押权的情形，债权人有权就该财产优先受偿。"据此可知，现行法明确允许当事人约定抵押权的实现条件，这也是贯彻私法自治原则的体现。本题中，当事人明确约定抵押权实现的条件是"乙迟延履行的租金累计达到 6 万元"，2021 年 4 月，乙已有 3 万元租金到期未付，并未满足当事人约定的条件，此时债权人甲无权行使 B 房的抵押权。选项 A 正确。

选项 B 考查租赁合同中次承租人的代为履行权。《民法典》第 719 条规定："承租人拖欠租金的，次承租人可以代承租人支付其欠付的租金和违约金，但是转租合同对出租人不具有法律约束力的除外。次承租人代为支付的租金和违约金，可以充抵次承租人应当向承租人支付的租金；超出其应付的租金数额的，可以向承租人追偿。"据此，乙经甲同意将 A 房转租给丙，在承租人乙拖欠租金时，次承租人丙有权代为履行租金和违约金的权利。不过，这是次承租人的权利，其可以选择行使，也可以选择不行使，出租人甲无权请求次承租人丙代为履行租金支付义务。选项 B 错误。

选项 C 考查担保物权的消灭。《民法典》第 393 条规定："有下列情形之一的，担保物权消灭：（一）主债权消灭；（二）担保物权实现；（三）债权人放弃担保物权；（四）法律规定担保物权消灭的其他情形。"选项 C 可能涉及的消灭事由是主债权消灭。如果丙代乙支付租金，则已经欠付的租金债权消灭，但甲、乙之间的租赁合同仍在，租赁合同是继续性合同，随着租赁的持续，会继续产生新的租金债权，而 B 房的抵押权所担保的是整体的甲、乙之间的租金债权，而非某个特定时间段的租金债权，因此即使已经欠付的租金债权消灭，B 房的抵押权也并不消灭，仍为担保将来发生的租金债权而存在，因此乙无权请求注销抵押权登记。选项 C 错误。

选项 D 考查债权人代位权。《民法典》第 535 条第 1 款规定："因债务人怠于行使其债权或者与该债权有关的从权利，影响债权人的到期债权实现的，债权人可以向人民法院请求以自己的名义代位行使债务人对相对人的权利，但是该权利专属于债务人自身的除外。"据此，尽管甲与乙、乙与丙之间的租金债权均到期，但乙未向丙行使到期租金债权，并未影响债权人甲的租金债权的实现，原因在于：甲的租金债权上有充分的担保，即 B 房的抵押权，即使乙怠于行使其对丙的租金债权，甲也无权行使债权人代位权。选项 D 错误。

12. 答案：C　难度：中

考点：用人者责任、林木折断损害责任

命题和解题思路：本题将侵权法上的用人者责任与林木折断损害责任融合在一起考查，需要考生准确分析对于孙某医药费的赔偿问题，应适用何种侵权类型下的具体规则。考生在解题时需要注意，尽管孙某的人身损害是林木折断后砸中所致，但该折断完全是人为的，不应适用林木折断损害责任的规定，而应按照用人者责任的相关规则展开分析。

【选项分析】作为单选，本题涉及的核心问题只有一个，即孙某的医药费应由何人赔偿。首先需要排除林木折断损害责任的适用。《民法典》第 1257 条规定："因林木折断、倾倒或者果实坠落等造成他人损害，林木的所有人或者管理人不能证明自己没有过错的，应当承担侵权责任。"该条所规定的林木折断损害责任情形，所涉及的是林木的所有人或者管理人未尽管理、安全防护职责所致，而本题中林木的折断完全是钱某修剪所致，不应适用《民法典》第 1257 条。

乙公司的员工钱某在修剪时不慎折断树枝后砸中路人孙某，致其受伤，钱某的侵权责任

成立，不难判断。需要注意的是，钱某是乙公司的员工，可能涉及乙公司承担用人者责任。《民法典》第1191条第1款规定："用人单位的工作人员因执行工作任务造成他人损害的，由用人单位承担侵权责任。用人单位承担侵权责任后，可以向有故意或者重大过失的工作人员追偿。"据此，钱某作为乙公司的员工，在执行工作任务时造成孙某人身损害，应由乙公司为孙某的人身损害承担无过错的替代责任，钱某无需向孙某赔偿。

此外还需分析的是甲公司是否需承担责任。甲公司委托乙公司修剪树木，结合《民法典》第770条，双方之间的合同类型应属于承揽合同。《民法典》第1193条规定："承揽人在完成工作过程中造成第三人损害或者自己损害的，定作人不承担侵权责任。但是，定作人对定作、指示或者选任有过错的，应当承担相应的责任。"据此，定作人甲公司仅在有定作、指示或者选任过错时承担责任，但题干中明确交代乙公司从业多年，甲公司委托乙公司修剪，并无过错，因此甲公司无需为孙某的人身损害承担责任。综上，选项ABD错误，选项C正确。

13. 答案：D　难度：中

考点：可撤销的民事法律行为、合同的成立、惩罚性赔偿

命题和解题思路：本题以一份钻戒的网购合同为基础事实，将合同的效力判断问题、成立时点问题以及惩罚性赔偿问题融合在一起考查。对于选项A，考生在方法上需要审查现行法上的各可撤销事由，结合题干事实分析是否构成。对于选项B，考生需要熟悉一些细节性的知识点，即各种不同订立方式下合同的成立时点。对于惩罚性赔偿问题，尽管《消费者权益保护法》规定惩罚性赔偿数额不足500元时，为500元，但该规定允许经营者承诺负担更重的惩罚性赔偿责任。

【选项分析】选项A考查可撤销的民事法律行为。《民法典》第148条规定："一方以欺诈手段，使对方在违背真实意思的情况下实施的民事法律行为，受欺诈方有权请求人民法院或者仲裁机构予以撤销。"《民法典总则编解释》第21条规定："故意告知虚假情况，或者负有告知义务的人故意隐瞒真实情况，致使当事人基于错误认识作出意思表示的，人民法院可以认定为民法典第一百四十八条、第一百四十九条规定的欺诈。"本题中，黄某明知其售卖的钻戒并非真钻戒，而是塑料材质，仍欺骗消费者其为真钻戒，实施了欺诈行为，梁某基于该欺诈行为与黄某订立了钻戒买卖合同。梁某有权依据《民法典》第148条撤销该钻戒买卖合同。不过，梁某应向出卖人黄某撤销该合同，而非向平台方抖乐平台撤销，选项A错误。

选项B考查合同的成立。《民法典》第491条第2款规定："当事人一方通过互联网等信息网络发布的商品或者服务信息符合要约条件的，对方选择该商品或者服务并提交订单成功时合同成立，但是当事人另有约定的除外。"据此可知，通过信息网络订立合同时，合同自提交订单成功时成立。《民法典》第502条第1款规定："依法成立的合同，自成立时生效，但是法律另有规定或者当事人另有约定的除外。"据此，依法成立的合同原则上自成立时生效，本题中双方的合同并无特别的生效要件，因此自成立时即生效。选项B错误。

选项C与选项D均考查惩罚性赔偿。《消费者权益保护法》第55条第1款规定："经营者提供商品或者服务有欺诈行为的，应当按照消费者的要求增加赔偿其受到的损失，增加赔偿的金额为消费者购买商品的价款或者接受服务的费用的三倍；增加赔偿的金额不足五百元的，为五百元。法律另有规定的，依照其规定。"据此可知，经营者欺诈情形下的惩罚性赔偿最低数额为500元。不过该条并不禁止经营者作出更重的惩罚性赔偿承诺。本题中，黄某售卖的钻戒价格为9.9元，但承诺假一罚1000，该惩罚性赔偿的承诺高于500元，是有效的，应以黄某的承诺为准。因此，梁某有权请求黄某支付1000元的惩罚性赔偿。选项C错

误，选项 D 正确。

14. 答案：C　难度：中

考点：可撤销婚姻、诉讼离婚、离婚损害赔偿请求权

命题和解题思路：本题围绕婚姻家庭法而展开，涉及这一领域中的多个细节性知识，需要考生在复习时对相关知识点准确掌握。对于彩礼的返还问题，《民法典婚姻家庭编解释（一）》作出了初步规定，最高人民法院新颁布的《彩礼纠纷规定》作出了进一步的具体规定，考生需将二者结合起来分析。对于结婚行为的效力判断，考生应注意其效力瑕疵事由的封闭性，即原则上无需考虑适用《民法典》总则编关于民事法律行为效力瑕疵制度。对于诉讼离婚，考生需要注意调解是必经的程序环节，即使存在应准予离婚的法定事由，法院也应先调解，在调解无效时准予离婚。

【选项分析】 选项 A 考查彩礼的返还问题。《民法典婚姻家庭编解释（一）》第 5 条第 1 款规定："当事人请求返还按照习俗给付的彩礼的，如果查明属于以下情形，人民法院应当予以支持：（一）双方未办理结婚登记手续；……"《彩礼纠纷规定》第 6 条规定："双方未办理结婚登记但已共同生活，一方请求返还按照习俗给付的彩礼的，人民法院应当根据彩礼实际使用及嫁妆情况，综合考虑共同生活及孕育情况、双方过错等事实，结合当地习俗，确定是否返还以及返还的具体比例。"据此可知，对于未办理结婚登记但已共同生活的情形，彩礼的返还需要人民法院衡量多个因素后决定返还的比例。结合题干部分的相关信息，乙男无权请求甲女的父母返还全部彩礼。选项 A 中的"全部"二字过于绝对，并不正确。选项 A 错误。

选项 B 考查可撤销婚姻。《民法典》婚姻家庭编仅规定了两种婚姻的可撤销事由：胁迫与一方婚前隐瞒重大疾病，本题涉及的事实因素是甲女隐瞒与乙男同居的经历，这一欺诈行为不是婚姻行为的可撤销事由，丙男无权据此撤销婚姻关系。选项 B 错误。

选项 C 考查离婚损害赔偿请求权。《民法典》第 1091 条规定了离婚时无过错方的损害赔偿请求权，该请求权的主张原则上以离婚为前提。《民法典婚姻家庭编解释（一）》第 87 条第 3 款规定："在婚姻关系存续期间，当事人不起诉离婚而单独依据民法典第一千零九十一条提起损害赔偿请求的，人民法院不予受理。"据此，若甲女起诉丙男损害赔偿但不起诉离婚，人民法院不予受理。选项 C 正确。

选项 D 考查诉讼离婚。《民法典》第 1079 条第 2 款规定："人民法院审理离婚案件，应当进行调解；如果感情确已破裂，调解无效的，应当准予离婚。"据此可知，调解是法院审理离婚案件时的必经程序，即使存在《民法典》第 1079 条第 3 款规定的法定事由，法院也应先调解，调解无效时才准予离婚。选项 D 错误。

二、多项选择题

1. 答案：BD　难度：中

考点：姓名权、肖像权、隐私权、名誉权

命题和解题思路：本题自 2023 年上半年的一则社会热点事件改编而来，从四个选项的表述来看，本题围绕人格权制度而展开，侧重于考查人格权侵权，具体涉及四种人格权——姓名权、肖像权、隐私权与名誉权。解答本题时，考生不仅需要明确这四种人格权的含义及其保护的权利客体，而且需要掌握侵害各种人格权的典型情形。

【选项分析】 选项 A 考查姓名权。《民法典》第 1012 条规定："自然人享有姓名权，有权依法决定、使用、变更或者许可他人使用自己的姓名，但是不得违背公序良俗。"《民法

典》第 1014 条规定："任何组织或者个人不得以干涉、盗用、假冒等方式侵害他人的姓名权或者名称权。"据此，甲女并无干涉、盗用、假冒等方式侵害乙男姓名权的行为，因此不构成对乙男姓名权的侵害。选项 A 错误。

选项 B 考查肖像权。《民法典》第 1019 条规定："任何组织或者个人不得以丑化、污损，或者利用信息技术手段伪造等方式侵害他人的肖像权。未经肖像权人同意，不得制作、使用、公开肖像权人的肖像，但是法律另有规定的除外。未经肖像权人同意，肖像作品权利人不得以发表、复制、发行、出租、展览等方式使用或者公开肖像权人的肖像。"据此，甲女未经乙男的同意对乙男进行拍照，并在网络平台上公开该照片，属于对乙男肖像权的侵害行为。选项 B 正确。

选项 C 考查隐私权。依据《民法典》第 1032 条第 2 款，隐私是自然人的私人生活安宁和不愿为他人知晓的私密空间、私密活动、私密信息。《民法典》第 1033 条规定："除法律另有规定或者权利人明确同意外，任何组织或者个人不得实施下列行为：（一）以电话、短信、即时通讯工具、电子邮件、传单等方式侵扰他人的私人生活安宁；（二）进入、拍摄、窥视他人的住宅、宾馆房间等私密空间；（三）拍摄、窥视、窃听、公开他人的私密活动；（四）拍摄、窥视他人身体的私密部位；（五）处理他人的私密信息；（六）以其他方式侵害他人的隐私权。"本题中，乙男乘坐地铁时被甲女拍摄的照片，并不构成乙男的私密信息，甲女将该照片公开的行为也并未侵犯其隐私权。选项 C 错误。

选项 D 考查名誉权。依据《民法典》第 1024 条第 2 款，名誉是对民事主体的品德、声望、才能、信用等的社会评价。《民法典》第 1024 条第 1 款规定："民事主体享有名誉权。任何组织或者个人不得以侮辱、诽谤等方式侵害他人的名誉权。"本题中，乙男并未实施偷拍行为，在此事实基础上，甲女捏造事实，并散布乙男是"偷窥狂""猥琐男"，导致乙男的社会评价降低，属于侵害乙男名誉权的行为。选项 D 正确。

2. 答案：BC　难度：中

考点：添附

命题和解题思路：本题围绕物权法中的添附制度展开，具体涉及其中的混合。解答本题的关键在于，考生要准确解读题干事实，识别出刘某与胡某的蟹苗发生了混合，并在此基础上结合添附制度中的相关规则进行分析。其中涉及的核心问题是，刘某水塘里的蟹苗流入胡某的水塘后，二人对蟹苗的所有权发生何种变化，是维持原来各自所有的状态，还是形成按份共有，抑或是其他形态。在明确二人对混合后的蟹苗形成按份共有后，考生需结合按份共有中共有物的分割规则分析刘某是否有权请求分割。

【选项分析】结合题干来看，刘某水塘里的蟹苗流入胡某的水塘，使得二人的蟹苗混合在一起难以区分，构成混合这一添附的具体类型。尽管《民法典》第 322 条对添附作出了集中规定，但添附后添附物的归属等问题并无明确的规则指引，需要结合学理通说分析。通行见解认为，发生混合时，混合物的归属应以混合时的价值形成按份共有，因此刘某与胡某对混合后的蟹苗按照混合时的价值形成按份共有，刘某原蟹苗的所有权转化为共有份额，其不能再基于所有权请求胡某返还蟹苗。选项 D 错误，选项 B 正确。

刘某与胡某的蟹苗发生混合，并非胡某的行为所致，而是突然天降暴雨（不可抗力）所致。此外，刘某的蟹苗所有权转化为共有份额，尽管所有权发生了形态转换，但财产利益上并未受到损失，因此刘某无权请求胡某赔偿蟹苗的损失。选项 A 错误。

《民法典》第 303 条规定："共有人约定不得分割共有的不动产或者动产，以维持共有关系的，应当按照约定，但是共有人有重大理由需要分割的，可以请求分割；没有约定或者约定不明确的，按份共有人可以随时请求分割，共同共有人在共有的基础丧失或者有重大理由需要分割时可以请求分割。因分割造成其他共有人损害的，应当给予赔偿。"据此可知，在按份共有的情形下，如果没有禁止/限制分割的约定，各按份共有人都享有随时请求分割的权利，即每个按份共有人都有权随时请求结束共有关系。因此，本题中刘某有权请求分割胡某水塘里的蟹苗。选项 C 正确。

3. **答案：ABC** **难度：难**

考点：通谋虚假行为、恶意串通行为、债权人撤销权、赠与合同

命题和解题思路：本题将《民法典》总则编中的两项民事法律行为的无效事由——通谋虚假行为与恶意串通行为融合在一起考查，同时兼顾债权人撤销权以及赠与合同的考查，颇有难度。审题时，考生在题干部分需抓住"假签"这一题眼，进而分析甲、丙之间借款合同、还款协议的性质与效力。对于通谋虚假行为，考生应准确识别哪个是表面行为，哪个是隐藏行为；对于代表当事人真意的隐藏行为，考生仍应结合民事法律行为的效力瑕疵制度进行分析，进而确定其效力。债务人实施的债权诈害行为有时也构成恶意串通行为，此时应允许债权人选择救济方式，其有权撤销债务人的债权诈害行为，也可以主张确认该债权诈害行为无效。

【选项分析】选项 A 考查通谋虚假行为。通谋虚假行为是指行为人与相对人通谋（双方虚假），以虚假意思表示实施的民事法律行为。《民法典》第 146 条对此作出了明确规定。本题中，甲为了避免名下的 A 房被执行，与丙商议后假签了两份合同，一份数额为 80 万的借款合同，另一份为以 A 房抵债的还款协议。借款合同与还款协议都是在二人通谋之下签订，且二人均无借款、还款的意思，因此借款合同与还款协议都是通谋虚假行为，二人真实的意思（隐藏行为）是实施财产的无偿转移——赠与。选项 A 正确。

选项 B 考查恶意串通行为。上文已经分析指出，甲、丙之间名为借款，实为赠与，借款合同与还款协议都是表面行为，是无效的（《民法典》第 146 条第 1 款），赠与合同作为隐藏行为，其效力如何需要结合民事法律行为效力瑕疵制度判断。《民法典》第 154 条规定："行为人与相对人恶意串通，损害他人合法权益的民事法律行为无效。"据此，甲、丙之间隐藏的赠与合同，其核心法律目的是侵害债权人乙债权的实现，构成恶意串通行为，乙有权主张甲与丙之间的赠与合同无效。选项 B 正确。

选项 C 考查债权人撤销权。《民法典》第 538 条规定："债务人以放弃其债权、放弃债权担保、无偿转让财产等方式无偿处分财产权益，或者恶意延长其到期债权的履行期限，影响债权人的债权实现的，债权人可以请求人民法院撤销债务人的行为。"该条规定了无偿债权诈害行为时债权人的撤销权。据此，甲与丙之间实施无偿的财产转让行为，导致乙的借款债权难以实现，乙有权基于该条请求撤销甲、丙之间的赠与合同。选项 C 正确。

选项 D 考查赠与合同，具体涉及赠与人的任意撤销权。《民法典》第 658 条规定："赠与人在赠与财产的权利转移之前可以撤销赠与。经过公证的赠与合同或者依法不得撤销的具有救灾、扶贫、助残等公益、道德义务性质的赠与合同，不适用前款规定。"该条规定了赠与人的任意撤销权。赠与人的任意撤销权以赠与合同有效为前提，而甲、丙之间的赠与合同因构成恶意串通行为，是无效的，并且甲与丙已经就 A 房办理了转移登记，甲无权主张任意撤销权。选项 D 错误。

4. **答案：ABC** **难度：中**

考点：抵押权的设定、借款合同

命题和解题思路：本题以较为常规的"借款+抵押"事实结构作为基础，将借款合同与

抵押权设定中的几个知识点融合在一起考查，有一定难度，特别是选项 B 涉及不动产登记法上的双方申请原则，需要考生对不动产登记制度的运作机制有一定了解。选项 AD 与借款合同的知识点相关，分析选项 A 时考生要区分自然人之间的借贷与非自然人之间的借贷，只有前者是实践合同。分析选项 D 时，考生需要明确借款人有按照合同约定用途使用借款的义务，如果擅自改变借款的用途，贷款人可以采取一定的救济手段。选项 C 则涉及不动产抵押权的成立时点，难度不大。

【选项分析】 选项 A 与选项 D 均考查借款合同。《民法典》第 679 条规定："自然人之间的借款合同，自贷款人提供借款时成立。"该条将自然人之间的借款合同界定为实践合同，但非自然人之间的借款为诺成合同，原则上自合同成立时生效，本题中的《借款合同》属于非自然人之间的借款合同，属于诺成合同。选项 A 错误，当选。

《民法典》第 673 条规定："借款人未按照约定的借款用途使用借款的，贷款人可以停止发放借款、提前收回借款或者解除合同。"据此可知，借款人有按照借款合同约定的用途使用借款的义务，如有违反，贷款人有权采取停止发放借款、提前收回借款或者解除合同的救济手段。本题中，《借款合同》约定的借款是用于"浩然风景"工程项目的建设，如果甲公司以该笔借款开发新能源车，则贷款人乙银行有权停止发放借款。选项 D 正确，不当选。

选项 B 考查不动产登记制度中的双方申请原则。《不动产登记暂行条例》第 14 条第 1 款规定："因买卖、设定抵押权等申请不动产登记的，应当由当事人双方共同申请。"据此，不动产登记奉行双方申请原则，乙银行无权单方申请不动产登记机构办理抵押权登记。选项 B 错误，当选。

选项 C 考查抵押权的设立时点。《民法典》第 402 条规定："以本法第三百九十五条第一款第一项至第三项规定的财产或者第五项规定的正在建造的建筑物抵押的，应当办理抵押登记。抵押权自登记时设立。"据此可知，不动产抵押权原则上自登记时设立。本题中，当事人尚未办理抵押权登记，抵押权尚未成立，乙银行自然无权就该建设用地使用权变价优先受偿。选项 C 错误，当选。

5. **答案：ABC   难度：难**

考点： 遗嘱的撤回、无效遗嘱、遗嘱继承、返还原物、买卖不破租赁

命题和解题思路： 本题带有综合性，四个选项所涉及的考点横跨物权法、合同法与继承法，需要考生综合运用相关知识点分析解答，颇具难度。考生在审题时需要找到合适的分析切入点，由于本题的相关问题都与 A 房、B 房的归属以及遗嘱 X、遗嘱 Y 的效力相关，因此考生不妨将其作为切入点，先判断两份遗嘱的效力，在此基础上分别分析 A 房、B 房的归属情况。对于遗嘱 X 是否被部分撤回的问题，考生需要判断刘老汉将 A 房租给甲公司这一行为是否与遗嘱 X 存在冲突，事实上其并不影响刘大继承 A 房，二者并无抵触。对于遗嘱 Y 的效力判断，考生需紧扣遗嘱 Y 是伪造的这一关键事实，结合现行法上关于伪造遗嘱效力的规则判断。选项 C 所涉及的问题是买卖不破租赁规则在继承领域的适用，需要考生更加准确地掌握买卖不破租赁规则的原理。分析选项 D 时，考生需先确定 B 房的所有权归属，尤其是李某能否善意取得，在此基础上结合返还原物请求权（《民法典》第 235 条）的构成要件分析。

【选项分析】 选项 A 考查遗嘱的撤回。《民法典》第 1142 条第 2 款规定："立遗嘱后，遗嘱人实施与遗嘱内容相反的民事法律行为的，视为对遗嘱相关内容的撤回。"结合本题，需要分析刘老汉将 A 房租给甲公司这一行为是否与遗嘱 X 存在冲突。刘老汉将 A 房租给甲公司，并不会改变 A 房的归属，进而也不会影响刘大继承 A 房，因此刘老汉将 A 房租给甲

公司这一行为与遗嘱 X 并无冲突，换言之，遗嘱 X 并未被撤回。选项 A 错误，当选。

选项 B 考查无效遗嘱。《民法典》第 1143 条规定："无民事行为能力人或者限制民事行为能力人所立的遗嘱无效。遗嘱必须表示遗嘱人的真实意思，受欺诈、胁迫所立的遗嘱无效。伪造的遗嘱无效。遗嘱被篡改的，篡改的内容无效。"该条规定了遗嘱的多个无效事由：(1) 遗嘱人欠缺民事行为能力；(2) 欺诈；(3) 胁迫；(4) 伪造遗嘱；(5) 篡改遗嘱。本题中，遗嘱 Y 是刘老汉的女儿刘美伪造的，该遗嘱无效，而非不成立。选项 B 错误，当选。

选项 C 考查买卖不破租赁。《民法典》第 725 条规定："租赁物在承租人按照租赁合同占有期限内发生所有权变动的，不影响租赁合同的效力。"该条规定了所谓的买卖不破租赁规则。买卖不破租赁是一种约定俗成的称呼，并不意味着只有租赁期间租赁物买卖时，租赁合同才不受影响，不论是买卖、赠与还是继承、遗赠，都不影响租赁合同。本题中，刘老汉死亡后，A 房由其儿子刘大继承，发生 A 房的所有权变动，但该变动不影响租赁合同的效力，因此刘大仍需作为出租人受该租赁合同的约束，其自然无权请求甲公司返还 A 房。选项 C 错误，当选。

选项 D 考查返还原物。由于遗嘱 Y 因伪造而无效，B 房在刘老汉死后应依据遗嘱 X 由刘大继承，所有权在刘老汉死亡时移转，刘美将该房卖给李某属于无权处分，需要分析李某是否能善意取得。《民法典物权编解释（一）》第 15 条第 1 款规定："具有下列情形之一的，应当认定不动产受让人知道转让人无处分权：（一）登记簿上存在有效的异议登记；……"据此结合《民法典》第 311 条关于善意取得的规定可知，由于 B 房的登记簿上已有异议登记，买受人李某无法构成善意，其不能善意取得，因此 B 房仍属于刘大所有，李某对 B 房的占有属于无权占有。依据《民法典》第 235 条，所有权人刘大有权请求李某返还 B 房。选项 D 正确，不当选。

6. 答案：AC　　难度：难

考点：债权人撤销权

命题和解题思路：从四个选项的表述不难推断本题考查的是债权人撤销权，考点较为集中。在审题环节，考生应按照时间线梳理甲公司实施的行为，并初步分析其法律性质。在判断债权人己公司能否撤销时，应区分有偿的债权诈害行为与无偿的债权诈害行为，二者对应的构成要件有所不同。有偿的债权诈害行为，为了保护交易相对方的信赖，债权人撤销权的构成需要主观要件，即债务人的相对方知道或应知。此外，考生需要注意两点：其一，即使是公益捐赠，如果满足债权人撤销权的构成要件，也可以撤销；其二，债务人向个别债权人清偿债务的行为属于债务人对自己财产的正当处分，如果不存在诈害债权的情节，则债权人无权干涉。

【选项分析】本题的四个选项都涉及债权人撤销权。选项 A 涉及的是甲公司实施的捐赠行为，其在民法上属于赠与合同。《民法典》第 538 条规定："债务人以放弃其债权、放弃债权担保、无偿转让财产等方式无偿处分财产权益，或者恶意延长其到期债权的履行期限，影响债权人的债权实现的，债权人可以请求人民法院撤销债务人的行为。"甲公司实施的捐赠行为就是该条中的"无偿转让财产"这一情形，由此影响债权人己公司的债权实现，己公司有权撤销该赠与。需要指出的是，尽管甲公司实施的是公益捐赠行为，但公益捐赠只是排除赠与人的任意撤销权，其并不能排除债权人撤销权的适用，影响债权实现时，债权人仍然可以主张撤销。选项 A 当选。

选项 B 涉及的是甲公司实施的保证行为。《民法典》第 539 条规定："债务人以明显不合理的低价转让财产、以明显不合理的高价受让他人财产或者为他人的债务提供担保，影响债权人的债权实现，债务人的相对人知道或者应当知道该情形的，债权人可以请求人民法院撤销债务人的行为。"甲公司为丙公司的债务提供连带保证，属于该条中的"为他人的债务提供担保"这一情形，此种情形下的债权人撤销权需要满足主观要件，即债务人的相对人知道或者应当知道该情形，但本题中丙公司的债权人并不知情，主观要件并不满足，己公司无权请求撤销保证合同。选项 B 不当选。

选项 C 涉及的是甲公司与丁公司之间的抵债协议。甲公司以价值 160 万元的设备折抵 80 万元的到期货款债权，属于《民法典》第 539 条中规定的"以明显不合理的低价转让财产"这一情形，属于有偿的债权诈害行为之一。结合题干信息，丁公司对甲、己两家之间的债务情况及该债权诈害行为可能影响己公司债权的实现是知情的，故己公司有权请求撤销抵债协议。选项 C 当选。

选项 D 涉及的是甲公司对个别债权人的债务履行行为。2020 年 4 月，甲公司向戊公司支付到期货款 50 万元，这是正常的债务履行行为，并无无偿转让财产、以明显不合理的低价转让财产、以明显不合理的高价受让他人财产等情节，其并非债权诈害行为，而是债务人甲公司对自己财产合法处分的行为，己公司自然无权撤销。选项 D 不当选。需要补充说明的是，《企业破产法》第 32 条规定了人民法院受理破产申请前 6 个月内，债权人有权撤销债务人的个别清偿行为。但本题并不涉及破产情形，因此不能适用《企业破产法》第 32 条。

7. 答案：ABC   难度：难

考点：承揽合同、委托合同、违约责任、善意取得、占有的种类、返还原物

命题和解题思路：本题颇具综合性，涉及物权法与合同法上的多个考点，需要考生综合运用相关知识。本题的题干是较为常见的命题套路——以某个动产为核心按时间线设置多个法律事实（委托装裱、买卖、质押），此时考生应习惯性地结合时间线分析各个时间点之下《春树秋霜图》的归属，在此基础上分析四个选项。对于选项 A，考生除了分析判断乙是否存在违约行为、违约责任是否成立之外，也需要对甲乙二人的合同类型作出准确判断，尤其是需要区分委托合同与承揽合同。对于选项 B，考生首先需要确定丙将《春树秋霜图》质押给丁是有权处分还是无权处分，善意取得以无权处分为前提。对于选项 C，考生需要牢记各种占有分类的区分标准，特别是注意善意占有与恶意占有是关于无权占有的进一步分类。对于选项 D，考生紧扣《民法典》第 235 条中的返还原物请求权的构成要件分析即可。

【选项分析】选项 A 考查违约责任，同时也要求考生准确区分承揽合同与委托合同。甲藏有一幅《春树秋霜图》，委托乙装裱，尽管其中有委托二字，但甲乙二人的合同类型属于承揽合同，因为乙有义务按照甲的指示交付装裱后的工作成果，符合《民法典》第 770 条关于承揽合同的界定（加工情形）。《民法典》第 784 条规定承揽人有妥善保管工作成果的义务，本题中乙擅自将《春树秋霜图》转卖，显然属于违反承揽合同的违约行为，由此导致甲遭受财产损害，需要基于承揽合同向甲承担违约责任。选项 A 对违约责任的成立判断是正确的，但错误地界定了甲乙二人的合同类型。选项 A 错误，当选。

选项 B 考查善意取得。善意取得以无权处分为前提，因此首先需要分析丙将《春树秋霜图》质押给丁，是有权处分还是无权处分。这就涉及丙质押时《春树秋霜图》的归属。乙擅自将《春树秋霜图》卖给丙，构成无权处分，丙不知情，且双方约定了合理价格，并已经完成了现实交付，因此结合《民法典》第 311 条关于善意取得的规定，丙可以善意取得《春树秋霜图》。这也意味着丙将《春树秋霜图》质押给丁时属于有权处分，并无善意取得适用的空间。丁是基于有效的质押合同以及质押财产的交付（《民法典》第 429 条）取得《春树秋霜图》的质权。选项 B 错误，当选。需要进一步说明的是，有的考生可能会认为，乙与丙之

间约定乙再借用一周，这属于《民法典》第 228 条规定的占有改定，而占有改定是不符合动产善意取得要求的交付要件的，因此有的考生可能据此认为丙不能善意取得。在占有改定期间，丙确实不能善意取得，但本题中占有改定状态已经结束，乙已经将《春树秋霜图》现实交付丙，此时丙是可以善意取得的。

选项 C 考查占有的种类，具体涉及自主占有与他主占有、善意占有与恶意占有这两种分类。上文已经分析，丁已经取得《春树秋霜图》的质权，其并未以所有的意思占有该图，属于他主占有。此外，丁对《春树秋霜图》的占有存在占有权源，即质权，因此属于有权占有，而善意占有以无权占有为前提。选项 C 错误，当选。

选项 D 考查返还原物请求权。《民法典》第 235 条规定："无权占有不动产或者动产的，权利人可以请求返还原物。"据此，返还原物请求权须满足两个要件：（1）请求方为有占有权能的物权人；（2）相对方为现时的无权占有人。本题中，丙已经善意取得《春树秋霜图》，甲的所有权随之消灭。丁基于质权占有《春树秋霜图》，属于有权占有，返还原物请求权的构成要件并不满足，甲无权主张返还。选项 D 正确，不当选。

8. 答案：BCD　　难度：难

考点：宣告失踪、宣告死亡、遗产的概念与范围

命题和解题思路：本题围绕宣告失踪与宣告死亡这两个考点展开（选项 AB），兼顾考查继承法上的个别知识点（选项 CD）。本题题干部分涉及四个自然人，考生应先梳理其亲属关系。对于是否能对某个自然人宣告失踪或宣告死亡，考生不仅需要审查该自然人下落不明的期间是否满足要求，也要审查申请者是否有资格，尤其是在宣告死亡时，《民法典总则编解释》设置了较为复杂的规则，对利害关系人内部在一定程度上划分了顺位。选项 CD 带有一定的误导性，考生不能直接依据法定继承规则去分配死亡赔偿金，而应先判断该死亡赔偿金是否为张小杰的遗产，如果是遗产，才发生继承，如果不是遗产则不发生继承。

【选项分析】选项 A 与选项 B 考查宣告失踪与宣告死亡的关系。在解题时，应先分析宣告失踪与宣告死亡的前提是否都满足。《民法典》第 40 条规定："自然人下落不明满二年的，利害关系人可以向人民法院申请宣告该自然人为失踪人。"《民法典总则编解释》第 14 条规定："人民法院审理宣告失踪案件时，下列人员应当认定为民法典第四十条规定的利害关系人：（一）被申请人的近亲属；（二）依据民法典第一千一百二十八条、第一千一百二十九条规定对被申请人有继承权的亲属；（三）债权人、债务人、合伙人等与被申请人有民事权利义务关系的民事主体，但是不申请宣告失踪不影响其权利行使、义务履行的除外。"据此，张铁柱已经下落不明 4 年多，申请宣告其失踪者是张铁柱的配偶李淑娟，李淑娟是适格的申请者。《民法典》第 46 条第 1 款规定："自然人有下列情形之一的，利害关系人可以向人民法院申请宣告该自然人死亡：（一）下落不明满四年；（二）因意外事件，下落不明满二年。"《民法典总则编解释》第 16 条规定："人民法院审理宣告死亡案件时，被申请人的配偶、父母、子女，以及依据民法典第一千一百二十九条规定对被申请人有继承权的亲属应当认定为民法典第四十六条规定的利害关系人。符合下列情形之一的，被申请人的其他近亲属，以及依据民法典第一千一百二十八条规定对被申请人有继承权的亲属应当认定为民法典第四十六条规定的利害关系人：（一）被申请人的配偶、父母、子女均已死亡或者下落不明的；（二）不申请宣告死亡不能保护其相应合法权益的。被申请人的债权人、债务人、合伙人等民事主体不能认定为民法典第四十六条规定的利害关系人，但是不申请宣告死亡不能保护其相应合法权益的除外。"据此可知，张铁柱下落不明 4 年有余，申请其死亡者为朱美美，是其尽了主要赡养义务的丧偶儿媳。结合《民法典》第 1129 条与《民法典总则编解释》第

16 条，朱美美是申请宣告死亡的适格申请者。《民法典》第 47 条规定："对同一自然人，有的利害关系人申请宣告死亡，有的利害关系人申请宣告失踪，符合本法规定的宣告死亡条件的，人民法院应当宣告死亡。"据此，法院应判决宣告张铁柱死亡。选项 A 正确，不当选；选项 B 错误，当选。

选项 C 与选项 D 考查遗产的概念与范围。张小杰死亡时，其民事权利能力已经消灭，死亡赔偿金并非对张小杰的损害赔偿，而是针对张小杰的近亲属因受害人死亡导致的生活资源减少所承担的赔偿责任，即死亡赔偿金的权利主体是张小杰的近亲属，并非张小杰自身，因此死亡赔偿金并非张小杰的遗产，不发生继承。选项 CD 均错误，当选。

9. 答案：BCD　难度：难

考点：担保物权的竞合、所有权保留

命题和解题思路：从四个选项来看，本题围绕担保物权的竞合展开，同时兼顾所有权保留的考查。总体而言，本题颇具难度，因为其涉及了担保物权竞合领域的难点——购置款担保权超级优先规则。

【选项分析】首先需要明确的是，《民法典》及其司法解释采取了功能主义的进路，对所有权保留、融资租赁、保理等交易中具有担保功能的权利，将其作为非典型担保，与担保物权对标，使其在竞合顺位、担保权实现等问题方面适用同一套规则，因此，选项 B 与选项 C 中保留的所有权不妨将其看作担保物权，因此选项 ABC 涉及的都是担保物权竞合时的顺位问题。结合题干中购买新设备、交付后 10 日内已登记这样的事实因素，本题很可能涉及《民法典》第 416 条规定的购置款担保权超级优先规则。

《民法典》第 416 条规定："动产抵押担保的主债权是抵押物的价款，标的物交付后十日内办理抵押登记的，该抵押权人优先于抵押物买受人的其他担保物权人受偿，但是留置权人除外。"该条规定了购置款担保权的超级优先规则，旨在为已经设立浮动抵押担保的中小企业提供再融资的可能。由于已经设立动产浮动抵押担保的中小企业再融资的方式不止一种，《民法典担保制度解释》结合该条作出了进一步的细化规定。《民法典担保制度解释》第 57 条第 1 款规定："担保人在设立动产浮动抵押并办理抵押登记后又购入或者以融资租赁方式承租新的动产，下列权利人为担保价款债权或者租金的实现而订立担保合同，并在该动产交付后十日内办理登记，主张其权利优先于在先设立的浮动抵押权的，人民法院应予支持：（一）在该动产上设立抵押权或者保留所有权的出卖人；（二）为价款支付提供融资而在该动产上设立抵押权的债权人；（三）以融资租赁方式出租该动产的出租人。"据此，尽管甲公司已为乙银行设立了动产浮动抵押权，且已经登记，但对于新购置的 A 设备，出卖人丙公司保留的所有权在交付后 10 日内办理了登记，因此该保留的所有权取得了优先于乙银行抵押权的顺位。选项 B 错误，当选。

《民法典担保制度解释》第 57 条第 2 款规定："买受人取得动产但未付清价款或者承租人以融资租赁方式占有租赁物但是未付清全部租金，又以标的物为他人设立担保物权，前款所列权利人为担保价款债权或者租金的实现而订立担保合同，并在该动产交付后十日内办理登记，主张其权利优先于买受人为他人设立的担保物权的，人民法院应予支持。"该款旨在防止购置款担保权顺位期待的落空。据此，尽管丁公司对 A 设备的抵押权先于丙公司登记，但丙公司保留的所有权于交付后 10 日内登记，其优先于丁公司的抵押权。选项 C 错误，当选。

至于乙银行与丁公司的抵押权排序，由于丁公司的抵押权只是普通抵押权，不涉及购置款担保权超级优先规则的适用，因此直接适用《民法典》第 414 条判断即可。由于乙银行的抵押权登记在先，因此乙银行对 A 设备的抵押权优先于丁公司。选项 A 正确，不当选。

选项 D 考查所有权保留，具体涉及出卖人的取回权。《民法典》第 642 条第 1 款规定："当事人约定出卖人保留合同标的物的所有权，在标的物所有权转移前，买受人有下列情形之一，造成出卖人损害的，除当事人另有约定外，出卖人有权取回标的物：（一）未按照约定支付价款，经催告后在合理期限内仍未支付；（二）未按照约定完成特定条件；（三）将标的物出卖、出质或者作出其他不当处分。"依据该款的第 1 项，基于价款支付迟延而行使出卖人的取回权，需经催告程序。选项 D 错误，当选。

三、不定项选择题

1. 答案：ACD　难度：中

考点：夫妻共同财产、夫妻一方的个人财产

命题和解题思路：本题是对夫妻财产制度的直接考查，要求考生准确判断夫妻共同财产与夫妻一方的个人财产。对此考生在复习时应注意，我国采取的法定夫妻财产制是婚后所得共同共有制，在此基础上，考生也需要重点掌握夫妻一方个人财产的具体类型。此外解答本题时，有两点需要稍作提示：第一，《民法典婚姻家庭编解释（一）》第 26 条中的孳息与《民法典》第 321 条中的孳息含义并不一致，应结合夫妻财产制的法理理解其孳息范围；第二，夫妻一方的个人财产不会因婚姻关系的延续而转化为夫妻共同财产。

【选项分析】《民法典婚姻家庭编解释（一）》第 26 条规定："夫妻一方个人财产在婚后产生的收益，除孳息和自然增值外，应认定为夫妻共同财产。"据此，选项 A 中需要分析的是，夫妻一方婚前个人所有的房屋于婚后收取的租金是否属于该条中的"孳息"。该条中的孳息与《民法典》第 321 条所规定的孳息有所不同。只有不需任何劳务与管理投入而获得的孳息（如存款利息），才是该条中的孳息，房屋租金尽管属于《民法典》第 321 条中的法定孳息，但房屋租金的取得需要劳务与管理的投入，因此属于夫妻共同财产，而非夫妻一方的个人财产。选项 A 当选。

《民法典婚姻家庭编解释（一）》第 31 条规定："民法典第一千零六十三条规定为夫妻一方的个人财产，不因婚姻关系的延续而转化为夫妻共同财产。但当事人另有约定的除外。"据此，夫妻一方婚前的存款于婚后所购买的机动车应属于该方的个人财产，不会因为夫妻关系的存续而转化为夫妻共同财产。选项 B 不当选。

《民法典》第 1062 条第 1 款规定："夫妻在婚姻关系存续期间所得的下列财产，为夫妻的共同财产，归夫妻共同所有：（一）工资、奖金、劳务报酬；（二）生产、经营、投资的收益；（三）知识产权的收益；（四）继承或者受赠的财产，但是本法第一千零六十三条第三项规定的除外；（五）其他应当归共同所有的财产。"据此可知，我国采取的法定夫妻财产制是婚后所得共同共有制，夫妻一方婚后因见义勇为而获得的奖金并非夫妻一方个人所有财产的情形，应属于夫妻共同财产。选项 C 当选。夫妻一方婚后为个人炒股而借贷所取得的借款，属于婚后所得，也是夫妻共同财产。选项 D 当选。

2. 答案：D　难度：难

考点：债权人代位权

命题和解题思路：本题围绕债权人代位权制度展开，也兼顾考查饲养动物损害责任，有一定难度。审题时考生除了梳理题干中涉及的法律事实以外，也要观察四个选项。本题的四个选项都涉及债权人方某是否能行使代位权，因此考生在具体分析时应紧扣方某的债务人何某对外有哪些债权，以及在各选项所标示的时点下哪些债权已经到期，在此基础上结合债权

人代位权的构成要件进行分析。在确定何某对刘某的债权时，考生需要结合饲养动物损害责任的相关规定分析。在确定债权人代位权成立时，考生还需要注意，代位权行使的范围原则上以债权人的到期债权为限。此外需要提醒考生的是，债权已经届期的债权人代位权与债权未届期的债权人代位权存在较大差异，需要严格区分。

【选项分析】 本题四个选项都是对债权人代位权的直接考查，一一分析即可。

何某对张某的 15 万元借款债权于 2019 年 5 月 1 日到期，到期后何某一直未请求张某履行。结合选项 A，2022 年 4 月何某对张某债权的 3 年诉讼时效即将经过，但方某对何某的债权尚未到期。《民法典》第 536 条规定："债权人的债权到期前，债务人的债权或者与该债权有关的从权利存在诉讼时效期间即将届满或者未及时申报破产债权等情形，影响债权人的债权实现的，债权人可以代位向债务人的相对人请求其向债务人履行、向破产管理人申报或者作出其他必要的行为。"该条规定了债权未届期的债权人代位权。据此可知，为了防止何某对张某债权的诉讼时效经过，尽管方某对何某的债权尚未到期，但方某有权依据该条文代位请求张某向何某履行，以实现诉讼时效中断的法律效果。但是由于方某的债权尚未到期，方某不能直接代位行使何某对张某的 15 万元债权，选项 A 错误，选项 D 正确。

2022 年 4 月 1 日，何某被刘某饲养的宠物狗咬伤，花费医药费 1 万元。《民法典》第 1245 条规定："饲养的动物造成他人损害的，动物饲养人或者管理人应当承担侵权责任；但是，能够证明损害是因被侵权人故意或者重大过失造成的，可以不承担或者减轻责任。"据此可知，饲养动物损害责任原则上奉行无过错责任原则，对于何某的 1 万元医药费，应由该宠物狗的饲养人刘某承担损害赔偿责任。结合选项 B，2022 年 6 月，何某对刘某的 1 万元债权已届期，方某对何某的 15 万元债权也已届期，且何某无力偿还。《民法典》第 535 条第 1 款规定："因债务人怠于行使其债权或者与该债权有关的从权利，影响债权人的到期债权实现的，债权人可以向人民法院请求以自己的名义代位行使债务人对相对人的权利，但是该权利专属于债务人自身的除外。"《民法典合同编通则解释》第 34 条规定："下列权利，人民法院可以认定为民法典第五百三十五条第一款规定的专属于债务人自身的权利：（一）抚养费、赡养费或者扶养费请求权；（二）人身损害赔偿请求权；（三）劳动报酬请求权，但是超过债务人及其所扶养家属的生活必需费用的部分除外；（四）请求支付基本养老保险金、失业保险金、最低生活保障金等保障当事人基本生活的权利；（五）其他专属于债务人自身的权利。"据此可知，何某对刘某的 1 万元债权属于人身损害赔偿请求权，是专属于何某的，不得代位行使，因此方某不符合债权人代位权的构成要件，不可以代位行使何某对刘某的 1 万元债权。选项 B 错误。

2022 年 6 月，何某对胡某、方某对何某的债权均届期，符合《民法典》第 535 条第 1 款规定的债权人代位权的构成要件，方某有权代位行使何某对胡某的债权。《民法典》第 535 条第 2 款规定："代位权的行使范围以债权人的到期债权为限。债权人行使代位权的必要费用，由债务人负担。"据此可知，何某对胡某的债权数额为 30 万元，超出了方某对何某的债权数额，因此方某只能代位行使何某对胡某的 15 万元债权。选项 C 错误。

3. 答案：BC　难度：难

考点： 表见代理、狭义的无权代理、返还原物、不当得利、同时履行抗辩权

命题和解题思路： 本题较为巧妙地在代理的基础事实中兼顾对物权请求权、不当得利以及双务合同的履行抗辩权等考点的考查，具有综合性，颇有难度。在审题环节，考生应先厘清小刘的两次代理行为的效力，在此基础上确定最终黄牛的归属；确定了黄牛的归属，谁有权请求返还黄牛就可以随之推理得出。对于同时履行抗辩权，原则上适用于双务合同，也扩

展至合同无效、被撤销、被解除等情形下的相互返还情形，但仍要求当事人双方互相负有一定的给付义务，且该给付义务具有一定的牵连性。

【选项分析】本题中，小刘实施了两次代理行为，对象分别为胡某、李某。由于四个选项的分析判断都与这两次代理行为的效力有一定关联，因此先分析这两次代理行为的效力。小刘实施的第一个代理行为是以张老汉的名义与胡某签订了黄牛买卖合同，对于这一代理行为，由于取得了张老汉的有效授权，因此属于有权代理，该黄牛买卖合同在张老汉与胡某之间成立并生效。小刘实施的第二次代理行为是以张老汉的名义与李某签订黄牛买卖合同，实施这一代理行为时，张老汉已经收回授权委托书，小刘的代理权已经终止，因此小刘此时并无有效的代理权，属于无权代理，需要结合《民法典》第 172 条判断其是否构成表见代理。结合《民法典》第 172 条以及表见代理的构成要件，由于代理权外观是小刘伪造，被代理人张老汉并无可归责性，该无权代理的风险不应由张老汉承受，因此小刘以张老汉的名义与李某签订黄牛买卖合同不构成表见代理，属于狭义的无权代理，且由于张老汉拒绝追认，对张老汉没有拘束力。尽管小刘将黄牛交付给李某，但李某并不能取得黄牛所有权。在此基础上展开四个选项的分析。

选项 A 与选项 B 均考查物权请求权中的返还原物请求权。《民法典》第 235 条规定："无权占有不动产或者动产的，权利人可以请求返还原物。"据此可知，返还原物请求权的构成要件有二：（1）请求者为有占有权能的物权人；（2）相对方为现时的无权占有人。本题中，胡某作为黄牛的买受人，并非其所有权人，自然无权主张返还原物请求权。需要补充说明的是，即使基于黄牛买卖合同主张交付黄牛，该主张的相对方也应该是出卖人张老汉，而非李某。选项 A 错误。李某并未取得黄牛所有权，其对黄牛的占有属于无权占有，张老汉作为黄牛的所有权人，有权主张返还黄牛。选项 B 正确。

选项 C 考查不当得利。《民法典》第 122 条规定："因他人没有法律根据，取得不当利益，受损失的人有权请求其返还不当利益。"该条规定了不当得利返还请求权。本题中，李某向小刘支付 1.8 万元是为了履行该黄牛买卖合同中的价款支付义务，但小刘与李某签订黄牛买卖合同对张老汉没有法律拘束力，小刘取得该笔价款并无法律上的原因，构成不当得利，须向李某返还。选项 C 正确。

选项 D 考查同时履行抗辩权。从该选项的表述来看，如果李某有权拒绝返还黄牛，则其法律依据应在于双务合同的履行抗辩权，又因该选项所涉及的两个给付并无先后履行顺序，具体应基于同时履行抗辩权拒绝返还黄牛，但 1.8 万元价款的返还与黄牛的返还涉及的当事人不同，二者之间也并无法律上的牵连性，并无主张同时履行抗辩权的空间。选项 D 错误。

4. 答案：ACD　难度：难

考点：土地承包经营权

命题和解题思路：本题结合承包地"三权分置"的改革考查了土地承包经营权制度中的几个细节性知识。解答本题时，考生需要准确厘清现行法上土地承包经营权与土地经营权的基本定位。土地承包经营权具有身份性与社会保障性，无法自由流通，原则上只能在本集体经济组织内部流转（转让与互换），其中内部互换无需经村集体同意，但内部转让需经村集体同意。土地经营权并无身份性与社会保障性，现行法允许其自由流通，但土地经营权的再流转（转让、抵押等），需经承包方书面同意。

【选项分析】选项 A 与选项 B 考查土地承包经营权的互换与物权变动时点。《农村土地承包法》第 33 条规定："承包方之间为方便耕种或者各自需要，可以对属于同一集体经济组织的土地的土地承包经营权进行互换，并向发包方备案。"据此可知，土地承包经营权在本集体经济组织内部的互换，无需经村集体同意，但需向村集体备案。选项 A 错误，当选。

《民法典》第 335 条规定："土地承包经营权互换、转让的，当事人可以向登记机构申请登记；未经登记，不得对抗善意第三人。"据此可知，土地承包经营权的互换、转让奉行的是登记对抗主义。因此，刘能于《承包地互换合同》生效时取得 B 地块的土地承包经营权。选项 B 正确，不当选。

选项 C 与选项 D 均考查土地经营权。选项 C 涉及土地经营权的设立。《民法典》第 339 条规定："土地承包经营权人可以自主决定依法采取出租、入股或者其他方式向他人流转土地经营权。"《农村土地承包法》第 36 条规定："承包方可以自主决定依法采取出租（转包）、入股或者其他方式向他人流转土地经营权，并向发包方备案。"据此可知，承包方为他人设立土地经营权，应向村集体备案，但无需村集体同意。选项 C 错误，当选。

选项 D 考查土地经营权抵押。《农村土地承包法》第 47 条第 1 款规定："承包方可以用承包地的土地经营权向金融机构融资担保，并向发包方备案。受让方通过流转取得的土地经营权，经承包方书面同意并向发包方备案，可以向金融机构融资担保。"据此可知，土地经营权抵押需经承包方书面同意并向发包方备案，但无需发包方村集体同意。选项 D 错误，当选。

八 \ 知识产权法【11】

第一套

第一部分 试题

一、单项选择题

1. 作家马某创作了长篇小说《孤战》，甲公司经马某同意，委托王某将其改编为剧本《孤战》，并拍摄同名电视剧。甲公司邀请吴某创作词曲《不如初见》作为该电视剧的主题曲，由陈某演唱。乙公司经马某与王某同意，将该电视剧上传至自家视频平台供用户在线观看。丙公司经甲公司同意，在其经营的电视台播放该电视剧。歌手李某经甲公司同意，在某次演唱会上演唱了《不如初见》。观众黄某擅自在抖乐平台上现场直播该演唱会。对此，下列哪一说法是错误的？
   - A. 乙公司侵犯了电视剧《孤战》的信息网络传播权
   - B. 丙公司侵犯了小说《孤战》的广播权
   - C. 李某侵犯了歌曲《不如初见》的表演权
   - D. 黄某侵犯了李某的表演者权

2. 2023 年 3 月，甲公司取得某化合物制备方法的发明专利。5 月，甲公司许可乙公司实施该发明专利，许可类型为普通许可，期限为 1 年。6 月，甲公司发现丙公司未经其同意擅自实施该方法发明，并将制备的 100 吨化合物出售给丁公司。9 月，甲公司起诉丙公司专利侵权。在答辩期间，乙公司申请宣告甲公司的发明专利无效。2024 年 6 月，甲公司的发明专利被宣告无效。对此，下列哪一说法是正确的？
   - A. 甲公司与乙公司的专利许可合同无效
   - B. 乙公司应向法院申请宣告甲公司的专利无效
   - C. 乙公司有权请求甲公司返还其已经支付的专利许可费
   - D. 因乙公司在答辩期间申请宣告甲公司的发明专利无效，法院可以裁定中止诉讼

3. 2023 年 4 月，甲公司成功注册"旭日"商标用于黄酒与白酒。5 月，甲公司许可乙公司使用该商标用于黄酒，许可方式为独占许可，期限为 5 年。7 月，甲公司许可丙公司使用该商标用于黄酒与白酒，许可方式为普通许可，期限为 5 年。2024 年 1 月，甲公司将用于黄酒的"旭日"商标转让给丁公司。对此，下列哪一说法是正确的？
   - A. 甲公司应当同时许可乙公司使用"旭日"商标用于白酒
   - B. 乙公司有权请求丙公司停止使用"旭日"商标用于黄酒与白酒
   - C. 甲公司应当同时转让白酒上的"旭日"商标
   - D. 丁公司有权请求乙公司停止使用"旭日"商标

二、多项选择题

1. 1972 年 6 月 10 日，甲报社的记者黄某撰写了一篇评论文章，发表于甲报。1973 年 2

月，黄某突发心脏病去世。2022 年 8 月，乙出版社出版一本文集，经黄某唯一的继承人黄小明同意，将该篇文章收录。2022 年 10 月，丙书店购买了 1000 册该文集并出售。2023 年 3 月，李某经甲报社同意，将该文章发布于个人公众号，并删去了其中两段。2024 年 5 月，大学教师吴某在新生见面会上擅自朗读全文。对此，下列哪些说法是错误的？

A. 乙出版社侵犯了该文章的复制权

B. 丙书店侵犯了该文章的发行权

C. 李某侵犯了该文章的修改权

D. 吴某侵犯了该文章的表演权

2. 2021 年 2 月，甲公司研发了一种新型电池，尽管未申请专利，但为制造该电池做好了准备。当年 6 月，乙公司也独立研发出该新型电池，并于 6 月 10 日申请发明专利。国家专利局于 2022 年 12 月公开其专利文件，并于 2023 年 12 月授予专利权。2023 年 3 月至 2024 年 6 月，丙公司实施该专利生产了该新型电池。2024 年 3 月，丁公司进口了一批该新型电池。对此，下列哪些说法是错误的？

A. 甲公司侵犯了乙公司的专利权，但无需承担赔偿责任

B. 丙公司并未侵犯乙公司的专利权

C. 乙公司有权在授权公告后请求丙公司支付适当的费用

D. 丁公司侵犯了乙公司的专利权

3. 甲公司使用"新语"商标用于其生产并销售的牛仔面包。该公司经理梁某发现该商标尚未注册，于是申请注册"新语"商标用于烘焙产品，但注册后连续四年未使用。对此，下列哪些说法是错误的？

A. 自商标注册之日起五年内，甲公司有权请求法院宣告该注册商标无效

B. 任何主体均有权请求撤销梁某的注册商标

C. 如梁某的注册商标被宣告无效，甲公司可以立即申请"新语"商标

D. 商标评审委员会有权依职权宣告梁某的注册商标无效

第二部分　答案详解

一、单项选择题

1. 答案：B　难度：中

考点： 著作权的内容、著作权侵权行为

命题和解题思路： 本题采用了著作权法领域的常见命题套路：给定一个（或多个）作品，描述多个主体的行为，要求考生判断各个主体的行为是否构成著作权侵权。此类题目也有固定的解题思路：第一步，审题，确定存在几个作品，确定作品的类型，在此基础上确定各个作品的著作权归属，如果涉及邻接权的话，确认邻接权的归属；第二步，分析每个选项中涉及的行为，是否落入著作权的受控行为；第三步，审查是否存在合理使用或法定许可的情形。本题中涉及多个作品，考生不仅要厘清各个作品的著作权归属，还需要厘清各作品之间的关系。

【选项分析】 选项 A 考查著作权侵权行为，具体涉及信息网络传播权侵权。依据《著作权法》第 17 条，电视剧《孤战》作为视听作品，<u>其著作权由制作者甲公司享有</u>。乙公司经

马某与王某同意，将该电视剧上传至自家视频平台供用户在线观看，该行为属于典型的信息网络传播行为，属于信息网络传播权的受控行为。乙公司侵犯了电视剧《孤战》的信息网络传播权。选项 A 正确，不当选。

选项 B 考查著作权侵权行为，具体涉及广播权侵权。小说《孤战》的著作权人是马某。依据《著作权法》第 10 条，广播权是指以有线或者无线方式公开传播或者转播作品，以及通过扩音器或者其他传送符号、声音、图像的类似工具向公众传播广播的作品的权利。本题中，丙公司经甲公司同意，在其经营的电视台播放该电视剧。丙公司的行为确实属于小说《孤战》的广播行为，但是电视剧属于特殊的演绎作品，对电视剧本身的使用，只需经过电视剧的著作权人同意即可，因此丙公司在其经营的电视台播放该电视剧，只需甲公司同意即可，无需小说《孤战》的著作权人马某的同意。选项 B 错误，当选。

选项 C 考查著作权侵权行为，具体涉及表演权侵权。依据《著作权法》第 10 条，表演权是指公开表演作品，以及用各种手段公开播送作品的表演的权利。本题中，歌手李某经甲公司同意，在某次演唱会上演唱了《不如初见》。李某的行为属于公开的表演行为，且未经著作权人吴某同意，侵犯了歌曲《不如初见》的表演权。需要说明的是，尽管歌曲《不如初见》是电视剧《孤战》的主题曲，但依据《著作权法》第 17 条，吴某单独享有并行使歌曲《不如初见》的著作权，表演歌曲《不如初见》需要吴某的同意，而非甲公司的同意。选项 C 正确，不当选。

选项 D 考查表演者权。歌手李某在某次演唱会上演唱了《不如初见》，尽管其行为侵犯了吴某的歌曲著作权，但李某的表演活动本身受表演者权的保护。《著作权法》第 39 条规定："表演者对其表演享有下列权利：……（三）许可他人从现场直播和公开传送其现场表演，并获得报酬；……"据此结合本题，观众黄某擅自在抖乐平台上现场直播该演唱会，侵犯了李某的表演者权。选项 D 正确，不当选。

2. 答案：D　难度：中

考点：专利的无效宣告

命题和解题思路： 本题集中围绕专利的无效宣告展开，具体涉及了该制度里的多个知识细节。本题的难点在于需要对专利的无效宣告有较为全面的把握。考生尤其需要注意，即使专利被宣告无效，宣告无效之前已经履行的专利许可合同，并不受影响。

【选项分析】《专利法》第 47 条第 2 款规定："宣告专利权无效的决定，对在宣告专利权无效前人民法院作出并已执行的专利侵权的判决、调解书，已经履行或者强制执行的专利侵权纠纷处理决定，以及已经履行的专利实施许可合同和专利权转让合同，不具有追溯力。但是因专利权人的恶意给他人造成的损失，应当给予赔偿。"据此，2024 年 6 月，甲公司的发明专利被宣告无效。而此前 2023 年 5 月，甲公司许可乙公司实施该发明专利，许可类型为普通许可，期限为 1 年。该许可合同已经履行，其效力不受影响，是有效的，且甲公司无需返还其已经收取的专利许可费。选项 A、C 均错误。

《专利法》第 45 条规定："自国务院专利行政部门公告授予专利权之日起，任何单位或者个人认为该专利权的授予不符合本法有关规定的，可以请求国务院专利行政部门宣告该专利权无效。"据此，专利的无效宣告申请应向国务院专利行政部门请求，而非向人民法院请求。选项 B 错误。

最高人民法院《关于审理专利纠纷案件适用法律问题的若干规定》第 7 条规定："人民法院受理的侵犯发明专利权纠纷案件或者经国务院专利行政部门审查维持专利权的侵犯实用新型、外观设计专利权纠纷案件，被告在答辩期间内请求宣告该项专利权无效的，人民法院可以不中止诉讼。"注意,此处是"可以"而不是"应当"。据此,因乙公司在答辩期间申请宣告甲公司的发明专利无效,法院是可以裁定中止诉讼的。选项 D 正确。

3. 答案:C　　难度:中

考点:商标权的内容

命题和解题思路:本题围绕注册商标权的使用许可与注册商标权的转让展开。解答本题的基本思路是区分注册商标权的许可使用与转让,二者各自分析。对于注册商标权的许可,在确定属于何种许可的基础上,确定当事人之间的权利义务关系。对此需要注意,商标注册人对其在同一种商品上注册的近似的商标,或者在类似商品上注册的相同或者近似的商标,在许可使用时,并无一并许可的要求。此外,注册商标权转让时,需要注意其与在先商标权许可使用合同的关系。

【选项分析】选项 A、B 均考查注册商标权的许可使用。甲公司与乙公司之间的许可属于独占许可,即在被许可期间,仅被许可人乙公司有权使用"旭日"商标用于黄酒,甲公司以及其他主体无权实施"旭日"商标用于黄酒,且甲公司也不得许可其他主体使用"旭日"商标用于黄酒。2021 年 7 月,甲公司许可丙公司使用"旭日"商标用于黄酒与白酒,许可方式为普通许可,这一行为侵犯了独占被许可人乙公司的权益,乙公司有权请求丙公司停止使用"旭日"商标用于黄酒。但是,乙公司的排他权利仅限于使用"旭日"商标用于黄酒,并不包括"旭日"商标用于白酒,因此乙公司无权请求丙公司停止使用"旭日"商标用于白酒。选项 B 错误。与此同时,商标注册人对其在同一种商品上注册的近似的商标,或者在类似商品上注册的相同或者近似的商标,在许可使用时,并无一并许可的要求,因此甲公司可以仅许可乙公司使用"旭日"商标用于黄酒。选项 A 错误。

选项 C、D 均考查注册商标权转让。《商标法》第 42 条第 2 款规定:"转让注册商标的,商标注册人对其在同一种商品上注册的近似的商标,或者在类似商品上注册的相同或者近似的商标,应当一并转让。"据此,甲公司应当同时转让白酒上的"旭日"商标。选项 C 正确。

《商标纠纷解释》第 20 条规定:"注册商标的转让不影响转让前已经生效的商标使用许可合同的效力,但商标使用许可合同另有约定的除外。"据此,甲公司与丁公司之间的注册商标权转让交易,不影响甲公司与乙公司之间的注册商标权独占许可协议。因此,丁公司无权请求乙公司停止使用"旭日"商标。选项 D 错误。

二、多项选择题

1. 答案:CD　　难度:中

考点:著作权的内容、著作权的保护期限、著作权侵权行为

命题和解题思路:本题在常见的著作权侵权命题套路之外增加了时间信息,即增加了著作权的保护期限这一考点,考生在解题时除了要分析评论文章的著作权归属,还需要分析各个著作权的保护期限,是否过期也会影响著作权侵权的构成。

【选项分析】在展开分析前,先确定评论文章的著作权归属及其著作权保护期限。《著作权法》第 18 条规定:"自然人为完成法人或者非法人组织工作任务所创作的作品是职务作品,除本条第二款的规定以外,著作权由作者享有,但法人或者非法人组织有权在其业务范围内优先使用。作品完成两年内,未经单位同意,作者不得许可第三人以与单位使用的相同方式使用该作品。有下列情形之一的职务作品,作者享有署名权,著作权的其他权利由法人或者非法人组织享有,法人或者非法人组织可以给予作者奖励:……(二)报社、期刊社、

通讯社、广播电台、电视台的工作人员创作的职务作品；……"据此可知，评论文章的署名权归黄某，其他著作权归甲报社。由于该文章已经发表，发表权已经消灭。依据《著作权法》第 22 条，署名权、修改权、保护作品完整权的保护期不受限制，评论文章的署名权、修改权以及保护作品完整权目前仍受保护。《著作权法》第 23 条第 2 款规定："法人或者非法人组织的作品、著作权（署名权除外）由法人或者非法人组织享有的职务作品，其发表权的保护期为五十年，截止于作品创作完成后第五十年的 12 月 31 日；本法第十条第一款第五项至第十七项规定的权利的保护期为五十年，截止于作品首次发表后第五十年的 12 月 31 日，但作品自创作完成后五十年内未发表的，本法不再保护。"据此，评论文章的著作财产权保护期限为 50 年，截止于 2022 年 12 月 31 日。

选项 A 涉及复制权侵权。依据《著作权法》第 10 条，复制权是指以印刷、复印、拓印、录音、录像、翻录、翻拍、数字化等方式将作品制作一份或者多份的权利。本题中，2022 年 8 月，乙出版社出版一本文集，经黄某唯一的继承人黄小明同意，将该篇文章收录。乙出版社的行为属于评论文章的复制行为，但并未经甲报社许可，且复制权的保护期限尚未届满。乙出版社的行为侵犯了评论文章的复制权。选项 A 正确，不当选。

选项 B 考查发行权侵权。依据《著作权法》第 10 条，发行权是指以出售或者赠与方式向公众提供作品的原件或者复制件的权利。本题中，2022 年 10 月，丙书店购买了 1 000 册该文集并出售，该行为实施时，发行权尚未过保护期，且该批文集进入市场流通未经该文章的著作权人甲报社同意，不能适用发行权一次用尽原则，丙书店售卖该文集的行为属于发行行为，仍构成对该文章发行权的侵害。选项 B 正确，不当选。

选项 C 涉及修改权侵权。依据《著作权法》第 10 条，修改权是指修改或者授权他人修改作品的权利。本题中，2023 年 3 月，李某经甲报社同意，将该文章发布到个人公众号，并删去了其中两段。尽管李某的行为属于修改行为，但因为得到了著作权人甲报社的同意，其行为并不构成侵权。选项 C 错误，当选。

选项 D 考查表演权侵权。依据《著作权法》第 10 条，表演权是指公开表演作品，以及用各种手段公开播送作品的表演的权利。本题中，2024 年 5 月，大学教师吴某在新生见面会上擅自朗读全文。吴某的行为属于表演行为，但表演权的保护期限已经届满，吴某的行为并未侵犯评论文章的表演权。选项 D 错误，当选。

2. 答案：AB　难度：中

考点：专利申请的审批、专利权侵权行为

命题和解题思路： 本题总体上围绕专利权侵权行为展开，但同时兼顾了发明专利的临时保护问题的考查。解答本题的难点在于，发明专利申请公布后，实施该发明的行为可能会持续到专利授权公告之后。在专利授权公告之前，专利申请人只能主张支付适当的费用，但如果该专利实施行为持续到授权公告之后，该行为就是专利权侵权行为。此外，对于先用权抗辩，考生需要注意其属于不侵权抗辩，而非不赔偿抗辩。

【选项分析】 选项 A 考查不视为侵犯专利权的行为。《专利法》第 75 条规定："有下列情形之一的，不视为侵犯专利权：……（二）在专利申请日前已经制造相同产品、使用相同方法或者已经作好制造、使用的必要准备，并且仅在原有范围内继续制造、使用的；……"本题中，甲公司在专利申请日之前已经独立研发出该新型电池，且已经做好了制造的必要准备，有权依据《专利法》第 75 条提出不侵权的抗辩。据此，甲公司的行为并未侵犯乙公司的专利权。选项 A 错误，当选。

选项 B、C 均考查发明专利的临时保护。《专利法》第 13 条规定："发明专利申请公布后，申请人可以要求实施其发明的单位或者个人支付适当的费用。"据此，2023 年 3 月开始，丙公司实施该专利生产了该电池直到 2024 年 6 月，申请人乙公司有权在授权公告后请求丙公司支付适当的费用。选项 C 正确，不当选。需要注意的是，丙公司实施该专利生产了该电池直到 2024 年 6 月，换言之，该行为持续到乙公司被授权公告之后，在授权公告后，丙公司的行为就属于专利权侵权行为。选项 B 错误，当选。

选项 D 考查专利权侵权行为的判断。《专利法》第 11 条第 1 款规定："发明和实用新型专利权被授予后，除本法另有规定的以外，任何单位或者个人未经专利权人许可，都不得实施其专利，即不得为生产经营目的制造、使用、许诺销售、销售、进口其专利产品，或者使用其专利方法以及使用、许诺销售、销售、进口依照该专利方法直接获得的产品。"据此，乙公司享有的是发明专利。2024 年 3 月，丁公司进口了一批该新型电池，该行为属于进口行为，落入发明专利的受控行为。因此，丁公司侵犯了乙公司的专利权。选项 D 正确，不当选。

3. 答案：ACD　　难度：中

考点：注册商标的撤销、注册商标的无效宣告

命题和解题思路：本题总体上注册商标的撤销与无效宣告展开。本题的难点在于，梁某的注册商标"新语"既符合撤销的事由，也符合无效宣告的事由。对此考生在解题时需适当区分，二者各自分析。对于注册商标的撤销问题，考生需要注意，对于无正当理由连续三年未使用者，任何主体均有权申请撤销。对于注册商标的无效宣告，重点在于区分拒绝注册的绝对理由与拒绝注册的相对理由。

【选项分析】选项 A、C、D 均考查注册商标的无效宣告。《商标法》第 45 条第 1 款规定："已经注册的商标，违反本法第十三条第二款和第三款、第十五条、第十六条第一款、第三十条、第三十一条、第三十二条规定的，自商标注册之日起五年内，在先权利人或者利害关系人可以请求商标评审委员会宣告该注册商标无效。对恶意注册的，驰名商标所有人不受五年的时间限制。"《商标法》第 15 条第 1 款规定："未经授权，代理人或者代表人以自己的名义将被代理人或者被代表人的商标进行注册，被代理人或者被代表人提出异议的，不予注册并禁止使用。"据此，梁某是甲公司的经理，属于甲公司的代理人，其申请注册"新语"商标，侵害了甲公司的利益，属于不予注册的相对理由。自商标注册之日起五年内，甲公司有权请求商标评审委员会宣告该注册商标无效。需要注意的是，申请宣告注册商标无效，应向商标评审委员会提出申请，而非法院。选项 A 错误，当选。

《商标法》第 50 条规定："注册商标被撤销、被宣告无效或者期满不再续展的，自撤销、宣告无效或者注销之日起一年内，商标局对与该商标相同或者近似的商标注册申请，不予核准。"据此，梁某的注册商标被宣告无效后，甲公司无法立即申请"新语"商标。选项 C 错误，当选。

依据《商标法》第 45 条第 1 款，涉及不予注册的相对理由时，商标评审委员会不得依职权宣告注册商标无效。选项 D 错误，当选。

选项 B 考查注册商标的撤销。《商标法》第 49 条第 2 款规定："注册商标成为其核定使用的商品的通用名称或者没有正当理由连续三年不使用的，任何单位或者个人可以向商标局申请撤销该注册商标。商标局应当自收到申请之日起九个月内做出决定。有特殊情况需要延长的，经国务院工商行政管理部门批准，可以延长三个月。"据此，梁某注册"新语"商标后，连续四年无正当理由不使用，符合撤销事由，任何主体均有权请求撤销梁某的注册商标。选项 B 正确，不当选。

第二套

第一部分　试题

一、单项选择题

1. 张某与李某共同撰写论文《论著作权法的挑战与应对》且尚未发表，好友吴某负责排版与校对。吴某擅自组织了一次 10 人规模的闭门研讨会，对该论文进行研讨。李某则擅自将该论文发布于粉丝量仅有 5 人的个人公众号。教师梁某阅读后将该论文打印并发放给其班上学生。对此，下列哪一说法是正确的？
   A. 吴某在该论文上署名需经张某与李某的同意
   B. 吴某侵犯了该论文的发表权
   C. 李某侵犯了该论文的发表权
   D. 梁某未侵犯该论文的复制权

2. 书画家陈某于 1972 年 3 月创作诗歌《清平乐·怀古》，并将其创作为书法作品，当年 11 月陈某去世，生前将《清平乐·怀古》原件赠与好友黄某，并告知其唯一的法定继承人陈亮。黄某于 2022 年 6 月去世，生前从未公开过该书法作品。2022 年 9 月，甲公司经黄小杰（黄某唯一的法定继承人）许可，在某书画展上展出该《清平乐·怀古》原件。2022 年 11 月，刘某经黄小杰许可，在汇编《近现代书法作品选》时将《清平乐·怀古》编入。2023 年 1 月，作曲家陆某为《清平乐·怀古》谱曲，创作歌曲《怀古》。2023 年 3 月，歌手韩某经陈亮许可在某商业晚会上演唱歌曲《怀古》。对此，下列哪一说法是正确的？
   A. 2022 年 9 月，甲公司侵犯了该书法作品的发表权
   B. 2022 年 11 月，刘某侵犯了该书法作品的汇编权
   C. 歌曲《怀古》的著作权由陆某与陈某共有
   D. 2023 年 3 月，韩某侵犯了陆某的表演者权

3. 甲公司注册了"YK"商标用于其生产的拉链产品。乙公司使用"安德马尔"商标在本地生产销售休闲服装。丙公司发现乙公司尚未申请注册"安德马尔"商标，于是注册"安德马尔"商标用于运动服装的生产和销售，并在其直营专卖店中明确标示："本品牌服装均使用 YK 牌拉链。"丁公司向丙公司购入一批"安德马尔"运动服装后换成另一商标"斐乐乐"，并将其推向市场销售，其中一部分被不知情的戊公司购入。戊公司在其经营的店铺中将该批服装卖给消费者。对此，下列哪一说法是正确的？
   A. 乙公司有权申请宣告丙公司的"安德马尔"商标无效
   B. 丙公司侵犯了甲公司的注册商标专用权
   C. 丁公司侵犯了丙公司的注册商标专用权
   D. 戊公司有权继续销售该批服装

二、多项选择题

1. 甲公司计划在某海滨城市举办音乐节，委托其在职编舞师陆某设计一段舞蹈作为开场舞，反响很好，不过合同未约定著作权归属。在乙公司举行的一台商业晚会上，林某擅自表

演了该舞蹈。刘某擅自将林某跳舞片段录下并上传至短视频平台供人观看、下载。何某擅自在学校举办的本科毕业晚会上表演了这一舞蹈。对此，下列哪些说法是错误的？

    A. 林某侵犯了甲公司的著作权

    B. 林某侵犯了陆某的著作权

    C. 刘某侵犯了林某的表演者权

    D. 何某侵犯了陆某的著作权

2. 下列哪些选项不得被授予专利权？

    A. 甲公司研究发现了导致血友病的特殊遗传基因，并就此申请发明专利

    B. 乙公司研发出一套快速减肥的锻炼方法，并就此申请发明专利

    C. 丙公司在我国政府主办的展览会上展出其新研制的电池技术，并于8个月后在国内申请发明专利

    D. 张某研发了一种化合物的制备方法并将其写成论文，同事吴某擅自将其公开。3个月后，吴某就该化合物的制备方法申请发明专利

3. 甲公司经营一家酒厂，于2020年5月申请注册"江大黑"商标用于白酒与红酒。2021年1月，甲公司许可乙公司在未来三年在其白酒产品中使用"江大黑"商标。2022年1月，甲公司将"江大黑"商标转让给丙公司。2022年6月，乙公司生产了3000箱"江大黑"牌干红并销售。对此，下列哪些说法是错误的？

    A. 甲公司与乙公司的使用许可合同于备案时生效

    B. 丙公司于商标转让被核准之日取得"江大黑"商标的专用权

    C. 2022年6月，乙公司并未侵犯丙公司的注册商标专用权

    D. 甲公司应将白酒与红酒上的"江大黑"商标一并转让给丙公司

第二部分　答案详解

一、单项选择题

1. 答案：C　　难度：中

考点： 合作作品的著作权人、署名权、发表权、复制权、合理使用、著作权侵权行为

命题和解题思路： 本题属于著作权法领域的常用命题套路，命题人设置了一个作品（论文），并在此基础上描述了多个主体的行为，要求考生对各个主体的行为是否构成著作权侵权作出判断。此类题目都有通用的解题方法：第一步分析该作品的著作权归属。就本题而言，考生需要分析论文《论著作权法的挑战与应对》的作品类型，确定其为合作作品，在此基础上判断其著作权归属。对于这一问题，命题人设置了一个干扰项，即吴某负责排版与校对，考生需要结合这一信息判断吴某是否为该论文的著作权人之一。第二步结合该作品的类型分析著作权人对该作品享有哪些著作权，尤其是需要关注某些著作权仅有个别作品类型才能享有。第三步结合各著作权对应的受控行为分析各主体的行为是否构成著作权侵权。本题侧重于署名权、发表权与复制权，不过在具体分析时也需要注意是否可能构成合理使用或者法定许可（选项D需要分析）。按照上述思路，本题即可得到圆满解答。需要注意的是，在分析D选项时，考生需要审查其是否构成合理使用。《著作权法》第24条第1款第6项的合理使用仅限于"教学或者科研人员使用"，学生并不包含在内。

【选项分析】在分析四个选项之前，先分析本题所涉及的作品——《论著作权法的挑战与应对》这一论文的著作权归属。《论著作权法的挑战与应对》是文字作品，由张某与李某共同撰写，性质上属于合作作品。《著作权法》第 14 条第 1 款规定："两人以上合作创作的作品，著作权由合作作者共同享有。没有参加创作的人，不能成为合作作者。"据此可知，《论著作权法的挑战与应对》的著作权由张某与李某共有。吴某负责排版与校对，其并未参与创作，并非共同作者，因此吴某并非该论文的著作权人。在此基础上分析四个选项。

选项 A 考查署名权。依据《著作权法》第 10 条，署名权是表明作者身份，在作品上署名的权利。署名权是专属于作者的人身性著作权，非作者原则上不得在作品上署名，即使经过作者同意也不可以。本题中，吴某并非作者，不享有著作权，即使经张某与李某的同意，也不得在该论文上署名。选项 A 错误。

选项 BC 考查发表权。依据《著作权法》第 10 条，发表权是指决定作品是否公之于众的权利。据此结合本题，吴某擅自组织了一次 10 人规模的闭门研讨会，对该论文进行研讨，吴某的行为并未使该论文公之于众，并不属于发表行为，因此吴某并未侵犯该论文的发表权。选项 B 错误。李某擅自将该论文发布于粉丝量仅有 5 人的个人公众号，这一行为使得该论文处于公之于众的状态（尽管公众号粉丝仅 5 人），李某的行为构成发表行为，侵犯了该论文的发表权。选项 C 正确。

选项 D 考查复制权。依据《著作权法》第 10 条，复制权是指以印刷、复印、拓印、录音、录像、翻录、翻拍、数字化等方式将作品制作一份或者多份的权利。本题中，教师梁某阅读后将该论文打印并发放给其班上学生，其行为属于复制行为无疑，但可能构成合理使用，具体可能构成《著作权法》第 24 条第 1 款第 6 项 "为学校课堂教学或者科学研究，翻译、改编、汇编、播放或者少量复制已经发表的作品，供教学或者科研人员使用，但不得出版发行"，这一合理使用的情形要求仅供教学或者科研人员使用，使用者的范围不包括学生，因此梁某的行为不构成合理使用，侵犯了该论文的复制权。选项 D 错误。

2. 答案：B　难度：难

考点：发表权、汇编权、著作权的保护期限、著作权侵权行为、合作作品的著作权人、表演者权

命题和解题思路：本题属于著作权法领域的常用命题套路，命题人设置了书法作品《清平乐·怀古》和歌曲《怀古》，并在此基础上描述了多个主体的行为，要求考生对各个主体的行为是否构成著作权侵权作出判断。不过，本题在常规命题套路的基础上增加了具体的时间信息，涉及著作权的保护期限问题。解题时，考生应先分别分析书法作品《清平乐·怀古》、歌曲《怀古》的著作权归属，其中对于书法作品《清平乐·怀古》还需要分析其著作权的保护状况。在此基础上结合各著作权对应的受控行为分析相关主体的行为是否构成侵权。此外，对于选项 C，考生需要注意结合合作作品的概念去分析歌曲《怀古》是否为合作作品。

【选项分析】本题共涉及两个作品：书法作品《清平乐·怀古》与歌曲《怀古》，其中选项 AB 涉及书法作品《清平乐·怀古》。选项 CD 涉及歌曲《怀古》。在展开分析之前，先明确这两个作品的具体类型及其著作权归属。

书法作品《清平乐·怀古》在类型上具有双重属性：一方面其内容为陈某创作的诗歌，属于文字作品；另一方面该诗歌被写成书法，属于美术作品。陈某于 1972 年 3 月基于创作获得书法作品《清平乐·怀古》的著作权。陈某生前将《清平乐·怀古》原件赠与好友黄某，黄某取得书法作品《清平乐·怀古》原件的所有权。《著作权法》第 20 条第 1 款规定：

"作品原件所有权的转移，不改变作品著作权的归属，但美术、摄影作品原件的展览权由原件所有人享有。"据此，黄某也取得该书法作品的展览权，但其他著作权仍由陈某享有。黄某去世后，黄小杰继承该书法作品原件的所有权，并享有展览权。《著作权法》第21条第1款规定："著作权属于自然人的，自然人死亡后，其本法第十条第一款第五项至第十七项规定的权利在本法规定的保护期内，依法转移。"据此，陈某去世时，陈亮继承该书法作品的著作财产权。依据《著作权法》第23条第1款，该书法作品的发表权与著作财产权的保护期限是截至陈某死后第50年的12月31日，即2022年12月31日，署名权、修改权、保护作品完整权虽不得继承，但永远受保护。

选项A考查发表权与著作权的保护期限。2022年9月，甲公司经黄小杰（黄某唯一的法定继承人）许可，在某书画展上展出该《清平乐·怀古》原件。该书法作品的发表权保护期限截至2022年12月，因此2022年9月，其发表权仍处于保护期限。《著作权法》第20条第2款规定："作者将未发表的美术、摄影作品的原件所有权转让给他人，受让人展览该原件不构成对作者发表权的侵犯。"据此可知，黄小杰有权展览该书法作品且不构成对发表权的侵犯。据此，甲公司经黄小杰许可在某书画展上展出该《清平乐·怀古》原件，并未侵犯该作品的发表权。选项A错误。

选项B考查汇编权与著作权的保护期限。2022年11月，刘某经黄小杰许可，在汇编《近现代书法作品选》时将《清平乐·怀古》编入。刘某实施该行为时，该书法作品的汇编权尚处于保护期限内，且由陈某的唯一法定继承人陈亮享有，刘某汇编《清平乐·怀古》，应经过陈亮的许可，而非黄小杰的许可。因此，刘某侵犯了该书法作品的汇编权。选项B正确。

选项C考查合作作品的著作权人。《著作权法》第14条第1款规定："两人以上合作创作的作品，著作权由合作作者共同享有。没有参加创作的人，不能成为合作作者。"合作作品是指两个以上的作者经过共同创作所形成的作品。合作作品的构成要件之一是合作作者们必须有共同的创作意愿。本题中，歌曲《怀古》的词由陈某创作，曲由陆某创作，但二人并无共同的创作意愿，因此歌曲《怀古》并非合作作品，陆某单独享有曲这一部分的著作权。选项C错误。

选项D考查表演者权。2023年3月，歌手韩某经陈亮许可在某商业晚会上演唱歌曲《怀古》。韩某的行为属于歌曲《怀古》的表演行为，其中涉及两个作品：词作品与曲作品。词作品的著作财产权保护期限已过，韩某的表演行为无需陈亮许可，但曲的著作权仍在保护期内，韩某的表演行为未经陆某许可，侵犯了陆某著作权中的表演权。表演者权属于邻接权，并非著作权的内容之一。选项D错误。

3. 答案：**C**   难度：难

考点： 注册商标的无效宣告、商标侵权行为

命题和解题思路： 本题体现了商标法上的惯常命题套路，结合某一个或几个注册商标，描述若干主体的行为，在此基础上判断各主体的行为是否构成侵权，同时兼顾商标无效宣告的考查。本题涉及两个注册商标——YK与安德马尔，这给考生的解题增加了一定难度。选项A涉及商标无效宣告制度，考生需要区分不予注册的绝对理由与不予注册的相对理由，在此基础上识别出本题是否符合法定的不予注册的理由。对于商标侵权构成与否的问题，考生应结合混淆理论进行分析，同时兼顾不构成侵权的抗辩与构成侵权但无需赔偿的抗辩。

【选项分析】 选项A考查注册商标的无效宣告。《商标法》第32条规定："申请商标注册不得损害他人现有的在先权利，也不得以不正当手段抢先注册他人已经使用并有一定影响

的商标。" 该条规定的 "以不正当手段抢先注册他人已经使用并有一定影响的商标" 属于不予注册的相对理由（《商标法》第 45 条）。不过，本题中丙公司注册 "安德马尔" 商标是为了自己使用，并不构成此种情形，因此乙公司无权申请宣告丙公司的 "安德马尔" 商标无效，选项 A 错误。

选项 B 考查商标侵权行为。丙公司涉及侵犯甲公司注册商标专用权的行为是在其直营专卖店中明确标示："本品牌服装均使用 YK 牌拉链。"《商标法》第 59 条第 1 款和第 2 款规定："注册商标中含有的本商品的通用名称、图形、型号，或者直接表示商品的质量、主要原料、功能、用途、重量、数量及其他特点，或者含有的地名，注册商标专用权人无权禁止他人正当使用。三维标志注册商标中含有的商品自身的性质产生的形状、为获得技术效果而需有的商品形状或者使商品具有实质性价值的形状，注册商标专用权人无权禁止他人正当使用。" 据此可知，指示性合理使用并不构成商标侵权行为。本题中，丙公司在其直营专卖店中明确标示 "本品牌服装均使用 YK 牌拉链" 的行为属于典型的指示性合理使用，并未侵犯甲公司的注册商标专用权。选项 B 错误。

选项 C 考查商标侵权行为。《商标法》第 57 条规定："有下列行为之一的，均属侵犯注册商标专用权：……（五）未经商标注册人同意，更换其注册商标并将该更换商标的商品又投入市场的；……" 据此，丁公司向丙公司购入一批 "安德马尔" 运动服装后换成另一商标 "斐乐乐"，并将其推向市场销售，这一行为属于《商标法》第 57 条第 5 项的情形，结合混淆理论不难判断，丁公司侵犯了丙公司的注册商标专用权。选项 C 正确。

选项 D 考查商标侵权行为，具体涉及成立侵权但无需赔偿的抗辩事由。《商标法》第 64 条第 2 款规定："销售不知道是侵犯注册商标专用权的商品，能证明该商品是自己合法取得并说明提供者的，不承担赔偿责任。" 该款规定了合法来源抗辩，这一抗辩是无需赔偿的抗辩，但相关行为仍构成商标侵权行为。本题中，戊公司购买了侵犯商标权的服装并在其经营的店铺中将该批服装卖给消费者，尽管戊公司可以主张合法来源抗辩，但其仍构成商标侵权行为，需承担停止侵害等法律责任，因此戊公司无权继续销售该批服装。选项 D 错误。

二、多项选择题

1. 答案：AD　难度：中

考点： 职务作品的著作权人、著作权侵权行为、表演者权、合理使用

命题和解题思路： 本题属于著作权法领域的常用命题套路，命题人设置了一个作品（舞蹈），并在此基础上描述了多个主体的行为，要求考生对各个主体的行为是否构成著作权侵权作出判断。此类题目都有通用的解题方法：第一步分析该作品的著作权归属，就本题而言，需要判断陆某设计的舞蹈属于委托作品还是职务作品，在此基础上判断其著作权归属；第二步结合该作品的类型分析著作权人对该作品享有哪些著作权，尤其是需要关注某些著作权仅有个别作品类型才能享有；第三步结合各著作权对应的受控行为分析各主体的行为是否构成著作权侵权，不过在具体分析时也需要注意是否可能构成合理使用或者法定许可。按照上述思路，本题即可得到圆满解答。需要注意的是，本题既涉及著作权中的表演权，也涉及邻接权中的表演者权，考生需明确区分二者。

【选项分析】 本题涉及的作品是陆某设计的舞蹈，首先应确定其著作权归属。尽管题干中出现了委托二字，但该舞蹈作品并非委托作品，而是职务作品。《著作权法》第 18 条规定："自然人为完成法人或者非法人组织工作任务所创作的作品是职务作品，除本条第二款的规定以外，著作权由作者享有，但法人或者非法人组织有权在其业务范围内优先使用。作

品完成两年内，未经单位同意，作者不得许可第三人以与单位使用的相同方式使用该作品。有下列情形之一的职务作品，作者享有署名权，著作权的其他权利由法人或者非法人组织享有，法人或者非法人组织可以给予作者奖励：（一）主要是利用法人或者非法人组织的物质技术条件创作，并由法人或者非法人组织承担责任的工程设计图、产品设计图、地图、示意图、计算机软件等职务作品；（二）报社、期刊社、通讯社、广播电台、电视台的工作人员创作的职务作品；（三）法律、行政法规规定或者合同约定著作权由法人或者非法人组织享有的职务作品。"据此可知，在职编舞师陆某设计的舞蹈属于普通职务作品，著作权由陆某享有，但甲公司有权在其业务范围内优先使用。选项 A 错误，当选。

选项 B 考查著作权侵权，具体涉及表演权。在乙公司举行的一台商业晚会上，林某擅自表演了该舞蹈。依据《著作权法》第 10 条第 1 款第 9 项，表演权是指公开表演作品，以及用各种手段公开播送作品的表演的权利。林某的行为属于典型的表演行为。不过《著作权法》第 24 条第 1 款第 9 项规定了一种涉及表演的合理使用方式——免费表演，这一合理使用方式要求免费表演已经发表的作品，该表演未向公众收取费用，也未向表演者支付报酬，且不以营利为目的。本题中乙公司举行的是商业晚会，以营利为目的，林某的表演不构成免费表演，该行为侵犯了陆某的著作权（表演权）。选项 B 正确，不当选。

选项 C 考查表演者权。尽管林某的行为侵犯了陆某的著作权，但该表演本身受表演者权的保护。《著作权法》第 39 条第 1 款规定："表演者对其表演享有下列权利：（一）表明表演者身份；（二）保护表演形象不受歪曲；（三）许可他人从现场直播和公开传送其现场表演，并获得报酬；（四）许可他人录音录像，并获得报酬；（五）许可他人复制、发行、出租录有其表演的录音录像制品，并获得报酬；（六）许可他人通过信息网络向公众传播其表演，并获得报酬。"据此可知，表演者权包含信息网络传播的许可权。本题中，刘某擅自将林某跳舞片段录下并上传至短视频平台供人观看、下载，属于典型的信息网络传播行为，侵害了林某的表演者权。选项 C 正确，不当选。

选项 D 考查合理使用。何某擅自在学校举办的本科毕业晚会上表演了这一舞蹈。何某的行为属于对该舞蹈作品的表演行为，判断其是否构成著作权侵权，需要审查何某的行为是否构成免费表演。免费表演这一合理使用方式要求免费表演已经发表的作品，该表演未向公众收取费用，也未向表演者支付报酬，且不以营利为目的。本题中，何某在学校举办的本科毕业晚会上表演了这一舞蹈，何某表演舞蹈是免费的，未向公众收取费用，也未向表演者支付报酬，且不以营利为目的，构成免费表演。因此何某的行为并未侵犯陆某的著作权。选项 D 错误，当选。

2. 答案：ABCD   难度：难

考点：专利法不予保护的对象、发明或实用新型专利的授权条件

命题和解题思路：本题四个选项互不干涉，涉及了专利法不予保护的对象以及新颖性丧失之例外情形这两个知识点，涉及的法条是《专利法》第 24 条与第 25 条。一方面，考生应熟悉立法者在《专利法》第 25 条列举的专利法不予保护的各种情形；另一方面，《专利法》第 24 条规定了四种新颖性丧失的例外情形，考生需要注意只要发生四种情形之一，新颖性即不丧失，但只在申请日以前 6 个月内不丧失新颖性。此外，对于选项 D，考生还应注意，尽管新颖性尚未丧失，但申请者吴某并非发明创造人，其并不享有专利申请权。

【选项分析】选项 AB 考查专利法不予保护的对象。《专利法》第 25 条规定："对下列各项，不授予专利权：（一）科学发现；（二）智力活动的规则和方法；（三）疾病的诊断和治疗方法；（四）动物和植物品种；（五）原子核变换方法以及用原子核变换方法获得的物质；

（六）对平面印刷品的图案、色彩或者二者的结合作出的主要起标识作用的设计。对前款第（四）项所列产品的生产方法，可以依照本法规定授予专利权。"据此结合本题，甲公司研究发现导致血友病的特殊遗传基因，甲公司的这一发现属于该条第 1 款中的第 1 项，即科学发现。对于该科学发现，不得授予专利权。选项 A 当选。乙公司研发出一套快速减肥的锻炼方法，该锻炼方法属于该条第 1 款中的第 2 项，即智力活动的规则和方法，体育锻炼方法也属于该项的情形之一，不能被授予专利权。选项 B 当选。

选项 CD 考查发明或实用新型专利的授权条件，具体涉及新颖性。新颖性要求发明或实用新型不属于现有技术，也没有任何单位或者个人就同样的发明或者实用新型在申请日以前向国务院专利行政部门提出过申请，并记载在申请日以后公布的专利申请文件或者公告的专利文件中。选项 C 中，丙公司在我国政府主办的展览会上展出其新研制的电池技术，这一行为使得该技术成为现有技术，不过需要分析其是否构成新颖性丧失的例外。《专利法》第 24 条规定："申请专利的发明创造在申请日以前六个月内，有下列情形之一的，不丧失新颖性：……（二）在中国政府主办或者承认的国际展览会上首次展出的；……"结合第 2 项，丙公司在我国政府主办的展览会上展出其新研制的电池技术，在申请日以前 6 个月内，该技术不丧失新颖性。丙公司于 8 个月后在国内申请发明专利，超过了这一新颖性的保护期间，该技术已经丧失新颖性，因此不得被授予专利权。选项 C 当选。

选项 D 则涉及《专利法》第 24 条的第 4 项。张某研发了一种化合物的制备方法并将其写成论文，同事吴某擅自将其公开。此时尽管该制备方法已经公开成为现有技术，但符合《专利法》第 24 条的第 4 项"他人未经申请人同意而泄露其内容的"，该制备方法在申请日之前 6 个月并不丧失新颖性。3 个月后，吴某就该化合物的制备方法申请发明专利，尽管仍处于不丧失新颖性的期间，但吴某并非专利申请权人，其无权就该制备方法申请专利权。选项 D 当选。

3. 答案：ABC　难度：中

考点：商标权的内容、商标侵权行为

命题和解题思路： 本题以注册商标的许可使用与转让为基础法律事实，考查商标转让与许可中的一些细节性规则，同时兼顾对商标侵权行为的考查，有一定难度。注册商标专用权的权利内容较为丰富，许可权是其中之一，对于商标使用许可合同的生效时点，考生需要注意现行法并未强制要求备案，备案只是对抗要件。对于商标权的转让，考生需注意转让的时点为公告之日，而非核准之日。对于 2022 年 6 月乙公司的行为是否构成商标侵权行为，命题人设置了一定的干扰因素：乙公司仅获得在白酒中使用"江大黑"商标的许可，但其所实施的是生产红酒的行为，已经超出其被许可范围。

【选项分析】 选项 A 考查注册商标专用权的使用许可。《商标法》第 43 条第 3 款规定："许可他人使用其注册商标的，许可人应当将其商标使用许可报商标局备案，由商标局公告。商标使用许可未经备案不得对抗善意第三人。"据此，备案并非注册商标专用权使用许可合同的生效要件。选项 A 错误，当选。

选项 BD 考查注册商标专用权的转让。选项 B 涉及注册商标专用权的转让时点。《商标法》第 42 条第 4 款规定："转让注册商标经核准后，予以公告。受让人自公告之日起享有商标专用权。"据此，受让人自公告之日取得注册商标专用权，丙公司应于公告之日取得"江大黑"商标的专用权。选项 B 错误，当选。

选项 D 涉及注册商标专用权的转让限制。《商标法》第 42 条第 2 款规定："转让注册商标的，商标注册人对其在同一种商品上注册的近似的商标，或者在类似商品上注册的相同或者近似的商标，应当一并转让。"据此，甲公司在白酒与红酒品类上均注册了"江大黑"商标，白酒与红酒属于类似商品，甲公司应将白酒与红酒上的"江大黑"商标一并转让给丙公司。选项 D 正确，不当选。

选项 C 考查商标侵权行为。《商标纠纷案件解释》第 20 条规定："注册商标的转让不影响转让前已经生效的商标使用许可合同的效力，但商标使用许可合同另有约定的除外。"据此可知，2022 年 1 月，甲公司将"江大黑"商标转让给丙公司，这一交易不影响 2021 年 1 月甲公司与乙公司之间的商标使用许可合同的效力。乙公司仍有权基于该许可合同使用"江大黑"商标。不过需要注意的是，2021 年 1 月，乙公司仅取得未来三年在其白酒产品中使用"江大黑"商标的许可，其并未取得在红酒产品中使用"江大黑"商标的许可。2022 年 6 月，乙公司生产了 3000 箱"江大黑"牌干红并销售，乙公司所实施的行为是在红酒产品中使用"江大黑"商标，该行为并无合法基础，构成对丙公司注册商标专用权的侵犯。选项 C 错误，当选。

八 商法【12】

第一套

第一部分　试题

一、单项选择题

1. 2023年3月，在年代股份公司设立阶段，甲以自己的名义和强巴酒店签订《房屋租赁合同》，约定租赁大楼用于年代股份公司经营，但强巴酒店始终未收到租金。同时甲、乙签订《合作投资协议》约定共同发起设立年代股份公司。当年5月，年代股份公司设立成功后，甲并未被登记为股东，而是将甲的妻子丙登记为股东。对此，下列哪一说法是错误的？
   A. 年代股份公司设立登记，必须由全体发起人共同向公司登记机关申请
   B. 年代股份公司设立时，发起人认缴的出资必须全部实缴
   C. 强巴酒店可以请求甲承担责任
   D. 强巴酒店可以请求年代股份公司承担责任

2. 2024年7月，甲装饰有限公司形成股东会决议：注册资本拟由1300万元（出资期限五年，均未届期实缴）减少至200万元；股东唐某拟减少400万元投资，减少后实际投资为100万元；股东路某拟减少700万元投资，减少后实际投资为100万元。该股东会决议得到了全体股东一致同意。减资发生时，乙建筑公司享有对甲装饰公司的500万元债权，甲装饰公司减资仅在某报刊登减资公告，未通知乙建筑公司。对此，下列哪一说法是正确的？
   A. 甲装饰公司可以乙建筑公司看到公告，从而权利未受损为由抗辩
   B. 甲装饰公司应当以200万元注册资本对欠乙建筑公司的债务承担责任
   C. 甲装饰公司应当以1300万元注册资本对欠乙建筑公司的债务承担责任
   D. 股东唐某、路某应当以减资额为限对欠乙建筑公司的债务承担补充赔偿责任

3. 2021年，树人有限公司股东马兵将其所持的该公司所有股权转让给他人并退出公司。2023年，树人公司和16位自然人股东共同发起设立大湖有限公司。马兵曾在2022年向树人公司账户转账500万元，后树人公司将该500万转入大湖公司账户。2023年12月，马兵和树人公司签订了《确认书》，载明马兵实际出资，实际享有大湖公司的股权，树人公司是名义股东。2024年，树人公司在未告知马兵的情况下，将其名义持有的股权转让给不知情的刘畅，并办理了股权变更登记。对此，下列哪一说法是正确的？
   A. 马兵和树人公司签订的《确认书》有效
   B. 树人公司和刘畅的股权转让协议无效
   C. 登记机关存在过错，马兵可以请求登记机关承担责任
   D. 马兵可以直接向大湖公司主张分红权

4. 大医有限公司的股东张庄在公司中持股40%，大医控股公司持股60%。国王大酒店公司系大医有限公司的全资子公司，李维为董事长、张泽为董事。两人在任期内以极低的价格向关联公司康惠公司出租酒店房屋，严重损害公司利益。对此，下列哪一说法是错误的？

A. 在紧急情况下，张庄有权以自己的名义起诉李维和张泽赔偿公司损失

B. 张庄可以书面请求国王大酒店的监事会起诉李维和张泽，监事会应当自收到请求之日起30日内提起诉讼

C. 在紧急情况下，张庄有权提起股东代表诉讼，请求李维和张泽赔偿自己的股权投资收益损失

D. 若张庄起诉李维和张泽，在一审法庭辩论终结前，大医控股公司以相同的诉讼请求申请参加诉讼的，应当列为共同原告

5. 2023年12月，甲为私家新能源汽车投保了商业性第三人责任险。2024年5月，为提高收入，甲在某网约车平台注册了账号，决定每天利用下班时间开网约车。7月2日，甲自下午5点下班后开网约车直到次日凌晨3点。7月3日早7点，甲开车上班途中，因休息不足，与乙的车辆相撞，致乙车受损、乙身体受伤。甲本人也因此受伤。经鉴定，该事故甲负全责。据此，下列哪一说法是正确的？

A. 甲可要求保险公司赔付自己的医疗费用

B. 乙可直接请求保险公司赔付自己的医疗费及修车费

C. 保险公司有权以甲未通知转为网约车危险程度提高为由拒绝理赔

D. 保险公司有权以甲与乙私下和解未经保险公司同意为由拒绝理赔

6. 2024年1月，利农公司因采购农业设备向顺发公司开具了一张金额为100万元的汇票，付款人为恒发融资公司。顺发公司收到该汇票后，将其背书转让给了广大地产公司。5月，广大地产公司在汇票上记载"委托梁某收款"后，将该汇票交付给梁某。梁某拿到汇票后，将该汇票质押给了不知情的李某。7月，梁某到期未能还款，李某持票请求恒发融资公司承兑，但被恒发融资公司以汇票存在涂抹、真伪不辨为由拒绝承兑。据此，下列哪一说法是正确的？

A. 梁某将汇票交付给李某，质押即生效

B. 李某有权向梁某追索

C. 李某有权向广大地产公司追索

D. 利农公司得以设备质量原因向李某抗辩

7. 2020年，五四有限公司和靖远有限公司签订合伙协议，成立十八梯基金管理合伙企业，五四公司是普通合伙人，靖远公司为有限合伙人。合伙企业经营时所募集资金用于投资丰华公司的宝华寺项目。协议签订后，靖远公司实缴出资4亿元，全部投向宝华寺项目。2024年，法院认定五四公司的实际控制人同时也是丰华公司实际控制人，靖远公司实缴的4亿元资金中的部分用于支付丰华公司的债务。对此，下列哪一说法是正确的？

A. 靖远公司应当定期向其他合伙人报告合伙企业的经营和财务状况

B. 五四公司若用合伙企业的4亿元资金为丰华公司的债务提供担保，需要经过全体合伙人同意

C. 五四公司在合伙企业中的财产份额可以直接用来清偿其与合伙企业无关的债务

D. 靖远公司可以请求五四公司返还实缴出资4亿元

二、多项选择题

1. 风浩有限公司承接了外钓公司的工程项目，与远东有限公司签订买卖合同，约定远东公司为其提供油漆、涂料产品。远东公司按约供货，但风浩公司仅支付少量货款，尚欠货款

300 万元无力偿还。2024 年 7 月，法院判决风浩公司应偿还远东公司 300 万元货款。在执行中，经法院调查发现：徐某是风华公司和风浩公司的主要股东，也是华能有限公司和浩能有限公司的控股股东，并通过华能公司控制风华公司，通过浩能公司控制风浩公司。风浩公司仅在合同上签名，实际由风华公司收取外钓公司项目款、接受远东公司供货并提供货款。对此，下列哪些说法是正确的？

A. 徐某必须在华能公司持股 50% 以上才能成为控股股东

B. 远东公司可以请求徐某对风浩公司所欠的债务承担连带责任

C. 远东公司可以请求风华公司对风浩公司所欠的债务承担连带责任

D. 远东公司起诉徐某或风华公司承担连带责任，应以风浩公司为共同被告

2. 紫云有限公司和德长有限公司之间存在融资租赁关系，紫云公司是出租人，德长公司是承租人。融资租赁合同约定，租赁期为 10 年，租赁期满后德长公司有权留购设备。2024 年，德长公司被法院裁定破产重整，紫云公司申报了债权。紫云公司向德长公司的破产管理人请求取回融资租赁设备。对此，下列哪些说法是错误的？

A. 紫云公司有权就全部未支付租赁费向德长公司申报债权

B. 破产管理人应当编制债权表并负责核查债权

C. 紫云公司无权向德长公司主张解除融资租赁协议

D. 紫云公司有权在重整计划草案提交债权人会议表决前主张取回

3. 李四与其儿子李小四于 2023 年设立了紫霞有限公司，注册资本为 288 万，李四持股 95%，李小四持股 5%。2024 年 8 月，公司注册资本由 288 万元变更为 1180 万元。在二股东缴纳增资额的次日，李四虚构债务，将注册资本中的 1042 万元转至大圣工业公司，后大圣工业公司又将该笔款项汇给了李四。对此，下列哪些说法是正确的？

A. 紫霞公司增加注册资本需要经代表三分之二以上表决权的股东通过

B. 公司增资时，二位股东认缴的增资额应当根据设立时的认缴出资比例确定

C. 若李四在抽逃的本息范围内赔偿给公司债权人，则无需返还抽逃的出资

D. 若公司有其他董事、监事、高级管理人员协助李四抽逃出资，应当对公司的损失承担连带责任

4. 德升有限公司设立于 2021 年，主要股东有甲、乙、丙三人。2023 年 1 月，丁先通过东弘公司以不合理的高价象征性购买乙和丙所持的少部分股权，取得股东资格后再以低价购买乙、丙所持全部股权，并办理股权登记。丁因此取得德升公司的控制权。2023 年 3 月，甲得知了乙、丙、丁三人的安排。对此，下列哪些说法是正确的？

A. 乙、丙向丁第一次高价转让股权无效

B. 甲可以丁第一次转让股权未经其同意为由主张转让无效

C. 甲可在自己知道乙、丙、丁三人安排后的 30 日内要求优先购买

D. 甲有权主张按照乙、丙和丁第二次股权转让的价格优先购买

5. 乙有限公司成立于 2010 年，经营范围是房地产开发，其中甲公司持股 20%，丙公司持股 80%。后甲公司和丙公司合作实施大城堡房地产开发项目，项目竣工后丙公司拒绝清盘，导致甲公司巨额投资无法收回。两公司之间因此产生矛盾，无法调和，由此乙公司经营发生严重困难。甲公司向法院起诉要求解散乙公司。关于乙公司的解散和清算，下列哪些说法是错误的？

A. 甲公司提起诉讼解散乙公司时，可直接要求法院采取财产保全措施

B. 若甲公司同时提起解散公司的诉讼和进行清算的诉讼，法院应当受理

C. 法院裁判公司解散后，若乙公司的董事怠于履行清算义务导致公司财产贬值，应当向债权人承担赔偿责任

D. 法院应当指定清算组，清算组自成立之日起 10 日内通知债权人申报债权

6. 甲系斐然股份公司股东，2024 年 8 月 1 日受让了 3% 的股权。8 月 15 日，甲在对公司经营状况进行考察时，发现公司业务销售存在不规范之处，部分销售金额没有入账。因担心自己的合法权益受到控股股东的损害，甲向律师咨询自己可以采取的措施。下列哪些措施没有公司法的依据？

A. 单独提议召开临时股东会讨论公司管理状况

B. 以控股滥用权利损害公司利益为由请求公司回购股权

C. 主张查阅公司会计账簿核实公司销售问题

D. 主张查阅公司会计报告核实公司销售问题

三、不定项选择题

1. 理惠股份公司系 A 股上市公司，因年度报告存在虚增利润，于 2022 年收到中国证监会行政处罚。截至 2023 年 12 月，理惠公司已因虚假陈述给投资者造成损失达 3 亿元。2024 年，某投资者保护机构建议理惠公司向相关负有责任的董监高追偿，但理惠公司未采取相应措施，于是该投保机构向法院提起股东派生诉讼。关于本案，下列说法正确的是：

A. 若该投保机构仅持有理惠公司 0.5% 的股份，则没有资格提起股东代表诉讼

B. 理惠公司的控股股东可以委托投保机构就赔偿事宜与受到损失的投资者达成协议，予以先行赔付

C. 若该投保机构代表 50 名以上投资者对理惠公司提起证券民事赔偿诉讼，投资者需要登记权利才可参与诉讼

D. 投资者申请投保机构调解其与发行人的纠纷，发行人不得拒绝

2. 2023 年 9 月，太阳股份公司董事会审议通过了某关联交易议案。根据该议案，太阳公司将收购关联方资产。沈钟等股东请求将该交易提交股东大会审议，而董事会拒绝其请求。2024 年 1 月，沈钟等股东请求董事会召集临时股东大会。董事会在收到请求后的 10 日内无答复。2 月，沈钟等股东以书面形式请求监事会召集临时股东大会，监事会在 10 日内未答复。4 月，太阳公司发布沈钟等股东自行召集 2024 年第一次临时股东大会公告，通过了关于终止关联交易的决议。对此，下列说法错误的是：

A. 太阳公司可在章程中规定不设监事会，并可自行决定审计委员会中董事成员人数

B. 沈钟等股东请求董事会召集股东会，需要连续 90 日以上合计持有公司 10% 以上股份

C. 其他股东若单独持有公司 1% 以上股份，可以在股东会会议召开 10 日前提出临时提案并书面提交股东会

D. 沈钟等股东自行召集临时股东会，应当将会议召开的时间、地点和审议的事项提前 15 日通知全体股东

第二部分　答案详解

一、单项选择题

1. 答案：A　难度：中

考点： 股份公司的设立、发起人的责任

命题和解题思路： 本题取材自（2019）最高法民终 1694 号民事判决书"昌都市华协医院有限公司、昌都市康巴国际大酒店有限公司房屋租赁合同纠纷案"。本题考查股份公司的设立程序规则和发起人责任。题目选项包括了股份公司设立程序中易混的细节性规则，考生熟练掌握相关知识即可判断正误；还包括了公司成功设立后的发起人责任承担方式，考生需要掌握公司设立中发起人责任的分步判断法，第一步是判断公司有无成功设立，如果公司没有成功设立，则发起人按照合伙关系承担连带责任，发起人内部的约定对外不具有效力；公司成功设立的，则需要进一步区分责任的类型。针对合同之债，需要进一步判断是以发起人的名义对外签订的，还是以设立中的公司的名义对外签订的；针对侵权之债，由公司承担，但是对有过错的发起人，公司可以追责。

【选项分析】 A 选项考查公司设立登记的程序。根据《公司法》第 106 条，董事会应当授权代表，于公司成立大会结束后三十日内向公司登记机关申请设立登记。据此可知，年代股份公司设立登记应当由董事会授权代表向公司登记机关申请设立登记，而非由全体发起人申请。A 选项错误，当选。

B 选项考查公司发起设立的出资要求。根据《公司法》第 98 条第 1 款，发起人应当在公司成立前按照其认购的股份全额缴纳股款。由此可知，年代股份公司发起设立，发起人应当认缴全部股份并实缴。B 选项正确，不当选。

C、D 选项考查设立时发起人的责任承担，根据《公司法》第 44 条前 3 款，有限责任公司设立时的股东为设立公司从事的民事活动，其法律后果由公司承受。公司未成立的，其法律后果由公司设立时的股东承受；设立时的股东为二人以上的，享有连带债权，承担连带债务。设立时的股东为设立公司以自己的名义从事民事活动产生的民事责任，第三人有权选择请求公司或者公司设立时的股东承担。根据《公司法》第 107 条，本法第四十四条的规定，适用于股份有限公司。本题年代股份公司成功设立，因此甲在公司设立阶段以自己的名义与强巴酒店签订合同产生的民事责任，强巴酒店可以请求公司或公司设立时的股东甲承担。虽然公司设立后甲并未登记成为公司股东，但强巴酒店可以根据合同相对性原则请求甲承担责任。因此 C、D 选项正确，不当选。

2. 答案：C　难度：中

考点： 减资程序、违法减资责任

命题和解题思路： 本题取材自（2021）沪民申 3189 号民事判决书"上海某建筑装潢材料有限公司诉陆某、汤某损害公司债权人利益责任纠纷案"。本题考查减资程序和违法减资责任承担问题。减资程序违反法律规定的后果是减资无效，公司应当仍然以减资前的注册资本对债权人承担责任。题目选项中设计了由股东在减资额范围内承担责任的干扰项，考生应当熟练掌握 2023 年《公司法》新增的违法减资的法律后果，方可顺利解出此题。

【选项分析】 A 选项考查减资程序规定。根据《公司法》第 224 条第 1、2 款，公司减少注册资本，应当编制资产负债表及财产清单。公司应当自股东会作出减少注册资本决议之日

起十日内通知债权人，并于三十日内在报纸上或者国家企业信用信息公示系统公告。债权人自接到通知之日起三十日内，未接到通知的自公告之日起四十五日内，有权要求公司清偿债务或者提供相应的担保。由此可知，公司减资程序中通知债权人和发布公告二者缺一不可，不能相互代替，甲装饰公司减资没有通知债权人乙建筑公司，违反了法定程序。甲装饰公司无权以乙建筑公司看到公告，权利未受损为由进行抗辩。A选项错误。

B、C、D选项考查违法减资的责任承担。根据《公司法》第226条，违反本法规定减少注册资本的，股东应当退还其收到的资金，减免股东出资的应当恢复原状；给公司造成损失的，股东及负有责任的董事、监事、高级管理人员应当承担赔偿责任。由此可知，公司减资若违反法定程序则减资无效，股东路某和唐某应当退还收到的资金，因此公司的注册资本实际并未减少。甲装饰公司应当以1300万元注册资本对欠乙建筑公司的500万元债务承担责任，B选项错误，C选项正确。

根据《公司法》第226条的规定，股东减资的出资属于未届期未实缴的出资，应当恢复原状。此处需要讨论的是被减资的股东是否需要对债权人在被减资的范围内承担补充赔偿责任？对此，考生一定要重点关注：在2023年《公司法》之前，就违法减资的责任承担实践中采取的方式是：违法减资未通知债权人的，减资有效但不得对抗该债权人，被减资的股东在减资范围内对债权人参照抽逃出资承担补充赔偿责任。但2023年《公司法》改变了这一规则，统一为减资无效，减免股东出资的应当恢复原状。所谓"恢复原状"无非是恢复到原1300万元的未届期未出资的状态。同时根据《公司法》第54条的规定，未届期的出资需要在公司或已到期债权人的要求下方可加速到期，并且是向公司缴纳出资。D选项错误。

3. 答案：A　难度：中

考点： 股权代持、瑕疵出资的责任

命题和解题思路： 本题取材自（2019）最高法民再45号民事判决书"黄德鸣、李开俊与皮涛、广元市蜀川矿业有限责任公司案外人执行异议之诉案"。本题考查股权代持协议的效力以及名义股东、实际股东与公司、第三人的关系。题目案例中马兵是树人公司的原股东，从树人公司退出后，和树人公司建立股权代持关系，法律关系变动较为复杂，需要考生仔细阅读题目。考生如掌握股权代持中对内关系看代持协议、对外关系看登记信息，即可结合相关规定选择正确的题目选项。

【选项分析】 A选项考查股权代持协议的效力。根据《公司法司法解释（三）》第24条第1款，有限责任公司的实际出资人与名义出资人订立合同，约定由实际出资人出资并享有投资权益，以名义出资人为名义股东，实际出资人与名义股东对该合同效力发生争议的，如无法律规定的无效情形，人民法院应当认定该合同有效。由此可知，题干中的《确认书》属于股权代持协议，无法定无效情形，应当认定为有效。A选项正确。

B选项考查名义股东与第三人的关系。根据《公司法司法解释（三）》第25条第1款，名义股东将登记于其名下的股权转让、质押或者以其他方式处分，实际出资人以其对于股权享有实际权利为由，请求认定处分股权行为无效的，人民法院可以参照善意取得规则处理。根据《民法典》第311条的善意取得规则，且树人公司是记载于股东名册的股东，第三人刘畅对股权代持关系不知情，按照合理价格受让股权并且已经完成股权变更登记，符合善意取得条件。因此树人公司和刘畅的股权转让协议有效。B选项错误。

C选项考查了树人公司是记载于股东名册的名义股东，登记机关对其与马兵之间的股权代持关系并不知情，因此登记机关不存在过错，无需承担责任。C选项错误。

D选项考查实际股东和公司之间的关系。根据《公司法》第56条第2款，记载于股东

名册的股东，可以依股东名册主张行使股东权利。据此可知，实际股东和公司之间并不存在直接的法律关系，因此实际股东不能直接向公司主张行使股东权利，马兵作为实际股东，未载于股东名册，要向公司主张分红权必须先"显名"。D 选项错误。

4. 答案：C

考点：股东代表诉讼　难度：难

命题和解题思路： 本题取材自（2016）陕民终 255 号民事判决书"王永凡等诉赵小海损害公司利益责任纠纷上诉案"。本题考查 2023 年《公司法》新增的双重股东代表诉讼制度。本案中，张庄和大医控股公司是大医有限公司的股东，大医有限公司是持有国王大酒店全部股权的母公司，股权结构较为复杂，考生需要仔细阅读题目，并结合法律规定找出正确的原告和被告。考生应当熟练掌握双重股东代表诉讼的概念：公司的董事、监事、高级管理人员造成全资子公司合法权益损失的，有限责任公司的股东可以书面请求全资子公司的监事会、董事会向人民法院提起诉讼或者以自己的名义直接向人民法院提起诉讼。

【选项分析】A 选项考查双重股东代表诉讼。根据《公司法》第 188 条、第 189 条第 1、2、4 款，董事、监事、高级管理人员执行职务违反法律、行政法规或者公司章程的规定，给公司造成损失的，有限责任公司的股东可以书面请求监事会向人民法院提起诉讼；监事有前条规定的情形的，前述股东可以书面请求董事会向人民法院提起诉讼。情况紧急、不立即提起诉讼将会使公司利益受到难以弥补的损害的，前款规定的股东有权为公司利益以自己的名义直接向人民法院提起诉讼。公司全资子公司的董事、监事、高级管理人员有前条规定情形，或者他人侵犯公司全资子公司合法权益造成损失的，有限责任公司的股东可以依照前三款规定书面请求全资子公司的监事会、董事会向人民法院提起诉讼或者以自己的名义直接向人民法院提起诉讼。根据题目信息，国王大酒店公司系大医有限公司的全资子公司，张庄作为大医有限公司的股东，在紧急情况下，可以对国王大酒店的董事提起股东代表诉讼。A 选项正确，不当选。

B 选项考查股东代表诉讼的程序。根据《公司法》第 189 条第 2 款，监事会或者董事会收到前款规定的股东书面请求后拒绝提起诉讼，或者自收到请求之日起三十日内未提起诉讼，股东有权为公司利益以自己的名义直接向人民法院提起诉讼。据此可知，监事会收到书面请求后若决定起诉，应当最晚在 30 日内提起诉讼。因此 B 选项正确，不当选。

C 选项考查股东代表诉讼的胜诉利益归属。股东虽以自己名义起诉，但仍是代表公司的利益。根据《公司法司法解释（四）》第 25 条，股东依据公司法直接提起诉讼的案件，胜诉利益归属于公司。股东请求被告直接向其承担民事责任的，人民法院不予支持。根据题目信息，张庄的股权投资收益损失赔偿金属于自己的利益而非公司利益，提起股东代表诉讼只能请求被告赔偿公司利益损失。根据《公司法》第 190 条规定，董事、高级管理人员违反法律、行政法规或者公司章程的规定，损害股东利益的，股东可以向人民法院提起诉讼。股东个人利益损失可以另行起诉。C 选项错误，当选。

D 选项考查股东代表诉讼的诉讼机制。根据《公司法司法解释（四）》第 24 条第 2 款，一审法庭辩论终结前，符合规定条件的其他股东，以相同的诉讼请求申请参加诉讼的，应当列为共同原告。题干中大医控股公司和张庄均是母公司大医有限公司的股东，符合法定条件。D 选项正确，不当选。

5. 答案：B　难度：中

考点：第三人责任保险、危险程度提升的通知义务

命题和解题思路： 本题考查第三人责任保险以及财产保险中保险标的的风险显著提升的报告义务，是保险法尤其是财产保险部分的常考考点。针对此题，考生首先需要把握责任保险的性质，即以被保险人对第三人需要承担的责任为保险标的的保险类型；其次，考生还需要了解保险标的的危险程度显著提升后的处理规则。只要能把握上述规则，本题不难作答。

【选项分析】A选项考查对责任保险的理解。《保险法》第65条第4款规定，责任保险是指以被保险人对第三者依法应负的赔偿责任为保险标的的保险。甲是被保险人，其自身的医疗费用并非责任保险的标的。A选项错误。

B选项考查责任保险的给付问题。《保险法》第65条第1款规定，保险人对责任保险的被保险人给第三者造成的损害，可以依照法律的规定或者合同的约定，直接向该第三者赔偿保险金。B选项正确。

C选项考查保险标的的危险程度显著提升的处理方法。《保险法》第52条规定，在合同有效期内，保险标的的危险程度显著增加的，被保险人应当按照合同约定及时通知保险人，保险人可以按照合同约定增加保险费或者解除合同。……被保险人未履行前款规定的通知义务的，因保险标的的危险程度显著增加而发生的保险事故，保险人不承担赔偿保险金的责任。对此，考生需要把握，在保险期内，保险标的危险程度显著增加，被保险人应当通知保险公司。没有通知的，"因保险标的的危险程度显著增加而发生的保险事故"，保险人不承担责任。因此，保险公司拒绝赔付的前提是"危险程度显著增加"与保险事故之间存在因果关系。在本题中，虽然可认为将私家车转为网约车属于"危险程度显著增加"，但是甲是在正常上班途中发生事故，不能认为是因保险标的的危险程度显著增加造成的。当然，可能也会有考生"较真"：不正是甲开夜车疲累才导致的事故么？很显然，在一般私家车的保险风险中，因前一天休息不好导致事故，应当是保险公司可以预见的范围，保险风险并未显著增加。C选项错误。

D选项考查责任保险中被保险人与第三者和解的处理规则。《保险法司法解释（四）》第19条规定，责任保险的被保险人与第三者就被保险人的赔偿责任达成和解协议且经保险人认可，被保险人主张保险人在保险合同范围内依据和解协议承担保险责任的，人民法院应予支持。被保险人与第三者就被保险人的赔偿责任达成和解协议，未经保险人认可，保险人主张对保险责任范围以及赔偿数额重新予以核定的，人民法院应予支持。据此，被保人与第三者的和解应当经过保险公司认可。未经保险公司认可的，保险公司仅享有重新核定的权利，而非可以拒绝赔付。D选项错误。

6. **答案：** C　　**难度：** 难

考点： 背书、汇票的质押、票据的抗辩

命题和解题思路： 本题考查的是汇票的背书、质押以及票据的善意取得和票据的抗辩，考查具有综合性。票据法尤其是汇票制度条文较为细碎，需要考生仔细把握方能得分。

【选项分析】A选项考查汇票的质押，同时也隐含着票据的善意取得。《民法典担保制度司法解释》第58条规定，以汇票出质，当事人以背书记载"质押"字样并在汇票上签章，汇票已经交付质权人的，人民法院应当认定质权自汇票交付质权人时设立。对此，考生需要特别注意，该规定改变了《票据法》和《民法典》关于票据质押的要求，沟通了《民法典》与《票据法》。根据该规定，汇票出质必须"背书"＋"交付"方可。A选项错误。

B选项考查票据的无权处分与善意取得。首先，考生需要知道，票据背书给梁某的背书系"委托收款背书"。根据《票据法》第35条第1款的规定，背书记载"委托收款"字样的，被背书人有权代背书人行使被委托的汇票权利。但是，被背书人不得再以背书转让汇票

权利。据此，委托收款背书的实质是委托代收款而非转让，因此被背书人并非票据的有权处分主体，也非票据法主体。其次，在明确了梁某非持票人，并无票据处分权，并非票据主体后，针对梁某将票据质押给李某的行为，也就很容易界定为票据的无权处分。根据《票据法》第 12 条第 2 款规定，持票人因重大过失取得不符合本法规定的票据的，也不得享有票据权利。由于李某系不知情主体，可以善意取得票据。但梁某并非票据主体，李某仅可向梁某主张民事责任，而非追索。B 选项错误。

C 选项考查追索权。《票据法》第 61 条规定，汇票到期被拒绝付款的，持票人可以对背书人、出票人以及汇票的其他债务人行使追索权。汇票到期日前，有下列情形之一的，<u>持票人也可以行使追索权：（一）汇票被拒绝承兑的</u>；……据此，因为李某善意取得该票据，作为持票人在票据被拒绝承兑下，可以向其他债务人追索。C 选项正确。

D 选项考查票据的无因性。《票据法》第 13 条第 1 款规定，票据债务人不得以自己与出票人或者与持票人的前手之间的抗辩事由，对抗持票人。但是，持票人明知存在抗辩事由而取得票据的除外。D 选项错误。

7. 答案：B

考点：合伙企业法　　难度：难

命题和解题思路： *本题取材自（2018）最高法民终 539 号民事判决书"上海金元百利资产管理有限公司与深圳五四十八期股权投资基金合伙企业（有限合伙）等合伙协议纠纷案"。本题考查合伙企业法，包括合伙事务执行人的主体资格和义务、合伙企业内部决议规则、合伙财产等。题目设计的难点在于合伙人五四公司擅自为关联企业提供担保，该行为可能和十八梯合伙企业的主营业务投资关联企业相混淆。考生需要分析合伙协议中约定合伙企业资金应当用于投资丰华公司的具体项目，而非为丰华公司提供担保，因此对外担保超越经营行为，需要经全体合伙人一致同意。考生需要熟练掌握合伙企业法相关知识并认真阅读题目，方可选出正确答案。*

【选项分析】 A 选项考查合伙事务执行人的义务。根据《合伙企业法》第 28 条第 1 款，<u>执行事务合伙人应当定期向其他合伙人报告事务执行情况以及合伙企业的经营和财务状况</u>。根据第 68 条第 1 款，<u>有限合伙人不执行合伙事务，不得对外代表有限合伙企业</u>。据此可知，本题中靖远公司是有限合伙人，不执行合伙事务，无需承担执行事务合伙人报告合伙企业的经营和财务状况的义务。A 选项错误，不当选。

B 选项考查合伙企业表决规则。根据《合伙企业法》第 31 条第 5 项，<u>以合伙企业名义为他人提供担保需要全体合伙人一致同意</u>。首先需要判断用 4 亿元资金为丰华公司提供担保是否属于企业正常经营范围。一方面，合伙协议中约定，该企业经营范围是募集资金并投资丰华公司的宝华寺项目，资金投资对象是宝华寺项目而非丰华公司；另一方面，资金应当用于投资而非担保。因此该担保行为超越了合伙企业的经营范围，不属于合伙企业的经营行为，属于以合伙企业名义为他人提供担保，应当经全体合伙人一致同意。B 选项正确，当选。

C 选项考查合伙人对外承担责任。根据《合伙企业法》第 42 条第 1 款，合伙人的自有财产不足清偿其与合伙企业无关的债务的，该合伙人可以以其从合伙企业中分取的收益用于清偿；债权人也可以依法请求人民法院强制执行该合伙人在合伙企业中的财产份额用于清偿。据此可知，合伙人所负与合伙企业无关的债务，<u>应当优先用自有财产清偿，自有财产不足时可用所分取的收益清偿，最后才可通过强制执行该合伙人在合伙企业中的财产份额进行清偿</u>。财产份额不得直接用来清偿合伙人与合伙企业无关的债务。C 选项错误，不当选。

D 选项考查合伙企业财产归属。根据《合伙企业法》第 20 条，合伙人的出资、以合伙企业名义取得的收益和依法取得的其他财产，均为合伙企业的财产。合伙人的出资对象是合伙企业而非其他合伙人，因此靖远公司的出资不属于五四公司。即使五四公司在未经靖远公司同意的情况下使用合伙企业的资金，靖远公司仅能请求五四公司承担违约责任，不能请求五四公司向其返还出资。D 选项错误，不当选。

二、多项选择题

1. 答案：BC

考点：公司法人人格否认制度　　**难度：难**

命题和解题思路： 本题取材自（2021）浙 0602 民 10383 号判决书"中远关西涂料化工（上海）有限公司、浙江华丰防腐保温工程有限公司等损害公司债权人利益责任纠纷案"。本题考查 2023 年《公司法》新增的公司横向法人人格否认制度。题目设计股东徐某间接控制两个公司，其在风华公司和风浩公司中所持股权虽未达到控制地位，但通过控股华能公司和浩能公司控制风华公司和风浩公司，法律关系较为复杂。徐某间接控制的风华公司和风浩公司之间存在混同，虽然徐某不是直接的控股股东，但债权人远东公司仍可以请求风华公司和风浩公司承担连带责任。考生需要掌握控股股东的认定标准，找出两个公司的共同控制人徐某，才能发现两公司之间的关联关系，判断责任承担方式。

【选项分析】A 选项考查控股股东的认定标准。根据《公司法》第 265 条第 2 项，控股股东，是指其出资额占有限责任公司资本总额超过 50%或者其持有的股份占股份有限公司股本总额超过 50%的股东；出资额或者持有股份的比例虽然低于 50%，但依其出资额或者持有的股份所享有的表决权已足以对股东会的决议产生重大影响的股东。据此可知，控股股东的认定标准应当分为客观标准和主观标准，因此徐某即使持股比例不足 50%，若其享有的表决权已足以对股东会的决议产生重大影响，也可成为控股股东。A 选项错误。

B、C 选项考查横向法人人格否认的基本概念。根据《公司法》第 23 条第 1、2 款，公司股东滥用公司法人独立地位和股东有限责任，逃避债务，严重损害公司债权人利益的，应当对公司债务承担连带责任。股东利用其控制的两个以上公司实施前款规定行为的，各公司应当对任一公司的债务承担连带责任。根据题目信息可知，徐某同时对风华公司和风浩公司存在控制关系，且风浩公司的交易款项收支都计入风华公司的账户，两个企业之间存在财产混同，致使公司债权人远东公司的利益严重受损。风华公司和风浩公司实施滥用法人独立地位逃避债务，严重损害公司债权人利益，承担连带责任，属于横向法人人格否认。因此，远东公司可以请求徐某或风华公司对风浩公司所欠的债务承担连带责任。B、C 选项均正确。

D 选项考查法人人格否认之诉的诉讼机制。根据《九民纪要》第 13 条第 1 项，债权人对债务人公司享有的债权已经由生效裁判确认，其另行提起公司人格否认诉讼，请求股东对公司债务承担连带责任的，列股东为被告，公司为第三人。在题目所示纠纷中，风浩公司是已确定的债务人，被请求承担连带责任的主体是风华公司。因此应当将风华公司列为被告，风浩公司为第三人，而非作为共同被告。D 选项错误。

2. 答案：BD

考点：债权申报、取回权、重整程序　　**难度：难**

命题和解题思路： 本题取材自（2022）鄂 10 民终 33 号民事判决书"紫元元（深圳）国际融资租赁有限公司、松滋市创兴印务有限公司融资租赁合同纠纷案"。本题考查破产债权申报和取回权。题目设计案例将取回权与融资租赁合同相结合，综合性较强。考生需要掌握并理解融资租赁合同的本质是双务合同，并且属于破产后未履行完毕的双务合同。在重整期间，取回权的行使需要依照合同的约定。

【选项分析】 A 选项考查债权申报的具体规则。根据《破产法》第 46 条第 1 款，未到期的债权，在破产申请受理时视为到期。因此，紫云公司可以向德长公司申报已到期未支付的租赁费，也有权申报未到期的租赁费。A 选项正确，不当选。

B 选项考查破产管理人的义务。根据《破产法》第 57 条第 1 款，管理人收到债权申报材料后，应当登记造册，对申报的债权进行审查，并编制债权表。据此可知管理人应当履行编制债权表的义务。根据第 58 条第 1 款，破产管理人编制的债权表，应当提交第一次债权人会议核查。据此可知应当由第一次债权人会议而非破产管理人核查债权。B 选项错误，当选。

C 选项考查重整期间的营业保护。《破产法》第 18 条第 1 款规定，人民法院受理破产申请后，管理人对破产申请受理前成立而债务人和对方当事人均未履行完毕的合同有权决定解除或者继续履行，并通知对方当事人。因此，破产后待履行的双务合同，解除权属于管理人。C 选项正确，不当选。

D 选项考查重整期间的营业保护，但具有一定的迷惑性。考生可能只关注到了《破产法司法解释（二）》第 26 条的规定，权利人行使取回权，应当在破产财产变价方案或者和解协议、重整计划草案提交债权人会议表决前向管理人提出。权利人在上述期限后主张取回相关财产的，应当承担延迟行使取回权增加的相关费用。因此误以为本选项正确，但是却未能考虑到《破产法》第 76 条的规定，"债务人合法占有的他人财产，该财产的权利人在重整期间要求取回的，应当符合事先约定的条件。"显然，该融资协议约定了租赁期，并且约定租赁期届满后租赁物归属承租人所有。因此，在重整期间，该取回权的形式需要满足事先的约定。D 选项错误，当选。

3. 答案：ACD

考点：增资、抽逃出资　　难度：中

命题和解题思路：本题取材自（2021）苏 02 民终 4432 号民事判决书"江阴市新昶虹电力科技股份有限公司、江阴市金杯工业用布有限公司等股东出资纠纷案"。本题考查的知识点包括增资程序和抽逃出资，题目设计案例将增资程序和抽逃出资行为相结合，具有一定综合性。题目选项包含易混知识点，股东应当优先按照实缴出资比例而非认缴出资比例认缴增资额；抽逃出资的股东应当返还抽逃出资，并赔偿给公司造成的损失。考生熟练掌握上述知识即可选出正确选项。

【选项分析】 A、B 选项考查有限公司增资程序。根据《公司法》第 66 条第 3 款，股东会作出修改公司章程、增加或者减少注册资本的决议，以及公司合并、分立、解散或者变更公司形式的决议，应当经代表三分之二以上表决权的股东通过。A 选项正确。

根据《公司法》第 227 条第 1 款，有限责任公司增加注册资本时，股东在同等条件下有权优先按照实缴的出资比例认缴出资。但是，全体股东约定不按照出资比例优先认缴的除外。据此可知，股东应当优先按照实缴出资比例而非认缴出资比例认缴增资额。B 选项错误。

C、D 选项考查抽逃出资的责任承担。《公司法司法解释（三）》第 14 条第 2 款规定，公司债权人请求抽逃出资的股东在抽逃出资本息范围内对公司债务不能清偿的部分承担补充赔偿责任、协助抽逃出资的其他股东、董事、高级管理人员或者实际控制人对此承担连带责任的，人民法院应予支持；抽逃出资的股东已经承担上述责任，其他债权人提出相同请求的，人民法院不予支持。此处抽逃出资的股东对债权人的补充赔偿责任，虽然 2023 年《公司法》未作规定，但是可从民商法债权代位的法理推出。同时，既然是债权代位，显然赔偿债权人后无需再返还公司。C 选项正确。

此外，根据《公司法》第 53 条，公司成立后，股东不得抽逃出资。违反前款规定的，股东应当返还抽逃的出资；给公司造成损失的，负有责任的董事、监事、高级管理人员应当与该股东承担连带赔偿责任。由此可知，若公司有其他董事、监事、高级管理人员协助李四抽逃出资，应当对公司的损失承担连带责任，D 选项正确。

4. 答案：AC

考点：股权转让、优先购买权　　难度：中

命题和解题思路：本题选材自（2021）最高法民申 304 号民事判决书"邢燕平、王军胜等公司解散纠纷案"。本题考查股权转让制度，案例事实涉及其他股东优先购买权和民法恶意串通的结合。考生需要熟练掌握股权转让和恶意串通相关知识，方可选出正确选项。

【选项分析】A 选项考查恶意串通股权转让。丁分两次受让乙和丙的股权，两次受让股权的价格明显不合理，不属于正常的股权交易，可以认定为丁和乙、丙恶意串通，规避有限公司股权对外转让的限制，恶意损害其他股东的优先购买权。虽然损害优先购买权的股权转让协议并不当然无效，但是根据《民法典》第 154 条规定，恶意串通损害他人的民事法律行为无效。因此应当认为乙、丙向丁转让股权的行为均无效。A 选项正确。

B 选项考查有限公司股权对外转让的限制。2023 年《公司法》取消了有限公司股权对外转让，需要取得其他股东同意的要求，仅保留了优先购买权的规定。B 选项错误。

C 选项考查股东优先购买权受到损害的救济。根据《公司法司法解释（四）》第 21 条第 1 款，有限责任公司的股东向股东以外的人转让股权，损害其他股东优先购买权，其他股东主张按照同等条件购买该转让股权的，人民法院应当予以支持，但其他股东自知道或者应当知道行使优先购买权的同等条件之日起 30 日内没有主张，或者自股权变更登记之日起超过 1 年的除外。C 选项正确。

D 选项考查同等条件的认定。采取恶意串通方式对外转让股权，损害股东优先购买权的，股东在知道或者应当知道后有权主张优先购买。但是需要考生需要，此处的优先购买依然须满足同等条件。在本案中同等条件如何界定呢？显然这种拆零的行为应当整体化看待，即将两次转让的价格放在整体转让中评估。D 选项错误。

5. 答案：ABD

考点：公司解散和清算　　难度：难

命题和解题思路：本题取材自（2020）鲁民终 733 号民事判决书"无锡甲置业有限公司诉无锡乙置业有限公司、晋某有限公司公司解散纠纷案"。本题考查司法解散的适用条件和清算程序，涉及公司解散和清算的易混知识点，以及 2023 年《公司法》新修的清算义务人规则：董事为公司清算义务人，应当在解散事由出现之日起十五日内组成清算组进行清算。清算义务人未及时履行清算义务，给公司或者债权人造成损失的，应当承担赔偿责任。

【选项分析】A、B 选项考查解散之诉的相关要求。根据《公司法司法解释（二）》第 3 条，股东提起解散公司诉讼时，向人民法院申请财产保全或者证据保全的，在股东提供担保且不影响公司正常经营的情形下，人民法院可予以保全。据此可知，股东申请财产保全需要满足两个条件，一是股东提供相应担保，二是不影响公司正常经营。股东不能直接要求法院保全财产。A 选项错误，当选。

根据《公司法司法解释（二）》第 2 条，股东提起解散公司诉讼，同时又申请人民法院对公司进行清算的，人民法院对其提出的清算申请不予受理。人民法院可以告知原告，在人民法院判决解散公司后，依法自行组织清算或者另行申请人民法院对公司进行清算。由此可见，人民法院不会同时受理司法解散诉讼和清算诉讼。B 选项错误，当选。

C 选项考查清算义务人责任。根据《公司法》第 232 条第 1、3 款，公司因法院裁判解散的，应当清算。董事为公司清算义务人，应当在解散事由出现之日起十五日内组成清算组进行清算。清算义务人未及时履行清算义务，给公司或者债权人造成损失的，应当承担赔偿责任。据此可知，若乙公司的董事未及时启动清算程序，导致乙公司债权人遭受损失，乙公司的董事应当承担赔偿责任。C 选项正确，不当选。

D 选项考查清算组。根据《公司法》第 232 条第 2 款，清算组由董事组成，但是公司章程另有规定或者股东会决议另选他人的除外。根据第 233 条第 1 款，公司依照前条第 1 款的规定应当清算，逾期不成立清算组进行清算或者成立清算组后不清算的，利害关系人可以申请人民法院指定有关人员组成清算组进行清算。人民法院应当受理该申请，并及时组织清算组进行清算。根据第 235 条第 1 款，清算组应当自成立之日起十日内通知债权人，并于六十日内在报纸上或者国家企业信用信息公示系统公告。债权人应当自接到通知之日起三十日内，未接到通知的自公告之日起四十五日内，向清算组申报其债权。由此可知，清算组自成立之日起 10 日内通知债权人申报债权是正确的，但裁判解散的公司应当优先选择董事组成清算组，其次由公司章程或股东会决定，满足法律规定的条件时才可申请法院指定清算组，而非直接由法院指定。D 选项错误，当选。

6. 答案：ABC　难度：中

考点：临时股东会的提议召集权、临时股东会的自行召集权、异议股东回购请求权、股东知情权

命题和解题思路：本题综合考查 2023 年《公司法》中股份公司股东知情权、异议股东回购请求权等变化，同时考查股份公司股东会提议召集权和自行召集权。2025 年法考客观题一定会有两道左右的题专门考查股份公司的一些细碎的知识点。这些细碎的内容，是考生准备公司法时不可大意之处。

【选项分析】A 选项考查股份公司临时股东会的提议召集权和自行召集权。《公司法》第 113 条规定，股东会应当每年召开一次年会。有下列情形之一的，应当在两个月内召开临时股东会会议：……（三）单独或者合计持有公司百分之十以上股份的股东请求时；……。《公司法》第 114 条规定，……监事会不召集和主持的，连续九十日以上单独或者合计持有公司百分之十以上股份的股东可以自行召集和主持。据此，股份公司股东自行召集股东会的要求是经过前置程序且连续 90 日以上持股 10% 以上。本题中甲持股仅为 3%，持股期限为 14 天。A 选项错误，当选。

B 选项考查异议股东回购请求权。2023 年《公司法》异议股东回购请求权存在重大变化和调整，有限公司、非上市股份公司与股份公司股东可以主张公司回购股权的情形不同，需要考生对比学习掌握。控股股东滥用权利，损害公司和股东利益的异议股东回购请求权仅限于有限公司。B 选项错误，当选。

C 选项和 D 选项考查的是股份公司股东的知情权。《公司法》第 110 条第 1、2 款规定，股东有权查阅、复制公司章程、股东名册、股东会会议记录、董事会会议决议、监事会会议决议、财务会计报告，对公司的经营提出建议或者质询。连续一百八十日以上单独或者合计持有公司百分之三以上股份的股东要求查阅公司的会计账簿、会计凭证的，适用本法第五十七条第二款、第三款、第四款的规定。公司章程对持股比例有较低规定的，从其规定。据此，针对财务会计报告，股份公司股东有权查阅、复制，因此 D 选项正确，不当选。但是针

对会计账簿、会计凭证，则要求股东连续 180 日持股 3%以上，本题中甲持股虽为 3%，但持股期限仅 14 天，因此 C 选项错误，当选。

三、不定项选择题

1. 答案：B

考点：投资者保护　　难度：难

命题和解题思路：本题取材自中证中小投资者服务中心有限责任公司诉张某虹、王某、王某红、洪某等损害公司利益责任纠纷案。本题考查《证券法》投资者保护机构提起的股东特别代表诉讼。题目选项包括了股东特别代表诉讼制度中的易混知识点：投资者保护机构受 50 名以上投资者委托，可以作为代表人参加诉讼，经证券登记结算机构确认的投资人无需自行登记权利即视为参与诉讼，除非明确表示不愿意参与诉讼。投资者保护机构提起股东代表诉讼，不受公司法中持股比例的限制。考生熟练掌握以上知识方可选出正确答案。

【选项分析】A 选项考查投资者保护机构提起股东代表诉讼与股东代表诉讼的原告资格。根据《公司法》第 189 条第 1 款，股份有限公司连续一百八十日以上单独或者合计持有公司百分之一以上股份的股东，有权提起股东代表诉讼。但是根据《证券法》第 94 条第 3 款规定，发行人的董事、监事、高级管理人员执行公司职务时违反法律、行政法规或者公司章程的规定给公司造成损失，发行人的控股股东、实际控制人等侵犯公司合法权益给公司造成损失，投资者保护机构持有该公司股份的，可以为公司的利益以自己的名义向人民法院提起诉讼，持股比例和持股期限不受《公司法》规定的限制。据此可知，投保机构持股比例未达到《公司法》股份有限公司中股东代表诉讼的要求，并不影响其提起诉讼的资格。A 选项错误。

B 选项考查投保机构先行赔付制度。根据《证券法》第 93 条，发行人因欺诈发行、虚假陈述或者其他重大违法行为给投资者造成损失的，发行人的控股股东、实际控制人、相关的证券公司可以委托投资者保护机构，就赔偿事宜与受到损失的投资者达成协议，予以先行赔付。先行赔付后，可以依法向发行人以及其他连带责任人追偿。理惠公司作为发行人，其控股股东可以委托投保机构与投资者协商进行先行赔付。B 选项正确。

C 选项考查投保机构特别代表人诉讼制度。根据《证券法》第 95 条第 2、3 款，投资者提起虚假陈述等证券民事赔偿诉讼时，可能存在有相同诉讼请求的其他众多投资者的，人民法院可以发出公告，说明该诉讼请求的案件情况，通知投资者在一定期间向人民法院登记。人民法院作出的判决、裁定，对参加登记的投资者发生效力。投资者保护机构受 50 名以上投资者委托，可以作为代表人参加诉讼，并为经证券登记结算机构确认的权利人依照前款规定向人民法院登记，但投资者明确表示不愿意参加该诉讼的除外。据此可知，若参与诉讼的投资者未达到 50 人，仅可适用普通共同诉讼制度，投资者需要在法院登记权利才能参与诉讼。若 50 名以上投资者委托投保机构作为代表人参与诉讼，则由投保机构为经证券登记结算机构确认的投资者登记权利，投资者无需亲自登记权利即默认参与诉讼，除非投资者声明退出。C 选项错误。

D 选项考查投保机构调解纠纷的职能。根据《证券法》第 94 条第 1 款，投资者与发行人、证券公司等发生纠纷的，双方可以向投资者保护机构申请调解。普通投资者与证券公司发生证券业务纠纷，普通投资者提出调解请求的，证券公司不得拒绝。据此可知，不得拒绝普通投资者向投保机构提出的调解请求，是证券公司需要遵守的保护普通投资者的特别义务，而发行人不受此规定限制。D 选项错误。

2. 答案：ABC

考点：股份公司的组织机构、股东会的召集　　难度：难

命题和解题思路：本题取材自（2023）辽06民终176号"辽宁曙光汽车集团股份有限公司与梁健湛、深圳市中能绿色启航壹号投资企业等与公司有关的纠纷案"。本题考查股份公司组织机构和股东会的召集。题目选项包括了股东会召集程序的易混知识点：<u>股东请求董事会召集临时股东会，要求单独或者合计持有公司百分之十以上股份；股东自行召集股东会，要求连续九十日以上单独或者合计持有公司百分之十以上股份。</u>考生熟练掌握股东会召集程序规则即可选出正确答案。

【选项分析】A选项考查股份有限公司的公司治理结构。根据《公司法》第121条第1、2款，<u>股份有限公司可以按照公司章程的规定在董事会中设置由董事组成的审计委员会，行使本法规定的监事会的职权，不设监事会或者监事。审计委员会成员为三名以上，过半数成员不得在公司担任除董事以外的其他职务，且不得与公司存在任何可能影响其独立客观判断的关系。公司董事会成员中的职工代表可以成为审计委员会成员。</u>由此可知，股份公司可以自行决定设立监事会或是审计委员会。但是为了表决客观公平，需要保证审计委员会成员和其他组织机构之间不存在利害关系，所以审计委员会的成员人数和身份限制属于强制性规定。A选项错误，当选。

B、C、D选项考查股东会召集程序。根据《公司法》第114条第2、3款规定，<u>董事会不能履行或者不履行召集股东会会议职责的，监事会应当及时召集和主持；监事会不召集和主持的，连续九十日以上单独或者合计持有公司百分之十以上股份的股东可以自行召集和主持。单独或者合计持有公司百分之十以上股份的股东请求召开临时股东会会议的，董事会、监事会应当在收到请求之日起十日内作出是否召开临时股东会会议的决定，并书面答复股东。</u>据此可知，<u>若股东请求董事会召集股东会，仅有持股比例的要求，没有持股期限的要求；若股东自行召集股东会，则既有持股比例的要求，又有持股期限的要求。</u>题目中沈钟等股东在请求董事会召集股东会阶段，无需满足持股期限的要求。B选项错误，当选。

根据《公司法》第115条第2款，<u>单独或者合计持有公司百分之一以上股份的股东，可以在股东会会议召开十日前提出临时提案并书面提交董事会。</u>据此可知，临时提案应当书面提交董事会而非股东会。C选项错误，当选。

根据《公司法》第115条第1款，<u>召开股东会会议，应当将会议召开的时间、地点和审议的事项于会议召开二十日前通知各股东；临时股东会会议应当于会议召开十五日前通知各股东。</u>题目中股东做法符合法律规定。D选项正确，不当选。

第二套

第一部分　试题

一、单项选择题

1. 融安公司章程规定，本公司担保应经股东会决议批准。融平公司系融安公司全资子公司，两公司的法定代表人均为文某。为获得融资，文某以融平公司的名义向某银行借款1000万元，由融安公司提供担保。文某于2021年5月20日签订了借款合同和担保函，签字并加

盖了融平公司公章，但未加盖融安公司公章。银行审查了融安公司董事会决议和补盖公章承诺。3个月后，文某补盖了融安公司的公章。关于融安公司向融平公司提供的担保的生效时间，以下哪一说法是正确的？

A. 自文某签字时生效　　　　B. 自补盖公章时生效

C. 自董事会决议作出时生效　D. 待股东会决议作出时生效

2. 甲、乙、丙、丁于 2022 年 5 月共同出资设立希望有限公司，约定每人出资 50 万元，其中甲、乙、丙以货币出资，丁以自己名下的一套房屋作价 50 万元出资，均应在公司成立前缴纳。2022 年 6 月，希望有限公司成立，但只有甲、乙履行了出资义务，丙仅向公司账户转账 40 万元，丁虽然将房屋交付公司使用，但是一直未能办理权属变更登记。2022 年 12 月，在甲、乙反复催促无果的情形下，希望有限公司召开股东会，形成股东会决议：（1）丙在出资不足前只能按照 8% 的比例分配利润；（2）丁在完成房屋权属变更之前不享有股东权利。针对事项（1），除丙外，其他股东均表示同意；针对事项（2），除丁外，其他股东均表示同意。据此，下列哪一表述是正确的？

A. 因对丙的利润分配限制不合理，因此决议事项（1）无效

B. 因丁已经交付房屋履行了主给付义务，因此决议事项（2）无效

C. 丙未全面履行出资义务，需要向甲、乙、丁承担违约责任

D. 如丁将股权转让给知情的戊，则公司有权请求戊承担权属变更责任

3. 王一为李二代持红星公司 60% 的股权。红星公司还有股东张三和赵四，分别持股 20%。2020 年 7 月 20 日，王一因急需还债，与债权人大龙私议将自己代持的股权转让给他，并告知了大龙股权代持的事实。大龙同意，并于当年 8 月 1 日办理了股权变更登记。2021 年 7 月 15 日，李二回国后发现此事并告知了张三。同日，红星公司债权人小虎要求红星公司偿还货款 500 万元，经法院执行部门调查，大龙名下的股权有 600 万元出资到期未缴纳。7 月 20 日，李二向法院起诉了王一。对此，下列哪一说法是正确的？

A. 李二有权主张股权转让无效

B. 张三有权主张股权转让无效，并主张优先购买

C. 小虎有权申请追加大龙作为被执行人

D. 小虎有权申请追加李二作为被执行人

4. 甲、乙于 2018 年设立了物迪科技有限公司，乙不参与公司经营，也未在公司任职。虽然公司所处行业发展迅猛，但一直盈利不高，且未向股东分配利润。2021 年，乙经过调查，发现公司从甲的儿子处采购的原材料价格过高，遂要求查阅公司会计账簿，被甲拒绝，但甲向乙承诺会安排公司按每股 1.2 元的价格回购乙的股权，让乙退出公司。一个月后该承诺仍未兑现。对此，乙可以依法采取下列哪一措施？

A. 起诉甲要求其允许自己查阅会计账簿

B. 起诉公司要求其按照 1.2 元回购股权

C. 起诉公司要求其进行利润分配

D. 以公司名义起诉甲和甲的儿子损害公司利益

5. 甲、乙、丙于 2020 年出资设立了叁仁散有限公司，分别持股 70%、20%、10%，由甲出任公司董事、经理并兼任法定代表人。公司一直由甲全面负责经营管理，乙、丙并未过问公司事务。公司成立后，经营业绩颇佳，但一直未召开过股东会，也未向股东分红。乙、

丙逐渐产生不满，要求甲召开股东会决议分红，但甲以公司发展需求为由予以拒绝。乙、丙与甲的矛盾逐渐公开，遂自行召集股东会，并决议罢免甲的董事职务。据此，下列哪一说法是正确的？

A. 乙无权起诉公司要求其进行利润分配

B. 丙有权起诉请求法院解散公司并清算公司财产

C. 乙、丙持股合计 30%，有权自行召集股东会

D. 对于罢免甲董事的决议，甲因存在利害关系没有表决权

6. 阿依欲从事"轰趴"业务，并将想法告知了阿呆，阿呆表示同意入股。双方口头约定合伙经营"轰趴"业务，各出资 50 万元，由阿依执行合伙事务，初期共同经营两年。随后阿呆将 50 万元转到阿依个人账户，备注"投资款"。一个月后，阿依完成企业登记，登记名称为"呆依轰趴娱乐中心（个人独资）"，投资者为阿依。对此阿呆并不知情，一直忙于企业业务拓展。两个月后，因业务纠纷，阿依与顾客产生纠纷并将顾客打伤，造成 100 万元的损失，而企业净资产仅为 40 万元。对此，下列哪一说法是正确的？

A. 阿呆有权要求阿依返还 50 万元

B. 阿呆有权以阿依未出资为由主张解除合同

C. 顾客有权要求阿依承担 100 万元赔偿责任

D. 顾客有权要求阿呆承担 60 万元赔偿责任

7. 甲系某工地施工队负责人，因工程建设需要，于 2019 年雇佣表弟乙参与工程建设。甲按照发包方的要求，为表弟购买了人身意外险。保险合同约定，如被保险人发生意外死亡，保险公司一次性赔付 200 万元；受益人为"乙的妻子丙"。乙对此知情且并未表示反对。因常年在外务工，乙和丙的感情出现了裂痕，于 2022 年 12 月办理了离婚手续。2023 年 6 月，工程完工，乙离职后在返乡途中发生意外死亡。丙得知后找到保险公司要求赔付。据此，下列哪一选项是正确的？

A. 甲系乙的表哥，故存在保险利益关系，因此该保险当然有效

B. 该保险未获得乙的同意，因此该保险无效

C. 如保险有效，丙作为受益人有权请求保险公司赔付

D. 如保险有效，保险公司的赔偿金应作为乙的遗产

二、多项选择题

1. 甲公司出资设立全资子公司乙公司和丙公司。2019 年 1 月，乙公司向丁借款 200 万元。甲公司法定代表人张某未经股东会同意即将甲公司持有的丙公司全部股权转让给丁并办理了公司登记，双方约定乙公司如在 2 年内清偿借款则该股权无偿回拨，否则股权归丁所有，但此前丁无权查阅公司会计账簿。2021 年 3 月，丙公司欠王某 300 万元债务不能清偿。2021 年 5 月，丁将股权以 300 万元的价格转让给戊公司，并办理了工商登记变更。据此，下列哪些表述是错误的？

A. 甲公司与丁之间的股权转让协议无效

B. 双方就丁无权查阅公司会计账簿的约定无效

C. 王某可主张由丁就 300 万元债务承担连带责任，丁应负举证责任

D. 因乙公司未能按期清偿借款，丁有权将股权转让给戊公司

2. 甲公司欠乙银行 2000 万元，丙公司为该债务提供担保。后甲公司到期不能清偿其他

债务，债权人向法院申请对甲公司破产清算，法院受理了申请。甲公司控股股东张某申请转为重整。乙银行就本息债权进行了债权申报，根据重整计划，乙银行债权本息调整为1500万元。对此，下列哪些选项是错误的？

　　A. 乙银行应当提交甲公司不能清偿到期债务和资不抵债的证据

　　B. 自甲公司破产之日起，丙公司有权主张停止计算利息

　　C. 乙银行有权要求丙公司承担500万元连带责任

　　D. 重整计划执行完毕后，丙公司可补充申报并向甲公司追偿

　　3. 甲为支付货款，开具了一张以乙为收款人的汇票并交付乙。乙随后将该汇票背书转让给了丙，并注明"7月30日前不得将汇票转让给他人"。丙于7月15日将该汇票背书转让给了丁。丁为了偿还对宏达公司的债务，于7月28日将该汇票直接交付给了宏达公司的财务人员小李。如付款人拒绝付款，下列哪些说法是错误的？

　　A. 丁有权向乙追偿　　　　　　　　B. 丁有权向丙追偿

　　C. 宏达公司有权向乙追偿　　　　　D. 宏达公司有权向丙追偿

　　4. 甲公司向乙公司借款500万元，期限为两年。丙公司自愿为该笔借款承担连带责任保证。借款到期后，乙公司要求甲公司还款，甲公司以资金不足为由未按期偿还。乙公司遂要求丙公司承担保证责任，但丙公司以资金周转困难为由予以拒绝。追款无望后，乙公司向法院申请甲公司破产清算。据此，下列哪些说法是正确的？

　　A. 乙公司可请求法院给付收到申请及所附证据的书面凭证

　　B. 甲公司可以丙公司具有还款能力抗辩

　　C. 法院可判决驳回乙公司的请求

　　D. 如申请未被受理，乙公司可向上一级法院上诉

　　5. 2019年12月，王某为爱车投了第三人责任险，车辆平时由王某和其爱人沈某使用。后沈某想以此车运营网约车以补贴家用。2021年4月1日，沈某未经王某的同意取得网约车运营证和运营资格证，也未将此事告知保险公司。当天，沈某为庆祝开展副业，驾车前往饭店与朋友小聚。途中不慎将李某撞伤，经交警协商，沈某愿意赔付李某医药费2万元，但表示自己身上没有钱，需李某找保险公司理赔。据此，保险公司的下列哪些做法是错误的？

　　A. 可以沈某将车辆转为运营车辆为由拒绝理赔

　　B. 可以沈某与李某私下和解为由拒绝理赔

　　C. 赔偿后可通知沈某，并取得对其的代位求偿权

　　D. 如认可沈某与李某的私下和解，应将费用赔付给王某

三、不定项选择题

　　1. 2020年1月，经法院裁判，甲公司须支付乙公司货款本息1200万元。当年2月，该判决生效，乙公司向法院申请强制执行。甲公司提出管辖异议，法院裁定驳回。在执行过程中，法院调查发现：甲公司股东小李持股25%，出资期限尚未届满；公司自2015年以后一直处于严重亏损状态，并无其他财产可供执行；公司管理层均处失联状态。对此，下列选项正确的是：

　　A. 对甲公司异议审查和上诉期间，不停止执行

　　B. 乙公司有权申请追加甲公司股东作为被执行人

　　C. 乙公司如申请对甲公司破产清算，则小李有权申请转化为破产和解

D. 若法院裁定受理破产，应同时裁定执行终结

2. 钱某系顺景有限公司股东、法定代表人，认缴出资 100 万元尚未到期。公司章程规定，对外担保须经股东会决议。2020 年 12 月，利群公司请顺景公司为其向建设银行的 3 个月贷款提供担保，钱某表示公司目前经营状况不佳，自己借给公司的 50 万元虽有公司抵押还未清偿，但碍于人情，钱某在保函上签字并加盖公章。2021 年 3 月，因顺景公司无法清偿汪某的债权 100 万元，被法院裁定破产。据此，以下说法正确的是：

A. 如利群公司不能清偿债务，建设银行有权向顺景公司的管理人申报债权

B. 钱某得以 50 万元担保债权向管理人主张抵销其未出资部分，自通知之日起生效

C. 汪某有权要求钱某在未出资的本息范围内就公司不能清偿的债务承担赔偿责任

D. 未经债权人会议批准，顺景公司不得继续经营其原有业务

3. 甲购买了陇西信托公司推出的"增富一号"信托计划，与该公司签订了信托文件，约定甲将 300 万元交给陇西信托公司，用于"增富一号"信托计划的投资，期限为两年，该信托为自益信托。文件签署后，甲按照信托文件的约定，将 300 万元现金汇入了陇西信托公司的统一收款账户。随后，陇西信托公司将其中 200 万元转入了"增富一号"信托计划的专用托管账户用于投资，剩余 100 万元依然留存在公司的统一收款账户。信托到期后，下列能够得到法律支持的主张是：

A. 甲有权主张向其返还 300 万元的本金和对应的信托收益

B. 甲有权主张向其返还 200 万元的本金和对应的信托收益

C. 甲有权请求陇西信托公司返还 100 万元的本金和对应的损失

D. 陇西信托公司返还 300 万元本金后受托责任即告解除

第二部分 答案详解

一、单项选择题

1. 答案：A　难度：中

考点： 公司担保；公司代表制度

命题和解题思路： 本题围绕着"公司担保"与"公司代表制度"两个知识点设计。其中"公司担保"中公司对外担保的效力及其认定不仅是《九民纪要》中重点规定的问题，同时为《民法典担保制度解释》所吸收，是法考复习应当关注的重点。"公司代表制度"中法定代表人代表公司对外签订合同的效力如何认定，代表人的权限与是否加盖公章对合同效力的影响，不仅在《九民纪要》中详细规定，并且《民法典合同编通则解释》也进行了更为详尽的规定。针对这两个考点，考生在复习时应重点掌握和理解。

【选项分析】 首先，融安公司为自己的全资子公司融平公司担保，系属于对外担保。根据《民法典担保制度解释》第 8 条的规定，公司为其全资子公司开展经营提供担保，无须相对人就有权机关的决议进行审查。因此，CD 选项错误。

其次，就融安公司向融平公司提供的担保合同，文某作为法定代表人签字，但未加盖公章，根据《九民纪要》第 41 条的规定，法院应主要审查签约人于盖章之时有无代表权或者代理权，从而根据代表或者代理的相关规则判断合同的效力。对此，《民法典合同编通则解释》第 22 条第 2 款规定，合同系以法人、非法人组织的名义订立，但是仅有法定代表人、

负责人或者工作人员签名或者按指印而未加盖法人、非法人组织的印章，相对人能够证明法定代表人、负责人或者工作人员在订立合同时未超越权限的，人民法院应当认定合同对法人、非法人组织发生效力。但是，当事人约定以加盖印章作为合同成立条件的除外。该条第4款规定，在前三款规定的情形下，法定代表人、负责人或者工作人员在订立合同时虽然超越代表或者代理权限，但是依据《民法典》第504条的规定构成表见代表，或者依据《民法典》第172条的规定构成表见代理的，人民法院应当认定合同对法人、非法人组织发生效力。因此，法定代表人签字，但未加盖公章，只要系法定代表人的代表行为，即使属于越权代表，但某银行属于善意，合同就有效，无须判断是否加盖公章。"认人不认章"的规则，考生要牢牢记清。因此，A选项正确，B选项错误。

2. 答案：A　　难度：中

考点：瑕疵出资、利润分配

命题和解题思路：本题系对股东瑕疵出资责任的考查。该考点是公司资本制度中的重要考点，几乎每年都会考查。考生首先需要知道在认缴制度下，股东资格的实质要件只要求认缴，而未履行出资义务仅构成瑕疵出资。其次，考生要全面把握出资约定的履行，即"按期足额给公司"。只要未全面履行出资义务，即构成瑕疵出资。最后，对于瑕疵出资的责任，考生可以从"一补三赔四连带"整体把握，同时公司有权催缴、失权。本题在设计上，具体结合了上述体系的知识细节，体现出法考重要考点细致考查的趋势。因此考生在处理这些重点问题的时候，不仅要见森林，也须见树木。

【选项分析】A选项涉及对瑕疵出资股东的权利限制。2023年《公司法》取消了原《公司法》中对瑕疵股东权利的限制，而代之以失权机制。但是失权机制需要满足法定的程序，包括公司催缴，经过宽限期股东仍未缴纳的，经董事会书面决议方可失权。同时，失权是完全剥夺股东对应的股权，而非对股东权利的部分限制。在这种情形下，对股东利润分配权的限制只能适用《公司法》第210条第4款的规定："公司弥补亏损和提取公积金后所余税后利润，有限责任公司按照股东实缴的出资比例分配利润，全体股东约定不按照出资比例分配利润的除外；股份有限公司按照股东所持有的股份比例分配利润，公司章程另有规定的除外。"即有限公司应按照实缴比例分配利润，除非全体股东另有约定。在本题中，对该决议丙表示反对，因此应当按照实缴比例分配利润，结合题干事实显然丙的实缴出资比例并非8%。因此A选项正确。

B选项考查的是需要变更权属的出资，但选项具有一定的迷惑性。对此可以参考《公司法司法解释（三）》第10条第1款规定，出资人以房屋、土地使用权或者需要办理权属登记的知识产权等财产出资，已经交付公司使用但未办理权属变更手续，公司、其他股东或者公司债权人主张认定出资人未履行出资义务的，人民法院应当责令当事人在指定的合理期间内办理权属变更手续；在前述期间内办理了权属变更手续的，人民法院应当认定其已经履行了出资义务；出资人主张自其实际交付财产给公司使用时享有相应股东权利的，人民法院应予支持。据此，似乎在变更权属前，该股东不应享有股东权利。对此，考生要结合认缴制度理解。实际上该条是实缴制度下的遗存，在认缴制下，股东只要认缴了出资，到期未履行出资义务只是构成瑕疵出资，并不妨碍其股东权的行使。如考生可以转换思路考虑：此时该股东可否行使知情权呢？我想对此考生一定能给出正确的答案。这也提示我们公司法的学习不能只关注法条，还需要结合制度变革整体把握。因此B选项表述错误。

C选项考查的是瑕疵出资责任。2023年《公司法》取消了原《公司法》中瑕疵出资的股东对其他已按期足额缴纳出资股东的违约责任，但是需要考生注意的是：这里的取消并非制度上的取消，而是考虑到这一问题实际上是合同法问题，结合合同法的规则处理即可。在此我们依然可以参照原《公司法》第 28 条第 2 款规定，即股东不按照前款规定缴纳出资的，除应当向公司足额缴纳外，还应当向已按期足额缴纳出资的股东承担违约责任。在本题中，虽然丙未全面履行出资义务，应当向守约发起人股东承担违约责任，但是丁并不在此列。因此 C 选项错误。

D 选项考查的是瑕疵股权转让的连带责任。《公司法》第 88 条第 2 款规定，未按照公司章程规定的出资日期缴纳出资或者作为出资的非货币财产的实际价额显著低于所认缴的出资额的股东转让股权的，转让人与受让人在出资不足的范围内承担连带责任；受让人不知道且不应当知道存在上述情形的，由转让人承担责任。对此考生可能以丁构成瑕疵出资，认为其将股权转让给知情的戊，戊应当就瑕疵出资责任承担连带责任，但这就掉入了"坑"中。房屋具有特定性，显然戊的连带责任并非是变更权属，而是出资义务，即交付 50 万元的出资，而非一定要按照丁与公司约定的以房屋所有权作为履行 50 万元出资义务的方式。因此 D 选项错误。

3. **答案：A　难度：难**

考点： 股权代持、有限公司股权对外转让及其限制、瑕疵出资及其责任

命题和解题思路： 本题综合考查了股权代持中名义股东擅自处分股权、有限公司股权对外转让及其限制、瑕疵出资及其责任承担，具有高度的融合性。考生在遇到不同法律规则适用时，首先要清晰地理解每项规则要解决的问题，如股权代持中名义股东擅自处分股权，实际上解决的是名义股东和实际出资人之间的代持法律关系，有限公司股权对外转让限制则解决的是有限公司人合性的问题，而瑕疵出资责任解决的是股东与公司、公司债权人等关系的问题。

【选项分析】A 选项涉及股权代持问题。王一是名义股东，李二是实际出资人，王一未经李二的同意，擅自将股权转让给大龙。对此转让需要参照物权的"善意取得"规则处理，即要求大龙应是善意且支付了合理的价款，同时办理完成变更登记。从题干可知，大龙对股权代持知情，因此王一处分股权为无权处分，李二有权主张股权转让无效。A 选项正确。

B 选项涉及股权对外转让的限制。王一对外转让股权，按照《公司法》规定，在章程没有其他规定的情形下，其他股东具有优先购买权。但是本题的混淆点在于，优先购买权的行使所针对的应当是有效的对外股权转让。从选项 A 的分析可知，该转让系无权处分，李二有权主张股权转让无效，因此，在这一背景下股权没有发生合法变更，其他股东自然也无权主张优先购买。B 选项表述错误。

C、D 选项涉及瑕疵出资及其责任承担。首先李二是实际出资人，并非公司股东，因此李二不承担瑕疵出资责任，小虎无权申请追加李二作为被执行人，D 选项错误。比较难的问题在于大龙是否应当承担瑕疵出资的责任呢？从 A 选项的分析可以看出，王一向大龙转让股权系属无效的股权转让，因此大龙也未真实获得股权。同时大龙虽然被变更登记为公司的股东，但是其并非代持法律关系，因此大龙也无须承担瑕疵出资的责任，小虎无权申请追加大龙作为被执行人，C 选项错误。D 选项考生容易排除，而 C 选项则需要结合整体法律关系加以理解。

4. **答案：C　难度：难**

考点： 股东知情权、抽象利润分配请求权

命题和解题思路： 本题重点考查抽象利润分配请求权，同时以混淆选项的方式，考查知情权诉讼、异议股东回购请求权及股东代表诉讼。关于与公司相关的诉讼，考生一定要重点

关注其原告、被告，即应当以什么名义起诉谁。

【选项分析】虽然乙申请查阅公司会计账簿被甲拒绝，但是甲是代表公司拒绝乙的查阅，因此乙应当起诉公司而非起诉甲。A 选项错误。

B 选项属于干扰项。虽然甲向乙承诺公司会按照每股 1.2 元的价格回购乙的股权，但这是甲以自己的名义代公司作出的承诺，该承诺也不构成异议股东回购请求权行使的情形，因此乙无权起诉公司要求其按照 1.2 元回购股权。B 选项错误。

利润分配本身是公司自主决策的事项，但是如存在其他股东滥用股东权导致公司不进行利润分配，则股东可以起诉公司要求其进行利润分配。C 选项正确。

股东代表诉讼是股东在公司利益受到损害的情形下，以自己的名义起诉损害公司利益的主体，因此应该以自己的名义起诉。D 选项错误。

5. **答案：A 难度：难**

考点：公司解散、利润分配请求权、股东会的召集、表决权

命题和解题思路：本题以股东纠纷为背景综合考查股东的权利，这些内容属于法考常规考点，常考常新。同时，在每个考点中也都有需要考生细致把握的知识点，如股东一般不得请求公司进行利润分配，但存在股东滥用权利导致不分配时可以请求法院强制公司分配；股东仅在符合法律条件下有权请求法院强制解散公司，但不得起诉强制清算；自行召集股东会需要满足前置程序；表决权行使中的法定情形。本题旨在提示考生，常规考点要全面掌握，同时需要认真分析题干，只有如此方能得出准确的答案。

【选项分析】A 选项考查的是抽象利润分配请求权。《公司法》第 212 条规定，股东会作出分配利润的决议的，董事会应当在股东会决议作出之日起 6 个月内进行分配。但未对不作出利润分配决议应当如何处理作出规定，对此可以参照《公司法司法解释（四）》第 15 条的规定："股东未提交载明具体分配方案的股东会或者股东大会决议，请求公司分配利润的，人民法院应当驳回其诉讼请求，但违反法律规定滥用股东权利导致公司不分配利润，给其他股东造成损失的除外。"因此，是否进行分配是公司的自由裁量权。本题中公司成立后从未召开过股东会，自然没有载明具体分配方案的股东会决议。而行使抽象利润分配请求权在没有分配决议的情况下，满足股东滥用权利导致不分配，即构成股东压迫。本题中并没有事实表明甲存在滥用股东权利导致不分配的情形。因此 A 选项正确。

B 选项考查的是司法解散公司。《公司法》第 231 条规定，公司经营管理发生严重困难，继续存续会使股东利益受到重大损失，通过其他途径不能解决的，持有公司百分之十以上表决权的股东，可以请求人民法院解散公司。其中，"公司经营管理发生严重困难"包括连续两年未召开股东会的情形，据此 B 选项的前半段是正确的。但是，根据《公司法》第 232 条和第 233 条的规定，公司解散后应先自行清算，只有"逾期不成立清算组进行清算"的，才可以申请人民法院指定有关人员组成清算组进行清算，据此 B 选项后半段表述错误。因此 B 选项错误。

C 选项考查的是自行召集股东会的权利。《公司法》第 63 条第 2 款规定，董事会不能履行或者不履行召集股东会会议职责的，由监事会召集和主持；监事会不召集和主持的，代表十分之一以上表决权的股东可以自行召集和主持。据此，股东自行召集股东会需要满足前置程序，因此 C 选项表述错误。

D 选项考查的是表决权的形式，具体是表决权回避。《公司法》对股东表决权回避的规定仅在《公司法》第 15 条进行了规定。当然，理论上在此之外也还存在着基于公平原则的表决权回避。因此本题并无直接法律依据，需要考生掌握表决权回避的原理。基于公平原则

的表决权回避的核心在于如果赋予该股东表决权，将存在明显的不公。在本题中，虽然罢免甲董事身份确与甲存在利害关系，但是股东选举自己作为董事本身也是股东参与公司治理的正常途径。须知，公司奉行资本多数决的原则，甲出资 70%，对公司应当具有合法的控制权，并不存在需要表决权回避的情形。因此，D 选项表述错误。

6. **答案：D　难度：难**

考点：合伙合同、普通合伙人的责任

命题和解题思路：本题结合《民法典》合伙合同的规定与《合伙企业法》的规定进行考查。虽然《合伙企业法》第 11 条规定，合伙企业的营业执照签发日期，为合伙企业成立日期。合伙企业领取营业执照前，合伙人不得以合伙企业名义接从事合伙业务。但是还需要考生注意，没有设立为合伙企业，并不当然不构成合伙关系，因为还可依据《民法典》第 967 条构成"合伙合同"而适用合伙的法律关系。从理论上说，对合伙关系的认定核心在于当事人之间是否存在着共享收益、共担风险的意思一致。

【选项分析】A 选项考查阿呆和阿依的法律关系。《民法典》第 967 条规定，合伙合同是两个以上合伙人为了共同的事业目的，订立的共享利益、共担风险的协议。阿依和阿呆存在共同经营"轰趴"业务的一致意思表示，并且共同出资、共享收益。因此，构成合伙关系。同时根据《民法典》第 969 条第 2 款，合伙合同终止前，合伙人不得请求分割合伙财产。因此 A 选项错误。

B 选项考查合伙合同的性质。合伙合同不是双务合同，属于意思表示一致的"合同"行为，因此并不存在以阿依未出资为由主张解除合同的情形。B 选项错误。

C 选项和 D 选项考查在合伙法律关系中，普通合伙人对合伙债务的承担。虽然《民法典》对此并无直接规定，但是可以参照《合伙企业法》的规定，应先由合伙财产赔偿，再就不足部分承担连带责任。C 选项错误，D 选项正确。

7. **答案：D　难度：中**

考点：保险利益、死亡险、受益人

命题和解题思路：本题考查人身保险，具体是人身保险中的保险利益、死亡险与受益人的指定等特殊规则，考查相对综合。但考生只要能够具体掌握相关知识点，作答此题并非难事。需要考生注意的是，本题中引号的使用。如在考题事实中使用引号，即系对文件原文的引用，往往都是"坑眼"所在。在本题中，"乙的妻子丙"实际上考查的是在指定受益人时，同时写明了身份和姓名、在身份变化后受益人如何认定的规则。对此考生可以对比，如试题表述为"受益人为丙"则，不再具有这种考查的可能。这说明，法考不仅是法律知识的考查，也是阅读能力的考查——毕竟法律是一门以语言为载体的艺术。

【选项分析】A 选项考查人身保险中的保险利益。《保险法》第 31 条规定："投保人对下列人员具有保险利益：（一）本人；（二）配偶、子女、父母；（三）前项以外与投保人有抚养、赡养或者扶养关系的家庭其他成员、近亲属；（四）与投保人有劳动关系的劳动者。除前款规定外，被保险人同意投保人为其订立合同的，视为投保人对被保险人具有保险利益。订立合同时，投保人对被保险人不具有保险利益的，合同无效。"虽然甲与乙之间具有保险利益，但是是因为存在劳动关系，因此 A 选项的表述错误。

B 选项考查死亡险。《保险法》第 34 条第 1 款规定，以死亡为给付保险金条件的合同，未经被保险人同意并认可保险金额的，合同无效。对此，《保险法司法解释（三）》第 1 条补充规定为：当事人订立以死亡为给付保险金条件的合同，根据保险法第 34 条的规定，"被保险人同意并认可保险金额"可以采取书面形式、口头形式或者其他形式；可以在合同订立

时作出，也可以在合同订立后追认。有下列情形之一的，应认定为被保险人同意投保人为其订立保险合同并认可保险金额：（一）被保险人明知他人代其签名同意而未表示异议的；（二）被保险人同意投保人指定的受益人的；（三）有证据足以认定被保险人同意投保人为其投保的其他情形。因此 B 选项的表述错误。

C 选项系考查受益人的指定。《保险法司法解释（三）》第 9 条第 2 款第 3 项规定，受益人的约定包括姓名和身份关系，保险事故发生时身份关系发生变化的，认定为未指定受益人。题干所涉及的保险合同约定的是"乙的妻子丙"，属于同时包括了姓名和身份关系，在保险事故发生时二人已经离婚，即身份关系发生了变化，因此应当认定为未指定受益人。C 选项称丙作为受益人有权请求赔付的说法错误。

D 选项考查的是保险金的继承。《保险法》第 42 条规定，没有指定受益人或者受益人指定不明无法确定的，被保险人死亡后，保险金作为被保险人的遗产。因此 D 选项表述正确。

二、多项选择题

1. 答案：ABCD　难度：难

考点：股权让与担保、股权善意取得、公司担保

命题和解题思路：让与担保的效力，首先为《九民纪要》所确认。《民法典担保制度解释》第 68、69 条进一步对股权转让担保进行了规定。关于股权的让与担保，需要考生注意：第一，让与担保的债权人虽然形式上拥有股权，但其并非真正的股东，其不能行使股东权，也无须承担股东的义务或责任；第二，让与担保中存在流质条款的，流质条款无效，并不影响其他合同的效力；第三，股权让与担保也是一种担保，因此公司担保的规则对此也产生适用的空间。

【选项分析】股权让与担保也是公司担保，在本案中系甲公司为其全资子公司乙公司担保，属于对外担保，按照《公司法》第 15 条第 1 款的规定，需要按照公司章程的规定由股东会或董事会决议。张某未经股东会同意即签署合同，构成越权担保。但是根据《民法典担保制度解释》第 8 条第 1 款第 2 项的规定，公司对其全资子公司的担保，无须相对人审查有关机关的决议，只须善意即可。从事实来看，丁属于善意，因此该越权担保有效。虽然协议中存在"流质条款"，但并不影响其他部分的效力。A 选项错误，当选。

股权让与担保中债权人并不能行使股权，因此，即使不约定，丁也无权查阅公司会计账簿。但 B 选项采用了一个迷惑的说法，即对股东知情权的限制无效，考生可能会"入坑"。对此，考生需要掌握《公司法》所规定的是对"股东"的知情权不得限制，而丁并非股东。B 选项错误，当选。

股权让与担保中债权人仅属于担保权人，并非真正的股东，因此并无一人公司法人人格否认制度的适用。C 选项错误，当选。

丁处分该股权系无权处分，虽然戊公司构成善意取得的情形，但是并不能改变无权处分的性质。D 选项错误，当选。

2. 答案：AD　难度：中

考点：破产申请与受理、担保

命题和解题思路：本题以公司破产为线索，综合考查了破产受理、担保、管辖等知识点，难度不大，但考查的属于细节的知识点。考生如熟悉《民法典担保制度解释》，则正确作答此题没有难度。

【选项分析】债权人申请破产，不需要提交资不抵债或者明显缺乏清偿能力的证据，只

需要证明债务人不能清偿到期债务即可。A 选项错误，当选。

根据《民法典担保制度解释》第 22 条规定，人民法院受理债务人破产案件后，债权人请求担保人承担担保责任，担保人主张担保债务自人民法院受理破产申请之日起停止计息的，人民法院对担保人的主张应予支持。本题中，担保人丙公司有权主张停止计息。B 选项正确，不当选。

根据《民法典担保制度解释》第 23 条第 3 款规定，债权人在债务人破产程序中未获全部清偿，请求担保人继续承担担保责任的，人民法院应予支持；担保人承担担保责任后，向和解协议或者重整计划执行完毕后的债务人追偿的，人民法院不予支持。本题中，乙银行有权要求丙公司承担剩余部分的担保责任没有问题，但丙公司承担后不可以向甲公司追偿。C 选项正确，不当选；D 选项错误，当选。

3. 答案：ACD　难度：中

考点：背书、票据权利

命题和解题思路：本题系对汇票中背书和票据权利的考查。考生首先要知道，相关主体获得票据权利的方式，只能依照《票据法》所规定的票据行为，一般包括作为收款人取得票据、背书转让取得票据，以及作为票据债务人因为清偿票据责任而取得再追索权和保证人履行保证责任取得票据权利。其他因为非《票据法》所规定的票据行为取得票据的，并不能因此取得票据权利。其次，关于背书转让，如背书记载不得转让票据的，则转让后的行为不得对抗背书人。据此，本题即可得出答案。

【选项分析】解答本题首先需要分析丁是否享有票据权利，显然从题干表述来看，丁通过背书转让取得了该票据，是票据权利人。虽然此后丁将该汇票交付给了宏达公司的财务人员小李，但是根据《票据法》第 27 条的规定，持票人可以将汇票权利转让给他人或者将一定的汇票权利授予他人行使。持有人行使上述所规定的权利时，应当背书并交付汇票。因此丁虽然将汇票交付了小李，但并未按照票据法规定的方式进行，丁依然是持票人，宏达公司无法取得票据权利。因此 CD 选项错误，当选。

其次，如拒绝付款，丁向谁追索则进一步涉及乙本身的背书。《票据法》第 34 条规定，背书人在汇票上记载"不得转让"字样，其后手再背书转让的，原背书人对后手的被背书人不承担保证责任。在本题中，乙记载的是"7 月 30 日前不得将汇票转让给他人"，从其功能而言，也是限制汇票进一步流通，防范自己风险的表现，因此对此后的转让，乙并不承担保证责任。虽然丙的转让也是在 7 月 30 日前，但该"不得转让"的意思并非丙作出的，因此丙应当承担票据责任。综上，A 选项错误，当选；B 选项正确，不当选。

4. 答案：AD　难度：中

考点：破产申请

命题和解题思路：本题考查破产的申请与受理，属于法条细节类考查题目。同时，部分结合了民事诉讼法内容进行考查。破产法同时兼具实体法与程序法的规定，与民法、公司法、民事诉讼法等联系密切，因此考生在复习时不仅要关注破产法自身的特别规定，也要能够结合相关法律部门的知识点。

【选项分析】A 选项直接考查法条。《破产法司法解释（一）》第 7 条第 1 款规定，人民法院收到破产申请时，应当向申请人出具收到申请及所附证据的书面凭证。当然，实际上考生根据常识也能作出正确的判断。因此，A 选项正确。

B 选项考查的是对破产原因中不能清偿到期债务的理解，即破产法以债务人为主体，只要求债务人不能清偿到期债务，至于连带责任人是否具有清偿能力则在所不论。《破产法司法解释（一）》第 1 条第 2 款对此有明确规定。因此，B 选项错误。

C 选项考查的是驳回破产申请的形式。虽然考生可以在《企业破产法》第 12 条找到该内容，但是只有结合民诉法的内容才能得出正确的答案，即应当是"裁定"驳回而非"判决"驳回。因此，C 选项错误。

D 选项考查的是对申请人的救济。《企业破产法》第 12 条规定，申请人对裁定不服的，可以向上一级法院上诉。因此，D 选项正确。

5. **答案：ABCD　难度：难**

考点：危险增加的通知义务、责任保险、如实告知义务、代位求偿权

命题和解题思路：本题以责任保险为背景，综合考查财产保险中的相关制度。财产保险的核心是损失填补原则。在这一背景下，如果保险标的的转移或者风险显著增加，被保险人须履行通知义务，否则保险公司有权解除合同，但是保险公司的解除权存在一定的限制。考生既要掌握一般规则，更要掌握特殊的限制。此外，责任保险是近些年法考重点关注的问题，但是知识点不多，考生应当重点掌握。

【选项分析】根据《保险法》第 52 条第 1 款规定，在合同有效期内，保险标的的危险程度显著增加的，被保险人应当按照合同约定及时通知保险人，保险人可以按照合同约定增加保险费或者解除合同。该条第 2 款规定，被保险人未履行前款规定的通知义务的，因保险标的的危险程度显著增加而发生的保险事故，保险人不承担赔偿保险金的责任。本题中，沈某虽然想从事网约车业务并取得了网约车营运证，但还未开始营运，交通事故依然是由自用车的原因导致的，因此不构成危险程度显著增加而发生的保险事故，保险人依然应当赔偿。A 选项错误，当选。

根据《保险法司法解释（四）》第 19 条第 2 款规定，被保险人与第三人就被保险人的赔偿责任达成和解协议的，未经保险人认可，保险人仅有权主张对保险责任范围及赔偿数额重新核定。因此，这不是拒绝理赔的理由。B 选项错误，当选。

根据《保险法》第 62 条规定，除被保险人的家庭成员或者其组成人员故意造成本法第 60 条第 1 款规定的保险事故外，保险人不得对被保险人的家庭成员或者其组成人员行使代位请求赔偿的权利。沈某虽然造成了交通事故，但是保险公司并不因此取得代位求偿权。C 选项错误，当选。

根据《保险法》第 65 条第 1 款规定，保险人对责任保险的被保险人给第三者造成的损害，可以依照法律的规定或者合同的约定，直接向该第三人赔偿保险金。该条第 3 款规定，被保险人未向该第三人赔偿的，保险人不得向被保险人赔偿保险金。D 选项错误，当选。

三、不定项选择题

1. **答案：B　难度：难**

考点：执行程序中的一般性制度（执行管辖、执行承担）

命题和解题思路：本题系商法和民诉法的融合命题，对执行管辖异议的救济方式、执行承担、破产和解、破产对执行程序的影响等知识点予以综合考查。部分选项虽有明确的解题依据，但考查范围广，难度较高。

【选项分析】根据《执行程序解释》第 3 条规定，人民法院受理执行申请后，当事人对管辖权有异议的，应当自收到执行通知书之日起 10 日内提出。人民法院对当事人提出的异议，应当审查。异议成立的，应当撤销执行案件，并告知当事人向有管辖权的人民法院申请执行；异议不成立的，裁定驳回。当事人对裁定不服的，可以向上一级人民法院申请复议。

管辖权异议审查和复议期间，不停止执行。据此，甲公司提出执行管辖异议被裁定驳回后，可以向上一级法院申请复议，不能上诉。对甲公司异议审查和复议期间，不停止执行。选项 A 错误。

《公司法》第 54 条规定，公司不能清偿到期债务的，公司或者已到期债权的债权人有权要求已认缴出资但未届出资期限的股东提前缴纳出资。在本题中，甲公司拖欠乙公司 1200 万元款项，且已经法院判决并进入强制执行阶段，可知债务已经到期。因此，属于可以加速到期的情形。选项 B 正确。

破产和解仅得由债务人主动提出。如债权人申请对公司破产清算，则占比 1/10 以上出资的出资人仅有权主张转化为破产重整。选项 C 错误。

如法院裁定受理破产，则执行程序应当中止，而非执行程序终结。选项 D 错误。

2. 答案：A　难度：难

考点：公司担保、债权申报、破产抵销权、破产追回权、管理人

命题和解题思路：本题系公司法和民法的融合试题，以破产法为背景，考查公司担保、债权申报、破产抵销权、破产追回权和管理人的职责等制度，具有高度的融合性。针对此类融合题，往往题干事实也比较长，这也是近年来法考商法客观题的命题趋势，因此考生需要提升自己的阅读速度，在有限的时间内迅速定位关键事实。

【选项分析】对于 A 选项，首先需要分析的是顺景公司对利群公司的担保是否属于有效担保。顺景公司章程规定，对外担保须经股东会决议。建设银行须进行有权机关的决议审查，且不属于无须审查的情形，但其未履行形式审查义务，因此担保无效。但是需要注意，担保无效并不意味着公司不必承担任何责任。《民法典担保制度解释》第 17 条规定，主合同有效而第三人提供的担保合同无效的，法院应区分不同情形确定担保人的赔偿责任，只有债权人有过错而担保人无过错的，担保人才不承担赔偿责任。因此，就该部分待确定的债权，债权人有权申报。A 选项正确。

钱某是顺景公司的股东，股东对公司的出资债务属于法定债务，不得抵销。B 选项错误。

虽然钱某存在未缴纳的出资，但是破产后禁止个别清偿，因此此时仅得由管理人向股东追回，并不能由债权人个别主张补充赔偿责任。C 选项错误。

管理人有权在第一次债权人会议召开前决定债务人是否继续营业，但应报法院批准，并非要求一定要等到债权人会议决定。D 选项错误。

3. 答案：C　难度：难

考点：信托财产、信托终止

命题和解题思路：本题考查信托财产与信托终止的相应内容，看似题目很难，但只要能够掌握信托文件、信托关系的本质就可以从容作答。首先，从信托文件的角度来看，甲和信托公司之间存在委托的法律关系。但是对信托关系的理解，并不能仅仅停留在合同的维度，而应当站在组织法的维度——我们一再强调信托是没有人格的公司，或者是依附在受托人人格之下的公司。因此，在信托终止后，向受益人、委托人返还的应当是信托财产，而并非所谓的信托本金。此处类似于公司的剩余财产的分配——在公司解散清算时，出资人股东也不能请求返还本金和收益。其次，从信托文件的角度来看，甲向受托人交付了 300 万元，即构成了 300 万元的委托，但受托人只将其中 200 万元转为信托财产，就差额部分应当负有返还和赔偿的义务与责任。

【选项分析】根据《信托法》第 54 条的规定，信托终止的，信托财产归属于信托文件规定的人。从以上"命题和解题思路"的分析中也可以看出，AB 选项错误，C 选项正确。

D 选项考查受托人职责的解除。根据《信托法》第 58 条的规定，信托终止的，受托人应当作出处理信托事务的清算报告。受益人或者信托财产的权利归属人对清算报告无异议的，受托人就清算报告所列事项解除责任。但受托人有不当行为的除外。因此 D 选项表述错误。

第一套

第一部分 试题

一、单项选择题

1. 甲公司独家运营的无上荣光游戏供用户免费下载，用户协议要求实名登记，不得将账号提供给他人做代练代打等商业性使用。该游戏同时配有"防沉迷"措施，未成年人仅能在国家规定的时间段内登录游戏。乙公司运营"代练帮"APP，以"发单返现金"、设立游戏专区的形式引诱包括未成年人在内的用户通过其平台进行商业化的游戏代练交易并从中获得收益，其代练的游戏中包括无上荣光游戏。甲公司诉至法院，要求乙公司对其不正当竞争行为承担赔偿责任。关于本案，下列哪一说法是正确的？

A. 乙公司的行为构成互联网不正当竞争行为

B. 乙公司的行为属于正当竞争行为

C. 因甲公司受到的实际损失难以确定，故甲公司可以向乙公司主张法定赔偿

D. 乙公司住所地法院对本案有管辖权

2. 某省卫生厅印发《关于在全省公立医疗机构统一推行医疗责任保险制度的通知》（以下简称《通知》），要求全省公立医疗机构购买、使用省卫生厅通过公开招标确定的保险公司提供的医疗责任保险服务。经公开招标，甲保险公司被确定为服务提供商。对此，下列哪一说法是正确的？

A. 由于省卫生厅通过公开招标确定服务提供商，所以统一推行医疗责任险的行为合法

B. 对省卫生厅的《通知》应进行公平竞争审查

C. 甲保险公司具有市场支配地位

D. 该省市场监管局可以直接责令卫生厅改正违法行为

3. 根据我国有关规定，家用空调整机"三包"期为1年，主要部件"三包"期为3年。某品牌空调在广告中宣称：其空调整机免费包修10年。王某因此在6月1日购买了该品牌的空调，当日该空调就送到王某家中，并于6月10日完成安装。对此，下列哪一说法是正确的？

A. 由于广告宣传没有法律效力，王某要包修10年必须与经营者在合同中明确约定

B. 王某购买的该空调的包修期自6月1日起计算

C. 如该空调制冷效果差，经营者同意更换新空调，包修期自更换完成之日起重新计算

D. 如该空调被有关行政部门认定为不合格产品，王某有权要求包修、更换，但不得要求退货

4. 徐某持有某银行的借记卡，某日该借记卡发生了一笔给他人转账15万元的网络交易。此后，盗刷借记卡的谢某被公安机关抓获，谢某交代：其从上家获得徐某的账户信息，并通过补办手机SIM卡截获该银行发送的动态验证码，从而盗用徐某名义进行网络交易，但并不

清楚上家是如何获得徐某账户信息的。徐某据此诉请该银行赔偿借记卡盗刷的损失及利息。关于该银行，下列哪一说法是错误的？

    A. 对徐某具有保障账户资金安全的义务

    B. 对其开展的电子银行业务具有不低于柜面业务的安全保障义务

    C. 如提供证据证明徐某未对其账户信息妥善保管，可减轻甚至免除赔偿责任

    D. 如提供证据证明持卡人身份识别信息和交易验证信息相符，可不承担赔偿责任

5. 我国 14 岁运动员金某在东京奥运会夺得金牌，体育总局向其颁发了奖金 20 万元，户籍所在地的省政府重奖 100 万元、市政府奖励 50 万元，某企业赠送住宅一套、商铺一间，某游乐园赠送终身免费游玩的钻石卡（年卡为 2000 元）。金某用了 50 万元在家乡修建公路。关于金某缴纳个人所得税，下列哪一说法是正确的？

    A. 体育总局颁发的奖金免税，省、市政府颁发的奖金应缴纳个人所得税

    B. 住宅和商铺不是现金，且由企业赠与，无需缴纳个人所得税

    C. 游乐园赠与的钻石卡不是收入，无需缴纳个人所得税

    D. 捐款修建公路的花费，应当从应纳税所得额中扣除

6. 某公司是一家电信服务商，为吸引用户，推出了"预充话费送手机"的优惠活动，根据用户预充话费金额的不同，赠送不同价位的手机。黄某预充了一年的话费，得到了一部价值 800 元的手机。关于该优惠活动所涉及的税法，下列哪一说法是错误的？

    A. 该公司通过优惠活动取得的收入应缴纳企业所得税

    B. 该公司通过优惠活动取得的收入应缴纳消费税

    C. 该公司购进手机且取得增值税专用发票，相应的进项税额可在销项税额中抵扣

    D. 黄某取得该公司赠与的手机，无需缴纳个人所得税

7. 龙成公司与某市烟塘镇政府签订了《合作开发烟塘新区合同书》，对该镇 100 亩土地进行合作开发。后该公司依法签订了《国有土地使用权出让合同》，受让一宗 20 亩的土地开发房地产，并领取了《国有土地使用证》。10 年后，龙成公司一直未开发该宗土地，但 100 亩烟塘新区中的其余土地已被其他公司开发。对此，下列哪一说法是正确的？

    A. 龙成公司应当与该市政府签订国有土地使用权出让合同

    B. 烟塘新区约 80% 的土地已被开发，龙成公司对该宗 20 亩土地未开发不属于闲置土地

    C. 若龙成公司行为属于闲置土地，有关政府可依法无偿收回土地使用权

    D. 若收回该宗土地合法，且该宗土地原为农民集体所有，应恢复原农民集体经济组织所有权并恢复耕种

二、多项选择题

1. 某地航空业协会委托高达公司开发定价软件，并要求行业内的航空公司使用。该软件具有监测并跟随竞争对手定价的功能。软件使用一年来，各航空公司定价效率大大提高，机票价格平均提高了 10%。对此，下列哪些说法是错误的？

    A. 该航空业协会行为属于滥用行政权力强制交易行为

    B. 高达公司受委托进行软件开发，不构成垄断行为

    C. 航空公司定价效率提高，属于法定豁免情形，不构成垄断行为

    D. 若甲航空公司能证明自己在相关市场的市场份额低于国家规定的标准，则不构成垄断协议行为

2. 某公司蒙城县分公司在蒙城某博览会上，以扫码关注该公司 APP 免费赠送深井岩盐的方式送出了 600 袋食盐。蒙城县市场监管局发现该食盐已过保质期，遂责令其召回已送食盐，并以经营过期食品为由对其处罚。对此，下列哪些说法是正确的？

A. 该分公司应将食盐召回和处理情况向蒙城县市场监管局报告

B. 如该食盐造成消费者损害，该分公司不得以免费赠品为由拒绝承担民事责任

C. 由于该食盐属于免费赠送，不是经营行为，蒙城县市场监管局不应处罚该分公司

D. 如属于经营过期食品行为，蒙城县市场监管局有权没收该批食盐并处以罚款

3. 甲白酒公司将部分白酒原浆定点授权给专业化的第三方灌装生产企业乙公司，由乙公司包装生产瓶装白酒，再由乙公司将瓶装白酒成品全部销售给甲公司控股的子公司。税务机关经审查，认定甲公司缴纳的白酒的消费税计税价格明显偏低。对此，下列哪些说法是正确的？

A. 甲公司是消费税纳税义务人，乙公司是消费税的扣缴义务人

B. 甲公司的行为构成偷税

C. 税务局有权核定甲公司的计税价格

D. 税务局有权要求甲公司补缴税款和滞纳金

第二部分　答案详解

一、单项选择题

1. 答案：D　难度：难

考点： 不正当竞争行为（一般条款、互联网不正当竞争行为）、违反反不正当竞争法的法律责任

　　命题和解题思路： 本题源自最高人民法院发布的 2023 年人民法院反垄断和反不正当竞争典型案例之 9：" '代练帮 APP' 不正当竞争纠纷案"，这也是全国首例网络游戏商业代练行为不正当竞争案件。本题涉及不正当竞争行为的认定以及法定赔偿、民事诉讼管辖等知识点。解题时要结合《反不正当竞争法》以及《最高人民法院关于适用〈反不正当竞争法〉若干问题的解释》的规定，尤其是司法解释对《反不正当竞争法》法定赔偿范围的扩张及管辖法院的明确，如果掌握相关知识时不够精准或过于片面，则容易误选。

　　【选项分析】《反不正当竞争法》第 12 条第 2 款规定："经营者不得利用技术手段，通过影响用户选择或者其他方式，实施下列妨碍、破坏其他经营者合法提供的网络产品或者服务正常运行的行为：……"利用技术手段是认定互联网不正当竞争行为的必要条件，"代练帮" APP 虽是在互联网上提供代练交易的平台，但核心的代练行为系由用户通过人工操作实施，并非利用技术手段实现，不符合该条的适用条件。A 选项错误。

　　《反不正当竞争法》第 2 条第 1、2 款规定："经营者在生产经营活动中，应当遵循自愿、平等、公平、诚信的原则，遵守法律和商业道德。本法所称的不正当竞争行为，是指经营者在生产经营活动中，违反本法规定，扰乱市场竞争秩序，损害其他经营者或者消费者的合法权益的行为。"禁止代练符合网络游戏行业公认的商业道德。乙公司商业化、规模化组织游戏代练交易的行为，违反了诚实信用原则和商业道德，侵害了甲公司、游戏用户的合法权益和社会公共利益，破坏了网络游戏运营、竞争秩序，具有可归责性，已构成不正当竞争。B

选项错误。

《反不正当竞争法》第 17 条第 3 款规定："因不正当竞争行为受到损害的经营者的赔偿数额，按照其因被侵权所受到的实际损失确定；实际损失难以计算的，按照侵权人因侵权所获得的利益确定。"第 4 款规定："经营者违反本法第 6 条、第 9 条规定，权利人因被侵权所受到的实际损失、侵权人因侵权所获得的利益难以确定的，由人民法院根据侵权行为的情节判决给予权利人五百万元以下的赔偿。"《最高人民法院关于适用〈反不正当竞争法〉若干问题的解释》第 23 条规定："对于反不正当竞争法第 2 条、第 8 条、第 11 条、第 12 条规定的不正当竞争行为，权利人因被侵权所受到的实际损失、侵权人因侵权所获得的利益难以确定，当事人主张依据反不正当竞争法第 17 条第 4 款确定赔偿数额的，人民法院应予支持。"虽然该司法解释将不正当竞争行为的一般条款也纳入法定赔偿范围，但需要在甲公司受到的实际损失和乙公司因侵权所获的收益都难以确定的前提下才可主张法定赔偿。C 选项错误。

《最高人民法院关于适用〈反不正当竞争法〉若干问题的解释》第 26 条第 1 款规定："因不正当竞争行为提起的民事诉讼，由侵权行为地或者被告住所地人民法院管辖。"D 选项正确。

2. 答案：B　难度：中

考点： 垄断行为（滥用行政权力排除、限制竞争）、公平竞争审查

命题和解题思路： 本题主要考查行政性垄断与公平竞争审查制度。公平竞争审查是我国规制抽象行政性垄断的制度创新，是 2022 年修改《反垄断法》的一大"亮点"。2023 年 10 月 23 日，海南省卫健委、国家金融监督管理总局海南监管局发文废止了《关于在全省公立医疗机构统一推行医疗责任保险制度的通知》（琼卫法规〔2010〕21 号文），这是公平竞争审查的一起典型案例。考生对行政性强制交易行为、抽象行政性垄断行为、公平竞争审查对象、行政性垄断的法律责任、市场支配地位的定义等知识需要理解清楚，否则容易发生误选。

【选项分析】《反垄断法》第 39 条规定："行政机关和法律、法规授权的具有管理公共事务职能的组织不得滥用行政权力，限定或者变相限定单位或者个人经营、购买、使用其指定的经营者提供的商品"，第 45 条规定："行政机关和法律、法规授权的具有管理公共事务职能的组织不得滥用行政权力，制定含有排除、限制竞争内容的规定"。医疗责任保险服务市场、医疗责任保险经纪服务市场本是各类经营主体公平竞争的开放市场，本题中某省卫健委的行为限制了公立医疗机构自主选择承保企业、保险经纪机构的权利，排除、限制了相关市场的竞争。虽然公开招标是一种公平的市场交易方式，但由卫健委而不是医疗机构自己通过公开招标确定保险公司，有损保险市场竞争，构成滥用行政权力排除、限制竞争行为。A 选项错误。

《反垄断法》第 5 条规定："国家建立健全公平竞争审查制度。行政机关和法律、法规授权的具有管理公共事务职能的组织在制定涉及市场主体经济活动的规定时，应当进行公平竞争审查。"B 选项正确。

《反垄断法》第 22 条第 3 款规定："本法所称市场支配地位，是指经营者在相关市场内具有能够控制商品价格、数量或者其他交易条件，或者能够阻碍、影响其他经营者进入相关市场能力的市场地位。"本题中的甲保险公司由行政机关选定，没有其他证据证明其具有市场支配地位。C 选项错误。

《反垄断法》第 61 条第 1 款规定："行政机关和法律、法规授权的具有管理公共事务职能的组织滥用行政权力，实施排除、限制竞争行为的，由上级机关责令改正；对直接负责的主管人员和其他直接责任人员依法给予处分。反垄断执法机构可以向有关上级机关提出依法

处理的建议。行政机关和法律、法规授权的具有管理公共事务职能的组织应当将有关改正情况书面报告上级机关和反垄断执法机构。"市场监管部门对行政性垄断只有建议权,而没有执法权。D 选项错误。

3. 答案:C 难度:中

考点: 经营者义务、违反消费者权益保护法的民事责任

命题和解题思路: 2024 年新颁布的《消费者权益保护法实施条例》迅速被纳入考试范围,新规在多个方面做出了具体规定,针对性、适用性很强,且按照逢新必考的规律,今年考查该规定的概率很大,是复习备考时应当特别留意的重点。本题主要考查了《消费者权益保护法实施条例》关于三包的规定,相较于《消费者权益保护法》,我们可从中明显感受到其规定更加具体、细致。

【选项分析】《消费者权益保护法实施条例》第 12 条规定:"经营者以商业宣传、产品推荐、实物展示或者通知、声明、店堂告示等方式提供商品或者服务,对商品或者服务的数量、质量、价格、售后服务、责任承担等作出承诺的,应当向购买商品或者接受服务的消费者履行其所承诺的内容。"因此,该商业宣传中的包修承诺不能视为要约邀请。A 选项错误。

《消费者权益保护法实施条例》第 18 条第 1 款规定:"经营者与消费者约定承担退货、更换、修理等义务的有效期限不得低于国家有关规定的要求。有效期限自经营者向消费者交付商品或者提供服务完结之日起计算,需要经营者另行安装的商品,有效期限自商品安装完成之日起计算。"B 选项错误。

《消费者权益保护法实施条例》第 18 条规定:"经营者向消费者履行更换义务后,承担更换、修理等义务的有效期限自更换完成之日起重新计算。"C 选项正确。

《消费者权益保护法》第 54 条规定:"依法经有关行政部门认定为不合格的商品,消费者要求退货的,经营者应当负责退货。"D 选项错误。

4. 答案:D 难度:中

考点: 商业银行的业务规则

命题和解题思路: 本题源自最高人民法院指导案例第 169 号"徐欣诉招商银行股份有限公司上海延西支行银行卡纠纷案"。银行业法中,商业银行的业务规则是一个高频考点,而银行卡盗刷也曾是我国社会关注的热点问题之一。银行卡盗刷案件的争议焦点即是持卡人的妥善保管义务和银行的安全保障义务,指导案例 169 号的典型意义也在于此。考生如果不能准确理解妥善保管义务和银行的安全保障义务,容易发生误选。

【选项分析】《商业银行法》第 6 条规定:"商业银行应当保障存款人的合法权益不受任何单位和个人的侵犯。"商业银行向存款人本人或者其授权的人履行储蓄存款合同义务,对存款人具有保障账户资金安全的义务。A 选项正确,不当选。

作为借记卡的发卡行及相关技术、设备和操作平台的提供者,银行应当对交易机具、交易场所加强安全管理,对各项软硬件设施及时更新升级,以最大限度地防范资金交易安全漏洞。尤其是,随着电子银行业务的发展,银行作为电子交易系统的开发、设计、维护者,也是从电子交易便利中获得经济利益的一方,应当也更有能力采取更为严格的技术保障措施,以防范银行卡相关的违法犯罪行为。B 选项正确,不当选。

持卡人对银行卡、密码、验证码等身份识别信息、交易验证信息未尽妥善保管义务,则对盗刷具有过错,应承担相应责任。C 选项正确,不当选。

如上所述,银行负有安全保障义务,在已明确是他人盗刷银行卡的情况下,仅以身份识别信息和交易验证信息相符以说明其尽到了安全保障义务,不能免除其责任。D 选项错误,

当选。

5. 答案：C　难度：中

考点：个人所得税法（个人所得税的基本内容）

命题和解题思路：在法考时代，个人所得税法的考试频率逐渐超过财税法中的其他几部法律。在个人所得税试题中，判断各项收入是否属于征税对象、应税所得，是否应当税收减免，是常见的命题套路。考生如果对征税对象理解不够清楚，对税收减免、税前扣除的捐赠等规定的细节没有留意，都容易发生误选。

【选项分析】《个人所得税法》第4条规定："下列各项个人所得，免征个人所得税：（一）省级人民政府、国务院部委和中国人民解放军军以上单位，以及外国组织、国际组织颁发的科学、教育、技术、文化、卫生、体育、环境保护等方面的奖金；……"。所以体育总局和省政府颁发的奖金免税，市政府颁发的奖金应当缴纳个税。A选项错误。

《个人所得税法》第2条规定："下列各项个人所得，应当缴纳个人所得税：……（九）偶然所得。"偶然所得，是指个人得奖、中奖、中彩以及其他偶然性质的所得，所得的形式包括现金、实物、有价证券和其他形式的经济利益，因此企业赠与的住宅和商铺属于偶然所得，应当缴纳个税。B选项错误。

游乐园赠送的免费游玩的钻石卡，具有价格折扣或折让性质，是消费支出的减少，不是个人收入或所得。C选项正确。

《个人所得税法》第6条第3款规定："个人将其所得对教育、扶贫、济困等公益慈善事业进行捐赠，捐赠额未超过纳税人申报的应纳税所得额百分之三十的部分，可以从其应纳税所得额中扣除；国务院规定对公益慈善事业捐赠实行全额税前扣除的，从其规定。"这里的捐赠，是指个人将其所得通过中国境内的公益性社会组织、国家机关向教育、扶贫、济困等公益慈善事业的捐赠，不包括个人的直接捐赠。D选项错误。

6. 答案：B　难度：难

考点：企业所得税的基本内容、消费税的基本内容、增值税的基本内容、个人所得税的基本内容

命题和解题思路：在税法试题中，以某一行为或物品为纽带，串连起有关税法的相关知识点是常见的命题套路。这类试题的难度，在于覆盖面广泛，考生需要对有关税法的规定都要掌握，但选项本身的难度并不很大，一般都集中于纳税人、征税对象的考查。本题C和D两个选项的难度稍大，涉及增值税税额的基本计算、对个人所得税征税对象的准确理解。

【选项分析】《企业所得税法》第1条规定："在中华人民共和国境内，企业和其他取得收入的组织为企业所得税的纳税人，依照本法的规定缴纳企业所得税。"该优惠活动收入明显不是免税收入、不征税收入。A选项正确，不当选。

《消费税暂行条例》第1条规定："在中华人民共和国境内生产、委托加工和进口本条例规定的消费品的单位和个人，以及国务院确定的销售本条例规定的消费品的其他单位和个人，为消费税的纳税人，应当依照本条例缴纳消费税。"而应税消费品是烟、酒、化妆品等，手机并不属于。B选项错误，当选。

《增值税暂行条例》第4条规定，纳税人销售货物、劳务、服务、无形资产、不动产，应纳税额为当期销项税额抵扣当期进项税额后的余额。C选项正确，不当选。

接受财产赠与在多数情形下会缴纳个人所得税，但本题中的赠与（附赠式销售）和其他赠与行为不同，消费者在"预充话费送手机"等交易中取得手机，预充话费与手机价款、通话费用构成对价，是支出话费的减少，因此不是收入，无需缴纳个人所得税。D选项正确，

不当选。

7. 答案：C　　难度：中

考点：耕地保护制度、房地产开发制度

命题和解题思路：本题案例源自最高人民法院再审案件"海南龙成房地产开发有限公司诉海南省琼海市人民政府等无偿收回土地案"〔（2019）最高法行申 9069 号〕。本题难度不大，但需要注意的是，国务院代表国家行使国有土地所有权，因此很多涉及土地的行政主体都是各级人民政府，但签订土地出让合同的当事人是土地管理部门。闲置土地的判断应结合出让合同，以具体的每"宗"土地而论，而不是从整个项目去衡量。考生如果不注意这些细微之处，本题容易发生误选。

【选项分析】《城市房地产管理法》第 15 条规定："土地使用权出让，应当签订书面出让合同。土地使用权出让合同由市、县人民政府土地管理部门与土地使用者签订。"A 选项错误。

《合作开发烟塘新区合同书》只是约定龙成公司与烟塘镇政府合作开发 100 亩土地，并未签订统一的《国有土地使用权出让合同》，也未办理统一的《国有土地使用证》。龙成公司受让的 20 亩土地虽然在这 100 亩土地范围内，但其经分割后已单独签订《国有土地使用权出让合同》，并办理国有土地使用证，成为一宗独立的土地。确定是否属于闲置土地应当以宗地为单位，而不能以整体项目为单位。不能以整体项目中其他人在另外宗地的投入，作为当事人在本宗土地上的投入；更不能以整体项目开发达 80%，否定本宗土地未动工开发的事实。B 选项错误。

《城市房地产管理法》第 26 条规定："以出让方式取得土地使用权进行房地产开发的，必须按照土地使用权出让合同约定的土地用途、动工开发期限开发土地。超过出让合同约定的动工开发日期满一年未动工开发的，可以征收相当于土地使用权出让金百分之二十以下的土地闲置费；满二年未动工开发的，可以无偿收回土地使用权……"C 选项正确。

《土地管理法》第 38 条第 1 款规定了对闲置土地的处理，第 2 款规定："在城市规划区范围内，以出让方式取得土地使用权进行房地产开发的闲置土地，依照《城市房地产管理法》的有关规定办理。"以此划分了《土地管理法》和《城市房地产管理法》对闲置土地不同处理的各自适用范围，虽然题干中没有交代是否为城市规划区范围内，但《土地管理法》第 38 条第 1 款规定："连续二年未使用的，经原批准机关批准，由县级以上人民政府无偿收回用地单位的土地使用权；该幅土地原为农民集体所有的，应当交由原农村集体经济组织恢复耕种。"由原农村集体经济组织恢复耕种，并不是所有权重新归属于该农村集体经济组织，该土地已经被征收为国有土地。D 选项错误。

二、多项选择题

1. 答案：ABCD　　难度：难

考点：垄断行为（垄断协议行为）

命题和解题思路：本题主要考查垄断协议的认定。数字经济背景下利用定价算法实施固定价格的"算法共谋"行为，是传统垄断协议问题的新形式。2022 年《反垄断法》修订时专门增加了"经营者不得利用数据和算法、技术、资本优势以及平台规则等从事本法禁止的垄断行为"的规定，值得关注。垄断协议涉及知识点众多，是法考的高频考点。考生复习时需要正确区分行业协会滥用行政权力强制交易行为与行业协会组织实施垄断协议行为，准确理解垄断协议的表现形式、豁免情形、"安全港"规则等内容，否则容易发生误选。

【选项分析】《反垄断法》第 39 条规定："行政机关和法律、法规授权的具有管理公共事务职能的组织不得滥用行政权力，限定或者变相限定单位或者个人经营、购买、使用其指定的经营者提供的商品。"行政性垄断的主体必须是行政机关和法律、法规授权的具有管理公共事务职能的组织，本题中的航空业协会属于行业协会，但并没有明确其具有管理公共事务的职能，不满足行政性垄断的主体要件，而且本题中不存在强制交易。A 选项错误，当选。

《反垄断法》第 19 条规定："经营者不得组织其他经营者达成垄断协议或者为其他经营者达成垄断协议提供实质性帮助。"所谓实质性帮助，包括提供必要的支持、创造关键性的便利条件，或者其他重要帮助。本题中高达公司受航空业协会委托开发定价软件，属于为航空公司实施价格共谋提供了实质性帮助。B 选项错误，当选。

《反垄断法》第 9 条规定："经营者不得利用数据和算法、技术、资本优势以及平台规则等从事本法禁止的垄断行为。"第 17 条规定："禁止具有竞争关系的经营者达成下列垄断协议：（一）固定或者变更商品价格……"。第 20 条规定："经营者能够证明所达成的协议属于下列情形之一的，不适用本法第 17 条、第 18 条第 1 款、第 19 条的规定：（一）为改进技术、研究开发新产品的；（二）为提高产品质量、降低成本、增进效率，统一产品规格、标准或者实行专业化分工的；（三）为提高中小经营者经营效率，增强中小经营者竞争力的；（四）为实现节约能源、保护环境、救灾救助等社会公共利益的；（五）因经济不景气，为缓解销售量严重下降或者生产明显过剩的；（六）为保障对外贸易和对外经济合作中的正当利益的；（七）法律和国务院规定的其他情形。"本题中各航空公司使用定价软件协同定价，属于协同一致的固定或变更商品价格行为，虽然其定价效率大大提高，但损害了市场竞争，并不构成第 20 条"特定目的"的"豁免"情形。C 选项错误，当选。

《反垄断法》第 18 条第 3 款规定："经营者能够证明其在相关市场的市场份额低于国务院反垄断执法机构规定的标准，并符合国务院反垄断执法机构规定的其他条件的，不予禁止。"该规定被称为"安全港规则"，该规则仅适用于纵向垄断协议行为。本题中航空公司属于横向垄断协议行为，不适用安全港规则。D 选项错误，当选。

2. 答案：ABD　难度：难

考点：食品安全控制（食品召回制度）、食品安全法的法律责任（行政处罚、民事赔偿）

命题和解题思路：本题源自"湖北某品种盐有限责任公司蒙城分公司诉蒙城县市场监督管理局行政处罚案"，是人民法院案例库入库案例（入库编号 2024-12-3-001-023）。在消费者法所涉及的三部法律中，《食品安全法》是法考最喜欢光顾之处。本题难度较大，整合了食品召回和法律责任这两个考点，不仅考查了常被命题的民事责任部分，还考查了行政处罚，而且还涉及对食品安全法中经营行为的准确理解。

【选项分析】《食品安全法》第 63 条第 4 款规定："食品生产经营者应当将食品召回和处理情况向所在地县级人民政府食品安全监督管理部门报告；需要对召回的食品进行无害化处理、销毁的，应当提前报告时间、地点。食品安全监督管理部门认为必要的，可以实施现场监督。"A 选项正确。

《最高人民法院关于审理食品药品纠纷案件适用法律若干问题的规定》第 4 条规定："食品、药品生产者、销售者提供给消费者的食品或者药品的赠品发生质量安全问题，造成消费者损害，消费者主张权利，生产者、销售者以消费者未对赠品支付对价为由进行免责抗辩的，人民法院不予支持。"B 选项正确。

扫码免费赠与过期食盐的行为是否应被认定为经营行为，应以是否具有产生市场有利效果的目的综合判断。在具有推广宣传性质的展销会上，以扫码方式赠与食盐，是面向消费者的对其商品和品牌的宣传行为，具有推广营销的性质，有利于扩大市场知名度，能产生增加经济利益的影响。同时，免费获赠的人也需扫码关注，推广营销行为所面向的市场对象附加了交换义务，使得经营者扩大知名度、获得目标客户的营销目的得以实现。故赠与行为并非单纯的好意施惠，免费获赠的人实际上仍是消费者身份而非单纯的获益人。综上，扫码免费赠与过期食盐的行为应当被认定为经营行为。经营过期食品，应当受到处罚，所以 C 选项错误。

《食品安全法》第 124 条规定："违反本法规定，有下列情形之一，尚不构成犯罪的，由县级以上人民政府食品安全监督管理部门没收违法所得和违法生产经营的食品、食品添加剂，并可以没收用于违法生产经营的工具、设备、原料等物品；违法生产经营的食品、食品添加剂货值金额不足一万元的，并处五万元以上十万元以下罚款；货值金额一万元以上的，并处货值金额十倍以上二十倍以下罚款；情节严重的，吊销许可证：……（五）生产经营标注虚假生产日期、保质期或者超过保质期的食品、食品添加剂；……"D 选项正确。

3. 答案：CD　难度：中

考点：消费税的基本内容、税收征收管理法（税款征收）

命题和解题思路：本题着重考查消费税的纳税义务、偷税、税收核定和税款补缴。消费税的考查比较少，但考虑到 2024 年二十届三中全会把"消费税改革"作为一个重点，而且近年来税务机关欠税催缴也是社会谈论的热点，故设计本题。考生解题时需要结合《消费税暂行条例》《税收征收管理法》的相关规定，厘清消费税的纳税义务、偷税与欠税的区别等。

【选项分析】《消费税暂行条例》第 1 条规定："在中华人民共和国境内生产、委托加工和进口本条例规定的消费品的单位和个人，以及国务院确定的销售本条例规定的消费品的其他单位和个人，为消费税的纳税人，应当依照本条例缴纳消费税。"现行的消费税仅在特定消费品的生产、委托加工和进口环节一次性征收。故甲公司是白酒原浆的消费税纳税人，乙公司是瓶装白酒的消费税纳税人。同时，《消费税暂行条例》第 4 条第 2 款规定："委托加工的应税消费品，除受托方为个人外，由受托方在向委托方交货时代收代缴税款"，本题中明确"乙公司生产出的成品全部销售给甲公司下属控股子公司"，故甲与乙之间不存在委托加工的关系。A 选项错误。

《税收征收管理法》第 63 条第 1 款规定："纳税人伪造、变造、隐匿、擅自销毁帐簿、记帐凭证，或者在帐簿上多列支出或者不列、少列收入，或者经税务机关通知申报而拒不申报或者进行虚假的纳税申报，不缴或者少缴应纳税款的，是偷税。"甲公司的行为是利用关联企业定价格达到少缴税款的目的，不存在欺骗、隐瞒，不应被认定为偷税。B 选项错误。

《税收征收管理法》第 35 条规定："纳税人有下列情形之一的，税务机关有权核定其应纳税额：……（六）纳税人申报的计税依据明显偏低，又无正当理由的，税务机关有权在消费税计税价格明显偏低并无正当理由的情况下，核定其计税价格。"C 选项正确。

《税收征收管理法》第 32 条规定："纳税人未按照规定期限缴纳税款的，扣缴义务人未按照规定期限解缴税款的，税务机关除责令限期缴纳外，从滞纳税款之日起，按日加收滞纳税款万分之五的滞纳金。"甲公司通过关联交易，使其酒类消费品的消费税计税价格明显偏低，符合由税务机关核定其消费税最低计税价格的条件，则甲公司应当按照税务机关核定的计税价格补缴消费税税款及滞纳金。D 选项正确。

第二套

第一部分 试题

一、单项选择题

1. 王某在甲公司"捧场喵"APP上预约了乙饭店的"捧场红包"，在乙饭店消费后按"捧场喵"APP运营规则在丙公司"百家点评"网上对乙饭店进行了点赞、打分、好评和收藏，再将此消费及"好评内容"截图上传至"捧场喵"，甲公司审核后为王某兑现了预约的"捧场红包"。关于甲公司的行为及法律责任，下列哪一说法是正确的？

A. "捧场喵"APP未虚构消费数据，甲公司商业模式应受法律保护

B. 甲公司构成虚假或引人误解的商业宣传行为

C. 甲公司构成互联网不正当竞争行为

D. 丙公司无权向甲公司主张法定赔偿

2. 某市政府为了增加税收，要求作为纳税大户的本市两家白酒公司M公司和N公司达成合并协议，以便进一步扩大市场份额、控制市场价格。对此，下列哪一说法是正确的？

A. 市政府的行为属于正常管理行为，并无不当

B. 市政府的行为构成滥用行政权力排除、限制竞争

C. M公司与N公司的行为构成垄断协议行为

D. M和N公司能够证明其在相关市场的市场份额低于国务院反垄断执法机构规定的标准的，不予禁止

3. 某公司生产的智能电视价格优惠，但开机后会自动播放15秒的开机广告。该公司以显著的方式告知消费者其产品存在开机广告，若不愿观看广告可选择设置全家福、旅游照片等作为开机视频。《广告法》规定，利用互联网发送广告，不得影响用户正常使用网络，且应显著标明关闭标志，确保一键关闭。该市消费者协会认为该公司电视的开机广告延长了开机时间，且最后5秒才设置关闭窗口，明显降低了观看电视的体验，遂提起公益诉讼。关于本案，下列哪一选项是正确的？

A. 只要将开机广告在销售前以显著的方式告知消费者，就未侵害消费者选择权

B. 消费者可自主选择观看广告或以照片设置开机视频，已保障了消费者选择权

C. 只有互联网广告关闭窗口与广告同时出现且能彻底关闭广告，才能充分保护消费者选择权

D. 该市消费者协会具有提起公益诉讼的资格

4. 李某为扩大经营规模，向某商业银行贷款100万元。双方签订了抵押合同，以李某150万元的商品房作抵押，并约定李某到期不偿还贷款本息，该房屋自动归该银行所有，李某有义务协助银行办理产权过户手续。后双方办理了抵押登记。债务履行期届满后，李某无力还款。关于该商业银行，下列哪一说法是正确的？

A. 有权按约定取得房屋产权并要求李某协助其办理过户手续

B. 无权持有非自用不动产

C. 因行使抵押权而取得房屋，应当自取得之日起2年内予以处分

D. 对抵押条款的约定违背了审慎经营规则

5. 甲企业 2022 年度会计资料登记的收入状况如下：接受财政拨款 200 万元，销售企业生产的机床取得收入 3400 万元。支出状况如下：生产成本 1650 万元，销售费用 450 万元，管理费用 90 万元，财务费用 220 万元，年底购买新的机器设备花费 5000 万元。该企业认为自己年支出大于年收入，故未申报企业所得税。对此，下列哪一选项是正确的？

A. 接受的财政拨款 200 万元应计入当期计税收入

B. 购买新机器设备花费的 5000 万元不得在当期直接扣除

C. 该企业年支出大于年收入，故其无须缴纳企业所得税

D. 税务机关有权无限期追征该企业应申报未申报的企业所得税

6. 某污水处理厂建设项目列入市重大公共工程项目，关涉当地人民福祉，采用 PPP 模式建设运营，政府投资 2 亿元，社会资本投资 8 亿元。关于该项目的审计，下列哪一选项是正确的？

A. 该建设项目并非以政府投资为主，因此审计机关无权审计

B. 审计机关有权对该建设项目 2 亿元政府财政资金使用情况进行审计

C. 审计机关有权对该建设项目的资金管理使用和建设运营情况进行审计

D. 若审计机关有权审计，有权检查该建设项目的财务、会计资料，包括电子数据，但不得检查所使用的数据信息系统的安全性、可靠性

7. 喜强公司用地符合规划，证照齐全。后公司所在的溪水镇依法颁布了新的镇总体规划，变更了包括喜强公司用地在内的用地规划。该镇还逐步依法颁布了详细规划。北部湾公司使用相邻土地，并先后取得有关部门依据详细规划颁发的《建设用地规划许可证》《建设工程规划许可证》，其建设、运营将给喜强公司造成严重影响，并带来安全隐患，喜强公司遂诉至法院。对于本案，下列哪一选项是错误的？

A. 溪水镇总体规划需经县政府批准

B. 喜强公司就新的总体规划提起行政诉讼，应得到法律支持

C. 喜强公司就有关部门颁发《建设用地规划许可证》《建设工程规划许可证》行为提起行政诉讼，应得到法律支持

D. 因依法修改城乡规划给喜强公司合法权益造成损失，应当依法给予补偿

二、多项选择题

1. 甲公司起诉乙公司侵害其"一种带屏蔽装置的无励磁开关"发明专利权。双方法定代表人经协商签订了和解协议，约定乙公司仅能生产特定种类的无励磁分接开关，对其他种类的无励磁分接开关只能通过甲公司供货转售给下游客户，且销售价格要根据甲公司供货价格确定。对此，下列哪些选项是正确的？

A. 该和解协议是对专利权的正当行使

B. 该和解协议因属于横向垄断协议而无效

C. 若甲公司能证明其在相关市场的市场份额低于规定标准并符合规定的其他条件，则不予禁止

D. 反垄断执法机构有权对两家公司及其法定代表人处以罚款

2. 某超市售卖"橄榄原香食用调和油"，该产品标签正面突出"橄榄"二字，配有橄榄

图形，标签侧面标示"配料：菜籽油、大豆油、橄榄油"，吊牌写明"添加了来自意大利的100%特级初榨橄榄油"。王某因此心动，花80元购买了2桶，后发现其未注明橄榄油添加量。王某认为该产品不符合《预包装食品标签通则》关于"如果在食品标签或食品说明书上特别强调添加了某种或数种有价值、有特性的配料，应标示所强调配料的添加量"的规定，要求超市退货退款并赔偿1000元。经质量监督部门检验，该调和油各项指标符合国家食用油标准。对此，下列哪些选项是正确的？

A. 超市有先行赔付的责任，王某有权要求超市赔偿损失
B. 该食用油质量检验合格，王某无权要求退货退款
C. 王某未受到人身伤害，无权要求1000元赔偿
D. 若该食用油标签不符合国家标准，市场监管部门有权对超市进行处罚

3. 王某通过司法拍卖网络平台竞拍被执行人陈某名下的一处住房，该住房未办理不动产产权证，系陈某从开发商处购置的商品住房，已与开发商签订商品房买卖合同，并办理了备案登记。法院在《拍卖公告》中载明："标的物转让登记手续由买受人自行办理，交易过程中产生税费依照税法等相关法律法规和政策的规定，由买受人承担。"王某在规定时间内全额支付了拍卖款并取得执行裁定书。关于该房屋产权过户手续办理过程中的税费承担，下列哪些选项是正确的？

A. 陈某房屋经法院拍卖成交构成销售不动产的应税行为
B. 陈某负有增值税的纳税义务
C. 陈某负有个人所得税的纳税义务
D. 《拍卖公告》的"包税条款"无效

第二部分　答案详解

一、单项选择题

1. 答案：B　难度：中

考点：不正当竞争行为（虚假宣传行为、互联网不正当竞争行为）、违反反不正当竞争法的法律责任

命题和解题思路：本题素材源自成都市中院2023年2月公布的"成都法院2022年度十大典型案例"。"刷单炒信"是2021年以来国家市场监管总局重点打击的不正当竞争行为之一。本题主要考核的是虚假宣传行为的认定，以及其与互联网不正当竞争行为的区别。同时，2022年《最高人民法院关于适用〈中华人民共和国反不正当竞争法〉若干问题的解释》第23条扩展了法定赔偿的适用情形，突破了《反不正当竞争法》的规定，本题也对此进行了考查。

【选项分析】虽然王某在乙饭店进行了真实交易，"捧场喵"APP并未虚构消费数据，但甲公司以营利为目的，通过"捧场红包"的方式诱导消费者对合作商户在"百家点评"平台进行特定分数的点赞、打分、评论、收藏等行为，造成平台内所展示商户数据失真，影响平台信用体系，也扰乱了平台内商户的竞争。A选项错误。

《反不正当竞争法》第8条第2款规定："经营者不得通过组织虚假交易等方式，帮助其他经营者进行虚假或者引人误解的商业宣传。"甲公司采用"刷单炒信"方式，影响"百家

点评"平台的信用评价体系，事实上已达到了帮助部分"百家点评"平台入驻商家进行虚假或引人误解的商业宣传的结果。B 选项正确。

《反不正当竞争法》第 12 条第 2 款规定："经营者不得利用技术手段，通过影响用户选择或者其他方式，实施下列妨碍、破坏其他经营者合法提供的网络产品或者服务正常运行的行为：……"甲公司通过"好评返现"诱使消费者进行虚假评价从而影响竞争，而非通过新型、专门的互联网技术行为来影响用户选择，故不构成互联网不正当竞争行为。C 选项错误。

《最高人民法院关于适用〈中华人民共和国反不正当竞争法〉若干问题的解释》第 23 条规定，对于《反不正当竞争法》第 2 条、第 8 条、第 11 条、第 12 条规定的不正当竞争行为，权利人因被侵权所受到的实际损失、侵权人因侵权所获得的利益难以确定，当事人主张依据《反不正当竞争法》第 17 条第 4 款确定赔偿数额的，人民法院应予支持。《反不正当竞争法》第 17 条第 4 款规定："经营者违反本法第六条、第九条规定，权利人因被侵权所受到的实际损失、侵权人因侵权所获得的利益难以确定的，由人民法院根据侵权行为的情节判决给予权利人五百万元以下的赔偿。"故本题中若丙公司因被侵权所受到的实际损失、甲公司因侵权所获得的利益难以确定的，丙公司有权主张法定赔偿。D 选项错误。

2. **答案**：B   **难度**：中

考点：垄断行为（行政性垄断、经营者集中、垄断协议）

命题和解题思路：本题考核的是行政性垄断行为，同时关涉行政性垄断与经济性垄断，考核知识点牵涉较多，增加了难度。题干中设计了"增加本市税收"的干扰，增加税收并非实施行政垄断的正当理由，如果只关注到税收而忽略了此行为对市场价格竞争的影响，则容易错选 A。此外 M 公司和 N 公司达成合并协议，企业合并属于反垄断法的经营者集中行为，如果只关注到题干中的"协议"，则容易把经营者集中错误理解为垄断协议，错选 C 和 D。

【选项分析】《反垄断法》第 44 条规定："行政机关和法律、法规授权的具有管理公共事务职能的组织不得滥用行政权力，强制或者变相强制经营者从事本法规定的垄断行为。"税收应当依法征收，而不是以控制市场价格、影响市场竞争的方式来谋取。A 选项错误，B 选项正确。

《反垄断法》第 25 条规定："经营者集中是指下列情形：（一）经营者合并；……"故 M 公司和 N 公司达成合并协议属于经营者集中行为，而不是垄断协议行为。C 选项错误。

《反垄断法》第 18 条规定："禁止经营者与交易相对人达成下列垄断协议：（一）固定向第三人转售商品的价格；（二）限定向第三人转售商品的最低价格；（三）国务院反垄断执法机构认定的其他垄断协议。对前款第一项和第二项规定的协议，经营者能够证明其不具有排除、限制竞争效果的，不予禁止。经营者能够证明其在相关市场的市场份额低于国务院反垄断执法机构规定的标准，并符合国务院反垄断执法机构规定的其他条件的，不予禁止。"故 D 选项属于针对纵向垄断协议的"安全港"制度规定，而不是针对经营者集中的规定。对于经营者集中，《反垄断法》第 34 条规定："经营者集中具有或者可能具有排除、限制竞争效果的，国务院反垄断执法机构应当作出禁止经营者集中的决定。但是，经营者能够证明该集中对竞争产生的有利影响明显大于不利影响，或者符合社会公共利益的，国务院反垄断执法机构可以作出对经营者集中不予禁止的决定。"D 选项错误。

3. **答案**：C   **难度**：难

考点：消费者的权利与经营者的义务（消费者的权利）

命题和解题思路：本题素材政编自《最高人民法院公报》2022 年第 8 期"江苏省消费

者权益保护委员会诉乐融致新电子科技（天津）有限公司消费民事公益诉讼案"。侵犯消费者权益的试题，已经较长时间未在法考试题中出现了，而本案涉及对消费者选择权的精确理解。再加之，智能电视以较低价格附带开机广告的商业模式是否侵犯消费者权利，本就有较大争议或迷惑性，所以命制本题。

【选项分析】《消费者权益保护法》第9条第1款规定："消费者享有自主选择商品或者服务的权利。"经营者将开机广告在销售前以显著的方式告知消费者，在销售环节确实保障了消费者的知情权、选择权，但这一环节的保障并不代表在其他环节保障了消费者权利，因此"只要……就……"这一表述过于绝对，故A选项错误。

《消费者权益保护法》第9条第2款规定："消费者有权自主选择提供商品或者服务的经营者，自主选择商品品种或者服务方式，自主决定购买或者不购买任何一种商品、接受或者不接受任何一项服务。"经营者提供了设置开机照片、视频的功能，但该功能只赋予了消费者选择看开机照片、视频或看开机广告的权利，并未赋予消费者拒绝观看开机广告或其他开机照片、视频的权利，不当限缩了消费者选择权的范围。B选项错误。

《消费者权益保护法》第29条第3款规定："经营者未经消费者同意或者请求，或者消费者明确表示拒绝的，不得向其发送商业性信息。"法律并不禁止广告经营者通过互联网等方式向消费者推送广告或者其他商业信息，但应当保证消费者的拒绝权（选择权）。消费者是否接收商业信息的选择权是基于自身意愿产生的无需说明理由的权利，通过显著方式设置一键关闭窗口是保证该权利实现的法定形式，也是经营者应承担的无条件的法定义务。该法定义务应当是即时和彻底的，关闭窗口只有与互联网广告同时出现且能够彻底关闭广告才能充分保护消费者的选择权，才能实现法律规定的"确保一键关闭""不得影响用户正常使用网络"的规范目的。C选项正确。

《消费者权益保护法》第47条规定："对侵害众多消费者合法权益的行为，中国消费者协会以及在省、自治区、直辖市设立的消费者协会，可以向人民法院提起诉讼。"故市级消费者协会不具有提起公益诉讼的资格。D选项错误。

4. 答案：C　难度：中

考点：商业银行的业务规则、抵押权的实现

命题和解题思路：本题重点考核的是商业银行贷款业务规则，《商业银行法》特别规定了因行使担保权而取得不动产或股权，应当自取得之日起2年予以处分，此规定与《民法典》关于流质条款的规定容易混淆，需要重视。如果不能清楚区分二者的关系，则容易错选A。同时，《商业银行法》也明确了对"商业银行不得投资非自用不动产"的限制，此限制是基于分业经营的要求，若没有注意题中"持有不动产"与"投资不动产"的区别，则容易错选B。

【选项分析】《民法典》第401条规定："抵押权人在债务履行期限届满前，与抵押人约定债务人不履行到期债务时抵押财产归债权人所有的，只能依法就抵押财产优先受偿。"故抵押合同中的流质约定为无效条款，抵押物不能直接归抵押权人所有。A选项错误。

《商业银行法》第43条规定："商业银行在中华人民共和国境内不得从事信托投资和证券经营业务，不得向非自用不动产投资或者向非银行金融机构和企业投资，但国家另有规定的除外。"故商业银行不得投资非自用不动产，而并非不得持有非自用不动产。B选项错误。

《商业银行法》第42条第2款规定："借款人到期不归还担保贷款的，商业银行依法享有要求保证人归还贷款本金和利息或者就该担保物优先受偿的权利。商业银行因行使抵押权、质权而取得的不动产或者股权，应当自取得之日起二年内予以处分。"C选项正确。

审慎经营规则是银行业监管的要求。《银行业监督管理法》第 21 条规定："银行业金融机构的审慎经营规则，由法律、行政法规规定，也可以由国务院银行业监督管理机构依照法律、行政法规制定。前款规定的审慎经营规则，包括风险管理、内部控制、资本充足率、资产质量、损失准备金、风险集中、关联交易、资产流动性等内容。银行业金融机构应当严格遵守审慎经营规则。"《商业银行法》第 36 条第 1 款规定："商业银行贷款，借款人应当提供担保。商业银行应当对保证人的偿还能力，抵押物、质物的权属和价值以及实现抵押权、质权的可行性进行严格审查。"当事人之间订立流质条款，存在为债权担保的意思，而《民法典》对流质条款保留了担保权益，其并不影响担保权的实现。当然，债权人依法就抵押财产优先受偿，需要满足抵押权设立的前提条件，不动产抵押权须经登记设立。本题中双方对贷款设定了抵押，也办理了抵押权登记手续，不存在对审慎经营规则的违背。D 选项错误。

5. 答案：B　难度：难

考点：企业所得税法（企业所得税的基本内容）、税收征收管理法（税款征收）

命题和解题思路：企业所得税应纳税所得额的计算是企业所得税法的高频考点，涉及对各种收入和扣除项目的核算，值得关注。本题罗列了众多收入和支出项目，增加了试题的迷惑性，如果未清楚区分不征税收入和计税收入，则容易错选 A；如果不清楚固定资产折旧的抵扣要求，则容易误选 B；如果不清楚会计利润与企业所得税应税所得的关系，则容易错选 C。而 D 选项考核了税款追征，如果未清楚区分偷税和一般欠税的追征，则容易错选 D。

【选项分析】《企业所得税法》第 7 条规定："收入总额中的下列收入为不征税收入：（一）财政拨款；……"故甲企业接受财政拨款的 200 万不应当计入该企业的计税收入。A 选项错误。

《企业所得税法》第 11 条第 1 款规定："在计算应纳税所得额时，企业按照规定计算的固定资产折旧，准予扣除。"甲企业购买新的机器设备花费 5000 万元属于资本性支出，所以应当分期扣除或者计入有关资产成本，不得在发生当期直接扣除。B 选项正确。

企业所得税是针对纳税人在一定时期内取得的净收益征收的一种税。但这里的净收益并非指纳税人的经营收入减去经营成本后的余额（会计利润），而是指纳税人在一定的时期内所取得的"税法规定范围内的支出后的余额"。故即使纳税人在一定时期内支出大于收入，没有实现会计利润，但只要有应纳税所得额就得缴纳企业所得税。C 选项错误。

《税收征收管理法》第 52 条规定："因税务机关的责任，致使纳税人、扣缴义务人未缴或者少缴税款的，税务机关在三年内可以要求纳税人、扣缴义务人补缴税款，但是不得加收滞纳金。因纳税人、扣缴义务人计算错误等失误，未缴或者少缴税款的，税务机关在三年内可以追征税款、滞纳金；有特殊情况的，追征期可以延长到五年。对偷税、抗税、骗税的，税务机关追征其未缴或者少缴的税款、滞纳金或者所骗取的税款，不受前款规定期限的限制。"同法第 63 条第 1 款规定，纳税人伪造、变造、隐匿、擅自销毁账簿、记账凭证，或者在账簿上多列支出或者不列、少列收入，或者经税务机关通知申报而拒不申报或者进行虚假的纳税申报，不缴或者少缴应纳税款的，是偷税。故应申报而未申报不构成偷税，税务机关只能依法在限期内追征，而不是无限期追征。D 选项错误。

6. 答案：C　难度：中

考点：审计职责、审计权限

命题和解题思路：《审计法》2021 年作了重大修改，法考备考时仍应将审计法，尤其是审计机关的职责、权限方面新修改之处作为重点内容。如果对审计范围的新拓展没有留意，容易误选 AB；如果未留意审计机关权限的新变化，容易误选 D。

【选项分析】《审计法》第 23 条规定："审计机关对政府投资和以政府投资为主的建设项目的预算执行情况和决算，对其他关系国家利益和公共利益的重大公共工程项目的资金管理使用和建设运营情况，进行审计监督。"本题中该建设项目属于关系公共利益的重大公共工程项目，故 C 选项正确，AB 选项错误。

《审计法》第 36 条规定："审计机关进行审计时，有权检查被审计单位的财务、会计资料以及与财政收支、财务收支有关的业务、管理等资料和资产，有权检查被审计单位信息系统的安全性、可靠性、经济性，被审计单位不得拒绝。"D 选项错误。

7. 答案：B　难度：难

考点：城乡规划的修改、城乡规划的制定

命题和解题思路：本题素材改编自《最高人民法院公报》2022 年第 3 期"湛江喜强工业气体有限公司与遂溪县住房和城乡规划建设局等编制并批准土地利用总体规划纠纷案"。从近年法考试题来看，《城乡规划法》考试频次渐有超过《土地管理法》《城市房地产管理法》的趋势。本题还考查了《行政诉讼法》的相关知识。本题关键之处在于理解清楚总体规划、控制性和修建性详细规划的关系，否则容易误选。

【选项分析】《城乡规划法》第 47 条规定，修改总体规划应当按制定程序报批。同法第 16 条第 2 款规定："镇人民政府组织编制的镇总体规划，在报上一级人民政府审批前，应当先经镇人民代表大会审议，代表的审议意见交由本级人民政府研究处理。"A 选项正确，不当选。

根据《城乡规划法》第 2 条、第 4 条规定，城市规划、镇规划分为总体规划和详细规划。总体规划是城市建设和发展的总体部署和总纲，具有综合性、战略性、政策性、长期性和指导性，其制定属于公共政策和规范制定范畴，具有抽象性和实施中的不确定性。根据《行政诉讼法》第 13 条第 2 项的规定，公民、法人或者其他组织对行政法规、规章或者行政机关制定、发布的具有普遍约束力的决定、命令提起行政诉讼的，人民法院不予受理。B 选项错误，当选。

总体规划需借助详细规划尤其是修建性详细规划才能实施，更需要通过"一书两证"（即选址意见书、建设用地规划许可证和建设工程规划许可证）才能得以具体化。编制和修改详细规划，的确可能影响土地权利人对土地的开发和利用，甚至是减损权利人已经依法取得的土地利用权和开发权。因此对地方政府编制和修改详细规划行为亦有司法救济的必要。规划行政主管部门已经依据详细规划作出"一书两证"行为的，当事人应直接对颁发"一书两证"行为申请行政复议或提起行政诉讼，或者对规划行政主管部门不依法履行颁发"一书两证"行政许可职责的行为申请行政复议或提起行政诉讼。C 选项正确，不当选。

《城乡规划法》第 50 条第 1 款规定："在选址意见书、建设用地规划许可证、建设工程规划许可证或者乡村建设规划许可证发放后，因依法修改城乡规划给被许可人合法权益造成损失的，应当依法给予补偿。"D 选项正确，不当选。

二、多项选择题

1. 答案：BD　难度：难

考点：垄断行为（横向垄断协议）、反垄断法的适用例外

命题和解题思路：本题素材源自最高法 2022 年 11 月公布的反垄断典型案例，综合考核了滥用知识产权垄断的认定、横向垄断协议的效力、行政责任，以及垄断协议"安全港"制度等，涉及知识点多，有一定难度。尤其是 2022 年《反垄断法》修订，在垄断协议部分新

增了"安全港"制度，加重了行政责任，如未清楚理解有关规定，容易误选。

【选项分析】《反垄断法》第 68 条规定："经营者依照有关知识产权的法律、行政法规规定行使知识产权的行为，不适用本法；但是，经营者滥用知识产权，排除、限制竞争的行为，适用本法。"专利权本身并非反垄断法制止的对象，但滥用专利权的垄断行为受反垄断法规制。本题中的和解协议与涉案专利权的保护范围缺乏实质关联性，其核心并不在于保护专利权，而是以行使专利权为掩护，实际上追求排除、限制竞争的效果，属于滥用专利权。A 选项错误。

《反垄断法》第 17 条规定："禁止具有竞争关系的经营者达成下列垄断协议：（一）固定或者变更商品价格；（二）限制商品的生产数量或者销售数量；（三）分割销售市场或者原材料采购市场；（四）限制购买新技术、新设备或限制开发新技术、新产品；（五）联合抵制交易；（六）国务院反垄断执法机构认定的其他垄断协议。"甲乙公司都是生产无励磁开关的企业，具有竞争关系，涉案和解协议构成分割销售市场、固定商品价格的横向垄断协议。同时，《最高人民法院关于审理因垄断行为引发的民事纠纷案件应用法律若干问题的规定》第 15 条规定："被诉合同内容、行业协会的章程等违反反垄断法或者其他法律、行政法规的强制性规定的，人民法院应当依法认定其无效。……"本题中和解协议违反了《反垄断法》规定应当无效，B 选项正确。

《反垄断法》第 18 条规定："禁止经营者与交易相对人达成下列垄断协议：（一）固定向第三人转售商品的价格；（二）限定向第三人转售商品的最低价格；（三）国务院反垄断执法机构认定的其他垄断协议。……经营者能够证明其在相关市场的市场份额低于国务院反垄断执法机构规定的标准，并符合国务院反垄断执法机构规定的其他条件的，不予禁止。"故"安全港"制度只适用纵向垄断协议，而本题中甲乙公司的和解协议属于横向垄断协议，故 C 选项错误。

《反垄断法》第 56 条第 1 款规定："经营者违反本法规定，达成并实施垄断协议的，由反垄断执法机构责令停止违法行为，没收违法所得，并处上一年度销售额百分之一以上百分之十以下的罚款，上一年度没有销售额的，处五百万元以下的罚款；尚未实施所达成的垄断协议的，可以处三百万元以下的罚款。经营者的法定代表人、主要负责人和直接责任人员对达成垄断协议负有个人责任的，可以处一百万元以下的罚款。"2022 年《反垄断法》修订，不仅加大了罚款额度，而且增加了对达成垄断协议负有个人责任的法定代表人、直接责任人员等个人的行政责任。D 选项正确。

2. 答案：AD　难度：难

考点：食品安全标准、食品安全法律责任（行政处罚、民事赔偿）

命题和解题思路：本题素材改编自最高人民法院 2016 年 5 月发布的第 60 号指导案例。食品安全标准及食品安全法律责任是食品安全法的高频考点。食品安全标准包括对食品标签的要求，食品不符合安全标准并不等同于食品本身质量的不合格，如果对此没有清楚的认识，则会影响对食品安全责任的判断。同时，《食品安全法》《最高人民法院关于审理食品安全民事纠纷案件适用法律若干问题的解释（一）》对食品安全的先行赔付、惩罚性赔偿等民事责任追究有若干特殊规定，如果未清楚掌握，则容易在责任认定上有所混淆。

【选项分析】《食品安全法》第 148 条第 1 款规定："消费者因不符合食品安全标准的食品受到损害的，可以向经营者要求赔偿损失，也可以向生产者要求赔偿损失。接到消费者赔偿要求的生产经营者，应当实行首负责任制，先行赔付，不得推诿；属于生产者责任的，经营者赔偿后有权向生产者追偿；属于经营者责任的，生产者赔偿后有权向经营者追偿。"而其第 26 条规定："食品安全标准应当包括下列内容：……（四）对与卫生、营养等食品安全要求有关的标签、标志、说明书的要求；……"第 67 条规定："预包装食品的包装上应当有标签。标签应当标明下列事项：（一）名称、规格、净含量、生产日期；（二）成分或者配料表；（三）生产者的名称、地址、联系方式；（四）保质期；（五）产品标准代号；（六）贮存条件；（七）所使用的食品添加剂在国家标准中的通用名称；（八）生产许可证编号；（九）法律、法规或者食品安全标准规定应当标明的其他事项。……食品安全国家标准对标签标注事项另有规定的，从其规定。"可见与食品卫生、营养有关的标签内容和具体要求是食品安全标准之一。《预包装食品标签通则》是食品标签国家系列标准之一。本题中的食用油显而易见地向消费者注明该产品添加了橄榄油的配料，强调"橄榄"在该产品中的价值和特性。一般来说，橄榄油的市场价格或营养作用均高于一般的大豆油、菜籽油等，因此，如在食用调和油中添加了橄榄油，可以认定橄榄油是"有价值、有特性的配料"。故食品虽然经检验为质量合格，但不符合食品标签标示，属于违反食品安全标准，超市作为经营者，有义务向消费者承担赔偿责任。A 选项正确。

《食品安全法》第 148 条第 2 款规定："生产不符合食品安全标准的食品或者经营明知是不符合食品安全标准的食品，消费者除要求赔偿损失外，还可以向生产者或者经营者要求支付价款十倍或者损失三倍的赔偿金；增加赔偿的金额不足一千元的，为一千元。但是，食品的标签、说明书存在不影响食品安全且不会对消费者造成误导的瑕疵的除外。"故本题中的食用油虽然质量检验合格，但仍属于不符合食品安全标准的食品，消费者购买该食用油受到损失有权要求赔偿，有权要求退货退款。B 选项错误。

食品标签的不完整虽未影响食品本身的安全，但会对消费者构成误导，不能适用上述第 148 条第 2 款规定的除外条款，消费者有权提起惩罚性赔偿。同时，《最高人民法院关于审理食品安全民事纠纷案件适用法律若干问题的解释（一）》第 10 条规定，食品不符合食品安全标准，消费者主张生产者或者经营者依据《食品安全法》第 148 条第 2 款规定承担惩罚性赔偿责任，生产者或者经营者以未造成消费者人身损害为由抗辩的，人民法院不予支持。C 选项错误。

《食品安全法》第 125 条规定："违反本法规定，有下列情形之一的，由县级以上人民政府食品安全监督管理部门没收违法所得和违法生产经营的食品、食品添加剂，并可以没收用于违法生产经营的工具、设备、原料等物品；违法生产经营的食品、食品添加剂货值金额不足一万元的，并处五千元以上五万元以下罚款；货值金额一万元以上的，并处货值金额五倍以上十倍以下罚款；情节严重的，责令停产停业，直至吊销许可证：……（二）生产经营无标签的预包装食品、食品添加剂或者标签、说明书不符合本法规定的食品、食品添加剂；……生产经营的食品、食品添加剂的标签、说明书存在瑕疵但不影响食品安全且不会对消费者造成误导的，由县级以上人民政府食品安全监督管理部门责令改正；拒不改正的，处二千元以下罚款。"D 选项正确。

3. **答案**：ABC　　**难度**：难

考点：增值税法（增值税的基本内容）、个人所得税法（个人所得税的基本内容）

命题和解题思路：司法拍卖中的税费承担问题是当前的司法热点，近年来屡次入选中国法学会财税法学研究会等机构评选的年度影响力税务司法审判案例。解题时首先应明确，房屋被人民法院司法拍卖本质上是一种房屋销售买受方式，要按销售不动产来进行相关税收的申报缴纳，否则容易错选；纳税义务人不同于实际负税人，拍卖公告是对实际负税人的约定，并不影响法定纳税义务人的认定。

【选项分析】陈某的房屋虽然还未办理不动产产权证，但陈某通过签订商品房买卖合同对所购房屋享有处分、收益的权利，后因民事债务纠纷未履行生效法律文书确定的义务，案涉房屋被法院司法拍卖，所得款项清偿陈某所欠的债务，陈某已经实际取得了财产转让所得。故陈某房屋经法院拍卖成交属于销售不动产的应税行为。A 选项正确。

《增值税暂行条例》第 1 条规定："在中华人民共和国境内销售货物或者加工、修理修配劳务（以下简称劳务），销售服务、无形资产、不动产以及进口货物的单位和个人，为增值税的纳税人，应当依照本条例缴纳增值税。"《营业税改征增值税试点实施办法》规定，转让建筑物有限产权或者永久使用权的，转让在建的建筑物或者构筑物所有权的，以及在转让建筑物或者构筑物时一并转让其所占土地的使用权的，按照销售不动产缴纳增值税。故陈某应为增值税纳税人。B 选项正确。

《个人所得税法》第 2 条规定："下列各项个人所得，应当缴纳个人所得税：……（八）财产转让所得；……"陈某出售不动产取得的所得属于财产转让所得，应缴纳个人所得税。C 选项正确。

《税收征收管理法》第 4 条第 1 款规定："法律、行政法规规定负有纳税义务的单位和个人为纳税人。"纳税义务人不等于实际负担税款的负税人。在不动产交易实践中，买卖双方私下沟通税费由谁承担很常见，例如约定由买方承担产权过户过程中双方所需缴纳的全部税款。《拍卖公告》中载明"标的物转让登记手续由买受人自行办理，交易过程中产生税费依照税法等相关法律法规和政策的规定，由买受人承担"，也称"包税条款"，这是对税费由谁来承担即负税人进行约定，并没有改变法定的纳税义务人，因此并不违反法律法规的禁止性规定。反之，在纳税义务人不具有承担税款的经济条件下，包税条款的约定具有保证税收收入并提高行政效率的合理性。D 选项错误。

第一套

第一部分　试题

一、单项选择题

1. 红阳公司建设污水处理项目，可能造成轻度环境影响，遂委托锦华公司编制环境影响报告表。锦华公司未开展任何环评工作，直接出具了虚假的环境影响报告表。靳某将其环评工程师职业资格证书挂靠在锦华公司并收取"挂靠费"，锦化公司伪造靳某签名并编制虚假环评文件900余份，违法所得近80万元，造成直接经济损失100余万元。关于本案的法律责任，下列哪一说法是正确的？

A. 有严重质量问题的环境影响报告书可追究行政责任，虚假的环境影响报告表不应追究行政责任

B. 锦华公司应对建设项目环境影响报告表的内容和结论负责，红阳公司承担相应责任

C. 建设项目所在地的区县生态环境主管部门有权对锦华公司处以罚款

D. 靳某应依法承担刑事责任，终身禁止从事环境影响报告书、报告表的编制工作

2. 某化工厂新建一生产车间，该车间排放的废水中会含有重点污染物，建设该车间的环境影响报告书已获得批准。该车间在正式投产之前将进行设备调试和试运行，这期间也会排放污水。关于该车间的排污问题，下列哪一说法是正确的？

A. 环境影响报告书已获批准，无需再申请排污许可证

B. 该车间设备调试和试运行期间排污无需许可，但正式投产之前则须取得排污许可证

C. 该车间排污无论是否达标，均需支付排污费和环境保护税

D. 该车间排污应遵守分解落实到本单位的重点污染物排放总量控制指标

二、多项选择题

1. 茶油系市场追捧的高端食用油，某村村民陈某看到商机，遂从该村承包了一块集体林地，准备大量种植油茶树。办理采伐许可证后，陈某砍伐承包林地上的林木、平整土地用于种植油茶树。为扩大规模，陈某还在自己承包的部分耕地（非基本农田）上种植油茶树。对此，下列哪些说法是正确的？

A. 陈某承包的集体林地，所有权属于该农村集体经济，在承包之后，林地上原有的林木及此后种植的油茶树的所有权属于陈某

B. 陈某若转让该承包林地的经营权、林木所有权，应取得该村同意，并报县林业主管部门批准

C. 陈某若砍伐该承包林地上的油茶树，由于属于商品林，无需申请采伐许可证

D. 陈某若砍伐承包的耕地上的油茶树，由于属于耕地上的林木，无需申请采伐许可证

第二部分　答案详解

一、单项选择题

1. **答案：D　难度：难**

考点：环境保护法的基本制度（环境影响评价制度）

命题和解题思路：环评制度是环境资源法中考试频次最高的考点，2020年曾考查了严重质量问题环评文件的法律责任，但试题较简单。本题源自2023年我国环评造假入刑第一案"山东锦华环保科技有限公司环评造假案"。本题难度较大，主要源于与刑法的结合考查，需要根据刑法规定对本案的罪与非罪进行判断。如果考生对有严重质量问题的环评文件及其责任主体、处罚机关理解不清，也容易发生误选。

【选项分析】《环境影响评价法》第32条规定了有严重质量问题的建设项目环境影响报告书、环境影响报告表的法律责任，环境影响报告表虽针对的是可能造成轻度环境影响的建设项目，但不能因为"轻度"而忽视其对环境的影响，虚假的环境影响报告表也应追究行政责任。A选项错误。

《环境影响评价法》第20条第1款规定："建设单位应当对建设项目环境影响报告书、环境影响报告表的内容和结论负责，接受委托编制建设项目环境影响报告书、环境影响报告表的技术单位对其编制的建设项目环境影响报告书、环境影响报告表承担相应责任。"本选项将两个单位颠倒了。B选项错误。

根据《环境影响评价法》第32条规定，对有严重质量问题的建设项目环境影响报告书、报告表，由设区的市级以上人民政府生态环境主管部门对建设单位处以罚款，并对建设单位的法定代表人、主要负责人、直接负责的主管人员和其他直接责任人员，处以罚款；对编制的技术单位处以罚款；情节严重的，禁止从事编制工作；有违法所得的，没收违法所得。据此，区县生态环境主管部门无权对锦华公司处以罚款。C选项错误。

《刑法修正案（十一）》规定："承担资产评估、验资、验证、会计、审计、法律服务、保荐、安全评价、环境影响评价、环境监测等职责的中介组织的人员故意提供虚假证明文件，情节严重的，处五年以下有期徒刑或者拘役，并处罚金……"《环境影响评价法》第32条第三款规定："编制单位有本条第一款、第二款规定的违法行为的，编制主持人和主要编制人员五年内禁止从事环境影响报告书、环境影响报告表编制工作；构成犯罪的，依法追究刑事责任，并终身禁止从事环境影响报告书、环境影响报告表编制工作。"D选项正确。

2. **答案：D　难度：中**

考点：环境保护法的基本制度（环境保护税制度、环境保护许可管理制度、总量控制制度）

命题和解题思路：除环境影响评价制度外，其他环保基本制度间或出现在法考试题中。本题所涉及的环保税等三项制度都曾经被单独考查过，本题则以排污为纽带将它们融合在一起。解答本题需要准确理解环境影响评价制度、排污许可制度之间的关系，环评应在项目开工前完成，是建设项目的环境准入门槛，是申请排污许可证的前提和依据。新建项目必须在发生实际排污行为之前申领排污许可证，环评文件中与排污相关的主要内容应纳入排污许可证，而排污许可证执行情况应作为环境影响后续评价的重要依据。

【选项分析】《环境保护法》第45条第2款规定："实行排污许可管理的企业事业单位和其他生产经营者应当按照排污许可证的要求排放污染物；未取得排污许可证的，不得排放污染物。"A选项错误。

根据上述第45条的规定，未取得排污许可证的，不得排放污染物。即在产生实际的排污行为之前就应当取得排污许可证，无论是否属于正式运行，所以该车间设备调试和试运行期间排污仍需取得许可。B选项错误。

《环境保护法》第43条规定："排放污染物的企业事业单位和其他生产经营者，应当按照国家有关规定缴纳排污费。……依照法律规定征收环境保护税的，不再征收排污费。"C选项错误。

《环境保护法》第44条第1款规定："国家实行重点污染物排放总量控制制度。重点污染物排放总量控制指标由国务院下达，省、自治区、直辖市人民政府分解落实。企业事业单位在执行国家和地方污染物排放标准的同时，应当遵守分解落实到本单位的重点污染物排放总量控制指标。"D选项正确。

二、多项选择题

1. 答案：AD　　难度：难

考点：森林资源权属制度（森林资源所有权、林木所有权）、森林资源管理制度（森林采伐管理制度）

命题和解题思路：在2022、2023年法考试题中，自然资源法部分均考查的是《矿产资源法》，因此2025年考查《森林法》的可能性更大。法考初期考查公益林，近期则考查森林采伐管理，而从未考查过森林资源权属制度。再加之近年国家林草局特别强调林业改革，主要是促进林地和森林流转。而流转方面，《森林法》规定较少，因此本题结合森林资源权属及流转制度命题。同时，森林采伐管理仍是重点，所以本题仍有采伐方面的选项，但相较于既有试题，本题从全新角度考查采伐管理。

【选项分析】《森林法》第14条第1款规定："森林资源属于国家所有，由法律规定属于集体所有的除外。"第17条规定："集体所有和国家所有依法由农民集体使用的林地实行承包经营的，承包方享有林地承包经营权和承包林地上的林木所有权，合同另有约定的从其约定。"A选项正确。

《森林法》第17条规定："承包方可以依法采取出租（转包）、入股、转让等方式流转林地经营权、林木所有权和使用权。"该条并未要求发包方——农村集体经济组织同意，也未要求林业主管部门批准。B选项错误。

《森林法》第57条第3款规定："农村居民采伐自留山和个人承包集体林地上的林木，由县级人民政府林业主管部门或者其委托的乡镇人民政府核发采伐许可证。"因此，油茶树即使属于商品林，仍需申请采伐许可证。C选项错误。

《森林法》第56条规定："采伐林地上的林木应当申请采伐许可证，并按照采伐许可证的规定进行采伐……非林地上的农田防护林、防风固沙林、护路林、护岸护堤林和城镇林木等的更新采伐，由有关主管部门按照有关规定管理。"耕地上的林木，并非农田防护林等公益林，无需申请采伐许可证。D选项正确。

第二套

第一部分 试题

一、单项选择题

1. 兴兴材料公司拟建设粉体材料生产线项目，根据规定应当编制环境影响报告表，遂委托古古环保公司编制。拟建项目的防护距离内有 13 户村民房屋，不符合相关标准，兴兴公司拟通过租用村民房屋作为建设项目附属用房的方式解决这一问题，并将租房工作交由古古公司办理。古古公司负责人伪造了房屋租赁合同，报告表编制主持人未实地核实资料的真实性，便将房屋租赁合同作为环境影响报告表的附件送审。关于环保主管部门的罚款，下列哪一选项是正确的？

A. 由于应当编制的是环境影响报告表，对环境影响很小，古古公司不应被罚款

B. 由于只涉及环境影响报告表附件不实，可责令限期改正，古古公司不应被罚款

C. 即使环境影响报告表存在严重质量问题，但这是古古公司造成的，兴兴公司不应被罚款

D. 由于古古公司造成环境影响报告表有严重质量问题，兴兴公司及其法定代表人应被罚款

2. 某金融配件厂污水排放依法取得了排污许可证，但在实际排放中超标排污。关于该厂的下列哪一说法是正确的？

A. 应当建立环境保护责任制度，明确单位负责人和相关人员的责任

B. 依法通过环境影响评价后，当然取得排污许可证

C. 若按照排污许可证的要求排污，则无需缴纳环境保护税

D. 若超标排污情节严重，当地环保主管部门有权责令其停业、关闭

二、多项选择题

沈某因其注册的独资公司毁坏林地及公益林，被追究非法占用农用地罪，判处有期徒刑并处罚金。判决生效后，当地检察院建议县林业局履行森林资源保护监管职责，责令沈某限期恢复原状并处罚款。但县林业局认为，沈某服刑，公司倒闭，无法实施复绿，该局拟部分复绿造林和异地补植复绿。检察院以县林业局未对沈某作出行政处罚、复绿造林效果差、异地补植不能实现原公益林水土保持和水源涵养功能、没有履行监管职责提起公益诉讼。关于本案，下列哪些说法是正确的？

A. 县林业局对本行政区域内的森林资源负有保护、经营、管理等职责

B. 县林业局应当责令沈某限期补种林木、恢复植被，拒不履行或者履行不符合规定的，由县林业局代为履行，并追偿所需费用

C. 由于已追究沈某刑事责任，县林业局不得基于同一行为再作出行政处罚

D. 对于原地修复或异地修复的决定权，属于林业主管部门的行政权，司法权不得介入

第二部分　答案详解

一、单项选择题

1. 答案：D　难度：中

考点：环境保护法的基本制度（环境影响评价制度）

命题和解题思路：环境影响评价制度是环境资源法中考试频次最高的考点。本题素材源自 2022 年 8 月生态环境部公布的第六批生态环境执法典型案例，本批典型案例均涉及环评文件弄虚作假。除原来惯常考到的责任主体、责任形式外，本题还涉及对环评文件及相关材料（附件）的关系及效力、环评文件"严重质量问题"的理解，如果理解不到位，容易误选。

【选项分析】《环境影响评价法》第 16 条第 2 款规定："……（二）可能造成轻度环境影响的，应当编制环境影响报告表，对产生的环境影响进行分析或者专项评价；（三）对环境影响很小、不需要进行环境影响评价的，应当填报环境影响登记表。"环境影响报告表针对的是轻度环境影响项目，不是对环境影响很小的项目。A 选项错误。

《环境影响评价法》第 32 条第 2 款规定："接受委托编制建设项目环境影响报告书、环境影响报告表的技术单位违反国家有关环境影响评价标准和技术规范等规定，致使其编制的建设项目环境影响报告书、环境影响报告表存在基础资料明显不实，内容存在重大缺陷、遗漏或者虚假，环境影响评价结论不正确或者不合理等严重质量问题的，由设区的市级以上人民政府生态环境主管部门对技术单位处所收费用三倍以上五倍以下的罚款；情节严重的，禁止从事环境影响报告书、环境影响报告表编制工作；有违法所得的，没收违法所得。"本题中房屋租赁合同涉及建设项目运营期环境影响和保护措施，其虚假显然构成严重质量问题。B 选项错误。

《环境影响评价法》第 20 条第 1 款规定："建设单位应当对建设项目环境影响报告书、环境影响报告表的内容和结论负责，接受委托编制建设项目环境影响报告书、环境影响报告表的技术单位对其编制的建设项目环境影响报告书、环境影响报告表承担相应责任。"兴兴公司作为建设单位，应负主体责任。C 选项错误。

《环境影响评价法》第 32 条第 1 款规定："建设项目环境影响报告书、环境影响报告表存在基础资料明显不实，内容存在重大缺陷、遗漏或者虚假，环境影响评价结论不正确或者不合理等严重质量问题的，由设区的市级以上人民政府生态环境主管部门对建设单位处五十万元以上二百万元以下的罚款，并对建设单位的法定代表人、主要负责人、直接负责的主管人员和其他直接责任人员，处五万元以上二十万元以下的罚款。"D 选项正确。

2. 答案：A　难度：中

考点：环境保护法的基本制度（环境保护许可管理制度、环境保护税制度）、环境行政责任

命题和解题思路：防治污染是环境资源法的一个重要内容，本题素材源自 2023 年 5 月生态环境部公布的第十四批生态环境执法典型案例，本批典型案例均涉及排污许可领域。本题除整合环境行政责任外，还涉及排污许可证制度与环评制度、环境保护税制度之间的关系，如果理解不到位，容易误选。

【选项分析】《环境保护法》第 42 条第 2 款规定："排放污染物的企业事业单位，应当

2025 国家统一法律职业资格考试 **客观 400 题**（下册）

建立环境保护责任制度，明确单位负责人和相关人员的责任。"A 选项正确。

环评制度是建设项目的环境准入门槛，而排污许可证是企业事业单位生产运营期排污的法律依据，所以虽然二者有一定的联系，但通过环评并不当然取得排污许可。B 选项错误。

《环境保护税法》第 2 条规定："在中华人民共和国领域和中华人民共和国管辖的其他海域，直接向环境排放应税污染物的企业事业单位和其他生产经营者为环境保护税的纳税人，应当依照本法规定缴纳环境保护税。"纳税与是否达标排污无关。C 选项错误。

《环境保护法》第 60 条规定："企业事业单位和其他生产经营者超过污染物排放标准或者超过重点污染物排放总量控制指标排放污染物的，县级以上人民政府环境保护主管部门可以责令其采取限制生产、停产整治等措施；情节严重的，报经有批准权的人民政府批准，责令停业、关闭。"D 选项错误。

二、多项选择题

答案：AB 难度：难

考点：涉林违法行为的法律责任（涉林违法行为的样态及责任）

命题和解题思路：在环境资源法中，至少应当有一道资源法方面的试题。在《森林法》中，森林资源经营管理制度是其重点内容之一，而本题侧重于相关的法律责任。本题素材源自最高人民法院 2022 年 12 月发布的指导案例 211 号"铜仁市万山区人民检察院诉铜仁市万山区林业局不履行林业行政管理职责行政公益诉讼案"。

【选项分析】《森林法》第 9 条第 1 款规定："国务院林业主管部门主管全国林业工作。县级以上地方人民政府林业主管部门，主管本行政区域的林业工作。"A 选项正确。

《森林法》第 74 条第 1 款规定："违反本法规定，进行开垦、采石、采砂、采土或者其他活动，造成林木毁坏的，由县级以上人民政府林业主管部门责令停止违法行为，限期在原地或者异地补种毁坏株数一倍以上三倍以下的树木，可以处毁坏林木价值五倍以下的罚款；造成林地毁坏的，由县级以上人民政府林业主管部门责令停止违法行为，限期恢复植被和林业生产条件，可以处恢复植被和林业生产条件所需费用三倍以下的罚款。"同法第 81 条第 1 款规定："违反本法规定，有下列情形之一的，由县级以上人民政府林业主管部门依法组织代为履行，代为履行所需费用由违法者承担：（一）拒不恢复植被和林业生产条件，或者恢复植被和林业生产条件不符合国家有关规定；（二）拒不补种树木，或者补种不符合国家有关规定。"B 选项正确。

《行政处罚法》第 35 条第 2 款规定："违法行为构成犯罪，人民法院判处罚金时，行政机关已经给予当事人罚款的，应当折抵相应罚金；行政机关尚未给予当事人罚款的，不再给予罚款。"因此，刑事判决生效后，行政机关不得基于同一行为作出与刑罚功能相同的行政处罚。但在对违法行为人追究刑事责任后，刑罚处罚未涉及环境修复责任的，行政机关应当依法作出决定，责令违法行为人按森林法要求种植树木、修复环境。C 选项错误。

特殊功能区生态环境被破坏的，原则上应当原地修复。修复义务人或者代履行人主张异地修复，但不能证明原地修复已不可能或者没有必要的，法院不予支持。D 选项错误。

劳动与社会保障法【15】

第一套

第一部分　试题

一、单项选择题

1. 张某与某公司连续订立二次固定期限劳动合同，第二份劳动合同至 2024 年 7 月 31 日期满。2024 年 6 月 10 日，该公司通知张某等人续订劳动合同。次日，张某在某平台实名投诉公司不按规定配发口罩，该公司遂通知其劳动合同到期终止。张某虽多次要求订立无固定期限劳动合同，该公司仍于 7 月初再次通知张某，双方将于 31 日终止劳动合同。关于本案，下列哪一说法是正确的？

A. 张某无权要求该公司签订无固定期限劳动合同

B. 如该公司已经陷于生产难以为继、确需裁员的，有权在 7 月 31 日终止劳动合同

C. 如张某于 7 月 28 日受伤，医疗期满后不能从事原工作，也不能从事该公司安排的新工作，则该公司有权在医疗期满时终止劳动合同

D. 如该劳动合同依法可期满终止，则无论何种情况该公司均应支付经济补偿金

2. 曹某是某通信公司销售员，在公司下发的"军令状"上签名确认。"军令状"载明：曹某自愿选择 2019 年的业绩目标为 2700 万元，完成率低于 30% 则自动离职。该年度曹某业绩完成率低于 30%。次年 1 月该公司通知曹某，因其未完成"军令状"承诺，应自动离职。曹某离职后申请仲裁，请求该公司支付解除合同的经济补偿金等，劳动仲裁委未支持其请求。曹某遂诉至法院，请求该公司支付违法解除的赔偿金。关于本案，下列哪一说法是正确的？

A. 曹某的诉讼请求未经过仲裁，法院不应受理

B. 该公司属于违法解除劳动合同

C. 该公司不得就工作目标与劳动者订立"军令状"

D. 由于曹某自动离职，该公司无需支付经济补偿金，也无需承担法律责任

3. 贾某从学校毕业后即在长天公司上班，工作 4 年后失业。在依法领取失业保险金 8 个月后，重新在大地公司工作，但工作 9 年后因严重违纪被解除劳动合同，再次失业。两公司与贾某均依法参加了社保。关于贾某的社会保险待遇，下列哪一说法是正确的？

A. 贾某因自身严重过错而失业，不符合领取失业保险待遇的条件

B. 若贾某可领取失业保险待遇，其再次失业后领取期限最长不得超过 22 个月

C. 贾某失业期间可作为灵活就业人员，自己参加职工基本医疗保险并缴费

D. 贾某失业期间参加职工基本养老保险，应缴纳的保险费由失业保险基金支付

二、多项选择题

1. 张某任山川公司研发中心总经理，知悉该公司的商业秘密。双方约定张某离职后三年

内不得实施竞业行为，否则应付违约金。张某离职时，该公司一次性预支了1年的竞业限制经济补偿。此后，张某之妻变更为四海公司董事长并持有95%的股份，经营业务与山川公司存在竞争关系。张某夫妻对张某之妻在四海公司的任职及控股无法作出合理解释。关于本案，下列哪些说法是正确的？

　　A. 三年竞业限制期限的约定违法，超过的一年无效

　　B. 张某与其妻是两个独立的劳动者，其妻不受竞业限制约定的约束，投资和任职行为合法

　　C. 张某违反竞业限制约定，应返还竞业限制的经济补偿金并支付违约金

　　D. 为杜绝类似事情，山川公司有权要求所有高管及其配偶均应与之签订竞业限制协议

　　2. 汪某与某保安公司签订劳动合同，合同载明：汪某为保安人员，同意由保安公司安排至某银行工作，工作期间，汪某需遵守保安公司与该银行签订的保安服务合同的各项要求；服从保安公司派驻该银行的服务部的管理和监督；出现保安服务合同终止等情形时，按照保安公司的安排调剂至其他单位工作，若保安公司未能安排工作，每月工资照常支付；双方发生劳动争议，向保安公司所在地的劳动人事争议仲裁院申请仲裁。此后，汪某多次违反保安公司服务部的管理，且与该银行客户发生争吵，在该银行的要求下，保安公司将其调剂到其他单位的服务部。对此，下列哪些说法是正确的？

　　A. 汪某的用人单位是某保安公司

　　B. 汪某、某保安公司、某银行之间构成劳务派遣关系

　　C. 若保安公司未能安排工作，每月工资照常支付的约定合法

　　D. 劳动争议仲裁管辖的约定合法

　　3. 夏某所在公司依法参加了当地的五种社会保险。某日，夏某上班途中被互殴的路人误伤，住院治疗。关于夏某受伤及治疗费用，下列哪些说法是错误的？

　　A. 夏某受伤应被认定为工伤，有权要求工伤保险基金支付相应的医疗费用

　　B. 夏某受伤不应被认定为工伤，但有权要求职工基本医疗保险基金支付相应的医疗费用

　　C. 若夏某医疗费用中有应由职工基本医疗保险基金支付的部分，夏某在医院结清医疗费用后，可凭医疗票据到医保中心报销

　　D. 夏某及所在公司参加工伤保险和职工基本医疗保险时，双方均需要缴纳社保费

第二部分　答案详解

一、单项选择题

1. 答案：C　难度：难

考点：劳动合同的订立、劳动合同的解除和终止（解除劳动合同的条件和经济补偿、劳动合同终止的法定情形）

命题和解题思路：本题源自2024年4月30日最高人民法院发布的劳动争议典型案例二："劳动者对于是否订立无固定期限劳动合同具有单方选择权——张某与某公交公司劳动合同纠纷案"。本题的难度较大，如果考生对无固定期限劳动合同的强制订立的法定情形及其细节不熟悉，对劳动合同延期终止的特别规定及终止的经济补偿等问题未理解清楚，容易发生

误选。

【选项分析】《劳动合同法》第 14 条第 2 款规定："用人单位与劳动者协商一致，可以订立无固定期限劳动合同。有下列情形之一，劳动者提出或者同意续订、订立劳动合同的，除劳动者提出订立固定期限劳动合同外，应当订立无固定期限劳动合同：……（三）<u>连续订立二次固定期限劳动合同，且劳动者没有本法第 39 条和第 40 条第一项、第二项规定的情形，续订劳动合同的。</u>"张某与该公司连续订立二次固定期限劳动合同，且没有任何解除情形的表述，所以劳动者有权要求用人单位签订无固定期限劳动合同。A 选项错误。

根据上述第 14 条第 2 款的规定，该公司裁员属于第 41 条的规定，不是第三十九条和第 40 条第一项、第二项规定的解除情形，张某与该公司连续订立二次固定期限劳动合同即有权要求签订无固定期限劳动合同，所以双方的劳动合同不能期满终止。B 选项错误。

C 选项所述情形即为《劳动合同法》第 40 条第一项规定的解除情形，根据上述第 14 条第 2 款的规定，该公司有权拒绝签订无固定期限劳动合同。同时，根据第 45 条的规定："劳动合同期满，有本法第 42 条规定情形之一的，劳动合同应当续延至相应的情形消失时终止。但是，本法第 42 条第二项规定丧失或者部分丧失劳动能力劳动者的劳动合同的终止，按照国家有关工伤保险的规定执行。"所以，双方劳动合同期限应当续延至医疗期满时。C 选项正确。

《劳动合同法》第 46 条规定："有下列情形之一的，用人单位应当向劳动者支付经济补偿：……（五）<u>除用人单位维持或者提高劳动合同约定条件续订劳动合同，劳动者不同意续订的情形外，依照本法第 44 条第一项规定终止固定期限劳动合同的</u>"，所以，劳动合同期满不续订而支付经济补偿金是有例外情形的，不是任何情形下均要支付。D 选项错误。

2. 答案：B　　难度：难

考点：劳动争议的解决方式（仲裁）、劳动合同的解除（解除劳动合同的条件和经济补偿）、违反劳动合同法的法律责任

命题和解题思路：本题源自"曹某诉苏州某通信科技股份有限公司劳动合同纠纷案"，是人民法院案例库入库案例（入库编号 2023-07-2-186-009）。本题难度大，体现在两方面：一是实体方面，如何结合相关规定评判"军令状"行为、能否约定劳动合同解除情形；二是程序方面，如何理解和运用"仲裁前置"。这些问题都不是"望文生义"般简单套用法律即可正确回答，如果考生不能灵活运用法条，容易发生误选。

【选项分析】《劳动争议调解仲裁法》第 5 条规定："发生劳动争议，当事人不愿协商、协商不成或者达成和解协议后不履行的，可以向调解组织申请调解；不愿调解、调解不成或者达成调解协议后不履行的，可以向劳动争议仲裁委员会申请仲裁；对仲裁裁决不服的，除本法另有规定的外，可以向人民法院提起诉讼。"本案中曹某虽然诉讼请求与仲裁请求不同，但基于同一案件事实，不是独立的劳动争议，符合仲裁前置的要求。A 选项错误。

《劳动合同法》对劳动合同的解除及终止的情形已作出明确规定，当事人的行为需要符合这些规定。《劳动合同法》第 40 条规定："有下列情形之一的，用人单位提前 30 日以书面形式通知劳动者本人或者额外支付劳动者一个月工资后，可以解除劳动合同：……（二）<u>劳动者不能胜任工作，经过培训或者调整工作岗位，仍不能胜任工作的</u>"，在曹某的销售业绩达不到预期目标时，该公司应对其进行培训或者调整工作岗位，仍不能胜任工作的，方可依法预告解除劳动合同。B 选项正确。

根据《劳动合同法》第 4 条的规定，用人单位在制定、决定有关劳动定额管理等直接涉及劳动者切身利益的规章制度或者重大事项时，应当经职工代表大会或者全体职工讨论，提

出方案和意见，与工会或者职工代表平等协商确定。用人单位应当将直接涉及劳动者切身利益的规章制度和重大事项决定公示，或者告知劳动者。因此，用人单位就工作内容、工作目标订立"军令状"要符合三方面要求：经过民主程序、内容合法、公示或告知劳动者。公司可以就工作目标与劳动者订立"军令状"，但如不能同时满足上述三个要求，"军令状"就应当被认定无效。C 选项错误。

虽然"军令状"写明了曹某未达到销售业绩应自动离职，但曹某从未向该公司作出过解除劳动合同的意思表示，仅仅"军令状"上的签名并不能证明双方系协商一致解除劳动合同，更不能认为是劳动者主动向用人单位辞职。D 选项错误。

3. **答案：B　难度：难**

考点：社会保险的险种（基本养老保险、失业保险）

命题和解题思路： 在五种社会保险中，失业保险是《社会保险法》中规定相对全面的制度，但法考试题中仅考查过一次，再次考查的可能性较大。本题将失业期间的养老保险和医疗保险问题一并纳入，有关知识容易混淆，增加了本题的难度。而且，本题对失业保险相关规定的考查，不是简单套用法条，需要考生准确理解并能够简单运用，否则容易发生误选。

【选项分析】《社会保险法》第 45 条规定："失业人员符合下列条件的，从失业保险基金中领取失业保险金：……（二）非因本人意愿中断就业的"，被用人单位解除劳动合同，无论劳动者是否有过错，均属于非因本人意愿中断就业。A 选项错误。

《社会保险法》第 46 条规定："失业人员失业前用人单位和本人累计缴费满一年不足五年的，领取失业保险金的期限最长为十二个月；累计缴费满五年不足十年的，领取失业保险金的期限最长为十八个月；累计缴费十年以上的，领取失业保险金的期限最长为二十四个月。重新就业后，再次失业的，缴费时间重新计算，领取失业保险金的期限与前次失业应当领取而尚未领取的失业保险金的期限合并计算，最长不超过二十四个月。"贾某第一次失业领取失业保险金的期限最长为 12 个月，仅领取了 8 个月，应领取而尚未领取的失业保险金期限为 4 个月，第二次失业前缴费 9 年，领取期限最长为 18 个月，再加上第一次失业应领取而未领取的 4 个月，领取失业保险金的期限最长为 22 个月。B 选项正确。

《社会保险法》第 48 条规定："失业人员在领取失业保险金期间，参加职工基本医疗保险，享受基本医疗保险待遇。失业人员应当缴纳的基本医疗保险费从失业保险基金中支付，个人不缴纳基本医疗保险费。"C 选项错误。

《社会保险法》第 10 条第 2 款规定："无雇工的个体工商户、未在用人单位参加基本养老保险的非全日制从业人员以及其他灵活就业人员可以参加基本养老保险，由个人缴纳基本养老保险费。"贾某如果不想让自己的养老保险缴费中断，可作为灵活就业人员自己缴费参保。D 选项错误。

二、多项选择题

1. **答案：AC　难度：难**

考点：劳动合同的条款

命题和解题思路： 本题源自 2024 年 4 月 30 日最高人民法院发布的劳动争议典型案例四："劳动者的配偶投资、经营与劳动者原用人单位存在竞争关系的企业属于违反竞业限制的行为"。本案裁判的焦点是张某之妻行为的认定，张某作为高级管理人员的劳动者，采取了一种隐蔽的违约方式，即通过配偶实际经营竞争企业的方式实施竞业限制行为。我们应当坚持事实优先（实质优先），不为表象所迷惑；同时，也要防止竞业限制协议的泛化和滥用。

【选项分析】《劳动合同法》第 24 条第 2 款规定："在解除或者终止劳动合同后，前款规定的人员到与本单位生产或者经营同类产品、从事同类业务的有竞争关系的其他用人单位，或者自己开业生产或者经营同类产品、从事同类业务的竞业限制期限，不得超过二年。"本题中双方约定竞业限制期限为三年，所以超过的一年无效。A 选项正确。

《劳动合同法》第 24 条第 1 款规定："竞业限制的人员限于用人单位的高级管理人员、高级技术人员和其他负有保密义务的人员。"该公司与张某的竞业限制约定有效。虽然张某之妻不受该约定约束，但考虑到张某与配偶之间具有紧密的人身和财产关系，经济利益上具有一致性，且其配偶的投资行为发生在张某离职后，且对张某之妻在四海公司的任职及控股无法作出合理解释，有理由相信这一行为隐蔽的是张某的竞业限制行为。B 选项错误。

《民法典》第 577 条规定："当事人一方不履行合同义务或者履行合同义务不符合约定的，应当承担继续履行、采取补救措施或者赔偿损失等违约责任。"如上所述，张某实质上违反了竞业限制，该公司已支付竞业限制经济补偿金属于应当赔偿的损失。同时，根据《劳动合同法》第 25 条的规定："除本法第 22 条和第 23 条规定的情形外（即服务期和竞业限制），用人单位不得与劳动者约定由劳动者承担违约金。"所以张某违约应返还竞业限制的经济补偿金并支付违约金。C 选项正确。

《劳动合同法》规定竞业限制制度的主要目的在于保护用人单位的商业秘密和与知识产权相关的保密事项，规制不正当竞争行为，而非限制人才在企业间的正常流动。本案中张某以其妻为幌子来隐蔽其竞业行为自然为法律所不容，但不能倒果为因，以此为借口造成竞业限制义务主体的泛化，根据上述《劳动合同法》第 24 条第 1 款的规定，D 选项错误。

2. 答案：AC   难度：难

考点：劳务派遣、劳动争议的解决方式（仲裁）

命题和解题思路：劳务派遣属于《劳动合同法》第五章"特别规定"的内容。特别规定章涉及到的集体合同和非全日制用工，在近年法考试题中均已被考查，但劳务派遣却有较长时间未考，因此 2024 年被考查的概率较大。本题解答的关键之处，也是本题的创新之处，不是对劳务派遣具体规定的考查，而是考查劳务派遣与业务外包（劳务外包）、人事代理等相关用工形式的区别，这在历年试题中尚未被考查过。如果考生对劳务派遣的本质特征理解不清，就会容易误选。

【选项分析】《劳动合同法》第 7 条规定："用人单位自用工之日起即与劳动者建立劳动关系。"第 10 条第 1 款规定："建立劳动关系，应当订立书面劳动合同。"汪某与某保安公司签订劳动合同，且服从其管理、监督，因此，汪某的用人单位是某保安公司。A 选项正确。

本题涉及三方主体，但不能仅仅以此来判断是否构成劳务派遣。劳务派遣与业务外包都会涉及三方主体，二者的主要区别是：劳务派遣中被派遣劳动者不仅在第三方——用工单位提供劳动，而且是在用工单位的管理、监督下提供劳动，而业务外包中劳动者虽也在第三方——发包单位提供劳动，但仍由承包单位负责对其进行管理、监督。本题中，汪某是由保安公司进行管理、监督，因此三方属于业务外包关系，而非劳务派遣。所以 B 选项错误。

非劳动者原因造成停工、停产等，导致劳动者不能提供劳动的，其工资或生活费由国家规定了底线，双方约定工资照常发放肯定高于该底线要求，当然合法。C 选项正确。

劳动关系不同于一般民事关系，双方当事人不平等，具有从属性，且带有一定的人身性质，所以不得约定管辖。《劳动争议调解仲裁法》第 21 条第 2 款规定："劳动争议由劳动合同履行地或者用人单位所在地的劳动争议仲裁委员会管辖。双方当事人分别向劳动合同履行地和用人单位所在地的劳动争议仲裁委员会申请仲裁的，由劳动合同履行地的劳动争议仲裁委员会管辖。"D 选项错误。

3. 答案：ABCD 难度：难

考点：社会保险的险种（基本医疗保险、工伤保险）

命题和解题思路：*一般而言，每次法考至少有一道社会保障法方面试题。社会保障法所涉及的两部法律中，《社会保险法》考查的频次明显高于《军人保险法》。在五种社会保险中，医疗保险迄今尚未被考查过，考生对此知识可能相对生疏，本题难度因而增大。如果考生对医疗保险的相关规定不熟悉，对工伤认定的相关规定把握不准确，容易发生误选。*

【选项分析】《工伤保险条例》第 14 条规定："职工有下列情形之一的，应当认定为工伤：……（六）在上下班途中，受到非本人主要责任的交通事故或者城市轨道交通、客运轮渡、火车事故伤害的"，夏某虽在上下班过程中受到伤害，但并非受到交通等事故伤害。A 选项错误，当选。

《社会保险法》第 30 条规定："下列医疗费用不纳入基本医疗保险基金支付范围：……（二）应当由第三人负担的；……医疗费用依法应当由第三人负担，第三人不支付或者无法确定第三人的，由基本医疗保险基金先行支付。基本医疗保险基金先行支付后，有权向第三人追偿。"夏某受伤应由殴打者承担医疗费用，非基本医疗保险基金支付范围。同时，题干材料中并未涉及殴打者不支付或无法确定，因此也不得请求基本医疗保险基金先行支付。B 选项错误，当选。

《社会保险法》第 29 条规定："参保人员医疗费用中应当由基本医疗保险基金支付的部分，由社会保险经办机构与医疗机构、药品经营单位直接结算。"先垫付再报销是已经废止的老做法。C 选项错误，当选。

《社会保险法》第 23 条规定："职工应当参加职工基本医疗保险，由用人单位和职工按照国家规定共同缴纳基本医疗保险费。"第 33 条规定："职工应当参加工伤保险，由用人单位缴纳工伤保险费，职工不缴纳工伤保险费。"夏某需要缴纳基本医疗保险费，无需缴纳工伤保险费。D 选项错误，当选。

第二套

第一部分　试题

一、单项选择题

1. 阳光劳务公司将职工贾某派遣至月宫公司工作，贾某认为月宫公司未实行同工同酬，遂申请仲裁。对此，下列哪一说法是错误的？

　A. 贾某应当获得与月宫公司同类岗位的劳动者相同的劳动报酬

　B. 贾某申请仲裁应受 1 年的时效期间的限制

　C. 若存在同工同酬问题，则阳光劳务公司与月宫公司承担连带赔偿责任

　D. 劳动争议仲裁时，阳光劳务公司与月宫公司作为共同被申请人

2. 大胜公司拖欠员工先丹的工资，先丹向律师朋友朱信咨询。关于拖欠工资，朱信的下列哪一说法是正确的？

A. 先丹可向当地中级法院申请支付令

B. 先丹可向劳动争议调解委员会申请调解，只有调解不成的才可申请劳动争议仲裁

C. 若达成调解协议，大胜公司在协议约定期限内不履行，先丹可持调解协议书向法院申请支付令

D. 在仲裁中，若拖欠工资已严重影响先丹的生活，可提供担保后申请先予执行

3. 李某与某文化公司订立的《艺人独家合作协议》约定：该公司为李某经纪人，为其提供网络主播培训及推广宣传、整套直播设备和直播室，负责安排其全部直播工作及直播之外的商业或非商业公众活动；李某有权对商业活动策划、自身形象定位等事项提出建议；李某直播内容和时间均由其自行确定，其每月获得各直播平台后台礼物累计价值 5000 元可得基本收入 2600 元，超过 5000 元部分由双方分成。李某按照该文化公司要求入驻两家直播平台，每天直播时长、每月直播天数均不固定。关于本案，下列哪一选项是正确的？

A. 李某直播是该公司业务组成部分，因此双方是劳动关系

B. 该公司提供直播设备和直播室，李某提供劳动力，因此双方是劳动关系

C. 李某直播内容和时间均由其自行确定，因此双方不是劳动关系

D. 若李某注册为个体户，则不具有劳动者主体资格，双方就不会形成劳动关系

二、多项选择题

1. 金某与某公司经友好协商签订劳动合同，约定公司每月向金某多支付 600 元，由金某自己参加社会保险。后金某因酒后驾车被公安机关拘留 10 天，公司决定解除其劳动合同。金某以公司未依法参加社会保险为由主张被迫辞职，要求公司支付经济补偿金。对此，下列哪些说法是正确的？

A. 双方关于参加社会保险的约定无效

B. 公司有权以金某被追究刑事责任为由解除劳动合同

C. 金某被迫辞职的主张应得到法律支持

D. 若金某属于被迫辞职，公司应支付经济补偿金

2. 张红与三色公司签订劳动合同，约定试用期 6 个月，但未约定劳动合同期限。6 个月后双方再次签订劳动合同，约定试用期 7 个月，劳动合同期限 5 年；如公司拖欠工资将支付违约金 2 万元。5 年期满时，公司不想再续约，但张红主张双方应签订无固定期限劳动合同。关于本案，下列哪些说法是正确的？

A. 第一次约定的 6 个月试用期不成立

B. 第二次约定的 7 个月试用期违法

C. 第二次约定的违约金违法

D. 双方应当签订无固定期限劳动合同

3. 黄某系甲省农民工，已经参加当地居民社会养老保险，现为乙省丙市新兴劳务派遣公司的派遣工。关于黄某的养老保险，下列哪些说法是错误的？

A. 黄某已参加了甲省的居民社会养老保险，新兴劳务派遣公司不用再为其参加丙市职工基本养老保险

B. 黄某属于自由职业者，由其自己决定是否参加丙市职工基本养老保险

C. 黄某准备去其他省市打工时，有权申请丙市社保局退保，归还其个人账户中的缴费

D. 黄某缴纳职工基本养老保险满 15 年，退休时有权按月领取基本养老金，但不同省份

的缴费时间不得累计

第二部分　答案详解

一、单项选择题

1. 答案：A　难度：中

考点：劳务派遣（被派遣劳动者的权利）、违反劳动合同法的法律责任、劳动争议的解决方式及处理程序（仲裁）

命题和解题思路：在《劳动合同法》"特别规定"一章中对集体合同、劳务派遣、非全日制用工进行了规定。法考近年才考查了集体合同和非全日制用工，这两方面知识点不多，很难重复考查，因此，劳动派遣考查的可能性较大。本题围绕同工同酬展开，往年试题中还未涉及这一点。

【选项分析】《劳动合同法》第 63 条规定，被派遣劳动者享有与用工单位的劳动者同工同酬的权利。用工单位应当按照同工同酬原则，对被派遣劳动者与本单位同类岗位的劳动者实行相同的劳动报酬分配办法。因此，同工同酬不能片面地等同于相同报酬。A 选项错误，当选。

《劳动争议调解仲裁法》第 27 条规定："劳动争议申请仲裁的时效期间为一年。仲裁时效期间从当事人知道或者应当知道其权利被侵害之日起计算……劳动关系存续期间因拖欠劳动报酬发生争议的，劳动者申请仲裁不受本条第 1 款规定的仲裁时效期间的限制……"本题并非拖欠劳动报酬争议。B 选项正确，不当选。

《劳动合同法》第 92 条规定，用工单位给被派遣劳动者造成损害的，劳务派遣单位与用工单位承担连带赔偿责任。C 选项正确，不当选。

《劳动争议调解仲裁法》第 22 条第 2 款规定："劳务派遣单位或者用工单位与劳动者发生劳动争议的，劳务派遣单位和用工单位为共同当事人。"D 选项正确，不当选。

2. 答案：C　难度：中

考点：劳动争议的解决方式及处理程序（调解、仲裁）

命题和解题思路：在劳动与社会保障法中，劳动争议调解、仲裁程序是时常考查的知识点。劳动争议的时效、终局裁决、管辖、举证责任等不同于一般民事纠纷解决程序之处，尤其需要注意。劳动争议的解决方式和处理程序，既可作为一些选项与其他知识融合考查，也可如本题一样单独命题。本题以工资拖欠为主题，涉及工资争议处理上的一些特别规定。

【选项分析】《劳动合同法》第 30 条第 2 款规定："用人单位拖欠或者未足额支付劳动报酬的，劳动者可以依法向当地人民法院申请支付令，人民法院应当依法发出支付令。"《民事诉讼法》第 225 条规定，应向有管辖权的基层法院申请支付令，而非中级法院。A 选项错误。

《劳动争议调解仲裁法》第 5 条规定："发生劳动争议，当事人不愿协商、协商不成或者达成和解协议后不履行的，可以向调解组织申请调解；不愿调解、调解不成或者达成调解协议后不履行的，可以向劳动争议仲裁委员会申请仲裁；对仲裁裁决不服的，除本法另有规定的外，可以向人民法院提起诉讼。"申请调解并非仲裁的前置程序。B 选项错误。

《劳动争议调解仲裁法》第 16 条规定："因支付拖欠劳动报酬、工伤医疗费、经济补偿或者赔偿金事项达成调解协议，用人单位在协议约定期限内不履行的，劳动者可以持调解协议书依法向人民法院申请支付令。人民法院应当依法发出支付令。" C 选项正确。

《劳动争议调解仲裁法》第 44 条规定："仲裁庭对追索劳动报酬、工伤医疗费、经济补偿或者赔偿金的案件，根据当事人的申请，可以裁决先予执行，移送人民法院执行。……劳动者申请先予执行的，可以不提供担保。" D 选项错误。

3. 答案：C　难度：难

考点：劳动关系的认定

命题和解题思路：*劳动关系的认定是劳动争议中最为复杂和麻烦的一个问题。2023 年 4月人力资源和社会保障部、最高人民法院联合发布的劳动人事争议典型案例（第三批）共 6个案例，全部与劳动关系认定相关，本题源自该批典型案例。*

【选项分析】劳动关系的本质特征为从属性，主要表现为用人单位与劳动者之间的管理与被管理关系。本题中的管理与劳动管理存在明显差异：从"管理"的主要目的看，本题中企业除安排艺人从事演艺活动为其创造经济收益之外，还要对艺人进行培训、包装、宣传、推广等，使之获得相对独立的公众知名度和市场价值；而在劳动关系中，企业通过劳动管理组织劳动者进行生产经营活动，并不以提升劳动者独立的公众知名度和市场价值为目的。从"管理"事项的确定看，本题中企业对艺人的管理内容和程度通常由双方自主协商约定，艺人还可以就自身形象设计、发展规划和收益分红等事项与企业进行协商；而在订立劳动合同时，单个劳动者与企业之间进行个性化协商的空间一般比较有限，劳动纪律、报酬标准、奖惩办法等规章制度通常由企业统一制定并普遍适用于企业内部的劳动者。此外，从劳动成果分配方式看，本题中的企业作为经纪人，一般以约定的分成方式获取艺人创造的经济收益；而在劳动关系中，企业直接占有劳动者的劳动成果，按照统一标准向劳动者支付报酬及福利，不以约定分成作为主要分配方式。

劳动者工作内容是用人单位业务组成部分，一般由用人单位提供生产资料，这些只是判断劳动关系的次要、辅助性因素，不能因此而认定劳动关系，故 AB 选项错误。李某与文化公司之间不具有从属性或"管理"属性，因此不是劳动关系，故 C 选项正确。劳动关系双方具有从属性特征，将劳动者注册为个体户仅是一个"幌子"，并不影响劳动关系的认定，故 D 选项错误。

二、多项选择题

1. 答案：AD　难度：难

考点：劳动合同的订立、劳动合同的解除（解除劳动合同的条件和经济补偿）

命题和解题思路：*劳动合同的订立、劳动合同的解除是劳动与社会保障法中的高频考点。本题素材源自"自愿"参加社会保险这一现象，其难度在于"自愿"参保的违法性与被迫解除合同之间的区别与联系。如果将约定条款的效力评价与解除劳动合同条件完全等同，则容易误选 C。如果未理解刑事责任的含义，则容易误选 B。*

【选项分析】根据《社会保险法》的规定，用人单位及其职工均应参加社会保险，这是用人单位的法定义务，不得通过当事人的约定予以规避。A 选项正确。

《劳动合同法》第 39 条规定："劳动者有下列情形之一的，用人单位可以解除劳动合同：……（六）被依法追究刑事责任的。"但本题中金某被公安机关拘留，这属于行政责任而非刑事责任，公司不得以此为由解除合同。B 选项错误。

《劳动合同法》第 38 条规定："用人单位有下列情形之一的，劳动者可以解除劳动合同：……（三）未依法为劳动者缴纳社会保险费的；……"本题中用人单位未依法参保，确实有错，但这是劳动者与之协商的结果，劳动者也有过错，基于诚信原则，并非单位迫使劳动者解除合同。C 选项错误。

《劳动合同法》第 46 条规定："有下列情形之一的，用人单位应当向劳动者支付经济补偿：（一）劳动者依照本法第三十八条规定解除劳动合同的；……"D 选项正确。

2. 答案：ABD　　难度：难

考点：劳动合同的条款

命题和解题思路：劳动合同的订立与劳动合同的条款存在密切联系，往年试题更多考查了劳动合同订立，而劳动合同条款尤其是约定条款在实务中争议较多，属于较为容易命题之处。本题融合了试用期、违约金、劳动合同期限等三方面的条款，涉及多个法条的灵活运用，难度较大。

【选项分析】《劳动合同法》第 19 条第 4 款规定，劳动合同仅约定试用期的，试用期不成立，该期限为劳动合同期限。A 选项正确。

《劳动合同法》第 19 条第 1 款规定，3 年以上固定期限和无固定期限的劳动合同，试用期不得超过 6 个月。B 选项正确。

《劳动合同法》第 25 条规定，除本法第 22 条和第 23 条规定的情形外，用人单位不得与劳动者约定由劳动者承担违约金。本题涉及的是由用人单位承担违约金。C 选项错误。

《劳动合同法》第 14 条第 2 款规定，有下列情形之一，劳动者提出或者同意续订、订立劳动合同的，除劳动者提出订立固定期限劳动合同外，应当订立无固定期限劳动合同：……（3）连续订立二次固定期限劳动合同，且劳动者没有本法第 39 条和第 40 条第 1 项、第 2 项规定的情形，续订劳动合同的。本题中，双方先签了一份 6 个月的劳动合同，接着订立了 5 年期的劳动合同，属于订立二次固定期限劳动合同，且劳动者没有解除的情形。D 选项正确。

3. 答案：ABCD　　难度：难

考点：社会保险险种（基本养老保险）

命题和解题思路：社会保障法在每次考试中应当有一道试题，这涉及《社会保险法》和《军人保险法》两部立法。《军人保险法》的有关规定较原则，命题不易，估计《社会保险法》考查的可能性更大。而养老保险近年未考，与其在老龄化社会的重要地位不相称，所以命制本题。

【选项分析】由于城乡居民社会养老保险在缴费、待遇等方面与城镇职工基本养老保险有很大的差距，因此二者之间没有替代关系，《社会保险法》第 10 条第 1 款规定："职工应当参加基本养老保险，由用人单位和职工共同缴纳基本养老保险费。"A 选项错误，当选。

《社会保险法》第 10 条第 2 款规定："无雇工的个体工商户、未在用人单位参加基本养老保险的非全日制从业人员以及其他灵活就业人员可以参加基本养老保险，由个人缴纳基本养老保险费。"黄某属于派遣工，并不是非全日制从业人员等灵活就业人员。B 选项错误，当选。

《社会保险法》第 19 条规定，个人跨统筹地区就业的，其基本养老保险关系随本人转移，缴费年限累计计算。个人达到法定退休年龄时，基本养老金分段计算、统一支付。C 选项错误，当选。

《社会保险法》第 16 条规定，参加基本养老保险的个人，达到法定退休年龄时累计缴费满 15 年的，按月领取基本养老金。结合上述第 19 条的规定，D 选项错误，当选。

国际私法【16】

第一套

第一部分 试题

一、单项选择题

1. 别科公司系在中国登记的外国法人，其章程中规定的经常居所地在甲国，主要办事机构在乙国。现中国法院审理涉及该公司股东权利的争议。根据我国《涉外民事关系法律适用法》的规定，下列哪一选项是正确的？

A. 应适用中国法律和甲国法律

B. 适用中国法律、甲国法律、乙国法律均可

C. 可适用中国法律或者甲国法律

D. 可适用中国法律或者乙国法律

2. 中国水晶公司向英国林达公司出口一批玻璃花瓶，约定适用 FOB 贸易术语。货物装船后，林达公司和营业地位于英国的中国大江公司签订合同，将货物出售。后大江公司就该批货物的所有权纠纷诉至我国某法院。根据我国相关法律规定，下列哪一选项是正确的？

A. 该纠纷应适用英国法

B. 若双方协议约定适用瑞士法，可从其约定

C. 若双方没有约定，适用英国法

D. 本案的诉讼时效适用法院地中国法

二、多项选择题

1. 新加坡华达公司为其生产的电吹风在中国和新加坡均注册了商标"HUDA"，该产品在新加坡和中国销售。后华达公司发现中国乙公司擅自使用该商标生产了大量仿冒产品并在中国销售。现华达公司将乙公司诉至我国某法院，要求其承担商标侵权责任。关于乙公司在我国侵权责任的法律适用，根据我国法律规定，下列哪些说法是正确的？

A. 因侵权行为发生在中国，应适用中国法

B. 因华达公司请求保护其在中国的权利，应适用中国法

C. 因中国是法院地，华达公司和乙公司可以协议选择适用中国法

D. 因乙公司登记地在中国，应适用中国法

2. 中国宏利公司与甲国塞克公司设立于北京的分支机构签订了国际货物买卖合同，约定宏利公司向塞克公司出售一批男装皮鞋。皮鞋发货后，经银行托收，塞克公司拒付货款。宏利公司欲将塞克公司诉至我国法院。根据相关法律规定，下列哪些说法是正确的？

A. 塞克公司登记在甲国，中国法院对其没有管辖权

B. 宏利公司可以向北京有管辖权的法院起诉

C. 塞克公司是否属于国家可以由外交部做出证明

D. 如果外交部证明塞克公司属于国家主体，法院可不予采信

3. 甲国公民约克在北京与某信托公司签订协议，将其在中国的财产交由该公司管理，并将信托财产收益指定给其在北京野生动物园认养的一只环尾狐猴。后约克的继承人与信托公司发生纠纷，并诉至我国某法院。关于该信托纠纷中涉及的法律适用，下列哪些说法是正确的？

A. 如约克和信托公司在协议中约定了适用甲国法，应予适用

B. 该信托关系发生在中国，应适用中国法

C. 关于环尾狐猴的定性，因由甲国公民指定收益，应适用甲国法

D. 如双方未选择法律，该信托纠纷应适用中国法

4. 中国公民张某与其妻居住在北京，2022 年退休后赴美国帮其女儿抚养一岁的外孙，后因家务繁重，外孙五岁时两人返回北京。半年后，张某生病住院，其女儿拒绝回国照料，后张某妻子将女儿诉至我国某人民法院。关于该案件的法律适用，根据我国的相关法律规定和司法实践，下列哪些说法是正确的？

A. 张某的民事权利能力纠纷应适用中国法

B. 张某与其女儿的人身关系纠纷应适用美国法

C. 张某与其女儿的财产关系纠纷应适用美国法

D. 本案应适用有利于保护张某利益的法律

第二部分　答案详解

一、单项选择题

1. 答案：C　难度：易

考点：中国关于法人民事权利能力和行为能力法律适用的规定

命题和解题思路：关于中国关于法人民事权利能力和行为能力法律适用的规定和中国关于自然人的民事权利能力和行为能力法律适用的规定，近年经常轮流考查。本考点难度不大，但是题目的设计对考生的知识掌握准确度有一定的要求，加入了主要办事机构所在地以后增加了难度。考生需要准确认知何为法人经常居所地。

【选项分析】《涉外民事关系法律适用法》第 14 条规定："法人及其分支机构的民事权利能力、民事行为能力、组织机构、股东权利义务等事项，适用登记地法律。法人的主营业地与登记地不一致的，可以适用主营业地法律。法人的经常居所地，为其主营业地"。"登记地"和"主营业地"两个连接点之间是"可以"的关系。选项 A "应适用中国法律和甲国法律"将其变成了叠加适用的关系。选项 A 错误，选项 C 正确。

根据上述规定，没有适用主要办事机构所在地法的依据。选项 B 错误。

法人的经常居所地，为其主营业地。题目中提到办事机构所在地就是为了混淆经常营业地的连接点，考生应准确区分。选项 D 错误。

2. 答案：C　难度：中

考点：中国关于物权法律适用的规定、时效的法律适用

命题和解题思路：本题考查中国关于运输中的动产物权的法律适用。命题点在于，第一，对冲突规范的逻辑类型的考查，该冲突规范是一条有条件的选择型冲突规范，当事人如

果选择了法律适用则"应"予适用；其二，选项 D 混入了"时效"的法律适用考查，无论本案应适用何国法为准据法，时效都不应适用法院地法。

【选项分析】根据《涉外民事关系法律适用法》第 38 条规定，当事人可以协议选择运输中动产物权发生变更适用的法律。当事人没有选择的，适用运输目的地法律。此规定中有当事人协议选择法律的规定，不是"应"适用英国法。选项 A 错误。

上述规定为有条件的选择型冲突规范，当事人选择的法律，应予适用。当事人没有选择的，方适用下一个顺序连接点即运输目的地法律。B 项将其表达成"可从其约定"，实质是改变了冲突规范的类型，将其混淆为无条件的选择型冲突规范。选项 B 错误。

根据前述法律规定，当事人没有选择法律的，适用运输目的地法律。本题中运输目的地为英国，适用英国法正确。选项 C 正确。

关于时效问题的法律适用，我国未采取"法院地法"。《涉外民事关系法律适用法》第 7 条规定："诉讼时效，适用相关涉外民事关系应当适用的法律。"本案中应适用英国法。选项 D 错误。

二、多项选择题

1. 答案：BC　　难度：中

考点：中国关于知识产权侵权法律适用的规定

命题和解题思路：本题虽然只考查了一个知识点，但在题中故意混淆了几个法律选择的思路。A 选项混淆的是一般侵权行为，D 选项混淆的是法人的行为能力的法律适用。四个选项都以原因展开考查，语言逻辑上也是对考生的一种混淆。考生不仅要掌握法律规定，还要熟悉法律规定的术语内涵。

【选项分析】《涉外民事关系法律适用法》第 50 条规定："知识产权的侵权责任，适用被请求保护地法律，当事人也可以在侵权行为发生后协议选择适用法院地法律。"本题考查的是商标侵权，并非一般侵权，因而不能用一般侵权的侵权行为地的连接点。即使是一般侵权，本选项也错误，没有考虑到当事人协议选择法律的情形。选项 A 错误。

知识产权的侵权责任，适用被请求保护地法律，中国就是被请求保护地，因此中国法就是被请求保护地法律。选项 B 正确。

根据前述法律规定："当事人也可以在侵权行为发生后协议选择适用法院地法律"，知识产权侵权的意思自治是特殊的意思自治，只能选择法院地法，本题中在中国某法院涉诉，当事人可以选择法院地法，即中国法。选项 C 正确。

本题考查的是知识产权特殊侵权，不需要公司登记地这个连接点。选项 D 错误。

2. 答案：BC　　难度：难

考点：国际民事案件管辖权、中华人民共和国外国国家豁免法

命题和解题思路：本题综合了国际民事诉讼程序和 2024 新增法律进行考查，对考生迷惑性较大。

【选项分析】根据《民事诉讼法》第 276 条规定，因涉外民事纠纷，对在中华人民共和国领域内没有住所的被告提起除身份关系以外的诉讼，如果合同签订地、合同履行地、诉讼标的物所在地、可供扣押财产所在地、侵权行为地、代表机构住所地位于中华人民共和国领域内的，可以由合同签订地、合同履行地、诉讼标的物所在地、可供扣押财产所在地、侵权行为地、代表机构住所地人民法院管辖。因而并非登记地不在中国的法人就没有管辖权。选

项 A 错误。

根据上述规定，塞克公司在北京设立有分支机构，宏利公司可以向北京有管辖权的法院起诉。选项 B 正确。

根据《外国国家豁免法》第 19 条规定，中华人民共和国外交部就以下有关国家行为的事实问题出具的证明文件，中华人民共和国的法院应当采信：（一）案件中的相关国家是否构成本法第 2 条第 1 项中的外国主权国家；……。选项 C 正确，选项 D 错误。

3. 答案：AD　难度：中

考点：中国关于信托法律适用的规定

命题和解题思路：*信托关系法律适用时有考查，本题围绕该条法律规定，结合"定性"知识点综合考查。选项 C 较具有迷惑性，考生需要准确发现这是一个独立考点。"定性"又叫识别，是《涉外民事关系法律适用法》第 8 条的规定。*

【选项分析】《涉外民事关系法律适用法》第 17 条规定："当事人可以协议选择信托适用的法律。当事人没有选择的，适用信托财产所在地法律或者信托关系发生地法律。"选项 A 正确。

根据《涉外民事关系法律适用法》第 17 条规定，当事人可以协议选择法律。这是一条有条件的选择型冲突规范，如果当事人选择了法律，应予适用。选项 B 错误。

《涉外民事关系法律适用法》第 8 条规定，涉外民事关系的定性，适用法院地法律。因此关于环尾狐猴的定性，应适用法院所在地法，即中国法。选项 C 错误。

《涉外民事关系法律适用法》第 17 条规定："当事人可以协议选择信托适用的法律。当事人没有选择的，适用信托财产所在地法律或者信托关系发生地法律。"本题中如果当事人没有选择法律，信托财产所在地为中国，信托关系发生地也是中国，应适用中国法。选项 D 正确。

4. 答案：BC　难度：中

考点：家庭关系的法律适用、中国关于自然人权利能力法律适用的规定

命题和解题思路：*本题围绕着《涉外民事关系法律适用法》第 25 条的规定进行考查，却对其逻辑进行了拆解。D 选项是否适用保护弱者利益原则，这一点迷惑性较强。这是一条有条件的选择型冲突规范，只有在父母子女没有共同经常居所地的时候，才会适用保护弱者利益原则。*

【选项分析】根据《涉外民事关系法律适用法》第 11 条的规定，自然人的民事权利能力，适用经常居所地法律。本题中张某和其妻子赴美国生活一年以上，其回国居住不足一年，经常居所地应为美国。此时张某民事权利能力纠纷应适用其经常居所地法即美国法。选项 A 错误。

根据《涉外民事关系法律适用法》第 25 条的规定，父母子女人身、财产关系，适用共同经常居所地法律；没有共同经常居所地的，适用一方当事人经常居所地法律或者国籍国法律中有利于保护弱者权益的法律。本题中张某和其女儿共同经常居所地在美国，父母与子女的人身关系适用美国法。选项 B 正确。

同样根据《涉外民事关系法律适用法》第 25 条的规定，父母与子女的财产关系也应适用美国法。选项 C 正确。

《涉外民事关系法律适用法》第 25 条是一条按顺序选择的、有条件的选择型冲突规范，即只有在父母子女没有共同经常居所地的时候，才会适用保护弱者利益原则。本题中父母子女有共同经常居所地，应适用共同经常居所地法律。选项 D 错误。

第二套

第一部分　试题

一、单项选择题

1. 一个涉及在甲国的蜂房的涉外继承案在中国某法院审理。甲国认为蜂房属于不动产，中国认为蜂房属于动产。依中国《涉外民事关系法律适用法》，下列哪一说法是正确的？
    A. 法院应将蜂房定性为不动产，因为蜂房在甲国，甲国认为蜂房是不动产
    B. 应由当事人协商确定蜂房是不动产还是动产
    C. 应依中国法律对蜂房进行定性
    D. 应依被继承人死亡时的经常居所地法对蜂房进行定性

2. 甲国留学生约翰与同国留学生基普在华留学期间打架，约翰受重伤住院。后约翰向中国法院起诉要求基普赔偿对其的损害。关于本案的法律适用，下列哪一说法是正确的？
    A. 应当适用中国法，因两人均在华留学有共同经常居所
    B. 应当适用甲国法，因为两人均为甲国国籍
    C. 应将中国法与甲国法重叠适用
    D. 如开庭前，两人协议选择了适用的法律，可依其协议

二、多项选择题

1. 特拉公司系在中国登记的法人，其章程中规定的经常居所地在甲国，其主要办事机构在乙国。现中国法院审理涉及该公司股东权利的争议。请问，依《涉外民事关系法律适用法》的规定，下列哪些说法是正确的？
    A. 可适用中国法律
    B. 可适用甲国法律
    C. 可适用乙国法律
    D. 如果当事人选择了法律，应优先适用

2. 中国某中级人民法院审理某涉外民商事纠纷案件。关于管辖权，根据中国法律规定和司法实践，下列哪些说法是正确的？
    A. 如果该案争议标的额大，一审应由该人民法院管辖
    B. 需为案情复杂并且一方当事人人数众多的涉外民商事案件
    C. 为审理该案件，应由专门的审判庭或合议庭进行
    D. 如该中级人民法院位于北京，则管辖诉讼标的额人民币 2000 万元以上

3. 甲国人萨某（男）与甲国人阿某（女）在中国结婚并在北京经营一家咖啡店，长期居住于北京购买的住宅中。依我国相关法律，下列哪些选项是正确的？
    A. 萨某与阿某是否符合法定婚龄的判定应适用中国法律
    B. 婚后阿某是否需要转随萨某姓氏的问题应适用二人共同国籍国法，即甲国法律
    C. 两人可无限制地协议选择适用于夫妻财产关系的法律

D. 两人对财产关系的法律适用没有选择的，适用中国法律

4. 琼斯和杰克同为甲国人，二人在我国公务期间不幸发生事故身亡。琼斯在我国境内遗留有存款 300 万元人民币，但未留遗嘱，亦无继承人。杰克在中国遗留有一套房产，死亡时未留遗嘱。杰克妻子要求继承房产，诉至某人民法院。中国和甲国没有相关双边协定。关于以上财产处理的法律适用，下列哪些说法是正确的？

A. 存款 300 万元人民币应依甲国法处理，因琼斯经常居所地在甲国

B. 存款 300 万元人民币应适用我国法律处理

C. 房产依中国法律处理，因房产所在地是中国

D. 以上财产均应交甲国驻华使领馆，依甲国法处理

第二部分　答案详解

一、单项选择题

1. 答案：C　难度：易

考点：涉外民事关系的定性

命题和解题思路： *涉外民事关系的定性，指的是将特定的法律事实分类，本题中即使是涉外继承纠纷，仍然存在需要定性的地方。只有将被继承财产先进行定性，才能确定本继承是对动产的继承还是对不动产的继承。所以不应将其以涉外继承的思路去思考，而是应当考虑定性（又叫识别）的法律适用规则。*

【选项分析】根据《涉外民事关系法律适用法》第 8 条，涉外民事关系的定性，适用法院地法律。A 选项错误。

针对本案的情况，没有当事人可以选择法律的规定。B 选项错误。

涉外民事关系的定性，适用法院地法律。本案由中国法院审理，法院地是中国。C 选项正确。

本题指向的并非涉外继承关系，而是需要对蜂房进行定性。D 选项错误。

2. 答案：D　难度：中

考点：侵权关系的法律适用

命题和解题思路： *侵权关系在历年考查中均有出现，考生经常聚焦于特殊侵权，对一般侵权的法律适用规则有所忽略，特别是侵权行为发生后，当事人协议选择适用法律的，按照其协议。如果当事人选择了，应当适用。*

【选项分析】根据《涉外民事关系法律适用法》第 44 条，侵权责任适用侵权行为地法律，但当事人有共同经常居所地的，适用共同经常居所地法律。侵权行为发生后，当事人协议选择适用法律的，按照其协议。此规定是特别条件优先适用的一条，如果当事人选择了法律，按照其协议。如果没有选择，有共同经常居所地，适用共同经常居所地法。既没有选择也没有共同经常居所地的，才适用侵权行为地法律。A 选项错误。

法条中没有设置当事人国籍这个连结点。选项 B 错误。

《涉外民事关系法律适用法》第 44 条是一条有条件选择型冲突规范，而并非 C 选项所指重叠型冲突规范。选项 C 错误。

侵权行为发生后，当事人协议选择适用法律的，按照其协议。一审法庭辩论终结前，当

事人可以选择法律，也可变更其选择。选项 D 正确。

二、多项选择题

1. 答案：AB　难度：中

考点： 法人民事能力的法律适用

命题和解题思路： *本题在选项设置上综合考查了法人的登记地、住所地、营业地，如果考生不熟悉相关法律规定，或者不了解"法人的经常居所地，为其主营业地"，就容易落入命题人的"陷阱"。*

【选项分析】《涉外民事关系法律适用法》第 14 条规定，法人及其分支机构的民事权利能力、民事行为能力、组织机构、股东权利义务等事项，适用登记地法律。法人的主营业地与登记地不一致的，可以适用主营业地法律。法人的经常居所地，为其主营业地。又依《涉外民事关系法律适用法司法解释（一）》第 14 条，人民法院应当将法人的设立登记地认定为《涉外民事关系法律适用法》规定的法人的登记地。

本题中，登记地是中国，可以适用中国法律。A 选项正确。

因章程中规定的经常居所地在甲国，法人的经常居所地为其主营业地，也就是出现了登记地和主营业地不一致的情况，可以适用主营业地法律。B 选项正确。

C 选项内容没有法律依据。C 选项错误。

在法人民事能力的法律适用中，并没有设定当事人选择适用法律。因此当事人在这种法律关系下是不能选择法律的。D 选项错误。

2. 答案：AC　难度：难

考点： 最高人民法院关于涉外民商事案件管辖若干问题的规定

命题和解题思路： *本题考查的是 2023 年大纲新增的法律法规的内容。考生往往由于对新规定不熟悉而错选。而从法考命题的规律来看，考生应对历年新增予以重视。不仅应当掌握法条规定，还应当适当结合具体案例。*

【选项分析】《最高人民法院关于涉外民商事案件管辖若干问题的规定》第 2 条规定："中级人民法院管辖下列第一审涉外民商事案件：（一）争议标的额大的涉外民商事案件。……（二）案情复杂或者一方当事人人数众多的涉外民商事案件。……"A 选项正确。第 2 项并非要求同时具备案情复杂和一方当事人人数众多的条件。B 选项错误。

《最高人民法院关于涉外民商事案件管辖若干问题的规定》第 5 条规定，涉外民商事案件由专门的审判庭或合议庭审理。C 选项正确。

对于争议标的额大的涉外民商事案件，北京、天津、上海、江苏、浙江、福建、山东、广东、重庆辖区中级人民法院，管辖诉讼标的额人民币 4000 万元以上（包含本数）的涉外民商事案件，并非 2000 万。D 选项错误。

3. 答案：AD　难度：中

考点： 结婚条件、夫妻人身关系、夫妻财产关系的法律适用

命题和解题思路： *《涉外民事关系法律适用法》中的婚姻部分有六个条文，这六条法律规定容易在命题中综合出现，需要考生对这一部分的法律规定熟练掌握。此外，夫妻人身关系的内容包括什么，什么是结婚条件，什么是结婚手续等，考生需要熟练掌握。*

【选项分析】《涉外民事关系法律适用法》第 21 条规定，结婚条件，适用当事人共同经常居所地法律；没有共同经常居所地的，适用共同国籍国法律；没有共同国籍的，在一方当事人经常居所地或者国籍国缔结婚姻的，适用婚姻缔结地法律。是否符合法定婚龄的判定，

应属于对结婚条件的判定，适用当事人共同经常居所地法律。本题中，双方长期居住于中国，该问题适用中国法。A 选项正确。

婚后阿某是否需要转随萨某姓氏的问题，属于夫妻人身关系的问题。《涉外民事关系法律适用法》第 23 条规定，夫妻人身关系，适用共同经常居所地法；没有共同经常居所地的，适用共同国籍国法律。这一问题应适用中国法。B 选项错误。

《涉外民事关系法律适用法》第 24 条规定，夫妻财产关系，当事人可以协议选择适用一方当事人的经常居所地法律、国籍国法或者主要财产所在地法律。当事人没有选择的，适用共同经常居所地法律；没有共同经常居所地的，适用共同国籍国法律。可见并非无限制地选择法律适用。C 选项错误。

两人对财产关系的法律适用没有选择的，适用共同经常居所地法律。本题中为中国法律。D 选项正确。

4. **答案**：BC　　**难度**：中

考点：无人继承遗产的法律适用、法定继承的法律适用

命题和解题思路：本题 A 项考查考生对法条掌握的熟练程度。题干中表明二人是公务，迷惑考生思考"公务除外"的经常居所地没有改变的知识点，从而忽略琼斯遗留的财产是无人继承财产，应适用财产所在地法律，和琼斯经常居所地无关。B 选项看似绝对，其实是无人继承财产的归属的法律规定推导的结果，对考生来讲也需要熟知法条方能正确选择。

【选项分析】《涉外民事关系法律适用法》第 35 条规定，无人继承遗产的归属，适用被继承人死亡时遗产所在地法律。其与琼斯经常居所地无关。选项 A 错误。

琼斯死亡时未留遗嘱，亦无继承人，其在我国境内遗留的价值 300 万元人民币的财产成为无人继承财产，依上述法律，应适用我国法律处理。选项 B 正确。

《涉外民事关系法律适用法》第 31 条规定，法定继承，适用被继承人死亡时经常居所地法律，但不动产法定继承，适用不动产所在地法律。房产位于中国，应适用中国法律，正确。

选项 D 内容不符合法律规定。选项 D 错误。

第一套

第一部分　试题

一、单项选择题

1. 中国甲公司向加拿大乙公司出口一批蔓越莓，CIF 价格条件 2020。货到目的港后，乙公司发现部分蔓越莓腐烂，遂决定不予收货，并将该部分蔓越莓露天弃置码头。另有部分货物在途中因海上意外事故毁损。根据相关规则，下列哪一说法是正确的？

A. 在该术语项下，甲公司在装船后应给乙公司以充分通知，如未通知，因此造成漏保的损失应由甲公司承担

B. 货到后，即使发现货损，乙公司也应当接收

C. 如本批货物投保的是海上最低险种平安险，意外事故毁损不赔

D. CIF2020 术语应投保一切险，任何情况下不得降低投保

2. 中国甲公司作为卖方和买方迪拜乙公司订立了出口一批农产品的合同，约定了信用证的支付方式以及开证行为迪拜某银行。因双方买卖的物品为鲜活产品，信用证要求"开证行须在货物经检验合格后方可支付"。关于该信用证，下列哪一说法是正确的？

A. 该信用证应由甲公司申请开立

B. 该信用证对受益人不利

C. 迪拜某银行同样受该买卖合同约束

D. 如信用证信息传递或者翻译导致损失，由迪拜某银行负责

二、多项选择题

1. 2023 年，我国商务部决定对原产于 A 国的相关进口肉类及副产品进行反倾销立案调查。根据我国相关规定，下列哪些说法是正确的？

A. 须进口产品对国内产业造成严重损害方可进行反倾销调查

B. 商务部在决定立案调查前，应当通知有关出口国政府

C. 如利害关系方不如实反映情况，商务部可以根据已经获得的事实和可获得的最佳信息做出裁定

D. 反倾销税的纳税人为进口经营者

2. 中国籍公民王某于夏季去甲国旅行，发现甲国法律服务市场活跃，便办理了相关证件，留在甲国从事法律相关工作。王某后开立律师事务所，承接法律项目。根据世界贸易组织《服务贸易总协定》，下列哪些说法是正确的？

A. 王某在甲国旅行，属于境外消费

B. 王某以自然人身份进入甲国提供服务，属于商业存在

C. 王某成立公司进入甲国服务，属于跨境服务

D. 王某回国后，可以通过网络向甲国提供法律咨询服务

3. 甲、乙两国均为《伯尔尼公约》的缔约国，丙国不是缔约国。高飞是甲国公民，阿达是丙国公民但常年居住在乙国，胡德是居住在丙国的丙国公民，三人各自都有小说作品。高飞在甲国出版的小说流传到乙国后，其认为第三人侵犯了其版权，诉诸乙国法院。阿达创作完成了一部小说，但是没有出版。胡德创作的小说首次在甲国出版。根据相关规则，下列哪些说法是正确的？

A. 高飞须履行乙国法要求的手续才能在乙国得到版权保护
B. 如依甲国法，利用高飞作品不构成侵权，乙国法院可不受理该案
C. 胡德的小说在乙国享有国民待遇
D. 阿达的小说无论在哪个国家首次出版，在甲国都有国民待遇

4. 中国某建筑公司在甲国中标了一项工程，甲国发包方要求建筑公司提供担保。在建筑公司的申请下，中国某银行对甲国的发包方出具了见索即付的保函。后甲国发包方以中国公司违约为由，向该银行要求支付保函上的款项，在遭到拒绝后诉至中国某人民法院。根据相关法律和司法解释，下列哪些说法是正确的？

A. 如某银行主张该纠纷应适用民法典关于一般保证或连带保证规定，人民法院应予支持
B. 如甲国发包方提交的单据符合独立保函要求，银行就应当承担付款责任
C. 如银行认定基础交易债务人没有付款或赔偿责任，可以认定甲国发包方为保函欺诈
D. 如银行依据独立保函付款，后向建筑公司追偿，人民法院应予支持

第二部分　答案详解

一、单项选择题

1. 答案：B　难度：中

考点：国际贸易术语解释通则、国际买卖合同双方的义务

命题和解题思路：国际贸易术语解释通则、国际买卖合同双方的义务均为高频考点。特别是卖方义务，考生需能熟练掌握，能够结合并运用到国际货物贸易的多个领域进行解题。

【选项分析】CIF 术语的价格条件是成本+运费+保险费。在该术语项下，由卖方负责运输和投保，其报价也已经包含了运费和保险费，故卖方无需再通知买方购买保险。A 选项混淆了 CIF 术语与其他术语中买卖双方的义务。A 选项错误。

货物"接收"不等于接受。买方如发现货损也应当先对货物进行接收，之后再进行索赔。否则，因此扩大的损失，违约方可以主张相应扣除。B 选项正确。

平安险又被称为"单独海损不赔险"。虽然该险种为海上最低险种，但意外事故带来的货损仍在保险公司的赔偿范围之内。C 选项错误。

在《2020 年国际贸易术语解释通则》中，CIF 术语下要求的投保级别为类似平安险的最低险，并非一切险。D 选项混淆了《2020 年国际贸易术语解释通则》中对 CIF 和 CIP 术语的修改和要求。D 选项错误。

2. 答案：B　难度：中

考点：信用证

命题和解题思路：*信用证是传统考点，近年来考查热点集中于信用证当事人之间的关系和银行承担第一位的付款责任。本题围绕信用证规则中银行的责任和免责进行命制，难度不大。*

【选项分析】信用证是银行依开证申请人的请求，开给受益人的付款凭证，其中开证申请人是买方。但在本题中，甲公司是出口经营者，是卖方，因此信用证不应由其申请开立，而应由买方乙公司申请。A 选项错误。

题目中信用证规定有限制性条款，为"软条款"信用证，这使得不可撤销性大大降低，对受益人不利。B 选项正确。

根据信用证独立原则，银行不受买卖合同约束。C 选项错误。

根据《跟单信用证统一惯例》（UCP600），由于信息传递和翻译导致的损失，银行免责。D 选项错误。

二、多项选择题

1. 答案：BCD
考点：反倾销措施

命题和解题思路：*《中华人民共和国反倾销条例》（以下简称《反倾销条例》）近年考查频率较高。在历年考查重点的基础上，考生需要较全面地掌握该条例相关具体规定，方能正确解答题目。*

【选项分析】根据《反倾销条例》第 2 条规定，进口产品以倾销方式进入中华人民共和国市场，并对已经建立的国内产业造成实质损害或者产生实质损害威胁，或者对建立国内产业造成实质阻碍的，依照本条例的规定进行调查，采取反倾销措施。根据该条规定，反倾销调查的启动原因不限于"对已经建立的国内产业造成实质损害"，有实质损害威胁或对建立国内产业造成实质阻碍亦可。A 选项错误。

根据《反倾销条例》第 16 条第 2 款规定，商务部在决定立案调查前，应当通知有关出口国（地区）政府。B 选项正确。

根据《反倾销条例》第 21 条规定，商务部进行调查时，利害关系方应当如实反映情况，提供有关资料。利害关系方不如实反映情况，提供有关资料的，或者没有在合理时间内提供必要信息的，或者以其他方式严重妨碍调查的，商务部可以根据已经获得的事实和可获得的最佳信息做出裁定。C 选项正确。

根据《反倾销条例》第 40 条规定，反倾销税的纳税人为倾销进口产品的进口经营者。D 选项正确。

2. 答案：AD　　**难度：**中
考点：服务贸易总协定

命题和解题思路：*服务贸易总协定是框架性协定，通过四种服务贸易方式来调整服务贸易。考生应注意辨析四种服务贸易形式。*

【选项分析】一成员的服务提供者在其境内向来自任何其他成员的服务消费者提供服务以获取报酬的称为境外消费，比如一国居民到另一国旅游、求学等。A 选项正确。

王某以自然人身份进入甲国提供服务，属于自然人流动。B 选项错误。

王某开立律师事务所提供服务，属于商业存在。C 选项错误。

服务的提供者在一国境内向另一国的消费者提供服务，属于跨境服务。D 选项正确。

3. 答案：CD　　**难度：**中

考点：有关国际知识产权保护的原则、《保护文学艺术作品的伯尔尼公约》

命题和解题思路：本题考查国际经济法领域的国际知识产权相关知识点。考生需要熟悉且能运用中国缔结和参加的有关保护知识产权的国际公约。《保护文学艺术作品的伯尔尼公约》（以下简称《伯尔尼公约》）中，国民待遇原则、独立保护原则、自动保护原则，都是考生需要重点关注的原则。

【选项分析】根据《伯尔尼公约》的规定，享有及行使国民待遇所提供的有关权利时，不需要履行任何手续，为自动保护原则。A 选项错误。

版权独立性原则是指享有国民待遇的人在公约任何成员国所得到的著作权保护，不依赖于其作品在来源国受到的保护。具体而言，在是否构成侵权上，来源国以某种方式利用作品不构成侵权，但在另一成员国以相同的方式利用却构成侵权，则后一国不能因在来源国不视为侵权而拒绝受理相关的侵权诉讼。B 选项错误。

"作品国籍"针对非公约成员国国民，其作品只要是在任何一个成员国出版，或者在一个成员国和非成员国同时出版（30 天之内），也应在一切成员国中享有国民待遇。胡德创作的小说首次在甲国成员国出版，在乙国应享有国民待遇。C 选项正确。

《伯尔尼公约》第 3 条、第 4 条及第 5 条（第 1、3、4 款）规定了国民待遇原则。依该原则，有权享有国民待遇的国民包括"作者国籍"和"作品国籍"两类情况。"作者国籍"，指公约成员国国民和在成员国有惯常居所的非成员国国民，其作品无论是否出版，均应在一切成员国中享有国民待遇；"作品国籍"针对非公约成员国国民，其作品只要是在任何一个成员国出版，或者在一个成员国和非成员国同时出版（30 天之内），也应在一切成员国中享有国民待遇。本题中甲、乙两国均为《伯尔尼公约》的缔约国，阿达在缔约国有惯常居所，符合"作者国籍"标准，因此阿达的小说在乙国应享有国民待遇。D 选项正确。

4. **答案**：BD **难度**：中

考点：国际融资的信用担保、《最高人民法院关于审理独立保函纠纷案件若干问题的规定》

命题和解题思路：根据《最高人民法院关于审理独立保函纠纷案件若干问题的规定》（以下简称《规定》），见索即付保函即为独立保函。对于独立保函，受益人只要提交了保函载明的应提交的付款请求书、违约声明、第三方签发的文件、法院判决、仲裁裁决、汇票、发票等表明发生付款到期事件的书面文件，开立人就应承担付款责任。

【选项分析】根据《规定》第 3 条，当事人以独立保函记载了对应的基础交易为由，主张该保函性质为一般保证或连带保证的，人民法院不予支持；当事人主张独立保函适用民法典关于一般保证或连带保证规定的，人民法院不予支持。A 选项错误。

根据《规定》第 6 条和第 8 条，受益人提交的单据与独立保函条款之间、单据与单据之间表面相符，受益人请求开立人依据独立保函承担付款责任的，人民法院应予支持。B 选项正确。

根据《规定》第 12 条规定，具有下列情形之一的，人民法院应当认定构成独立保函欺诈：……（三）法院判决或仲裁裁决认定基础交易债务人没有付款或赔偿责任的。其中，并非保函开立人认定基础交易债务人没有付款或赔偿责任，而是在法院判决或仲裁裁决认定的基础上，人民法院才应当认定构成独立保函欺诈。C 选项错误。

根据《规定》第 9 条规定，开立人依据独立保函付款后向保函申请人追偿的，人民法院应予支持，但受益人提交的单据存在不符点的除外。D 选项正确。

第二套

第一部分　试题

一、单项选择题

1. 我国对外贸易管理制度主要是根据《对外贸易法》《出口管制法》等确立的。根据以上法律规定，下列哪一选项是正确的？
A. 我国实行外贸经营者备案登记制度
B. 对实行自由进出口许可管理的货物，也可以实行目录管理
C. 个人须委托具有资格的法人企业才能办理对外贸易业务
D. 对相关物项实施出口管制是针对特定的国家的措施

2. 根据《反倾销条例》规定，倾销进口产品的出口经营者在反倾销调查期间，可向商务部作出改变价格或停止以倾销价格出口的价格承诺。对此，下列哪一选项是正确的？
A. 商务部可以向出口经营者提出价格承诺的建议
B. 商务部在对倾销及其损害作出肯定的初步裁定之前可以寻求或接受价格承诺
C. 对出口经营者作出的价格承诺，商务部应予接受
D. 出口经营者违反其价格承诺的，商务部可以采取保障措施

二、多项选择题

1. 按照世界贸易组织争端解决制度的规定和实践，争端的类型包括违反性申诉和非违反性申诉。对此，下列哪些说法是正确的？
A. 在甲国向争端解决机构提起的对乙国的非违反性申诉中，甲国无需证明乙国违反了世界贸易组织协定的有关条款
B. 如甲国的非违反性申诉成功，乙国没有取消有关措施的义务，只需对甲国作出补偿
C. 在丙国向争端解决机构提起的对丁国的违反性申诉中，丙国需要证明丁国采取的措施造成丙国利益的丧失或受损
D. 如丙国的违反性申诉成功，被诉方应撤销或废除被申诉的措施

2. 中国甲公司与德国乙公司签订了购买成套设备的进口合同，价格条件为 CFR 上海，信用证付款。货物按时装上了承运人所属的英国籍"伊丽莎白"轮，甲公司投保了平安险。"伊丽莎白"轮航行到上海港区时，与日本籍"森田"轮因双方的过失发生碰撞，致使"伊丽莎白"轮及其货舱中的部分货物受损。对此，下列哪些说法是正确的？
A. 本案碰撞引起的货损应由保险公司承担
B. 依《海牙规则》，"伊丽莎白"轮所有人对过失碰撞引起的货损可以免责
C. 因甲公司投保的是平安险，保险公司对本案碰撞引起的部分货物损失不承担赔偿责任
D. 因已知货物受损，所以即使单证相符，甲公司仍有权要求银行拒付货款

3. 中国人陈某久居北京，因在新加坡有生意，常往来于北京和新加坡之间。中国和新加坡均确认了实施《共同申报准则》（CRS）。依 CRS 有关规则，陈某在新加坡的下列哪些信

息会被交换至北京税务机关?

    A. 存款账户、托管账户、投资机构的股权或债权权益账户

    B. 基金、信托计划、具有现金价值的保险合同

    C. 购买的房产

    D. 在房产中收藏的贵重艺术品

    4.《保护文学艺术作品伯尔尼公约》是著作权领域的第一个世界性多边国际条约，也是至今影响最大的著作权公约。甲国是《伯尔尼公约》的成员国，乙国为非成员国。根据《伯尔尼公约》的相关规定，下列哪些作品可以在公约成员国享有国民待遇?

    A. 甲国公民创作完成的作品

    B. 定居在甲国的乙国公民创作完成但未出版的作品

    C. 乙国公民创作的作品，该作品首次出版地在甲国

    D. 乙国公民创作的作品，该作品在乙国首次出版 20 天后方于甲国出版

第二部分　答案详解

一、单项选择题

1. 答案：B　难度：难

考点：《对外贸易法》《出口管制法》

命题和解题思路： 本题考查的考点均为近年较新考点，特别是 2022 年修订的《对外贸易法》删除了外贸经营者备案登记制度，考生如果没有及时更新知识点，较易错选。

【选项分析】2022 年修订的《对外贸易法》删除了外贸经营者备案登记制度，这意味着在立法层面全面取消对外贸易经营者的备案制。A 选项错误。

对实行自由进出口许可管理的货物，也实行目录管理。对外贸易主管部门基于检测进出口情况的需要，可以对部分自由进出口的货物实行进出口自动许可并公布其目录。B 选项正确。

《对外贸易法》第 8 条规定，对外贸易经营者，是指依法办理工商登记或者其他执业手续，依照本法和其他有关法律、行政法规的规定从事对外贸易经营活动的法人、其他组织或者个人。可知个人可以办理对外贸易业务。C 选项错误。

根据《出口管制法》，国家出口管制管理部门可以对管制物项出口目的国家和地区进行评估，确定风险等级，采取相应的管制措施。不是针对特定国家的措施。D 选项错误。

2. 答案：A　难度：中

考点：反倾销条例

命题和解题思路：《反倾销条例》中关于价格承诺的具体规定，是法考反复考查的考点。考生要理解什么是倾销，出口经营者以不正常价格出口，也就是说作出价格承诺的是卖方，而本题中的 D 项以保障措施的适用加以混淆，为较易选错的选项。保障措施有其自身功能，并非"反倾销""反补贴"制度的补充措施。

【选项分析】《反倾销条例》第 31 条规定，倾销进口产品的出口经营者在反倾销调查期间，可以向商务部作出改变价格或者停止以倾销价格出口的价格承诺。商务部可以向出口经营者提出价格承诺的建议。商务部不得强迫出口经营者作出价格承诺。A 选项正确。

在调查没有结果之前，无法确定是否存在倾销，商务部在此时向出口经营者寻求价格承诺没有依据，是不适当的。《反倾销条例》第33条规定，调查机关对倾销以及由倾销造成的损害作出肯定的初裁决定前，不得寻求或者接受价格承诺。B选项错误。

对于出口经营者作出的价格承诺，是否接受价格承诺的决定权在商务部，而不是只要出口经营者作出价格承诺，商务部都要接受。C选项错误。

保障措施不属于反倾销措施，而属于另外的贸易救济措施范畴。出口经营者违反其价格承诺，商务部只能采取《反倾销条例》规定的措施。《反倾销条例》第36条规定，出口经营者违反其价格承诺的，商务部依照本条例的规定，可以立即决定恢复反倾销调查；根据可获得的最佳信息，可以决定采取临时反倾销措施，并可以对实施临时反倾销措施前90天内进口的产品追溯征收反倾销税，但违反价格承诺前进口的产品除外。商务部不能采取保障措施。D选项错误。

二、多项选择题

1. 答案：ABD　难度：中
考点：争端解决机构解决的争端类型
命题和解题思路：*本题考查考生对争端解决机构解决的争端类型的熟悉程度，将两种争端类型的各个方面混合考查，涉及申诉方证明内容、争端裁定后被诉方应采取的措施等。*

【选项分析】对于非违反性申诉，不追究被诉方是否违反了有关协议条款，而只处理被诉方的措施是否使申诉方根据有关协议享有的利益受损或丧失。因此，申诉方无需证明被申诉方违反了世界贸易组织协定的有关条款。A选项正确。

在非违反性申诉中，如申诉方申诉成功，被诉方没有取消有关措施的义务，只需作出补偿。B选项正确。

"申诉方需要证明被诉方采取的措施造成申诉方利益的丧失或受损"指的是非违反性申诉，而不是违反性申诉。在违反性申诉中，丙国需要证明丁国违反了有关协议的条款。C选项错误。

如申诉方的违反性申诉成功，"被诉方应撤销或废除被申诉的措施"。D选项正确。

2. 答案：AB　难度：中
考点：《海牙规则》、平安险的承保范围、信用证规则
命题和解题思路：*本题通过一个案例考查了多个考点。要求考生不仅熟悉国际货物贸易相关规则，还要熟悉解答这种综合考查题的解题思路。考生需要分清每一对法律关系相对方以及合同、运输、保险、结汇所依据的规则。*

【选项分析】甲公司投保了平安险，而过失发生碰撞属于海上意外事故，属于平安险的赔偿范围。A选项正确。

根据《海牙规则》，不论承运人或船舶，对由于下列原因引起或造成的灭失或损坏，都不负责：（a）船长、船员、引水员或承运人的雇佣人员，在航行或管理船舶中的行为、疏忽或不履行义务。这一规定被称为"航行过失免责条款"。因此，承运人可以援引《海牙规则》免责。B选项正确。

平安险的保险范围包括对船舶碰撞引起的部分货物损失的赔偿。C选项错误。

D选项为重点干扰项。依《跟单信用证统一惯例（UCP600号）》第5条，信用证处理的只是单据，而不是单据可能涉及的货物、服务或履约行为。只要单据符合信用证的要求，银行即应付款。D选项错误。

3. 答案：AB　　难度：中

考点：《共同申报准则》（CRS）

命题和解题思路：本题考查国际经济法领域的国际税法知识点。《共同申报准则》（CRS）体系下，考生需要掌握其制度的功能指向，其目的在于全球性地抵制偷税漏税而在不同国家之间进行自动报告财务信息。在 CRS 体系下，只有产生现金流的资产、具有现金价值的金融资产，才需要申报；不产生现金流的资产，如不动产、艺术品、贵金属等，均不需要申报。

【选项分析】在 CRS 下，下列资产信息将被交换，包括存款账户、托管账户、投资机构的股权或者债权权益账户。A 选项当选。

在 CRS 下，基金、信托计划、专户/集合类资产管理计划、具有现金价值的保险合同或者年金合同等将被交换。B 选项当选。

根据 CRS，只有产生现金流的资产、有现金价值的金融资产，才需要申报；不产生现金流的资产，如不动产、艺术品、贵金属等均不需要申报。C 选项和 D 选项不当选。

4. 答案：ABCD　　难度：中

考点：《保护文学艺术作品伯尔尼公约》

命题和解题思路：《伯尔尼公约》的国民待遇原则中有权享有国民待遇的国民包括"作者国籍"和"作品国籍"两类情况，本题考查考生对该知识点的理解程度。"作者国籍"指公约成员国国民和在成员国有惯常居所的非成员国国民，其作品无论是否出版，均应在一切成员国中享有国民待遇。"作品国籍"针对非公约成员国国民，其作品只要是在任何一个成员国出版，或者在一个成员国和非成员国同时出版，也应在一切成员国中享有国民待遇。

【选项分析】依《伯尔尼公约》第 3 条，作为公约成员国公民的作者，其作品无论是否发表，均应受到其他成员国的保护。这是该公约采用的作者国籍原则。A 选项正确。

在成员国有惯常居所的非成员国国民，也符合"作者国籍"身份。B 选项正确。

依《伯尔尼公约》有关国民待遇的规定，有权享有国民待遇的国民包括"作者国籍"和"作品国籍"，"作品国籍"针对非公约成员国国民，其作品只要是在任何一个成员国出版，或者在一个成员国和非成员国同时出版（30 天之内），也应在一切成员国中享有国民待遇。本题中，作品是在甲国首次出版，符合"作品国籍"的规定。C 选项正确。

关于 D 选项，虽然语句措辞上采用了引导性的"出版 20 天后方于甲国出版"，但其出版时间是符合在一个成员国和非成员国同时出版（30 天之内）要求的。D 选项正确。

⚄⧵ 民事诉讼法与仲裁制度【18】

第一套

第一部分 试题

一、单项选择题

1. 韩某因产品质量损害赔偿纠纷起诉九郡公司。九郡公司聘请曹律师作为委托代理人，代理权限仅写为"全权代理"。庭审过程中，曹律师以韩某与本案法官助理冯某系大学同学为由，申请冯某回避。关于本案回避的适用，下列哪一说法是正确的？

A. 曹律师的代理权限系特别授权，有权提出回避申请

B. 曹律师如不服回避处理裁定，可以申请复议

C. 回避事实应由九郡公司承担客观证明责任

D. 对回避事实应适用可能性较大的证明标准

2. 黎某过世后，其所有的 A 商铺由黎甲和黎乙继承，二人共同共有。二人委托冯某对 A 商铺进行装修，采用包工包料方式施工，工程结束并验收后据实向冯某支付全部装修工程款。后双方因工程款支付发生纠纷，冯某向法院起诉，要求二人支付工程款 5.2 万元及逾期利息。冯某未能提供充分有效的证据，黎甲认可工程款数额，黎乙则主张工程款应为 3 万元。关于本案，下列哪一说法是正确的？

A. 黎甲的主张仅对其本人有效

B. 黎甲的主张对黎乙发生效力

C. 黎乙的主张对黎甲发生效力

D. 黎乙的主张仅对其本人有效

3. 侯某因拖欠借款被牛某诉至甲市乙区法院，法院判决牛某胜诉，侯某不服提起上诉。案件材料尚未报送甲市中级法院，此时牛某发现侯某转移财产，遂申请对侯某名下的位于丙区的 A 房屋予以查封。法院裁定查封 A 房屋。关于本案，下列哪一说法是正确的？

A. 应由甲市中级法院作出查封裁定

B. 牛某不可向丙区法院申请保全执行

C. 牛某申请保全应当向法院提供担保

D. 如侯某请求处分 A 房屋，无须牛某同意

4. 胡某购买恒宇公司开发的商品房，因房屋实际面积与约定不符而起诉，甲市乙区法院判决恒宇公司返还胡某多付的购房款 3.2 万元。在上诉期间内，双方当事人向乙区法院申请调解，请求出具调解书。关于乙区法院对调解申请的处理，下列哪一说法是正确的？

A. 可以另行组织调解并出具调解书

B. 告知上诉后向甲市中院申请调解

C. 收回判决书后，可另行组织调解

D. 上诉期届满后，可另行组织调解

5. 苏某因产品质量纠纷起诉甲公司，聘请方律师作为其诉讼代理人。法庭辩论终结休庭后，法院用电子邮件通知双方当事人到庭听宣。苏某委托方律师代其出庭，方律师发现其代理意见并未被法院采纳，对判决结果不服，遂拒绝签收判决书，法官在宣判笔录中予以记明。关于本案判决书的送达方式，下列哪一说法是正确的？

　　A. 直接送达

　　B. 留置送达

　　C. 电子送达

　　D. 委托送达

6. 甲区的崔某将其位于乙区的房屋出租给丙区的栾某，后因房屋租赁合同纠纷向乙区法院起诉，要求栾某支付拖欠的房租 1.5 万元。法院未征求当事人的意见，也未具体告知，直接决定适用小额诉讼程序审理本案（当地上年度就业人员年平均工资为 6 万元）。诉讼过程中，栾某主张因出租房屋天花板脱落砸坏其电脑，要求崔某赔偿 1.2 万元。法院以无管辖权为由告知栾某向甲区法院另行起诉，在栾某坚持之下，法院裁定将案件转为简易程序合并审理。关于法院的行为，下列哪一选项符合法律规定？

　　A. 未征求当事人意见适用小额程序

　　B. 未尽到告知义务适用小额程序

　　C. 告知栾某向甲区法院另行起诉

　　D. 裁定转为简易程序合并审理本案

7. 朱某因所有权确认纠纷向 A 市 B 区法院起诉甲公司，法院判决支持了朱某的诉讼请求。该判决生效后，甲公司以法律适用错误为由申请再审，A 市中级法院裁定驳回再审申请。甲公司遂向检察院申请检察监督。关于本案的检察监督，下列哪一说法是正确的？

　　A. 应向 A 市检察院提出监督申请

　　B. 应在原判决生效之日起两年内提出

　　C. 若检察院不受理，不得再次提出申请

　　D. 若检察院抗诉，法院应当提审本案

8. 胡某受雇在吴某承包的建筑工地上干活，施工中不幸被掉落的重物砸伤，被医院诊断为颈髓损伤并截瘫。经 A 区人民调解委员会调解，双方达成协议，吴某赔偿胡某各项损失共计 120 万元。随后，双方共同向 A 区法院申请司法确认，在法院立案后审查处理期间，胡某向 A 区法院起诉，要求吴某履行调解协议。关于 A 区法院的处理方式，下列哪一说法是正确的？

　　A. 裁定不予受理胡某的起诉

　　B. 裁定驳回司法确认申请

　　C. 告知胡某撤回司法确认申请

　　D. 受理后依法作出判决

9. 方某不具备购房资格，借用好友袁某的名义购买 A 房屋，手续完成后房屋登记在袁某名下。后因袁某拖欠甲银行借款被起诉，甲银行获得胜诉判决后，申请对 A 房屋强制执行。方某提出执行异议被法院裁定驳回，遂提起执行异议之诉。案件审理过程中，甲银行撤回执行申请，法院裁定终结执行。关于对执行异议之诉的处理，下列哪一说法是正确的？

　　A. 判决不得对 A 房屋强制执行

　　B. 判决驳回诉讼请求

　　C. 裁定不予受理

　　D. 裁定驳回起诉

10. 陈某与甲公司签订《房地产买卖合同》，双方约定陈某购买甲公司所有的楼房，如合同履行发生纠纷向 L 仲裁委员会申请仲裁。陈某交付购房款后，甲公司未交付楼房，陈某申请仲裁。经仲裁委员会主持调解，双方达成仲裁调解书。关于仲裁调解书，下列哪一说法是错误的？

　　A. 仲裁调解书经双方当事人签收后生效

　　B. 调解书与裁决书具有同等的法律效力

　　C. 仲裁调解书应由全体参与仲裁员签名

　　D. 如符合条件，当事人可申请撤销调解书

二、多项选择题

1. 刘某与付某签订《股权（出资）转让协议》。后因履行发生纠纷，付某起诉请求判令继续履行协议，刘某给付相应的股权转让款 1500 万元。法院判决付某胜诉，该判决生效后，刘某起诉请求确认该协议无效、付某返还股权转让款并赔偿损失。法院判决支持了刘某的全部诉讼请求。付某不服，提起上诉。关于本案，下列哪些说法是正确的？

　　A. 前诉为给付之诉，后诉为消极的确认之诉

　　B. 后诉判决违反了既判力的实质确定力

　　C. 二审法院应裁定撤销原判，驳回刘某起诉

　　D. 二审法院应改判驳回刘某的诉讼请求

2. 高某大学毕业后与某市 A 区甲公司签订劳动合同，双方约定高某的工作地点在 B 区，若合同履行发生纠纷由合同签订地 C 区法院管辖。两个月后，高某不满工作待遇，在合同期内跳槽到乙公司，并以甲公司未办理社会保险手续为由申请劳动争议仲裁，后不服裁决结果向 B 区法院起诉，要求甲公司赔偿损失。在答辩期内，甲公司以双方存在管辖协议为由提出异议，法院通知乙公司参加诉讼。关于本案，下列哪些说法是正确的？

　　A. 将案件移送 C 区法院管辖

　　B. 裁定驳回甲公司的异议

　　C. 乙公司有权提出管辖异议

　　D. 乙公司无权提出管辖异议

3. 刘某通过电子银行向孟某转账 11 万元。后刘某主张双方之间达成口头借款协议，起诉要求孟某清偿借款本息，并提供电子转账回单打印件和手机通话录音作为证据。诉讼过程中，孟某主张该笔转账并非借款，而是烧烤店投资款，并提供洪某的证言证明其曾向刘某三次分红。孟某还提出手机通话录音是刘某偷录剪辑所得，内容不真实。关于本案，下列哪些说法是错误的？

　　A. 手机通话录音属于视听资料

　　B. 手机通话录音不得作为定案依据

　　C. 电子转账回单打印件属于直接证据

　　D. 洪某的证人证言属于本证

4. 林某购买君合公司开发的商品房。双方约定，如因出卖人原因，买受人未能在商品房交付之日起 910 日内取得房屋所有权证书，出卖人按日计算向买受人支付全部已付购房款万分之一的违约金。后因君合公司迟延办理房产证，林某起诉要求支付违约金 80067 元。君合公司主张违约金数额过高，要求酌减；林某则主张违约金数额合理。关于双方的主张，下列哪些说法是正确的？

A. 君合公司可以反诉形式提出

B. 君合公司可以抗辩形式提出

C. 君合公司应承担客观证明责任

D. 林某无须承担主观证明责任

5. 甲公司向乙银行贷款，韩某为该笔贷款提供担保。因到期未归还，乙银行向 A 市 B 区法院起诉韩某，一审判决韩某对该笔债务承担连带保证责任。双方均未上诉，该判决生效。后韩某以单方委托的《鉴定意见》作为新证据，用以证明《最高额保证合同》中韩某的签字并非本人所签，向法院申请再审。法院审查后裁定再审。关于本案再审程序，下列哪些说法是正确的？

A. 应向 A 市中级法院提出申请

B. 应在判决生效后六个月内提出申请

C. 法院审查时应当询问当事人

D. 案件再审时应当开庭审理

6. A 区的马某与 B 区的杨某签订借款合同，约定杨某向马某出借 10 万元，借期一年，利息 5%，如合同履行发生纠纷向甲仲裁委员会申请仲裁。后马某到期未还款，杨某向 B 区法院申请支付令。法院审查后签发支付令，马某收到支付令后第二天即以仲裁条款排斥支付令适用为由提出书面异议。在法院处理前，马某申请撤回该异议。随后马某又提出 B 区法院无管辖权的书面意见。关于本案，下列哪些说法是错误的？

A. B 区法院应将案件移送 A 区法院审查处理

B. 马某提出的第一次异议属于有效异议

C. 马某申请撤回异议，准许与否由法院裁定

D. 马某第二次提出异议，法院应裁定终结督促程序

7. 金马公司与焦某关于船舶经营管理合同纠纷一案判决后，因焦某未履行判决书确定的给付义务，金马公司申请强制执行。甲法院立案后，查询焦某名下除银行账户 3000 余元存款外，再无其他财产可供执行，遂裁定终结本次执行程序。关于终结本次执行的适用条件及救济方式，下列哪些说法是正确的？

A. 应征得申请人金马公司同意

B. 应先向焦某发出限制消费令

C. 应当经甲法院院长批准

D. 金马公司可向甲法院申请复议

三、不定项选择题

1. 李某和张某于 2021 年 10 月经人介绍相识，次年 6 月 16 日登记结婚。结婚前，李某共计送给张某 18 万元彩礼。双方婚后因性格不合，经常为生活琐事发生争吵，致使感情逐渐淡漠。2023 年 5 月，李某起诉离婚，并要求张某退还 18 万元彩礼。关于本案，下列说法

正确的是：

    A. 张某的父母应列为共同被告

    B. 李某的请求构成诉的预备合并

    C. 李某的请求构成诉的客观合并

    D. 本案的生效判决具有形成力

2. A 区的蒋某拖欠 B 区的沈某 60 万元货款无力偿还，沈某发现蒋某对 C 区的秦某享有 100 万元到期借款债权怠于行使，遂向 C 区法院起诉秦某，要求其代位清偿 60 万元。诉讼过程中，沈某向 C 区法院起诉，要求蒋某清偿货款 60 万元；蒋某亦向 C 区法院起诉，要求秦某清偿欠款 40 万元。关于本案，C 区法院的下列处理正确的是：

    A. 对沈某起诉蒋某，裁定不予受理

    B. 对沈某起诉蒋某，告知另行起诉

    C. 对蒋某起诉秦某，予以合并审理

    D. 对蒋某起诉秦某，裁定中止诉讼

3. 甲公司向乙公司借款 2000 万元，用某块土地使用权设定抵押。到期后甲公司未还款，乙公司起诉，A 法院判甲公司偿还借款本息 2400 万元，乙公司有权对该块土地使用权的拍卖价款优先受偿。后丙公司因建设工程施工合同纠纷向 B 法院起诉甲公司，诉讼过程中，丙公司申请查封该块土地，成为第一顺位查封申请人。随后，乙公司向 A 法院申请对该块土地强制执行。丙公司以前述判决内容错误妨害其债权实现为由，向 A 法院起诉撤销该判决。关于本案，下列说法正确的是：

    A. A 法院不得对该块土地重复查封

    B. 乙公司的债权优先于丙公司的债权受偿

    C. 按照法院采取执行措施的先后顺序受偿

    D. A 法院应裁定驳回丙公司的起诉

4. 甲公司与乙公司因某大厦物业经营管理权转让协议纠纷申请仲裁，B 仲裁委员会裁决乙公司向甲公司支付欠款 300 万元。后乙公司到期未履行，甲公司申请强制执行仲裁裁决。执行过程中，法院查封了登记在乙公司名下的某房屋，蔡某主张对该房屋享有所有权。关于蔡某的救济方式，下列说法正确的是：

    A. 提出执行标的异议

    B. 提出执行行为异议

    C. 申请不予执行仲裁裁决

    D. 申请撤销仲裁裁决

第二部分　答案详解

一、单项选择题

1. 答案：D　难度：中

考点：委托诉讼代理人的权限、回避制度、证明责任的概念、民事诉讼的证明标准

命题和解题思路：回避制度以往时有考查，法官助理的回避是 2023 年《民事诉讼法》修正时新增内容。本题以申请法官助理回避为主线，对律师申请回避的代理权限、回避处理

形式、客观证明责任的适用对象以及程序法事实的证明标准等知识点予以综合考查。仅写明"全权代理"属于一般授权，据此可排除 A 选项；法院对回避申请处理应当用决定，据此可判断选项 B；客观证明责任仅适用于要件事实，据此可排除 C 选项。

【选项分析】《民诉解释》第 89 条第 1 款规定，当事人向人民法院提交的授权委托书，应当在开庭审理前送交人民法院。授权委托书仅写"全权代理"而无具体授权的，诉讼代理人无权代为承认、放弃、变更诉讼请求，进行和解，提出反诉或者提起上诉。据此，曹律师的代理权限只写为"全权代理"并无具体授权，其代理权限属于一般授权。但律师申请回避，无需当事人特别授权。因此曹律师有权申请法官助理冯某回避，但其代理权限是一般授权。选项 A 错误。

《民事诉讼法》第 50 条规定，人民法院对当事人提出的回避申请，应当在申请提出的 3 日内，以口头或者书面形式作出决定。申请人对决定不服的，可以在接到决定时申请复议一次。据此，法院对回避申请应当以决定形式作出处理，而非裁定。选项 B 错误。

要件事实真伪不明是客观证明责任适用的前提条件。换言之，客观证明责任适用于要件事实，而间接事实、辅助事实（文书真伪除外）和程序法事实不存在客观证明责任适用问题。据此，作为程序法事实的回避事实，不适用客观证明责任。选项 C 错误。

《民事证据规定》第 86 条第 2 款规定，与诉讼保全、回避等程序事项有关的事实，人民法院结合当事人的说明及相关证据，认为有关事实存在的可能性较大的，可以认定该事实存在。据此，程序事实的证明适用可能性较大的证明标准。选项 D 正确。

2. **答案：C**　**难度：中**

考点：免于证明的事实

命题和解题思路：自从《民事证据规定》对自认制度予以修改完善，自认制度被频繁命题考查。本题以必要共同诉讼人对工程款数额提出不同主张为素材，对必要共同诉讼的自认和限制自认制度予以考查。解题的关键在于判断冯某起诉二人构成必要共同诉讼，再结合必要共同诉讼自认不会仅对自己有效的原理，可排除选项 A 和 D；黎甲的认可数额超过黎乙，超过部分不会对黎乙产生自认的效力，据此可排除选项 B。

【选项分析】A 商铺由黎甲和黎乙继承，二人为共同共有关系。冯某因工程款支付起诉二人，二人应为必要共同诉讼被告。《民事证据规定》第 6 条规定，普通共同诉讼中，共同诉讼人中一人或者数人作出的自认，对作出自认的当事人发生效力。必要共同诉讼中，共同诉讼人中一人或者数人作出自认而其他共同诉讼人予以否认的，不发生自认的效力。其他共同诉讼人既不承认也不否认，经审判人员说明并询问后仍然不明确表示意见的，视为全体共同诉讼人的自认。据此，对于必要共同诉讼的自认，不存在自认仅对本人有效的情形。选项 A 和 D 均错误。黎甲认可工程款数额是 5.2 万元，但黎乙并不认可，该自认对二人不发生自认效力。选项 B 错误。

《民事证据规定》第 7 条规定，一方当事人对于另一方当事人主张的于己不利的事实有所限制或者附加条件予以承认的，由人民法院综合案件情况决定是否构成自认。据此，黎乙只承认工程款为 3 万元，属于限制自认。这相当于是对黎甲认可工程款数额的部分承认，该部分自认对二人均发生法律效力。选项 C 正确。

3. **答案：D**　**难度：中**

考点：保全的措施、保全的担保、财产保全的相关问题、保全执行

命题和解题思路：保全执行是 2024 年考试大纲新增考点。本题以一审与二审程序衔接阶段的财产保全为素材，对保全申请管辖法院、保全执行管辖法院、保全担保、保全财产的

处分等知识点予以考查。题目考查范围广，命题着眼点很细致，难度较高。解答本题，首先需要把握一审和二审保全的分界点为案件是否报送二审法院，据此可排除选项 A 的干扰；保全执行并非仅能由保全裁定作出法院管辖，据此可排除 B 选项；了解诉前保全和诉讼中保全的区别，可排除选项 C。

【选项分析】《民诉解释》第 161 条规定，对当事人不服一审判决提起上诉的案件，在第二审人民法院接到报送的案件之前，当事人有转移、隐匿、出卖或者毁损财产等行为，必须采取保全措施的，由第一审人民法院依当事人申请或者依职权采取。第一审人民法院的保全裁定，应当及时报送第二审人民法院。据此，本案案件材料尚未报送甲市中级法院，应由第一审法院乙区法院作出查封裁定。选项 A 错误。

根据官方辅导用书新增内容，保全执行申请既可以向作出保全裁定的人民法院提出，并由该人民法院执行，也可以向被保全财产所在地或者被保全行为地人民法院申请执行。据此，牛某可以向被保全 A 房屋所在地的丙区法院申请保全执行。选项 B 错误。

牛某申请的保全不是诉前保全，属于诉讼中保全。《民事诉讼法》第 103 条第 2 款规定，人民法院采取保全措施，可以责令申请人提供担保，申请人不提供担保的，裁定驳回申请。据此，应当是法院责令牛某提供担保。选项 C 错误。

《财产保全规定》第 20 条第 2 款规定，被保全人请求对作为争议标的的被保全财产自行处分的，须经申请保全人同意。据此，被保全的 A 房屋不属于本案争议标的的财产，侯某请求处分 A 房屋，仅需法院审查同意即可，无须申请人牛某同意。选项 D 正确。

4. 答案：B　难度：中

考点：调解的开始

命题和解题思路：法院调解是客观题的常考点。本题以上诉期内申请调解为素材，对法院调解的适用予以考查。本题并无明确的解题依据，只能依据诉讼原理推导作答。正确解题的思路是：法院调解作为一种民事纠纷的解决方式，其适用前提是法院对案件享有审判权。而在上诉期内，一审法院对案件已不再享有审判权，其无权组织调解。当事人可通过上诉方式，由二审法院组织调解结案。

【选项分析】本案中，法院就原、被告之间的房屋买卖合同纠纷一案已做出判决，表明法院对当事人争议的事实和标的已经进行处理。该判决虽尚未生效，但法院的审判权已经用尽，审理程序已经完全终止，一审法院不得再对案件组织调解。可告知当事人提起上诉，向二审法院申请调解，由二审法院予以处理。选项 B 为正确答案，其余选项均错误。

5. 答案：B　难度：中

考点：送达方式

命题和解题思路：送达方式属于次高频考点。本题以定期宣判时拒签判决书为素材，对送达方式予以考查。直接送达的对象虽然多样，但一般要求完成签收，这是其和留置送达的显著区别，题干中"拒绝签收判决书"是解题关键信息。注意指令句中"本案判决书的送达方式"，据此可排除电子送达；委托送达是委托异地法院完成，据此可排除 D 选项。

【选项分析】《民事诉讼法》第 88 条第 1 款规定，送达诉讼文书，应当直接送交受送达人。受送达人是公民的，本人不在交他的同住成年家属签收；受送达人是法人或者其他组织的，应当由法人的法定代表人、其他组织的主要负责人或者该法人、组织负责收件的人签收；受送达人有诉讼代理人的，可以送交其代理人签收；受送达人已向人民法院指定代收人的，送交代收人签收。据此，法院可以向诉讼代理人送达诉讼文书，属于直接送达。而本案中方律师拒签判决书，不属于直接送达。选项 A 错误。

《民诉解释》第 141 条规定，人民法院在定期宣判时，当事人拒不签收判决书、裁定书的，应视为送达，并在宣判笔录中记明。据此，法院定期宣判时，当事人苏某委托的方律师拒不签收判决书，应视为送达，这属于留置送达。选项 B 正确。

《民事诉讼法》第 90 条第 1 款规定，经受送达人同意，人民法院可以采用能够确认其收悉的电子方式送达诉讼文书。通过电子方式送达的判决书、裁定书、调解书，受送达人提出需要纸质文书的，人民法院应当提供。据此，法院虽然通过电子邮件通知双方当事人到庭听宣，但并非采用电子方式送达判决书。选项 C 错误。

《民事诉讼法》第 91 条规定，直接送达诉讼文书有困难的，可以委托其他人民法院代为送达，或者邮寄送达。邮寄送达的，以回执上注明的收件日期为送达日期。据此，委托送达的委托对象是其他法院，本案并无此类情形。选项 D 错误。

6. 答案：A　难度：中

考点：小额诉讼的特别规定、特殊地域管辖、反诉的条件

命题和解题思路：小额诉讼程序常有命题，本题以小额诉讼中提出反诉为素材，对小额诉讼程序规则、反诉的识别、提出反诉后的处理方式予以综合考查，附带涉及对侵权纠纷的管辖法院判断。了解小额程序适用具有法定性，可对选项 A 作出判断；适用小额程序必须履行告知义务，据此可排除 B 选项；对符合条件的反诉，法院不能告知另行起诉，据此可判断选项 C；小额程序转为简易程序无须裁定，直接适用即可，据此可排除 D 选项。

【选项分析】《民事诉讼法》第 165 条第 1 款规定，基层人民法院和它派出的法庭审理事实清楚、权利义务关系明确、争议不大的简单金钱给付民事案件，标的额为各省、自治区、直辖市上年度就业人员年平均工资百分之五十以下的，适用小额诉讼的程序审理，实行一审终审。据此，小额诉讼程序的适用具有法定性，符合上述条件即应适用，无须征求当事人的意见。选项 A 正确。

《民诉解释》第 274 条规定，人民法院受理小额诉讼案件，应当向当事人告知该类案件的审判组织、一审终审、审理期限、诉讼费用交纳标准等相关事项。据此，法院适用小额诉讼程序，必须履行告知义务。选项 B 错误。

两个案件当事人相同，C 区法院作为侵权行为地法院对案件具有管辖权，两个案件具有事实上的牵连性，因此栾某的起诉构成反诉。C 区法院应当合并审理，而非告知栾某另行起诉。选项 C 错误。

《民诉解释》第 278 条规定，因当事人申请增加或者变更诉讼请求、提出反诉、追加当事人等，致使案件不符合小额诉讼案件条件的，应当适用简易程序的其他规定审理。前款规定案件，应当适用普通程序审理的，裁定转为普通程序。适用简易程序的其他规定或者普通程序审理前，双方当事人已确认的事实，可以不再进行举证、质证。据此，小额诉讼程序转为普通程序应当用裁定，若转为简易程序直接适用即可，无须裁定。选项 D 错误。

7. 答案：D　难度：难

考点：抗诉和检察建议的启动、再审审理的管辖法院

命题和解题思路：本题以 2021 年实施的《人民检察院民事诉讼监督规则》为素材，对检察监督的申请期间、管辖检察院、再审管辖法院等知识点予以考查。题目考查细致，难度颇高。当事人应当向生效判决法院同级的检察院申请监督，据此可排除 A 选项；申请检察监督的期限起点是法院作出驳回再审申请裁定或者再审判决、裁定发生法律效力之日，据此可排除 B 选项；选项 C 是主要干扰项，要注意检察院不受理和不予提出检察建议或者抗诉的区别，检察院不受理当事人可以向其上级检察院提出申请，而检察机关作出决定当事人不得再

次提出申请。题干中"法律适用错误"是判断选项 D 的关键信息，因不属于事实和证据问题，A 市中级法院只能提审本案。

【选项分析】《人民检察院民事诉讼监督规则》第 29 条第 2 款规定，人民法院裁定驳回再审申请或者逾期未对再审申请作出裁定，当事人向人民检察院申请监督的，由作出原生效民事判决、裁定、调解书的人民法院所在地同级人民检察院受理。据此，甲公司应当向原生效民事判决法院所在地同级的 B 区检察院提出申请。选项 A 错误。

《人民检察院民事诉讼监督规则》第 20 条第 1 款规定，当事人依照本规则第 19 条第 1 项规定向人民检察院申请监督，应当在人民法院作出驳回再审申请裁定或者再审判决、裁定发生法律效力之日起两年内提出。据此，甲公司应当在法院作出驳回再审申请裁定之日起两年内提出。选项 B 错误。

《人民检察院民事诉讼监督规则》第 31 条规定，当事人认为人民检察院不依法受理其监督申请的，可以向上一级人民检察院申请监督。上一级人民检察院认为当事人监督申请符合受理条件的，应当指令下一级人民检察院受理，必要时也可以直接受理。据此，甲公司若认为检察院不依法受理其申请，可以向上一级检察院申请监督。选项 C 错误。

根据"上抗下"的抗诉程序规则，B 区检察院接受当事人监督申请后，应当提请 A 市检察院向 A 市中级法院提出抗诉。《最高人民法院关于民事审判监督程序严格依法适用指令再审和发回重审若干问题的规定》第 2 条第 2 款规定，人民检察院提出抗诉的案件，由接受抗诉的人民法院审理，具有民事诉讼法第 211 条第（一）至第（五）项规定情形之一的，可以指令原审人民法院再审。据此，本案的再审事由是法律适用错误，应当由接受抗诉的 A 市中级法院审理，这属于提审。选项 D 正确。

8. 答案：D　难度：中

考点：对确认调解协议案件的审理与裁定

命题和解题思路：确认调解协议案件以往时有考查，本题对当事人申请司法确认调解协议的同时又提起民事诉讼的处理方式予以考查。本题并无明确的法律依据，需要借助于诉讼理论辅助作答。申请司法确认后，当事人又起诉，视为双方当事人并未就申请司法确认达成一致，案件不符合司法确认的条件，应当判决解决纠纷。

【选项分析】《人民调解法》第 32 条规定，经人民调解委员会调解达成调解协议后，当事人之间就调解协议的履行或者调解协议的内容发生争议的，一方当事人可以向人民法院提起诉讼。同法第 33 条第 1 款规定，经人民调解委员会调解达成调解协议后，双方当事人认为有必要的，可以自调解协议生效之日起三十日内共同向人民法院申请司法确认，人民法院应当及时对调解协议进行审查，依法确认调解协议的效力。据此，法律分别赋予了调解协议当事人起诉或者申请司法确认两种救济途径。因两种方式均可产生执行根据，因此不可并用。本案中双方申请司法确认后，胡某又就调解协议履行起诉，可以视为双方当事人并未就申请司法确认达成一致，法院可以按撤回司法确认申请处理，可以对案件审理后作出判决。选项 D 为正确答案，其余选项均错误。

9. 答案：D　难度：中

考点：案外人异议之诉、执行终结

命题和解题思路：执行程序向来是客观题命题的重点。本题取材于最高法院真实裁判案例，考查的是申请执行人撤回执行申请对执行异议之诉的影响及其处理方式。本题并无明确的解题依据，正确解题应首先把握申请执行人撤回执行申请的法律后果是裁定执行终结并解除对执行标的的执行措施，而案外人异议之诉的功能是排除法院对特定标的的执行，两者结合很容易判断案外人异议之诉已无提起的必要，案件不再符合受理条件。

【选项分析】《民诉解释》第 303 条第 1 款规定，案外人提起执行异议之诉，除符合民事诉讼法第 122 条规定外，还应当具备下列条件：（一）案外人的执行异议申请已经被人民法院裁定驳回；（二）有明确的排除对执行标的执行的诉讼请求，且诉讼请求与原判决、裁定无关；（三）自执行异议裁定送达之日起十五日内提起。据此，受理案外人执行异议之诉一般应以在执行过程中且法院对特定执行标的的采取了执行措施为前提，其功能在于排除法院对特定执行标的的执行。即审理案外人执行异议之诉的核心在于认定案外人是否对执行标的享有足以阻却执行的权益，以此为基础对执行程序应当继续还是停止作出评价和判断。方某起诉的目的在于阻止法院对涉案 A 房屋的执行。而《民事诉讼法》第 264 条第 1 项规定，申请人撤销申请的，人民法院裁定终结执行。据此，若申请执行人甲银行撤回执行申请，法院应裁定终结执行，并裁定解除对涉案 A 房屋采取的执行措施，这将导致方某提起的案外人异议之诉丧失存在基础，不再符合案外人异议之诉的案件受理条件，法院应裁定驳回方某的起诉。选项 D 为正确答案，其余选项均错误。

10. 答案：D　难度：中

考点：仲裁和解与调解

命题和解题思路：本题以仲裁调解为素材，对仲裁调解的生效时间、签名规则以及能否撤销予以考查。注意仲裁调解书和仲裁裁决书的不同生效规则可判断 A 选项，即仲裁裁决书自作出之日起生效，而仲裁调解书经双方当事人签收后生效；仲裁裁决书和仲裁调解书的法律效力并无差别，据此可确定选项 B；掌握仲裁调解书和仲裁裁决书的签名规则可判断选项 C，对仲裁裁决持不同意见的仲裁员可以不签名，而仲裁调解并无此类规定。选项 D 是主要干扰项，法律并无撤销仲裁调解书的规定。

【选项分析】《仲裁法》第 52 条第 2 款规定，调解书经双方当事人签收后，即发生法律效力。据此，仲裁调解书经双方当事人签收后生效。选项 A 正确，不当选。

《仲裁法》第 51 条第 2 款规定，调解达成协议的，仲裁庭应当制作调解书或者根据协议的结果制作裁决书。调解书与裁决书具有同等法律效力。据此，仲裁调解书和仲裁裁决书的效力相同。选项 B 正确，不当选。

《仲裁法》第 52 条第 1 款规定，调解书应当写明仲裁请求和当事人协议的结果。调解书由仲裁员签名，加盖仲裁委员会印章，送达双方当事人。据此，仲裁调解书应由全体参与仲裁员签名。选项 C 正确，不当选。

我国《仲裁法》第 58 条仅规定了撤销仲裁裁决的法定情形，并无撤销仲裁调解书的规定。根据最高法院的观点，当事人无权申请撤销仲裁调解书。选项 D 错误，当选。

二、多项选择题

1. 答案：BC　难度：难

考点：确认之诉、给付之诉、民事判决的法律效力（既判力）、起诉（重复起诉的识别标准）、上诉案件的裁判

命题和解题思路：本题改编自人民法院案例库入库案例，对诉的分类、既判力的内涵、重复起诉的认定以及二审法院对不应受理案件的处理方式等知识点予以综合考查。题目考查范围广，涉及考点多，难度颇高。选项 A 和 B 属于纯粹的理论型考点，了解诉的分类针对的是具体诉讼请求而非整个案件，据此可排除选项 A；理解既判力的准确内涵，可对选项 B 作出判断。判断选项 C 和 D 的关键在于确认后诉构成重复起诉，法院本不应受理，二审法院应

裁定撤销原判并驳回起诉。

【选项分析】给付之诉，是指原告请求法院判令被告向其履行特定给付义务的诉。据此，付某起诉要求刘某继续履行协议并给付相应的股权转让款1500万元，要求刘某向其履行特定给付义务，前诉属于给付之诉。消极确认之诉，是指原告起诉要求法院确认其主张的法律关系不存在的诉讼。据此，刘某起诉请求确认《股权（出资）转让协议》无效，属于消极的确认之诉。但刘某同时要求付某返还股权转让款并赔偿损失，这属于给付之诉，后诉并非仅为消极的确认之诉。选项A错误。

既判力实质上的确定力是指生效判决确定的实体权利义务不得争执，不容改变。当事人和法院都受到该判决内容的拘束，不得在以后的诉讼中作出与判决内容相反的主张和判断。据此，前诉生效判决在认定《股权（出资）转让协议》有效的基础上，判令刘某履行相应的给付义务。而后诉判决又确认《股权（出资）转让协议》无效，这明显作出了与前诉生效判决内容相反的判断，违反了既判力实质上的确定力。选项B正确。

《民诉解释》第247条规定，当事人就已经提起诉讼的事项在诉讼过程中或者裁判生效后再次起诉，同时符合下列条件的，构成重复起诉：（一）后诉与前诉的当事人相同；（二）后诉与前诉的诉讼标的相同；（三）后诉与前诉的诉讼请求相同，或者后诉的诉讼请求实质上否定前诉裁判结果。当事人重复起诉的，裁定不予受理；已经受理的，裁定驳回起诉，但法律、司法解释另有规定的除外。据此，前诉与后诉当事人相同，均为刘某和付某；两个诉的诉讼标的相同，均为涉及的股权转让合同法律关系；前诉认定协议有效，而后诉意在否定合同的效力，后诉的诉讼请求实质上否定前诉裁判结果，后诉属于重复起诉。法院本应当裁定不予受理，而法院却作出了判决。《民诉解释》第328条规定，人民法院依照第二审程序审理案件，认为依法不应由人民法院受理的，可以由第二审人民法院直接裁定撤销原裁判，驳回起诉。据此，二审法院应当裁定撤销一审判决，驳回刘某的起诉。选项C正确；选项D错误。

2. 答案：BD　难度：中

考点：协议管辖、法院对管辖权异议的处理、无独立请求权第三人

命题和解题思路：本题以劳动合同约定管辖法院为素材，对协议管辖效力、管辖权异议的处理方式进行命题，附带对劳动争议案件中当事人的诉讼地位以及无独立请求权第三人诉讼权利进行考查。题目考查范围广，但"两两互斥"的选项设计客观上降低了题目难度。解题的关键在于分析劳动争议能否协议管辖，对此并无法律明文规定，应结合劳动争议具有人身属性的特点作出判断。乙公司的诉讼地位可根据司法解释的规定作出判断，再结合无独立请求权第三人无权提出管辖异议，不难作出选择。

【选项分析】《最高人民法院关于审理劳动争议案件适用法律问题的解释（一）》第3条第1款规定，劳动争议案件由用人单位所在地或者劳动合同履行地的基层人民法院管辖。据此，高某工作地点的B区法院作为劳动合同履行地法院对案件享有管辖权。而根据最高法院的裁判要旨，劳动争议案件涉及的法律关系为用人单位与劳动者之间的劳动关系，具有人身属性，不适用协议管辖的有关规定。据此，双方约定的C区法院对案件并无管辖权。《民事诉讼法》第130条第1款规定，人民法院受理案件后，当事人对管辖权有异议的，应当在提交答辩状期间提出。人民法院对当事人提出的异议，应当审查。异议成立的，裁定将案件移送有管辖权的人民法院；异议不成立的，裁定驳回。据此，B区法院对于甲公司的异议应当裁定驳回。选项A错误，选项B正确。

《最高人民法院关于审理劳动争议案件适用法律问题的解释（一）》第27条第1款，用

人单位招用尚未解除劳动合同的劳动者，原用人单位与劳动者发生的劳动争议，可以列新的用人单位为第三人。据此，劳动者高某与原用人单位甲公司发生纠纷，可以将新用人单位乙公司列为第三人，具体应为无独立请求权第三人。《民诉解释》第 82 条规定，在一审诉讼中，无独立请求权的第三人无权提出管辖异议，无权放弃、变更诉讼请求或者申请撤诉，被判决承担民事责任的，有权提起上诉。据此，作为无独立请求权第三人的乙公司无权提出管辖异议。选项 C 错误，选项 D 正确。

3. **答案**：ABCD **难度**：中

考点：电子数据、本证与反证、直接证据与间接证据、认证

命题和解题思路：民事诉讼证据和证明制度每年必考，大多采用多考点融合命题方式。本题采用"组合拳"方式对电子数据和视听资料的区别、直接证据和本证的识别、证据补强规则等证据部分的高频考点进行综合考查，附带涉及对积极否认的识别以及证明责任分配等考点。本题既考查证据基础理论，又涉及法律规定，考查内容兼具深度与广度。存储于电子介质中的视听资料属于电子数据，据此可判断 A 选项；偷拍偷录证据并非一定是非法证据，不能直接否定其证据能力，据此可确定选项 B；本案的待证事实是孟某向刘某借款事实，据此不难判断 C 选项；选项 D 是主要干扰项，解题的关键在于判断孟某主张的性质是积极否认，再结合证明责任分配原理和本证的概念不难作出判断。

【选项分析】《民诉解释》第 116 条第 3 款规定，存储在电子介质中的录音资料和影像资料，适用电子数据的规定。据此，手机通话录音存储于电子介质中，不是视听资料，应属于电子数据。选项 A 错误，当选。

《民诉解释》第 106 条规定，对以严重侵害他人合法权益、违反法律禁止性规定或者严重违背公序良俗的方法形成或者获取的证据，不得作为认定案件事实的根据。据此，即便手机通话录音为偷录所得，也不属于非法证据，可以作为认定案件事实的依据。《民事证据规定》第 90 条规定，下列证据不能单独作为认定案件事实的根据：（一）当事人的陈述；（二）无民事行为能力人或者限制民事行为能力人所作的与其年龄、智力状况或者精神健康状况不相当的证言；（三）与一方当事人或者其代理人有利害关系的证人陈述的证言；（四）存有疑点的视听资料、电子数据；（五）无法与原件、原物核对的复制件、复制品。据此，如果该手机通话录音被剪辑，属于存有疑点的电子数据，不能单独作为认定案件事实的根据，需要证据补强。选项 B 错误，当选。

直接证据，是指能够单独地、直接地证明待证事实的证据。例如，借款合同可以直接证明合同双方之间存在借贷法律关系。间接证据，是指不能单独、直接证明案件的待证事实，必须与其他证据结合起来才能证明该待证事实的证据。据此，电子转账回单打印件仅能证明刘某向孟某转款 11 万元，并不能直接证明借款事实，属于间接证据。选项 C 错误，当选。

本证，是指对待证事实负有证明责任的一方当事人提出的、用以证明其主张事实存在的证据。反证，是指不负证明责任的当事人提出的证明对方主张的事实不真实的证据。据此，孟某主张该笔转款并非借款，而是烧烤店投资款，这属于附理由的否认。根据证明责任分配原理，孟某对此不需要承担证明责任。因此，孟某提供的洪某证言属于反证。选项 D 错误，当选。

4. **答案**：ABC **难度**：中

考点：反诉与反驳的区别、证明责任的概念、证明责任的分配

命题和解题思路：本题以《民法典合同编通则解释》中有关调整违约金的规定为素材，

对反诉与抗辩的区别、证明责任的双重内涵等理论型考点予以考查。欲正确解题，应首先了解司法解释的具体规定，再结合各选项中相关术语的具体内涵作出判断。

【选项分析】《民法典合同编通则解释》第 64 条第 1 款规定，当事人一方通过反诉或者抗辩的方式，请求调整违约金的，人民法院依法予以支持。据此，君合公司主张酌减违约金数额，可以反诉或者抗辩方式提出。选项 A 和 B 均正确。

《民法典合同编通则解释》第 64 条第 2 款规定，违约方主张约定的违约金过分高于违约造成的损失，请求予以适当减少的，应当承担举证责任。非违约方主张约定的违约金合理的，也应当提供相应的证据。据此，君合公司作为违约方，主张违约金数额过高，应当就此承担举证责任。需要指出，此处的举证责任即为证明责任，包括行为意义上的证明责任（主观证明责任）和结果意义上的证明责任（客观证明责任）。选项 C 正确。林某作为非违约方，主张违约金合理，也应当提供证据证明，即承担主观证明责任。选项 D 错误。

5. 答案：AC　难度：难

考点：申请再审的条件、再审审理的审判程序、再审审理的特殊性（再审审理的方式）

命题和解题思路：审判监督程序向来是客观题命题的"富矿区"，本题以提出新证据申请再审为主线，对再审申请的管辖法院、申请期限、审查方式以及再审的审理方式等知识点予以综合考查。题目各选项虽有法律明文规定，但考查范围广，涉及考点多，难度颇高。选项 D 是主要干扰项，解题的关键是判断本案再审应当适用二审程序，二审程序原则上开庭审理。

【选项分析】《民事诉讼法》第 210 条规定，当事人对已经发生法律效力的判决、裁定，认为有错误的，可以向上一级人民法院申请再审；当事人一方人数众多或者当事人双方为公民的案件，也可以向原审人民法院申请再审。当事人申请再审的，不停止判决、裁定的执行。据此，本案不属于例外情形，韩某应当向作为上一级的 A 市中级法院申请再审。选项 A 正确。

《民事诉讼法》第 216 条规定，当事人申请再审，应当在判决、裁定发生法律效力后六个月内提出；有本法第 211 条第 1 项、第 3 项、第 12 项、第 13 项规定情形的，自知道或者应当知道之日起六个月内提出。据此，韩某以新的证据为由申请再审，应当自知道或者应当知道之日起六个月内提出。选项 B 错误。

《最高人民法院关于适用〈中华人民共和国民事诉讼法〉审判监督程序若干问题的解释》第 13 条第 2 款规定，以有新的证据足以推翻原判决、裁定为由申请再审的，人民法院应当询问当事人。据此，韩某以有新的证据为由申请再审，法院审查时应当询问当事人。选项 C 正确。

根据选项 A 的分析，本案韩某应当向 A 市中级法院申请再审。根据《关于民事审判监督程序严格依法适用指令再审和发回重审若干问题的规定》第 2 条规定，因当事人申请裁定再审的案件一般应当由裁定再审的人民法院审理。特殊情况下，最高人民法院、高级人民法院可以指令原审人民法院再审。本案中 A 市中级法院裁定再审，其无权指令原审法院再审，只能提审本案。《民事诉讼法》第 218 条第 1 款规定，上级人民法院按照审判监督程序提审的，按照第二审程序审理，所作的判决、裁定是发生法律效力的判决、裁定。据此，本案再审时应当适用二审程序。《民诉解释》第 401 条第 1 款规定，人民法院审理再审案件应当组成合议庭开庭审理，但按照第二审程序审理，有特殊情况或者双方当事人已经通过其他方式充分表达意见，且书面同意不开庭审理的除外。据此，符合上述情形，法院再审时可以不开庭审理，本选项"应当开庭审理"的表述过于绝对。选项 D 错误。

6. 答案：ABC　　难度：难

考点：支付令的申请、支付令异议的提出、异议成立的法律后果

命题和解题思路：督促程序每年必考，法考复习应重点关注。本题以约定仲裁后申请支付令为切入点，对支付令管辖法院错误的处理、支付令异议的撤回、支付令有效异议的情形以及不符合支付令申请条件的处理方式等知识点予以综合考查。督促程序属于非讼程序，应避免受到诉讼制度的影响，非讼程序中不存在移送管辖制度，据此可判断选项 A；有效的支付令异议必须针对债务本身提出，据此可确定 B 选项；基于督促程序的无争议性和便捷性特点，法院对于撤回异议请求应一律裁定准许，据此可判断 C 选项；当事人对法院管辖提出异议属于有效异议，应裁定终结督促程序，据此可判断选项 D。

【选项分析】《民诉解释》第 23 条规定，债权人申请支付令，适用民事诉讼法第 22 条规定，由债务人住所地基层人民法院管辖。据此，杨某应向 A 区法院申请支付令，B 区法院无管辖权。又根据《民诉解释》第 427 条和第 428 条第 2 款规定，申请支付令不符合管辖规定，法院应通知债权人不予受理；受理申请后才发现，应裁定驳回申请。因此，督促程序管辖错误不应当移送管辖。选项 A 错误，当选。

《民诉解释》第 436 条第 1 款规定，债务人对债务本身没有异议，只是提出缺乏清偿能力、延缓债务清偿期限、变更债务清偿方式等异议的，不影响支付令的效力。据此，债务人异议应针对债务本身提出，对纠纷解决方式提出异议不构成有效的异议。况且，仲裁作为民事纠纷解决方式，仅排斥诉讼，并不排斥非讼程序的适用。选项 B 错误，当选。

《民诉解释》第 437 条第 1 款规定，人民法院作出终结督促程序或者驳回异议裁定前，债务人请求撤回异议的，应当裁定准许。据此，马某申请撤回异议，法院应当裁定准许，不存在法院准许与否问题。选项 C 错误，当选。

《民诉解释》第 435 条规定，经形式审查，债务人提出的书面异议有本解释规定的不予受理申请、裁定驳回申请情形的，应当认定异议成立，裁定终结督促程序，支付令自行失效。根据选项 A 的分析，申请支付令不符合管辖规定，法院应通知债权人不予受理；受理申请后才发现，应裁定驳回申请。据此，债务人对管辖提出异议，法院形式审查后，应裁定终结督促程序，支付令自行失效。选项 D 正确，不当选。

7. 答案：BC　　难度：中

考点：终结本次执行

命题和解题思路：终结本次执行是 2024 年考试大纲新增考点，本题对终结本次执行的适用条件以及救济方式予以考查。各选项均有司法解释明确规定，难度不高。选项 A 和 D 是主要干扰项，注意听取申请执行人意见和征得其同意的区别，据此可排除选项 A；裁定终结本次执行也是一种执行行为，当事人不服可以提出执行行为异议，据此可判断 D 选项。

【选项分析】《最高人民法院关于严格规范终结本次执行程序的规定（试行）》第 5 条规定，终结本次执行程序前，人民法院应当将案件执行情况、采取的财产调查措施、被执行人的财产情况、终结本次执行程序的依据及法律后果等信息告知申请执行人，并听取其对终结本次执行程序的意见。人民法院应当将申请执行人的意见记录入卷。据此，法院裁定终结本次执行应当听取申请执行人的意见，但并非其同意才可适用。选项 A 错误。

《最高人民法院关于严格规范终结本次执行程序的规定（试行）》第 1 条规定，人民法院终结本次执行程序，应当同时符合下列条件：（一）已向被执行人发出执行通知、责令被执行人报告财产；（二）已向被执行人发出限制消费令，并将符合条件的被执行人纳入失信被执行人名单；（三）已穷尽财产调查措施，未发现被执行人有可供执行的财产或者发现的

财产不能处置；（四）自执行案件立案之日起已超过三个月；（五）被执行人下落不明的，已依法予以查找；被执行人或者其他人妨害执行的，已依法采取罚款、拘留等强制措施，构成犯罪的，已依法启动刑事责任追究程序。据此，法院裁定终结本次执行程序前，应当向被执行人焦某发出限制消费令。选项 B 正确。

《民诉解释》第 517 条第 1 款规定，经过财产调查未发现可供执行的财产，在申请执行人签字确认或者执行法院组成合议庭审查核实并经院长批准后，可以裁定终结本次执行程序。据此，法院裁定终结本次执行程序，应当经法院院长批准。选项 C 正确。

《最高人民法院关于严格规范终结本次执行程序的规定（试行）》第 7 条规定，当事人、利害关系人认为终结本次执行程序违反法律规定的，可以提出执行异议。人民法院应当依照民事诉讼法第第 236 条的规定进行审查。据此，申请执行人金马公司不服终结本次执行程序裁定，可以提出执行行为异议，而非申请复议。选项 D 错误。

三、不定项选择题

1. 答案：BC　难度：中

考点： 必要共同诉讼、诉的合并、民事判决的法律效力（形成力）

命题和解题思路： 2023 年最高人民法院发布审理涉彩礼纠纷案件的专门司法解释，本题以离婚中主张彩礼返还为素材，对涉彩礼纠纷案件的适格当事人、诉的合并以及民事判决的法律效力予以综合命题。涉彩礼案件的当事人确定应区分婚约财产纠纷或者离婚纠纷作出判断，本案为后者，双方父母并非当事人；了解诉的各类合并的具体内涵，可对选项 B 和 C 作出判断，只有胜诉的形成之诉的生效判决才具有形成力，据此可排除选项 D。

【选项分析】《彩礼纠纷规定》第 4 条规定，婚约财产纠纷中，婚约一方及其实际给付彩礼的父母可以作为共同原告；婚约另一方及其实际接收彩礼的父母可以作为共同被告。离婚纠纷中，一方提出返还彩礼诉讼请求的，当事人仍为夫妻双方。据此，本案为离婚纠纷，李某要求张某返还彩礼，当事人应为夫妻双方。选项 A 错误。

根据官方辅导用书观点，如其中一诉是其他诉的先决问题，此为诉的预备合并。据此，离婚是要求返还彩礼的前提，李某起诉离婚并要求张某退还彩礼构成诉的预备合并。选项 B 正确。

诉的客观合并，是指将同一原告对同一被告提起的两个以上的诉或者反诉与本诉合并到同一诉讼程序中审理。据此，本案中李某对张某提出离婚之诉和彩礼返还之诉，法院合并审理构成诉的客观合并。选项 C 正确。

民事判决的形成力，是指形成之诉的胜诉判决具有的直接变更、消灭涉案法律关系的效力。据此，李某起诉离婚，这属于形成之诉，但本案判决结果并未交代。只有李某获得胜诉，该生效判决才具有形成力。选项 D 错误。

2. 答案：BC　难度：中

考点： 诉讼中止、起诉（重复起诉的识别标准）

命题和解题思路：《民法典合同编通则解释》是 2024 年考试大纲新增的命题素材，本题以代位权诉讼为主线，对提起代位权诉讼后债权人起诉债务人、债务人起诉相对人的处理方式等知识点予以命题。各选项均有司法解释的明文规定，难度不高。选项 A 间接考查了重复起诉的认定，可以根据《民诉解释》第 247 条规定，判断债权人提起代位权诉讼后再次起诉债务人不构成重复起诉；选项 D 中止诉讼的前提是告知当事人向其他法院另诉，而 C 区法院对案件享有管辖权，可以合并审理，据此可排除 D 选项。

【选项分析】《民法典合同编通则解释》第 38 条规定，债权人向人民法院起诉债务人后，又向同一人民法院对债务人的相对人提起代位权诉讼，属于该人民法院管辖的，可以合并审理。不属于该人民法院管辖的，应当告知其向有管辖权的人民法院另行起诉；在起诉债务人的诉讼终结前，代位权诉讼应当中止。据此，本条规定的是债权人起诉债务人后又提起代位权诉讼的处理方式，而债权人提起代位权诉讼后再次起诉债务人，可参照适用。根据《民诉解释》第 247 条第 1 款规定，两个诉的当事人、诉讼标的和诉讼请求均不同，沈某起诉蒋某不构成重复起诉，法院不应裁定不予受理。选项 A 错误。对沈某起诉蒋某一案，C 区法院不享有管辖权，应告知其向有管辖权的法院另行起诉。选项 B 正确。

《民法典合同编通则解释》第 39 条规定，在代位权诉讼中，债务人对超过债权人代位请求数额的债权部分起诉相对人，属于同一人民法院管辖的，可以合并审理。不属于同一人民法院管辖的，应当告知其向有管辖权的人民法院另行起诉；在代位权诉讼终结前，债务人对相对人的诉讼应当中止。据此，在代位权诉讼过程中，债务人蒋某起诉秦某清偿超过代位请求数额的 40 万元，C 区法院作为被告秦某所在地享有管辖权，应合并审理。选项 C 正确。C 区法院合并审理案件，并非由其他法院审理，不存在中止诉讼问题。选项 D 错误。

3. **答案：ABD　难度：中**

考点：执行程序中的一般性制度（执行竞合）、第三人撤销之诉的程序设置

命题和解题思路：执行竞合是 2024 年考试大纲新增的考点，本题遵循"逢新必考"规律，对保全执行和终局执行竞合的处理方式予以命题，为增加难度，附带对第三人撤销之诉的适用条件予以考查。了解法院不得重复查封，只能轮候查封，据此可判断选项 A；乙公司是享有担保物权的债权，根据民法原理，其自然优先于丙公司的债权，据此不难对选项 B 和 C 作出判断；选项 D 是主要干扰项，普通金钱债权人基于申请执行所享有的顺位利益，不能提起第三人撤销之诉，据此可确定 D 选项。

【选项分析】《民事诉讼法》第 106 条第 2 款规定，财产已被查封、冻结的，不得重复查封、冻结。据此，该块土地已被 B 法院先行查封，A 法院不得重复查封。选项 A 正确。

丙公司申请的是保全执行，其取得终局执行根据后，可向法院申请将保全执行变为终局执行，此时将会变为终局执行之间的竞合。《最高人民法院关于人民法院执行工作若干问题的规定（试行）》第 55 条第 2 款规定，多个债权人的债权种类不同的，基于所有权和担保物权而享有的债权，优先于金钱债权受偿。有多个担保物权的，按照各担保物权成立的先后顺序清偿。据此，乙公司是对该块土地享有担保物权的债权，其优先于丙公司的债权受偿。选项 B 正确，选项 C 错误。

根据最高法院裁判要旨，当事人基于保全、执行措施享有的执行顺位利益，不属于第三人撤销之诉救济的特别民事权益，其执行顺位利益能否实现与生效裁判之间并无法律上的利害关系。当事人以另案裁判影响其执行顺位受偿为由提起第三人撤销之诉的，不符合法律规定。据此，丙公司起诉撤销原判决不符合第三人撤销之诉的条件，法院应裁定驳回起诉。选项 D 正确。

4. **答案：A　难度：中**

考点：当事人或利害关系人异议、案外人异议、不予执行仲裁裁决和撤销仲裁裁决的关系

命题和解题思路：本题取材于人民法院案例库入库案例，以仲裁裁决执行中案外人对执行标的主张所有权为素材，旨在考查案外人申请不予执行仲裁裁决与案外人执行标的的异议的

适用区别。案外人针对执行标的主张权利，应通过案外人异议救济；案外人对仲裁裁决结果有异议，应通过案外人申请不予执行仲裁裁决救济。执行行为异议是对执行的程序性异议，本题中蔡某对执行标的主张所有权，这并非程序性异议，据此可排除 B 选项；案外人无权申请撤销仲裁裁决，据此可排除选项 D。

【选项分析】《最高人民法院关于人民法院办理仲裁裁决执行案件若干问题的规定》第18 条规定，案外人根据本规定第九条申请不予执行仲裁裁决或者仲裁调解书，符合下列条件的，人民法院应当支持：（一）案外人系权利或者利益的主体；（二）案外人主张的权利或者利益合法、真实；（三）仲裁案件当事人之间存在虚构法律关系，捏造案件事实的情形；（四）仲裁裁决主文或者仲裁调解书处理当事人民事权利义务的结果部分或者全部错误，损害案外人合法权益。据此，申请不予执行仲裁裁决的"案外人"应予以限缩解释。一是案外人与仲裁裁决或仲裁调解的标的应具有"直接的、法律上的利害关系"；二是仲裁结果损害案外人合法权益。本案仲裁裁决结果为一般金钱债权给付，案外人所提事实和理由，针对执行过程中查封的具体财产，应通过案外人异议及异议之诉程序解决；针对仲裁裁决结果，应通过案外人不予执行仲裁裁决程序审查。而本题中蔡某针对的是作为执行标的的财产的 A 房屋，并非针对仲裁裁决结果，应当通过案外人异议及异议之诉救济，不能申请不予执行仲裁裁决。选项 A 正确，选项 C 错误。

《民事诉讼法》第 236 条规定，当事人、利害关系人认为执行行为违反法律规定的，可以向负责执行的人民法院提出书面异议。当事人、利害关系人提出书面异议的，人民法院应当自收到书面异议之日起十五日内审查，理由成立的，裁定撤销或者改正；理由不成立的，裁定驳回。当事人、利害关系人对裁定不服的，可以自裁定送达之日起十日内向上一级人民法院申请复议。据此，执行行为异议的适用情形是法院执行行为违法，而本案是案外人蔡某对执行标的的主张享有所有权，这属于实体异议，并非程序异议。选项 B 错误。

《仲裁法》第 58 条第 1 款规定，当事人提出证据证明裁决有下列情形之一的，可以向仲裁委员会所在地的中级人民法院申请撤销裁决。据此，有权申请撤销仲裁裁决的主体只能是仲裁当事人，蔡某是仲裁程序的案外人，不能申请撤销仲裁裁决。选项 D 错误。

第二套

第一部分　试题

一、单项选择题

1. 大发公司（主要办事机构在甲县）指派员工柳某到乙县担任部门负责人。后柳某欲跳槽，与大发公司协商解除劳动合同时发生纠纷。大发公司向甲县劳动争议仲裁委员会申请仲裁，柳某则向乙县劳动争议仲裁委员会申请仲裁。本案应由下列哪一劳动争议仲裁委员会管辖？

A. 甲县劳动争议仲裁委员会

B. 乙县劳动争议仲裁委员会

C. 最先立案的劳动争议仲裁委员会

D. 最先接到申请的劳动争议仲裁委员会

2. 甲区的徐某驾车到乙区办事，停放在露天停车场的轿车因天气炎热发生自燃。丙区的黄某碰巧路过，打碎轿车前风挡玻璃，用灭火器将车内明火扑灭。灭火过程中，造成黄某衣服破损、手臂划伤。黄某要求徐某赔偿遭到拒绝，遂向法院起诉。关于本案的管辖法院，下列哪一选项是正确的？

    A. 甲区法院或乙区法院   B. 甲区法院或丙区法院

    C. 甲区法院   D. 乙区法院

3. 张某因保管合同纠纷起诉刘某，聘请唐律师作为其委托代理人，授权委托书的代理权限仅写明"全权代理"。一审法院判决张某败诉，并于 6 月 3 日和 5 日分别向唐律师和刘某送达判决书。刘某未上诉，唐律师在 6 月 10 日提起上诉，6 月 19 日张某对唐律师的上诉予以追认。关于本案，下列哪一表述是正确的？

    A. 唐律师有权代张某提起上诉

    B. 向唐律师送达判决书属于转交送达

    C. 张某对唐律师上诉的追认行为有效

    D. 一审判决自 6 月 21 日起发生法律效力

4. 邵某（男）向法院起诉与韩某（女）离婚，韩某同意离婚，但要求将全部财产分配给自己。法院在庭审中发现邵某起诉时韩某终止妊娠 5 个月，而案件开庭审理时已满 6 个月。关于法院对本案的处理，下列哪一选项是正确的？

    A. 判决驳回邵某的诉讼请求   B. 判决支持邵某的诉讼请求

    C. 裁定驳回起诉   D. 裁定不予受理

5. 甲公司是乙公司的全资子公司。丙公司因甲公司拖欠货款，依据仲裁条款申请仲裁，仲裁过程中，丙公司以管理人员、财产混同为由，请求乙公司对甲公司的债务承担连带责任，仲裁裁决未予支持。因甲公司未履行仲裁裁决，丙公司申请法院强制执行。在执行过程中，丙公司又以财产混同为由申请追加乙公司作为被执行人，对甲公司的债务承担连带清偿责任。法院裁定驳回丙公司的申请，丙公司提起执行异议之诉。关于法院对丙公司起诉的处理，下列哪一表述是正确的？

    A. 判决追加乙公司为被执行人   B. 判决驳回丙公司的诉讼请求

    C. 裁定不予受理   D. 裁定驳回起诉

6. 甲公司因乙公司拖欠建设工程款向 A 区法院提起诉讼，案情虽较为复杂，经双方约定，A 区法院决定适用简易程序审理。自立案之日起已满 3 个月，案件仍未审结。关于 A 区法院的处理，下列哪一选项是正确的？

    A. 可依职权转为普通程序审理

    B. 应依申请转为普通程序审理

    C. 经上级法院批准，可以延长 1 个月

    D. 经 A 区法院院长批准，可以延长 1 个月

7. 苏某向宋某借款 5 万元到期未归还，宋某追索无果向甲市乙区法院提起诉讼。宋某递交起诉状时，未按要求提供苏某的身份证号码，乙区法院遂以被告不明确为由裁定不予受理。宋某不服提起上诉。关于甲市中级法院的处理，下列哪一表述是正确的？

    A. 裁定驳回上诉、维持原裁定   B. 裁定不予受理宋某的上诉

    C. 将案件裁定移送乙区法院审理   D. 撤销该裁定，指令乙区法院立案

8. A区的赵某因B区的钱某拖欠5万元货款起诉，获得胜诉判决后，钱某无力清偿。赵某得知C区的孙某租赁钱某位于D区的房屋，尚拖欠房租3万元，遂对孙某提起代位权诉讼。本案应由下列哪一法院管辖？

A. A区法院 　　　　　　　　　　B. B区法院

C. C区法院 　　　　　　　　　　D. D区法院

9. 何某拖欠孙某100万元欠款未归还，孙某向甲市乙区法院起诉，法院判决孙某胜诉。何某上诉后，甲市中级法院维持原判。后来何某找到已向孙某还款20万元的收条，遂向甲市中级法院申请再审，法院裁定再审。再审过程中，孙某提出要求何某支付10万元利息的诉讼请求。关于法院对支付利息请求的处理，下列哪一选项是正确的？

A. 组织调解，调解不成，裁定发回重审

B. 组织调解，调解不成，判决驳回诉讼请求

C. 合并审理后作出判决

D. 不予审理

10. 甲公司向乙公司借款500万元到期未归还，乙公司起诉获得胜诉生效判决后，申请丙区法院强制执行。丙区法院保全甲公司100万元资产后，经查甲公司再无其他财产可供执行，乙公司请求将案件转入破产程序，甲公司明确表示反对。关于丙区法院对乙公司请求的处理，下列哪一选项是正确的？

A. 执行100万元后裁定终结执行 　　　B. 裁定进入破产程序

C. 裁定驳回乙公司的申请 　　　　　　D. 裁定中止执行

二、多项选择题

1. 河东区的华某将位于河西区的房屋出租给山南区的陈某。后经华某同意，陈某将该房屋转租给山北区的冯某。冯某在使用过程中，不慎造成房屋损坏。就赔偿问题，各方协商无果欲提起诉讼。关于当事人和管辖法院的判断，下列哪些表述是正确的？

A. 华某在河西区法院起诉陈某违约，冯某可作为无独立请求权第三人

B. 陈某在河西区法院起诉冯某违约，华某可作为有独立请求权第三人

C. 华某在山北区法院起诉冯某侵权，山北区法院无管辖权

D. 华某在山南区法院起诉陈某违约，山南区法院无管辖权

2. 甲区的冯某婚后育有二子冯大和冯二，冯大、冯二的住所分别位于乙区和丙区。因赡养费支付发生纠纷，冯某向甲区法院起诉冯大和冯二。经双方当事人同意，甲区法院立案前组织调解，双方达成调解协议，冯大、冯二每月支付赡养费2000元。关于本案，下列哪些说法是正确的？

A. 冯某亦可向乙区或丙区法院起诉

B. 双方当事人可向甲区法院申请司法确认

C. 甲区法院可直接依调解协议制作调解书

D. 若被告拒不履行，冯某应申请法院强制执行

3. 商某起诉夏某清偿借款5万元，提供了商某向夏某转款5万元的转账凭证作为证据。夏某承认商某向其转款事实，但主张该笔转款并非借款，而是商某支付之前拖欠的货款。关于本案的证明责任分配，下列哪些选项是正确的？

A. 商某承担夏某向其借款事实的证明责任

B. 商某承担夏某向其借款事实的提供证据责任

C. 夏某承担该笔转款属于货款事实的证明责任

D. 夏某承担转款属于货款事实的提供证据责任

4. 厦工公司与祥盛公司签订《叉车产品经销协议》，由祥盛公司为厦工公司经销叉车。后因祥盛公司拖欠厦工公司 100 万元经销货款，厦工公司提起诉讼。在诉讼过程中，厦工公司将该笔债权依法定程序转让给创程公司，创程公司申请法院变更其为原告。关于本案，下列哪些表述是错误的？

A. 未经祥盛公司同意，法院不应准许

B. 创程公司未参加诉讼，生效判决对其无拘束力

C. 若法院不准许，创程公司可以有独立请求权第三人身份起诉

D. 若法院准许，诉讼程序应当重新进行

5. 马某是甲市乙区的富商，在当地拥有价值近 10 亿元的商用写字楼。马某因车祸意外离世，未留下遗嘱，其继承人在选任遗产管理人时出现推诿。马某拖欠丙银行贷款 1.8 亿元，丙银行向法院申请指定遗产管理人。关于本案，下列哪些表述是错误的？

A. 应向甲市中级法院提出申请

B. 可向法院书面或者口头提出申请

C. 法院审查后应裁定指定遗产管理人

D. 法院应裁定驳回丙银行的申请

6. 徐某向侯某出借 100 万元，侯某到期未归还。徐某向侯某住所地法院申请支付令，要求侯某清偿借款本金 100 万元，利息 8 万元。法院审查后签发支付令，侯某提出异议。关于侯某的异议，下列哪些表述是正确的？

A. 对本金数额提出，效力仅及于 100 万元

B. 对利息计算方式提出，效力仅及于 8 万元

C. 对清偿方式提出，效力及于 108 万元

D. 对借款合同提出，效力及于 108 万元

7. 苏某与 M 国的汤姆共同出资在我国设立甲公司，双方约定与甲公司相关的纠纷应向 M 国法院起诉。后因公司经营发生严重困难，汤姆向 M 国 A 法院起诉解散甲公司。A 法院受理后，苏某亦向甲公司所在地 B 法院起诉，汤姆书面申请 B 法院中止诉讼。A 法院判决解散甲公司，汤姆申请我国法院对该判决予以承认。关于本案，下列哪些说法是正确的？

A. 依双方约定应由 M 国法院管辖　　　B. 应由人民法院专属管辖

C. B 法院可以裁定中止诉讼　　　　　D. 应裁定不予承认 A 法院判决

三、不定项选择题

1. 青峰公司与刘某签订《购买安居住宅协议书》。在协议履行过程中，双方发生纠纷，青峰公司起诉，请求确认《购买安居住宅协议书》无效。一审判决原告败诉，青峰公司不服提起上诉，二审法院以事实不清为由裁定撤销原判、发回重审。庭审过程中，青峰公司增加诉讼请求，如果法院认定《购买安居住宅协议书》有效，则请求解除该协议书。关于本案，下列说法错误的是：

A. 前诉为消极的确认之诉，后诉则为形成之诉

B. 发回重审时不应准许青峰公司增加诉讼请求

C. 增加的诉讼请求与原诉讼请求矛盾，法院不应准许

D. 告知青峰公司就解除协议书的诉讼请求另行起诉

2. 位于甲区的古城公司和位于乙区的翔润公司在丙区签订瓷砖买卖合同。双方另行书面约定：若买卖合同履行发生纠纷，应由丙区法院负责审理并执行。后古城公司无法支付货款，翔润公司向甲区法院起诉，在答辩期内古城公司提交答辩状，对管辖权未提出异议。甲区法院审理后判决翔润公司胜诉。该判决生效后，翔润公司向丙区法院申请执行，古城公司提出执行管辖异议。关于本案，下列表述正确的是：

A. 丙区法院依合同约定享有审判管辖权

B. 甲区法院应将案件移送丙区法院审理

C. 丙区法院依合同约定享有执行管辖权

D. 丙区法院应裁定驳回古城公司的异议

3. 曹某与颜某是一对情侣，双方同居近十年，但一直未领取结婚证。曹某外公外婆去世后，全家人为老人立碑。曹某征得颜某同意后，将其名字以外孙媳妇的身份刻在了墓碑上。后来两人因性格不合分手，颜某要求曹某将其名字从墓碑上清除。经协商无果，颜某起诉。法院判决曹某在 10 日内将颜某的名字从墓碑上清除。该判决生效后曹某一直未履行，颜某申请法院强制执行。法院对曹某可以采取的强制执行措施是：

A. 罚款、拘留

B. 责令曹某向颜某赔礼道歉

C. 委托他人完成，费用由曹某承担

D. 要求曹某支付迟延履行金

4. 岳阳公司与巴陵公司签订《装修工程施工合同》，将其办公大楼整体装修项目发包给巴陵公司，双方约定如本合同发生争议，向 Y 仲裁委员会申请仲裁解决。随后，巴陵公司与刘某签订《内部项目责任承包合同书》，将岳阳公司发包的工程以大包干方式承包给刘某。因岳阳公司未能依约支付工程款，刘某以岳阳公司为被申请人向 Y 仲裁委员会申请仲裁，岳阳公司以其与刘某未达成仲裁协议为由提出异议，Y 仲裁委员会驳回异议后作出仲裁裁决。关于本案，下列表述错误的是：

A. 基于仲裁条款独立性原则，刘某应受仲裁条款约束

B. 本案属于仲裁当事人变更，刘某应受仲裁条款约束

C. Y 仲裁委员会应将巴陵公司追加为无独立请求权第三人

D. 岳阳公司可向 Y 市中级法院申请撤销仲裁裁决

第二部分　答案详解

一、单项选择题

1. 答案：B　难度：中

考点：民事纠纷的解决方式

命题和解题思路：本题以劳动争议仲裁为素材，对劳动争议仲裁的管辖规则予以考查。

题目解题依据明确且单一，难度不高，熟悉《劳动争议调解仲裁法》的规定即可得分。选项C是主要干扰项，劳动争议仲裁不同于诉讼，不能用共同管辖的规则去推导作答。

【选项分析】《劳动争议调解仲裁法》第21条第2款规定，劳动争议由劳动合同履行地或者用人单位所在地的劳动争议仲裁委员会管辖。双方当事人分别向劳动合同履行地和用人单位所在地的劳动争议仲裁委员会申请仲裁的，由劳动合同履行地的劳动争议仲裁委员会管辖。据此，甲县是用人单位所在地，乙县是劳动合同履行地，两地的劳动争议仲裁委员会对劳动争议案件均享有管辖权。双方当事人分别提出申请，由劳动合同履行地的乙县劳动争议仲裁委员会管辖。选项B为正确答案，其余选项均错误。

2. 答案：C 难度：中

考点：一般地域管辖

命题和解题思路： 管辖向来是客观题命题的重点，每年必考且不止一题。本题以无因管理纠纷为素材，对一般地域管辖制度予以考查。解题时应首先判断题干案例的民事实体法律关系，这可避免出现"南辕北辙"式错误；在此基础上，准确掌握各项地域管辖制度的内在适用关系即可准确作答。

【选项分析】黄某对徐某并无法定或者约定的义务，为避免徐某利益受损而实施灭火行为，这属于无因管理行为。《民事诉讼法》及其司法解释就无因管理的管辖并无特殊规定，应适用一般地域管辖制度。《民事诉讼法》第22条第1款规定，对公民提起的民事诉讼，由被告住所地人民法院管辖；被告住所地与经常居住地不一致的，由经常居住地人民法院管辖。据此，本案应由被告徐某住所地的甲区法院管辖。选项C为正确答案，其余选项均错误。

3. 答案：D 难度：中

考点：委托诉讼代理人的权限、送达方式、期间的计算、上诉的提起

命题和解题思路： 本题以未经特别授权的代理律师提起上诉为素材，对律师代理权限的认定、直接送达的适用对象以及一审判决书送达时间不同的上诉期计算方法等知识点予以综合考查。虽然考查范围广，但考查内容不涉及理论型考点，基本是对法律和司法解释规定的简单运用，难度不高。正确解题的关键是了解仅写明"全权代理"的委托代理人无权提起上诉，需要委托人在法定上诉期内追认方才有效。

【选项分析】选项A考查律师的代理权限。《民诉解释》第89条第1款规定，当事人向人民法院提交的授权委托书，应当在开庭审理前送交人民法院。授权委托书仅写"全权代理"而无具体授权的，诉讼代理人无权代为承认、放弃、变更诉讼请求，进行和解，提出反诉或者提起上诉。据此，张某的授权委托书代理权限仅写明"全权代理"，唐律师无权代张某提起上诉。选项A错误，不当选。

选项B考查送达方式。《民事诉讼法》第88条第1款规定，送达诉讼文书，应当直接送交受送达人。受送达人是公民的，本人不在交他的同住成年家属签收；受送达人是法人或者其他组织的，应当由法人的法定代表人、其他组织的主要负责人或者该法人、组织负责收件的人签收；受送达人有诉讼代理人的，可以送交其代理人签收；受送达人已向人民法院指定代收人的，送交代收人签收。据此，法院向委托代理人唐律师送达判决书属于直接送达。选项B错误，不当选。

选项C和D考查上诉期的计算。《民事诉讼法》第85条第2款规定，期间以时、日、月、年计算。期间开始的时和日，不计算在期间内。同法第171条第1款规定，当事人不服地方人民法院第一审判决的，有权在判决书送达之日起15日内向上一级人民法院提起上诉。

据此，各方当事人在不同时间接收裁判文书，从各自的起算日分别开始计算；只有当各方当事人的上诉期都届满后均未提起上诉时，裁判才发生法律效力。张某和刘某的上诉期分别从6月4日、6月6日开始计算，由于唐律师无权代张某提起上诉，其上诉行为需要张某在法定上诉期内追认才发生法律效力。张某于6月19日追认，超过了15日的上诉期，其追认行为无效。选项C错误，不当选。既然张某追认行为无效，视为张某未上诉，加之刘某亦未上诉，一审判决自刘某上诉期满即6月21日起发生法律效力。选项D为正确答案。

4. 答案：C   难度：难

考点：起诉和受理

命题和解题思路：*本题以在禁诉期内起诉为素材，对驳回起诉的适用情形予以考查。为增加难度，还涉及对瑕疵诉讼行为的处理方式。本题最大的难点在于判断原本不符合起诉条件的情形在诉讼过程中消失，原告有瑕疵的起诉行为能否获得补救，对此只能借助于诉讼行为理论作出判断。*

【选项分析】《民法典》第1082条规定，女方在怀孕期间、分娩后1年内或者终止妊娠后6个月内，男方不得提出离婚；但是，女方提出离婚或者人民法院认为确有必要受理男方离婚请求的除外。据此，韩某终止妊娠6个月内，邵某不得起诉离婚。《民事诉讼法》第127条第6项规定，依照法律规定，在一定期限内不得起诉的案件，在不得起诉的期限内起诉的，不予受理。据此，邵某起诉时若法院发现存在不得起诉情形，应裁定不予受理。而法院在审理中才发现上述情形，应裁定驳回起诉。唯一的疑问在于，法院开庭时韩某终止妊娠已满6个月，能否对邵某之前有瑕疵的诉讼行为进行补救。根据诉讼法理论，当事人的诉讼行为可以分为取效性诉讼行为和与效性诉讼行为。取效性诉讼行为，是指当事人所实施的，必须通过法院的行为才能够直接产生诉讼法上效果的诉讼行为。与效性诉讼行为，是指无须通过法院的行为，便可以直接产生诉讼法上效果的诉讼行为。如果是取效性诉讼行为有瑕疵，法院将以不合法予以驳回；如果是与效性诉讼行为，当事人可以在有效期间内另行实施无瑕疵的相同诉讼行为予以替代。而起诉属于取效性诉讼行为，法院应裁定驳回起诉。选项C为正确答案，其余选项均错误。

5. 答案：C   难度：难

考点：起诉（重复起诉的识别标准）

命题和解题思路：*法考命题呈现出实务化特征，甚至裁判文书的裁判要旨直接成为解题依据。本题取材于最高法院公报案例，以生效仲裁裁决驳回当事人的请求后，又在执行程序中以相同事由提出执行异议之诉为素材，对重复起诉的处理方式予以考查。解题的难点在于对考查目的和考点的识别，应当结合仲裁请求和执行异议之诉的理由展开分析，再根据《民诉解释》第247条对重复起诉的处理方式的规定作答。*

【选项分析】根据最高法院（2021）最高法民申42号裁判要旨，生效仲裁裁决或人民法院判决已经驳回当事人的部分请求，当事人在执行过程中又以相同的请求和理由提出执行异议之诉的，属于重复起诉，应当裁定驳回起诉。据此，尽管丙公司未在仲裁裁决作出后直接就同一纠纷提起诉讼，但由于其在执行异议、执行异议之诉中的请求与仲裁程序中的请求相同，如果法院再次予以审理，实质上属于重复起诉，违反了或裁或审原则。根据《民诉解释》第247条第2款规定，当事人重复起诉的，裁定不予受理；已经受理的，裁定驳回起诉，但法律、司法解释另有规定的除外。据此，法院应当裁定不予受理丙公司的起诉。选项C为正确答案，其余选项均错误。

6. 答案：D   难度：中

2025 国家统一法律职业资格考试 **客观 *400* 题**(下册)

考点：简易程序开庭审理

命题和解题思路： 本题以简易程序超审限为素材，对简易程序审限的延长条件予以考查。本题有明确的解题依据，属于法条简单运用类题目，难度不高。正确解题，除准确把握简易程序延长审限的适用条件外，还应注意转为普通程序和院长批准延长审限的区别。

【选项分析】选项 A 和 B 考查简易程序转普通程序的适用条件。《民诉解释》第 258 条第 2 款规定，人民法院发现案件不宜适用简易程序，需要转为普通程序审理的，应当在审理期限届满前作出裁定并将审判人员及相关事项书面通知双方当事人。据此，法院可依职权或者根据当事人异议申请，将简易程序转为普通程序审理，但时间要求是在审理期限届满前作出裁定。本案已经超过了审限，法院不能再将案件转为普通程序。选项 A 和 B 均错误，不当选。

选项 C 和 D 考查简易程序延长审限的适用条件。《民诉解释》第 258 条第 1 款规定，适用简易程序审理的案件，审理期限到期后，有特殊情况需要延长的，经本院院长批准，可以延长审理期限。延长后的审理期限累计不得超过 4 个月。据此，普通程序经本院院长批准可延长 6 个月，还需延长的应报上级法院批准。与普通程序不同，简易程序延长审限须经本院院长批准，最多可延长 1 个月。选项 C 错误，不当选；选项 D 正确，当选。

7. 答案：D   难度：中

考点： 上诉案件的裁判

命题和解题思路： 二审程序是命题的"富矿区"，每年必考且不止一题。本题以司法实务中常见的原告未提供身份证号码法院裁定不予受理为素材，考查对不予受理裁定上诉的处理方式。解题时应首先判断提供身份证号码并非法律规定的使被告明确的必要信息，一审法院裁定不予受理错误；既然一审不予受理裁定错误，那就应当撤销该裁定，指令一审法院立案审理。

【选项分析】《民事诉讼法》第 124 条第 2 项规定，起诉状应当记明被告的姓名、性别、工作单位、住所等信息，法人或者其他组织的名称、住所等信息。《民诉解释》第 209 条第 1 款规定，原告提供被告的姓名或者名称、住所等信息具体明确，足以使被告与他人相区别的，可以认定为有明确的被告。据此，《民事诉讼法》及其司法解释并未将被告身份证号码列为起诉时必须提供的信息，这不是立案的必要条件，乙区法院以此为由裁定不予受理错误。《民诉解释》第 330 条规定，第二审人民法院查明第一审人民法院作出的不予受理裁定有错误的，应当在撤销原裁定的同时，指令第一审人民法院立案受理。据此，甲市中级法院应当裁定撤销乙区法院不予受理裁定，指令乙区法院立案受理。选项 D 为正确答案，其余选项均错误。

8. 答案：D   难度：中

考点： 专属管辖、代位权诉讼管辖

命题和解题思路： "逢新必考"向来是法考命题的铁律，本题以《民法典合同编通则解释》作为命题素材，对代位权诉讼的管辖规则予以考查。正确解题，应首先了解代位权诉讼管辖的原则规定和例外情形，本题中债务人与其相对人之间的纠纷是房屋租赁合同纠纷；再结合《民事诉讼法》和司法解释的规定，判断房屋租赁合同纠纷应适用专属管辖。据此，本案应由房屋所在地法院专属管辖，排除被告住所地法院管辖的规定适用。

【选项分析】《民法典合同编通则解释》第 35 条第 1 款规定，债权人依据《民法典》第 535 条的规定对债务人的相对人提起代位权诉讼的，由被告住所地人民法院管辖，但是依法应当适用专属管辖规定的除外。据此，在代位权诉讼中，债权人实质上是取代债务人行使债

务人对其相对人的权利，故代位权诉讼的基础性纠纷是债务人与其相对人之间的纠纷。因此，如果债务人与债务人相对人之间的纠纷属于应适用专属管辖的民事纠纷类型，则代位权诉讼应适用专属管辖的规定。本案中债务人钱某与相对人孙某之间系房屋租赁合同纠纷，根据《民诉解释》第28条第2款规定，农村土地承包经营合同纠纷、房屋租赁合同纠纷、建设工程施工合同纠纷、政策性房屋买卖合同纠纷，按照不动产纠纷确定管辖。《民事诉讼法》第34条第1项规定，因不动产纠纷提起的诉讼，由不动产所在地人民法院专属管辖。据此，本案代位权诉讼应由不动产所在地的D区法院专属管辖。选项D为正确答案。

9. 答案：D　难度：中

考点：再审审理的特殊性（再审审理范围）

命题和解题思路：本题以再审中增加诉讼请求为素材，对再审审理范围予以考查。题目考点单一，有明确的解题依据，难度不高。解题的关键是准确理解再审程序的功能，再审程序属于纠错程序，原则上不处理新的诉讼请求，循此思路即可正确作答。

【选项分析】《民诉解释》第403条第1款规定，人民法院审理再审案件应当围绕再审请求进行。当事人的再审请求超出原审诉讼请求的，不予审理；符合另案诉讼条件的，告知当事人可以另行起诉。据此，孙某要求支付10万元利息的诉讼请求属于再审中新增诉讼请求，超出了原审诉讼请求范围，法院应不予审理。选项D为正确答案，其余选项均错误。

10. 答案：D　难度：中

考点：执行中止

命题和解题思路：执行程序是客观题命题重点，每年必考且不止一题。本题以执行转破产为素材，对执行中止的适用情形予以考查，属于商法和民诉法有衔接点的内容。解答本题关键是注意执行转破产的启动条件：无须各方当事人同意，申请执行人或被执行人任何一方同意即可。执行法院需要等待被执行人住所地法院决定是否启动破产程序，因此只能裁定中止执行。

【选项分析】《民诉解释》第511条规定，在执行中，作为被执行人的企业法人符合《企业破产法》第2条第1款规定情形的，执行法院经申请执行人之一或者被执行人同意，应当裁定中止对该被执行人的执行，将执行案件相关材料移送被执行人住所地人民法院。据此，虽然甲公司反对，但申请执行人乙公司请求将案件转入破产程序，丙区法院应当裁定中止执行。选项D为正确答案，其余选项均错误。

二、多项选择题

1. 答案：AD　难度：难

考点：专属管辖、特殊地域管辖、有独立请求权第三人、无独立请求权第三人

命题和解题思路：本题以房屋转租为素材，对专属管辖的识别、侵权纠纷的特殊地域管辖以及当事人诉讼地位的确定予以考查。解题的关键是，根据选项中各诉讼涉及的民事法律关系，再结合管辖的规定对适用的管辖类型作出判断；当事人的诉讼地位，应根据两类第三人的内涵结合案情作出判断。选项B是主要干扰项，应结合"独立请求权"的内涵分析后作出选择。

【选项分析】选项A考查专属管辖和无独立请求权第三人的判断。根据《民法典》第716条第1款规定，虽然房屋转租，但承租人与出租人之间的租赁合同仍然有效。出租人华某起诉承租人陈某违约，其依据的是房屋租赁合同法律关系。根据《民诉解释》第28条第2款规定，农村土地承包经营合同纠纷、房屋租赁合同纠纷、建设工程施工合同纠纷、政策性房屋买卖合同纠纷，按照不动产纠纷确定管辖。因此，华某起诉陈某违约，应由租赁房屋所在地河西区法院专属管辖。无独立请求权第三人，是指虽然对原告和被告之间争议的诉讼标的没有独立的请求权，但与案件的处理结果有法律上的利害关系从而参加诉讼的人。据此，对华某起诉一案，冯某并无独立请求权，但若陈某败诉，陈某会对冯某主张权利，因此冯某与案件处理结果有法律上的利害关系，属于无独立请求权第三人。选项 A 正确，当选。

选项 B 考查专属管辖和有独立请求权第三人的判断。陈某起诉冯某违约，依据的是陈某与冯某之间的房屋租赁合同法律关系，如上分析，应由租赁房屋所在地河西区法院专属管辖。有独立请求权第三人，是指主张对本诉原告和被告争议的诉讼标的享有独立的请求权，从而参加诉讼的人。独立请求权的实体法依据一般是物权请求权，通常表现为第三人对他人之间争议的标的物主张全部或者部分所有权。据此，华某不属于有独立请求权第三人。选项 B 错误，不当选。

选项 C 考查侵权纠纷的管辖法院。《民事诉讼法》第 29 条规定，因侵权行为提起的诉讼，由侵权行为地或者被告住所地人民法院管辖。华某起诉冯某侵权，应由被告冯某住所地山北区法院或者侵权行为地河西区法院管辖。选项 C 错误，不当选。

选项 D 考查专属管辖的识别。如上分析，华某起诉陈某违约，属于房屋租赁合同纠纷，应由租赁房屋所在地河西区法院专属管辖，山南区法院无管辖权。选项 D 正确，当选。

2. 答案：AB　　难度：中

考点：一般地域管辖、先行调解、确认调解协议案件的申请与受理、执行开始的方式

命题和解题思路：先行调解是 2023 年法考大纲新增考点，本题以此为素材，对追索赡养费案件的管辖法院、先行调解的法律后果以及移送执行的适用情形予以考查。虽然题目考查范围广，但有明确的法律依据，难度不高。解答本题的关键信息是"赡养费"，结合《民诉解释》的特殊规定即可对选项 A 和 D 作出判断。法院未立案，此时法院调解协议不是行使司法权的产物，可以像人民调解协议一样申请司法确认，据此可判断选项 B；法院未立案，不能直接制作调解书，可直接排除选项 C。

【选项分析】 选项 A 考查追索赡养费案件的管辖法院。《民诉解释》第 9 条规定，追索赡养费、扶养费、抚养费案件的几个被告住所地不在同一辖区的，可以由原告住所地人民法院管辖。据此，本案中被告分别位于乙区和丙区，甲区、乙区和丙区法院对案件均享有管辖权。选项 A 正确。

选项 B 和 C 均考查先行调解的法律后果。法院先行调解达成调解协议，因法院未立案，司法权尚未启动，此时的法院调解类似于人民调解委员会调解，双方当事人可以向法院申请司法确认，调解由甲区法院主持，双方可以向甲区法院提出确认申请。选项 B 正确。法院先行调解达成调解协议，调解协议不能成为执行根据，法院可以在立案后制作调解书送达各方当事人。被告不履行，调解书可以成为执行根据。因此，甲区法院不能直接依调解协议制作调解书，应当先行立案。选项 C 错误。

选项 D 考查执行的启动方式。选项说被告拒不履行，并未言明未履行对象，如果是法院调解协议，其不是执行根据，不存在执行问题。如果是司法确认裁定或者是法院调解书，根据《最高人民法院关于人民法院执行工作若干问题的规定（试行）》第 17 条规定，生效法律文书的执行，一般应当由当事人依法提出申请。发生法律效力的具有给付赡养费、扶养费、抚育费内容的法律文书、民事制裁决定书，以及刑事附带民事判决、裁定、调解书，由审判庭移送执行机构执行。据此，本案为给付赡养费案件，被告无论是不履行司法确认裁定书还是调解书，均可移送执行，无须当事人提出申请。选项 D 错误。

3. **答案：AB　　难度：难**

考点：证明责任分配

命题和解题思路： *证明责任分配是客观题命题的"富矿区"，每年必考。本题以附理由的否认为素材，对证明责任分配予以考查。选项A和B根据《民诉解释》规定的证明责任分配一般原理即可作出判断；选项C和D是主要干扰项，应首先根据夏某的表述判断属于附理由的否认，再结合证明责任分配的基本原理作出判断。还可根据证明责任的内涵作出判断，证明责任适用的前提条件是要件事实真伪不明，而转款是否属于货款并非本案要件事实，因此不存在证明责任分配问题。*

【选项分析】《民诉解释》第91条规定，人民法院应当依照下列原则确定举证证明责任的承担，但法律另有规定的除外：（1）主张法律关系存在的当事人，应当对产生该法律关系的基本事实承担举证证明责任；（2）主张法律关系变更、消灭或者权利受到妨害的当事人，应当对该法律关系变更、消灭或者权利受到妨害的基本事实承担举证证明责任。据此，商某起诉要求夏某还款，属于主张其与夏某之间存在借款合同法律关系，商某应就双方之间产生借款合同法律关系的基本事实承担证明责任。具言之，商某既需要承担夏某向其借款事实的提供证据责任（行为意义上的证明责任），又需要承担夏某向其借款事实的结果意义上的证明责任。选项A和B均正确。

附理由的否认，是指不负证明责任的当事人针对对方当事人所主张的事实向受诉法院陈述了与该事实不能两立的事实。就该笔5万元转款的性质，负证明责任的商某主张是借款，而不负证明责任的夏某主张是货款，两种事实明显不能同时成立。因此，夏某提出的是附理由的否认。依主张责任及证明分配之原理，不负证明责任的当事人针对对方当事人所主张的事实为附理由的否认时，无须对其所提事实负主张责任及证明责任。具言之，既不需要对转款属于货款事实承担提供证据责任，又不需要对转款属于货款事实承担证明责任。选项C和D均错误。

4. **答案：ABCD　　难度：中**

考点：当事人恒定原则

命题和解题思路： *本题取材于真实司法判例，对当事人恒定原则的程序规则予以考查。题目有明确的解题依据，难度不高，了解当事人恒定原则的基本内涵，很容易排除干扰准确作答。正确答题，需了解以下原理：诉讼过程中权利义务移转，原则上不影响当事人的诉讼地位。是否需要更换当事人，应由法院决定。无论受让人是否参与诉讼，判决对其都有拘束力；受让人参与诉讼，原有诉讼行为对其也有拘束力。*

【选项分析】《民诉解释》第249条规定，在诉讼中，争议的民事权利义务转移的，不影响当事人的诉讼主体资格和诉讼地位。人民法院作出的发生法律效力的判决、裁定对受让人具有拘束力。受让人申请以无独立请求权的第三人身份参加诉讼的，人民法院可予准许。受让人申请替代当事人承担诉讼的，人民法院可以根据案件的具体情况决定是否准许；不予准许的，可以追加其为无独立请求权的第三人。据此，是否同意受让人创程公司替代当事人厦工公司参加诉讼，其决定权在法院，而非被告方。选项A错误，当选。无论受让人创程公司是否参加诉讼，法院所作生效裁判对其均有拘束力。选项B错误，当选。法院不准许创程公司替代厦工公司参加诉讼，可以追加其为无独立请求权第三人，而非以有独立请求权第三人身份起诉。选项C错误，当选。

《民诉解释》第250条规定，依照本解释第249条规定，人民法院准许受让人替代当事人承担诉讼的，裁定变更当事人。变更当事人后，诉讼程序以受让人为当事人继续进行，原当事人应当退出诉讼。原当事人已经完成的诉讼行为对受让人具有拘束力。据此，将原告变更为创程公司，诉讼程序继续进行，而非重新进行。选项 D 错误，当选。

5. 答案：ABCD　难度：中

考点：指定遗产管理人案件

命题和解题思路： 指定遗产管理人案件是 2023 年《民事诉讼法》修正新增的特别程序，本题依据"逢新必考"规律，对指定遗产管理人的管辖法院、申请形式、利害关系人范围认定以及法院处理方式予以考查。虽然考查着眼点很细致，但各选项均有明确的解题依据，难度不高。10 亿元的遗产是干扰信息，了解指定遗产管理人案件只能由基层法院管辖，可判断选项 A；掌握非讼程序原则上应提出书面申请（确认调解协议案件除外），可判断选项 B；准确把握特别程序的裁判形式可确定选项 C，只有确认调解协议案件和实现担保物权案件用裁定，其余均用判决；理解利害关系人的具体范围，可判断选项 D。

【选项分析】《民事诉讼法》第 194 条第 1 款规定，对遗产管理人的确定有争议，利害关系人申请指定遗产管理人的，向被继承人死亡时住所地或者主要遗产所在地基层人民法院提出。据此，申请指定遗产管理人案件应由基层法院管辖，无须考虑遗产的标的额。选项 A 错误，当选。

《民事诉讼法》第 194 条第 2 款规定，申请书应当写明被继承人死亡的时间、申请事由和具体请求，并附有被继承人死亡的相关证据。据此，利害关系人申请指定遗产管理人，应当采用书面形式提出。选项 B 错误，当选。

《民事诉讼法》第 195 条规定，人民法院受理申请后，应当审查核实，并按照有利于遗产管理的原则，判决指定遗产管理人。据此，法院应当审查后，判决指定遗产管理人，不能使用裁定。选项 C 错误，当选。

根据《民事诉讼法》第 194 条的规定，利害关系人有权申请指定遗产管理人。一般认为，利害关系人包括继承人、遗产债权人、受遗赠人以及对被继承人尽了扶养义务的人。据此，丙银行作为马某的债权人，有权以利害关系人身份申请指定遗产管理人，法院不应裁定驳回。选项 D 错误，当选。

6. 答案：BD　难度：中

考点：支付令异议的提出

命题和解题思路： 督促程序每年必考一题，本题对支付令异议的有效形式予以考查。本题考点单一，难度不高。正确解题应首先把握债务人的有效异议和无效异议的区别，有效异议应当针对债权债务本身提出；其次应明确债权人提出多项请求之间是否存在依附或派生关系，据此对债务人异议范围作出判断。

【选项分析】《民诉解释》第 432 条规定，债权人基于同一债权债务关系，在同一支付令申请中向债务人提出多项支付请求，债务人仅就其中一项或者几项请求提出异议的，不影响其他各项请求的效力。据此，如果债务人异议所直接针对的请求与债权人的其他请求之间有某种依附或派生关系，那么债务人仅对部分请求提出的异议，其效力及于未指向的请求，将使整个支付令失效。清偿利息请求是偿还本金请求所派生出来的，债务人侯某对偿还本金请求提出异议，其效力及于整个支付令。选项 A 错误。反之，若债务人侯某仅对清偿利息请求提出异议，其效力不及于本金请求。选项 B 正确。

《民诉解释》第 436 条第 1 款规定，债务人对债务本身没有异议，只是提出缺乏清偿能力、延缓债务清偿期限、变更债务清偿方式等异议的，不影响支付令的效力。据此，侯某对清偿方式提出异议，不影响支付令效力。选项 C 错误。而侯某对借款合同提出异议，效力及于整个支付令。选项 D 正确。

7. 答案：BD　难度：中

考点： 涉外民事诉讼管辖的种类、对外国法院裁判的承认与执行

命题和解题思路： 2023 年《民事诉讼法》修正，对涉外民事诉讼程序作出大幅修改，本题以《民事诉讼法》新增规定为素材，对涉外专属管辖、国际平行诉讼的处理、法院对申请承认外国判决的处理方式等知识点予以综合命题。虽然题目考查范围广，但各选项均有法律明文规定，难度不高。解题的关键在于准确识别本案应由人民法院专属管辖，循此思路不难对 ACD 选项作出判断。

【选项分析】《民事诉讼法》第 279 条第 1 项规定，因在中华人民共和国领域内设立的法人或者其他组织的设立、解散、清算，以及该法人或者其他组织作出的决议的效力等纠纷提起的诉讼，由人民法院专属管辖。据此，本案应由人民法院专属管辖，双方的约定无效。选项 A 错误，选项 B 正确。

《民事诉讼法》第 281 条第 1 款规定，人民法院依据前条规定受理案件后，当事人以外国法院已经先于人民法院受理为由，书面申请人民法院中止诉讼的，人民法院可以裁定中止诉讼，但是存在下列情形之一的除外：（1）当事人协议选择人民法院管辖，或者纠纷属于人民法院专属管辖；（2）由人民法院审理明显更为方便。据此，本案纠纷属于人民法院专属管辖，B 法院不应裁定中止诉讼，应继续审理本案。选项 C 错误。

《民事诉讼法》第 301 条第 2 项规定，违反本法对专属管辖的规定，人民法院应当认定该外国法院对案件无管辖权。同法第 300 条第 1 项规定，对申请或者请求承认和执行的外国法院作出的发生法律效力的判决、裁定，人民法院经审查，依据本法第 301 条的规定，外国法院对案件无管辖权的，裁定不予承认和执行。据此，本案中汤姆向 M 国 A 法院起诉违反了专属管辖规定，A 法院对案件无管辖权，汤姆申请我国法院对该判决予以承认，我国法院应裁定不予承认。选项 D 正确。

三、不定项选择题

1. 答案：ABCD　难度：难

考点： 诉的分类、诉的合并

命题和解题思路： 本题顺应法考时代理论化命题趋势，对形成之诉以及预备合并之诉的识别、二审发回重审能否增加诉讼请求等知识点予以综合命题。通过发回重审时以增加诉讼请求的方式提出预备合并之诉的情节设计、否定式设问及不定项选择形式的加持，使得题目难度倍增。了解基于普通形成权提起的诉讼并非形成之诉，可排除选项 A 的干扰；把握二审发回重审与再审发回重审的区别，可判断选项 B；准确掌握了预备合并之诉的内涵，可对选项 C 和 D 准确作答。

【选项分析】 选项 A 考查诉的类型判断。消极的确认之诉，是指原告起诉要求法院确认其主张的法律关系不存在的诉讼。青峰公司起诉确认《购买安居住宅协议书》无效，属于消极的确认之诉。形成之诉，是指原告请求法院以判决改变或消灭既存的某种民事法律关系的诉。根据大陆法系理论，形成之诉必须是原告基于形成诉权（如撤销权）提起的诉讼，而普通形成权（如解除权）并不需要通过诉讼方式行使，只要单方意思表示到达对方即可发生效力。据此，青峰公司起诉请求解除该协议书，不属于形成之诉，应为确认之诉。选项 A 错误，当选。

选项 B 考查二审发回重审能否增加诉讼请求。《民诉解释》第 251 条规定，二审裁定撤

销一审判决发回重审的案件，当事人申请变更、增加诉讼请求或者提出反诉，第三人提出与本案有关的诉讼请求的，依照民事诉讼法第 143 条规定处理。《民事诉讼法》第 143 条规定，原告增加诉讼请求，被告提出反诉，第三人提出与本案有关的诉讼请求，可以合并审理。据此，二审法院发回重审，原告青峰公司有权增加诉讼请求。选项 B 错误，当选。

选项 C 和 D 考查预备合并之诉的处理方式。预备合并之诉，是指原告将彼此不能兼容的诉讼请求以特定顺序一并提出，法院应先审理主请求，若不支持，再审理预备请求；若主请求成立，法院就不必就预备请求作出判决。本案青峰公司请求确认《购买安居住宅协议书》无效与解除《购买安居住宅协议书》明显不能同时成立，增加诉讼请求后成立预备合并之诉，法院应先审理确认《购买安居住宅协议书》无效的请求，若不支持，再审理解除《购买安居住宅协议书》的请求。选项 C 和 D 均错误，当选。

2. 答案：A　难度：难

考点： 协议管辖、应诉管辖、移送管辖、执行程序中的一般性制度（执行管辖）

命题和解题思路： 本题以双方既约定诉讼管辖法院又约定执行管辖法院为素材，对应诉管辖和协议管辖的适用关系、协议管辖能否适用执行程序等法律并无明文规定的内容予以考查，题目难度颇高。正确解题，应首先了解应诉管辖效力优于协议管辖的基本原理，即双方以其行为对管辖法院重新作了约定；协议管辖能否适用于执行程序法律并无规定，需要借助司法判例的裁判要旨作出判断。

【选项分析】选项 A 考查协议管辖的适用。《民事诉讼法》第 35 条规定，合同或者其他财产权益纠纷的当事人可以书面协议选择被告住所地、合同履行地、合同签订地、原告住所地、标的物所在地等与争议有实际联系的地点的人民法院管辖，但不得违反本法对级别管辖和专属管辖的规定。据此，双方协议发生纠纷应由合同签订地丙区法院管辖，该管辖协议有效，本案审判管辖权本应由丙区法院享有。选项 A 正确。

选项 B 考查协议管辖和应诉管辖的适用关系。《民诉解释》第 223 条第 2 款规定，当事人未提出管辖异议，就案件实体内容进行答辩、陈述或者反诉的，可以认定为《民事诉讼法》第 130 条第 2 款规定的应诉答辩。据此，因古城公司提交答辩状适用应诉管辖制度，甲区法院获得案件管辖权，而移送管辖的前提是不享有案件管辖权，因此甲区法院不能再将案件移送丙区法院审理。选项 B 错误。

选项 C 和 D 考查协议管辖能否适用执行程序。根据最高法院公报案例的裁判要旨，虽然民事诉讼法没有明文禁止当事人协商执行管辖法院，但当事人就执行案件管辖权的选择限定于对执行享有管辖权的法院，当事人只能依法选择向其中一个有管辖权的法院提出执行申请。民事诉讼法有关应诉管辖的规定适用于诉讼程序，不适用于执行程序。因此，当事人通过协议方式选择，或通过不提管辖异议、放弃管辖异议等默认方式自行确定向无管辖权的法院申请执行的，不予支持。《民事诉讼法》第 235 条第 1 款规定，发生法律效力的民事判决、裁定，以及刑事判决、裁定中的财产部分，由第一审人民法院或者与第一审人民法院同级的被执行的财产所在地人民法院执行。据此，丙区作为合同签订地，丙区法院并非第一审法院，题干也未言及丙区存在被执行财产，因此双方协议由丙区法院执行无效，丙区法院不享有执行管辖权，也不应当裁定驳回古城公司的异议。选项 C 和 D 均错误。

3. 答案：CD　难度：中

考点： 对行为的执行措施

命题和解题思路： 本题取材于真实案例，以清除墓碑上名字为素材，对行为的执行措施予以考查。解答执行措施类题目，应首先判断属于财产执行还是行为执行；若是行为执行，再确定该行为属于可替代行为还是不可替代行为，进而对具体执行措施作出选择。选项 A 适用于不可替代的行为执行，可排除；选项 B 不属于强制执行措施，亦可排除。

【选项分析】《民诉解释》第 503 条第 1 款规定，被执行人不履行法律文书指定的行为，且该项行为只能由被执行人完成的，人民法院可以依照《民事诉讼法》第 114 条第 1 款第 6 项规定处理。据此，罚款、拘留只能适用于不可替代行为的执行。而清除墓碑上名字，明显属于对行为的执行，且该行为是可以替代的。选项 A 错误。

选项 B 是主要干扰项。赔礼道歉可能成为行为给付的内容，但不属于法院强制执行措施。选项 B 错误。

《民诉解释》第 501 条规定，被执行人不履行生效法律文书确定的行为义务，该义务可由他人完成的，人民法院可以选定代履行人；法律、行政法规对履行该行为义务有资格限制的，应当从有资格的人中选定。必要时，可以通过招标的方式确定代履行人。申请执行人可以在符合条件的人中推荐代履行人，也可以申请自己代为履行，是否准许，由人民法院决定。据此，选项 C 正确。

《民诉解释》第 505 条规定，被执行人未按判决、裁定和其他法律文书指定的期间履行非金钱给付义务的，无论是否已给申请执行人造成损失，都应当支付迟延履行金。据此，迟延履行金适用于非金钱义务执行，清除墓碑上名字即属于非金钱义务。选项 D 正确。

4. 答案：ABC　难度：中

考点：仲裁条款独立性原则的适用、仲裁当事人、申请撤销仲裁裁决的理由

命题和解题思路：本题取材于最高人民法院第 198 号指导案例，对仲裁条款独立性的内涵、仲裁当事人变更的适用情形以及撤销仲裁裁决的事由及管辖法院予以综合考查。准确理解仲裁条款独立性的内涵，可确定选项 A 错误；掌握仲裁当事人变更的适用情形，可对选项 B 作出判断；了解仲裁中并无第三人的规定，可确定选项 C。

【选项分析】选项 A 考查仲裁条款独立性的内涵。仲裁条款的独立性，是指作为主合同的一个条款，尽管仲裁条款依附于主合同，但其效力与主合同的其他条款可以分离而独立，即仲裁条款不因主合同的无效而无效，不因主合同的被撤销而失效，也不因合同未成立而影响效力，仲裁机构仍然可以依据该仲裁条款取得和行使仲裁管辖权。据此，本案刘某并非仲裁约定的双方当事人，岳阳公司与巴陵公司约定的仲裁条款对刘某无效。选项 A 错误，当选。

选项 B 考查仲裁当事人变更的适用情形。仲裁当事人变更主要适用于当事人死亡、当事人合并或分立以及合同转让等情形，本案中并不存在上述情形，刘某申请仲裁并不属于仲裁当事人变更，刘某无权申请仲裁。选项 B 错误，当选。

选项 C 考查仲裁当事人的确定。我国《仲裁法》中没有关于仲裁第三人的规定，仲裁只解决约定仲裁的双方当事人之间的纠纷。本案中刘某无权申请仲裁，仲裁机构更不应将巴陵公司追加为无独立请求权第三人。选项 C 错误，当选。

选项 D 考查撤销仲裁裁决的事由。根据第 198 号指导案例裁判要旨，实际施工人并非发包人与承包人签订的施工合同的当事人，亦未与发包人、承包人订立有效仲裁协议，不应受发包人与承包人的仲裁协议约束。实际施工人依据发包人与承包人的仲裁协议申请仲裁，仲裁机构作出仲裁裁决后，发包人请求撤销仲裁裁决的，人民法院应予支持。《仲裁法》第 58 条第 1 款第 1 项规定，没有仲裁协议，当事人可以向仲裁委员会所在地的中级人民法院申请撤销裁决。据此，刘某和岳阳公司之间并无仲裁协议，岳阳公司可以向 Y 市中级法院申请撤销仲裁裁决。选项 D 正确，不当选。

桑磊法考
2025 客观题网络辅导

咨询电话:400-839-3366　报名通道:扫描下方二维码

以上内容由桑磊法考提供，为广大考生提供服务，有效期截至 2025 年 12 月 31 日。